地中海文明共同体

——从公元前3000年到轴心时代

白钢　著

华东师范大学出版社
·上海·

VI HORAE

华东师范大学出版社六点分社　策划

目　录

序　言

丁　耘

白钢教授与我相识多年，彼此颇为了解。即便如此，他精心撰写的这部《地中海文明共同体——从公元前3000年到轴心时代》还是让我有些惊喜。可以说，这部著作虽然只是他庞大计划的一小部分，但仍充分体现了他多年的学识和思索，也有对当下中国思想界某些讨论的回应。在我看来，这部著作作为对“地中海文明”近乎全面的展示，可能比白钢教授之前写过的任何东西都重要。本人对历史比较语言学素无研究，关于书中作者老本行的部分，无从置评。不过，读了导论与总日后，我几乎可以确定，此书（附录除外）只是在运用，而非探索他的专业。这部著作很大程度在对标斯宾格勒或沃格林。大量的语文学、文献学与考古学材料只是服务于作者的“历史哲学”框架的。作者希望得到读者认可或讨论的，恐怕主要是这个框架，而非其中一些材料的细节。以本人对作者的了解，做这点预判的把握还是有的。

不过，读罢全篇，滋生了一点其他想法：也许吸引普通读者的恰恰是那些展示各大古代文明的丰富材料，而不是作者试图建立的那个框架。出版社似乎也往这个方面引导，提供了精心设计的版式和大量的清晰图片。倘若确乎如此，那么这篇短序就有义务介绍一下此书的基本写法以及作者试图建立的理论框架的意义。

此书的最显著贡献，是在适中的篇幅内，将地中海周边的各大文明体——甚至延伸到古伊朗与古印度——的主要经典及其精神清楚地概括与胪列，而又不失来自中华文明主体性的基本评价。关于文明体之间精神同异的大判断虽然不少，但在上下文中都是点到为止。这种“画龙点睛”的手法，没有理论上过多的推演，反而成就了此书的吸引力。作者对几个听上去著名，但实际上陌生的古老文明（例如埃及文明、美索不达米亚文明或者说巴比伦文明）的概括，基本围绕它们最重要的贡献，尤其是其“经典”，包括法典、史诗等。其中，对埃及的神话、美索不达米亚与伊朗的神话、史诗与宗教哲学的叙述尤其有价值——因为作者实际上是从它们对古希腊、希伯来这些读者相对熟悉一些的文明内容的某种“启发”着眼的。当然，与提供了两部法典的美索不达米亚文明与安纳托利亚文明相较，在可以找到更丰富哲学内容的文明体系（例如古印度文明）那里，作者对其法律体系的讨论就相对薄弱了一些。

导论提供了全书的历史哲学框架。但一般作品的“导论”往往是最后写的，其实就是写在开头的结论。导论表达的框架与正文中运用的判摄方法虽然精神一致，而内容并不相同。导论特别回应了这几年在中国思想界受到一定重视的沃格林。虽然作者个人的哲学品位——这种品位在比较古希腊自然哲学、形而上学与古印度吠檀多哲学的章节、在阐述大乘佛教哲学的章节毕露无遗——决定了他不可能对沃格林太客气，但导论建立的整个历史哲学框架，更接近于雅斯贝尔斯—沃格林一系，而非作者高度尊重的“世界体系学说”。“文明共同体”的表述当然沿革自“世界体系”，但全书抓住的“文明”，都是文字、法律特别是神话、哲学、宗教这些物质的生产、交往关系之外的东西。作者在思想倾向和基本结论上对沃勒斯坦的亲近也改变不了他在方法论上更偏向观念史的事实。尤其是，以天人关系（表现在神话或哲学中的最高实在与人之间的关系）为文明分际标准的看法，与雅斯贝尔斯及沃格林如出一辙。作者有意汲取或毋宁说推进了鄙人提出的“判摄”方法。拙著《道体学引论》中判摄法的运用对象限于思想传统和哲学宗派，而不是“世界体系”或者说包括了物质生产维度的完整意义上的“文明共同体”。

作者在对地中海文明精神的判摄工作中，得到了不少令人耳目一新的结论，既不是本人关于中西哲学史的“判摄”所能包含，也不是轴心文明或历史秩序学说所能涵盖。作者更多地展示了各大文明体的“天人关系”学说，以及这些基本学说形态之间的相似，而没有充分展示这些学说导致的实在的文明形态（文明所建立的秩序）。这也许是可以期待作者在后续工作中完成的。这里概括一下作者判摄结论中比较关键的几条。

首先，作者挑战了欧洲各种历史哲学框架中普遍存在但程度不一的西方中心主义。轴心时代与天下时代学说虽然有摆脱西方中心主义的自觉，但仍是力不从心的。甚而至于，如本书标题暗示的，作者非但不主张“西方中心主义”，甚至不主张有个同质或连续的“西方”。至多存在着“共同体”意义上的一个文明（复数）圈子，而这个圈了也从来没有被命名为“西方”，虽然它包含了“西方文明”的“源头”。在诸地中海文明体中，作者也尝试消除古希腊文明与希伯来文明的“原发性”。当然，在这个问题上，作者从来是凭证据说话，同那些抹杀古希腊文明历史地位乃至历史存在的极端主张不可同日而语。实际上，古希腊文明在源头上受到埃及之类外来文明影响，这从来不是什么令人感到奇怪之论。在柏拉图对话里就有诸如此类的说法——甚至语气更强：在埃及人看来，希腊人都是孩子。也许是在这个意义上，马克思虽然没有强调埃及的影响，但仍坚持古希腊文明是人类文明的“童年”。尼采反过来认为，儿童的自我肯定才是最强的。无论在黑格尔还是尼采看来，对古希腊文明的肯定，从来都不是以抹杀它受到外来文明影响为前提的。受影响而自我建立，才是真正的肯定。当然，文艺复兴以来甚至基督教时代以来，希腊文明在欧洲人心目中的形象是有个重塑、起伏过程的。这个过程本身就是欧洲（或者所谓“西方”）历史自我认同的重要侧面，值得专门研究。无论如何，作者虽然在博士论文中强调了闪族语源对希腊语的影响，更在其名文《光从东方来》（对应于本书第七章第五节）中对照了古希腊哲学中的巅峰思辨与奥义书哲学及《薄伽梵歌》哲学中的有关见地，但他仍然对古希腊文明（包括哲学、文学与史学）有着精细的品鉴与足够的重视。作者把古希腊文明置于全书终章。考虑到作者几乎无保留地称赞黑格尔，这个位置也许比“中心”更重要。

其次，作者在正文中主要运用围绕关于“生”的四种态度来判摄各基本文明。这四种态度是对“天人关系”这同一个问题的不同回应。“生”之态度打开的“形而上学框架”与导论里建立的历史哲学框架就这样构成了互补关系——也许这就是作者重视道体学的原因。这四种态度是：创生论、生生论、无生论以及生生论与无生论的综合。创生论当然是对一神教创世态度的概括。不过，这一概括即使可以成立，也要有足够的内在细分，把灵知论（恶魔创世）与神义论等包括进来。值得注意的是，作者并没有把形而上学与历史哲学两类框架完全“对齐”。例如，作者对美索不达米亚文明的史诗《吉尔伽美什》异常重视，以至于我希望他就此专门撰写一部研究著作。这部天人关系上的“创生”性史诗，也被作者读出了某种追求不死的“生生”色彩。同时，作者也用“无生”与“生生”之间的综合（而非一般认为的“唯生生”）点出了中华文明的内在活力。从文明体系的各大哲学传统出发，中华文明内部的儒道佛三家关系其实能够看得更加清楚。读者完全可以期待作者的后续工作。

当然，在技术与自然的古典区分不断被现代技术挑战的今天，以“生”为核的形而上学—历史哲学框架或许是要重新考虑的。对于这个不断带来新鲜刺激的当今世界，这部裁断各大文明源头的著作，有一个不失公允的基本判断：16 世纪以来的世界体系正在失效，而新的世界体系尚未形成；全球尺度上的不确定性、过渡性与开放性，构成了当下思想的大事因缘。我赞成这个态度。这部搜集了大量引人入胜史料的著作，也许会因为有些大判断下得过于勇敢、截然而遭到责备，但这条判断应当不在此列。从这条关于现世的判断出发，作者所有试图解释过往的努力也就可以理解了。无论人类文明今后走向何方，我们仍然是在创造与生长、死亡与不朽、友爱与敌对、人伦与世道等等这些题目上做文章。而这些题目，就是古代文明留给后人的最宝贵遗产，或许也是人类文明之为人类文明的最根本特征。

2025 年 2 月 12 日

于广州

导　论

《地中海文明共同体：公元前3000年至轴心时代》是《世界文明共同体5000年：公元前3000年至21世纪》这一更为宏大构想的一部分。文明共同体这一概念，意味着文明论意义上的世界体系，或说，是具有类似世界体系之错综关联与复杂结构的文明整体。

世界体系与世界文明共同体

沃勒斯坦通过其四卷本的皇皇巨著《现代世界体系》，展示了一个自16世纪以来形成的、以欧洲为中心进而扩展到全球的"现代世界体系"。在讨论这种现代世界体系相对于此前存在的世界帝国及各类超国家的体系的特殊性时，沃勒斯坦一方面认为，"可被说成是其最主要的活动和可被说成是其殊异之处（differentia specifica）的，就是这持续的资本积累。似乎没有一种先前的历史体系具有任何可类比的社会无限性之道(mot d'ordre of social limitlessness)";[①] 另一方面则认为,中心—外围结构、经济扩张—收缩之 A—B 阶段、霸权—竞争关系这三大特征作为一个整体,是现代世界体系所独有的模式,[②] 在此基础上又可进一步将资本主义世界经济描述为六大事实(realities)乃至 12 项特点。[③]

但事实上,无论是持续的资本积累还是中心—外围结构、扩张—收缩之 A—B 阶段、霸权—竞争关系,均并非只属于 16 世纪以来的欧洲,而同样适用于之前的世界。[④] 世界体系以及世界文明共同体并非源自近代以来的欧洲,而可以上溯到至少公元前 1500 年,进而上溯到公元前 3000 年。[⑤]

文明共同体与世界体系皆有其中心—外围结构,但其扩张—收缩的 A—B 阶段与世界体系不完全重合,各文明体的互动—关联无法以霸权—竞争模式涵盖,文明论意义上的地位成就也不能化约为政治—经济的标准加以衡量。

在地理大发现之前,美洲大陆尽管拥有独特的文明体系,但相较于亚欧大陆的诸多文明而言,它处于相对隔绝、独立发展的状态。故而,本书对 16 世纪之前的世界文明共同体的考察,主要集中于亚欧大陆,若以公元前 5 世纪之前拥有文字为标准,这一共同体的成员包括:

---

① 参阅 Wallerstein 1992, 页 567。

② 参阅 Wallerstein 1988, 页 108。

③ 六大事实, 参阅 Wallerstein 1990b, 页 35–38; 12 项特点, 参阅 Wallerstein 1990a, 页 288–289; 弗兰克、吉尔斯 2004, 页 240–241。

④ 沃勒斯坦将 16 世纪以来由欧洲模式所主导的世界体系视为根本上殊异于此前世界, 对这种观点的系统批判, 参阅弗兰克、吉尔斯 2004, 特别是页 3–66, 355–369。

⑤ 5000 年世界体系说, 参阅弗兰克、吉尔斯 2004, 页 167–235。

美索不达米亚文明(苏美尔—阿卡德文明)、埃及文明、安纳托利亚文明(赫梯—卢维—胡里安)、西北闪米特文明(乌迦利特—希伯来—阿拉美)、希腊—罗马文明、伊朗文明、印度文明、中华文明。上述文明体中,中华文明与印度文明各自构成了相对独立的文明圈,而其他文明则共同构成地中海文明圈。

16 世纪之后,世界文明共同体大致与现代世界体系重合,此前的阶段,对文明共同体的探讨则聚焦于中华、印度、地中海三大文明圈之内在演化与彼此交互。此三大文明圈或曰文明共同体之演化,既是相对独立的,又是相互关联互动的,其联系的广度与深度,即便在处于全球化时代的今天看来,也是极为惊人的。① 正是在这种既独立发展又砥砺交错的格局下,各文明体的特质得以确立,恰恰是文明圈之间以及文明体之间的交互关系使得其卓异之处更清晰地得以凸显出来。

地中海文明共同体

地中海文明这一概念,参之以中华文明与印度文明虽浩瀚博大却相对清晰的内涵与外延,显得更富弹性,也更不确定。作为统一体的地中海世界,是否成立?若成立,其可能的时空界限何在?与 16 世纪以来由西欧文明主导的地中海世界的关系如何?假设存在作为统一体的地中海世界,这一容器是否足以承载亚欧大陆(及北非)除中华文明与印度文明之外的诸多文明?这些问题都不是自明的。② 而所有

---

① 器物层面的例子,如马镫的发明;制度层面的例子,如行省制;思辨层面的例子,如埃利亚派之于龙树中观,龙树中观之于天台宗的"一心三观"与"一念三千"。

② 相关讨论,参阅 Harris 2005, Preface。

对其所作的回应，事实上都不是在陈述某种事实，而是在构建一种特定的世界认知与想象。

地中海位于亚欧板块与亚非板块的接合部，西部通过直布罗陀海峡与大西洋相接，东部通过达达尼尔海峡—马尔马拉海—博斯普鲁斯海峡与黑海相连，被以阿尔卑斯山和扎格罗斯山、高加索、伊朗高原为界的诸地所环抱。有多种古代语言直接以“海”来指称地中海，[①] 在苏美尔—阿卡德传统中，地中海被称作“上海”（苏美尔语 a-ab-ba igi-nim，阿卡德语 tiāmtum alītum, tâmtu elītu），波斯湾被称作“下海”（苏美尔语 a-ab-ba sig，阿卡德语 tiāmtum šapiltum, tâmtu šupalītu），以“从上海到下海”的表述作为最广袤疆土的代称。公元 3 世纪，拉丁语取诸地中的海洋之义，形成了 mare mediterraneum［地中海］的表述，并在此后数个世纪逐渐成为专门的地理称谓，沿承至今。

相对于中华文明圈及印度文明圈，地中海文明圈的特殊之处在于，它并不具有某种一以贯之的主体文明，而是在不同的历史阶段由不同的文明担当地中海世界的主导者暨文明中心，从而形成了围绕此地区领导权以大约 800 年到 1000 年为一周期、以东西为分野的文明竞争格局：公元前 3000—前 2000 年，以东部的美索不达米亚文明与埃及文明为中心；公元前 2000—前 1000 年，以美索不达米亚文明为中心；公元前 1000—前 350 年，希伯来文明、伊朗文明、希腊文明实现轴心突破，东部的伊朗文明与西部的希腊文明由外围上升为中心；公元前 350—公元 500 年，以西部的希腊—罗马文明为中心；公元 500—1300 年，以东部的阿拉伯文明为中心；公元 1300 年至今，以西欧文明为中心。16 世纪以来，西欧文明的崛起及其所主导和演化的

---

① 如古埃及语 wꜣḏ-wr “海（直译：大片的绿色）”，旧约希伯来语 yām “海”，hayyām hagādôl “大海”（《约书亚记》1:4），miyyām ‘ad yām “从地中海到死海（直译：从海到海）”（《阿摩司书》8:12），古希腊语 *ϑάλασσα* “海”（希罗多德《历史》以“海”或“我们的海”来称呼地中海，如 1.1, 1.185, 4.39）。

现代世界体系，一度似乎意味着这种主导权斗争的终结乃至历史的终结，但进入 21 世纪后，旧世界体系的加速失效进而失序则又表明，这一斗争仍在继续，历史远未终结。

如果说，对任何一个文明共同体的演化轨迹的讨论，都必然需要引入“他者”以作对比参鉴，那么地中海文明不但作为整体与中华文明、印度文明互为“他者”，其内部更是充满了各种“他者”（异质性）元素，从而特为充分地展现了文明间互动的魅力与张力。

轴心时代与地中海文明共同体

雅斯贝尔斯在其于 1949 年出版的著作《历史的起源与目标》中提出了“轴心时代”（Achsenzeit）的观念。他认为，公元前 800 至公元前 200 年之间，尤其是公元前 600—前 300 年间，是人类文明的“轴心时代”。在此期间，各个文明都出现了伟大的精神导师：中国的老子与孔子，印度的佛陀、大雄与《奥义书》作者，伊朗的扎拉图斯特拉，以色列的诸先知，古希腊的荷马与哲学家（巴门尼德、赫拉克利特、柏拉图、亚里士多德）；同时也产生了伟大的精神传统：中国的道家与儒家（及诸子百家）思想，印度的佛教、耆那教、印度教，伊朗的琐罗亚斯德教二元论，以色列的犹太一神教，希腊的史诗、哲学、悲剧与史学。雅斯贝尔斯将上述五种文明的精神成果进一步化约为中国、印度、西方这三个地区之人类精神的觉醒，将这一阶段称为人类“精神化”的时期。

轴心时代是对此前数千年文明传统的伟大突破，展现了人类精神领域前所未有的张力与创造力。在这一阶段，人类提出了一系列关涉宇宙秩序与人类命运的根本性问题，形成了围绕这些根本性问题的核心概念、意象、思维范式，并基于上述问题留下对各主要文明体具有决定性意义的精神指引。这些指引以空前清晰、强烈、完整、深刻的方式，展现了人类自身相较于宇宙整体的有限性，同时也展现了人类对自身有限性的克服与超越。

实现轴心突破的文明，均通过对普遍性人类境遇的反思，提供了某种普遍性的解释与解决方案，并在带有普遍性的思考与实践中，成就了自身最为本质的独特性。这种通过建构普遍性而实现的特殊性（同时也是通过特殊的自我存在而呈现的普遍性），是轴心文明与此前的文明传统（以美索不达米亚文明与古埃及文明为代表）的最重大差别，这决定了它相较于此前的文明传统不但更为博大精深，也能更持久地传承，从而寻到了文明史意义上的“可大可久”之道。

轴心时代融入各主要文明体的精神血脉中，成为各民族用以衡量整体历史意义的尺度，从而决定着它们各自的特征、气质与命运。正如雅斯贝尔斯所言：

> 直至今日，人类一直靠轴心期所产生、思考和创造的一切而生存，每一次新的飞跃都回顾这一时期，并被它重燃火焰。自那以后，情况就是这样，轴心期潜力的苏醒和对轴心期潜力的回忆，或曰复兴，总是提供了精神动力。对这一开端的复归是中国、印度和西方不断发生的事情。[①]

雅斯贝尔斯意义上轴心时代的三大核心地区，即对应于本书所言世界文明共同体的三大成员，但本书以“地中海文明共同体”取代其所言的“西方”。事实上，雅斯贝尔斯本人也提到了“西方”内部的东西之分。把美索不达米亚、埃及、安纳托利亚、伊朗、西北闪米特地区都归入“西方”的范畴，无论依照何种标准，都显得过于宽泛，它不但不符合有关东方与西方的一般认知（从欧洲的立场出发，上述区域属

① 参阅雅斯贝尔斯 1989，页 14。

于"近东"或"中东"),也与绝大多数文明论阐释中的东西之别明显有别,无论相较于斯宾格勒、汤因比式的文明形态学,还是对照以麦克尼尔为代表的全球史。① 雅斯贝尔斯试图通过融欧亚非多种文明于一炉的"西方"概念,构建一种超越具体文明的精神统一性,以之与具有精神统一性的中国与印度文明相对待,这是其卓识所在。② 但如果确乎存在这种精神统一性,它也不应被称作"西方"。地中海文明共同体,至少较之"西方",更适合作为这种精神统一性的命名。③

文明形态学与文明共同体

如果说雅斯贝尔斯有关世界文明的"轴心时代"说展现了亚欧大

① 麦克尼尔的名著《西方的兴起》将 16 世纪以来的时代描绘为"西方统治的时代",以与"中东统治的时代"(至公元前 500 年)、"欧亚文明的均势"(公元前 500—公元 1500 年)相区别。无论其观点是否成立,他显然并不认同雅斯贝尔斯意义上的"西方"。

② 与雅斯贝尔斯的文明"三分天下"说相对,冈田英弘把印度界定为"没有历史的文明"而与玛雅文明同列,将地中海文明与中国文明作为"有历史的文明"的代表,从而做出"历史是独立地发生在地中海世界与中国世界的文化"的论断。参阅冈田英弘 2016,页 14–28,引文见页 24。将印度文明与玛雅文明并列从而否定其世界历史—世界文明史意义,是根本性的误判,玛雅文明相对于亚欧大陆的其他文明是孤立发展的,而印度文明则与伊朗、希腊、中国文明具有广泛、深刻、持久的精神联系与互动。

③ 在更严格的地理意义上,或许应将之命名为"红海—地中海—黑海文明共同体",正如印欧语系在更严格的意义上应被命名为"吐火罗—凯尔特语系"(参照德语学界所流行的"印度—日耳曼语系"的表述)。

陆诸文明之精神与命运的共通性，从而勾勒出世界文明共同体的轮廓，那么在此之前问世的斯宾格勒的《西方的没落》与汤因比的《历史研究》，则提供了极具代表性、极富精神冲击力的关于世界诸多文明的形态学研究，以及对文明演化之内在规律的探索。他们的作品与两次世界大战相伴，可以说，正是对文明衰落的亲历，激发了二人对文明起源与演化的探究。

斯宾格勒

斯宾格勒的《西方的没落》，以其“形态学”和“观相学”研究，将不同民族不同时代的各种文化—文明现象作为一个整体加以考察，所长在于其超宏大的格局视野与超强的天才直觉，其缺憾则在过分依赖这种宏大视野与天才直觉，故其思想，博大高明有之，深沉厚重不足，可谓短处长处皆在于此。

就方法论而言，斯氏之学的立足点在于，同一文化的各个不同部分，都是“同一精神原则的同一表现”，“伟大的形态学关系群在世界历史的整个图像中各自象征性地代表了一种特定的人类，它们在结构上是严格对称的”，“在宗教、艺术、政治、社会生活、经济、科学等方面所有伟大的创造与形式，在所有文化中无一例外地都是同时代地实现自身和走向衰亡的；一种文化的内在结构和其他所有文化的内在结构是严格对应的；凡是在某一文化中所记录的具有深刻的观相重要性的现象，无一不可以在其他每一文化的记录中找到其对等物”。[①] 正是基于这种“形态学”在结构上的严格对称，其“观相学”得以通过一种“透视方法”，把握各种文化—文明之本质。但无论是“同一精神的同一表现”，还是形态学结构上的“严格对称”，均未得到论证，而是出于斯宾格勒直觉的判断（尽管这种直觉确实是天才性的）。某种意

① 参阅斯宾格勒 2020, I, 页 122, 200。

义上，这种对斯宾格勒而言带有自明性质的诸文化的对称结构，即是文化自我演化之根本动力与根本归宿的命运。[①]

以阿波罗、浮士德、麻葛这三种特定的意象，分别作为对希腊—罗马古典精神、西方现代精神、作为古典与西方之中介的阿拉伯精神（它涵盖着亚伯拉罕宗教、琐罗亚斯德教、诺斯替运动等各种地中海世界的宗教与信仰形态）的命名与表征，是斯宾格勒的“形态学”与“观相学”研究中最精彩、最富魅力、最能激发共鸣与争议的部分，其重要性远超书中对埃及、巴比伦、中国、印度的分析。以阿波罗作为西方古典精神的象征与命名，显然是受到了尼采《悲剧的诞生》中“阿波罗精神”与“酒神精神”说的影响，浮士德与麻葛之意象，皆以之为参照方得以衍生。对“阿波罗型”西方古典精神的讨论，乃斯氏学说之根本；故对其学说的根本性批评，也必集中于此。

斯宾格勒对古典精神的把握不够准确，甚至以偏概全，如将古典晚期的斯多葛派哲学与伊壁鸠鲁哲学的镇静（ἀταραξία）、无偏（ἀδιάφορα）视作整个古典时代的思想特征，除此之外，他最主要的问题在于：

1. 斯宾格勒将古典世界观的原初象征定义为“就近的、严格限定的、自足的实体”，[②] 以 σῶμα［身体，性命］一词作为古典心灵之实体观—空间观的象征，却没有意识到，后世希腊语中最常用的表达身体的词汇 σῶμα 在《伊利亚特》（进而在全部的荷马史诗）中，指称的恰恰是失去生命力的尸体。[③] 它以一种另类的方式诠释（或说，预言）了

---

① 布罗代尔敏锐地指出，对于斯宾格勒而言，一切文化与文明皆可以归结为特定的精神价值，“他想把这些精神价值的充分发展组织成一种命运，一个连贯的阶段序列，一种历史”。参阅布罗代尔 2008，页 208–211，引文见页 211。

② 斯宾格勒 2020，I，页 271。

③ 这是荷马史诗的早期注释者阿里斯塔赫（Aristachus）便已知 （转下页）

后来柏拉图式哲学中有关 σῶμα σῆμα[身体即墓穴][①] 的论断，并指向斯宾格勒有关古典心灵整个属于“现在”、其心灵意象全然是“肉身性的”之结论的反面。

2. 只看到修昔底德以当代史—政治史为研究对象的历史记述，从而认为“古典历史学家在其固有的当下背后所直接看到的只是一种背景，这背景天然地缺乏时间性，因而也缺乏内在秩序”，[②] 而忽略了希罗多德所代表的古代史—文明史路向。[③]

3. 虽在全书中多次提到亚里士多德，以之为理解古典的核心人物，却缺乏对亚里士多德天人之学的真正把握。斯氏对“阿波罗”与“浮士德”式心灵之根本特征的描绘，建立在对二者迥然不同的时空观念的论述基础上：[④] 前者“选择感觉上在场的单个形体作为理想的延展物类型”，后者的“原始象征是纯粹的和无限度的空间”，[⑤] 前者忽略时间的延绵（“古典人的生存——欧几里得式的、没有关系的、位置固定的——整个地就体现于当下时刻。没有什么能让他想起过去或未来”），[⑥] 而后者赋予空间以无限的绵延（“无穷空间”，“可以为知性所理解”的空间）。在讨论古典与现代时空观之根本差异的

（接上页）晓的，参阅 Erbse 1969，页 316，Γ23–7。在斯奈尔（Bruno Snell）的《精神的发现》一书中，这一语言现象成为了“身体”与“灵魂”概念在后荷马时代才被希腊人真正“发现”（entdecken）的核心论据。参阅 Snell 1955，页 1–28。

① 可参照柏拉图《克拉底鲁篇》400c，《高尔吉亚篇》493a，《斐德若篇》250c，近似之义见《斐多篇》62b。

② 参阅斯宾格勒 2020，I，页 221。

③ 相关讨论，参阅本书第七章，页 523。

④ 相关论述见于全书各处，集中讨论见斯宾格勒 2020，I，第四章。

⑤ 斯宾格勒 2020，I，页 279。

⑥ 同上，页 220。

过程中，斯宾格勒不但未提及亚里士多德在《物理学》中对空间的讨论，“空间是包围物体的限面”（*τὸ πέρας τοῦ περιέχοντος σώματος*, 212a5–6），更完全忽略了亚里士多德有关时间是“关于前后的运动的数”（*ἀριθμὸς κινήσεως κατὰ τὸ πρότερον καὶ ὕστερον*, 219b1–2）之经典定义，从而忽略或回避了整个古典时代最深刻的有关时间本质的分析。斯氏对古典世界时间的认识，深受奥古斯丁《忏悔录》第11卷中“主观时间”论的影响（在奥古斯丁那里，亚里士多德《物理学》中对时间的讨论也同样付之阙如），并将这种按照其自身理论应被归入“麻葛”式心灵产物的时间观错置于“阿波罗”式精神之上。

书中多次将亚里士多德与康德对举，作为古典文化与西方文化之哲学思想最具对应性的代表，反映出斯氏对亚里士多德的根本性误解：亚里士多德之学虽包罗万象，究其根本，则以“努斯”（*νοῦς*）为思想与被思考者的统一（*ταὐτὸν νοῦς καὶ νοητόν*），为第一存在（*πρώτη οὐσία*），为“隐德莱希”（*ἐντελέχεια*）。努斯之于亚里士多德，即思即善，即始即终，即生即成，即人心即天心，即“一”即“太一”。这种“一以贯之”的理路，实与康德以物自体（Ding an sich）和人类认识为两端的二本之学有根本差异。哲学史上得亚里士多德之精髓者，远则新柏拉图主义（“三位一体”说），近则黑格尔（“实体即主体”说）。此西学破二本之学的真正源流所在。以康德比亚里士多德，可谓所托非人，谬以千里，可知斯氏之学，虽天才洋溢，根本见地实有不足。

汤因比

斯宾格勒将文化理解为一种特定的生命形态，文明则是文化的生命力耗尽走向终结的归宿。相对于这种把文明理解为文化坟墓乃至文化尸体的立场，汤因比则显然对文明一词更加青睐，在《历史研究》

中，他以文明概念全面地取代了文化，尽管对文明与文化，他从未进行斯宾格勒式的严格区分。

汤因比的《历史研究》有三个版本，[①] 在大量的具体论断乃至文体风格上差别颇大，但其根本问题意识与理论框架则一脉相承，并无更易。汤因比的作品，是对斯宾格勒之文化形态学研究的承继与拓展，但主要不是在思辨的深度与厚度上，而是在广度上：相较斯宾格勒所提出的八大文化形态，[②] 汤因比提出了 19 种或 21 种文明，[③] 其中 16 种已经消亡，5 种尚存（中国文明、印度文明、东正教文明、伊斯兰文明、西方文明）。

汤因比没有对文明这一概念进行严格的界定，而是将之作为社会的同义词，将其视为一种“可以认识的研究领域”，一种不同于国家和人类整体的“历史研究单位”。[④] 虽然以社会来指代文明，但事实上，无论对社会还是对国家，以及对社会和国家的运作具有决定性意义的经济与技术，汤因比都没有进行严肃的探讨。他所言的文明，很大程度上与宗教是合一的。对他所理解的历史整体而言，经济与政治的影响是短暂而表面化的，长久深刻的影响几乎主要来自宗教。正是在这一点上，他的论述具有甚至比斯宾格勒更强的“先知”意

---

① 一是汤因比 1934 年至 1954 年间出版的 10 卷本（I–III 于 1934 年、IV–VI 于 1939 年、VII–X 于 1954 年出版），二是分别于 1946 年和 1957 年出版的由萨默维尔编写的节录本（这一版本流传最广，影响最大，汉译本即承此而来），三是于 1972 年出版的由汤因比本人编写的节录本。

② 事实上为九种形态，除埃及文化、巴比伦文化、印度文化、中国文化、墨西哥文化、古典文化（阿波罗文化）、阿拉伯文化（麻葛文化）、西方文化（浮士德文化）之外，还特别提到了俄罗斯文化，并以“没有边界的平面”作为其原初象征。

③ 具体的文明种类，参阅汤因比 2010，上卷，第二章。

④ 同上，第一章，页 10–13。

味。[1] 索罗金与汤因比有关文明与国家何者为真实的激烈争论，[2] 真正的分歧不在于文明或国家本身，而在于，在人类历史整体中发挥着决定性作用的，究竟是经济与政治，还是宗教。

如果说“观相”，即寻找文化—文明的最重要意象作为其内在精神的核心表达，是斯宾格勒之形态学研究的核心任务，那么对汤因比而言，居于核心地位的则是文明演化的动力学机制。如同斯宾格勒一样，汤因比很自然地把文明描绘为某种生命有机体，有特定的诞生、成长、衰落—死亡的命运，每一个阶段都有相应的动力学模型：

◎与文明的诞生对应的，是“挑战与应战”模型，文明的活力源自面对各种外部困难（“挑战”）时所激发的反应（“应战”），最富刺激性的挑战是一种中道，既具有足够的强度以激发被挑战的对象，又不会由于强度过大而摧毁对方的应战意志。[3]

◎与文明的成长对应的，是少数具有创造性的个体或群体的“归隐与复出”，文明的突破性发展，被归于尼采意义上的“超人”，他们打破了对旧的人类生活的惯性依赖，开启了新的文明格局，塑造了新的人类精神。[4] 从对这一过程的论述，可窥见汤因比的宗教情结。

◎由于文明的成长是创造性个体和少数创造性群体的事业，因而

---

① 汤因比认为，要考察整体历史，必须超越国家的框架，进入文明的层面；但文明的框架依然狭窄，因为文明如同国家一样多样而非单一。不同文明的相遇催生了发达宗教，“不过，这依然不是历史学家追寻的终点。仅仅在世俗层面上无法理解发达宗教，发达宗教的世俗史是天国生活的一个方面，对于天国而言，尘世只是它的一个教区。所以，史学就升华进入了神学。‘一切将回归于神’”。参阅汤因比 2016a，自序；他的整体宗教观及个人宗教经验，参阅汤因比 2016b。

② 参阅 Sorokin 1956，页 179–180；Toynbee 1971，页 251。

③ 参阅汤因比 2010，上册，第二部，特别是页 66–74，137–148。

④ 同上，上册，第三部，特别是页 208–239。

当其同类不再愿意追随他们，或是这少数人失去柏格森意义上的“生命冲动”后，文明的创造力无以为继，于是进入文明的衰落环节。较之此前的两个阶段，这部分的讨论最充分地展现了汤因比的思想特色及其局限。

以希腊—罗马古典文明的命运轨迹为底本，参照吉本《罗马帝国衰亡史》中有关“蛮族与宗教的胜利”的论点，汤因比发展出一种由四大环节构成的文明衰亡模式：[①] 动乱，帝国或大一统国家，普世教会，蛮族。其动力学机制为：文明的衰落，导致内外无产者的生成，会造成社会的动乱；动乱导致军事强人的出现，并形成帝国或大一统国家；帝国由于蛮族（“外部无产者”）入侵或灾祸而瓦解；在帝国瓦解的同时，会出现普世教会，作为帝国终结命运的补偿与拯救。

如果说“挑战与应战”模型的局限在于对文明演化的内生动力与主体性重视不足，“归隐与复出”模型最大的问题在于，过分强调思想精英（“超人”）对文明的影响力，从而贬抑了大众对文明形态的参与和塑造之力，[②] 那么有关文明衰落—解体的四元模型，则通过把希腊—罗马文明的特殊历史境遇普适化，极牵强地把各种其他文明嵌入他所预设的体系。汤因比试图在每种文明中寻到类似大一统国家或普世教会的元素，而全然忽略了大一统国家和普世教会所对应的特殊历史条件，以及普世教会与基督教的极特殊联系。为了满足这一目的，汤因比生造出各种文明中的对应存在，例如，为埃及施设了一个并不存在的“俄赛里斯教”，称其为“由国内的无产者创造的统

① 参阅汤因比 2010，上册，第四、第五部，特别是页 363–425，540–550；下册，第六、第七、第八部。

② 另一较大的问题，则是把“归隐与复出”这一带有明显宗教意味的模式（其代表人物如佛陀、耶稣），应用于修昔底德、但丁、马基雅维利等遭遇流放命运的人物，乃至应用于斯图亚特王朝复辟后的新教徒群体，从而掩盖了具有特殊内涵的宗教经验与一般政治—社会经验的差别。

一教会”，[①] 把由中亚传入中国的大乘佛教，称作“中国内部无产者的统一教会”。[②]

虽然汤因比以视野广阔且对东方文明特别是中国与印度文明深有同情而著称，但其作品的底色与其对历史的基本理解与想象之图景，依然是西方中心主义与历史进化论的。[③] 他在作品中明确提出，反对各文明自我中心的错觉、“恒定不变的东方”的错觉、进步是直线运动的错觉，[④] 这诚然是对此前西方世界所流行的各种文明论讨论之错误倾向的拨正，某种程度上也是对其作品之局限性的自觉，但以之否定历史统一性，即共同的、整体性的人类历史—人类文明史，则又陷入另一种偏执。

合论

斯宾格勒与汤因比的作品，在外观的巨大差异之下（对应于德国的推理演绎传统与英国的经验主义传统），在根本气质上有相通之处：

◎二者皆具有宏大的视野，都尽其所能地表达了对诸多非西方文明的“了解之同情”，也都由于主观与客观的原因，未能完全摆脱“附会之恶习”，于材料引证上都存在大量的硬伤，以至于在专业主义下成长的学者会质疑其基本学术价值。

◎二者皆以“形态学”切入文明研究，皆试图在不同文明间寻到超越偶然性的对应关系（斯宾格勒之对称结构，汤因比之动力机制），[⑤] 而支撑

---

① 参阅汤因比 2010，上册，页 33–35；对于这一观点的有力反驳，参阅富兰克弗特 2009，页 14–15。

② 参阅汤因比 2010，上册，页 391–393。

③ 富兰克弗特 2009: 10–14 清晰地揭示了这点。

④ 参阅汤因比 2010，上册，页 38–44。

⑤ 斯宾格勒意义上文明形态的“严格对称”与“透视方法”，被汤 （转下页）

这种结构与动力机制的，则是作为文明主体的人的精神本性，是这种精神本性在历史上的命运。[①]“命运”概念在二者体系中不可或缺的重要性，决定了他们的作品都带有超越寻常思想作品的宗教或玄学特征。

相较于斯宾格勒与汤因比的研究，雅斯贝尔斯的“轴心时代”说最根本的卓异之处在于，通过勾勒最具影响力的诸文明在特定历史阶段（“轴心时代”）的决定性突破（“轴心突破”），展现了一种整全性的文明比较视野。这种整全性视野，是斯氏与汤氏的文明“形态学”所不可能提供的，甚至是其根本上否认的，而“轴心时代”说，以其所包含的巨大张力，则可以充分涵容文明“形态学”研究：轴心时代最重大的文明论意义，即突破此前有死者（人）与神圣者（神）同处于一个世界的“一元存在论”（Monism），展现人神共处的世界之外的超越性世界（“天外之天”），形成了以超验与现实、彼岸与此世的区分—对立为标志的“二元存在论”（Dualism），并以此作为人类安身立命的精神基础。对“二元存在论”式世界图景与人在此世界图景中的地位的不同认知、想象、体证，不但令实现轴心突破的文明与此前的文明区分开来，也演化出轴心文明间的核心差异，[②]从而构成文明“形态

（接上页）因比表述为：“称为文明的所有这些社会，它们的历史在某种意义上是平行的和同时代的。”参阅汤因比 2016a，页 6–7。

① 布罗代尔将之概括为：“文明可以有若干个，但是‘人的精神本性’只有一个，特别是，命运只有一个，它不可理解地保持不变并且涵盖了所有的文明，既笼罩过已经死亡的文明，也预先决定了健在的文明。”参阅布罗代尔 2008，页 215。

② 伊朗琐罗亚斯德教的二元论斗争神学，希腊哲学中柏拉图哲学有关理念世界与现实世界的区分、亚里士多德的潜能（Dynamis）—实现（Energeia）学说，希伯来传统的原罪说与救赎说，中国传统中老子所言“无名天地之始，有名万物之母”、庄子所言“六合之外，圣人存而不论；六合之内，圣人论而不议”、孔子所言“未能事人，焉能事鬼？”“未知生，焉（转下页）

学”研究的根本背景。

沃格林

“轴心时代”说自问世后，一直不乏争议。反对者中，沃格林是颇有代表性的一个。沃格林的“秩序与历史”系列，其时间跨度与涉及的思想资源，与文明史（特别是斯宾格勒的文明史）多有重合，某种意义上，可视作具有文明论意味的思想史作品。

在《天下时代》的导言中，沃格林一方面承认“轴心时代”说所描绘的文明论突破之独特性——“此前和此后的突进仅有区域意义，而轴心时代的那些突进则确实创造了一种关于人性的普遍意识，出现在从罗马到中国的所有主要文明中”；另一方面却以公元前第一个千年“西方和远东的思想家并不知晓对方的生存，因而没有意识到要就历史轴心加以思考”为由，否定了轴心时代的存在：

> “轴心时代”是现代思想家采用的符号化表达，试图用于应对“历史的有意识结构”（例如由若干次平行的精神运动构成的领域）这个恼人问题，而在这片领域中活动的行为主体对这种结构并无意识。①

（接上页）知死？”以及这背后对于“性”—“命”关系的讨论，印度传统中《奥义书》之论梵（Brahman）—我（Ātman），佛教之论涅槃（Nirvaṇa）—轮回（Saṃsāra）、菩提（Bodhi）—烦恼（Kleśa），皆是对这种“二元存在论”的不同回应。

① 参阅沃格林 2018，页 49–54，引文见页 52。把轴心突破的范围描绘为“从罗马到中国的主要文明”，是把“轴心时代”嫁接到了他所言的“天下时代”，把作为希腊文明之继承者的罗马，拉入它并不真正参与的文明历史进程中。

在《天下时代》的结尾处，他以黑格尔所言"绝对新纪元"作为"轴心时代"的理论先声，并指出，二者皆是对人类新纪元的理论表达，其差异在于，黑格尔将新纪元等同于基督的显现，而雅斯贝尔斯则拒绝将基督教作为人类的普遍信仰。[1]

他没有意识到，如果雅斯贝尔斯的理论确实与黑格尔的历史哲学有关，那么，黑格尔哲学中"自在"（an sich）与"自为"（für sich）的概念便能解释"轴心时代"说的意义：轴心时代所对应的事实上存在却缺乏清晰意识的精神共同体，借此拥有了理论自觉。

沃格林对"轴心时代"说的抵触，其真实原因非止于此，而出于他对"秩序与历史"的根本认知：就文明论而言，沃格林全部的问题意识没有超过斯宾格勒，当然用了更学术性的表达，他对"麻葛"这一意象的沿承使用，是这种问题意识之延续性的特为清晰的表现。[2] 他与斯宾格勒之文明论的本质差别，在于对非西方文明的态度：相较于斯宾格勒（以及汤因比和雅斯贝尔斯），他是根深蒂固的西方文明中心论者，根本上不认同其他文明拥有可与西方文明（以希腊与希伯来为两大源头）相比较的地位。

沃格林对中国和印度虽表现出一定的同情和了解（在《天下时代》中还为"中国天下"单列一章），但其根本见地有偏，对此二者的认知水平总体上还落后于斯宾格勒，尽管对中国与印度的论述本就非斯宾格勒之长项。无论埃及和美索不达米亚，还是印度与中国，在沃格林的理论架构中，只是以色列通过启示、希腊通过哲学获得秩序的符号化突破之大背景下的点缀而已。黑格尔对中国与印度的认知虽然也带有巨大的偏见（这种偏见既源于见解，也出于其材料掌握的不足），

① 参阅沃格林 2018，页 415–420。

② 参阅沃格林 2019a，页 223–227。在汉译本中，麻葛民族（Magian Nations）被译为"巫域民族"。

但他对此二者的核心特质的把握则卓有见地，[1]因而，黑格尔的问题主要在于进行判摄的标准过于西方化；沃格林则根本上不理解中国与印度文明的基本特性与精神境界（虽然材料掌握上大有超越），在此意义上，沃格林对中国和印度文明，只有若干的意见与印象，而谈不上严格意义上的判摄。

即便是沃氏深所推重的希伯来与希腊传统，他的理解也同样有偏：对于希伯来传统，由于过分依赖在当时（20 世纪 40—60 年代）流行的“启示神学说”，沃格林将之与埃及和美索不达米亚传统所代表的“宇宙创生论”截然对立，以凸显希伯来文明的优越性，伴随“启示神学说”的式微，其立论之根基不可避免地发生动摇。[2]沃格林论希腊传统，水平虽远较之论希伯来传统为高，但于柏拉图与亚里士多德之境界，则既不识柏拉图之“不定的二”，也不识亚里士多德的“一以贯之”，[3]对亚里士多德，其见地有偏较之柏拉图尤甚，他最推崇的只是亚氏伦理学中 spoudaios［成熟者］这个概念，以之为“对伦理和政治的认识论做出的最重要理论贡献”，[4]既不能通达于四因说与潜能—实现学说，更不通达于努斯之即人心即天心。

沃格林的政治立场接近于施密特《罗马天主教与政治形式》之取向，且较施密特更为保守。他理想中的世界秩序，是排除“诺斯替主义”影响的，由于一切带有颠覆革命意味的精神运动—社会运动都被归入“诺斯替主义”的范畴（甚至黑格尔都被描绘为“诺斯替主义者”），于是一切带有“进步主义”色彩的世界认识与想象，都被认为是应被抵制的，只有“代表着最古老、文明传统最为稳固的一层”“在

① 黑格尔在《哲学史讲演录》《宗教哲学讲演录》《历史哲学》中关于中印的大量论述，都呈现出这种巨大偏见与真知灼见的紧密纠缠。

② 参阅本书第六章，页 325–326。

③ 参阅本书第七章，页 520–521。

④ 参阅沃格林 2014，页 337–347，引文见页 344。

制度上最为坚实地代表着灵魂真理的美国和英格兰”，被视作“抑制诺斯替的腐蚀和恢复文明”的希望之光。[①] 按照这种认知，西方是世界秩序理所当然的主导者，而英美是西方理所当然的主导者，从而构成某种彻底的第三世界世界秩序的反题。

沃格林作品最重大的理论价值，是将天人关系引入对政治与文明的理解中，从而激活了政治哲学—历史哲学中对天人关系的追问，这是极可贵之处。其根本的问题，则在于对天人关系的理解过于狭隘，被希伯来以启示、希腊以哲学实现秩序经验的根本性超越从而优越于一切其他民族的思路给桎梏住了，可谓有识于“道术将为天下裂”，而不见“天地之纯，古人之大体”。作为对他的真正尊重，恰在于超越其狭隘性，以更合理、更整全、更高明的方式去认知与体证包括希伯来与希腊在内的各文明体深处的天人关系。

本书的架构与理路

雅斯贝尔斯对“轴心时代”说进行了思辨意义上的初步阐发，但尚未将此理路真正具现化。本书以“地中海文明共同体”概念取代雅斯贝尔斯所言的“西方”，探讨这一区域的“轴心突破”如何发生。其所涉及的主要对象包括：作为前轴心时代最高成就代表的埃及文明与美索不达米亚文明（苏美尔—阿卡德文明），作为东西方文明（特别是美索不达米亚与希腊文明）之中介的安纳托利亚文明，以及实现了轴心突破的伊朗文明、希伯来文明与希腊文明。

出于这一整体思路与写作框架，本书没有安排专章对西北闪米特（特别是乌加里特）文明加以论述，其影响散见于对安纳托利亚文明

① 参阅沃格林 2019b，第六章，引文见页 227。

与希伯来文明的相关讨论中。

印度文明本不属于地中海世界，但因其与伊朗文明的特殊联系以及“雅利安”来源说，成为理解伊朗文明的重要参鉴对象，又因其在诗歌和思辨两个维度上与希腊文明有特相印契之处，故而本书专门开辟一章对印度文明加以讨论，意在勾勒印度思想传统演化流变的主要脉络：以四部吠陀本集为印度文明之“六经”，则作为其诠释阐发的梵书、森林书、奥义书传统，可视作印度之“经学”，森林书、奥义书由梵书所主的“祭祀之路”转向探究宇宙大本大用、追求实现“梵我合一”（brahmātmaikyam）的“知识之路”，此为吠陀以降印度思想一大变；数论袭取奥义书之形而上玄思为解脱之要，而欲斩断与强调祭祀之吠陀传统的关联，呈现出具有高度思辨性的无神论特征，瑜伽派则以数论为理论基础，以八支行法实修为达至解脱的路径，而加入了对大神自在天的信仰，以调和数论与吠陀，此又为一变；至《薄伽梵歌》，以业瑜伽（karmayoga）、智瑜伽（jñānayoga）、信瑜伽（bhaktiyoga）为达到人生究竟解脱的三种道路，综合吠陀传统之仪式行为（情）、奥义书与数论之形而上思辨（理）、瑜伽之修行实践（事），可谓印度教诸传统之集大成。佛教较之吠陀—梵书—奥义书传统后起，以“缘起性空”为核心演绎诸法。奥义书启“知识之路”而未废与吠陀之关联，数论欲摆脱吠陀之影响而犹未竟，佛教则根本超乎吠陀体系，成为“无生”（aja）义之最高明代表，并深刻影响了此后印度各派思想之演化。[1]

① 由于印度本身历史记述的匮乏及“崇古”倾向，各派思想之重要作品往往托名上古之人。事实上，以佛教在公元前5世纪出现为参照，传世的奥义书作品，除《大森林奥义书》《歌者奥义书》《泰帝利耶奥义书》《爱多雷耶奥义书》《乔尸多基奥义书》等几种外，皆晚于佛教诞生。而《数论颂》《瑜伽经》《薄伽梵歌》，则非但时间上晚于佛教诞生，见地亦明显受其影响，如《数论颂》之论二元二十五谛及其无神论特征，《瑜伽经》之论慈、悲、喜、舍（1.33）与法云三昧（4.29），《薄伽梵歌》之论摩耶幻力（māyā）。

为了突出这条主线，本书对此外的诸多印度思想派别，如顺世论、耆那教、胜论、正理论、弥曼差派，皆未进行讨论，这一遗憾有待在对印度文明的专门论著中弥补。

本书每一章或联系紧密的两章之后列有参考文献，在一般性文献之外，单列“语言类”一项，涉及与这一章或两章相关之主要语言的重要语法和词典工具书，以方便有兴趣的读者通过语言而切入相关文明。

世界文明共同体 5000 年写作构想

如开篇所言，本书是“世界文明共同体 5000 年”这一宏大构想的一部分，这一构想的完整呈现，事实上可以涵盖 16 世纪以来的现代世界体系直至当代。若认为 16 世纪后的文明共同体与世界体系具有同构性，将写作限定在 16 世纪之前，则其内容当包括：地中海文明共同体、印度文明共同体与中华文明共同体三大板块各两卷，其时间跨度大致为第一卷从公元前 3000 年至轴心时代，第二卷从轴心时代至 15 世纪末、16 世纪初。本书可视作这一计划的六分之一。考虑到多卷本的作品往往呈现虎头蛇尾的情势（典型的例子如耶格尔的三卷本《教化》），便不以本书为“世界文明共同体 5000 年”的第一卷，而保持某种更开放的态度。以下是关于这一主题的整体写作思路，以就教于方家，也希望这一主题可以寻到更多的同道学人加以拓展推进。

“地中海文明共同体”内容提要

1. 公元前 3000—前 2000 年：美索不达米亚文明与埃及文明为中

心（A 阶段：前 3000—前 2400 年，B 阶段：前 2400—前 2000 年）

核心成就：楔形文字与象形文字的出现；苏美尔—阿卡德式城邦国家；埃及式乡村国家；神圣秩序与社会秩序合一的意识形态。

2. 公元前 2000—前 1000 年：美索不达米亚文明为中心（A 阶段：前 2000—前 1200 年，B 阶段：前 1200—前 1000 年）。

核心成就：超越城邦的大帝国（巴比伦第一王朝、亚述帝国）；埃及宗教"太阳神化"与"俄赛里斯化"倾向的融合；以巴比伦语为地区通用语（lingua franca）的大规模文化融合；科学文教传统的形成；世界文学的开端（巴比伦史诗《吉尔伽美什》、创世史诗《埃努玛·埃利什》［*Enūma Eliš*］、《阿特拉哈西斯》［*Atraḫasis*］）；"生生"论与"人定胜天"理念的萌芽。

3. 公元前 1000—前 350 年：希伯来文明、伊朗文明、希腊文明实现轴心突破，伊朗文明与希腊文明由外围上升为中心（A 阶段：前 1000—前 500 年，B 阶段：前 500—前 350 年）。

核心成就：字母文字的使用与普及；

希伯来：一神论与犹太教；

伊朗：二元论与琐罗亚斯德教；波斯帝国与行省制度；

希腊：史诗；悲剧—喜剧；哲学（自然哲学、思辨哲学、实践哲学、政治哲学）；历史学；雅典民主制。

4. 公元前 350—公元 500 年：希腊—罗马文明为中心（A 阶段：前 350—前 30 年，B 阶段：公元前 30—公元 500 年）

核心成就：希腊化时代的民族大融合；"天下"（*οἰκουμένη*）观念的形成；基督教的兴起与壮大；罗马法体系；诺斯替运动（Gnosis）。

5. 公元 500—1300 年：阿拉伯文明为中心（A 阶段：500—1000 年，B 阶段：1000—1300 年）

核心成就：伊斯兰教的兴起与壮大；百年翻译运动；基督教经院神学—哲学；欧洲的封建制与封建主义。

6. 公元 1300—2000 年: 西欧文明为中心(A 阶段: 1300—1850 年, B 阶段: 1850—2000 年)

“印度文明共同体”内容提要

1. 公元前 3000—前 2000 年: 哈拉帕(Harappa)与摩亨佐—达罗(Mohenio-daro)文明

核心成就: 商业都会与神权政治中心融为一体的城市文明。

2. 公元前 2000—前 800 年: 雅利安人入侵印度并逐步构建新型文明

核心成就: 雅利安传统与本土传统的冲突与融合; 吠陀经典的形成与编订; “无生”(aja)论的萌芽。

3. 公元前 800—前 350 年: 印度文明实现轴心突破

核心成就: “经学”的发展(梵书—森林书—奥义书); 早期佛教的兴起与发展; “无生”论的确立。

4. 公元前 350—公元 600 年: 印度文明的成熟期(A 阶段: 公元前 350—公元 200 年, 大致对应于孔雀王朝、贵霜王朝, B 阶段: 公元 200—600 年, 大致对应于笈多王朝)

核心成就: 大乘佛教的兴起与发展; “无生”论的圆成; 大史诗(《摩诃婆罗多》与《罗摩衍那》)的生成与流传; 后吠陀传统的综合(数论—瑜伽—吠檀多—《薄伽梵歌》); “梵我合一”的理念与实践。

5. 公元 600—1600 年: 印度教复兴与伊斯兰征服(A 阶段: 600—1200 年, B 阶段: 1200—1600 年)

核心成就: 大乘佛教的密宗化; 印度教复兴。

6. 公元 1600 年以降: 进入现代世界体系

“中华文明共同体”内容提要

1. 公元前 3000—前 2000 年：中华文明的肇始

核心成就：炎黄世系与“三代”的政治沿承；“绝地天通”所带来的文化秩序重构；治水带来的民族大融合；中华认同的形成。

2. 公元前 2000—前 1000 年：夏商相继

核心成就：文字的生成与使用；家—国一体关系的形成；“生生”论的形成。

3. 公元前 1000—前 350 年：中华文明的轴心突破

核心成就：以“亲亲”“尊尊”为根本的封建宗法制；“生生”论的成熟；百家争鸣；道家与儒家的成型。

4. 公元前 350—公元 500 年：中华文明的第一次高峰（A 阶段：公元前 350—公元 200 年，B 阶段：200—500 年）

核心成就：大一统与大帝国；郡县制与封建制的初步融合；儒家经学（“汉学”）；道教的产生；佛教的传入与中国化；“生生”论与“无生”论的融合。

5. 公元 500—1300 年：中华文明的第二次高峰（A 阶段：500—900 年，B 阶段：900—1300 年）

核心成就：郡县制与封建制的深度融合；科举制的确立与常态化；中国化佛教的圆成（禅宗）；藏传佛教的兴起；理学、气学与心学（“宋学”）；“三教合一”理念的生成与发展；城市文化与市民阶层的兴起。

6. 公元 1300—1900 年：文明的老熟与危机（A 阶段：1300—1500 年，B 阶段：1500—1900 年）

核心成就：统一的多民族国家构架的基本确立；“三教合一”理念的圆成。

7. 公元 1900 年以降：文明的断裂与新生

小结：地中海文明区始终是一个内在关联的互动的区域，印度文明和中华文明的演化尽管是相对独立的，但是其与地中海文明区的关联从未完全中断。[①] 公元前 350—前 30 年的“希腊化时代”可视为人类的第一次全球化的高峰期，并在西方语言中形成了 *οἰκουμένη* 这样包含“天下”意味的概念；第二次高峰期出现在公元 7 世纪后，中国完成了大统一，气象恢宏，影响着周边的广大地区，在中亚直接遭遇了当时同样处在上升期的阿拔斯王朝。这种交流与对抗并存的格局（造纸术传入阿拉伯地区是这种富于张力之文明关系的典型案例），对这一时期的全球化产生了极深远的影响。13 世纪中后期，蒙元帝国崛起，与大半个欧亚大陆的交战，影响了当时整个地中海文明区的政治、经济、军事、文化生态。欧洲后来获得的发展资本主义所需的各种便利条件和优越的地位（特别是对几条重要的海上商道的控制），正是作为蒙古远征的（直接或间接）产物而出现的。某种程度上，这是现代世界体系的真正开端。

自 16 世纪资本主义生产方式在西欧生成确立，东西方整体攻守之势发生了重大的逆转，一种以欧洲经验与逻辑为主导的世界体系将世界所有国家—民族摄入其中，这一阶段的代表性文明成就，如资本主义的兴起与发展、社会主义的兴起与发展、实验科学的奠基与发展、工业化与全球化、现代世界体系、普遍世界历史叙事，皆呈现出空前的跨区域特征。在这一进程延续 500 年后，旧的体系已进入加速失效进而失序的过程中，而新的体系尚未形成，在这一过渡阶段，世界较之以往变得更加充满不确定因素，也拥有更丰富多样的可能与选择。每个置身于此“大事因缘”者之所思、所言、所行、所愿，皆化成正在演化中的世界历史的一部分。

---

① 印度文明与地中海文明在近代之前的丰富联系，参阅辛加尔 2019，上册；古代地中海与中国关系史（交通史）研究，参阅佘太山 2012。

参考文献

布罗代尔（Fernand Braudel），《论历史》，刘北成、周立红译，北京：北京大学出版社，2008

弗兰克（Andre Gunder Frank）、吉尔斯（Barry K. Gills）（主编），《世界体系：500 年还是 5000 年？》，郝名玮译，北京：社会科学文献出版社，2004

富兰克弗特（Henri Frankfort），《近东文明的起源》，子林译，上海：上海人民出版社，2009

冈田英弘（Hidehiro Okada），《世界史的诞生：蒙古帝国的文明意义》，陈心慧译，北京：北京出版集团，2016

麦克尼尔（William H. McNeil），《西方的兴起：人类共同体史》（上下册），孙岳、陈志坚、于展等译，郭方、李永斌译校，北京：中信出版社，2015

斯宾格勒（Oswald Spengler），《西方的没落》，I–II，新版全译本，吴琼译，成都：四川人民出版社，2020

佘太山，《古代地中海与中国关系史研究》，北京：商务印书馆，2012

汤因比（Arnold J. Toynbee），《历史研究》（上下卷），萨默维尔（D. C. Somervell）编，郭小凌、王皖强、杜庭广、吕厚量、梁洁译，上海：上海人民出版社，2010

——.《文明经受考验》，王毅译，上海：上海人民出版社，2016a

——.《一个历史学家的宗教观》，晏可佳、张龙华译，刘建荣校，上海：上海人民出版社，2016b

沃格林（Eric Vocgclin），《柏拉图与亚里士多德》（《秩序与历史》卷三），刘曙辉译，南京：译林出版社，2014

——.《天下时代》（《秩序与历史》卷四），叶颖译，南京：译林出版社，2018

——.《政治观念史稿（卷一）：希腊化、罗马和早期基督教》，段保良译，上海：华东师范大学出版社，2019a

——.《政治的新科学导论》，孙嘉琪译，李晋校，上海：上海三联书店，2019b

辛加尔（D. P. Singhal），《印度与世界文明》（上下册），庄万友等译，北京：商务印书馆，2019

雅斯贝尔斯(Karl Theodor Jaspers),《历史的起源与目标》,魏楚雄、俞新天译,北京:华夏出版社,1989

Erbse, H., 1969. *Scholia in Homeri Iliadem I*, Berlin

Harris, W. V. (ed.), 2005. *Rethinking the Mediterranean*, New York

Jaspers, K., 1949. *Vom Ursprung und Ziel der Geschichte*, Zurich

Snell, B., 1955[3]. *Die Entdeckung des Geistes- Studien zur Entstehung des europäischen Denkens bei den Griechen*, Hamburg

Sorokin, P. A., 1940. "Arnold J. Toynbee' s Philosophy of History", *The Journal of Modern History* 12(3): 374–387

Toynbee, A., 1934–1954. *A Study of History*, Vol. Ⅰ – Ⅹ, London

——.1971. "Review: The Nature of Civilizations", *History and Theory*, Vol.10, No.2: 246–253

Wallerstein, I., 1988. "The 'Discoveries' and Human Progress", *Estudos e Ensaios*: 103–114

——.1990a. "World-System Analysis: the Second Phase", *Review* 13(2): 287–293

——.1990b, "Culture as the Ideological Battleground of the Modern World-System", *Theory, Culture & Society*, Vol. 7: 31–55

——.1992. "The West, Capitalism, and the Modern World-System ", *Review* 15(4): 561–619

第一编

前轴心时代文明

人类的起源与早期痕迹

相对于地球45亿年的漫长历史，最早的生命现象可以追溯到20多亿年前，但以化石形式充分记录的复杂生命体痕迹，则大量出现在距今约5亿3000万年的寒武纪时期（Cambrian Period）。自寒武纪开始，生命演化呈现出明显的加速与多样化态势。最早的人类演化大约发生在250万年前的东非，其祖先可以上溯到某种被称作南方古猿（Australopithecus）的猿属生物（脑容量400—800毫升）。大约200万年前，这些远古人类中的一部分离开家园，散播到北非与亚欧大陆。他们发展出了若干种不同的人种，[①]如最早的能够制造工具的能人（Homo habilis），续存时间长达200万年的直立人（Homo erectus，脑容量800—1200毫升），生活在大约12万—3万年前冰河时期居住在欧洲与西亚的尼安德特人（Homo Neanderthalensis，脑容量已普遍超过1300毫升，保存最为完整的颅骨容积达到1525—1640毫升），以及真正意义上作为现代人类祖先的智人（Homo sapiens）。

① 有关早期人类的情况，参阅剑桥古代史第一卷第一分册，第五章。

尽管智人早在 15 万年前就已出现在了东非地区，并且在 10 万年前迈出了向非洲以外迁徙的步伐，但直到 7 万年前，一种类似基因突变引发的认知革命在智人中骤然发生，这使得他们拥有了全新的思维方式与沟通手段，进而在这场与当时地球上其他诸多早期人种的竞争中取得了压倒性的优势。伴随其播衍的足迹，包括尼安德特人（他们肌肉发达、耐寒且已经具备相当的打猎技巧）在内的各种其他人种被迅速边缘化乃至彻底消失。爆发这种认知革命的原因至今不详，但可以确定的是，它促使智人拥有远超过一般哺乳动物的脑容量，还有直立行走、制造与使用工具，除了这些人类的一般特质之外，它还促使人类发展出一种带有想象力的、能够对虚构的事物进行描述和讨论的语言。[①] 这使得一种超越其族群自然属性的交流沟通、谋划运筹、组织动员成为可能。

这种将现实与想象有机结合的语言、思维与认知，标志着人类文明—文化的开始。也正是在此意义上，人类历史从生物学的范畴中脱离而获得了独立的价值。

尼安德特人无论是体力、适应力还是学习能力都毫不逊色于智人，甚至犹有过之（这突出地反映在工具制造中），但二者的较量却发展为智人压倒性的胜利。相较于智人，尼安德特人唯独缺了一样东西——抽象思维和想象的能力，这突出表现为他们缺乏艺术。考古发现，在智人留下大量壁画、抽象语言符号的同时，尼安德特人则几乎没有留下任何具备艺术特征的东西，而艺术正关乎大脑的核心运作方式。那些看似粗鄙、怪异的简单抽象图画正反映了智人大脑对事物特征和联系的理解、想象与处理能力。这种能力从根本上

① 赫拉利在《人类简史》中将讨论虚构的事物作为智人语言的最独特功能乃至人类认知革命的关键，相关讨论是该书最有价值的部分。参阅赫拉利 2014，第二章，特别是页 15–16, 33–39。

将人与“动物”区分开来，也呈现出人类大脑与动物大脑的根本性差异。

经历了这种认知革命的新人类，在很长一段时间中以狩猎采集作为主要的生存—生活方式，在此过程中，分散在世界各个角落的他们，不断积累着有关自然与自身的各种知识。大约距今1万年前，在西亚、东亚（及南亚）、中南美洲聚居的人类在采集经济的基础上，几乎独立地开始了对若干种特定动植物（如山羊、猪、马、小麦、稻米、玉米、小米）的饲养或培育，农业（及畜牧业）出现并逐渐成为人类的主要生活方式。这是继认知革命后人类历史的又一次重大突破：农业革命。[①]

进入农业社会后，人口数量急剧增加，原本迁徙不定的部落纷纷安定下来，作为固定居所的房屋大量出现并深刻地影响着居住者的心理。由于农业极强的季节性特征和诸多的不确定性，对时间的预期、筹谋、规划，构成了农业社会人类的集体意识，这进一步推动了包括天文、地质、水利等诸多领域知识的深化。依靠农业生产带来的物资积累、运输工具和技术的发展，人类得以逐渐超越族群的自然限制，形成村落、城镇、城邦乃至国家这些更庞大复杂的新型共同体。人类早期的城邦与国家，便出现在西亚与北非有重要河流灌溉的区域。

① 相对于赫拉利将农业革命称作“史上最大骗局”的立场，史密斯有关农业革命与人类文明之关系的论述，显得更为合理，虽然其将农业的决定性突破归于埃及的看法已被后来的大量事实所证伪。参阅史密斯2009，第七章；赫拉利2014，第五章。

第一章　埃及文明

古埃及位于非洲东北部，地势孤立，为沙漠、红海及地中海所围绕阻隔，故而埃及文明的发展呈现出较大的独立性。纵贯埃及全境的尼罗河，其源头可追溯至非洲中部的白尼罗河以及源自苏丹地区的青尼罗河，这两条主要支流最终交汇成我们今天所知的尼罗河。流经森林与草原的尼罗河，每年周期性地在7月至10月发生洪水，浸灌两岸干旱的土地。洪水退去，洪水携带的大量矿物质和腐殖质在两岸逐渐沉积下来，形成肥沃的黑色土壤，正因如此，埃及人将自己的国家称作“凯麦特”（kmt，“黑色的土地”）。长达6670千米的尼罗河在东非大裂谷带上塑造了肥沃的河谷平原，因而是埃及当之无愧的母亲河。古埃及人将尼罗河直称为“河”（jtrw，类似苏美尔人以kalam［地区］称苏美尔地区，先秦之人以“书”称《尚书》），在尊崇的意义上又称其为“哈皮（神）”（Ḥ‘py，哈皮神被视为尼罗河的化身，因尼罗河定期泛滥，带来肥沃的土壤，这一神祇象征着富饶和生命的源泉）。尼罗河载船顺流北行，埃及又以北风为主，掌控尼罗河航运便能将统治辐射埃及全境，这是埃及相对于美索不达米亚地区独特的地利之便。

自公元前三千纪初期以降，埃及人始终认为埃及由两个不同的王国（领域）组成：一者位于南方的狭长河谷，被称作上埃及（“芦苇之国”），国王头戴白色王冠，以秃鹫为保护神，以莎草为象征符号；一者位于北方河网密布的三角洲地区，被称作下埃及（“莎草之国”），国王头戴红色王冠，以眼镜蛇为保护神，以蜜蜂为象征符号。上埃及的君主被称作 nsw，下埃及的君主被称作 bjtj。nsw–bjtj［上下埃及之主］① 与 nsw tꜣwy, nsw nb tꜣwy［两块土地之主］，是埃及法老的惯用称谓。古埃及语对双数的钟爱，以及埃及思想中根深蒂固的二元模式，都与这种对上下埃及的认知有关。

汉语埃及之名，源于对现代西方语言中相应词汇的音译，而现代西方语言中的埃及（英语 Egypt，法语 Egypte，德语 Ägypten）一词，则可上溯到公元前 3 世纪埃及祭司曼涅托（Manetho）以希腊语写作的《埃及史》，它称埃及名城孟菲斯为 *Αἴγυπτος*，这一希腊语形式出于对古埃及语 ḥwt–kꜣ–ptḥ 的转写，本义为“普塔神之卡（灵魂）的宫殿”。② 这一称谓在希腊化时代固化下来，成为对埃及的命名，后世西方语言中的相关表述皆受其影响。

---

① 其异写形式包括 nsw-bjt, nswt-bjt, njswt-bjt, njswt-bjtj，直译为“属于莎草和蜜蜂者”。

② 希罗多德在《历史》中，以统一埃及的首位法老美尼斯为孟菲斯城与普塔神庙的创建者（II, 99）。狄奥多罗斯（Diodorus）在《历史丛书》（*Bibliotheca historica*）中，以底比斯国王奥依西罗伊斯（*Οἰχορεύς*）为孟菲斯的创建者（I, 50）。孟菲斯之名最早出现于第六王朝国王菲奥普斯（Phiops）的金字塔中，传统上它被称为“白墙”（jnb ḥḏ）或“诸白墙”（jnbw ḥḏw）。由于白色是上埃及所尊崇的颜色，这一命名很可能源自南方的征服者对自我胜利的宣示。

一、象形文字的生成、实践与影响

古埃及人使用的语言属于闪含语系(亚非语系)中的闪米特语族。这种语言被他们用象形文字记载下来。埃及象形文字是人类迄今所知的最古老的文字之一,其早期形式可追溯到公元前3000年。埃及象形文字的主要书写形式是圣书体(hieroglphic,源自古希腊语词根hiero-[神圣]与glyph-[镌刻,书写],古埃及语的原称为mdw nṯr[神的话语]),因常用于墓碑,又称碑铭体。为了方便在纸草上书写,又发展出草书——"僧侣体"(hieratic),类似于汉字的行书或草书。到公元前700年左右,埃及文字又在僧侣体的基础上进一步简化,产生了"大众体"(demotic),适于普通人学习使用。这些字体常共存于同一文本之中,对埃及象形文字的解码具有极重要意义的罗塞塔石碑,便包含着圣书体与大众体。

罗塞塔石碑(Rosette Stone)的铭文作于公元前196年,由埃及祭司为纪念当时年仅13岁的国王托勒密五世(Ptolemy V,"神显者")即位一周年所作。诏书以三种文字写成:中古埃及语之圣书体文字、晚期埃及语之大众体文字、古希腊语之希腊文字。由于三者内容的相似性,以法国学者让-弗朗索瓦·商博良(Jean-François Champollion)为代表的近代研究者得以通过对照各语言版本的内容,解读出已失传千余年的埃及象形文字之意义与结构,罗塞塔石碑因而成为埃及学研究的重要里程碑。[①]罗塞塔石碑于1799年由法国军官发现于埃及港湾城市罗塞塔,后来在英法两国的战争中辗转到英国,自1802年起保存于大英博物馆并公开展

① 有关埃及象形文字的破解史,参阅Erman 1922; Gardiner 1957, § 10,页12–15。

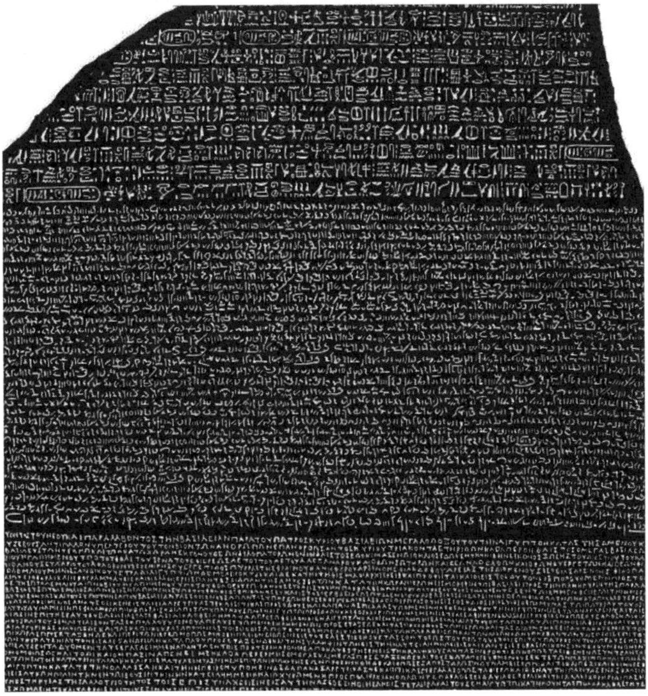

▲ 罗塞塔石碑局部

示。"罗塞塔石碑"一语常被用来比喻破解重大谜题的核心线索。

埃及象形文字包含 3 种字符: 意符(Ideograms, Logograms), 表示所指示的对象或意向; 音符(Phonograms), 表示所对应的发音, 包含单音素文字、单音节文字和多音节文字; 限定符(Attributes), 在音符外加上一个新的纯属表意的图形符号, 置于词尾, 以表明这个词所属的事物范畴, 限定符号本身不发音。相同发音的词汇在象形文字中可以通过不同的限定符加以区别, 例如, "犁杖" 和 "朱鹭" 这两词的音符完全相同, 均为 hb, 通过在音符 hb 后分别加上表示 "犁杖" 和 "朱鹭" 的限定符号, 其意义便可被有效地界定。表意符号、表音符号和限定符号适当组合起来, 便可构成完整的意义表达。

由于象形文字具有装饰功能, 其书写顺序具有较大的自由度, 由

▲ 埃及象形文字

上至下、由下至上、由左至右、由右至左均可，往往通过每行开端处人物或动物头部所面对的方向来辨识某段文字释读的方向。

圣书体文字有固定的缩写词组，其中还有一些拼合文字。为达到美观、匀称效果或表达敬意，词语位置有时会发生变化，如“神”（nṯr）、“国王”（nsw）或者神名、王名通常都出现在短语词组的最前面（这种现象即“尊称换号”［honorific transposition］），甚至在单个词汇中带有上述成分的字符也被放在短语或词组的前面，如 snṯr［香，香料］一词，因为其中包含 nṯr。

与大部分闪米特语系的语言类似，在古埃及语中，辅音占主导地位，而元音更多地表现为对辅音的配合与调节。与之相应，埃及的象形文字中没有元音符号。这种由辅音主导的文字体系，有 25 个单音字符（对应 24 个单辅音），137 个双音字符（对应 101 个双辅音组合），72 个三音字符（对应 72 个三辅音组合）。通过辅音字母转写而呈现

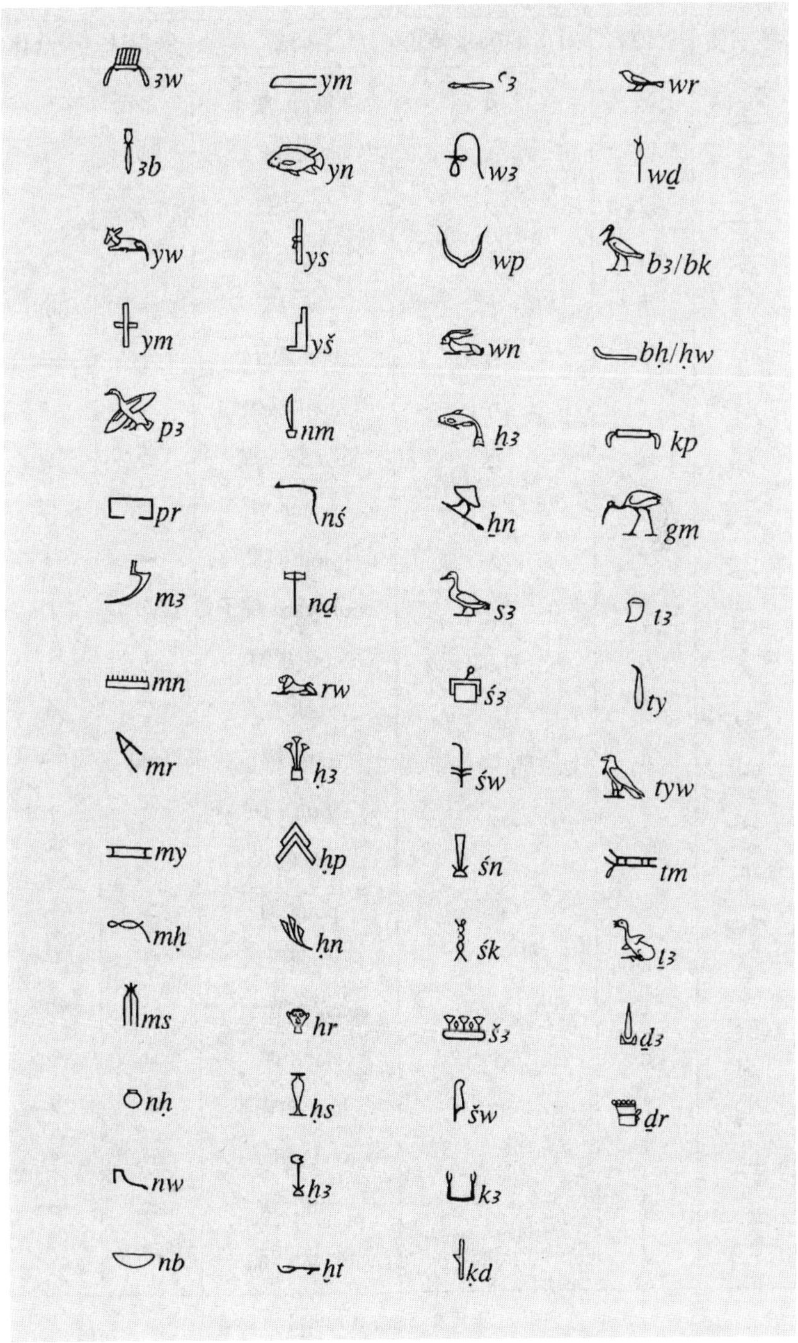
ȝw
ym
ʿȝ
wr
ȝb
yn
wȝ
wḏ
yw
ys
wp
bȝ/bk
ym
yš
wn
bḥ/ḥw
pȝ
nm
ẖȝ
kp
pr
nś
ẖn
gm
mȝ
nḏ
sȝ
tȝ
mn
rw
śȝ
ty
mr
ḥȝ
św
tyw
my
ḥp
śn
tm
mḥ
ḥn
śk
ṯȝ
ms
hr
šȝ
ḏȝ
nḥ
ḥs
šw
ḏr
nw
ḫȝ
kȝ
nb
ẖt
ḳd

▲ 古埃及字符

圣书体	近似音	对应的闪米特语	词义	僧侣体	大众体
	ꜣ, ɑ, e	א	eagle 鹰		
	y, i	י	leaf 叶		
	ʿ, gh, o	ע	arm 手		
	w, u	ו	chick 鸡		
	b	ב	leg 脚		
	p	פ	box 盒子		
	f	פ	snail 蜗牛		
	m	ם	owl 猫头鹰		
	n	נ	water 水		
	r	ר	mouth 嘴		
	h	ה, ه	court yard 院子		
	ḥ	ח, ح	coil 线圈		
	ḫ	ח, ح	disk 盘		
	ẖ	ח, ح, خ	club 棍		
	s	ז	bolt 闩		
	ś	שׂ	tape 卷尺		
	š	שׁ	pond 塘		
	ḳ, q	ק	triangle 三角		
	k	כ	basket 篮子		
	g	ג	stand 摊		
	t	ת	loaf 面包		
	ṯ	ט, ז	tongs 钳子		
	d	ט, ד	hand 手		
	ḏ	צ, ז	snake 蛇		

▲ 古埃及三种字体对比图

的埃及词汇，具体发音不详，学界的惯例往往是，在辅音间加入默认的元音 e，如 dpt 读作 depet［船］，但 mꜣʿt［正义，真理］，因元音和谐律，则被读作 maʿat。

埃及的象形文字是表音符号和表意符号的混合体，其中用来表示单个辅音的符号，也可以被称作字母。公元前 15 世纪的黎凡特（Levant）地区出现了由 22 个截头表音字形构成的辅音字母系统——原始迦南字母，所谓截头表音，即以某些特定物体的图画符号表达这种物体所对应之闪米特语词的开端字母。这一做法，显然受到了埃及象形文字实践的启发，它赋予了某些埃及象形文字以闪米特语的名称，如象形文字 pr（古埃及语“屋子”）演变为 bayt（闪米特语“屋子”），并最终以表示屋子的图形指代字母 b。

原始迦南字母后来发展为腓尼基字母与希伯来字母，希腊人正是在腓尼基字母的基础上创造出希腊字母，并因自身语言的特质，将元音的属性赋予其中 6 个辅音字母。希腊字母又成为拉丁字母的原型。自罗马帝国以降，这套字母体系及建立在其基础上的文字系统对人类历史产生了极重大深远的影响。这是古老的埃及象形文字与当代人类社会之间隐秘而又真切的文明纽带。

古埃及传统文献《托特赞美诗》，以及柏拉图的《斐德若篇》（274c–275b），都将埃及象形文字的创造归于托特（Thoth）神，他不仅是月神，也掌管知识、书写、计算、教育，其形象通常与智慧和文字紧密相连。尽管这两个文本产生的年代相对较晚（公元前 4 世纪），但显然有更为古老的思想来源。较之美索不达米亚与中国将文字的发明归于传奇历史人物（苏美尔之恩美卡，中国之仓颉）的传统，埃及将文字视作由神所创造，反映出埃及人对文字所具有的神圣性（或说，源初文字所代表的源初语言之神圣性）的极度重视：在孟菲斯神学中，普塔神以心与舌创造世界，“通过心与舌，通过它们，荷鲁斯与托特变成普塔”。

《托特赞美诗》篇幅较小，兹录如下：[①] 我是托特（ḏrwty）。我向你说拉神所说的话（ḏd.j n.tw ḏd.n Rʻm nḥm）。在我说之前有人已经对你说了。我是托特，神圣文字之主宰（nbt nṯr mdwt），这文字能将事物放在它们合适的位置（djt ẖt jw st jw）。我为神奉献贡品（ḥtp-nṯrw），我为受到保佑的死者奉献贡品（pr-ẖrw）。我是托特，我将真理放入九神团中（šsw mꜣʿt n psḏt）。从我嘴里出来的一切都会变为存在（ẖpr），如同拉神一样（mj Rʿ）。我不会被任何力量从天空和大地驱逐。我知道为天所隐藏的事（rẖ.kwj jmn n pt），它们不为地上的人所知（ḏsr m tꜣ，或译作“对于地上的人是神圣的”）。它们隐藏在原初之水中（nḥḥw n nw）。我是天空的创造者（ḳmꜣ pt），我是山峦的起始（šꜣʻḏw），我用思考创造了河流（wꜣ w jtrw），我创造了湖泊（jry ḥnt），我带来了泛滥（jn.j ḥʻpy），我使得农人得以生存（srd.n.j sẖtyw）。

二、埃及的宗教与生死观

1. 法老与九神团信仰

曼涅托的《埃及史》将埃及历史的开端归于名为美尼斯（Menes）的君王。[②] 传说中，他在南部的上埃及建立国家，统一上下埃及后定

---

① 原始文本与中译参考 Goyon 1975，拱玉书、颜海英、葛英会 2009，页 15–17。译文有所改动。

② 这位君主的名字，在希腊—罗马的古代文献中有多个不同的版本，如希罗多德记作 Min，约瑟夫斯记作 Minaios，狄奥多罗斯（Diodorus （转下页）

都于孟菲斯，于那里举行加冕礼成为埃及历史上的第一位法老。根据1897年于赫拉康波利斯（Hierokonpolis）出土的纳尔迈调色板（Narmer Palette，其年代被鉴定为公元前3100年左右），这位名为纳尔迈（n‘r–mr这个名字，是根据调色板上表达人名的象形符号鲶鱼［读作n‘r］与凿子［读作mr］所确定的）的上埃及君主征服了下埃及之地，或许他便是传说中的首代法老美尼斯。[①]纳尔迈调色板中，法老手执权杖征服敌人的场景，是宗教与艺术领域中呈现埃及王权观念的典型例证。[②]

▲ 埃及法老形象

埃及宗教的一个极重要特征，在于它不但赋予世间的统治者法老

（接上页） Siculus）记作Menas。各种古希腊语的转写形式指向古埃及语Mni，这一名字出现于阿拜多斯王表与都灵王表，但其确切含义与词源尚无法确定。某些学者认为其与动词mn［持久，忍耐］有关，亦有学者试图将这一名字与古埃及不定代词mn［某人］相联系，则其意味着对于某种被遗忘的或出于禁忌可不直呼的名字之替代性表达。艾伦（James P. Allen）试图论证，美尼斯之名与孟菲斯城（mn-nfr）之名有关，传统上它被认为由美尼斯所建（希罗多德《历史》2:99）。参阅Allen, 1992。

① 事实上，埃及的统一很可能并非一人一时之功，纳尔迈与阿哈（Aha）这两位早期的埃及君主都可能对此有重要的贡献，而美尼斯是这一事业的人格化象征。相关讨论，参阅Lloyd 1988，页6–10；Wikonson 1999，页56–58；Heagy 2014。

② 这一画面是如此富有代表性，以至于被作为埃及思想之超稳定特征的证据，以表明埃及艺术在此后2500多年的时间里都用纳尔迈作品的变体来表达事件之真实意义。参阅富兰克弗特2009，页78–79。

▲ 纳尔迈调色板

以神性（类似罗马元老院宣布去世的皇帝［如凯撒与奥古斯都］为神），更直接将其视为神，从而将宇宙的秩序与人间的秩序通过作为二者之共同代表的法老统一起来。法老的这种独特地位与符号象征作用，使得埃及式二元论没有发展出伊朗式二元论那种富于思辨的斗争神学，而是导向某种贯通天人的“超稳定结构”，以及与之相应的秩序感——秩序被理解为对立物在更高的统一性下保持平衡的状态。

由于几乎每个重要的城市都认为自己所信奉的神灵是宇宙的主神，作为对此类信仰的综合，一种关于创世的“九神团”（psḏt，一组九个重要神祇）的教义逐渐形成。这一体系是开放的，新的重要神祇会被不断吸纳进来。法老几乎总是被等同于最重要神祇本身或他的肉身代表。描写法老行为举止的用词同描绘九神团之第一代主神拉（Rʿ，太阳神）的用词一致，二者最根本的特征都被描绘为“以秩序（mꜣ ʿt）取代了混乱/谬误（grg）”，而动词 ḫʿj［显现、闪耀］在形容世界初创之际的阳光和破晓之曙光之外，也被用来形容法老在登基、节庆等场合的情状。[①]

① 参阅富兰克弗特 2005，页 35–41。

在埃及的创世神话中，象征可见之太阳（日轮）的阿图姆（jtm, Atum）射出精液，从中生出舒（šw, Šu）与泰芙努特（tfnt, Tefnut）。在金字塔文（Pyramid Texts, PT）和棺文（Coffin Texts, CT）中，阿图姆与拉神常被合称 Rʿ-Jtm“拉 - 阿图姆”，《棺文》中有“我是与拉同一的阿图姆”的文字（CT Ⅲ 396a–b），因而此处的阿图姆一直被等同于太阳神拉。[1]舒与泰芙努特结合生大地之神盖伯（gb, Geb）和天空女神努特（nwt, Nut），盖伯与努特生四个儿女：伊西斯（ꜣ st，Isis）、俄赛里斯（wsjr, Osiris）、赛特（stẖ, Seth）、奈芙狄斯（nbt.ḥwt, Nephtys），这也是九神团最广为人知的版本。[2]新的重要神祇，会以与其中的某个神合一或替代的方式加入这一序列，如阿蒙神被视作与太阳神拉为一体，而荷鲁斯（ḥr, Horus）作为伊西斯与俄赛里斯之子，则以父亲继承者的身份加入九神团的行列。

▲ 太阳神

法老作为神的化身（mj rʿ［如同太阳神拉一般］是法老常见的修饰名号），代表着神的秩序（mꜣʿt）：mꜣʿt（maʿat）一词不但意味着良好

① 尽管《棺文》中也出现过“我是拉，我是阿图姆”（CT Ⅵ 301b）的表述，二者似乎又是彼此独立的，但此说并无重大影响。

② 九神团在此创世论神话中的地位与功能，参阅 Allen 1988，页 8–12。

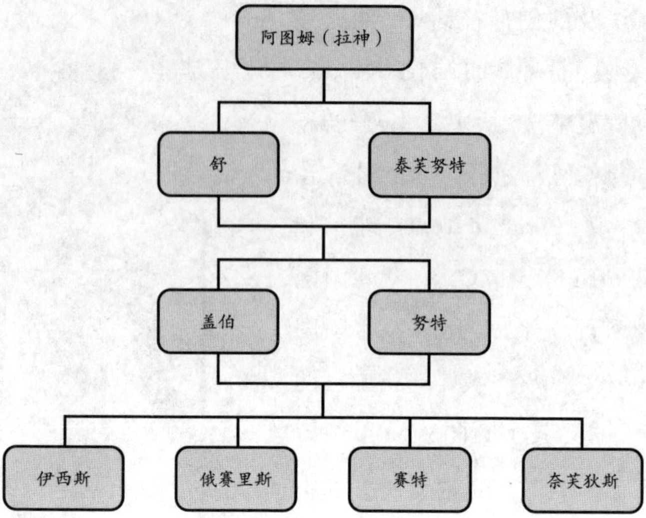

▲ 埃及创世神图谱

的等序，进而有正确、正义之义，也可直译为真理，它既象征着埃及人所向往的“超稳定结构”，也象征着这种结构所赋予人的秩序感。作为一种典型的政治神话，法老的政治行为被视作太阳神拉的功业在人间的显现：如同创世神话中太阳神拉每天清晨驱逐蛇怪阿波菲斯（‘ȝpp, Apophis），使宇宙得以重新开始，法老驱逐了人间的阿波菲斯，保证了这个世界不会陷入混沌无序。① 侵犯埃及的敌人，被习惯性地比喻为阿波菲斯，法老的胜利则被视作太阳神拉的胜利。

埃及人将自己对稳定的宇宙秩序的强烈认同投射到了作为这种秩序代表的法老身上。这一方面赋予了法老几乎无限的神圣性，另一方面，则将其从具体的人抽象为固定的宗教符号。因而传统上，对法老的描述与塑造总是雷同的，缺乏个人特征（例如在雕塑中，法老总是呈

① 在第十八王朝图特摩斯三世（Thutmosis Ⅲ）时期的维西尔（宰相）莱克米尔（Rekhmire）底比斯墓室的铭文中，法老被称作“一个用自己的行动让人得以存活的神，所有人的父母”，这就不仅将法老的功能比之于太阳神拉，还把拉神众生之父的地位投射到法老身上。参阅 Gardiner 1925，页 69。

现为身材高大、年轻而阳刚的统治者形象，以权杖击打跪地的敌人，其行进姿态总是左脚在前）。法老形象的非人格化情态在中王国时期有所改变，但在新王国时期，唯一的女法老哈特舍普苏特（Hatshepsut）在雕塑中依然呈现为传统的男性形象，甚至具有法老式的胡须。与之相应的是，埃及人对诸神的描写也明显带有非个性化倾向：许多情况下，他们用几乎同样的修辞呼唤着被认为具有不同功能的神祇（俄赛里斯和伊西斯是明显的例外）。

▲ 哈特舍普苏特

伴随法老形象越来越被抽离具体的个人特征，法老的神圣性来源也就由其超凡的个人品质—魅力（韦伯意义上的Charisma［人格魅力］）转化为其所对应的王权，有关神圣秩序的逻辑也随之发生变化：从法老是神圣的故而其所拥有的王权是神圣的，转化为王权是神圣的故而作为其象征的法老是神圣的，无论他曾经的身份是平民、将军或是其他。王权与王权拥有者的相互赋义与相互符号化特征，在埃及的政治传统中得到充分的展现。

埃及法老共有五个名字（rn wr［伟大名字］）①，包括在埃及文物中常见的荷鲁斯名（Horus name），写在椭圆形名环（王环）中的第一名字（praenomen）、第二名字（nomen），使用较少的“两夫人名”（two ladies，代表上下埃及的守护女神），及“金荷鲁斯名”（golden Horus）。古埃及文献或者埃及人自己用于法老的名字，比较普遍的是法老的第一王环名（登基名，常伴有 nsw-bjtj［上下埃及之主］的称号），现代学者对埃及法老的称谓通常是其第二王环名（拉神之子名），而荷鲁斯名则往往表现法老的政治抱负。在完整的名号之后常常还有某些修饰性表述（如永生者、生命赐予者、完美之神等）。②

---

① 参阅 Gardiner 1957，页 71–76；Leprohon 2013，页 7–19。

② 例如，第十二王朝的法老辛努塞尔特三世（Senusret Ⅲ，另一埃及名为森沃斯列特［Senwosret］）的完整名号是：Ḥr ʿnḫ mswt, nbty ʿnḫ mswt, Ḥr nbw ʿnḫ mswt, nsw-bjtj Ḥpr-kꜣ-Rʿ, sꜣRʿ S-n- Wsrt, dj ʿnḫ ḏdt wꜣs mj Rʿ ḏt，意思是“荷鲁斯名‘出生的生命’，两夫人名‘出生的生命’，金荷鲁斯名‘出生的生命’，上下埃及之主哈帕尔卡拉（意为“太阳神拉的灵魂出现”，第一王环名），太阳神拉之子森沃斯列特（意为“［女神］沃斯尔特的男人”，第二王环名），如太阳神拉一般永恒地赐予生命、稳定、财富者”；第十八王朝的法老图特摩斯三世的完整名号是：Ḥr kꜣnḫt ḫʿ m Wꜣst, nbty wꜣḥ nsyt mj Rʿ m pt, Ḥr nbw sḫm pḥty ḏsr ḫʿw, nsw-bjtj Mn-ḫpr-Rʿ, sꜣ Rʿ Ḏḥwty-ms-nfr-ḫpr(w), mry Ḥtḥr nbt mfkꜣt，意为“荷鲁斯名‘在底比斯出现（加冕）的强壮公牛’，两夫人名‘如同在天空的太阳神拉一般持久的王权’，金荷鲁斯名‘强大的力量，神圣的王冠’，上下埃及之主蒙哈帕尔 （转下页）

埃及人认为，死者的灵魂飞向天空成为星辰，因而将死亡视作一种新生，将死者称作“重复的生命”（wḥm ʿnḫ），甚至神也同样可能死亡并重生。九神团中的俄赛里斯最典型也最富戏剧性地体现了这种想象。这位传说中的国王被他的兄弟赛特谋杀并肢解，他的妻子伊西斯施法找到他的尸体，生下了遗腹子荷鲁斯，荷鲁斯长大后向赛特复仇并最终取得胜利。他来到死者的国度宣告作为他父亲的合法继承人而登基为王，并借此唤醒了俄赛里斯。

这一传说对埃及人的信仰影响极为深远。[①] 法老，既被视作太阳神拉的儿子或化身（埃及是太阳神拉创世之初的产物，因而其王权的最终来源可追溯到拉，[②] 太阳神拉之子这一身份接近汉语语境之“天

（接上页）拉（“保持太阳神拉的形态”，第一王环名），太阳神拉之子形态美丽的图特摩斯（“托特所生者”，第二王环名），为绿松石夫人哈托所爱者”。

大英博物馆中古埃及森沃斯列特森布（Senwosretsenbu）圆顶石碑（BM EA 557）的开头展现了某种典型性的对法老之华丽称谓（非完整名号）：rnpt 25 ḫr ḥm nṯr nfr nb tȝwy n-mȝʿt-rʿdj ʿnḫ mj rʿ ḏt，意为“永生的、如同太阳神拉一般赋予生命的、上下埃及土地之主、完美之神尼马阿特拉（n-mȝʿt-rʿ）统治的第 25 年”。

① 这一传说的完整版本，记载于普鲁塔克《论伊西斯与俄赛里斯》（351c–384c）中。现存的埃及文献中，切斯特贝蒂纸草一号文本（Chester Beatty Papyri, No. 1）即《荷鲁斯与赛特之争》，以一种近于戏谑滑稽的风格记述了诸神围绕荷鲁斯与赛特争执的裁决，在经过若干波折后，最终荷鲁斯继承父亲遗产（即王权）的诉求获得了胜利，参阅 Gardiner 1931。新王国时期的一首俄赛里斯赞美诗以祈祷而非叙事的形式呈现了这一传说的基本结构，参阅 Erman 1927，页 140–145。

② 太阳神拉与俄赛里斯，在这种模糊而充满多样性的世界想象中，都被称作埃及最初的国王。

子”)，又由于继承了死去君主的权力而成为俄赛里斯与伊西斯之子荷鲁斯（俄赛里斯代表王权之正统，伊西斯象征着被神化的王座与王权的神圣基础，在此意义上，王座也被称作国王的母亲）。

同时，赛特的神性地位也并未因其在传说中被荷鲁斯击败而告终结，在早王朝时代，法老便被称为 nbwy［双主］（与守护上下埃及的 nbty［两夫人］相匹配），即等同于荷鲁斯与赛特（相应的，法老王后的头衔常为 smꜣ wt nbwy［联合双主者］，mꜣꜣ t Ḥr Stẖ［注视荷鲁斯与赛特者］），无论对这两个神祇的信仰最初发源于何处，后世传统将之分别视作上埃及与下埃及的代表。[①] 荷鲁斯与赛特这种既是对手又是伙伴（rḥwy［双伴］）的关系，[②] 以及法老的“双主”身份，正体现了埃及二元论“冲突—和解—稳定”的基本模式。

2. 孟菲斯神学

以一种更高的原则统摄对立的二元，展现宇宙—人世秩序共同的神圣根源，这是埃及二元论的本质追求。埃及人习惯以神话（而非抽象论证）的方式展现这种追求，被称作“孟菲斯神学”的作品是此类尝试中极高明的代表。[③]

“孟菲斯神学”突破了传统的九神团创世论框架，构建了一种以孟菲斯的保护神普塔（Ptaḥ）为核心的新神话或曰新神学。文本可分

① 参阅《剑桥古代史》第一卷第二分册，页 49–51。

② “孟菲斯神学”文本对二者的和解如此描绘（15c–16c）：“芦苇和纸莎草被放在普塔神庙的双门处，那意味着荷鲁斯和赛特，平静而团结。他们友好相处，无论在什么地方都停止争吵，在普塔的神庙变得团结。上埃及与下埃及在‘两地的天平’上已被称量。”译文参阅 Lichtheim 1975，页 53。

③ “孟菲斯神学”文本研究，参阅 Erman 1911, Sethe 1928, Junker 1940, 1941; 译文参阅 Lichtheim 1975，页 51–57; Allen 1988，页 42–47。

为六部分：第一部分（3–6）描绘普塔是上下埃及的国王与土地的统一者，太阳神阿图姆感谢普塔创造了他与其他诸神；第二部分叙述了荷鲁斯与赛特争夺埃及统治权（7–31b），大地神盖伯作为仲裁者，先是将赛特安排在上埃及，将荷鲁斯安排在下埃及，继而改变决定，将整个土地都赋予荷鲁斯，而荷鲁斯与赛特之间也达成和解；第三部分（32b–35b）与第四部分（36–47）损坏严重，似乎是在讲述荷鲁斯的父亲俄赛里斯与普塔神及孟菲斯城的特殊关系；第五部分（48–61）是整部作品的核心，极具创意，描绘了普塔神通过自己的心（jb）与舌（ns）创造了诸神与世界万物，为宇宙与人间安立秩序，令一切造物各得其所，诸神与其灵魂（kꜣ）与普塔成为一体；第六部分（61–64）则聚焦于孟菲斯作为普塔神庙所在地与埃及首都所具有的连接上下埃及、沟通天人的重要意义。作品最后展现了荷鲁斯作为上下埃及国王被父亲俄赛里斯与诸神所拥簇的图景。

“孟菲斯神学”文本最重要的思想史意义在于，它超越了传统埃及创世神话将特定的自然现象或自然元素神格化作为世界起源的想象，而选择用普塔神的心与舌这对概念，表达世界通过纯粹的精神活动（心—思想）和精神的外化（舌—话语）而产生—演化的过程。这种以思想为存在之起源、以语言为存在之实现的理路，在亚里士多德有关“思想就是本原”（*ἀρχὴ γὰρ ἡ νόησις*）、“生命就是思想的实现活动”（*ἡ γὰρ νοῦ ἐνέργεια ζωή*）的哲学思辨中（《形而上学》Ⅻ，1072a30–1072b30），在《旧约·创世记》（“神说：‘要有光！’于是便有了光”［1:3］）与《新约·约翰福音》开篇（“太初有道［*λόγος*］，道与神同在，神即是道”）的神学宣言中，均能寻到共鸣。无论产生于古王国时期，抑或作为第二十五王朝时期的仿古之作，[①]“孟菲斯神学”都可跻身古

① 现存的文本被刻写在埃及第二十五王朝法老沙巴卡（Shabaka）统治时期的一块黑色花岗岩上。按照文本自述（1–2），沙巴卡在修缮孟菲斯的普塔神庙时发现了被虫蛀蚀的“祖先作品”（很可能是纸草卷轴），（转下页）

埃及思想传统中最富思辨性、最具深度释读可能的作品之列。

"孟菲斯神学"核心段落(53–56):

通过(普塔的)心和舌,(某物)变为阿图姆的形象(tjt)。

普塔是伟大而崇高的,

他赐予一切诸神与他们的卡以生命,

通过心与舌,

通过它们,荷鲁斯与托特变成普塔。

于是,心与舌控制所有的肢体,

他在一切神、一切民众、一切动物、一切活着的爬行者的

每一个身体与每一张嘴中都是杰出的,

按照他所想的去思考与命令。

他的九神团在他前面,作为他的牙齿与嘴唇。

他们是阿图姆的精子与手臂。

因为阿图姆的九神团通过他的精子与手指而出现。

但九神团是这口中的牙齿与嘴唇,

它说出所有事物的名字,

舒和泰芙努特从中出现,

生下了九神团。

眼之所见、耳之所听、鼻之呼吸都向心报告,

这使每一种理解(结论)出现。

至于舌头,它重复心的安排。

诸神就这样诞生了,

(接上页)命人将其备份刻写于石头。若此说属实,则这一文本可追溯到沙巴卡之前的较久远的时期。认为其是古王国时期作品的观点,参阅 Sethe,页 2–5; Lichtheim 1975,页 51;认为其是第二十五王朝仿古作品的观点,参阅 Junge 1973。对于沙巴卡之石的研究综述,参阅 Bodine 2009。

阿图姆与他的九神团。
因为每一句神的话语（mdw-nṯr）都是借着
心的筹谋与舌的命令。

3.“俄赛里斯化”与“太阳神化”

在具有底比斯背景的第十一王朝君主（中王国的创立者）的推动下，传说中俄赛里斯的墓地所在、位于上埃及的阿拜多斯（Abydos），成为整个埃及的重要祭祀中心。[①]俄赛里斯戴着象征上埃及白色王冠的形象，与第十一王朝开国之君蒙图霍特普二世选用的荷鲁斯名“神圣的白王冠”构成了奇妙的呼应。经由庙堂与民众的共同推动，前往阿拜多斯朝圣成为全埃及人的向往。每年一次的俄赛里斯节是朝圣的最佳时节，朝圣期间将展现俄赛里斯死亡、入葬、复活的典型性场景，伴随着众人为其送葬与复活后随其返回神庙的盛大游行。[②]

自中王国之后，“俄赛里斯化”的倾向不断强化，俄赛里斯被视为所有受造者的源泉与基础，至新王国时期，他取代了太阳神拉的作为黄金时代统治者的地位，[③]接替其审判死者的功能。这种身份转化形

① 有关阿拜多斯的历史演化及其与俄赛里斯信仰的关联，参阅 O'Conner 2009，特别是页 22–61。

② 参阅 Kees 1956，页 236–238；Zivie-Coche/ Dunand 2013，页 332–333；更详细的研究，参阅 Schäfer 1904，页 49–86。

③ 第十八王朝的文本中，已经将俄赛里斯称作“占据拉神王座的统治者”。在第二十王朝，俄赛里斯名字（Wsjr）的楔形文字图案后半部分以日轮的符号取代通常的眼睛符号，表达了俄赛里斯形象对太阳神特征的吸纳。自托勒密时代以降，太阳神拉的形象基本不再出现，而被俄赛里斯的形象所取代。相应的，作为俄赛里斯妻子的伊西斯，成为最重要的女神。参阅 Černý 1956，页 137–138。

成了诸多与其相关的想象与语言表达：俄赛里斯被称作“永恒之主”（nb ḏt），“在俄赛里斯中者”（jmy Wsjr）成为了对死者的称谓，用于形容俄赛里斯的表述“公平正当者”（mꜣʿ-ḫrw，直译为“真理的声音”）也被用于称谓死者，象征其具有与俄赛里斯一样的神圣灵魂（得以顺利通过冥界审判），进而成为墓葬铭文中的固定程式；他的死亡和复活成为了肉体生命消亡与升华的神圣象征，反映在其名号“威尼恩奈弗尔”（wnn-nfr［继续保持完美者］）中。

在大众信仰的“俄赛里斯化”发展过程中，人们对太阳神拉的信仰逐渐投射到别的神祇之上。中王国时期，在第十二王朝缔造者阿蒙奈姆赫特一世（Amenemhet Ⅰ）的直接干预下，[①] 原为赫尔摩波利斯（Hermopolis）八联神之一的阿蒙（jmn, Amon），被视作与太阳神拉为一体，而上升为最高神，取名阿蒙-拉，成为此后数个世纪埃及与其势力所及的西亚领域极受崇敬的普世之神，头戴双羽是其极富标志性的形象特征。阿蒙上升为主神，是阿蒙奈姆赫特一世以乱局终结者与拯救者身份成为主君在神圣领域的映射，又进一步强化了其继位的合法性与正当性。这可视作这一地区现实政治与宗教想象的一次深度结合，一种类似于古巴比伦王国的崛起之于创世史诗《埃努玛·埃利什》所宣扬的马尔杜克神信仰的结合形式。[②] 新王国时期，阿蒙更被

① 阿蒙奈姆赫特一世，出生于上埃及南部，并非王室血统（他的父亲是平民），曾任蒙图霍特普三世之维西尔（宰相）。他利用第十一王朝末期的混乱局面，假托第四王朝君主斯那奈弗如时期诵经祭司尼菲尔提（Neferty）的“预言”为己造势，掌握大权，登上王位。作为阿蒙神的忠实信徒（其名 jmn m ḥꜣt，意为“阿蒙在前方，阿蒙是最杰出的”），他即位后以阿蒙神为诸神之首。参阅 Sethe 1929，页 11；Erman 1934，页 103–104。奈菲尔提预言的文本与翻译，参阅 Helck 1992，译文亦可参阅 Blumenthal 1982，郭丹彤、黄薇 2019，页 100–105。

② 参阅本书页 575。

视作将埃及从异族喜克索压迫下解放出来的国族守护神，其主神地位得到进一步强化。

阿蒙（jmn）在古埃及语中有“隐秘”之义，新王国的阿蒙赞美诗中提到，“他的名字隐秘不为儿女所知，因此他的名字叫阿蒙”，[①]“总共有三个神：阿蒙，拉（Rʿ），普塔（Ptḥ）。隐藏（jmn）是阿蒙的名字，他的脸是拉，他的身体是普塔”。[②]某种意义上，阿蒙的隐藏属性及他和拉、普塔的一体性，构成了公开信仰背后的宗教密义，它是后来新柏拉图主义乃至基督教的“三位一体”论的遥远先声，并与印度教传统中梵天（老祖宗［Pītāmaha］）、毗湿奴（诃利［Hari］）、湿婆（诃罗［Hara］）三大主神构成的“三相神”（tri-mūrti）意象遥相呼应。[③]

赫尔摩波利斯神话传统中，阿蒙的妻子是阿莫奈特（jmnt, Amaunet），二者同为隐秘的化身，其形象表征分别为蛙与蛇。在底比斯神话传统中，阿蒙的配偶则是穆特（mwt，本义为“母亲”），阿蒙的名号 kꜣ mwt.f［他母亲的雄牛］即反映了与穆特女神的婚姻关系。底比斯传统中，阿蒙的形象一直具有某种融合的特征，公元前 2000 年前的底比斯统治者昂特夫（jntf, Antef，亦有转写为 Intef 者）时期的石柱上，就出现了阿蒙-拉的称谓。[④]

---

① 译文参阅 ANET，页 366。

② 同上，页 369。

③ 五世纪时的印度伟大诗人迦梨陀娑（Kalidasa）在剧作《鸠摩罗出世》中这样阐释三者的关系：“一个形体分为三个 / 最初的、最后的以及中间 / 一会儿湿婆在前 / 一会儿毗湿奴在前 / 一会儿梵天在前 / 一会儿梵天在后。”这种“三位一体”的特征，可上溯到吠陀宗教以火神阿耆尼、战神因陀罗或风神伐由、太阳神苏里耶三者为一体的传统。有关三相神之各种形象，参阅施勒伯格 2016，页 28–88。

④ 参阅 OEAE, I, 词条 Amun and Amun-Re, 页 82–86；阿蒙-拉信 （转下页）

▲ 阿肯那顿

4. 阿肯那顿的一神论改革

这种“太阳神化”的倾向在新王国第十八王朝的法老阿蒙霍特普四世（Amenhotep Ⅳ）时，突生波澜：这位年轻的法老宣布不再信仰阿蒙与其他大部分神祇，而将阿顿（jtn, Aten），即太阳的光盘，奉为唯一的最高神，把自己原来的名字阿蒙霍特普（ymn ḥtpw［阿蒙所满意的］）改为阿肯那顿（ꜣ ḫ n jtn, Akh–en–Aten［对阿顿有益者，侍奉阿顿者］），迁都于阿玛那（El–Amarna），从而开启了某种带有人类最早的一神论色彩的宗教改革。

在中王国时期，阿顿作为太阳的光盘，虽被认为是神圣的，但尚无独立的神格，直到第十八王朝的图特摩斯一世（Thutmosis I）时期，在库施王国的铭文中，阿顿的书写形式才正式具有了人格神的意味（名字后加上表示神的符号，头顶有日轮）。此后，第十八王朝的历代君主对阿顿的尊崇日益隆重，其神性特征常被等同于太阳神拉，是太阳神无所不包的展现形态的一部分（类似金字塔文中作为世界创造者的 Rʿ-Jtm［拉－阿图姆］，亡灵书中更丰富的太阳神形象 Rʿ–Ḥr–ꜣḫty-Jtm-Ḥr-Ḫprj［拉－哈拉克提[①]－阿图姆－荷鲁斯－赫布利］），逐渐出现了将日轮神阿顿与太阳神等量齐观的倾向。[②]

（接上页）仰与埃及诸神的融合特征，参阅 Schenkel 1974；昂特夫铭文的释读，参阅 Ullmann 2005。

① 意为“地平线上的荷鲁斯”，即在东山与西山之间伴随太阳升降循环的荷鲁斯。

② 如苏提（Suti）与霍尔（Hor）两兄弟的刻于石柱上致太阳神的两首颂诗，一首献给拉神（等同于阿蒙－哈拉克提－赫布利），一首献给阿（转下页）

阿肯那顿改革，是此前数个世纪所积累的阿顿（日轮）信仰高度激进化的产物，乃至超出古代埃及宗教的界限：为了突出阿顿神的独尊地位，对其他神祇的信仰即便没有被严格禁止，也受到了极大的压抑，而此前与太阳神拉合为一体的至高神阿蒙，则遭受特别深重的敌意，阿肯那顿将其视作阿顿神信仰的最大威胁，甚至命人在埃及境内破坏阿蒙神的形象与名字（包括从其父亲阿蒙霍特普三世的铭文中将阿蒙霍特普这一体现阿蒙信仰的名字全部替换掉）。

这种明显与埃及人根深蒂固的诸神信仰相冲突的改革持续了 25 年（阿肯那顿在位 17 年，其政策在其死后又延续了一段），便以其第二任继承者图坦卡顿（twt ‘nḫ jtn［阿顿活着的肖像］）返回底比斯改名图坦卡蒙（twt ‘nḫ jmn［阿蒙活着的肖像］）而告终结，[①] 此后则被由将军而成为法老的赫列姆赫布（Horemheb）所彻底废止（他把自己的登基日定在前任阿肯那顿去世的日子，以此作为对阿肯那顿统治的全盘否定）。阿肯那顿对阿蒙神信仰所做的各种破坏被施加到其本人身上（阿顿的神庙被毁，有关阿肯那顿的各种记录被抹去）。除了阿肯那顿写下献给阿顿神的颇为感人的赞美诗—祈祷文[②]与在他授意下生

（接上页）顿神（等同于荷鲁斯－赫布利），前者被称作“不被创造的创造者”，后者被称作“自我创造者，不被创造的”。参阅 Lichtheim 1978，页 86–89。

① 改名的全称为图坦卡蒙－赫卡尤努舍玛乌（twt ‘nḥ jmn ḥḳꜣ ywnw šm‘w［阿蒙活着的肖像，南部赫尔摩波利斯之主］）。另一相关的变化是，其两夫人名也增加了一个，为维尔阿赫阿蒙（wr ‘ḫ jmn［阿蒙的伟大宫殿］）。参阅 Leprohon 2013，页 106。

② 阿肯那顿所写的一首小赞美诗与一首大赞美诗，被刻写于其大臣阿伊（Aye）坟墓的墙上。文本参阅 Sandman 1938，页 10–15，93–96；译文参阅 Lichtheim 1978，页 89–92，96–100；大赞美诗的译文亦可参阅郭丹彤、黄薇 2019，页 263–269。

▲ 阿肯那顿崇拜阿顿神

成的风格迥异于传统法老造型的雕塑作品（无论是其个人塑像还是家庭塑像）[①] 外，这一改革几乎没有在埃及人的精神世界中留下更多的痕迹。

在献给阿顿神的大赞美诗中，出现了与一神论信仰—感情相应的表述：

啊，唯一的神，独一无二的神，你创造了大地如你所愿，独自一个（第八列）；

每一双眼睛都在注视着你，但你自己却没有看到，因为你是唯一的，尽管万物都按你的意志创造出来。你在我心中，没有其他人知道你，只有你的儿子涅菲尔赫布利拉乌恩拉（Nfr-Ḫprw-Rʿ-Wʿ-n-Rʿ［完美体现拉神者，（属于）拉神的唯一者］，即阿肯那顿本人），你用你的方式与力量教导他（第十二列）。

无论阿肯那顿本人是否意识到，神在心中不为其他人所知的表述，恰恰与阿蒙神“隐藏”的特征颇为相似。或许，正因为相似，更激发了带有一神论情结的阿肯那顿对阿蒙神的敌意。

5. “俄赛里斯化”与“太阳神化”的融合

此后，“太阳神化”与“俄赛里斯化”的两种倾向不断交融，最终形成了太阳神拉与俄赛里斯形象的有机结合：拉被表现为一个俄赛里斯形貌的戴着王冠的木乃伊。太阳的升起—坠落—再升起的运行过程被视作人类出生—死亡—重生之命运的对应。“拉歇息在俄赛里斯之中，俄赛里斯歇息在拉之中。”死去的法老进入另一个世界，

① 有关阿肯那顿塑像及与传统王室塑像的比较研究，参阅富兰克弗特 2009，页 218–224。

成为了俄赛里斯，也成为了拉。在此，生命与死亡的相待一互转关系呈现出神性本体论的意味。通过拉与俄赛里斯的这种融合，宇宙的永恒规律（太阳运行）、个人的悲剧性或偶然遭遇（俄赛里斯的被谋杀）、人类的必然命运（生—死）被有机地纳入一个整全自足的意义系统。

据“棺文”和“亡灵书”记述，在作为法官的俄赛里斯面前，对死者进行“审判”与“灵魂称重”的故事不断上演。协助俄赛里斯的是玛阿特（Maʿat）女神，她将自己的真理羽毛和死者的心脏（代表灵魂）放在天平上一起称量，如果心脏比羽毛重，就会被恶兽吞掉，死者从而失去复活的机会，而智慧神托特则记录下在灵魂称重时死者对提问的回答。天平在灵魂审判中的重要地位，集中地反映了秩序源于对立两端之平衡的埃及二元论信仰。这一剧情深刻影响了东西方各种宗教及包括柏拉图在内的诸多思想家对死后世界的想象。

埃及人相信，死后的生活不但是确定而真实的，还代表着一种更高、更持久、更幸福的状态。这一信仰催生了若干与死后世界相关的不凡实践，将尸体制作成木乃伊的高明技术[①]与极恢宏壮伟、据信能使法老在死后登天的金字塔，是其中最著名也最富于神秘色彩的代表。刻写在金字塔墙上的铭文，是最早的咒语，被称作金字塔文，其主要功能是保证逝世的国王能居于神位，常伴主神拉的左右。它逐步演化为刻写在棺椁上的棺文，进而演化为书写在纸莎草上、放置于木乃伊旁、周身捆绑纱布的亡灵书（Book of the Dead）。

埃及人将墓地称作“圣地”（tꜣ ḏsr），俄赛里斯的助手丧葬神威普瓦威特（Wp-wꜣ wt, Wepwawet［开路者］）与阿努比斯（Jnpw, Anubis）都有着“圣地主人”（nb tꜣ ḏsr）的称谓名号。另一方面，埃及人对神的世界（死后世界）有着颇具生活化的想象。大英博物馆

① 相关技术，参阅 Nicholsen/Shaw 2000，页 372–389; Shaw 2012，页 77–84。

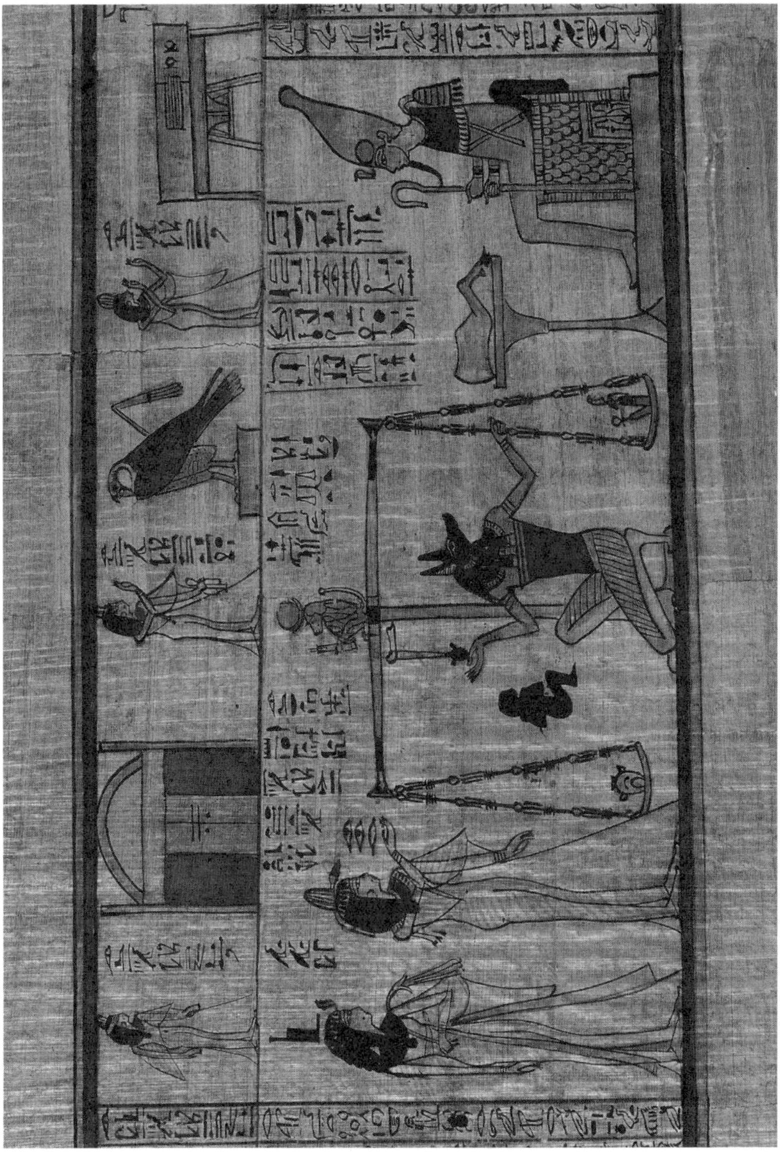

▲“亡灵书”中的“灵魂称重”

的某块献祭石碑上（BM EA 558）刻着如下的献祭词：ḥtp-dj-nsw ꜣ sir nb ḏdw nṯr ʿꜣ nb ꜣ bḏw/ dj=f prt-ḫrw t ḥnqt kꜣ ꜣ pd šs mnḫt/ ḫt nb(t) nfr(t) wʿb(t) ʿnḫt nṯr jm/ n k ꜣ n im ꜣḫ(w) ky，中译为“一份国王献给俄赛里斯——杰杜的主人、伟大的神、阿拜多斯的主人——的祭品。他（俄赛里斯）会将口头献祭品（prt-ḫrw，也可译作“例行性祭品”）面包、啤酒、牛、禽类、雪花石膏石、亚麻布等，这些神所赖以生活的一切美好而洁净的事物，给予尊者凯伊（kay）的卡（kꜣ）”。

埃及人认为灵魂有三种形式：

1. 卡（kꜣ），它与人俱生，带有人的形态，是人的保护神，代表着比身体机能更高的生命力，也可以象征神或法老的意志，人死后，卡以墓室为家，在墓室中享受给予死者的祭品。

2. 巴（bꜣ），代表人的灵魂或本质（相对于人的肉体而言），呈现为

▲ 巴的形象

长着人头的鸟的形象，通常以一个男人头和隼鹰的身体来表示。人死后，巴白天从墓中出来，去往死者在尘世时经常出没的地方，夜间则返回墓室居住。

3. 阿克（ꜣḫ），其本义为"有效性"，代表着死后无障碍的活动与完整的身体机能，其形态如光，常出现在 ꜣḫ ʿpr［（很好地）被装备起来的阿克］的表述中，在金字塔文和棺文中，神与国王、父与子被描述为通过彼此而获得阿克（如荷鲁斯通过俄赛里斯获得阿克，俄赛里斯通过荷鲁斯获得阿克），它是超越凡人认知的带有神性的灵魂，常被看作天上的恒星。

死者与世间相关之灵，主要指卡与巴，这二者都并非纯粹的精神性存在，而是有特定的物质—肉身基础，因而卡可以享用祭品，巴则被认为能够喝水、呼吸，有与生者类似的身体功能（如用于看的眼睛，用于听的耳朵，用于说话的嘴，用于行走的脚）。①

三、多代王朝的兴替延绵与文化影响

如果以传说中的美尼斯时代（公元前 3110 年）为起点，以托勒密王朝的末代女王克里奥佩特拉自杀（公元前 30 年）为终结，古埃及的王朝政治持续长达 3000 年。即便依照早王朝（公元前 3110—前 2665）—古王国（前 2664—前 2155）—中王国（前 2052—前 1786）—新王国（前 1554—前 1075）的划分纪年，相对独立的埃及王朝历史也超过 2000 年。相对于人类迄今 5000 年的文明史，这种政治—文明体的长久延续实属惊人。某种程度上，埃及古王国—中王国—新王国的历史可类比中华文明的夏—商—周三朝，而充满传奇意味的早王朝的

① 参阅 Gardiner 1935，页 29–30。

则有似于中华文明之“三代”（尧—舜—禹）。

学界关于古埃及的历史分期，通常依据的是流传下来的公元前3世纪埃及祭司曼涅托以希腊语写作的《埃及史》摘要（原书已失传）。[①] 此书运用了神庙的档案材料，提供了埃及三十个王朝或统治家族的统治年数和王朝的总年数，始于传说中的美尼斯时代，终于公元前332年波斯帝国为亚历山大所灭。不过由于作品保存不完整，且为了突出法老统治传承有序的特征，曼涅托把埃及历史上重大动荡周期时可能出现的多个王朝并立之格局描绘为前后相续，故而也留下诸多疑团，例如曼涅托笔下的第七王朝可能并不存在，第八王朝在20年中竟然出现了17位法老，第九王朝与第十王朝可能是一非二，第十四、十五王朝与第十六、十七王朝实为并列关系。

1. 古王国

相较于美索不达米亚地区由村社而城邦而国家（帝国）的政治共同体演化过程，埃及法老王国的出现显得很突然，很难对其进行史前史的追溯。古埃及社会，呈现为由王室（pr nswt）衍生出的（或说，高度依附于王室的）城邦与广大乡村的二元结构。某种程度上，它像是一个高倍放大的神庙公社，而始终缺乏类似美索不达米亚的独立于二者的社会集团和工商业城邦。[②]

在王室直接掌控的地区之外，存在着各种地方性势力，在遵从法老权威的名分下实际掌控着地方。由地方性力量实际管理的地区，

① 曼涅托《埃及史》的文本，参阅 Waddell 1940，页 1–187；相关研究，参阅 Verbrugghe / Wickersham 2001，页 95–172，183–212。

② 参阅富兰克弗特 2009，页 73 注 10，页 84–85；麦克尼尔 2015，上册，页 111–113。

自希腊—罗马时代以来被称作“诺姆”(nome, 古希腊语 *νομός*)，而这些地区的长官则被称作“诺姆阿克”(nomarch, 古希腊语 *νομάρχης*, 直译为“诺姆的统治者”，对应于其古埃及语头衔 ḥr.y-tp ꜥꜣ[伟大首领])。[①] 这是一种事实上的封建制,集中体现于诺姆长的世袭传统。[②]

地方势力的壮大及其自我意识的增强, 直接反映在古王国时期官员对墓地的选择上: 在第五王朝及更早的时期, 他们常选择在靠近法老王陵的地方建造自己的坟墓, 以期能继续追随法老一起升入天国, 这是另一种意义上的“事死如事生”，这也成为了一种法老与亲信近臣乃至整个贵族—官僚集团间的特殊连接方式; 自第五王朝晚期开始, 某些高官开始不再将坟墓建在法老的陵墓周边, 而选择建造在自己的诺姆中, 这一现象在第六王朝变得更为普遍, 这标志着其从依附于王室的高级官僚向具有较强独立性的世袭贵族转化。

埃及的王室很早就实行以实物方式征收税赋, 并建立了规范化的粮食储备制度, 以应对不时之需并作为对各种工程项目的支付方式。

---

① 认为诺姆是从王室庄园的排水区域演化而来的传统观点, 已不能成立。古王国时期的各种诺姆是地理条件自然形成与人为创设相结合的产物。参阅 OEAE, I, 词条 Provincial Administration, 页 16–20。关于“诺姆阿克”头衔的讨论, 参阅 Willems 2014, 页 4 注 3, 页 53–58。

② 直到第五王朝, 埃及中央政府还是习惯于直接派遣官员到地方以行统治, 第六王朝时期, 则转变为将诺姆交由地方势力行管理职责。诺姆长在其诺姆内, 扮演着类似法老之于整个埃及的角色。他既是诺姆军队的首席指挥官, 也掌握着政务、税收与司法的权力, 其职权颇类似行省制下的总督。同时, 他们往往会兼任与之关系紧密的神庙的祭司或总管。诺姆长的世袭制度虽无法理依据, 但在实践中通行, 可视作一种“习惯法”，类似罗马帝国后期之军团、唐王朝后期之藩镇由内部拥立首领而由中央政府予以承认的做法。关于诺姆制度的政治、行政、社会、宗教诸维度, 参阅 Willems 2014, 页 4–52。

旧约中约瑟为法老解梦提到的七个丰年、七个荒年和将丰年所得储存起来应对灾年的建议(《创世记》41: 21–35),恰是埃及这种成熟的粮食储备制度之旁证。[①] 不同于约瑟故事的是,对于每年的粮食收成,埃及有一套通过逐年记录尼罗河泛滥时的水位进行预估的成熟方法。与之相应的是,形成了记录每年发生大事的编年史传统,约在公元前2400年制成的巴勒莫石碑(Palermo Stone,因保存在意大利巴勒莫的一家博物馆而得名)即是一份逐年记录早期数个王朝大事的年表,它不以国王的统治年(登基日期)纪年,而以埃及历法上泛滥季的第一个月的第一天为起点。埃及政府有效的管理组织手段、富有执行力的官僚团体及其整体国家能力,是各种超大型工程(包括金字塔、狮身人面像)在当时的历史条件下得以完成的重要保证。

早期埃及王朝的纪年使用类似“这年与下埃及作战并将之击败”这样的纪事方式,在第五、第六王朝时,改为以每两年举行一次的畜群数量普查来纪事,如 ḥ3t sp 14 ṯnwt jḥ ‘wt nb[(第)14次统计公牛与所有小型畜群之年(直译:时间的开始)]。埃及人很早就观察到,尼罗河再次泛滥的时间与天狼星在经历一段时间的消失后再次出现于日出前重合,天狼星偕日升这一自然现象被埃及人称作 prt Spdt[天狼星(索提斯[Sothis]女神)的上升],那一天就被视作元旦(wpt-rnpt[年的开始]),即 tpy (n)3 ḫtsw I[(尼罗河水)泛滥的第一月第一日]。

---

① 自早王朝时代以来,粮食官员都是埃及政府系统中极为重要的存在,其地位仅次于财政官员,在粮食部门之下设碾磨部门(pr ḥry wḏb,直译是“翻动(谷物)室”),用于加工与保存粮食。对于七丰年、七荒年的预言,除反映七这一数字在早期闪米特信仰中的特殊禁忌之义外,也可能与古王国法老左赛(Netjerykhet Djoser)统治期间遭遇持续七年的饥荒这一历史有关,参阅 Sethe 1902,页 11。

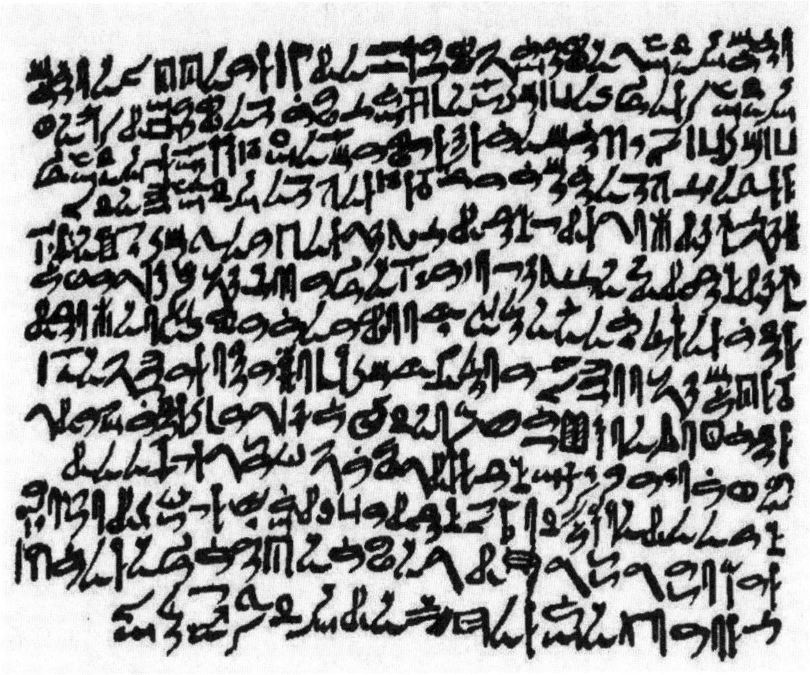

▲ 僧侣体写就的《普塔霍特普教谕》片段

仿佛呼应于埃及人宗教观念中生命—死亡—重生的相续，埃及自古王国时代起，总是经历着兴盛—衰颓—复兴的交替。《普塔霍特普教谕》是古王国时期的代表性作品，[①] 它名义上的作者普塔霍特普（Ptahhotep）是生活在第五王朝末期（约前 2350 年）的维西尔（ṯ3ty，意为“宰相”），这一作品教诲人们如何在平等的或是有等级差别的社会上安身立命，充分地展示了教谕文献这一文体内容丰富、充满格言、冗长造作的特征。sb3yt［教谕］概念，包含着传统、教诲、教育、教养、教材乃至（作为教育的）惩罚等多重含义，[②] 它对埃及文化的深远影

① 文本的核心部分参阅 Sethe 1919，页 36–42；译文参阅 Erman 1927，页 54–67；Lichtheim 1975，页 61–80；郭丹彤、黄薇 2019，页 70–81。

② 古埃及语中表教谕的词汇 sb3 yt，源自动词 sb3［教授，教育］，sb3 与“门”“星星”“瞳孔”“国王的宠儿”等词发音相同，只是通过后 （转下页）

响，类似 paideia［教化］概念之于希腊文化。①

这一文本的结语部分，再三强调了"倾听"的重要性与有益性，以及相应的不善倾听的问题与过患，如"倾听者终将成为被倾听者""倾听好于其他任何事物""善于倾听的人被神所爱，神憎恶那些不愿倾听的人""善于倾听的人将能自足，并被他的父亲赞扬""那些不善倾听的愚蠢的人，他们将一事无成"，进而引出"隐藏你的心，控制你的嘴"的告诫。

总体而言，古王国时期存世的文学作品数量较少，主要为简短的铭文，金字塔文则是这一时期宗教文学的主体，② 它被刻写于第五王朝最后一代法老乌纳斯与第六王朝诸法老的金字塔中，主要为法老之丧葬与转化仪典上使用的祷文、咒语和颂词，常采用咒语重复诵读（ḏd-mdw）与排比（重复中又带有些微变化，类似诗经之"重章叠唱"）的方式。它不但被认为是法老的通天之路，也反映出对太阳神拉的信仰与对俄赛里斯信仰的融合（死去的王者被视作俄赛里斯的化身或"他的儿子荷鲁斯"，他的灵魂通过在俄赛里斯神面前通向太阳神拉的天梯升上天界）。这种信仰融合催生了对于死后世界的独特想象，"灯芯草之地"（sḫt-jꜣrw，有时又被称作 š-jꜣrw［灯芯草之

（接上页）面不同的限定符号加以区别。这或许透露着某种隐性的意义关联：教谕给年轻人打开了一扇命运之门，如同天上的星星带给其指引，如瞳孔般让其接触光明，使其获得成为国王宠儿的机会。

① Paideia 概念对于希腊文化的核心影响，耶格尔在其名著《教化》（*Paideia*）中多有阐发。有关 paideia 一词所包含的多重含义，参阅白钢 2021，页 4–6。

② 金字塔文文本，参阅 Sethe 1908–1922；译文与评注，参阅 Sethe 1935–1939, Allen 2005。

湖])[①] 的意象是其突出代表。

2. 第一中间期

在古王国遭遇重大危机陷入分裂[②] 后的第一中间期(第七至第十王朝,约前 2181—前 2052 年,其中第七王朝在曼涅托笔下被描绘为七十天有七十个国王),社会状态的急剧变化引发了文学形式的突变,此时出现了诸多新型文体,包括对各种政治和社会形态的讽刺谩骂、对话形式的理性探讨、诉苦与批判性的演说、皇室遗嘱、预言等。在名为《一个埃及贤人的训诫》(又称《伊普味(Ipuwer)陈辞》)的作品中,[③] 站在保守派立场的作者列举种种混乱失序的现象(大地充满强盗,仆人取走财物,河流变成坟墓,坟墓变成河流,妇女不孕,死者遍野,贵族悲泣,穷人欢欣,强盗暴富,富者成贼等等),表达出对这一礼崩乐坏的时代的绝望(所有人都面临悲惨的结局,无论大人物还是平

① 在金字塔文中,灯芯草之地常与 w‘b[净化,洁净]一词连用(如 PT 479, 525, 567)。它与 sḫt-ḥtp[祭品之地]一起成为古埃及人对死者所居之地的命名。参阅 Hays 2004。“灯芯草之地”这一对死后世界的命名,或许对于荷马史诗有关冥府的想象有所影响,在《奥德赛》中它被描绘为 *ἀσφοδελὸν λειμῶνα*[开着长春花的草地](Od. 11. 539, 24. 13),这一意象又进一步转化为萨福笔下的 *λείμων ἰππόβοτος* [适于牧马的草野](Fr. 2, 9)。参阅白钢 2019,页 3–40。

② 发生于第六王朝末期导致古王国覆灭的危机,其原因至今尚无定论。地方势力的做大导致中央政府无法获得足够的资源从而引发国家能力持续下降,或许是一个重要的因素。相关讨论,参阅 Kanawati 1977,页 67–73。

③ 文本参阅 Gardiner 1909;译文参阅 Erman 1927,页 92–108;Lichtheim 1975,页 149–163。

民都希望早日结束生命),甚至谴责造物主没安排好世间的事务因而要为埃及的苦难负责。

《伊普味陈辞》对各种带有强烈反差之“颠倒相”的渲染,在旧约《撒母耳记》的哈拿之歌中得以再现。通过列举种种“颠倒相”,前者对现实作激烈控诉,后者则恰要颂扬神之权柄:“勇士的弓都被折断,跌倒的人却以力量束腰。饱足的,要劳碌觅食,饥饿的,不再饥饿;不能生育的,生了七个儿女,有过许多儿女的,反倒衰微。耶和华使人死,也使人活;使人下阴间,也使人从阴间上来。耶和华使人贫穷,也使人富足;使人降卑,也使人升高。他从灰尘中抬举贫寒的人,从粪堆中提拔穷乏的人,使他们与显贵同坐,承受尊贵的座位。大地的柱子属于耶和华,他把全地安放在柱子上面。”(《撒母耳记上》2: 4–8)

《一个厌倦生活者与他灵魂的对话》[①]是此时期一部深刻又让人困惑的作品,它记述了一个对生活绝望的人与其灵魂巴(bꜣ)的对话:他想要说服灵魂接受他结束生命,表达了强烈的死志(“在我达到死亡之前把我引向死亡吧”“我[求死]的愿望是如此强烈,以至于我毫无快乐可言”,1–29),却被灵魂所嘲笑(“你还是个男人吗?至少你还活着”“你已经死了,尽管的你的名字还活着”,29–39),于是他试图通过为灵魂建造庇护所说服灵魂(“我将为你的躯体修建庇护所,你将让其他虚弱的灵魂羡慕”“如果你阻止我走向死亡,在西方你将找不到安身之所”,39–55),却被灵魂以死后的苦楚(以建造金字塔坟墓者死后的悲惨命运为例)加以劝阻(“对于你而言,再不可能走上去看到太阳”“他们[建造者]却没有了贡品,就像一个因死在岸边而没有纪念物的人”,55–67),继而劝慰他通过寻找感官快乐可以忘

① 文本与译文参阅 Allen 2011,译文亦可参阅郭丹彤、黄薇 2019,页 93–100。

记烦恼（“能听这话的人是好的，抓住快乐的时光，忘记烦恼”，68–85）。本文的高潮出现在生活绝望者对此兴发的一系列感慨，他以连续8段“我的名字是多么令人厌恶，瞧，超过了……”（mj.k b'ḥ rn.j / mj.k r st...）的句式，感叹生命的不幸（86–102），继而连续15段以“今天我还能对谁说？”（ḏd.j n mj mjn）开头的句式（第16段以“今天我能向谁倾诉？”开头），感叹世道浇漓、人心败坏（103–130），再以连续6段“今日死亡降临我身，犹如……犹如……”（jw mt m ḥr.j m mjn mj... mj...）的句式来比喻死亡之于他的美好意义（131–142），最后以连续3段“的确，彼岸的那个人（wnn ms ntj jm 'ḥ' m wjꜣ），他会……”来表达期待在彼岸世界享受公正（143–147）。这一文本以他的灵魂劝说他放弃抱怨转而享受现世生活（“请现在爱我吧，忘记西方”）、承诺在他死后灵魂将与其同在而告终（147–155）。全文运用了大量的铺陈排比重复手法，极富感染力。文中那种以生为累、以死为归的厌世而求解脱的思想倾向，堪称诺斯替（Gnosis，又译“灵知派”）运动的先声。[①]

《对梅里卡瑞（Merikare）的教谕》[②]以法老遗嘱的形式，再现了法老对其继承人梅里卡瑞的政治教育，涉及对各种政治形势的判断与应对之道，进而讨论了人与神的关系、虔诚的行为、道德准则、官员的本性、宇宙起源论和人间王者也无法逃避的末日审判等问题，全文带有某种深刻的悲观主义色彩，似乎暗示着定都于赫拉克里奥波利斯（Herakleopolis）的王国（第九、第十王朝）覆灭的命运。这种针对君

---

① 可对比旧约《传道书》（7:1–4）：“死的日子胜过生的日子。往服丧之家，比往宴乐之家还好，因为死是人人的结局，活人要把这事放在心上。忧愁胜于嬉笑，因为面带愁容，能使内心得着好处。智慧人的心在服丧之家，愚昧人的心在欢乐之家。”

② 文本参阅 Volten 1945，页 3–82；译文参阅 Erman 1927，页 75–84；Lichtheim 1975，页 97–109。

主的教谕文，是自希腊化时代以降在整个地中海文明区（从伊斯兰世界到中世纪欧洲）颇有影响的“君主宝鉴”（speculum regum）文体的先声。

这一时期，在传统上为王室所垄断的金字塔文之外，出现了棺文。[①] 棺文服务的对象，从法老与王室成员扩大到社会上层乃至中层人士（只要其拥有足够的资财），棺文的内容是对各种神话主题的文学改造与再现，其主旨则在帮助棺椁之主实现神化与永生。经文从墓室墙壁转到棺木上，不但与死者的丧葬条件相关，也反映了让具有魔力的文字更接近死者以便其念诵的想象，它促成了在棺材外壁绘制硕大眼睛的独特艺术风格。[②] 棺文是从金字塔文到亡灵书的中介，并构成新王国王陵之“来世铭文”的基础。

新近的研究倾向于认为，这一时期的社会危机与各种文学性描述中充满的悲观意味，或许更多地反映了特定社会阶层面对社会结构重大变化的心理状态而非实际情况。以法老为核心的中央政府权威确实急剧下降，但这种权力真空很大程度上被地方势力的崛起所弥补。《伊普味陈辞》表达的社会崩溃与民众绝望，或许是出于证明中王国时期统治的正当性而刻意夸大了此前的失序。[③] 与这种悲观态度形成鲜明对

---

① 棺文文本，参阅 de Buck/Gardiner/Allen 1935–2006；译文参阅 Faulkner 1973, 1977, 1978。

② 有关中王国时期的棺材类型与风格特征，参阅 Willems 1988。

③ 如鲁里亚（S. Luria）指出的，该文的描述具有明显自相矛盾之处，因而不具有历史的可信度：一方面说存在普遍的困苦与匮乏，一方面又说婢女和奴隶变得富有，炫耀着原来属于其主人的贵重财物。参阅 Luria 1929; Lichtheim 1975，页 149–150。

这种通过秩序崩解时的不幸凸显秩序重新恢复之可贵的手法，也体现于第十二王朝的《奈菲尔提预言》，其中预言 1 与预言 2 极言亚洲人入侵所带来的乱象：国家分裂、河流枯干、骨肉相残，甚至拉神远 （转下页）

照的，是这一时期实际掌握大权的地方诸侯对自己功业的高度肯定与自夸，在埃尔摩阿拉（el–Mo'alla）发现的一座地方大员的坟墓中，生前执掌两州之地的诸侯安赫梯菲（Ankhitifi）的墓传是体现这种自我肯定的登峰造极之作，令埃及和美索不达米亚君主的自我吹嘘都显得黯然失色：

> 我是人类的起点，也是人类的终点。以前没有人像我这样，将来也不会有。像我这样的人先前不曾降生，将来也不会降生。我的功绩不但超越了祖先，未来的一百万年里也没有人可以与我比肩。①

3. 中王国

伴随着定都于底比斯、以蒙图霍特普二世（Mentuhotep Ⅱ）为领袖的第十一王朝于公元前 2040 年重新统一埃及，埃及从古王国分裂后的中间期复兴，进入中王国时期。蒙图霍特普二世先后使用的多个名号一定程度上可以反映埃及统一的过程：②公元前 2060 年初登基时，其荷鲁斯名为 S'nḫ–jb–tȝwy［令两地（上下埃及）之心得以存活者］，这一称号保持到他继位的第 14 年；在他发动的对赫拉克里

（接上页）离人类，赫利奥波利斯不再是诸神的诞生地（预言 2 中有关弱者变得强大、下层人变成上层人、随从变成主人、低贱者获得财富、高贵者以劫掠为生的内容，与《一位埃及贤人的训诫》中有关礼崩乐坏、上下颠倒的描写颇为相似），预言 3 则突然转为描绘阿美尼（即阿蒙奈姆赫特一世）重新统一埃及所带来的光辉前景。参阅斯宾格勒 2020，Ⅰ，页 220。

① 文本参考 Vandier 1950；译文参考 Shaw 2000，页 118–119。Lichtheim 1975（页 85–86）与郭丹彤、黄薇 2019（页 137–138）之翻译有一定差异。

② 参阅 Leprohon 2013，页 54–55。

奥波利斯的战争不断胜利的情势下，他的荷鲁斯名（及两夫人名）改为 Nṯrj-ḥḏt［神圣的白王冠］，白王冠是上埃及君主的传统标志，在即将取得对北方对手的决定性胜利之际，他特意强调了自己的南方背景；在位 39 年后，作为实现完全统一的埃及君主，他终于采取了传统上属于法老的五个名字，将其荷鲁斯名（及两夫人名）改为 Smꜣ-tꜣwy［两地的统一者］，定金荷鲁斯名 Ḳꜣ-šwty［羽毛高扬者］，第一王环名 Nb-ḥpt-rʻ［拉神之舵桨的拥有者］，第二王环名 Mnṯw-ḥtp［蒙图霍特普（令蒙图神满意者）］[①]。

蒙图霍特普二世在完成埃及统一后，以武力征伐周边部族，包括南部的库施人、西部沙漠的利比亚人、东部与北部的游牧民族，他们被统称为"九弓部民"或"九弓"。[②] 这种在铭文中大加宣扬的武力征伐，其重点却不在于疆域的拓展而在其巩固，在于确保埃及本土不受外界的侵扰而保持稳定。这是新王国时期埃及作为"帝国"命运的预演，也预示了"帝国"之于埃及的界限。

经过长期的动乱，中央政府急需有经验且值得信任的官员，于是出现了《凯麦特》与《对各职业的讽刺》这样旨在培养国家官员、向其

---

① 蒙图神（mnṯw, Montu）是底比斯神话传统中的战神与城市主神，出于对底比斯背景的强调与对蒙图神的信仰，第十一王朝的君主有多人采用蒙图霍特普之名。这种战神的意象一直延续到新王朝时期，国王形象常被表现为蒙图神的带翼狮子。

② "弓"（pḏt）意味着"外国人，敌军"，"九"作为 3 的 3 倍，意味着复数的复数，象征数极致（类似中国思维中以数字九表"阳之极"），故埃及人以折断弓箭象征武力征服敌人，以"九弓"作为埃及周边敌人的统称。早王朝时期就已经用 jwntjw（本义为"弓民"，因其携带 jwnt［弓］；或"柱民"，因其能制作高大的 jwn［柱子］）来指称作为埃及对手的西亚游牧民族。王室的脚凳与王位基座，常以复数的弓的图案加以装饰，从而配合法老将敌人踩在脚下的意象。参阅 Helck 1962。

▲ 一堵墙，其上有象形文字和埃及国王蒙图霍特普二世画像

灌输工作责任与工作高贵性的作品。《凯麦特》[①](kmt，意为"完成，成果")包含着书信惯用语的合集与针对想成为中央政府官员者加强自我控制、努力工作的建议，《对各职业的讽刺》[②]则出自被称作埃及作家第一人的书吏凯梯(Khety)之手，是他对即将进入中央书吏学校的儿子的教谕，该作是"万般皆下品，唯有读书高"理念在古埃及社会的集中呈现。《对各职业的讽刺》化用带有注释的《凯麦特》中的引文作为开头，[③]教导孩子要爱书写技艺胜于爱自己的母亲，进而论述胜任官员这一职业的不易，并提到了各种不同职业的弊端和与之相关的悲惨生活。上述两个作品在中王国时期流传广泛，成为了埃及官员群体所需承担的诸多职责及其处理综合事务之强大能力的旁证。

在教谕这种古老的文体之外，中王国还出现了一种新型的文学形式——小说，《辛努亥的故事》(*Story of Sinuhe*)[④]便是其中的杰出代表。它以故事和墓室铭文结合的自传体形式，记述了辛努亥的传奇经历：他本是法老(阿蒙奈姆赫特一世)的忠实仆从，在随王子从利比亚返回埃及的途中，获知法老在宫廷政变中被杀，王子秘不发丧，带领随从急返都城平叛，而处在巨大惶恐中的辛努亥，则离开军队前往叙利亚地区，在那里羁留多年，成为一个部族的首领(ḥḳꜣ)，经历种种传奇，于暮年获得法老(王子继位后为赛索斯特里斯一世[Sesostris Ⅰ])

① 文本参阅 Posener 1972, Ⅱ, pls. 1–25。

② 文本参阅 Helck 1970; 译文参阅 Erman 1927, 页 67–72; Lichtheim 1975, 页 184–192。

③ "阅读《凯麦特》的结尾，你将发现这句话：'一个书吏在任何城镇的职位上，都不会因此而受苦；当他满足别人的需要时，将不会缺少回报。'"参阅 Lichtheim 1975, 页 185。

④ 文本参阅 Blackman 1972, 页 1–41; 译文参阅 Lichtheim 1975, 页 223–235; Parkinson 1997, 页 27–53。

的豁免，荣归埃及。[1] 尽管其篇幅并不长，却充满戏剧性的冲突，体现出高超的叙述技巧。它提供了大量有关中王国时期埃及与亚洲（叙利亚地区）交往的材料，展现了那一时期埃及人对亚洲的认知与想象。常与之并称的《船舶遇害者的故事》（*Tale of the Shipwrecked Sailor*），[2] 则是一个水手讲述他在红海航行时经历的冒险：在一场海难后，他被卷到一个巨蟒主宰的岛屿上，能作人言的巨蟒友好地接待他并以神奇的力量将他送回埃及。这个故事让人联想起《一千零一夜》中辛巴达的传说和《奥德赛》中墨涅拉俄斯（Menelaos）与奥德修斯（Odysseus）在返乡过程中的遭遇。它或许正是后来在各个文明体间广为流传的海上传奇—冒险故事的原型。

《辛努亥的故事》对法老死于宫廷政变之事语焉不详（通过信使转述的形式），而《阿蒙奈姆赫特一世教谕》[3] 则假托已去世的法老之名，以极生动的笔触、极强烈的感情描述了那次发生在夜晚的谋杀，教导其长子与继承者不可轻信他人（“不要信任一个兄弟，不要认识一个朋友，不要有亲密者，这全没有价值”），谴责政变者忘恩负义的背叛（“那吃我食物者进行反叛，我给予信任者利用它策划阴谋”），哀叹面对阴谋的无能为力（“没有人在夜晚是强大的，没有人能独自

---

① 富兰克弗特认为，这一小说突出地体现了埃及文化根深蒂固的对于某种稳定秩序的追求：辛努亥在亚洲经历了各种传奇冒险后，抛弃了在那里获得的一切（包括家庭），回到了法老身边，成为其所喜爱的仆人。一切变化都仿佛根本没有发生过，又恢复到他在经历冒险前的状态。参阅富兰克弗特 2005，页 111–112。

② 文本参阅 Blackman 1972，页 42–48；译文参阅 Lichtheim 1975，页 210–215；Parkinson 1997，页 89–101。

③ 通常认为，这一作品由体现赛索斯特里斯一世意旨的王室书吏所作。文本参阅 Volten 1945，页 104–128；Helck 1969；译文参阅 Lichtheim 1975，页 135–139；Parkinson 1997，页 203–211。

战斗，没有胜利能在无帮手的情况下获得"），在回顾一生的功业后，表达了对继承者的祝福。[①]

这种假托已去世的伟大人物对生者进行（政治）教谕的形式，影响颇为深远，印度史诗《摩诃婆罗多》第十二卷《和平篇》、第十三卷《教诫篇》，便是借具有神性光辉的老祖宗毗湿摩之口，对后辈王者坚战进行内容极丰富的教诫（涵盖治国治世乃至修行解脱之种种），二者总和约占《摩诃婆罗多》篇幅的四分之一。

《能言善辩的农夫》[②]是一篇体现埃及式雄辩演说风格的作品。一位名为胡恩因普（Ḫwi-n-inpu）的农夫在财产被名为奈姆提·奈赫特（Nmti-nḫt）的小官僚无故剥夺后，到京城长官麦如之子廉西（Mrw sꜣ Rnsy）面前进行了 9 次申辩，他的讲演充满了比喻、反复的修辞手法，包含华丽的辞藻与热切的呼吁，全篇将叙述与独白完美地结合在一起，配之以正义最终得以伸张的大团圆结局，极富代表性地反映了中王国时期以玛阿特（mꜣ ʿt，秩序—正义—真理）理念为核心所塑造的整体意识形态（mꜣ ʿt 一词在全文出现达 30 次）。[③]

中王国时期形成了在重大宗教节日（或具有类似重要性的场合，如法老即位）进行仪式性戏剧表演的传统，由保存下来的孟菲斯戏剧和即位礼戏剧的文本[④]可以发现，那一时期的戏剧已经具有了较复杂

① 文中将其继承者称作"我活着的同侪，在众人中我的伙伴"（Ⅰ，9），反映了阿蒙奈姆赫特一世所开创的父子共治相承的制度精神，这一传统为赛索斯特里斯一世及第十二王朝的其他君主所遵从。

② 文本参阅 Sethe 1919，页 17–25；译文参阅 Lichtheim 1975，页 169–184；王海利 2013，页 7–46。

③ 这一词汇在《能言善辩的农夫》一文的运用及其多重内涵，参阅王海利 2013，页 94–106。

④ 对于古埃及剧本的研究，赛特（Kurt Sethe）于 1928 年出版的 （转下页）

的结构（包含众多人物的对白、类似希腊戏剧中歌队角色的旁白）。戏剧源于对宗教节日—宗教仪式的戏剧化呈现，是地中海文明区的普遍文化现象，涵盖美索不达米亚、安纳托利亚、叙利亚—巴勒斯坦和希腊等诸多区域。

4. 第二中间期

中王国后期，埃及又一次陷入衰落与分裂。第十三王朝法老索贝克霍特普（Sobekhotep）在位期间，位于尼罗河三角洲东部的阿瓦利斯（Avaris）城已经出现了带有强烈混合特征的新政权——喜克索（Hyksos）王国，埃及文化与西北闪米特（叙利亚—巴勒斯坦）文化于其中融为一体，俄赛里斯的死敌赛特，传统埃及信仰中的混乱之神，受到了喜克索王国的特别推崇。在第十五王朝法老希安（Khyan）统治期间（约公元前1610—前1580年），喜克索王国向南大举扩张，并攻占了下埃及的中心孟菲斯，这一过程传统上被描述为喜克索人对埃及的外族入侵。

罗马时代的犹太史学家约瑟夫斯（Flavius Josephus），将古希腊语中对喜克索一词的再现形式 *ὕκσωϛ* 解释为“牧人国王”（*ὕκ*-“国王”，*σωζ*-“牧人，保护”），这一说法对于后世影响颇大，常被作为喜克索人原为游牧民族的某种证据，却如同许多此类民间词源学解释一样不可靠。喜克索这一概念，当源自古埃及语 ḥḳꜣ w-ḫꜣ swt

（接上页）《古埃及秘仪表演的戏剧文本》（*Dramatische Texte zu altägyptischen Mysterienspielen*）至今仍有极大的价值。孟菲斯戏剧文本与即位礼戏剧文本，分别参阅 Sethe 1928，页 1–80，页 81–258。另可参阅 Rusch 1929; Blackman 1930; Junker 1940; Gaster 1961，页 377–405。

[外国领土（山地国家）的统治者]，[①] 本来泛指埃及之外土地上的统治者，后成为第十五王朝数位君主的官方称号，法老希安为推进更彻底的埃及化，放弃了这一带有外来君主色彩的称号。

此时出现了北部的喜克索王国与南部的继承中王国正统的两大政权之并立。曼涅托笔下对这一时期令人困惑的记载，其根源在于把这两大并立政权各自的王朝延续描绘为整体上相续，其中第十四、十五王朝应属于以阿瓦利斯为都城的喜克索政权，第十六、十七王朝则属于以底比斯为都城的原埃及政权。由于这一时期埃及对地区整体控制力的下降，位于上努比亚（Upper Nubia，今苏丹北部）的库施（Kush）地区建立了独立的政权（蒙图霍特普二世时期，努比亚地区名义上臣服于埃及，向其缴纳贡赋，埃及的黄金多从努比亚进口），并构成了一段时期内三国鼎立的格局。

阶段性的分裂格局，恰促使埃及获得了重新聚合的动力。喜克索人为埃及带来了马拉战车、战斧、盔甲、混合弓箭等军事装备，以及制造青铜与鼓风吹火的风箱的知识。在挫败库施王国的入侵后，第十七王朝的末代法老卡摩斯（Kamose）从底比斯发动对喜克索王朝的进攻（传统上被称为解放埃及的战争），这场战争在其继任者阿摩希斯一世（Amosis I，公元前1570—前1546年在位）领导下取得了决定性的胜利，继收复孟菲斯后，阿瓦利斯地区亦落入其手，喜克索人被逐出这一地区。

---

① 参阅 OEAE, II, 词条 Hyksos, 页 136–143。《辛努亥的故事》中提到，当亚洲人计划攻击“山地国家的统治者”（ḥḳꜣw-ḫꜣswt）时，他曾加以阻止（B 97–99）。辛努亥选择站在“山地国家的统治者”一边，表明喜克索这一概念所对应的埃及之外国领土不同于一般的西亚地区（如叙利亚），而是有埃及人定居且掌握政权者。

5. 新王国

因重新实现埃及统一的功业，阿摩希斯一世被尊为第十八王朝的开创者，新王国得以建立。作为新王国的开国之主，阿摩希斯向东攻入巴勒斯坦，划定了埃及与亚洲的边界，又恢复了埃及对努比亚地区的控制，设置努比亚总督一职。

起初这一职位被称作“南方地区的监察者”，其职能与黎凡特地区总督作为“北方地区的监察者”相似。在阿蒙霍特普二世统治时期，努比亚总督获得了“国王之子”的尊号，这一头衔进而发展为“国王的库施之子”（sꜣ nswt n Kš）。

自十八王朝以降，努比亚地区长期作为一个行省处于埃及的统治之下，直到公元前 8 世纪重获独立。公元前 713 年，努比亚政权征服埃及，成为埃及的第二十五王朝。伴随这一变化，埃及与库施被颇有创意地解释为对应于埃及自古以来的“两地”（tꜣwy），埃及为“北地”（tꜣ-mḥy），库施为“南地”（tꜣ-rsy）。

库施王室认为自己是埃及第十八王朝的正宗传人，故而有意识地推动了一系列对古代埃及文化的再现乃至再创造工程（有时被称作古风主义或传统主义），从而拉开了古埃及文明演化过程中最后一次“复兴”的序幕。即便在库施王朝的势力于公元前 663 年被亚述帝国决定性地驱逐出埃及后，其在努比亚地区的统治依然维系了千年。在此后的 400 余年，库施王国保持着埃及文化的基本范式与宗教想象，留下了大量用古埃及象形文字写成的铭文与文献。直到公元前 3 世纪古埃及语的通用语地位被麦罗埃语（Meroitic）取代后，库施人依然用古埃及语称自己的王国为 kš（麦罗埃语 qes）。麦罗埃王国的统治自公元前 4 世纪一直延续到公元 3 世纪末，在公元前 3 世纪至公元 1 世纪的数百年间，它是希腊—罗马世界所知的强国之一，《使徒行传》8: 27 所提及的埃塞俄比亚女王干大基（κανδάκης βασιλίσσης αἰθιόπων），便是麦罗埃王国之主。这是古埃及文明在本土之外最持久的存续。①

新王国时期的埃及结束了长达千年的孤立主义，呈现出前所未有的扩展态势，故而又被称作“帝国”。图特摩斯一世（Thutmosis Ⅰ，公元前 1525—前 1512 年在位）将实力扩展到美索不达米亚，击败了位于美索不达米亚北部的强大对手米坦尼（Mitanni）王国，确立了对巴勒斯坦地区的控制。新王国的这种对外扩张态势，造极于图特摩斯三世（公元前 1504—前 1450 年在位），他大力强化对努比亚地区的统治，挫败了在米坦尼支持下的巴勒斯坦地区的叛乱，令巴勒斯坦附庸诸邦的君主送质子（通常为长子）于埃及以保持忠诚，通过对米坦尼王国发动多次战争，夺占其位于幼发拉底河西岸的土地。此时，巴比伦、赫梯王国等地区重要力量皆与其交好，埃及俨然成为当时地中海世界的第一强国。

此后的新王国诸法老，更多地倾向于使用外交手段处理国际争端，而赫梯王国的强势崛起，也促成了米坦尼王国认可埃及对巴勒斯坦地区的控制，二者间实现了和平。伴随赫梯王国不断扩张、吞并米坦尼王国的大部分土地、掌握了整个叙利亚地区，埃及与赫梯两大地区强国的矛盾不断激化，最终演化为公元前 1275 年爆发、由埃及第十九王朝法老拉美西斯二世（Ramesses Ⅱ）与赫梯国王穆瓦塔里二世（Muwatalli Ⅱ）亲自指挥的卡迭什（Kadesh）战役，这是世界军事史上有文字记载的最早会战之一。此役双方均付出巨大代价，各自宣布己方获得胜利，而事实上二者皆未获得决定性优势，在地区的大国地

① 有关库施王国（及麦罗埃王国）与埃及文明的关系，参阅 Shinnie 1971，页 439–446; Török 1997，特别是第四、五章; Clack 2008，页 830–940，特别是页 902–916, 925–940。

位都被削弱。公元前1258年(拉美西斯二世在位第21年),经长期战争消耗而筋疲力尽的双方缔结和平条约,赫梯王国的版本保留在博阿兹柯伊(Boğazköy)出土的以巴比伦语记录的楔形文字泥板中。[①]

拉美西斯二世有关卡迭什战役的铭文[②]分为两部分,学界常称作记录(Record)与诗歌(Poem),伴之以带有说明性文字的图案浮雕,被铭刻在埃及卡纳克(Karnak)、拉美西乌姆(Ramesseum)等多地的神庙墙壁上。文中所言,埃及方面分为阿蒙军团、拉神军团、普塔军团、赛特军团,拉美西斯二世亲自统率阿蒙军团,在向卡迭什进军过程中抓获两名赫梯的间谍,被其提供的赫梯主力所在位置的虚假信息所欺骗,在行进到卡迭什西北方向的高地时,又抓获了两名赫梯的探子,经过拷打得知,赫梯军的真实位置在卡迭什的东北方向,遂派遣使者催促大军汇集,此时埃及军队受到了赫梯方面的攻击,拉美西斯二世被赫梯军包围。上述内容可能具有一定的真实性。接下来有关拉美西斯二世独自击杀大量赫梯军、突破重围、导致战局扭转、最终迫使赫梯王议和的描述,则显然不可信。这部分带有神话性质的描述,本质上是传统绘画—雕塑中法老独自一人战胜敌人之意象的文字化再现。此种纪实与神话深度交融的历史书写方式,可谓希罗多德《历史》之先声。

新王国时期的埃及,伴随着与外部世界交往的不断发展,逐渐与亚洲呈现出文明共生体的形态。在大量商品物资流向埃及的同时,[③]

---

① 巴比伦语版本的译文,参阅 Beckman 1996,页 90–95;李政 2006,页 387–392。

② 古埃及语版本原文,参阅 Kitchen 1975–1990, Vol. Ⅱ,页 102–147;译文参阅 Gardiner 1960,页 7–45;Lichtheim 1978,页 57–72。

③ 早在古王国时期,通过水路航道自毕布罗斯(Byblos)运输的木材与松脂就已是埃及重要的战略物资,以致第一中间期的《伊普味陈辞》(转下页)

人员的交流也趋于活跃，外国人大量地出现于埃及，西北闪米特族信奉的神祇阿斯塔特（Astarte）进入了埃及的众神殿，埃及医生则出现于赫梯王宫，[①] 新王国主神阿蒙的影响力更是超越埃及本土，成为诸多民族共同信奉之神，并对尚处于萌发期的犹太教产生了深刻影响。[②] 与新王国的“帝国”性质相应，其统治方式体现出某种地方分权（类似“封建制”）的特点，不但对外部的附庸地区（如巴勒斯坦诸国）主要通过派驻总督与当地君主合作的方式进行统治，在国内拥有众多财富与特权的大型神庙也获得了较之以往更强的独立性，而法老的王后或长女担任阿蒙神最高女祭司的传统，非但没有削弱反而强化了这种神庙的独立性。

可能在喜克索王国崛起期间，以色列人进入了埃及，并在此居住数百年（据《出埃及记》12:40 的记载为 430 年），直到公元前 13 世纪第十九王朝时在摩西的带领下离开。《创世记》41–42 中有关约瑟受到法老青睐被委以重任、“统治埃及地”的传说，或许反映了以色列人进入喜克索王国受到善待与重用的历史，这与喜克索王国时期埃及文化与西北闪米特文化的混合特征相关（王国的当权者可能便具有闪米特血统）：若依传统的埃及观念，委任外乡人为本土的高官几乎是不可能的。

约瑟夫斯在《犹太古史》中认为，被逐出阿瓦利斯的喜克索人

（接上页）中，作者哀叹：“无人今天能向北航行至毕布罗斯。我们该如何获得（制作）木乃伊所需的松木？”参阅 Gardiner 1909，页 323；Lichtheim 1975，页 152。中王国时期，来自亚洲的青铜、天青石与绿松石在埃及被广泛使用。参阅 Lucas 1948，页 253，455–456，530；Nicholsen/Shaw 2000，页 39–40，62–63，149–151。

① 埃及医生与埃及医学对赫梯王室的影响，参阅 Edel 1976。

② 参阅本书页 319–320。

是耶路撒冷的创建者，依照他引用的曼涅托的记述，签订和约后撤离阿瓦利斯的喜克索人多达240000人（§11, 6, 89），这显然是夸大其词。

值得注意的是希腊神话中有关达那乌斯（Danaus）的五十个女儿的传说，她们的父亲被其兄弟埃古普托斯（Aegyptus）击败后，埃古普托斯的五十个儿子逼迫达那乌斯的五十个女儿与其成婚。新婚之夜，达那乌斯的女儿们杀死了她们的丈夫，且并未因此遭到惩罚。这一传说后来演化为达那乌斯的女儿们为逃避埃古普托斯诸子的逼婚而来到阿尔戈斯（Argos）的版本，构成了埃斯库罗斯的不朽名著《乞援者》（*Suppliants*）的神话题材原型。在后来的传说中，埃古普托斯诸子被明确地界定为埃及人（埃古普托斯之名即指埃及），达那乌斯的女儿们带着父亲从尼罗河逃到阿尔戈斯。这一传说很可能反映了希腊的达那安部族进入埃及，其妇女被迫嫁给当地人后杀死丈夫逃回故土的历史记忆。[①]

希伯来人与希腊人进入埃及定居又集体离开的传说，反映了埃及自第二中间期以降在地中海世界的特殊地位：它的强大国力与对周边世界的影响辐射，吸引了不少外来族裔，但埃及文明极为独特的氛围与情态，决定了外来族群很难真正融入其中，埃及也始终未能成为类似巴比伦这样具有真正国际性的地中海文明中心。

拉美西斯时期出现的《阿曼尼摩比教诲》（*Instruction of Amenemope*）[②]，其主体为阿曼尼摩比对其最小儿子的三十篇（章）教诲，标志着埃及教谕文学自我演化的新阶段，也是这一文体中最具思

① 参阅尼尔森2016，页42–45。

② 文本参阅 Lange 1925；译文与评注参阅 Budge 1924，页93–234；Grumach 1972；Lichtheim 1978，页146–163；TUAT，Ⅲ，页222–250；郭丹彤、黄薇2019，页249–263。

辨深度的巅峰之作，伴之以大量富于感染力的比喻。此前的教谕作品，其思想主线在于善—恶行为所带来的奖励与惩罚，是以行为对应的外在效果衡量行为是否正当，其得在于实用——内容广阔、涵盖社会生活各个领域；其失则在唯重实用——缺乏超越世俗情怀的高远深密之思。《阿曼尼摩比教诲》则将关注的重点由行为的外在效果转向行为对应的价值本身，行为所引发的得失奖惩不再作为价值评判的根本而化作其背景（如第5章，"不抓取，你将获得利益"，第15章，"行善事，你将变得兴旺"），故而不再坚持以富足为善好、以贫穷为不幸的传统观念（如第7章，"不要把你的心放在财富上""你所拥有的，让其满足你"），而是试图从价值本身出发，探讨作为价值承载者的人的理想状态：一种"沉默的人"（grw），与其对立的则是"燥热的人"[①]。这种沉默（gr, sgr），不但是一种谦卑态度，更是智慧的表现，[②] 它意味着克制种种不正当的欲望（反映在文中一系列"不要

① 对于二者的差异，第3章的文本如此描绘："至于神庙中那燥热的人，他就像一棵在室内生长的树。一瞬间，它的嫩芽长成了永恒，它的结局发生在木屋里，漂浮在远离它的地方，火焰是它的裹尸布。真正沉默的人，与之远离，他就像一棵生长在草地上的树。它是绿色的，产出加倍，它站在它的主人面前。它的果实甜美，树荫宜人，它的尽头在花园里。"有关"燥热的人"，可对比《对梅里卡瑞的教谕》中的论断，"内心燥热者（ẖnn-jb, Lichtheim 将之译为 hothead［性急鲁莽之人］）是民众的煽动者，他在年轻人中制造分裂。如果你发现民众追随他，就要在议事者面前谴责他，禁止他，他是叛逆者。言说者对于城市是惹祸者，要控制民众，压制其热度"（25–30）。参阅 Lichthiem 1975，页 99；1978，页 150–151。

② 富兰克弗特认为在这一文本中，"沉默不是谦卑的标志，而是优越性的标志"，有其合理性（参阅富兰克弗特 2005，页 49），但沉默作为一种有力量的表现，其核心在于对神的敬畏与信仰，故而当是亦谦卑亦优越。埃及传统中对于沉默的肯定，可上溯到《普塔霍特普教谕》中有关与 （转下页）

[做])……”的教导),体认神与人之间的根本差异(第18章,“[那]神总是完美的,[那]人总是有缺陷的”,[1]“在神面前没有完美,而是缺陷”),进而明了在神所主导的世界中应如何自处(第22章,“你确实不知道神的安排,不应为明天而哭泣。把你自己放在神的臂中,你的沉默将摧毁他们[敌人]”)。

这种以沉默(以及沉默所包含的谦卑敬畏)体现的智慧,与这背后对于阿蒙-拉神作为“沉默之主”(nb sgr)[2]的信仰,实通于旧约《箴言》“敬畏耶和华是知识的开端”(yir'at YHWH rē'šît dā'at, 1:7)之义。《阿曼尼摩比教诲》作为地区“智慧文学”的典范,伴随埃及自第十九王朝以降在黎凡特地区的强势存在,对《箴言》这一以色列民族智慧文学的代表,特别是《箴言》22:17–24:22的生成汇编,产生了重大的影响。[3]这一部分的前言提到“我难道没有写给你们三十条谋略

(接上页)人发生争执时沉默胜于语言的教诲(箴言2–3),结语部分对于倾听这一德性的强调与由之而来的对于沉默—平静的肯定(“听从每个人的劝告,并尽量让民众保持安静”)。

① 此处文本中神与人之前皆有定冠词,如果不将之作为某种一神论信仰的证据,当是一种特殊的风格表达。参阅 Lichtheim 1978, 页163, 注16。

② 在纳布里(Nebre)于代尔麦地那献给阿蒙-拉神的石柱颂文中,有这样的表述:“你是阿蒙,沉默之主,听到穷人的声音到来。当我在危难中呼唤你,你来解救我,让可怜的人喘息,把我从绑缚中解救。”古埃及学校用于书写训练的阿蒙-拉神赞美诗中写道:“他不从有罪的人那里接受贿赂,他不对证人说话,他不看作出承诺的人。”文本参阅 Erman 1924a, 页158–162; Gardiner 1937, 页2, 16; 译文参阅 Lichtheim 1978, 页105–107, 110–111, 引文见页106, 111。传统上,俄赛里斯也被称作“沉默之主”(如《能言善辩的农夫》B1 58, B1 60),反映了太阳神拉形象与俄赛里斯的融合。

③ 对于这两个文本间内在联系的关键语文学论证,参阅 Erman (转下页)

与知识”（《箴言》22:20），此处的数字三十（šlšwm）[1] 正对应于《阿曼尼摩比教诲》所包含的三十篇教诲。

《阿曼尼摩比教诲》与《箴言》之相似段落对比：

不要移动耕地界限的标记，
也不要改动量绳的位置。（《阿曼尼摩比教诲》第 6 章）
你先祖所立的地界，
你不可挪移。（《箴言》22:28）
不要把你的心放在财富上，
不可忽视天命与命运。
不要让你的心迷失方向
……
它们（财富）会长出天鹅的翅膀，
飞向天空。（《阿曼尼摩比教诲》第 8 章）
不要忙碌求富，
休仗自己的聪明。
你岂要定睛在虚无的钱财上吗？
因钱财必长翅膀，如鹰向天飞去。（《箴言》23:4–5）

在新王国时期，爱情诗这种前所未有的文学形式出现了。在富于埃及特色的爱情诗集中，情侣往往没有名字而如同旧约《雅歌》中那

（接上页）1924b；认为埃及的文本依赖《箴言》文本的观点，参阅 Drioton 1959；较新的研究，参阅 Römheld 1989; Overland 1996; Schipper 2004, 2005; Fox 2014。

① 此处希伯来语文本的 šlšwm，若取 šᵉlōšîm 的元音形式，则意为“三十”；若取 šālišîm 的元音形式，则意为“三倍，三角，第三人（战争辅助者；统治者）”。《七十士译本》作 τρισσῶς“［三倍］”。

样被称作“哥哥”和“妹妹”，[①] 情侣以夸张的语言表达其感情，以对比的手法表达其愿望与情绪，以一种“乐而不淫”的效果契合新王朝的文雅格调。这一阶段发展出一套满足教学需求的“书信教谕”模式，这是埃及人极喜欢的两种文学形式的混合。在新王国的后期，以《胃和头的争论》为代表的作品开启了寓言这种新的题材。

一个有趣的现象是，在埃及这样一个极富宗教热忱的国度，尽管不乏对神和法老进行赞美的这类典型宗教文学，但其文学的主体是高度世俗的，独立于宗教存在的。埃及文学缺乏在别的古老民族中往往占据核心地位的史诗。它最具鲜明特征且最偏爱的文学体裁是教谕与中短篇故事。或许，正是通过这类形式，漫长的历史相续获得了埃及人最为认同的表达。

① 埃及爱情诗与旧约《雅歌》的语言比较研究，参阅 White 1978。恋爱中的女性称自己为恋人的姊妹（“我是你最好的姊妹”），见 White 1978，页 176–177。

第二章 美索不达米亚文明（苏美尔—阿卡德文明）

底格里斯河（Tigris）与幼发拉底河（Euphrates）之间的新月沃土（在地图上犹如新月，故被称作“新月沃土”）孕育了人类在前轴心时代最古老也最辉煌灿烂的文明。就地域而言，这一文明可命名为美索不达米亚（Mesopotamia，古希腊语意为“两河之间”）文明，[①] 就其最主要的族群而论，则苏美尔人与阿卡德人构成相续的文明主体。

一、楔形文字系统及其影响

美国杰出的东方学家克莱默（S. N. Kramer）的一部关于苏美尔

① 这一概念为希腊化时代的地理学家首先使用，自文艺复兴后被西方学者重新发现并加以沿用。在阿拉伯语中，这一地区传统上被称作 （转下页）

文明的专著以“历史从苏美尔开始”（History Begins at Sumer）为题。[①] 苏美尔对于人类历史的这种首创性贡献，突出地体现在由其所创立的楔形文字体系是迄今为止人类所知的最古老的文字形式，它可以上溯到公元前 3600—前 3400 年。

苏美尔人使用的语言（被他们自己称作 eme.gir$_{15}$［本土的语言］），至今尚不能被有效地归入任何一个已知的语系。这支人群来自何方尚不得而知，苏美尔人的神祇常呈现站立于山顶的形象，他们的建筑风格以木质结构为主，在苏美尔语中常以“山中的 ××”来称呼某种他们原来不熟悉的动物（如称马为 anše.kur.a，直译为“山中的驴”[②]），这一切都指示其原本聚居地位于山区，表达山脉的词汇与符号也因而具有特殊的宗教象征意味（如尼普尔的恩利尔神庙便被称作“山脉之屋，风暴的山脉，天地之间的纽带”）[③]。他们进入美索不达米亚地区后，定居于南方，形成了与说闪米特语的阿卡德人（Akkadians）分占

（接上页）al-‘Irāq，在现代的伊拉克国家产生前，这一概念被用来指称巴格达南部的广阔平原，其双数形式 al-‘Irāqān，则指两大名城巴士拉（Baṣra）与库法（Kūfa）。

① 参阅 Kramer 1981。

② 乌尔王陵中出土的公元前 3500 年左右的“军旗”（一块马赛克镶嵌板，它的真实用途至今不详，“军旗”之名，只是因为它被发现时恰好位于死者右肩的位置，于是被查尔斯 · 伍雷认作是一面举在手里的军旗，参阅柯林斯 2022，页 118–122），其所在的战争场景中已出现了四轮战车，每辆车由四头驴牵引。而要到公元前 2000 年（乌尔第三王朝覆灭后），马才在美索不达米亚地区被使用。参阅伍雷 2021，页 41–42。苏美尔语 anše.kur.a［山中的驴；马］之称谓，可对比藏语 ri.bong［山上的驴；兔子］，ri.bong.can［月亮（直译：拥有兔子者）］（这一表述出自对梵语 śaśin 的意译）。

③ 参阅富兰克弗特 2009，页 47–48。

南北的势力划分。[1]

苏美尔(šumeru)一词,并非出自苏美尔人,而是阿卡德人对美索不达米亚南部的称谓,随后也成为对这一地区早期语言与文明的命名。苏美尔人将自己称作 šaĝ-ĝi-(ga)("黑头人",这一意象被阿卡德人以自己的语言表述为 ṣalmāt qaqqadi)[2],它与 dumu-gir/gi[本地出生的孩子(= 出身自由者)],ki-en-gir/gi [本土的/高贵的统治者的地方],共同构成苏美尔人的自我称谓。

从公元前四千纪中后期开始,他们开始尝试在泥板上记录自己的语言与思想。受其所使用的泥板与书写工具(常为芦苇秆或木棍)的材质影响,也为了更好地表达复杂、抽象的事物与情态,最初取法象形之道的图画文字逐渐被简化与改造为以直线为主的线条组合,构成一类新型的表意符号,在此基础上,人们又赋予符号新的意义与组合的可能,如以符号"口"表达"说",以符号"足"表达"站立""行走",以符号"眼睛"加"水"指代"哭泣"等,进而确定了以特定的符号表达特定的音节,使文字与语音可以有效对应。由于这种表意符号系统的形状类似楔子,故被称作楔形文字(cuneiform),[3] 又称"丁头字"(源

---

① 伍雷认为,苏美尔人较之阿卡德人更晚进入美索不达米亚,他们来自极遥远的地方,较之当地居民有着更高的文明程度。苏美尔人与阿卡德人的南北势力划分缘于这片土地原来的统治者因海上民族入侵而被迫后撤。参阅伍雷 2021,页 1–18。

② 苏美尔语中"黑头人"这一表述形式,与古代突厥语 qara bodun("黑色民众",普通的社会地位较低的民众,有别于贵族与官员,值得注意的是,古突厥语没有相对应的 aq bodun[白色民众]的表述),藏语 mgo.nag, mgo.nag.mi("黑头人,黎民",mi.ser[普通百姓],有别于贵族与官员,直译为"黄色的人"),以及汉语中的"黔首"概念,是否存在某种特殊的意义联系,有待进一步考察。

③ 在史诗《恩美卡与阿拉塔之王》中,阿拉塔之王提到的"钉子" (转下页)

自阿拉伯语 katābat mismarīt/ haṭṭ mismārī［钉头文字］)。楔形字的书写方向也从早期的由上至下竖向书写改为由左至右横向书写。

▲ 示例："头"字的发展
(1. 公元前 3000 年的早期图形字；2. 公元前 2800 年的图形字；3. 公元前 2600 年的碑文；4. 黏土板，早期楔形文字；5. 公元前三千纪后半叶；6. 公元前二千纪前半叶；7. 公元前一千纪前半叶，古典亚述楔形文字)

在苏美尔史诗《恩美卡与阿拉塔之王》中，乌鲁克王国之主恩美卡(En-mer-kar)为了把自己的意图传达给千里之外的阿拉塔之王，"把言词写在泥(板)上"，"这样的事从未见"，楔形文字的创造由此被归在这位传说中的君主名下。① 至公元前 2500 年左右，苏美尔人

（接上页）(苏美尔语 gag，阿卡德语 sikkatu)，可能便是对楔形符号的某种称谓。苏美尔语 saĝtak(阿卡德语 santakku)意味着楔子、楔形符号与(数学)三角，复合词 saĝ-tag-ga［铭文］当是在其基础上构造的，其本义应为"写楔形符号"。参阅 Vanstiphout 1989，页 519；拱玉书、颜海英、葛英会 2009，页 8。

① 史诗 504–506 行：ud-bi-ta inim im-ma gub-bu nu-ub-ta-gál-la / ì-ne-šè ^{d}utu ud ne-a ur_5 hé-en-na-nam-àm / en kul-$aba_4{}^{k}$i-a-ke_4 inim［dub-gin7］bí-in-gub ur_5 hé-［en-na］-nam-ma，意为："此前，把言词写在泥(板)上的事情从未见 / 现在，就在那一日，就在那一天，事情发生如这般 / 库拉巴之王(即乌鲁克之王恩美卡)把言词写在(泥)上［犹如泥板］，事情发生如这般。"文本与译文参阅拱玉书 2006，页 306–307。与此说具有一定竞争关系的是苏美尔神话《伊南娜与恩基》，文中女神伊南娜从智慧神恩基那里获得了大量象征宇宙根本力量的 me，其中之一便是 nam-dub-sar［书写术］。文本参阅 Farbe-Flügge 1973，页 24；有关 me 的丰富内涵，参阅拱玉书 2006，页 281–304。

创立的这种文字体系趋于成熟，楔形符号在500种以上，其中许多具有多重含义：一个符号可以有多个读音，一个音节（音值）可以用多种书写符号。

公元前24世纪，属于东部闪米特民族的阿卡德人在萨尔贡一世（Sargon I）的领导下迅速崛起，征服了整个美索不达米亚，苏美尔王国时代终结，苏美尔—阿卡德时代开启。阿卡德人继承了由苏美尔人创立的楔形文字体系，用来记载自己的语言（在此基础上演化出南方的巴比伦方言与北方的亚述方言），[①] 并将之进一步完善扩展，形成600–800个楔形文字符号。它们拥有极丰富复杂的排列组合可能，并赋予了书写者通过选择特定的书写方式表达特定意图的权力，例如阿卡德语 tinūru［火炉，炉灶］，当它用于驱魔仪式时，书吏往往会将之拼写为 ti-ZALAG（ZALAG 读作 nūru），通过引入苏美尔语楔形符号 ZALAG（阿卡德语 nūru，意为“光”），表达以光明驱逐邪恶力量的含义。

▲ 楔形文字

① 参阅 Oppenheim 1977，页 235–239。

楔形文字体系本身的多样复杂、早期人类对文字之力量的深刻敬畏、苏美尔语和阿卡德语在文本中的大量交错使用，决定了能够正确阅读、理解与记录楔形文字的人群构成了当时社会的精英阶层。作为专为培养此类精英的机构，楔形文字学校应运而生。作为公元前 3000 年至前 1000 年整个西亚地区乃至整个地中海文明区的引领者，发生在美索不达米亚的这种文字实践对周边地区产生了极深远的辐射影响。楔形文字超越了具体语言的限制，成为这一地区的通行文字。赫梯人在安纳托利亚（小亚细亚）建立了强大的帝国，于公元前 17 世纪从美索不达米亚引入楔形文字，留下了今人所发现的最早的印欧语文献。在公元前两千纪，楔形文字学校已经遍存于亚美尼亚（乌拉图［Urartu］）、安纳托利亚（赫梯［Hittite］）、巴勒斯坦（迦南［Canaan］）乃至埃及。自公元前 14 世纪中期以降，在从埃及到赫梯王国的广阔区域内，各国外交往来书信或订立条约往往都使用以地区通用语（lingua franca）阿卡德语写成的楔形文字[①]（如埃及法老拉美西斯二世与赫梯国王哈图西里三世在卡迪什之战后签署的条约）。不同民族（赫梯人、胡里安人、埃兰人、乌拉图人等）对楔形文字的使用，拓展了符号的读音数量与释义，令词符的多义性进一步凸显出来。楔形文字成为以美索不达米亚为中心的地中海文明圈内最重要的交流载体，记录下了这一地区诸多民族的信仰、思维、生活、现实。

高度发达而成熟的楔形文字体系及其悠久传承，让书写始终处于美索不达米亚思想的中心地位：相对于口述信息，书写材料的价值在人们心目中明显更高，甚至找不到证据证明在美索不达米亚的书写传统之外有独立的口述传统。这与希腊传统中对于书写的贬抑和对口述的推重形成了鲜明的对比：在柏拉图的《斐德若篇》（274c–277a）中，苏格拉底认为书写只是对真实的模仿而非真实本身，信任文字会让人沉溺于不属于自身的外部标记（ἔξωθεν ὑπ᾽ ἀλλοτρίων τύπων）而放

① 参阅 Bryce 2003，页 52–54。

弃其内在的记忆(ἔνδοθεν αὐτοὺς ὑφ' αὑτῶν ἀναμιμνῃσκομένους),文字如同人物画像(ὅμοιον ζωγραφίᾳ),虽似真却不具备生命与灵魂,因而无法教授真理(ἀδυνάτων δὲ ἱκανῶς τἀληθῆ διδάξαι),真正有价值的教育是在灵魂中栽植与播种具有真知的话语(φυτεύῃ τε καὶ σπείρῃ μετ' ἐπιστήμης λόγους),令其生长不息乃至不朽;在《第七封信》中,柏拉图明确提出关于最高事物的思想是不能被写出的(341c–e)。这种将文字视作语言之绪余的观点,一直为后世西方传统所承袭,至今不绝。[①]一个有趣的事实是,荷马史诗作为希腊口述传统的伟大代表,恰恰受到了美索不达米亚史诗《吉尔伽美什》与创世史诗《埃努玛·埃利什》的深刻影响。由于印度传统对于书写与口述的态度与希腊极为类似,而中国传统则更接近美索不达米亚,这一问题就超越了地中海文明的框架,而真正具有世界文明史的意义,关涉不同文明对书写与口述之本质、地位及其与真理关系的不同认知与评价,以及象形文字、楔形文字与字母文字对于世界的不同意义。

自乌尔第三王朝覆灭后,苏美尔语逐渐失去生机,但依然作为具有特殊意义的"神圣语言"而保留在相关的宗教、文化作品中,与阿卡德语共同作为美索不达米亚地区的文化语言而发挥作用。古巴比伦人将二者视作彼此可以互换的平行语言,命名为 lišan mitḫurti[彼此相见的语言]。苏美尔语不再作为日常语言而使用,恰恰激发了双语作品的大量产生(通过翻译或双语创作),甚至到希腊化时代还存在用苏美尔语创作的新文献。在此过程中,书吏们逐步确立了苏美尔语句子后紧接着写阿卡德语对应句的标准格式,大批的苏美尔语作品以双语文本的形式传世。这种双语实践开启了美索不达米亚乃至整个地中海文明区的文化语言的双语传统,影响深远,在后来的岁月演化出阿拉美语—波斯语(波斯帝国时期)、阿拉美语—希腊语(希腊化时期)、希腊语—拉丁语(罗马共和国—帝国时期)、阿拉伯语—波斯语

---

① 参阅 Harris 1989, 页 25–42, 特别是页 37–42。

(阿拉伯帝国时期)等诸多形态。

进入公元前一千纪后，楔形文字逐渐失去地区主要文字形式的地位，被形式上极大简化的西北闪米特字母文字所取代，阿拉美(Aramaic)字母与腓尼基(Phoenician)字母是后者的杰出代表。波斯帝国崛起后，阿拉美字母文字成为了这一庞大帝国最为通行的文字载体。然而，正是在楔形文字已经度过其生命的黄金期行将没落之际，它于漫长历史中积淀而成的特有之庄重神圣意味引发了波斯王室的特殊兴趣。一种记载古代波斯语的准字母楔形文字被创造出来，它较之苏美尔—阿卡德的楔形文字体系大为简化，专门用于波斯王室的碑铭中。大流士(Darius)在贝希斯敦(Behistun)留下的古代波斯语、巴比伦语、埃兰语(Elamite)三语对照的楔形文字碑铭，为人类在19世纪破解楔形文字之谜留下了极重要的证物。

现存最晚的楔形文字材料是公元75年的遗物。此后，这一曾经在超过3000年的人类文明史上发挥重大作用的文字体系进入无人知晓的状态，直到它在19世纪重新为人所知。不该忘记的是，它在公元前3000年至前1000年的人类历史上，扮演着对应于当今世界拉丁字母文字的角色。它是人类超越具体国家、族群、语言差别的第一次大规模文化融合与相互作用的核心媒介与见证。

二、从城邦国家到大帝国

1. 早期城邦国家

公元前3000年左右，作为独立政治单位的早期苏美尔城邦国家在美索不达米亚出现。相对于此前以村庄为代表、以家庭为单位分配土地的共同体形式，苏美尔人将可灌溉的大片土地视作神的私产，将其交由祭司管理，并在这种以神庙为中心的早期公社基础上形成了城市，以城市为中心形成了包括城镇、乡村的城邦。神庙公社（及同时并存的世俗类型的公社）使得一种新型的社会结构得以可能：在祭司阶层的组织领导下，形成了一套早期农业管理系统，农业生产的效率大大提高，农业剩余产品（以谷物为主，特别是大麦）大幅提升；① 大量的农业剩余产品被提供给神庙进行再次分配，从而产生了一批脱离农业生产的专业人员（包括神职人员、管理人员、手工业者和军士等）。社会分工的发展与大批专业人员的出现，使得文明获得了加速演化的动力。

相对于大致同一时期埃及社会以农村主导的较为单一的社会形态，美索不达米亚发展出了一种由若干自治城邦所构成的更复杂多元的社会结构。这种缘起的差别，也令美索不达米亚文明呈现出与埃及文明颇为不同的格局气象：在埃及，法老被视作神的直接化身，人间的秩序被等同于神界的秩序；在美索不达米亚，虽然城邦被认为是神的财产（城邦居民被统称为"属于 ×× 神的人们"），由神加以统治，但人的世界与神的世界并非全然相称，两者间存在着矛盾与张力，人间的权力兴替被赋予神意迁变乃至诸神之争的意味。

脱胎于神庙公社的早期城邦国家，基于公社内部成员地位平等的传统（包括妇女在内的公社成员获得定额分配物与份地，并在自己的份地与公共土地上进行劳动），② 发展出某种集体决策机制—集体政治形式，或说，某种质朴的民主制：③ 由城邦的全体成年男性自由民构

① 有关早期美索不达米亚地区的神庙经济与农业管理机制，参阅 Deimel 1931; Wright 1969，页 25–122。

② 参阅富兰克弗特 2009，页 54–57。

③ 在雅各布森（Thorkild Jacobsen）具有开创性的论述中，他将古代美索不达米亚的集体政治形式称作"原始民主制"（primitive （转下页）

成的议事会[①]负责处理日常事务，他们会选举出一个领袖（en，“恩，统治者”）在需要尽快做出决策的紧急情况下管理邦国。[②]与之相应，天界也被认为存在着由50名重要神祇组成的大会（议事会），其中七神最有权柄（长老），七神中又以安（An［天，天空］）、恩利尔（Enlil［风暴之主］）、恩基/埃阿（Enki/Ea［大地之主、水］）为主神，安扮演着类似议事会荣誉主席的角色，恩利尔则为主事的领袖。

将权力归于一人的制度与实践可视作王权的雏形。它本是暂时性的，紧急状态结束后，权力会交还议事会（权力的轮转与复原被称作bala［轮换，轮值，统治］）。伴随早期美索不达米亚城邦的发展，引发紧急状态的事件也不断增加（如相邻城邦的争夺，排水与灌溉，重要物资的运输等），原本暂时性的王权在某些城邦变得持久起来，乃至成为常态化的存在，并被解释为由神选择的结果。民众整体决策

（接上页）Democracy），并取“民主”一词的古典含义对其加以界定：民主“意味着一种政府形式——国家内部的最高统治权属于被统治的大部分民众，即所有自由的、成年的男性公民，无论富贵还是贫贱”。弗莱明（Daniel E. Fleming）对此持保留意见，认为这种集体政治形式远非古希腊的民主制，因而不适宜描绘为民主制，但可以被称作是“民主的古代先祖”（Democracy’s Ancient Ancestors）。参阅Jacobsen 1943, 1957，引文见Jacobsen 1943，页159；弗莱明2017，页24–26，292–297。

① 议事会，苏美尔语unkin，相当于阿卡德语puḫru［集会］，常被表述为lú + 地名或lú.meš + 地名，表示“× × 地之民”，相当于阿卡德语awīlum+ 地名）进行决策，由长老（šu–gi［年长者］，相当于阿卡德语šību，他们也被称作abba［父亲］，类似罗马人称元老院成员为patres［父亲］。

② 雅各布森将之称为国王，但认为国王只是特定时期内的一个职务，由公民大会任命，也可由公民大会罢免。苏美尔语中通常表达国王的词汇lugal［卢伽尔（直译“大人”）相当于阿卡德语的šarru］，在早期文献中尚未被使用。这一词汇出现后，往往代表着某种较之en更高的权力与地位。

的议事会 + 长老制与由一人决策的王权制，其根源都被归于神意与神选，因而美索不达米亚的早期王权不具有埃及王权式的天然正当性，而始终面临着回归民众议事会传统的压力。

自公元前 2900 年开始，苏美尔城邦进入“诸国争霸”的时代。比较大的城邦如基什（Kiš）、拉伽什（Lagaš）、乌鲁克（Uruk）、乌尔（Ur）彼此进行了绵延数百年的相互争战。早期的争战可能源于各神庙公社对水源的争夺与对灌溉区域的边界划分，这种争战进而被赋予更丰富的价值内涵，发展为一种特定的文明扩张机制。[①] 传说中，洪水过后，诸神将人间的统治权赐予基什的统治者，故而“基什之王”（lugal Kiši）的称号成为争霸中各国君主的头衔。[②]

在这一背景下，公元前 24 世纪后期，拉伽什之主乌鲁卡基纳（Urukagina，亦有学者将其楔形文字名号读作 Irikagina，他同时拥有恩西[énsi][③] 与卢伽尔的尊号）发起了一场具有首创意味的社会改革：[④]

---

① 这种文明扩张的情态与机制，甚至被比喻为早期的“世界体系”（World System）。参阅 Algaze 1993。

② 关于这一称号的使用与意义，参阅 Hallo 1957，页 25–26; Seux 1965。

③ 恩西这一头衔对应于神庙的管理者，相对于掌握世俗权力的卢伽尔（lugal），它更强调其权力得到神的认可。恩西对于神庙事务与资源的处置分配权，造成神庙公社成员对他的人身依附关系，神庙之公产与其私产的界限变得模糊，如其私人份地由民众作为公共任务加以耕种，神庙的财产（如耕牛、房屋）成为其私产。他不但在宗教领域与相关经济领域拥有极大的权力，也掌握着城邦的最高司法权与军事指挥权，可谓集“祀与戎”之功能于一身。参阅 Frankfort etc. 1977，页 188–190; 富兰克弗特 2009，页 64–65。

④ 关于这场改革的讨论，参阅 Kramer 1956, Chap. VI; Lambert 1956, 1975; Wilcke 2007，页 21–25;《剑桥古代史》第一卷第二分册，页 129–132; 伍雷，2021，页 51–53。

他在带有政治宣言意味的诏书中[①]宣告解除官员（收税官）与祭司强加在普通民众身上的负担，制定了不得以未经许可的价格强买私人财物的规定（E1 9.9.1 xi 25–xii 11，这常被视作判断这一时期私人财物占有程度的证据），令民众获得自由。[②]改革的某些主张，如禁止神的牛（即属于神庙的牛）耕耘恩西的洋葱地、禁止神的房屋（即神庙）成为恩西种植大蒜与黄瓜的私地（E1 9.9.1 iv 9–18），可视作对于王权时代前的神庙公社平等原则的呼应与回归。尽管乌鲁卡基纳仅在位8年，但他的这场改革在美索不达米亚精神世界中留下了深刻的印迹：改革所体现的理念——王者与神签订契约、不欺凌弱小孤寡、[③]不以私害公、主持正义从而成为神在人间的合格代表，成为后世美索不达米亚之立法传统所遵循的神圣原则。

乌鲁卡基纳诏书（E1 9.9.1 xii 13–28）：[④]他废除了拉伽什公民（dumu Lagaš KI）的牢狱（é-ÉŠ-bi e-luḫ）——那些负债的人，那些

---

① 诏书文本与翻译，参阅 Frayne 2007，页 248–275。

② 乌鲁卡基纳在诏书中，如同其前任恩美特那（En-metena），使用了 amargi（写作：ama-ar-gi$_4$；ama-gi$_4$）这一术语（En-metena E1 9.5.4, iii 10- v 8; URU-KA-gina E1 9.9.1, xii 12–21），其本义为“回到其母亲那里”，表达“自由，解放”的含义（对应于阿卡德语 andūraru“自由；免于债务，从奴隶的状态解放”）。参阅 Frayne 2007，页 204, 264。

③ 作为法老之政治遗嘱的《对梅里卡瑞的教谕》提到：“令哭泣者平静，不要压迫寡妇，不要把人从他父亲的财产中驱逐”（47–48）；旧约中常以 yātôm［孤儿（无父者）］与 ’almānā^h［寡妇］并提，指代被压迫者和应受到特殊保护者（如《出埃及记》22:20–23，《以赛亚书》1:23），也有将 gēr［陌生人］、yātôm［孤儿（无父者）］、’almānā^h［寡妇］三者并提的（如《耶利米书》7:6，《诗篇》146:9）。

④ 文本与译文参考 Frayne 2007，页 264–265。

设立（虚假的）古尔（gur）度量衡的人，那些（欺诈地）用大麦完成（合法的）古尔度量衡的人，那些犯了偷盗与杀人罪的人——确立了他们的自由（ama-gi$_4$-bi）。乌鲁卡基纳与尼尔苏神达成了具有约束力的口头协议（inim-bi KA e-da-KÉŠDA），他决不会让孤儿寡妇（nu-siki nu-ma-kúš）屈服于有权势的人。

2. 阿卡德王国

约在公元前 2375 年，温马（Umma）的祭司国王[①]卢加尔扎吉西（Lugal-zage-si）发动了对拉伽什的突袭，拉伽什城及其神庙遭到了毁灭性打击。[②]他在此后统一了苏美尔的大部分城邦，于乌鲁克定都后自号“苏美尔之王”（根据苏美尔列王表的记载，卢加尔扎吉西在位时间为 25 年，始于占领乌鲁克）。城邦国家第一次被某种更庞大的政治体所取代，它近似于后世意义上的帝国。

帝国的形式，伴随着阿卡德王国在萨尔贡（公元前 24 世纪中叶）领导下的传奇般崛起，获得了更为深远巨大的现实性。传说中，萨尔贡之母是一名祭司，萨尔贡出生后，尚处于襁褓中便被母亲放入柳条篮子投入河中，漂流到下游后为人所救。这种领袖人物的传奇身世成为了某种主题学题材，《旧约》中摩西的经历，可以发现其清晰的痕迹。萨尔贡似乎曾是卢加尔扎吉西的盟友，二者分别占据了美索不达

① 他称自己为安神（An）的 išib 祭司与尼萨巴神（Nissaba）的 lumaḫ 祭司（Lugal-zage-si E1.14.20.1, i 6–8），参阅 Frayne 2007，页 435。

② 一份不知何人所作的刻写在泥板上的讨伐檄文，描绘了敌人对拉伽什城与圣地犯下的种种罪恶，宣告乌鲁卡基纳无辜，诅咒（并预言）了卢加尔扎吉西的最终失败。文本参阅 Thureau-Dangin 1908，页 56–59; Frayne 2007，页 277–279。

米亚的北部与南部。最终，萨尔贡以类似卢加尔扎吉西对拉伽什的突袭方式击败苏美尔联军，“征服了乌鲁克城，摧毁了它的城墙”，“在战斗中俘虏了卢加尔扎吉西，乌鲁克之王，将他带到恩利尔的神庙门前”，[①] 从而建立了以阿卡德城为首都、北起安纳托利亚、东至伊朗高原的地区超级大国。[②] 其王室铭文以“从上海（a-ab-ba igi-nim，即地中海）到下海（a-ab-ba sig，即波斯湾）”，[③] 来指代这种统一两河流域平原，并向东西两翼更广阔领域拓展的功业。这并非仅出于萨尔贡征服世界的意愿或对前所未有之荣誉的追求，更具有极现实的经济动机：通过远征掌握木材、石材、金属等在两河流域稀缺的战略性资源。[④] 萨尔贡及其继承者正是沿着商人开辟的商道进行远征的。[⑤] 尽管阿卡德

---

① 上述内容在萨尔贡的两处铭文中以几乎相同的形式出现（Sargon E2.1.1.1, 12–31; E2.1.1.2, 15–34），参阅 Frayne 1993，页 10, 13–14。

② 有学者将之称作“第一个世界帝国”。相关讨论，参阅 Liverani 1993。

③ 苏美尔语：a-ab-ba igi-nim-ma-ta a-ab-ba-sig-sig-še，阿卡德语：ti-a-am-tam_2 a-li_2-tam_2- u_3 sa_2-pil-tam_2。这一表述此前已出现在卢加尔扎吉西的铭文中。参阅 Frayne 1993，页 11, 14; Frayne 2007，页 436。

④ 在木材中，雪松（^{giš}erēnu, cedrus Libani）扮演着极重要的角色，萨尔贡一系诸王常提到其砍伐雪松的行为，参阅 Westenholz 1997，页 75 对于 114 行的注释。雪松对于埃及也是同样具有重要战略意义的物资，它本身是造船木材的重要来源（古埃及语 ‘š 既可表雪松，也可指代各种针叶树种），并用于各种重要建筑（如王室宫殿），其松脂（ḥ3t ‘š, ḥ3t nt ‘š［雪松的脂肪］）则被用于制作木乃伊，上等（雪松）松脂膏多次出现于古王国祭祀物品的清单中。参阅 Kees 1961，页 139。

⑤ 商人与萨尔贡远征的关系，在一篇被现代学者命名为《战争之王》（9B, Amarna Recension）的铭文中有集中体现，它记述了萨尔贡应受压迫的商人们请求而对安纳托利亚城市普鲁什汉达（Purušḫanda）的远征。参阅 Westenholz 1997，页 102–131。

城的具体位置至今尚无法确定，但通过文献记载中描绘的各国人云集的场景，可推测当是在商路汇集之地，可能就在今巴格达附近。

萨尔贡（及其继承者）的赫赫武功，不但支撑着初具帝国形态的阿卡德王国，也对后世美索不达米亚的精神世界产生了持久的影响：他被视作以武威征服世界的典型君主，极重军功的亚述君王中有两个以萨尔贡为自己的名号（公元前 19 世纪的萨尔贡一世与公元前 8 世纪的萨尔贡二世）；在后世占卜文献的卜辞中，萨尔贡及其孙纳拉姆辛（Narām-Sîn）① 是颇受重视的英雄人物，“萨尔贡之兆”成为与军事（kakku［武器］）、统治（ša kiššatam ibēlu［统治全世界］）乃至光明（如 ša ekletam iḫbutūma nūram īmuru［穿过黑暗看见光明］）等主题相关的象征符号。②

萨尔贡王朝将前所未有的强大王权延伸到法律领域，确立了王权与法律的制度性结合：原本需依靠涉案各方的认同、扮演仲裁者角色的法官，被赋予了执行自我决定的权力，原本限于各城邦内部的法庭被扩展到整个王国。③ 这种法律系统及司法能力的扩张，伴随着誓言程式的变化（nīš + 神祇名 + 国王名 + tamû，表示“以 ×× 神与 ×× 国王的生命发誓”），国王的名字与神祇的名字一起被呼唤，代表着他们

① 依照王表的记载，他是萨尔贡之子玛尼什吐苏（Maništusu）之子。但在后世的文献中，他常被称作萨尔贡之子。

② 自公元前一千纪后，对“萨尔贡的征兆”的解释更趋多样性，其细节扩展到各种归于萨尔贡名下的军事行动（如对埃兰、苏巴尔图的远征）。在各种相关解释中，“萨尔贡的征兆”均具有正面的意味。参阅 Starr 1986，页 631–633。

③ 富兰克弗特将萨尔贡构建全国性的、独立于城市的法庭称为“美索不达米亚法律和社会发展史上最重要的一步”（参阅富兰克弗特，2009，页 68–69），应有夸大的成分，但王权与法律的制度性结合，确实对于美索不达米亚文明之演化有深远的影响。

▲ 一位阿卡德统治者的青铜头像，可能为萨尔贡

是誓言真实性的见证者与维护者，也是假誓和违誓行为的追诉者与惩罚者。这一传统在此后美索不达米亚的法律实践中一直被奉行。

阿卡德王国使用一种独特的纪年方式，每一年均以当年发生的重大事件命名，多与战争或宗教活动相关。①库提人（Gutians）于公元前 23 世纪中期推翻了萨尔贡王朝，后世常认为这发生于纳拉姆辛之子沙卡里沙利（Šar-kali-šarrī）当政时期，故而以“沙卡里沙利

① 这种给每一年以特定名字的纪年方式，使得苏美尔语 mu「名字」（实为 mu an-na［天之名］）在使用中获得了“年”的意味。纪年的一般程式是：（在）×× 之年（苏美尔语 mu+ 属格结构，或阿卡德语 in I sanat［在这年］），某事（及某事）发生。如沙卡里沙利使用的年号，in I sanatšar-kà-lí-šarri^{ri}［uš-］ši bît ^{d}en-líl［in］nippurim［^{ki} iš-ku-nu］，意为“在这年，沙卡里沙利在尼普尔为恩利尔的神庙奠基”，mu kázkal (?) gu-ti-um^{ki} ba-garra (-a)，意为“（此）年，他对古提之地发兵”。参阅 R.L.A, Bd. 2, 词条 Datenlisten, 页 131–133。

之兆”指涉王国陷落、幸福生活被敌人摧毁的命运。[①]《阿卡德之诅咒》[②]记述了阿卡德城如何由外邦人如群鸟汇聚的繁荣之地沦为田地池塘果园皆无所出、善好秩序皆告崩解的荒芜之地，把阿卡德王国为库提人所灭的命运与暴风雨—大洪水联系起来，并将之归于阿卡德为大神恩利尔与女神伊南娜所抛弃、受到众神诅咒的结果。在苏美尔文学史上，这一文本具有颇为独特的地位：它创造了一种有别于史诗、神话、颂诗、哀歌的新型文体，将现实历史以神话历史的形态呈现出来。[③]

3. 乌尔第三王朝

阿卡德王国的覆灭并未改变由它所开启的苏美尔文明与阿卡德文明融合的趋势。[④]库提人的统治维系了 125 年（经历 20 或 21 个王），被乌鲁克王国第五王朝之主乌图海伽尔（Utu-ḫegal）所终结。[⑤]在他短暂的统治之后（7 年 6 个月 15 天），美索不达米亚迎来

---

① 参阅 Nougayrol 1943，注 21。

② 文本与译文参阅 Cooper 1983，译文亦可参阅 Jacobsen 1987，页 359–374。

③ 雅各布森将这种文体命名为“警示历史”（admonitory history）。参阅 Jacobsen 1987，页 359。

④ 早在萨尔贡晚年，阿卡德王国就已遭遇“整个大地”发生叛乱的困境，萨尔贡去世后，其子里姆什（Rīmuš）、玛尼什吐苏（Maništusu），其孙纳拉姆辛相继登位，其统治均以镇压反叛开始。里姆什明确将“苏美尔城市”称作其敌人。苏美尔城邦对于由闪米特族主导的萨尔贡王朝的反抗，以一种另类的方式推动了这两大族群与文明体的融合。参阅《剑桥古代史》第一卷第二分册，页 404–406，411，415–417。

⑤ 有关其驱逐古提人的功业，主要体现于铭文 Utu-begal E2.13.6.4，文中开篇即表达了对古提人的强烈仇恨，称其为“带毒牙的山蛇（muš- （转下页）

▲ 乌尔纳姆（坐者）授予他人总督职位

了代表苏美尔文明最后辉煌的乌尔第三王朝（Ur Ⅲ Dynasty，约公元前 2112—前 2004 年）。[①] 乌尔第三王朝的创立者乌尔纳姆（Ur-nammu），给自己加上"苏美尔与阿卡德之王"（lugal-ki-engi-ki-uri）[②] 的尊号，正呼应于这种政治—文明融合的现实。伴随这种融

（接上页） GÍR-ḫur-sag-gá），暴力反抗诸神者（lú-á-zi-ga-dingir-re-e-ne）"，"他们把苏美尔的王权（nam-lugal）带到了山区，他们让这片土地充满了邪恶，他们把妻子从有妻子的人手中夺走，把孩子从有孩子的人手中夺走，他们把邪恶（nì-a-ne-ru）和犯罪（nì-á-zi）强加在（苏美尔的）土地上（kalam-ma mi-ni-in-gar-ra）"。参阅 Frayne 1993，页 283–287，引用部分见页 284。

① 在一篇铭文中，乌尔纳姆称乌图海伽尔为其兄弟（šeš）。无论这一称谓是否代表二者的真实亲缘关系，它都反映出乌鲁克第五王朝与乌尔第三王朝作为苏美尔文明代表的文化相似性。参阅 R.L.A, Bd. 14，词条 Utu-ḫeĝal，页 522。

② 这一表述被译为阿卡德语 šar māt Šumerim u Akkadim，加入了苏美尔语称号中所没有的表达国家的一般性概念 mātu，而苏美尔语则以 （转下页）

合，结合了部族、私人、神庙、王室等诸多元素的新型政治共同体得以形成。

乌尔第三王朝建立了一种等级森严的官僚化统治，原苏美尔城邦的统治者由原先的国王（lugal）降为隶属于国王的恩西（énsi，阿卡德语 iššakku［总督］），其对臣民的控制力比阿卡德王国更高，这使它在乌尔纳姆（Urnammu）及其子舒尔吉（Šulgi）在位的强盛期（舒尔吉统治时间长达 48 年），得以构建以运河为主要载体的物资流通体系与供水体系，大力发展奴隶制经济，[①] 出现了大规模的属于王室经济的奴隶制农庄、牧场和手工业作坊，修建起由巨大的阶梯式平台组成的雄伟塔庙（ziggurat），它既象征着众神之居所，也是王权神授的标志性符号（舒尔吉开始，君主甚至以神自居）。[②]

（接上页）kalam 指代“自己的土地，本国”，以最初表达大山的词汇 kur 指代“外人的土地，外国”。在后来的用法中，苏美尔语 kalam 基本与阿卡德语 mātu 无异（如汉谟拉比时代的王室铭文以 LUGAL KALAM Šu-me-ri-im ù Ak-ka-dim 来表达“苏美尔与阿卡德之王”），而原本表达南部美索不达米亚“我们的国家”的概念也不复存在。参阅 Frayner 1990, E4.1. 5. 3: 14–16, E4. 3. 6. 17: 16–17；弗莱明 2017，页 209–213。

① 根据大量买卖文本的描述推断，相对于为数众多的官僚与广大的农奴，乌尔第三王朝的自由民比例极低。如果当时的社会并非呈现如此极端的两极化结构，那也说明自由民在经济活动中所占比例很小。《剑桥古代史》第一卷第二分册，页 576–577。

② 此前，纳拉姆辛是美索不达米亚最早拥有神祇称号的统治者：他在称呼自己时，习惯性地在名字之前加上表示神祇的符号（^{d}na-ra-am-^{d}EN.ZU），在被现代学者命名为《纳拉姆辛与 Apišal 之主》的铭文中，他被称作“大地之神”（il mātim, col. ii 3；这一称谓对应于苏美尔语 diĝir-kalam-ma），而他的臣属甚至直接称他为“阿卡德神”（il Akkade）。这一做法显然与传统苏美尔人（以世俗君主为神在人间的代表）之价值观截然对立，而（转下页）

这种政权与神权的紧密结合，使得神庙非但具有极大的政治意义，也成为经济活动的重要主体，神庙不但是土地（特别是可耕地）的主要所有者（相对应的，个人私产通常指房屋及其附属的花园，而不包括可耕地），也在商品交易中占主要地位。[①] 这一时期的商品买卖文书与经济借贷文书，已形成了若干固定的表达程式，具有与后世巴比伦经济合同文本类似的诸多元素。[②]

（接上页）更接近埃及的理念。

乌尔第三王朝的君主欣然接受了这种新传统，与之被一同接受的还有"四方之王"（阿卡德语 šar kibrāt arba'im，苏美尔语 lugal an ub-da limmu$_3$-ba）的称号。这一时期的印章也体现了这种新传统，印章是各级官员表达对君主敬意的重要载体，在众多印章上，君主呈现与神祇相似的衣着与仪态（可能只有通过是否佩戴角冠加以区分），而印章持有者也如供奉神祇一般供奉君主，充分体现了官员受命于君主即等同受命于神。参阅 Hallo 1957，页 59；Seux 1967，页 107–108，389；Westenholz 1997，页 178–180；Steinkeller 2017，页 129–154；《剑桥世界古代史》第一卷第二分册，页 584–585。

传统上，在类似苏美尔的神圣婚礼仪式（节日）中，国王扮演女神伊南娜（Inanna）的新郎塔姆兹（Tammuz），女神被称作"我的夫人"或"宫殿的神圣夫人"，而扮演其丈夫的国王可被称作神（diĝir）。神圣婚礼仪式是为了庆祝大地的丰产，"保卫土地的生命气息"，仪式上的神并非国王本人，而是他扮演的女神丈夫这一角色，这种角色扮演是权宜的、象征性的。参阅富兰克弗特，2007，下册，页 426–431；2009，页 169–171。这与乌尔第三王朝（更不必说埃及）的君主地位有重大差异。

① 参阅 Jones/Synder 1961，页 272。

② 如借贷合同以约定的物品为标准计量品（如粮食、椰枣、白银），还贷期限通常在丰收季节后，针对未及时还贷的罚款金额，以在任的国王生命立下的誓言，写下证人的名字与日期等。商品买卖文书中的程式化表达，参阅 Steinkeller 1989，页 8–117。

从舒尔吉时期制订的《乌尔纳姆法典》的残篇（这是人类现存的最古老成文法典），可以窥见乌尔第三王朝的社会结构、伦理风俗、法律关系，特别是在有关身体伤害的刑罚中，该法典已用罚金的形式取代了“以眼还眼，以牙还牙”的处罚原则，体现出与后来《汉谟拉比法典》颇不同的取向风格。《乌尔纳姆法典》由序言、法律条文、后记三部分组成。这一法律文本的结构被包括《汉谟拉比法典》在内的后世法典所继承。

《乌尔纳姆法典》①

18. 如果一人砍断（别人的）脚，他要称量并支付（ì-lá-e）十舍勒银子。

19. 如果一人用棍子砸碎别人的骨头，他要称量并支付六十舍勒银子。

20. 如果一人用（……）割断别人的鼻子，（他要）称量并支付四十舍勒银子。

21. 如果（一人）用（……）切掉（别人的……），（他要）称量并支付（× 舍勒银子）。

22. 如果（一人）用（……敲掉别人的）牙齿，他要称量并支付两舍勒银子

但这种官僚统治结构与整体社会阶层的不断固化，也导致其国家能力在后期出现了严重的下降，又遭遇因洪水泛滥导致土壤盐碱化、肥力下降进而致使粮食减产的重大经济问题。公元前 2004 年，在埃兰人（Elamites）、苏巴图尔人（Subarians）与宿敌古提人的联合打击下，乌尔第三王朝于内外交困中覆亡，留下了哀痛至深的作品《苏美

① 文本参阅 Roth 1997，页 19。

尔与乌尔的挽歌》，[①] 与《阿卡德的诅咒》类似，作品中的王国被主神放弃。这一主题通过"乌尔被毁之哀悼"的节日仪式被不断再现，卡鲁（kalu）祭司们与民众共同吟唱祷诗以期待与诸神达成和解。[②] 独立的苏美尔文明及其时代就此终结。

《苏美尔与乌尔的挽歌》借主神恩利尔之口，道出了对王权兴替的命运性思考（366–369）："乌尔确实曾被赋予王权（nam-lugal），（但）并未被赋予永久的统治（bala da-rí）/ 从远古以来，自国土（kalam ki）建立到民众繁衍 / 谁曾见过王权的统治（永远）取得优势（sag-bi-šè è-a）？ / 王权的统治确实曾持续长久（ba-gíd-e-dè），但已耗尽了自身（šà-kúš-ù-dè）。"

4. 苏美尔时代的终结与苏美尔王表

似乎是作为苏美尔时代终结的象征，公元前 1900 年左右，在以乌尔王朝的合法继承者自居的伊辛王朝（Isin Dynasty）[③] 的推动下，一种独特的苏美尔王表（Sumerian King List）传统形成了。[④] 它将宇宙创生论谱系（神谱）与政治—历史谱系结合在一起。在现实历史中，苏美尔的政治共同体由诸多具有相当独立性的城邦构成，不同的城邦在不同的阶段通过征服—扩张（争霸）的方式成为这一共同体的主导。而在苏美尔王表中，这种不同城邦王朝间的权力更替被置于统一

① 文本与翻译，参阅 Michalowski 1989，页 36–69。

② 富兰克弗特，2009，页 167–168。

③ 有关伊辛王朝与乌尔第三王朝的精神联系，参阅 Burke 2021，页 154–159。

④ 苏美尔王表的文本与译文，参阅 Vincente 1995；译文亦可参阅 Kramer 1963，页 328–331。

的政治世系下，从而构造了某种“万世一系”的“想象的共同体”。

苏美尔王表，目前已经发现27个版本。[①] 尽管不同版本之内容有所差异，但在整体上，王表将虚拟的政治共同体之开端上溯到传说

▲ 苏美尔王表

① 各种版本可于CDLI进行查询，其中最著名者并通常被引用者为WB444版。WB444版与WB62版内容对比，见 https://cdli.ucla.edu/search/search_results.php?CompositeNumber=Q000371。

中的大洪水时代，此后通过加上一份前洪水时代的序言，又进一步延展到远古时期。这份序言以"当王权（nam-lugal）从天上降临（an-ta en-dè-a-ba），王权位于埃利都（Eridu）"开篇，而后洪水时代的王表则以"在洪水席卷后，王权从天上降临，王权位于基什（Kiš）"开篇，王朝的终结则使用"（城市名）被武力推翻，王权落到（某继承者）手中"的程式。

王表中所记载的君王在位时间，表现出一种带有"退化论"意味的思辨倾向：[1] 洪水之前的各个王朝，共有 8 位君主，在位共计 241200 年；洪水后的基什王朝，共有 23 位君主，在位共计约 24510 年（确切时间为 24510 年 3 个月零 3 天半）；接下来的乌鲁克王朝，共有 12 位君主，在位总计 2310 年，而乌鲁克王朝自传说中的君主塔姆兹（Tammuz）与吉尔伽美什（Gilgameš）以降，则比较接近历史上实际的在位时间（6 年至 36 年不等）。传说时期的君主统治，以"沙罗"（苏美尔语 šár，阿德卡语 šār = 3600）为基础计量单位，[2] 每个后续阶段大约都是前一阶段的十分之一（241200=3600×67[3]，

① 参阅沃格林 2018，页 144–153；伍雷 2021，页 22–29，30–33。

② 苏美尔人的数字体系，在十进制之外，还有六十进制，这一体系也为说阿卡德语之人所继承（如数字 70、80、90、120、150 在楔形文字体系中，分别被表征为 60+10, 60+20, 60+30, 2×60, 2×60+30）。"沙罗"作为 60*60 的产物，象征六十进制的圆满形态，在苏美尔人与阿卡德人的世界认知中具有特殊地位，成为其数字体系的某种基础范畴（如数字 5000，其楔形文字的形式，对应于 3600+2×600+3×60+2×10）。

③ 苏美尔语中有"大沙罗"（šár-gal，即 3600×60=216000）概念，241200=216000（大沙罗）+7×3600（沙罗），数字 7 在希伯来人信仰中象征某种禁忌或极限（旧约希伯来语中，表达"发誓"的动词与数字 7 之词根皆为 š-b-‘，《创世记》以第七天为休息日，很可能与此相关），或具有更古老的闪米特来源。相关讨论参阅 Giesen 1981。以 241200 象征某种数的 （转下页）

24510=360×68+30, 2310=36×65−30, 67、68、65 围 绕 着 100×2/3=66.66……而波动)。这种距上古愈远而人类寿命愈短(进而人类社会愈失去神圣性)的想象,在从希伯来、希腊到中国、印度的各种古代文明中均能寻到共鸣。

5. 巴比伦王国与汉谟拉比的遗产

在乌尔第三王朝覆灭后的两个世纪,伊辛王朝与拉尔萨王朝(Larsa Dynasty)是美索不达米亚地区众多政治存在中最强大的两个。它们共同承受着来自西北方向的闪米特族群不断涌入的压力,在试图令这种汹涌潮流为己所用的同时被此潮流所裹挟。此前早已与苏美尔文化融合的本土闪米特居民,对这些被称作阿摩利人(Amorite)的外来者表现出强烈的心理反感与敌视,以一种酷似古希腊人对待外来民族的方式将之描绘为粗鄙不堪的野蛮人,[①]甚至其所信奉的神祇阿穆鲁(Amurru)也被归入野蛮者之列。[②]但正如历史上一再上演的那样,生气勃勃的“野”会战胜垂暮僵化的“文”。伊辛王朝与拉尔萨王朝的君主有多人拥有阿摩利人的名字,[③]表明阿摩利人在当时的美索不达米

(接上页)极致,当是苏美尔传统与闪米特传统结合的产物。

① 可类比《阿卡德的诅咒》对库提人的描绘:“库提人不知约束,他们有人的思想,狗的智力,猴子的形貌”(gu-ti-um^{ki} uĝ$_3$ keše$_2$-da nu-zu/ dim$_2$-ma lu$_2$-u$_{18}$-lu ĝalga ur-ra ulutim$_2$ ^{ugu}ugu$_4$-bi, 155–156 行)。Jacobsen 1987: 368 将 dim$_2$-ma lu$_2$-u$_{18}$-lu 译作 (of) human face“(具有)人的脸”,似不准确。

② 参阅 Kupper 1961, 页 74–75;《剑桥古代史》第一卷第二分册,页 581–582。

③ 阿摩利人的语言,最显著的特征在于其过去时形式以 ia- 开头而非阿卡德语所使用的 i-,以及专名中包含的独特元素(如 ditana, sumu, samsu, 及神祇名如 El, Araḫ, Ḫammu)。参阅 Bauer 1926, 页 2, 91。

亚已经成为极重要的政治力量，巴比伦王国正是由富于“野性”的阿摩利人创建，[①] 从而登上美索不达米亚与世界历史的舞台。

公元前 18 世纪，巴比伦王国在其第六代君主、阿摩利人出身的汉谟拉比（Hammurabi）的领导下强势崛起。经历自公元前 1787—前 1755 年的长期征伐，汉谟拉比终于统一了整个美索不达米亚地区，成为“威武之王”（šarru lē'ū），“王中之龙”（ušumgal šarrī），“王中领袖”（ašared šarrī）。巴比伦王国控制的版图超过了这一地区此前任何王朝的规模，一种典范性的带有中央集权意味的奴隶制王国被建立起来，数十个尚未完全失去独立地位的邦国臣服依附于它，包括职业军队和官僚政治在内的一系列新体制被确立下来。作为对这种新型政治体的各种复杂关系的规范，《汉谟拉比法典》[②] 这一以往律法之集大成者问世（由序言中提到公元前 1755 年才被纳入巴比伦王国的埃什努那地区的保护神 Tišpak 与 Ninazu 可知，法典的完成不会早于这一年），它是人类迄今发现的最古老的完整成文法典（《乌尔纳姆法典》虽较之更早，但大多数内容未能保留下来），是巴比伦第一王朝之文治武功的集中体现。这一标志性的法律文献，虽有“法典”之名，但它是某种汇编性的“法律合集”，不是严格的法律规范，只是发挥辅助作用的法律参考，不应被理解为某种后世意义上标准性的“法典”。[③]

《汉谟拉比法典》反映的社会关系具有明显的阶层差异。最为常见的社会阶层分为三种，对应于不同的法律地位：1. 作为法律

① 公元前 20—前 18 世纪，阿摩利人的势力范围已经达到黎凡特地区与埃及。参阅 Burke 2021，页 159–176。

② 文本与翻译，参阅 Roth 1997，页 71–142；Richardson 2000；吴宇虹 2006，页 26–208。

③ 参 Assmann 2000，页 178–189；Rothenbusch 2000，页 408–473；Rothenbusch 2001。

条文之一般主体的 awīlu［人，平民］（法律条文开端最常用的程式为 šumma awīlum……，意为“如果某人……”）；2. 地位低于 awīlu 但依然拥有人身自由的 muškēnu［穆什根努，平民］；[①] 3. wardu［奴隶］。

《汉谟拉比法典》（CH）条文 215–217 以一种直观的形式体现了这种法律层面的阶层差异：

215. 如果医生用铜刀（手术刀）治疗一个平民（awīlam）的重伤，并救活了（这个）平民，或用铜刀打开一个平民的太阳穴，并治好了（这个）平民的眼睛，他将接受十舍尔银子。

216. 如果（患者）为穆什根努的成员（DUMU MAŠ.EN.GAG = mār muškēnim），他将接受五舍尔银子。

217. 如果（患者）为平民的奴隶（ÌR awīlim = warad awīlim），奴隶的主人应给医生两舍尔银子。

《汉谟拉比法典》中奴隶与自由民之间存在着极明晰的界限，与荷马史诗中二者之间的模糊状态形成鲜明的对比：在史诗《奥德赛》中，δρηστήρ［劳作者，侍奉者］（及其阴性形式 δρήστειρα）既指奴隶，也指自由民（如《奥德赛》16. 248, 19. 345），阿喀琉斯对奥德修斯说，宁愿作穷困者的帮仆为他人工作得活（ἐπάρουρος ἐὼν θητευέμεν ἄλλῳ），也好过在冥界统治亡灵（《奥德赛》11.489–491），作为这种他心中最卑贱地位之代表的，是 θής［帮工］（动词 θητευέμεν

① muškēnu 一词，在早期美索不达米亚的语境中，指不直接接受王室经济援助的臣民群体，不具有政治性意义，而主要表达具有相对独立的经济地位、以对王室之服从（muškēnu 源自动词 šukēnu，“跪拜，臣服，敬礼”）为身份特征的群体。muškēnu 与 awīlu 的差别，很可能在于，前者为居于乡村的自由民，后者为城市自由民。参阅弗莱明 2017，页 233–244。awīlu 之地位较之 muškēnu 为高，反映出巴比伦王国内城市对于乡村的优先地位。

▲《汉谟拉比法典》石碑

［作为帮工而劳作］）而非 δοῦλος 或 δμώς［奴隶］。[1]

汉谟拉比法典成就了汉谟拉比“公正之王”（šar mīšarim）之名，其本身的权威与效力也系于作为“公正之王”的汉谟拉比本人。[2] 它被刻写在石碑上，其内容很快被书吏们抄写在泥板上，并在此后的数个世纪中作为抄写范本而广泛传播。被汉谟拉比从幼发拉底河北部的重要贸易城市马瑞（Mari）带走的大量宫廷档案（数量多达 25000 块泥板），为后世保留了关于那个时代美索不达米亚地区的丰富信息。

刻写着《汉谟拉比法典》的玄武岩石碑，据信最初被安放在位于巴比伦西北部的重要贸易城市锡普尔（Sippur）城供奉太阳神沙马舍（Šamaš）的神庙中。碑文以阿卡德语书写。公元前 1155 年，埃兰国王舒特卢克那浑特（Šutruk-Nahhunte）洗劫巴比伦，《汉谟拉比法典》石碑与其他大量纪念碑被作为具有重大象征意义的战利品运到埃兰首都苏萨（Susa），并于 19 世纪被法国考古人员所发现，此后作为文化珍品保存于卢浮宫。

汉谟拉比建立的王朝在其去世后不久便开始衰落，经历北方蛮族

① 芬利认为，自由民与奴隶，“无论是在主人手下还是在诗人心中，他们从事的工作和得到的待遇往往难以区分”。θής［帮工］由于并非属于基本经济单位家庭（οἶκος）的成员，并通过契约主动将其劳动的成果交于他人，故而地位低于属于家庭（作为家庭财产之组成部分）的奴隶。参阅芬利 2019，页 49–56，70–71，引文在页 49。

② 以颁布法律的国王而非其所颁布的法律为根本权威，是自公元前 2500 年以降地中海文明区的普遍现象，不但广泛存在于美索不达米亚、埃及、安纳托利亚、迦南地区，也保留在希腊—罗马传统以君主为“活着的法律”（νόμος ἔμψυχος, lex animata）的观念中。参阅 Rotenbusch 2000，页 410，及注 61；Assmann 2006，页 321。

加喜特人（Kassites）的长期骚扰而不断式微，最终归于覆亡，如同萨尔贡王朝曾经的命运那样：曾经武力卓著的征服者被舒适奢华的城邦生活所征服，由于武功废弛耽于享乐，它们的统治被几乎同时发生的内部叛乱与外部入侵所颠覆。公元前1595年，巴比伦第一王朝为赫梯统治者穆尔西里斯一世所亡，加喜特人（可能借助与赫梯人的协议）在此后四个世纪成为这一地区的统治者，并成为原来的苏美尔–阿卡德文明的继承者，原有的巴比伦文化许多重要的文本（文学、宗教、科学）在此期间逐渐被固定下来并被规范化、经典化。加喜特王朝于公元前1157年为埃兰人所灭。

但古巴比伦王国所确立的政治体理想形态，代表着由城市—神庙而为城市—国家而为帝国之演化进程的最高环节，在以后的若干世纪中持久地影响着美索不达米亚及其文明辐射地区。这种影响不但体现于现实的政治与人们对于政治的理解想象，更深入到宗教领域。

自苏美尔—阿卡德时代以来，阿卡德人基本沿承了苏美尔人的神系，以阿努（Anu，即苏美尔之An）、恩利尔、恩基/埃阿为主神，三大天体神则沿袭其在闪米特族信仰中的名称：太阳神沙马舍（Šamaš），月神欣（Sin，即苏美尔之Suen［苏恩］），金星之神伊什塔尔（Ištar，即苏美尔之Inanna［伊南娜］）。

伴随着巴比伦王国统一美索不达米亚的盛举，原本作为巴比伦地方守护神的马尔杜克（Marduk）获得了前所未有的重要地位。一部气势恢宏的以马尔杜克信仰为核心的创世史诗《埃努玛·埃利什》（*Enūma Eliš*，取自其首句，意为“当［天］是高的”）横空出世。[①] 它极富创意地改造了原有的创世传说与诸神谱系，记述了从宇宙起源直至马尔杜克成为诸神之王的神圣历史。[②] 马尔杜克在诸神之战中击杀

① 文本与翻译，参阅Lambert/Parker 1966; Lambert 2013，页3–144。

② 《埃努玛·埃利什》对传统巴比伦创世神话谱系的创造性改写，及其与希伯来、希腊、印度的典型性创世论文本的比较研究，参阅本书附录一。

作为大海之人格化代表的远古母神蒂阿玛特（Tiāmat），以其尸体创造天空，定序宇宙，安置星辰，确立时间进度，安排诸神职分，用蒂阿玛特的眼睛作为水源令底格里斯河与幼发拉底河长流不息，马尔杜克令自己的父亲埃阿（Ea）用魔神金古（Qingu）之血创造人类（命名为lullû），以承受神的负担，使神得以休息。从辛苦劳作中得到根本解脱的诸神对马尔杜克兴起礼赞，并遵其吩咐建造人间圣所巴比伦。作品以对马尔杜克五十个（事实上为五十一个）名号的咏颂及其附记而告终，这种对主神名号的长篇称颂被巴比伦的评注传统大加发挥，可视作史诗的真正高潮所在。①

每个马尔杜克神的名号后面，都有相应的解释与发挥，由于这种语言解释极为复杂，后来的评注者必须对此作进一步的解释。这类解释基于楔形文字独特的书写体系，巴比伦人试图在单词的每个构成元素（而不是音节）中发现意义，并将之勾连贯通起来，以获得词汇的完整意义。例如，马尔杜克的第36（或第37）个名号 ^{d}LUGAL-ÁB.DU_{10}.BÙR，“卢伽阿布度布尔”，这一苏美尔语名字的五个符号都有特定的阿卡德语与之相对应：LUGAL= 阿卡德语 šarru［国王］，BÙR=BÍR，对应于阿卡德语 sapāḫu［驱散，挫败］，DU_{10}=DÙ，对应于阿卡德语 epšetu［行动，策略］，ÁB=AB，是 A.AB.BA 的缩写形式，对应于阿卡德语 tâmtu［海洋］，可引申为象征太初原水的蒂阿玛特；进而，BÙR 被认为和它的组成要素 BU 相同，对应于阿卡德语 našāḫu［根除］，DU_{10}=DÙ，DÙ 又可读作 KAK，对应于阿卡德语 kakku［武器］，LÙ 作为 LUGAL 的第一部分，等同于阿卡德语关系代词 ša，DIĜIR［神］作为限定符出现于名字前面（上标的 d）以标示神名，等同于阿卡德语 ša rēši［在前面］，DU_{10}.BÙR 可以引出苏美尔语 DUBUR［地基，支撑］，DU_{10} 可能等同于 DU，亦可

① 对于史诗中马尔杜克名号的全面分析，参阅 Lambert 2013，页 147–168。

读作 GIN［使稳固］。因而，在此名之后出现的表述“挫败蒂阿玛特策略的国王，根除了她的武器，它的前后支撑变得稳固”，被认为是 ^{d}LUGAL-ÁB.DU$_{10}$.BÙR 这个名字的完整意义所在。[①]

▲ 马尔杜克与他的怒蛇

随着巴比伦成为整个帝国的政治—文化中心，马尔杜克获得了相较于原有的苏美尔神系中其他主神（恩利尔、阿努、埃阿）的优先地位，成为诸神之王；作为马尔杜克的人间代表，巴比伦王成为万邦之王。史诗描绘的世界经历诸神之争而最终定于一的图景，赋予了经历

① 参阅 Bóttero 1977，页 9；Foster 1996, I，页 396，注 6；米罗普 2020，页 10–11。

征伐而实现大一统伟业的人间政治体以超越具体时空的神圣性。作为对此种天人相应之宇宙秩序的纪念，这一史诗在巴比伦的新年庆典的第四天被仪式性地表演传唱。这一传统在古巴比伦王国湮灭后依然持续了很久。

在巴比伦人（及亚述人）的观念中（如占星学作品 Enūma Anu Enlil），地球被分成阿卡德（Akkad，北部）、埃兰（Elam，南部）、苏巴尔图（Subartu，西部）、阿穆鲁（Amurru，东部）。天界也存在这种划分与对应：月亮的右面是阿卡德，左面是埃兰，上面是阿穆鲁，下面是苏巴尔图。[①] 与柏拉图主义将现实世界视作理念世界的不完美摹本（乃至摹本之摹本）不同的是，巴比伦人认为，人间秩序与宇宙秩序是同源、同构的，且具有同样的神圣性。人间秩序具有宇宙论意味，而宇宙秩序则具有政治内涵：[②] 宇宙呈现为一种城邦的结构，带有原始民主制的特征，诸神以类似城邦长老议事会（某些更特殊的情况下，则以类似公民大会）的形式集会、咨询、讨论、达成共识、形成决策，而诸神的领袖如安努、恩利尔则扮演着议事会主席的角色。《埃努玛·埃利什》并未改变这种想象的基本结构，但大大凸显了马尔杜克作为诸神之王的权威，确立了马尔杜克远超侪辈的主神地位，[③] 成为荷马史诗与赫西俄德作品中宙斯形象的原型。

---

① 参阅 Meissner 1925, Ⅱ, 页 110; Horowitz 1998, 页 175。

② 参阅 Frankfort etc. 1977, 页 135–137, 148–150。对早期美索不达米亚“原始民主制”的讨论，参阅前注，即本书页 98 注③。

③ 可对比《汉谟拉比法典》序言中更为传统的表述：“当尊贵的天神安努，阿努那其之王，（与）恩利尔神，天与地之主，决定向马尔杜克神，恩基的长子，授予全人类的王权（Enlilūt，直译为‘恩利尔的权柄 / 属性’），使他在伊吉吉诸神中（变得）伟大。”（CH 1. 1–15）。

巴比伦（阿卡德语 Bab-ilim，苏美尔语 Ká.diĝir.ra^{ki}）之名意味着“诸神之门”，正反映了人间与宇宙同源同构的世界想象。巴比伦的命名传统也深刻影响了旧约《创世记》（28: 11–22; 36:7）：雅各（Jacob）在某处以石头为枕入睡，梦中见到一座梯子从地面伸到天上，上帝在梯子顶端将雅各所处的土地赐予他及其子孙，雅各醒来后将作为枕头的石头竖起为柱并将这个地方称作伯利恒（Bêt-’el，“神之家”）。①

6. **亚述帝国**

阿卡德人在美索不达米亚北部的代表亚述人于公元前 14 世纪中叶崛起，取代了米坦尼（Mitanni）王国在这一地区的统治，缔造了以阿舒尔（Aššur）② 为政治–宗教中心的亚述帝国。帝国的前身，是掌控着阿舒尔城、导致乌尔第三王朝覆灭的苏巴尔图，当美索不达米亚地区处于伊辛王朝、拉萨尔王朝、巴比伦第一王朝三足鼎立阶段，它是可以与之争衡的强大外部力量。③

---

① 美索不达米亚地区的西部城市中，多有以 Bêt + 神祇名进行命名者（“××神之家”），如 Bêt-’Anat, Bêt-Dagon, Bêt-Šamaš, Bêt-Ba’al。

② 在楔形文字时代，māt Aššur［阿舒尔之地］从未作为地理名称被使用，而总是指代整体性的亚述区域或亚述帝国。作为地理名称的亚述，是在亚述帝国覆灭后才被阿拉美人加以使用（阿拉美语 Athor，古希腊语 Aturia），指代上扎布河（Upper Zab）与底格里斯河之间的区域，而历史上的亚述位于下扎布河（Unter Zab）与底格里斯河之间。

③ 亦有观点认为，亚述在历史上曾有五个帝国，自伊鲁舒玛（Ilušuma，公元前 2050 年）至沙鲁金（Šarrukîn，公元前 1980—前 1948 年）为第一帝国，沙姆什阿达德一世（公元前 1879—前 1847 年）在位期间为第 （转下页）

亚述的传统区域位于两河流域上游东北部，底格里斯河自西北向东南流经此地。底格里斯河及其支流河道十分狭窄，两岸多为山区，农业产出较之巴比伦尼亚地区颇受限制。亚述所据之地理环境，令其在漫长的岁月中虽数次沦为地区强权之附属国，但从未完全失去自身的独立性，[①] 而亚述君主较之巴比伦尼亚地区的统治者，更富有扩张的雄心，与萨尔贡一系诸王（特别是萨尔贡与纳拉姆辛）尤有精神共鸣。

在阿卡德王国时期，亚述的势力曾远达安纳托利亚，亚述统治者埃利舒姆一世（Erišum I）成为卡帕多西亚（Kappadosia）统治者，此后安纳托利亚地区与亚述一直保持着紧密的政治经济联系。[②] 亚述君主一直以这一阶段为亚述的黄金时期，奉萨尔贡王朝为正统，将自己视作其合法的继承者，并在表达政治抱负时使用带有此类气质倾向的尊号如 kiššat mātati［全体国土］、šar kiššāti［宇宙之王］。

沙姆什阿达德一世（Šamši-Adad I，公元前 1850—前 1776 年）是亚述历代君主中最受尊崇爱戴者，他突破亚述传统，第一个正式称王（šarru），[③] 第一次享用“宇宙之王”的称号。他曾对巴比伦尼亚的政

（接上页）二帝国。由阿舒尔乌巴里特（Aššuruballiṭ，公元前 1362—前 1337 年）创立、在阿达德尼拉里一世（Adadnirâri I）与萨尔玛纳萨一世（Salmanassar I）在位期间（约公元前 1304 —前 1243 年）达到鼎盛者，为亚述第三帝国。参阅 RLA, I, 页 229。若将上述三者视作亚述扩张的三个阶段，那么亚述在第三阶段才成为真正意义上的帝国与地区核心国家。

① 亚述从而保留了从公元前 21 世纪到公元前 7 世纪的王表与年名官（līmum）表，为构建亚述的年代学提供了巨大的方便。参阅 Millard/Whiting 1994, Veenhof 2003。

② 参阅本书第三章，页 172–173。

③ 在古亚述时期，亚述君主不使用 šarru 这一在巴比伦尼亚通行的王者头衔，而以之称谓神祇，人间的统治者则被称作神的代理人（iššiakku）或（神在人间事务的）监管者（waklu）。参阅《剑桥世界史》第一卷第 （转下页）

治形势发挥过颇为重要的影响力，几乎有望问鼎地区霸权。[①] 他在位时间长达 57 年，逝世于汉谟拉比在位第十年。若非汉谟拉比领导下巴比伦第一王朝实现了一统美索不达米亚的伟业，亚述作为一种地区超级力量的崛起或会提前数百年。沙姆什阿达德一世在远离阿舒尔的两河流域北部城市舒巴特恩利尔（Šubat-Enlil）建立新都，并得到民众拥护，为后世君主所效仿。此举与亚述人的天象变化和王权兴替的宗教观相关，[②] 也反映了出身于游牧民族的亚述人并无农业民族般对于特定土地的眷恋，故较少受到地域与族群观念的束缚。这是亚述君主追求统治"全体国土"的心理基础。

亚述帝国借鉴了巴比伦王国的君主集权和以自由民为主要来源的常备军制度，发展出一套通过对外军事征伐、以战养战的整体战略，并以巴比伦王国对待其守护神马尔杜克的方式，将亚述地方守护神阿舒尔奉为主神与国神。[③] 亚述之文治虽远逊于巴比伦（各类图书馆是其留下的最重要的文化遗产），但武功则达到其所处时代的顶峰，发展出多兵种协同作战军阵之战争技艺（军队被分为轻装步兵、重装步兵、战车兵、骑兵、工兵、攻城部队等诸兵种，在常备军外建立以退伍

（接上页）二分册，页 686–687, 702–703。故而沙姆什阿达德一世之称王，实有由人而（半）神的意味。后世对他的敬仰拥戴，已经超越了一般意义的祖先崇敬而上升到族神崇拜的高度。

① 参阅《剑桥世界史》第一卷第二分册，页 592–593。

② 有十位神祇分别代表十个星辰，依次统治宇宙，每位神祇的统治期约为 350 年。故而人间的君主应配合这种星辰—神祇的演化趋势，建都于正在统治宇宙的神祇的城市，以便统治"全体国土"。萨尔贡创立阿卡德王国时，被认为正值阿卡德城的守护女神伊什塔尔统治宇宙，沙姆什阿达德一世建都于舒巴特恩利尔，是由于他相信此时已由恩利尔神统治宇宙。

③ 亚述人对阿舒尔神的常用称谓是 Aššur bēlu rabû ilu Aššurû，意为"阿舒尔，伟大之主，亚述之神"。

老兵为主的后备军）与当时世界最为完备的军事组织—装备系统（马鞍和驿道是其重要代表），可谓世界上最早的军事帝国。

为了统治通过征伐而获得的广袤土地，亚述人创立了行省制度，它被波斯帝国所承继，给世界历史留下了特为深远的印记。亚述确立了臣民对亚述君主作效忠宣誓（adû）的仪式，强调对君主的绝对忠诚与服从，断绝与敌人的一切联系。这种宣誓仪式、誓词与通过宣誓所确立的上下关系，对于处在亚述统治下的希伯来民族影响至大：正是通过将宣誓效忠对象从亚述君主转为耶和华神，犹太一神论迈出了根本性的一步。[①]

亚述的赫赫武功，在帝国已经消亡若干世纪后，依然深入人心。公元 2 世纪出生于叙利亚的基督教护教者塔提安（Tatian），在《对希腊人的演说》最后的自我介绍中（42 章），自称"出生于亚述人的土地"，尽管最初接受希腊人的教育，但却"教授野蛮人的哲学"。他对希腊教化的拒绝和以非希腊智慧为荣的立场（传统上"希腊人"—"野蛮人"的二元对立被其做了戏剧性的颠倒），正与轻浮华而重实际的"亚述人"风格相契。[②]

公元前 8 世纪中期以降，伴随着几代富于军事天才的君主前后相续，亚述帝国之扩展达到极盛。在这一期间，它四次攻占巴比伦（前 731 年，前 705 年，前 652—前 648 年，前 626 年），通过多年的战争击败埃及（前 671—前 663 年），将其置于亚述的统治之下。在一代名王阿舒尔巴尼拔（Aššurbânipal）[③] 任内（前 669—前 631 年），亚述占

① 参阅本书第六章，页 293–294。

② 耶格尔将塔提安的立场视作东方世界对于希腊化浪潮的反动（参阅耶格尔 2016，页 19–20），不无道理，但忽略了"亚述人"这一表述所包含的深层文化意味与特定的符号象征意义。

③ 这一学界惯用的转写形式实为 Aššurbânapli（直译为"阿舒尔神是儿子的创造者"）之误，经历了 Aššur-bâni-apal>Aššur-bân-apal 的 （转下页）

有几乎西亚全境与埃及大部，东临伊朗高原，西抵地中海滨，北达高加索，南接尼罗河，是地中海世界当之无愧的霸主。

▲ 阿舒尔巴尼拔猎狮图

然而，这种疆域的过度扩张严重透支了亚述的国力，在超过其能力边界后，亚述长期以来所倚重的军事征服和暴力压制[①]迅速转化为

（接上页）转化。参阅 R.L.A, Bd. I, 词条 Aššurbânapli, 页 203。

① 亚述素来残暴对待被征服地区的叛乱，亚述的君主亦常列举军功杀戮之盛，辛那赫里布（Sennacherib）犹以凶残嗜杀而著称，加之大规模放逐被征服地区民众的做法引发的巨大怨恨，给人造成某种印象，似乎亚述的统治完全依赖暴力。事实上，罗马人对叛乱所采取的手段、进行的杀戮，较之亚述有过之而无不及，利用战争搞大规模奴隶贸易，更非亚述可比。因而亚述的暴力外观，与其说是其特性，不如说是军事帝国这种（转下页）

对帝国自身的反噬，而基本道义感召与文化认同的匮乏，进一步放大了这种反噬的效果。亚述始终难以避免被征服地区的持续起义反抗，其由盛而衰之过程更是极富戏剧性：阿舒尔巴尼拔去世后，亚述国内为争夺王权爆发持久的内战，被其占领之地纷纷独立，庞大的帝国迅速陷入瓦解土崩的境地。亚述之旧都阿舒尔与新都尼尼微（Ninive）分别于公元前614年与前612年被迦勒底人（Chaldean）与米底人（Median）的联军攻陷，亚述帝国就此覆亡，此时距阿舒尔巴尼拔去世尚不足20年。

7. 新巴比伦王国

迦勒底人建立了新巴比伦王国，分取了亚述帝国的西部疆域，即美索不达米亚南部、叙利亚、巴勒斯坦及腓尼基地区。至尼布甲尼撒二世（Nibuchadnezzar Ⅱ）在位期间（公元前605—前562年），国势极盛。尼氏于公元前597年、前587年两度亲征犹大王国，于前587年攻陷耶路撒冷，犹太人之神庙被摧毁，犹太国家消亡，其国王、贵族（及一般居民）被掳至巴比伦，史称“巴比伦之囚”。这一事件被记录在《旧约》的《列王纪》《历代志》与先知文学中，构成了犹太民族集体意识中最深刻惨痛的记忆，尼布甲尼撒被刻画为上帝用来惩罚犹太人罪恶的工具。这种极痛切的记忆与极深沉的反思相结合，甚至产生了对尼布甲尼撒的神圣化：① 尼布甲尼撒终结了犹太国家，使犹太民

（接上页）存在形态的一般特点。罗马的杀戮被掩盖在“罗马治下的和平”（Pax Romana）之下，亚述则尚未构建一套与之相应的话语体系，这是亚述文治不足的典型体现。不过亦有现代学者将其称作“文明的牧羊犬”，认为亚述通过战争防止蛮族入侵，为地区带来了“亚述治下的和平”（Pax Assyriana），参阅 Olmstead 1923，页 653–654。

①《耶利米书》27:6–8：“现在我已经亲自把这一切国家都交在我（转下页）

族回到一无所有的境地，令其不得不更痛切地反思自我的过错，不得不重新建构自身与神的关联，不得不迎来先知所预言的新救赎历史，在此意义上，他成了犹太民族极另类的救主。与这种复杂感情相应，新巴比伦王国与古巴比伦王国这两个相隔千年的政治体，在犹太人的记忆中化为了某种具有内在关联的整体，巴比伦这一意象获得了在犹太教进而在基督教世界想象中极独特的地位，“巴比伦之王”成为（与基督教神圣秩序相对立的）世间最高权柄的代名词，这一传统甚至延续到中世纪晚期。

据《列王纪下》25:8–12 记载，巴比伦大军不但焚烧了神庙、王宫，还烧掉了耶路撒冷城所有大户人家的房屋，拆毁了耶路撒冷的城墙，将大部分居民都掳走，只留下一些当地最穷的人修整葡萄园、耕种田地；据《历代志下》36:17–21 的描绘，不但大量的壮丁在神庙中被杀，幸存者均被掳到巴比伦，且土地也因无人料理而变得荒芜（“地得享安息；在荒凉的日子，地就守安息，直到满了七十年”）。上述说法与《耶利米书》52:28–30 中提到的犹太人被掳的三个阶段和相应数量（尼布甲尼撒在位第七年，即公元前 597 年，3023 个犹太人；尼布甲尼撒在位第十八年，即公元前 587 年，832 个犹太人；尼布甲尼撒在位第二十三年，即公元前 582 年，745 个犹太人）以及对犹大定居地的考古发现均不相符。

更接近历史实际的情况是，被掳到巴比伦的主要为犹大国的少数上层人士，即便因为战争原因常住人口有所减少，但耶路撒冷城

（接上页）仆人（‘abdî）巴比伦王尼布甲尼撒的手中，连田野的走兽，我也交给他，供他奴役。列国都要服侍他和他的儿子、孙子，直到他本国遭报的时候来到……无论哪一国、哪一邦，不服侍巴比伦王尼布甲尼撒，不把颈项放在巴比伦王的轭下，我必用刀剑、饥荒和瘟疫去惩罚那国，直到我借着巴比伦王的手把他们完全消灭。这是耶和华的宣告。”

的大部分居民依然留在当地。[①] 被掳到巴比伦的犹太上层精英，以自身为全体犹太人之代表，遂有举族迁移之错觉，哀怜身世却犹以故土之唯一主人自居，故兴土地荒芜之叹，实以土地喻政权，渴望被占的土地始终对自己"虚位以待"。此种心理感受，其高明可比之庾信《哀江南赋》所谓"零落将尽，灵光岿然"，其末流则近于海外新儒家"花果凋零"之论。

摧毁了犹太人圣殿的尼布甲尼撒二世，在巴比伦大兴土木，新建、修复了许多宗教建筑，其中最负盛名者是马尔杜克神庙之塔庙，这是《旧约》提到的"巴别塔"（Babel Tower）之原型，而人类因语言不通而无法完成"巴别塔"的建造，这一想象或源于沦为巴比伦之囚的犹太人在巴比伦这一国际大都市所遭遇的语言—文化震撼。[②] 其时，巴比伦城经数代营造极显豪华壮丽，八方城门冠之以不同神祇之名，其中以女神伊什塔尔命名的北门，墙面装饰着光彩夺目的琉璃砖拼出的龙和公牛，是新巴比伦王国建筑艺术之美的代表。传说中，尼布甲尼撒二世还为其患思乡病的王妃安美伊迪丝（Amyitis）修建了跻身世界八大奇迹的空中花园，这是各类托名于他的大型建筑中最著名的一个。

这位天才的军事统帅和伟大的土木工程组织者是巴比伦历史上功业与气质最接近汉谟拉比者（现存《新巴比伦法典》的开头与结尾缺失严重，未记载编制法典之国王名，但其整体风格让人很容易联想到尼布甲尼撒二世），新巴比伦王国的命运也与古巴比伦王国相类似：

---

① 参阅 Knauf 2000; Barstead 2003; Stern 2004; Keel 2007，页 614–619，773–775；施密特 2021，页 146–149。

② 美索不达米亚中心城市的这种国际化特征，早在萨尔贡时代就已具备。《阿卡德之诅咒》中便提到繁华时的阿卡德城，"外乡人环绕如同天空中陌生的鸟群"。参阅 Jacobsen 1987，页 361。

在尼布甲尼撒二世去世后，王国即陷入内外交困中。公元前539年，王国的马尔杜克祭司阶层与国君矛盾严重，在巴比伦遭到新崛起的波斯人进攻时，祭司奉迎波斯大军入城，波斯兵不血刃地占领巴比伦。新巴比伦王国作为美索不达米亚政治传统的最后代表归于消亡，也标志着旧约所言“巴比伦王的七十年统治”（《耶利米书》25: 11, 29: 10; 也见于《历代志下》36: 21）的终结。①

旧约《但以理书》中，尼布甲尼撒梦见了一个巨像，先知但以理为这个意味深长的梦进行讲解：“这像甚高，极其光耀，站在你面前，形状甚是可怕。这像的头是金的，胸膛与膀臂是银的，肚腹和腰是铜的，腿是铁的，脚是半铁半泥的……打碎这像的石头变成一座大山，充满天下”（2:32–35）。这个像的不同组成部分，被解释为前后相继的四大帝国（事实上《但以理书》所描绘的巨像涉及身体的五个部分，但总是被对应于四大帝国，可知四大帝国说在先，而以《但以理书》作为其象征的解读在后。此解读有多种版本，但金色的头总是被认为对应于巴比伦），四大帝国终结后，最终到来的将是上帝的国度。对自公元前7世纪至前2世纪的地中海世界的霸权争夺与参与这种争夺的帝国命运，《但以理书》进行了某种寓言–预言性的表达。这种被描绘为必然命运的帝国兴替，为基督教

① “巴比伦王的七十年统治”，不可能如《历代志下》（36:17–21）所描绘的始于耶路撒冷被攻陷（公元前587年），而当始于尼布甲尼撒二世尚为王子期间战胜亚述残部与埃及援军、奠定在迦南地区主导地位的迦基米施战役（Battle of Carchemish, 公元前605年），终结于巴比伦为波斯占领、新巴比伦王国并入波斯版图（公元前539年），实为66年，以七十言之，当与希伯来文化对数字七作为“终结，完成，极限，禁忌”的认知有关，也可能把发生于公元前609年的约西亚被埃及法老尼哥二世（Necho Ⅱ）的军队所杀的事件（《列王纪下》23:29–30）也纳入新巴比伦王国统治的序列。

与罗马帝国结合后、西方古典世界即将终结前的时代留下“终末论”的浓重投影。5世纪初，杰罗姆（St. Jerome）所著《但以理书评注》中，巨像的四部位所对应的四大帝国是巴比伦、波斯（与米底）、马其顿、罗马，罗马被描绘为最强大与最脆弱的合体，对应于巨像的脚“半铁半泥”的特质；奥罗修斯（Paulus Oroius）所著《反异教史》（*Historia adversus Paganos*），对杰罗姆之说略作调整，四大帝国变为巴比伦、马其顿、非洲（迦太基）、罗马，都可以视作是对《但以理书》模式的直接套用。这种解释传统极深刻地影响了后世西方对“帝国转移”（translatio imperii）的想象。[①]

汉谟拉比及其领导下的古巴比伦王国，是美索不达米亚古代政治文明的巅峰代表，同时又构成这一地区各种政治体几乎无法回避的命运缩影。“其兴也勃，其亡也忽”的盛衰循环，深嵌在美索不达米亚绵延超过2000年的政治史中。

三、科学文教传统及其世界意义

1. 数学与天文学

自苏美尔—阿卡德时代开始，一种科学研究的传统逐渐形成。由于生产的需要，巴比伦人在几何、水利、建筑、机械等方面积累了较丰富的知识，尤其是数学与天文学有了很大发展。[②]

---

①《但以理书》呈现的世界帝国想象的文明论背景与神学基础，参阅 Koch 1991; Kratz 1991。

② 美索不达米亚数学与天文学的概论，参阅 van der Waerden （转下页）

在数学方面，因国内外贸易繁盛，巴比伦人的实用数学颇为发达，公元前 18 世纪时，除了缺少表达零的符号，它的计数体系已和我们今天所使用的无甚差别，制成 1 ~ 60 的立方表和平方表，对日晷、漏壶、杠杆、滑车的运用和测量都很出色；计数法采用十进制和六十进制，六十进制应用于计算周天的度数和计时，其影响至今犹存（360 度代表圆的一周，一小时有 60 分，一分有 60 秒，一年的周期为 360 日加 5 日）；① 代数领域，古巴比伦人已可解含有三个未知数的方程式，发现了勾股定理（尽管尚无证据表明他们通过推导的方式对其加以证明）。材料显示，巴比伦人的数学研究已经超越了功利的层面而进入更纯粹的理论探索。巴比伦数学的主要兴趣一直在于数字及其关系，这与以几何为中心的希腊数学传统形成了鲜明的对比。② 大约在公元前 1800 年，巴比伦人提出了音阶的概念，并通过腓尼基人于公元前一千纪传入希腊。巴比伦人对数字与音乐（及二者关系）的认知，或许构成了毕达哥拉斯学派遥远的思想来源。

伴随数学成果被应用于天象观察，天文学应运而生。巴比伦人已

（接上页）1978；巴比伦数学，参阅 Neugebauer 1952, Chapter 2–3; Boyer 1968, Chapter 2; van der Waerden 1988, Chapter 3；巴比伦天文学，参阅 van der Waerden 1974, Chapter 2–3; Rochberg 2004, Chapter 1–2。

① 有关早期六十进制，参阅 van der Waerden 1988，页 37–41。

② 斯宾格勒认为，对于古典时期的希腊数学，“数是一切可为感官所感知的事物的本质”，“它处理的不是空间关系而是视觉上可限定的、实在的单位”，“整个古典数学归根到底是一种测体学，一种固体几何学”。古典希腊数学与近代以来数学的根本差异在于，对于前者，数是“事物的物质性在场所固有的一种纯粹的量”，对于后者，数则是“一种纯粹的关系”，二者构成一种平行对照的关系。参阅斯宾格勒 2020, I，页 126–175，特别是页 139–141, 155。若依斯氏的逻辑，则巴比伦的数学恰与近代以来的数学精神相通。

知如何区别恒星与五大行星，对已知的星体命名，观察到了黄道，确立了以月亮的阴晴圆缺为计时标准的太阴历，将一年分为12个月，一昼夜分为12时，一年分为354日，为适应地球公转的差数，第一次设置了闰月；大量观象台被设置以定时陈列天象记录，这方面资料的长期积累，使后来的新巴比伦人得以预测日月食和行星会冲现象。巴比伦的天文学（及其背后的数学模型）对于希腊、印度、伊朗的相关传统皆产生了持久的影响。[①]巴比伦历法在“巴比伦之囚”时代传入犹太人中，并在其思想中留下了深刻的印迹。

旧约《但以理书》的开篇，“犹大王约雅敬在位第三年，巴比伦王尼布甲尼撒来到耶路撒冷，将城围困”（1:1），这一信息同样被旧约（《以西结书》14:14, 20, 28:3）与新约（《马太福音》24:15-16）的相关章节所证实。但这一信息与《耶利米书》的记述明显不符，《耶利米书》记载，“犹大王约西亚的儿子约雅敬第四年，就是巴比伦王尼布甲尼撒的元年，耶和华论犹大众民的话临到耶利米”（25:1），依此则尼布甲尼撒元年对应的是约雅敬第四年。二处叙述间的矛盾，较合理的解释是，二者采用了不同的纪年方式：[②]《耶利米书》使用了传统犹太人（很可能源自埃及）的纪年法，把国王统治的第一年作为元年；而《但以理书》采用的是巴比伦的纪年法，把第一年作为“登基年”，把接下来的一年算作“第一年”。同样的情况也适用于“巴比伦之囚”事件在《列王纪》与《耶利米书》的不同记载。依据前者，“巴比伦王尼布甲尼撒十九年五月初七，巴比伦王的臣仆尼布撒拉旦护卫长进入耶路撒冷”（《列王纪下》25:8）；依据后者，“尼布甲尼撒十八年从耶路撒冷掳去八百三十二人”（《耶利米书》58:29）。

---

① 参阅达利 2022，第六章。

② 参阅 Hasel 1981，页 47–49; Wiesmann/Darius 1965，页 16–18。

2. 文士与学校教育

与知识的系统积累与传承相应，美索不达米亚出现了人类最古老的学校教育，寺庙学校、王室学校、私立学校相继出现。学校被称作泥板书屋（苏美尔语 e_2-dub-ba-a/ e_2-dub-ba，阿卡德语 bīt ṭuppi），教育的目的在于培养文士（苏美尔语 dub-sar，阿卡德语 ṭupšarru）。文士有高低之分，高级文士可充任官员或祭司，低级文士从事如秘书、公证人、掌印人、土地测量与登记员等职业。文士教育之初级阶段，以书写与计算为主要内容，之后则针对司法、天文、建筑、医学等不同领域安排相应的专业知识的学习与实习，以培养特定的文士（如司法文士）。在教学过程中（特别是初级阶段），不讲求启发诱导，而强调背诵强记与反复练习，[①] 以严格乃至严苛的纪律来管束学生。流传下来的文献中，就有学生自述教师体罚学生的详细记载，还有父亲训斥子辈和教师训诲学生的语句，学校的结构近似于家庭，师生的关系比之于父子。到公元前 15 世纪，学校系统使用的教材大体完备，一系列教学标准正式确立，这催生了一切以传统为旨归的学风（“传统主义”）。在已出土的教育文献中，《恩奇曼西和吉尔尼沙的争执》《学校学生》《文士和他的不肖之子》等泥板书，颇能说明古代两河流域学校的概貌。

美索不达米亚地区的晚期教谕作品《舒拍阿美里的教谕》呈现了一种很独特的风格，全文采用父亲与儿子对话的形式，在父亲大段的教谕后（如不要进入酒馆，不要多嘴，不要对没有验证的神说嘲笑的话，不要对妻子袒露内心的想法，不要买春天的牛等等），却以儿子对父亲带有强烈反讽意味的反驳与质疑而结束：“我们都是鸽子，不幸的鸟。我们都是强壮的公牛，迅速奔跑的野牛中奔跑的

① 这种实践产生了大量用于书写训练的泥板，并构成了此后文本收藏的基础。参阅 Oppenheim 1977，页 242–244。

驴子……我的父亲，你建造了房屋，你把门加高，储藏室的宽度是60腕尺。你得到了什么？……有些人生来就吃面包，有些人饿的面黄肌瘦。有人顶着太阳，有人坐在巨大的阴凉中。地下是人们的休息之地，埃瑞什基迦（Ereškigala，冥界女王）是我们的母亲，我们是她的孩子。通往地下的门设有一个盖子，以便生者不见死者。”①

由于文献的大量积累，美索不达米亚地区出现了人类早期的图书馆，其最著名的代表是亚述国王阿舒尔巴尼拔在尼尼微拥有的图书馆。这一图书馆包含着其前任积累的成果，在阿舒尔巴尼拔在位期间达到巅峰。伴随亚述帝国的空前扩张，这位君主对巴比伦语的各种文本泥板的收集热情与收集力度也不断增长，从而成就了拥有当时世界上最为庞大藏书量的图书馆（约有26000件泥板与残片）。被收藏的泥板中，很大部分都留下了模子压印，题有“宇宙之王、亚述之王阿舒尔巴尼拔的宫殿”的字样。阿舒尔巴尼拔本人可能也（在年轻时？）参与了图书馆中某些文本的抄写工作，在一部泥板的尾记中提到：“我是宇宙之王、亚述之王阿舒尔巴尼拔，神纳布（Nabû）与塔什美图（Tašmetu）给了我非凡的智慧，使我有了明亮的眼睛。我写下了书吏技巧的精华。”②

亚述帝国君主亦以书吏自居，③反映出书吏在美索不达米亚文明传播中的特殊地位和他们的高度自信，相对于苏美尔语dub-sar之“泥板上写字者”的称谓，阿卡德语ṭupšarru是典型的音译与意译相结合的产物：它尽管是对前者的转写，但加入了前者所没有的“泥板之王”的意

① 文本参阅李政、李红燕、金寿福、陈贻绎2015，下卷，页470–480，引文见页478–480。

② 参阅Hunger 1968, nos. 317, 338; Liebermann 1990，页317；米罗普2020，页26–27。

③ 有关阿舒尔巴尼拔集君主与书吏于一身的自我定位，参阅May 2013。

味，暗指书吏之于文本，正如君主之于国家，皆为王者（šarru）。这种定位与期许，令美索不达米亚的书吏对于其抄写（常常也是其所拥有）的文本能发挥远比忠实抄写者更多的作用。在美索不达米亚的传统中，重要的作品往往归于远古人物的名下，而真实的作者则处于隐匿的状态，现代意义上的原创概念对于当时的精神世界不但是陌生的，也是怪异的（这一传统直到阿拉伯时代依然影响巨大，许多重要的阿拉伯历史作品都处于这样的托名—匿名状态）。因而，书吏不但是文本的记录者与传播者，在许多情况下也是其创造群体的成员，尽管他们在尾记中往往宣称自己只是如实记录了文本（kīma labīrišu šaṭirma bari）。[①] 在《对书吏技巧之赞美》一文中，书吏技巧（ṭupšarrūtu）被称作雄辩之母，博学之父，美之居所，财富与丰饶之地，一切智慧之核心。[②]

编纂与抄录词表是书吏们的一项重要工作，可以视为人类最早的带有词典性质的作品。[③] 最早的词表可以上溯到公元前四千纪晚期，使用楔形文字记录的苏美尔语单词按主题（包括职业、城市名、鱼类、鸟类、植物、器皿等）被集合起来。公元前 24 世纪，在今天叙利亚的城市埃卜拉（Ebla），出现了苏美尔语和埃卜拉语（它与阿卡德语同属闪米特语东支）的双语对照词表，这一创新开启了美索不达米亚地区双语编辑此表的纪元。自公元前二千纪早期开始，苏美尔语—阿卡德语的双语词表大规模地出现于巴比伦地区，伴随着巴比伦语成为当时地中海文明区的通用语，以巴比伦为中心的词表编纂传统也辐射到从安纳托利亚到埃及、从塞浦路斯到伊朗高原的广阔空间。在苏美尔语—阿卡德语作为文化语言的双语背景下，各地区又根据自身的实际在词表中加添了包括埃及语、赫梯语、胡里安语、乌迦利特语等多种语言的译文与释文。名为《乌拉—胡布卢》（*Ura-ḫubullu*）的词表，

① 参阅 R.L.A, Bd. 6, 词条 Kolophon, 页 186–187。

② 文本参阅 Foster 2005, 页 1023。

③ 参阅 Oppenheim 1977, 页 244–248。

是这一系列作品的代表，其于公元前一千纪的标准版本，包含着近10000个词条，分布于24块泥板，堪称那一时期美索不达米亚地区的《辞海》，根据其所采用的分类原则甚至可以将其称作百科全书（但它的分类原则比现代的学科分类要灵活得多，主题、词义、听觉、视觉共同作用于其中，因而无法被套用于现代学科分类的逻辑下）。[①]

3. 占卜文献与法学传统

学校系统与知识体系的发展，各类词表的"百科全书"式编纂实践，催生了一种"大学"式的学术研究。相对于后来的希腊人，这种研究更重视实用性而非思辨的纯粹或理论的自洽。占卜被美索不达米亚人视作一种科学，所有的占卜术都致力于发现某种征兆并加以解释，对占卜所涉及的（及所想象的）各种征兆（日月星辰、山河大地、街道建筑、动物内脏、畸变的新生儿/新生动物、身体特征、疾病、梦境等等）进行编纂便构成一种科学研究，产生了多达数万词条的大型占卜文献集，天文现象（天体运行被称作 šiṭir(ti) šamê［天之书写］）与动物（特别是羔羊）脏器（主要是肝部、胆囊、肺部），是这种研究最重要的观察对象。[②]

虽然有关占卜解释的系统理论没有形成，但占卜文献中保留了大量的对于具体征兆的描述与相应解释，使后人得以推演与重构古人占卜的内在逻辑（其中包含着若干征兆，它们在现实中不曾发生也几乎不可能出现，却具有某种确定的逻辑，例如"如果胆囊有七个，［则会成为］宇宙之王"），进而得以窥见其包含天—地、天—人、人—物之综合感应的世界认知—想象体系。

在占卜文献中，宇宙被表现为一种包罗万象的超级文本，而宇宙间的各种现象可以如同文本一般被加以归纳、整理、释读。如果说，

① 参阅 von Soden 1936; 米罗普 2020, 页 70–76。

② 参阅 R.L.A, Bd. 10, 词条 Omina und Orakel, 页 48–50。

柏拉图的“理念”（ἰδέα, εἶδος）说是以现实世界为理念世界之投影（乃至投影的投影），那么巴比伦人则以现实世界作为终极真理的神性文本的再现。在一份公元前 7 世纪尼尼微的天文学文献中，如下表述正反映了这种世界观（1904–10–9, 94）：tāmarti ilani rabuti niṣirti same u erṣeti tāmarti mukallimti niṣirti ummâni［伟大诸神的显现（tāmartu）是天地的秘密，阅读（tāmartu）评注是学者的秘密］。[1]

占卜文献充分体现了巴比伦人二元对立的思维模式，各种预兆按照存在 / 不存在、左 / 右、暗 / 亮、前 / 后、顶部 / 底部等范畴被罗列组合起来，并被赋予对立性质的解释。尽管巴比伦语的左（šumēla）、右（imitta）概念并无类似印欧语式的价值差别（梵语 dákṣiṇa，古希腊语 δεξιός，拉丁语 dexter［右］都带有正面意味，其对现代西方语言的影响至今犹存），但其占卜文献却体现了与古代印欧人思维类似的左右区分原则，即通常情况下右边比左边重要，动物脏器的斑点在右为吉兆，在左为凶兆。但巴比伦人在这种常见的二元论范式外，又有一种更为灵活乃至辩证的思维，通常情况下的吉凶与异常情况的吉凶恰恰相反，因而在判断异常现象的占卜系列（如《舒马·伊兹卜》［*šumma izbu*］）中，暗的斑点出现在左边，却被视作象征病人康复或战争胜利的吉兆。[2]

一个有趣的现象是，在预兆系统的文本中，经常出现“假如（阿卡德语 šumma，苏美尔语 tukumbi）发生了 X，则发生 Y”这样的表达程式，而这正是以《汉谟拉比法典》为代表的美索不达米亚法典文献最突出的文体特点。[3] 此类法典的内容多为处理日常问题的法规汇总，其

① 有关这一时期亚述—巴比伦的文本评注，参阅 Frahm 2011。

② 参阅 Starr 1983，页 19；米普罗 2020，页 131–132。

③ 某种相似的程式出现在埃及的（带有教材性质或选自教材的）医学文献中，“如果（jr）……则你必须（sḏm.ḫr-k）……”。参阅 Westendorf 1998, I，页 51–52。医学、占卜、法律文献的这种相似程式化表达，指向某种共同的学术—科学背景。

形式是决疑式的(casuistic):法律被表述为一系列的具体事例,其情势被置于某个假设性的条件从句中("如某人做了X",句中动词,在阿卡德语中常为过去时态,在现代西方语言中则以现在时翻译),紧接着的是在这种情况下相应的法律处置("对他的惩罚是Y",阿卡德语中常使用将来未完成时,现代西方语言的翻译则具有很大的灵活性)。

当代的研究已经证明,法典中记录下来的判决绝非所有的都是对现实案例的真实裁定。它们往往被置于某些组别中,其中某一案例通过逻辑推衍加以扩展(即添加不同的变数),而相应的处理则通过先验推理给出,如《汉谟拉比法典》中的229–231段所表现的那样。法典与占卜预兆汇集中表现出来的决疑法风格正代表着某种典型的"科学"风格。这一意义上的法典,是描述性而非规范性的,它不依赖于抽象的法律范畴或定义,而更接近于某种针对典型性案例而推演展开的学术研讨或教科书编撰,常从一条原则出发(如"杀人者偿命"),延伸为这一原则在不同情境下的逻辑可能(如"杀了某人的孩子,则杀人者的孩子应偿命")。这类带有学术研讨性质的法律条文显然并不能直接用于现实的法律事务,因而在巴比伦的处理真实法律案例的各种文件中,《汉谟拉比法典》从未被提及。

《汉谟拉比法典》

229. 假如一个建筑师为一人造房,没有让其所建者保持坚固,他所建的房子倒塌并压死了房屋主人,这个建筑师应被处死。

230. 假如它压死了房屋主人的一个小孩,他们应处死那个建筑师的一个小孩。

231. 假如它压死房屋主人的一个奴隶,他应通过奴隶换奴隶来赔偿这个房屋主人。

美索不达米亚的这种法学传统不但影响了赫梯人公元前13世纪的法典和犹太《旧约》中的相关法典(如《出埃及记》21:1–22:16;《申

命记》21:1–25:16)，更跨越地中海流域传播至罗马，深刻影响了作为罗马法起源的《十二表法》的形式与内容。[①]《汉谟拉比法典》所表达的公正与智慧之紧密联系，成就了汉谟拉比在巴比伦传统中的超级智者地位，这一文本也成为地中海地区广为流传的智慧文学（Wisdom Literature）家族的特殊成员。

4. 伟大史诗《吉尔伽美什》

巴比伦人这种带有强烈的现实感的科学精神与其宗教情感、宇宙想象结合在一起，产生出将苏美尔—阿卡德传统、闪米特宗教元素与巴比伦本土信仰熔于一炉而充满瑰伟想象、夸张铺陈、深思密义的伟大文学，史诗《吉尔伽美什》是其中最杰出的代表。[②] 史诗的主人公吉尔伽美什（Gilgameš)，是具有传奇色彩的“圣王”，据《苏美尔王表》记载，他是乌鲁克王朝的第五位君主，[③] 在位统治 126 年。吉尔伽美什当是真实的历史人物，他的身世、事迹、功业、追求，成为美索不达米亚传统中伟大君主神性化的代表。吉尔伽美什这一阿卡德语形式，源自苏美尔语 bilgames，是“老人”（bìl-ga）与“年轻人”（mes）的奇特组合，指向传说中吉尔伽美什追求永生，从而实现“由老人变为年轻人”的神奇经历（泥板 I: 47 特别提到“吉尔伽美什，他叫这个名字从出生之日起”）。史诗《吉尔伽美什》的苏美尔语版本可以上溯到乌尔第三王朝时期，而真正奠定其崇高历史地位者，是由 12 块泥板构

① 参阅 Westbrook 2015，页 70–114，181–193。

② 史诗文本参阅 George 2003；散文翻译参阅 George 1999，Maul 2005，George 2020，拱玉书 2021；韵文翻译参阅 Lombardo 2019。

③ 乌鲁克王朝此前的四位君主也具有神性特质，依次为麦斯将伽舍尔（Meskiaggašer）、恩美卡（Enmerkar）、卢迦尔班达（Lugalbanda）、杜姆兹（Dumuzid）。

▲ 吉尔伽美什雕像

成的经典巴比伦语版（第 1–11 块泥板为一整体，第 12 块泥板的内容则相对独立）。[①] 直至公元前 8 世纪，它是整个地中海文明区流传最广、影响最大的文学作品，安纳托利亚地区发现了它的多种阿卡德语版本，也有赫梯语和胡里安语的译本传世，[②] 并为《荷马史诗》的创作提供了极为丰富的参考线索。

▲ 《吉尔伽美什》史诗泥板

① 第 12 块泥板，记述了恩基杜为吉尔伽美什赴冥府取遗失在那里的木球，因未遵从吉尔伽美什的告诫而滞留冥府不得返回，吉尔伽美什为救友人遍求诸神，终于在埃阿神的帮助下（通过指示沙马舍神）使恩基杜返回人间，他向吉尔伽美什描绘了冥界的场景。其中，吉尔伽美什遍求诸神，他者皆无回应，唯有埃阿神伸出援手，这一情节与《伊南娜入冥府》中伊南娜的仆人宁什布尔为拯救被困冥府的女主人向诸神请求、唯有恩基（即埃阿）相助的内容（169–272 行）颇为相似，两者当具有共同的思想渊源。恩基杜为吉尔伽美什入冥府取球的主题，甚至保留在新疆出土的带有于阗古文字的毛毯图案中，参阅段晴 2022，第二章，页 72–84。

② 有关《吉尔伽美什》史诗在安纳托利亚的流播与各种版本，参阅 Beckman 2019，页 1–61。

《吉尔伽美什》的前半部分（泥板Ⅰ–Ⅶ）表现为典型的英雄史诗：为了在人间能有与乌鲁克（Uruk）之王吉尔伽美什相匹敌者，诸神在荒野创造了恩基杜（Enkidu）。这个在城邦之外半神半兽的生灵，让吉尔伽美什感到不安。他设计让妓女莎姆哈特（Šamḫat）将恩基杜从荒野诱入城邦，并在城中与恩基杜展开搏斗。经过一场大战，两人不分胜负，惺惺相惜，化敌为友，结为生死之交（泥板Ⅰ）。吉尔伽美什与恩基杜的友谊，成为贯穿史诗的核心线索，它揭示了超越黑格尔"主奴辩证法"式的征服—奴役关系，通过发现与自己同样健全强大的平等主体而确立自我认同的精神历程，不但是伟大英雄之友谊这一主题在人类史诗中最早的呈现，也深切地反映了（恩基杜所代表的）自然状态与（吉尔伽美什所代表的）城邦文明的冲突与融合。它不但呼应亚里士多德"人天然是政治动物"（*ὁ ἄνθρωπος φύσει πολιτικὸν ζῷον*）的论断，[①] 更展示出政治（城邦文明）可以在何种意义上改造人的自然。

在吉尔伽美什的促请下，二人相约建功立业于人世，结伴出征极地雪松林，铲除护林怪物洪巴巴（Ḫumbaba，泥板Ⅱ–Ⅲ）。二人历尽艰难困苦，终于在太阳神沙马舍的帮助下擒住洪巴巴，拒绝其求饶将之杀死（泥板Ⅳ–Ⅴ）。此后，因吉尔伽美什拒绝女神伊什塔尔的求爱并出言讥讽，引致她降下天牛祸患世间。两人齐力杀死天牛，引起天神震怒，天神必欲其中一人抵命。恩基杜被选中受死（泥板Ⅵ–Ⅶ）。

---

① 亚里士多德如此论述："人类自然是趋向于城邦生活的动物（人类在本性上，也正是一个政治动物）。凡人由于本性或由于偶然而不归属于任何城邦的，他如果不是一个鄙夫，那就是一位超人（*κρείττων ἢ ἄνθρωπος*）。"（《政治学》1253a）恩基杜半神半兽的特征，正合乎"超人"之义。恩基杜的转化，可谓由超人而成人。

天神集会讨论对吉尔伽美什与恩基杜的惩罚，结合了二者杀死洪巴巴与杀死天牛这两个古老主题。第五块泥板中洪巴巴被擒后向二者求饶未果而被杀的情节，与第六块泥板中杀死天牛向太阳神沙马舍献祭的情节，应是吉尔伽美什传说中两条平行的故事线索，各自具有独立的来源。经典巴比伦语版的呈现，是对此二者加以调和的产物，并从天神会降下惩罚、恩基杜将死去这一结果出发，在第五块泥板中加入了恩基杜敦促吉尔伽美什在众神之首恩利尔闻知此事前杀死洪巴巴、否则大神们将对己方不利的描述（Ⅴ 181–187, 240–244），以及洪巴巴死前对二者活不长久的诅咒，特别是"除了他的朋友吉尔伽美什，但愿无人为恩基杜送葬"这一细节（Ⅴ 255–257）。

吉尔伽美什以尖刻话语拒绝女神伊什塔尔求爱的情节，当是较晚出的主题，它不但是对传统的美索不达米亚神—人关系的重大突破，也与吉尔伽美什在史诗其他段落表达的对女神伊什塔尔的敬仰态度（特别是泥板Ⅰ: 15–17, Ⅸ: 11–12, Ⅺ: 327–328）明显不符。这似乎是出于对天牛传说的某种解释（把天牛降世为祸人间归于天神的愤怒），但进行了极富戏剧性的演绎。特别是恩基杜杀死天牛后，将天牛之肩抛到伊什塔尔面前，对她说："至于你，我要是能抓住你，我对你就像对它一样（ù ka-a-[š]i lu-ú ak-šu-ud-ki-ma ki-i šá-šu-ma lu-ú e-pu-uš-ki）。我会把它的内脏挂在你的胳膊上。"（Ⅵ: 154–157）这可谓古代美索不达米亚文学史—宗教史上最恣意无畏的言论，其颠覆性（"渎神"）较之荷马史诗中狄奥美德斯用矛刺伤女神阿芙洛狄忒（《伊利亚特》5. 311–317）、阿喀琉斯试图挑战阿波罗而被拒绝（《伊利亚特》22. 9–20）的情节尤甚。在此言论的对照下，恩基杜临终前收回对妓女莎姆哈特的诅咒，转而祝福她时（Ⅷ: 151–161），其表述"伊什塔尔，神中超群者"（^{d}Ištar le'at ilī, 160）透出某种反讽的意味。

▲ 恩基杜与吉尔伽美什

恩基杜之死是整部史诗主题与风格的重大转折。在恩基杜死前，吉尔伽美什虽见惯人间生死，但众人碌碌，无法让吉尔伽美什以同类视之，所以他从未将这一命运真正联系到自己身上。只有在亲历与他同样出色的挚友之死后，伤恸至深的他才真正认识到自己也终有一死（相关描写见于第八块泥板全篇，以及泥板Ⅸ: 1–5, Ⅹ: 46–71, 120–148, 220–248），史诗的基调由追求人间功业与声名的英雄史诗，转向哲人式的思考与宗教式的修行之境：吉尔伽美什遍寻世界求不死之药，历尽艰辛，终于感动了经历大洪水之劫难而获得永生的上古智者乌特纳匹什悌姆（Utnapištim），受指示从海底取得永生仙草。回家途中，疲惫至极的吉尔伽美什在一处池塘中沐浴，永生仙草为蛇所偷吃，蛇通过蜕皮而重获新生。吉尔伽美什哀叹之余，也明了永生于人类终不可得，遂返回故土，成就一代圣王。史诗第十一块泥板最后（Ⅺ:

323–328）是他回到故乡后对乌鲁克城墙的礼赞，与第一块泥板开篇的乌鲁克城墙礼赞（I：11–23）构成意味深长的呼应，也正寓示人之生命虽不能无死，但人间功业却可得不朽。

▲ 吉尔伽美什下海取永生仙草

这一阶段的吉尔伽美什，是深切体会生命之有限性的哲人，是发愿超越此有限性实现永生的宗教修行者。尽管依然带有浓厚的宿命论气息，但《吉尔伽美什》开启了一种全新的依靠自我力量从生死命运中摆脱出来的路向。这种路向根本上超越了美索不达米亚地区乃至整个地中海文明区各种宗教传统所持有的“创生”论教义（将生命理解为神祇所造之物），而指向以生命本身为旨归、通过自我超越而得解脱的“生生”之道。在此意义上，这部史诗可谓中国道家特别是丹道一系的先声，是人类最早的“修真文学”作品。它所蕴含的内在逻辑在道家的理念与修行中方才深切著明地展现出来。

在《吉尔伽美什》的第十一块泥板中，乌特纳匹什悌姆向吉尔伽美什透露了远古大洪水的隐秘，这部分内容与产生于公元前1700年左右的巴比伦史诗《阿特拉哈西斯》(*Atraḫasīs*)[①]对大洪水的记述极为相似，当是源于同一版本，阿特拉哈西斯与乌特纳匹什悌姆为同一人。阿特拉哈西斯意为"(拥有)超群智慧者"，当是某种称谓名号；巴比伦语名乌特纳匹什悌姆(Utnapištim)则可回溯至苏美尔语名鸠什杜拉(^{m}UD-ZI，意为"日子、阳光、时光—生命")，Ut- 当为 UD- 之对音，与 -napištim 这一属格形式结合，意为"生命的日子、阳光、时光"。这是人类历史上最古老的大洪水传说，并直接构成《旧约》中诺亚方舟故事的原型。

《阿特拉哈西斯》与创世史诗《埃努玛·埃利什》，都包含如下内容：为了让诸神从繁重的劳作中得以解脱，人类被创造出来；为了让人类承担这一艰巨的使命，一个神被杀死，他的血肉(及泥土)创造了人类。这种对人类的出现及其本质的神话—神学再现，在"诸神的劳作加之于他们，他们(诸神)得以休息"(《埃努玛·埃利什》VI：8)的宗教宣传外观下，包含着堪称惊世骇俗的认知革命：人是作为神的替代者而出现的。神本来是人(《阿特拉哈西斯》开篇第一行文字便是 inūma ilū awīlum[当诸神是人的时候])，而人本来就具有神性。人的劳动以及劳动所产生的成果，是沉重的，也是神圣的，因其原本是神的职分与神的成就。劳动的人，是在世间活着的神。这是真正的"人本主义"的开端。

---

① 文本与译文参阅 Lambert/Millard 1969，译文亦可参阅 Dalley 1989，页1–38。大洪水部分的记述，见于史诗第三块泥板，参阅 Lambert/Millard 1969，页 88–105；Dalley 1989，页 29–35。

综论

埃及文明与美索不达米亚文明，代表着人类在前轴心时代最高的文明成就，其影响均超出了其所处区域的限制。作为美索不达米亚文明的巅峰代表，巴比伦文明更成为了当时自北非到地中海的广阔空间各不同国族的文明引领者。[①] 在埃及，太阳神拉与冥界之主俄赛里斯的形象融合，标志其宗教传统的创新与圆熟。巴比伦创世史诗《埃努玛 · 埃利什》对原有神话谱系进行了颠覆性的改写与重塑，而史诗《吉尔伽美什》与《阿特拉哈西斯》所蕴含的精神气质，更是超越了这一地区既有信仰—认知体系的束缚，开启了一种通过不懈斗争而自主掌握命运之"人定胜天"的全新路向。人类文明实现轴心突破的契机渐趋成熟。

第一、二章参考文献

白钢（主编），《希腊与东方》（"思想史研究"第六辑），上海：上海人民出版社，2009

白钢，《东西方古典语言与文明比较研究》，北京：社会科学文献出版社，2019

白钢，《〈教化〉，德国古典人文主义的高峰与终结》，耶格尔（Werner Jaeger）著、陈文庆译《教化：古希腊的理想》中译本导言，上海：华东师范大学出版社，2021：1–16

阿甫基耶夫（В.И.Авдиев），《古代东方史》，王以铸译，上海：上海书店出版

① 有关美索不达米亚对周边世界的全方位影响，参阅达利 2022，特别是讨论其对希伯来传统和希腊传统影响的第三至第五章。

社, 2007
达利(Stephanie Dalley)编,《美索不达米亚的遗产》, 左连凯译, 王硕校, 桂林: 广西师范大学出版社, 2022
段晴,《神话与仪式: 破解古代于阗氍毹上的文明密码》, 北京: 生活·读书·新知三联书店, 2022
H. 法兰克弗特(Henri Frankfort)、H. A. 法兰克弗特(H. A. Frankfort)、威尔森(John A. Wilson)、雅克布森(Thorkild Jacobsen),《人类思想发展史——关于古代近东思辨思想的讨论》, 郭丹彤译, 哈尔滨: 黑龙江人民出版社, 2005
芬利(M. L. Finley),《奥德修斯的世界》, 刘淳、曾毅译, 北京: 北京大学出版社, 2019
芬纳(S. E. Finer),《统治史(卷一): 古代的王权与帝国——从苏美尔到罗马》, 马百亮、王震译, 上海: 华东师范大学出版社, 2010
弗莱明(Daniel E. Fleming),《民主的古代先祖: 玛里与早期集体治理》, 杨敬清译, 上海: 华东师范大学出版社, 2017
富兰克弗特(Henri Frankfort),《古代埃及宗教》, 郭子林、李凤伟译, 上海: 上海三联书店, 2005
——.《王权与神祇: 作为自然与社会结合体的古代近东宗教》(上下册), 郭子林、李岩、李凤伟译, 上海: 上海三联书店, 2007
——.《近东文明的起源》, 于林译, 上海: 格致出版社 / 上海人民出版社, 2009
拱玉书,《升起来吧! 像太阳一样——解析苏美尔史诗〈恩美卡与阿拉塔之王〉》, 北京: 昆仑出版社, 2006
拱玉书、颜海英、葛英会,《苏美尔、埃及及中国古文字比较研究》, 北京: 科学出版社, 2009
拱玉书(译注),《吉尔伽美什史诗》, 北京: 商务印书馆, 2021
郭丹彤、黄薇(编著),《古代近东文明文献读本》, 上海: 中西书局, 2019
哈里斯(J. R. Harris)编,《埃及的遗产》, 田明等译, 刘文鹏、田明校, 上海: 上海人民出版社, 2006
赫拉利 (Yuval Noah Harari),《人类简史》, 林俊宏译, 北京: 中信出版社, 2014
金寿福(译注),《古埃及〈亡灵书〉》, 北京: 商务印书馆, 2016

柯林斯（Paul Collins），《楔形传说：被“建构”的苏美尔》，曹磊译，北京：中国社会科学出版社，2022

克拉莫尔（Samuel Noah Kramer），《苏美尔神话》（神话学文库），叶舒宪、金立江译，西安：陕西师范大学出版社，2013

李晓东（译注），《埃及历史铭文举要》，北京：商务印书馆，2008

——.《古代埃及》，北京：北京师范大学出版社，2020

李政，《赫梯条约研究》，北京：昆仑出版社，2006

李政、李红燕、金寿福、陈贻绎，《古代近东教谕文学》（上下卷），北京：昆仑出版社，2015

利维拉尼（M. Liverani），《古代近东历史编撰学中的神话与政治》（神话学文库），金立江译，西安：陕西师范大学出版社，2019

刘昌玉，《从“上海”到下海：早期两河流域商路初探》，北京：中国社会科学出版社，2019

——.《古代两河流域乌尔第三王朝赋税制度研究》，北京：中国社会科学出版社，2021

刘文鹏、吴宇虹、李铁匠，《古代西亚北非文明》，北京：中国社会科学出版社，1999

麦克尼尔（William H. McNeil），《西方的兴起：人类共同体史》（上下册），孙岳、陈志坚、于展等译，郭方、李永斌译校，北京：中信出版社，2015

米罗普（Marc van de Mieroop），《希腊前的哲学：古代巴比伦对真理的追求》，刘昌玉译，北京：商务印书馆，2020

尼尔森（Martin P. Nilsson），《希腊神话的迈锡尼源头》，王倩译，井玲校，西安：陕西师范大学出版社，2016

施勒伯格（Eckard Schleberger），《印度诸神的世界——印度教图像学手册》，范晶晶译，上海：中西书局，2016

斯宾格勒（Oswald Spengler），《西方的没落》，I–II，新版全译本，吴琼译，成都：四川人民出版社，2021

史密斯（G. Elliot Smith），《人类史》，李申、储光明、陈茅、郭方译，北京：中国社会科学出版社，2009

王海利，《失落的玛阿特：古代埃及文献〈能言善辩的农民〉研究》，北京：北京大学出版社，2013

沃格林(Eric Voegelin),《天下时代》(《秩序与历史》卷四),叶颖译,南京:译林出版社,2018

吴宇虹等(译注),《古代两河流域楔形文字经典举要》,哈尔滨:黑龙江人民出版社,2006

伍雷(Leonard Woolley),《苏美尔人》,王献华、魏桢力译,上海:上海三联书店,2021

耶格尔(Werner Jaeger),《早期基督教与希腊教化》,吴晓群译,上海:上海三联书店,2016

伊利亚德(Mircea Eliade),《宗教思想史》,晏可佳、吴晓群、姚蓓琴译,第一卷,上海:上海社会科学出版社,2013[2]

赵乐甡(译),《吉尔伽美什——巴比伦史诗与神话》,桂林:译林出版社,1999

Algaze, G., 1993. *The Uruk World System: The Dynamics of Expansion of Early Mesopotamian Civilization*, Chicago / London

Allen, J. P., 1988. *Genesis in Egypt: The Philosophy of Ancient Egyptian Creation Accounts*, New Haven

——.1992. "Menes the Memphite", *Göttinger Miszellen* 126: 19-22

——.2005. *The Ancient Egyptian Pyramid Texts*, translated with an Introduction and Notes by James P. Allen, edited by P. D. Manuelian, Atlanta

——.2011. *The Debate between a Man and His Soul: A Masterpiece of Ancient Egyptian Literature*, Leiden / Boston

Assmann, J., 2000. *Herrschaft und Heil. Politische Theologie in Ägypten, Israel und Europa*, München / Wien

——.2003. *Stein und Zeit Mensch und Gesellschaft im alten Ägypten*, München

——.2006. "Gottesbilder-Menschenbilder: anthropologische Konsequenzen des Monotheismus", R. G. Kratz / H. Spierckermann (hrsg.)

Gottesbilder-Götterbilder-Weltbilder. *Polytheismus und Monotheismus in der Welt der Antike, Bd. 2: Griechenland und Rom, Judentum, Christentum und Islam*, 2006: 313-329

——.2011. *Steinzeit und Sternzeit: Altägyptische Zeitkonzepte*, München

Barstad, H., 2003. "After the 'Myth of the Empty Land': Major challenges in the study of Neo-Babylonian Judah",O. Lipschits / J. Blenkinsopp (ed.), *Judah and the Judeans in the Neo-Babylonian Period*, Indianna: 3-20

Bauer, T., 1926. *Die Ostkanaanäer*, Leipzig

Beckman, G., 1996. *Hittite Diplomatic Texts*, edited by Harry A. Hoffner, Jr., Georgia

——.2019. *The Hittite Gilgamesh*, Atlanta

Blackman, A. M., 1930. "Review of Kurt Sethe, Dramatische Texte zu altägyptschen Mysterienspielen", *Journal of Egyptian Archaeology* 16:263-266

——.1972. *Middle-Egyptian Stories*, Bruxelles

Blumenthal, E., 1982. "Die Prophezeiung des Neferty", *Zeitschrift für ägyptische Sprache und Altertumskunde* 109(1): 1-27

Bodine, J. J., 2009. "The Shabaka Stone: an Introduction", *Studia Antiqua* 7.1: 3

Bottéro, J. , 1977. "Les noms de Marduk, l'écriture, et la 'logique' en Mésopotamie ancienne", in *Essays on the Ancient Near East in Memory of Jacob Joel Finkelstein*, edited by Maria de Jong Ellis, Hamden, 5-28

Bottéro, J. / Kramer, S. N., 1989. *Lorsque les dieux faisaient l'homme*, Paris

Boyer, C. B., 1968. *A History of Mathematics*, New York

Breasted, J. H., 1906. *Ancient Records of Egypt*, Ⅰ-Ⅴ, Chicago

Bryce, T., 2003. *Letters of the Great Kings of the Ancient Near East: The Royal Correspondence of the Late Bronze Age*, London / New York

de Buck, A. /Gardiner, A. H. /Allen. T. G. (ed.), 1935-2006. *The Egyptian Coffin Texts*, Vol. 1-8, The University of Chicago Oriental Institute publications 34, 49, 64, 67, 73, 81, 87, 132, Chicago

Budge, E. A. W., 1924. *The Teaching of Amen-em-apt, son of Kaneht.* The Egyptian Hieroglyphic Text and an English Translation: With Translations of the Moral and Religious Teachings of Egyptian Kings and Officials Illustrating the Development of Religious Philosophy in

Egypt, London

Burke, A. A., 2021. *The Amorites and the Bronze Age Near East: The Making of a Regional Identity*, Cambridge

Chiera, E., 1924. *Sumerian Religious Texts* (Crozer Theological Seminary, Babylonian Publications, Vol. 1), Upland

Clack, J. D. (ed.), 2008. *The Cambridge History of Africa, Vol. 1: From the Earliest Times to c. 500 BC*, Cambridge

Černý, J., 1956. *Ancient Egyptian Religion*, London

Cooper, J. S., 1983. *The Curse of Agade*, Baltimore / London

Dalley, S., 1989. *Myths from Mesopotamia: Creation, the Flood, Gilgamesh, and Others* (Oxford World's Classics), Oxford

Deimel, A., 1931. "Die sumerische Tempelwirtschaft zur Zeit Urukaginas und seiner Vorgänger: Abschluss der Einzelstudien und Zusammenfassung der Hauptresultate", *Analecta Orientalia II*, Rome: 71-113

Drioton, E., 1959. "Le Livre des Proverbes et la sagesse d'Amenemope",*Sacra Pagina: Miscellanea biblica congressus internationalis catholici de re biblica;* vol.1, 1: 229-241

Edel, E., 1976. *Ägyptische Ärzte und ägyptische Medizin am hethitischen Königshof. Neue Funde von Keilschriftbriefen Ramses' Ⅱ. aus Bogazköy,* Göttingen

Erman, A., 1911. "Ein Denkmal memphitischer Theologie", *Sitzungsberichte der Königlich preussischen Akademie der Wissenschaften* 42: 916–950

——.1922. *Die Entzifferung der Hieroglyphen, Sitzungsberichte der preussischen Akademie der Wissenschaften,* Berlin

——.1924a. *Ägyptische Inschriften aus den staatlichen Museen zu Berlin, Vol. Ⅱ*, Leipzig

——.1924b. "Eine ägyptische Quelle der 'Sprüche Salomos'", *Sitzungsberichte der Preussischen Akademie der Wissenschaftzu Berlin,* Phil.-hist. Klasse 15: 86-93

——.1927. *The Literature of the Ancient Egyptians: Poems, Narratives, and Manuals of Instruction From the Third and Second Millenia B.C.*, translated by A. M. Blackman, London

——.1934. *Die Religion der Ägypter, ihr Werden und Vergehen in vier Jahrtausenden,* Berlin / Leipzig

Farbe-Flügge, G., 1973. *Der Mythos "Inanna und Enki" unter besonderer Berücksichtigungen der Liste der me*, Rom

Faulkner, R.O., 1973. *The Ancient Egyptian Coffin Texts,* Volume I Spells 1-354, Warminster

——.1977. *The Ancient Egyptian Coffin Texts,* Volume Ⅱ Spells 355 -787, Warminster

——.1978. *The Ancient Egyptian Coffin Texts,* Volume Ⅲ Spells 788 -1185 & Indexes, Warminster

Foster, B. R.(ed.), 2005. *Before the Muses: An Anthology of Akkadian Literature,* 3rd Edition, Bethesda

——.2007. *Akkadian Literature of the late Period*(Guides to the Mesopotamian Textual Record 2), Münster

Foster, J. L. (ed.), 2001. *Ancient Egyptian Literature: An Anthology,* Texas

Fox, M. V., 2014. "From Amenemope to Proverbs", *Zeitschrift für die alttestamentliche Wissenschaft* 126(1): 76-91

Frahm, E., 2011. *Babylonian and Assyrian Text Commentaries: Origins of Interpretation,* Münster

Frayne, D., 1990. *Old Babylonian Period (2003-1595 BC)* (RIM The Royal Inscriptions of Mesopotamia), Torento/ Buffalo/ London

——.1993. *Sargonic and Gutian Periods (2334-2113 BC)* (RIM The Royal Inscriptions of Mesopotamia), Torento/ Buffalo/ London

——.2007. *Presargonic Period: Early Periods(2700-2350 BC)* (RIM The Royal Inscriptions of Mesopotamia), Torento/ Buffalo/ London

Frankfort, H./ Frankfort, H. A. / Wilson, J. A./ Jacobsen, Th./ Irwin, W. A., 1977. *The Intellectual Adventure of Ancient Man: An Essay of Speculative Thought in the Ancient Near East,* with revised Bibliographies (First Phoenix Edition), Chicago / London

Gardiner, A., 1909. *The Admonitions of an Egyptian Sage,* Leipzig

——.1925."The Autobiography of Rekhmire", in *Zeitschrift für Ägyptische Sprache und Altertumskunde,* 60(1):62-76

——.1926. *The Attitude of the Ancient Egyptians to Death and the Dead,* Cambridge

——.1931. *The Chester Beatty Papyri,* No. 1, London

——.1937. Late-Egyptian Miscellanies. *Bibliotheca Aegyptiaca 7,* Brussels

——.1960. *The Kadesh Inscriptions of Ramesses II, Oxford*

——.1961. *Egypt of the Pharaohs,* Oxford

Gaster, T. H., 1961. *Thespis: Ritual, Myth and Drama in the Ancient Near East,* Foreword by G. Murray, NewYork

George, A. R., 1999. *The Epic of Gilgamesh,* A New Translation, London

——.2003. *The Babylonian Gilgamesh Epic-introduction, critical edition and cuneiform texts*, Vol. I-II, Oxford

——.2020. *The Epic of Gilgamesh, The Babylonian Epic and Other Texts in Akkadian and Sumerian,* Second Edition, London

Giesen, G., 1981. *Die Wurzel* שׁבע*"schwören": eine semasiologische Studie zum Eid im Alten Testament,* Hanstein

Goyon, J.-C., 1975. "Textes mythologiques, 2: Les Révélations du Mystère des Quatre Boules", *Bulletin de l'Institut Français d'Archéologie Orientale* 75: 349-399

Grumach, I., 1972. *Untersuchungen zur Lebenslehre des Amenope* (Münchner ägyptologische Studien,Heft 23), München

Hackmann, G. G., 1958. *Sumerian and Akkadian administrative texts:from predynastic times to the end of the Akkad dynasty,* Yale

Hallo, W. W., 1957. *Early Mesopotamian Royal Titles,* New Haven

Harris, W. V., 1989. *Ancient Literacy,* Cambridge, MA

Hasel, G. F., 1981. "The Book of Daniel: Evidence Relating to Persons and Chronology", *Andrews University Seminary Studies* 19: 37-49

Hays, H. M., 2004. "Transformation of Context: the Field of Rushes in Old and Middle Kingdom Mortuary Literature", *Bibliothèque d'étude*

(139):175-200

Heagy, Th. C., 2014. "Who Was Menes?", *Archéo-Nil* 24: 59-92

Helck, W., 1962. *Die Bezeichnungen Ägyptens zu Vorderasien im 3. und 2. Jahrtausend v. Chr.* (Ägyptologische Abhandlungen 5), Wiesbaden

——.1969. *Der Text der „Lehre Amenemhets I. für seinen Sohn"* , Wiesbaden

——.1970. *Die Lehre des Dwꜣ-Ḫtjj,* Wiesbaden

——.1992. *Die Prophezeiung des Nfr.tj,* Wiesbaden

Hoffman, M., 1980. *Egypt before the Pharaohs,* London

Hornung, E., 1982. *Conceptions of God in ancient Egypt: the One and the Many,* translated by J. Baines, New York

Horowitz, W.,1998. *Mesopotamian Cosmic Geography,* Winona Lake

Hunger, H., 1968. *Babylonische und assyrische Kolophone* (Alter Orient und Altes Testament 2), Kevelaer

Jacobsen, Th., 1943. "Primitive Democracy in Ancient Mesopotamia", *Journal of Near Eastern Studies* 2(3): 159-172

——.1957. "Early Political Development in Mesopotamia", *Zeitschrift für Assyriologie und vorderasiatische Archäologie* 52 (Jahresband): 91-140

——.1976. *The Treasures of Darkness: A History of Mesopotamian Religion,* New Haven / London

——.1987. *The Harps that Once... Sumerian Poetry in Translation,* New Haven/ London

Jones, T. B. / Snyder, J. W., 1961.*Sumerian Economic Texts from the Third Ur Dynasty,* Minneapolis

Junge, F., 1973. "Zur Fehldatierung des sog. Denkmals memphitischer Theologie oder Der Beitrag der ägyptischen Theologie zur Geistesgeschichte der Spätzeit", *Mitteilungen des Deutschen archäologischen Instituts* (Abteilung Kairo) 29: 195-204

Junker, H., 1940. *Die Götterlehre von Memphis (Schabaka-Inschrift), Abhandlungen der Preussischen Akademie der Wissenschaften, Philosophisch-historische Klasse,* 1939 no. 23, Berlin

——.1941. Die politsche Lehre von Memphis, Abhandlungen der

Preussischen Akademie der Wissenschaften, *Philosophisch-historische Klasse* 1941 no. 6, Berlin

Kanawati, N., 1977. *The Egyptian Administration in the Old Kingdom,* Warminster

Kees, H, 1956. *Totenglauben und Jenseitsvorstellungen der alten Ägypter: Grundlagen u. Entwicklung bis zum Ende d. Mittleren Reiches,* Berlin

——.1961. *Ancient Egypt: A Cultural Topography,* edited by T. G. H. James, London

——.1977. *Der Götterglaube im alten Ägypten,* Berlin

Keel, O., 2007. *Die Geschichte Jerusalems und die Entstehung des Monotheismus,* 2 Teilbände, Göttingen

Kitchen, K. A., 1975-1990. *Ramesside Inscriptions: Historical and Biographical,* Vol. I-VIII, Oxford

Kanuf, E. A., 2000. "Wie kann ich singen im fremden Land? Die 'babylonische Gefangenschaft' Israels", *Bibel und Kirsche* 55: 132-139

Koch, K., 1991. Weltgeschichte und Gottesreichim Danielbuch und die iranischen Parallelen,in R. Liwak / S. Wagner (hsrg.), *Prophetie und geschichtliche Wirklichkeit im alten Israel,* Stuttgart: 189-205

Kramer, S. N., 1956. *From the Tablets of Sumer,* Colorado

——.1963. *The Sumerians: Their History, Culture, and Character,* Chicago/ London

——.1981. *History Begins at Sumer: ThirtyNine Firsts in Recorded History,* Third revised edition, Philadelphia

Kratz, R. G., 1991. *Translatio imperii. Untersuchungen zu den aramäischen Danielerzählungen und ihrem theologiegeschichtlichen Umfeld,* Neukirchen-Vluyn

Kuppier, J.-R., 1961. "L'Iconographie du dieu Amurru", *Mémoir de l'Académie Royale de Belgique,* Classe des Lettres, 55, 1

Lambert, M., 1956. "Les 'réformes' d'Urukagina", *Revue d'Assyriologie et d'Archéologie orientale* 50(4): 169-184

——.1975. "Recherches sur les réformes d'Urukagina", *Orientalia* 44(1):

22-51

Lambert, W. G., 1960. *Babylonian Wisdom Literature,* Oxford

——.2013. *Babylonian Creation Myths,* Indianna

Lambert, W. G./ Millard, A. R., 1969. *Atra-ḫasīs, The Babylonian Story of the Flood,* Oxford

Lambert, W. G. / Parker, S. B., 1966. *Enūma eliš, The Babylonian Epic of Creation,* Oxford

Lange, H. O., 1925. *Das Weisheitsbuch des Amenemope, aus dem Papyrus 10, 474 des British Museum,*Copenhagen

Leprohon, R. J., 2013. *The Great Name: Ancient Egyptian Royal Titulary*, Writings from the Ancient World 33, Atlanta

Libermann, S., 1990. "Canonical and Official Cuneiform Texts: Towards an Understanding of Assurbanipal's Personal Tablet Collection", in *Lingering over Words: Studies in Literature in Honor of William L. Moran,* edited by T. Abusch et. al., Atlanta, 305-336

Lichtheim, M., 1975. *Ancient Egyptian Literature, Vol. Ⅰ: The Old and Middle Kingdoms,* Berkeley/ Los Angeles/ London

——.1978. *Ancient Egyptian Literature: Volume Ⅱ: The New Kingdom,* Berkeley/ Los Angeles/ London

——.1980. *Ancient Egyptian Literature: Volume Ⅲ: The Late Period,* Berkeley/ Los Angeles/ London

Liverani, M.(ed.), 1993. *Akkad The First World Empire: Structure, Ideology, Traditions,* Padova

Lloyd, A. B., 1988. *Herodotus Book Ⅱ*. Commentary 99–182, Leiden

Lombardo, S., 2019. *Gilgamesh: a new verse rendering,* Introduction by G. Beckman, Indianapolis / Cambridge

Lucas, A., 1948[3]. *Ancient Egyptian Materials and Industries,* London

Luria, S., 1929. "Die Ersten werden die Letzten sein", *Kilo* (22): 405-431

Maul, S. M., 2005. *Das Gilgamesch-Epos, Neu übersetzt und kommentiert,* München

Meissner, P., 1920-1925. *Babylonien und Assyrien,* Bd. Ⅰ - Ⅱ, Heidelberg

May, N. N., 2013. "'I Read the Inscriptions from before the Flood...': Neo-Sumerian Influences in Ashurbanipal's Royal Self-Image", in L. Feliu et al. (ed.), *Time and History in the Ancient Near East: Proceedings of the 56th Rencontre Assyriologique Internationale at Barcelona,* 26–30 July 2010, Winona Lake: 199-210

Michalowski, P., 1989. *The Lamentation over the Destruction of Sumer and Ur,* Minona Lake

Millard, A. R. / Whiting, R. M., 1994. *The Eponyms of the Assyrian Empire 910-612 BC.* (Vol. 2), Neo-Assyrian Text Corpus Project, Helsinki

Moorey, P. R. S, 1994. *Ancient Mesopotamian Materials and Industries: The Archaeological Evidence,* Oxford

Neugebauer, O., 1952. *The Exact Sciences in Antiquity,* Princeton

Nicholsen, P. T. / Shaw, I., 2000. *Ancient Egyptian Materials and Technology,* Cambridge

Nougayrol J., 1943. "Note sur la place des 'présages historiques' dans l'extispicine Babylonienne", *Annuaires de l'École pratique des hautes études,* 56(52): 5-41

Oberhuber, K. (ed.), 1977. *Das Gilgamesch-Epos* (Wege der Forschung, 215), Darmstadt

O'Conner, D. B., 2009. *Abydos: Egypt's First Pharaohs and the Cult of Osiris* (New Aspects of Antiquity), London

Olmstead, A. T. E., 1923. *History of Assyria,* New York / London

Oppenheim, A. L., 1977. *Ancient Mesopotamia: Portrait of a Dead Civilization,* Revised edition completed by Erica Reiner, Chicago

Overland P., 1996. "Structure in the Wisdom of Amenemope and Proverbs",J. E. Coleson/V. H. Matthews/ D. W. Young(ed,), *Go to the Land I Will Show You: Studies in Honor of Dwight W. Young,* Pennsylvania: 275-291

Parkinson, R. B., 1997. *The Tale of Sinuhe, and Other Ancient Egyptian Poems, 1940-1640 B.C.*, Oxford

Posener, G., 1956. *Litterature et politique dans l'Egypte de la XIIe Dynastie,* Bibliotheque de l'Ecole des Hautes Etudes, 307, Paris

——.1972. *Catalogue des ostraca hieratiques litteraires de Deir el Medineh,* 2 vols., Institut Français d'Archeologie Orientale, Documents de fouilles, 1 and 18, Cairo

Richardson, M. E. J., 2000. *Hammurabi's Laws, Text, Translation and Glossary,* London /New York

Rochberg, F., 2004. *Heavenly Writing Divination and Horoscopy, and Astronomy in Mesopotamian Culture,* Cambridge

Roth, M. T., 1997. *Law Collections from Mesopotamian and Asia Minor,* 2rd Edition, Atlanta

Rothenbusch, R., 2000. *Die kasuistische Rechtssammlung im "Bundesbuch"(Ex 21, 2-11.18-22, 18) und ihr literarischer Kontext im Licht altorientalischer Parallelen* (Alter Orient und Altes Testament 259), Münster

——.2001. "Die kasuistische Rechtssammlung im ‚Bundesbuch '(Ex 21, 2-11.18-22, 16)", Zeitschrift für Altorientalische und Biblische Rechtsgeschichte, *Journal for Ancient Near Eastern and Biblical Law 7:* 243-272

Römheld, D., 1989. *Wege der Weisheit. Die Lehren Amenemopes und Proverbien* 22,17-24,22, BZAW 184, Berlin / New York

Rusch, A., 1929. "Dramatische Texte aus dem alten Ägypten", *Orientalistische Literaturzeitung 32*, cols. 145-156

——.1930."Review of K. Sethe, Der Dramatische Ramesseumpapyrus", *Orientalistische Literaturzeitung 33*, cols. 342-355

Sandman, M., 1938. Texts from the Time of Akhenaten, *Bibliotheca Aegyptiaca 8,* Brussels

Shaw, I., 2000. *The Oxford History of Ancient Egypt,* Oxford

——.2012. *Ancient Egyptian Technology and Innovation,* London / New Delhi / New York / Syndey

Sethe, K., 1902. *Imhotep der Asklepios der Ägypter* (Untersuchung 2, iv), Leipzig

——.1908-1922. *Die altägyptischen Pyramidentexte,* Vol. I-IV, Leipzig

——.1928a. *Dramatische Texte zu altägyptischen Mysterienspielen,* Leipzig

——.1928b. Das "Denkmal memphitischer Theologie" der Schabakostein des Britischen Museums, *Untersuchungen zur Geschicte und Altertumskunde Äegyptens* 10, Leipzig

——.1929. *Amun und die acht Urgötter von Hermopolis: eine Untersuchung über Ursprung und Wesen des ägyptischen Götterkönigs* (Abhandlungen Berlin, 1929, Nr. 4), Berlin

——.1935-1939. *Übersetzung und Kommentar zu den altägyptischen Pyramidentexten,* Vol. 1-IV, Glückstadt

——.1959[3]. *Ägyptische Lesestücke: zum Gebrauch im akademischen Unterricht. Texte des mittleren Reiches,* Leipzig

Seux, M.-J., 1965. "Les titres royaux šar kiššati et šar kibrāt arba'i", *Revue d'Assyriologie et d'Archéologie orientale,* 59(1):1-18

——.1967. *Épithètes royales akkadiennes et sumériennes,* Paris

Shaw, I., 2000. *The Oxford History of Ancient Egypt*, Oxford

Schäfer, H., 1904. Die mysterien des Osiris in Abydos unter könig Sesostris III: nach dem Denkstein des Oberschatzmeisters I-Cher-Nofret im Berliner Museum, *Untersuchungen zur Geschichte und Altertumskunde Ägyptens,* Leipzig

Schenkel, W., 1974. Amun-Re:Eine Sondierung zu Struktur und Genese altägyptischer synkretistischer Götter, *Studien zur altägyptischen Kultur 1:* 275-288

Shinnie, P. L., 1971. The Legacy to Africa, in J. R. Harris (ed.), *The Legacy of Egypt,* Oxford: 434-455

Schipper, B. U., 2004. "Israels Wesiheit im Kontext des Alten Orients", *Bibel und Kirche* 59(4): 188-194

——.2005. "Die Lehre des Amenemope und Prov 22, 17–24, 22: Eine Neubestimmung des Literarischen Verhältnisses", *Zeitschrift für die alttestamentliche Wissenschaft* 117: 53-72, 232-248

Steinkeller, 1989. *Sale documents of the Ur-Ⅲ-period* (Freiburger altorientalische Studien), Stuttgart

——.2017. *History, Texts and Art in Early Babylonia: Three Essays,* Boston / Berlin

Starr, I., 1983. *The Rituals of the Diviner* (Bibliotheca Mesopotamica 12), Mailibu

——.1986. The Place of the Historical Omens in the System of Apodoses, *Bibliotheca Orientalis* 43: 628-642

Stern, E., 2004. The Babylonian Gap: The Archaelogical Reality, *Journal for the Study of the Old Testament* 28: 273-277

Talon, P., 2005. *The Standard Babylonian Creation Myth: Enuma Elish, Introctuion, Cuneiform Text, Transliteration, and Sign List with a Translation and Glossary in French,* Helsinki

Thureau-Dangin, F., 1908. *Die sumerischen und akkadischen Königsinschriften,* Leipzig

Török, L., 1997. *The Kingdom of Kush. Handbook of the Napatan-Meroitic Civilization,* Leiden/ New York / Köln

Ullmann, M., 2005. Zur Lesung der Inschrift auf der Säule Antefs Ⅱ. aus Karnak, *Zeitschrift für ägyptische Sprache und Altertumskunde* 132(2): 166-172

van der Waerden, B. L., 1974. *Science AwakeningⅡ: The Birth of Astronomy*, with contributions by Peter Huber, Leiden

——.1978. "Mathematics and Astronomy in Mesopotamia", *Dictionary of Scientific Biography* 15: 67-114

——.1988^5. *Science Awakening I,* English Translation by A. Dresden, New Jersey

Vandier, J., 1950. "Moàlla: La tombe d'Ankhitifi et la tombe de Sebekhotep", *Bibliotheque d'etude,* 18, Cairo

Vanstiphout, H. L. J., 1989. "Enmerkar's Invention of Writing Revisited", H. Behrens etc. (ed.), *Dumu-E$_2$-Dub-Ba-A, Studies in Honor of Åke W. Sjöberg,* Philadelphia: 515-524

Veenhof, K. R., 2003. *The Old Assyrian List of Year Eponyms from Karum Kanish and Its Chronological Implications* (= Turkish Historical Society

Serial VI-No. 64), Assur

Verbrugghe, G. P. / Wickersham, J.M., 2001. *Berossos and Manetho, Introduced and Translated: Native Traditions in Ancient Mesopotamia and Egypt,* Michigan

Vincente, C.-A., 1995. "The Tall Leilān Recension of the Sumerian King List", *Zeitschrift für Assyriologie* 85: 234-270

Volten, A., 1945. Zwei altiigyptische politische Schriftm, *Analecta Aegyptiaca* 4, Copenhagen

von Soden, W., 1936. "Leistung und Grenze sumerischer und babylonischer Wissenschaft", *Die Welt der Geschichte* 2: 411-464, 509-557

Waddell, W. G. (ed.), 1940. *Manetho,* Loeb Classical Library No. 350, Cambridge Massachusetts / London

Westbrook, R., 2015. *Ex Oriente Lex: Near Eastern Influences on Ancient Greek and Roman Law,* Edited by Deborah Lyons and Kurt Raaflaub, Baltimore

Westendorf, W., 1998. *Handbuch der altägyptischen Medizin,* 2 Bd., Ledein / Boston / Köln

Westenholz, J. G., 1997. *Legends of the Kings of Akkade: The Texts,* Indianna

White, J. B., 1978. *A Study of the Language of Love in the Song of Songs and Ancient Egyptian Poetry,* Missoula

Wilcke, C., 2007². *Early Ancient Near Eastern Law. A History of Its Beginnings: The Early Dynastic and Sargonic Periods,* Indianna

Willems, H., 1988. *Chests of life: A Study of the Typology and Conceptual Development of Middle Kingdom Standard Class Coffins,* Leiden

——.2014. *Historical and Archaeological Aspects of Egyptian Funerary Culture: Religious Ideas and Ritual Practice in Middle Kingdom Elite Cemeteries,*Leiden / Boston

Wiseman, D. J. / Darius, A., 1965. *Some Historical Problems in the Book of Daniel,* London

Wikinson, T. A. H., 1999. *Early Dynastic Egypt,* London/ New York

Wright, H. T., 1969. *The Administration of Rural Production in an Early*

Mesopotamian Town, Ann Arbor

Zivie-Coche, C. / Dunand, F., 2013. *Die Religionen des Alten Ägypten,* Stuttgart

语言类

马克·科利尔（Marc Collier）、比尔·曼利（Bill Manley），《古埃及圣书字导读》，陈永生译，北京：商务印书馆，2015

CAD – *The Assyrian Dictionary of the Oriental Institute of the University Chicago,* Chicago 1956

Edzard, D. O., 2003. Sumerian Grammar, *Handbook of Oriental Studies.* Section 1, Near and Middle East, Leiden

Erman, A. / Grapow, H., 1982. *Wörterbuch der ägyptischen Sprache,* 7 Bd., Berlin

Gardiner, A., 1957. *Egyptian Grammar: Being an Introduction to the Study of Hieroglyphs,* 3rd Edition, Oxford

Huehnergard, J., 2000. *A Grammar of Akkadian,* Indiana

Loprieno, A.,1995. *Ancient Egyptian: A Linguistic Introduction,* Cambridge

von Soden, W., 1995. *Grundriss der akkadischen Grammatik*, 3., ergänzte Auflage, unter Mitarbeit von W. R. Mayer, Roma

Thomsen, Marie-Louise, 1984. The Sumerian Language. An Introduction to its History and Grammatical Structure, *Mesopotamis* 10, 2001, 3rd. unchanged and unextended edtion, Copenhagen

第三章 安纳托利亚文明

安纳托利亚(Anatolia),又称小亚细亚(Asia Minor),北临黑海,西临爱琴海,南濒地中海,东接亚美尼亚高原,是欧亚大陆的重要连接枢纽。安纳托利亚之名源自古希腊人对天体特别是太阳升上地平线的称谓(*ἀνατολή*),[①] 意为“日升之地”。

在早期青铜时代末期,安纳托利亚已经成为重要的地区金属贸易市场(安纳托利亚地区富含金、银、铜、铁、镍、铅等金属,而锡则多依赖从美索不达米亚与叙利亚地区进口),其贸易圈不但涉及相邻的叙利亚和美索不达米亚平原,更辐射到亚洲之外的埃及、希腊、

① 在希腊诗歌语言中,这一词汇常以复数形式出现,如 *ἀντολαὶ ἠελίοιο*[太阳的(诸次)升起](《奥德赛》12.4;欧里庇得斯,《腓尼基妇女》504);其单数形式,则往往与 *δύσις*[日落]同用,如 *δύσεώς τε καὶ ἀνατολῆς ἡλίου καὶ τῶν ἄλλων ἄστρων*[太阳与其他星体的落下与升起](柏拉图,《理想国》269a)。由日升之义,又可引申指日升之方所,即东方。

巴尔干半岛。此时安纳托利亚地区尚无本土文字，社会组织形态相较埃及与美索不达米亚较弱，但凭借国际贸易所带来的巨大财富，已出现了一批具有相当物质基础的早期城邦国家，[①]冶金技术取得了长足的进步，位于安卡拉东北方向约 180 公里处的阿拉卡·霍尤克（Alaca Höyük），考古学家从 13 座坟墓中发掘出大量工艺复杂、图案丰富的金属物品，它们具有很强的视觉冲击力，是那一时期物质文化的典型代表。[②]安纳托利亚的器物传统中，最具特色的当属陶器，出现了一大批工艺精良、器型各异、兼有实用与审美功能的陶器作品。[③]

印欧人移民到安纳托利亚，或许最早发生在公元前 3000 年初期。[④]印欧移民的不断增加，到早期青铜时代 2 期末期（约公元前 23 世纪），演化为对于安纳托利亚西部与南部（及东南部）的大规模入侵活动，从而给本已初具文明规模的相关地区带来巨大破坏与冲击。[⑤]此后的数个世纪，印欧移民与本土居民[⑥]不断接触融合，一种新的结合性文明逐渐成长起来。

---

① 参阅《剑桥古代史》第一卷第二分册，页 340–343。

② 参阅 Gunter 2002，页 83；Collins 2007，页 22–23。

③ 在同一时期的埃及、美索不达米亚与叙利亚，陶器主要充当实用器具而尚不体现审美特征。参阅《剑桥古代史》第一卷第二分册，页 351–356，367–375。

④ 参阅 Melchert 2003，页 24。

⑤ 参阅《剑桥古代史》第一卷第二分册，页 378–383，681–682。

⑥ 早期青铜时代安纳托利亚地区的原住民有可能为哈梯人，他们是那一阶段地区文明的主导者，其影响颇为深远，赫梯人是外来者，以至于后世的赫梯王国被称作“哈梯的国度”（KUR [uru]Ḫatti），赫梯国王被称作“哈梯之王”（LUGAL KUR [uru]Ḫatti）。不排除印欧民族与其在同一时期即出现于这一地区。参阅 Bryce 2005，页 12–15。

一、早期安纳托利亚的语言与文字[①]

在中期青铜时代（公元前20—前18世纪），为与安纳托利亚地区的诸多中小王国与市镇展开商业贸易，亚述人在安纳托利亚东部建立了大量拓殖点，内萨（Nesa，又称加内莎［Kanesh］）城是这一拓殖网络的核心。[②]通过保存下来的亚述文献可以发现，内萨地区使用的大部分人名具有印欧语的来源（相对于哈梯语人名的比例约为6∶1），[③]故而内萨可视作印欧人在安纳托利亚定居的核心区。楔形文字材料中记载的印欧语人名是迄今所知的印欧人—印欧语最早的书面证据，这些印欧语人名，已可划分为三种方言：赫梯语（Hittite）、[④]卢维语

① 本章涉及的各种专名，其转写形式参照 Hoffner 1998、Boyce 2002、2005 的体例，即以 s 表达赫梯语字典中的 š，以 h 表达赫梯语字典中的 ḫ（故而哈图沙被转写为 Hattusa 而非 Ḫattuša）。依照这一体例，sh 对应于 š 与 ḫ 这两个音，th 对应于 t 与 ḫ 这两个音。对于赫梯语词汇的转写，则遵循以 CHD 为代表的赫梯语字典体例。

② 参阅 Güterbock 1958。

③ 参阅 Garelli 1963，页 133–152；Singer 1981，页 126；Bryce 2005，页 395，注 28。

④ 赫梯这一命名，源自《旧约》中被称作“赫人”（ḥittî）的民族（如《列王纪下》7:6），类似于苏美尔这一名称源于阿卡德人对其称谓。无论赫梯人还是苏美尔人，皆未如此自称。现代语境中被称作赫梯语者，在早期文献中被称作 neš(umn)ili、našili、nišili，意为“属于内萨的（语言）”。较之赫梯语，内萨语在内涵上更为准确，但由于学界已习惯使用赫梯语这一命名（类似于“吐火罗语”之于更为准确的“焉耆—龟兹语”），故而本书亦称其为赫梯语。赫梯语语法，参阅 Hoffner/Melchert 2008。

(Luwian, luwili)、[①] 帕莱克语(Palaic, palaumnili)。[②] 它们与卢西安语(Lucian)、卡利安语(Carian)、吕迪亚语(Lydian)共同构成印欧语系之安纳托利亚语族。[③] 安纳托利亚语族的内部分化,当是在其到达安纳托利亚西北沿海地区后发生的,故而彼此之间的相似性颇高。[④]

受到在美索不达米亚创生与流行之楔形文字的直接影响,安纳托利亚语族在整个印欧语系中最早拥有了自己的文字形式,这是其相对于其他印欧民族的独特优势。美索不达米亚的文字体系在安纳托利亚地区传承的同时,其多语传统也在安纳托利亚植根并发扬光大。在赫梯都城哈图沙遗址出土的文献,语言数量达到 8 种,包括:作为赫梯王国之官方语言的赫梯语,作为整个地区之文化语言的苏美尔语和阿卡德语,为赫梯王国境内多数人口所说的卢维语(有象形文字与楔形文字两种形式),[①] 保存于少量宗教仪轨文本中作为仪礼语言的帕莱克语,重要的安纳托利亚土著语言哈梯语(ḫattili),[⑥] 语言归属尚不清晰的胡里语(ḫurlili),[⑦] 以及与赫梯最重要属国乌迦利特相关的乌

① 卢维语在安纳托利亚语族中的重要性仅次于赫梯语,较详细的介绍,参阅 Melchert 2003,页 170–210。

② 帕莱克语的语法、文本、词汇情况,参阅 Carruba 1970。

③ 学界通常认为,以赫梯语为代表的安纳托利亚语族,是印欧语系的一个分支。但亦有认为赫梯语(赫梯人)与印欧语(印欧人)为具有紧密关系的平行语族(民族),即由斯图特万特(E. H. Sturtevant)提出的“印度—赫梯”(Indo-Hittite)假说,按照这一假说,印欧语系是安纳托利亚语族从印度—赫梯(Indo-Hittite)语系中分离出去后的产物。参阅 Drews 2001。

④ 有关安纳托利亚语族在公元前三千纪后期的基本情况,参阅 Melchert 2003,页 10–26。

① 参阅 Luraghi 1997,页 2;Melchert 2003,页 55;布赖斯 2022,页 25。

⑥ 哈梯语语法,参阅 Girbal 1986。

⑦ 胡里语可能与东部高加索语言具有亲近性。胡里语语法与文 (转下页)

迦利特语。[①]

与多语传统相应，存在着为数众多的双语对照乃至三语对照文献：最为常见的是赫梯语—阿卡德语双语文献，这是赫梯王室的各种重要文本（如诏书、敕令、宗教仪轨）特别是对外交往（条约与书信）的标准配置；[②]亦有不少赫梯语—哈梯语、赫梯语—胡里语的双语文献，反映出赫梯人与本土传统、胡里传统的互动关系，具有深远影响的库玛尔比传说，便是胡里传统与赫梯传统结合的产物；三语文献则主要是苏美尔语—阿卡德语—赫梯语的词汇表，供书吏学习与正确使用苏美尔语和阿卡德语，史诗《吉尔伽美什》有阿卡德语—胡里语—赫梯语的三语版本传世。

安纳托利亚地区使用的文字，除从美索不达米亚传承而来的楔形文字（这一地区的大多数语言以此为载体），还有一种特殊的象形文字，它与埃及使用的象形文字颇为不同，而是自成一体，以这种象形文字方式被书写的，是卢维语而非赫梯语。被称作象形文字卢维语的语言—文字形式，留下了超过520个基本符号。[③]这种楔形文字与象形文字并用（且不采用地区最具影响的埃及象形文字体系而独树一帜）的格局，在整个早期地中海世界也是极为罕见的。

象形文字卢维语主要被刻写于石头上（也见于印章与岩壁），而楔形文字则被赫梯人广泛书写在泥板、木板、金属板、[④]石头等各种材

（接上页）本分析，参阅Wegner 2000。

① 参阅本书第六章，页317注③。

② 在外交领域，阿卡德语具有超过赫梯语的重要性，苏皮鲁流马有关乌迦利特纳贡的敕令，即以阿卡德语—乌迦利特语写成（CTH 47）。

③ 根据Payne 2010: 161–196，为524个符号，根据Payne 2014: 161–196，为526个符号。

④ 记载赫梯国王图塔里亚与塔尔浑塔沙国王库伦达之封侯条约的青铜板铭文，是唯一保存至今的金属板铭文。据现存的某些泥板文献的（转下页）

质之上。在楔形文字文献中，词与词之间常以空格区分，从而为断词与释读提供了方便（可对比的是，古波斯语楔形文字在词与词之间加入小的楔形符号作为分词符）。

在赫梯语楔形文字材料中，许多表述使用苏美尔语符号（Sumerograms）、阿卡德语符号（Akkadograms）在转写中采用大写字母的形式，[①] 如各类限定符（神祇名、植物名、动物名、人名、地名等等），以及大量词汇，如赫梯语 išḫā-［主人］，在文献中常被写作苏美尔语 EN 或阿卡德语 BELU，相对于赫梯语自身的表达，苏美尔语和阿卡德语的表达甚至更受青睐。

某些词汇，由于几乎全采用苏美尔语或阿卡德语的表意符号，以至于仅凭传世的文献材料，不易知晓其在赫梯语本身是如何被表达的，如：公牛（通常写作苏美尔语 GU_4），面包（通常写作苏美尔语 NINDA），啤酒（通常写作苏美尔语 KAŠ），儿子（通常写作苏美尔语 DUMU 或阿卡德语 MĀRU），银子（通常写作苏美尔语 KÙ.BABBAR），誓言（通常写作阿卡德语 NĪŠU 或 MĀMĪTU），数字 1000（通常写作阿卡德语 LIM），数字 10000（通常写作苏美尔语 SIG_7），神（多数情况下写作苏美尔语 DINGIR 或阿卡德语 ILU，赫梯语的表述为 šiū-, šiūna-），数字一（多数情况下写作阿卡德语 IŠTĒN，赫梯语的表述为 šia-）。在这种背景下，出现了某些苏美尔语、阿卡德语词汇与赫梯语元素相结合的形态，如 LU-natar，指“男子特性，男子气概”（苏美尔语 LU［人，男人］+ 赫梯语抽象名词后缀 -atar），ÌR-atar［奴役］（苏美尔语 ÌR［奴隶］+ 后缀 -atar）。

（接上页）题记可知，某些重要条约被刻写在金板、银板、铁板上，著名的例子如赫梯国王哈图西里三世与埃及法老拉美西斯二世的“永恒条约”被双方刻写在银板之上，并相互寄送。

① 相关问题的讨论，参阅 Kudrinski/ Yakubovich 2016。

自公元前 18 世纪以降的千年岁月里，安纳托利亚地区始终处在安纳托利亚本土文明、外来的印欧文明以及作为地区引领者之美索不达米亚文明的复杂网络之中，多语—多文字并存的格局，正是这种文明交互影响的集中体现。

二、赫梯王国的功业与影响

1. 亚述统治时期

自阿卡德王国时代以降，安纳托利亚在政治上长期从属于美索不达米亚的大国。无论是《战争之王》[①] 中萨尔贡应安纳托利亚地区普鲁什汉达（Purušḫanda）城商人的再三请求对其发动远征的描绘，还是《纳拉姆辛传奇》[②] 中苏巴尔图地区舒巴特恩利尔（Šubat-Enlil）城的统治者进攻纳拉姆辛的王国（首先进攻普鲁什汉达）的记述，都表明安纳托利亚地区（以普鲁什汉达为代表）已进入阿卡德王国的视野乃至被纳入其统治范围，并因重要的战略价值而成为各方争夺之地。这两个文本皆有赫梯语版本传世，是安纳托利亚作为美索不达米亚文明辐射区的典型例证。[③]

阿卡德王国覆灭后，以萨尔贡王朝正统自居的亚述诸王延续了前者在安纳托利亚的战略布局。亚述王埃利舒姆一世将安纳托利亚的部分地区（后世称为卡帕多西亚［Kappadosia］）纳入势力范围，在此兴建拓殖—贸易网络。针对这一地区小邦林立的格局，亚述政权承

① 文本与翻译参阅 Westenholz 1997，页 102–131。

② 同上，页 263–331。

③ 有关萨尔贡王朝君主对赫梯人精神世界的影响，参阅 Beckman 2001。

诺，只要各邦君主（rubā'u）明确表达臣服之意，即可保全其地位。于是形成了一种双方以各自神祇之名立誓定约以确立主从关系的制度，地方君主成为亚述王之“子”（阿卡德语 māru，古亚述语 mer'um），而亚述王也往往会指派王室公主与之联姻，乃至派遣军队保护该国。[1] 后世亚述帝国所推行的臣民对大邦君主效忠宣誓（adû）的仪式，很可能是由安纳托利亚小邦君主对亚述王的臣服宣誓仪式演化而来。

2. 赫梯古王国

进入公元前 18 世纪中期，亚述对安纳托利亚的支配地位岌岌可危，赫梯人终于得以扮演这一地区主导者的角色。依据公元前 16 世纪的《铁列平敕令》序言（§§1－4, i 2－12），[2] 赫梯王国的历史以拉巴尔那（Labarna）为开端，他原本是某个小邦的国主，拥有非凡的军事才能，征服了大量国家（显然亦是小邦），占据了安纳托利亚东部之大半区域，初步奠立了赫梯的地区强国地位，从而被尊为赫梯王国的开国之君。拉巴尔那的名字（具有哈梯语的来源？），也成为后世赫梯王国君主的某种尊号（类似凯撒的名字之于罗马后世君主）。

拉巴尔那去世（公元前 1650 年）后，王国经历了政变与动荡，最终他的孙子（？）成为新的国王，这位自号“塔尔巴纳”（Tabarna，为拉巴尔那的变体）、“大王”、“哈梯国王”、“库萨尔城的统治者”的新君主，将王国首都迁往北部的哈图沙（Hattusa），为纪念这一重大事件，他将自己的名字改为哈图西里（Hattusili，意为“哈图沙之人”）。

① 参阅《剑桥古代史》第一卷第二分册，页 667。

② 铁列平是公元前 16 世纪后期的赫梯国王，在其颁布的常以其名字命名的《敕令》中，一篇漫长的序言记述了赫梯王国的早期历史，这是有关早期赫梯王国的最重要信息来源。《铁列平敕令》的译文，参阅 Chavalas 2006，页 228–235。

哈图西里的统治时间长达30年(公元前1650—前1620年)。他在叙利亚与安纳托利亚西部大举征伐,攻城略地,虽未将相关地区置于赫梯王国的长久统治下(在此意义上,更像是一系列单纯的军事冒险行动而非出于长远的战略考量),但展现了较之拉巴尔那更显赫惊人的武功,宣告赫梯王国已经成为这一地区的重要力量。

哈图西里的远征,带回了大量战利品,较之财富的劫掠更具深远影响者,是来自被征服地的书吏,他们在被带回都城哈图沙后,供职于神庙与宫廷,赫梯王国于是拥有了第一批专业的书吏,并催生了赫梯本土的书吏阶层,对历史进行书面记录遂成为可能。

哈图西里晚年,在身患重病的情况下,召集一干重臣,留下《遗诏》。[①] 这份文件的核心自然在于确立哈图西里的继承人:哈图西里的儿子与外甥都因犯下重大过错而被排除在继位者的行列之外,于是他选择了自己的孙子穆尔西里(Muršili)。他向群臣宣告:"穆尔西里现在是我的儿子,你们必须承认他并拥立他为王。"由于穆尔西里此时尚年幼,哈图西里告诫群臣,一旦发生战争或叛乱,他们必须支持穆尔西里,如果将其带上战场,务必将其安全带回;对穆尔西里本人,他也留下了各种忠告。与通常遗诏不同的是,这份文件是哈图西里长篇讲话实录,保留了极为强烈的口语特征,讲话既有君王的深思熟虑与对身后事的忧虑,又充满着对背叛自己的亲人的强烈怨愤(特别是他的姐妹,更是被形容为"一条像公牛般咆哮的毒蛇")。哈图西里作《遗诏》后,或许并未马上去世(有可能他此后又康复,再次远征叙利亚,并在那里死去),但这一作品,却是保留下来的印欧语系最古老的口语材料。[②]

穆尔西里(公元前1620—前1590年)不负其祖父的期待,实现了哈图西里亦未达成的武功:在对叙利亚的远征中,他攻占并摧毁了

---

① 这一文本保留在公元前13世纪的赫梯语—阿卡德语双语对照的抄本中,译文参阅 Chavalas 2006, 页 222–228。

② 参阅布莱斯 2022, 页 37。

阿勒颇城，据称是为其父亲（即其祖父）复仇。相比这一事件，更具深远历史影响的是，他率军直抵幼发拉底河，攻占并劫掠了地区中心巴比伦，直接造成了巴比伦第一王朝的覆灭。加喜特人作为这场地缘政治剧变中的最大受益者，得以入主美索不达米亚，开启了对这一地区长达400年的统治。

在东征胜利的几年后，穆尔西里被其姐夫汉提里（Hantili）暗杀，他对巴比伦的洗劫被汉提里描绘为人神共愤的严重罪行，后者成为新的国王。此后的60余年，赫梯王国陷入衰落，遭遇了胡里人对赫梯腹地的反复侵袭。事实上，来自赫梯王国东边（美索不达米亚北部、叙利亚北部）的胡里人，与来自王国北边的卡什卡人（Kaskans），是自哈图西里以来赫梯王国始终必须面对的重要威胁，以胡里人为主体的米坦尼王国在叙利亚北部的崛起，更是成为了赫梯的心腹大患。汉提里去世后（公元前1560年），王国陷入了大规模的王位争夺战，接下来的三代君主，兹坦达（Zidanta）、阿穆那（Ammuna）、胡兹亚（Huzziya），皆以阴谋杀戮夺取王权，经过多年内耗，至胡兹亚统治后期，王国已濒临解体。

作为数十年颓势的扭转者，胡兹亚的姐夫铁列平（Telipinu）[①] 发动政变，终结了前者的统治，登上王位。铁列平（公元前1525—前1500年）一方面兴兵收复了大量前任丢失的土地，另一方面，颁布《铁列平敕令》，为王位继承制确立了明确的规则（A ii 36–39）：首先安排王子尤其是长子继位；如果没有长子，则由次子继位；如果没有王子与男性直系后人，则为长公主找驸马，由女婿（antiyant-）继位。

《铁列平敕令》要求王室成员和各级官员汲取此前各种叛乱与同室操戈的惨痛教训，既要坚决反对叛乱，镇压敌国（A ii 63–73），又要

---

① 由《铁列平敕令》中对长公主驸马继位的规定可以推知，铁列平或是胡兹亚的姐夫，或是此前君主（阿穆那）之长女的丈夫。本书与布赖斯 2022:43 采用前一说，Collins 2007:38 则采用后一说。

避免杀戮其他王室成员（A ii 40–44, 50–58）。这似乎是对哈图西里放逐其儿子、女儿、外甥做法的某种效仿，也是对铁列平本人放逐前国王胡兹亚及其五个兄弟的合理化解释乃至自我辩护。[①] 为了保障规则的实施，铁列平规定，由“潘库”议会（源于形容词 panku-［全部的，所有的］，其地位接近元老院）作为新规的监督者。这为王位继承提供了某种制度性保障，尽管远谈不上完备。

如果说《铁列平敕令》代表铁列平在内政方面的建树，他与赫梯邻国基祖瓦特那（Kizzuwatna）国王伊什普塔赫苏（Isputahsu）签订的同盟条约，则代表着外交领域的某种重大变化：此前赫梯王国的对外活动，几乎总是呈现为暴力征伐与掠夺（相应的，它自身也受到来自外部世界的征伐与掠夺，以胡里人的入侵为典型），这份条约的签订，是赫梯王国历史上第一份外交文件，是运用外交手段而非战争手段处理国际关系的一种尝试，尽管是在内忧外困的大环境下带有某种无奈意味的选择（与基祖瓦特那的和约，至少理论上可以保证其在赫梯与米坦尼两强发生冲突时维持中立），但毕竟开创了赫梯历史的先河。条约称呼双方君主为“大王”（LUGAL.GAL），反映了条约的对称结构。这种对称结构，在此后赫梯与基祖瓦特那的系列条约（特别是帕达提苏条约和舒纳舒拉条约）中得到充分展现。[②]

---

① 尽管铁列平如此宣扬自己的仁慈（A ii 13–15）：“让他们去并且待在（那里），给他们吃喝，不许任何人伤害他们。我强调：这些人伤害我，但我却不会伤害他们。”但事实上，胡兹亚及其兄弟不久皆被杀。参阅利维拉尼 2019，页 39–40。

② 上述两个条约的译文，参阅 Beckman 1996，页 1–22。利维拉尼将赫梯条约之对称性比喻为某种“镜像结构”，即“条约的规定部分由两个像镜子一样的部分组成，在一个可替换的条款的顺序中彼此重复，一条针对一方的利益，另一条则针对另一方的利益”。相关分析，参阅利维拉尼 2019，页 51–79，引文见页 52。

铁列平是赫梯古王国阶段的最后一位重要君主。《铁列平敕令》并未一劳永逸地解决王位继承的问题。在其去世后，围绕王位继承依然不断地发生各种阴谋、暗杀、篡位。此后的数代君主，都缺乏足够鲜明的特征，只能维持某种对于王国的弱掌控。这一阶段，伴随着米坦尼的日益强大，赫梯的外部压力不断增加，若非埃及介入叙利亚—巴勒斯坦地区，令米坦尼的主要精力不得不用于与埃及的争斗，赫梯的外部环境会更为恶劣。

公元前 14 世纪初，伴随着赫梯国王穆瓦塔里（Muwattalli）被谋杀，赫梯古王国阶段告终。以这种不算光彩的方式登位的新君图塔里亚（Tudhaliya），却将赫梯国家导向一个新的阶段——逐渐呈现帝国气象、跻身地区最强大力量行列的赫梯新王国。①

3. 赫梯新王国

图塔里亚即位时，赫梯王国所面临的最重要外部地缘政治压力显然来自米坦尼王国。自铁列平去世后，相对于米坦尼在幼发拉底河西岸的扩张态势，赫梯王国总体上处于守势。图塔里亚率军越过托罗斯山脉，发动对叙利亚的远征，可视作对过去百余年守势地位的一次重大扭转。

在远征之前，图塔里亚与基祖瓦特那国王舒纳舒拉（Sunashshura）签订条约，双方结为同盟，双方承诺，如同保护本国人民与国家那样，保护对方的人民与国家，且基祖瓦特那接受从属于赫梯的地位。② 这

① 亦有观点将苏皮鲁流马一世视作赫梯新王国（赫梯帝国）的真正缔造者，而将铁列平去世至苏皮鲁流马登位前的历史时期，视作赫梯的中王国阶段。相关讨论，参阅李政 2018，页 140–147。

② 条约文本，参阅 Beckman 1996，页 13–22。基祖瓦特那的君主在条约中依然被称为“大王”，但不再具有与赫梯国王的平等地位。图塔里 （转下页）

是赫梯新王国阶段以外交手段配合军事行动的典型案例。

图塔里亚试图以对待基祖瓦特那的方式建立与阿勒颇的同盟关系。处在赫梯与米坦尼两大强国夹迫之下的阿勒颇国王，先是与赫梯方面签订了同盟条约，接着又背约倒向米坦尼，这引发了图塔里亚的愤怒，他发兵摧毁了阿勒颇城，据说，阿勒颇国王与米坦尼国王都在战斗中丧生。① 即便这一后世赫梯君主所宣扬的历史是真实的，但米坦尼王国依然强大，赫梯与它的斗争远未结束。

除了向东南（叙利亚）大举用兵之外，根据《年代记》，图塔里亚还在安纳托利亚西部发动过多次大型军事行动，以应对结成联盟的西部阿尔查瓦（Arzawa）诸国对赫梯带来的威胁。② 尽管这些军事行动取得了一定的成功，却又不可避免地导致王国腹地的空虚，干扰了王国将战略重心集中于东部—东南部。如果这位征伐安纳托利亚西部的图塔里亚，与远征叙利亚的图塔里亚是同一人（这一点并非全无争议），③ 那么他对安纳托利亚西部的用兵，更可能发生在其对叙利亚的

（接上页）亚是如何说服舒纳舒拉放弃与米坦尼的同盟关系而转向依附于赫梯，尚不得而知，但从条约的如下表述中，可以窥见某些线索（A i 38–39）：“胡里人称舒纳舒拉为仆人，但我王现在使他真正成为一个国王。”

① 有关这段历史的简要记述，出现于后世赫梯国王穆瓦塔里二世与已经沦为其附属的阿勒颇国王塔尔米－沙鲁马（Talmi-Šarrumma）签订的条约中：“当伟大的国王图塔里亚登基时，阿勒颇国王与他和好。但是阿勒颇国王转过身，与哈尼加尔巴特（Hanigalbat，即米坦尼）国王在一起。然后因为此事，他摧毁了他们——哈尼加尔巴特国王和阿勒颇国王，[连同他们的土地（？）]他摧毁了阿勒颇城。”（§ 5）条约全文，参阅 Beckman 1996，页 88–90。

② 相关文本，参阅 Garstang、Gurney 1959，页 121–123; Carruba 1974，页 158–163。对图塔里亚向西用兵之动机的解释，参阅布赖斯 2022，页 66–68。

③ 同样不确定的是，在赫梯新王国早期，是否存在两位图塔里亚 （转下页）

军事行动之后而非之前。同时面对来自东西两线的巨大压力，这是赫梯新王国在地缘政治中遭遇的新挑战，并与赫梯新王国相伴始终。

或许是图塔里亚时代的东西两面用兵造成了国力的严重消耗，其继任者阿尔努旺达一世（Arnuwanda I）面对北部卡什卡人的入侵，应对颇为无力，往往只能通过签订和约、承认其所占赫梯领土的方式来阻止形势的进一步恶化。到阿尔努旺达一世的继任者图塔里亚三世在位时，更是出现了赫梯领土受到来自四面八方的"集中入侵"的重大危机。[①] 后世对这一时期危机的记述很可能包含了夸大的成分，以便凸显赫梯王国从濒临灭亡到君临天下的命运转折。

在这场危机中，赫梯王都哈图沙虽被入侵者占领摧毁，但王室的有生力量很可能早已转移到沙姆哈（Samuha）。根据苏皮鲁流马之子穆尔西里二世撰写的《苏皮鲁流马大事记》，[②] 图塔里亚三世及其（养）子苏皮鲁流马（Suppiluliuma），以沙姆哈为基地，将各路来犯之敌一一驱除：首先驱逐了距离沙姆哈较近的北部卡什卡人和东北部阿兹-哈沙亚（Azzi-Hasaya）的敌人，非但完全收复失地，且攻入卡什卡人的区域，带回了大量的战俘与财货，令阿兹-哈沙亚成为赫梯的附属国；与西部阿尔查瓦诸国的战斗，则持续了相当长的时间，在此期间，重病卧床的图塔里亚三世将军事指挥权交予苏皮鲁流马[③]。

掌握军权的苏皮鲁流马最终取代了图塔里亚三世指定的王位继

（接上页）（图塔里亚一世与二世），Beckman 1996: 13–22 把与舒纳舒拉签订条约者定为图塔里亚二世。

① 参阅布赖斯 2022，页 79–81。

② 文本残篇的整理，参阅 Güterbock 1956。

③ 赫梯王室的名字，往往具有赫梯语之外的其他语言来源（如卢维语，胡里语），苏皮鲁流马是赫梯诸王中几乎唯一纯正的赫梯语名字（šuppi-［纯洁的］+ luli-［池塘，湖泊］+ 表族群的后缀 -um(a)n-）。参阅 Hoffner、Melchert 2008，页 38，1.93。

▲ 苏皮鲁流马

承人小图塔里亚(Tudhaliya the Younger),成为了赫梯王国的君主(公元前1350—前1322年),且很可能是王国历史上最成功的一位君主。

苏皮鲁流马完成的最重要功业在于,一方面,重新确立了赫梯对安纳托利亚地区的控制(这一过程据说持续长达20年),另一方面,彻底击败了赫梯的老对手米坦尼,从而确立了赫梯在地区的超级强国地位。

为了实现战胜米坦尼的战略目标,苏皮鲁流马与埃及修好,换取埃及在赫梯与米坦尼之争中保持中立地位;同时,他迎娶了巴比伦国王布尔那布里亚什(Burnaburiash)之女玛尼加拉(Manigalla)。这位巴比伦公主的影响力颇大,她以赫梯王室头衔塔瓦娜娜(Tawananna,相当于女性的拉巴尔那)作为自己的名字,在许多文件(包括重要的外交条约)中留下印迹。这次联姻令赫梯与巴比伦建立了相对稳固的友好关系,为其对米坦尼与叙利亚地区用兵赢得了有利的国际环境。

在米坦尼国王舒塔尔那二世(Shuttarna Ⅱ)去世后,米坦尼国内围绕王位继承爆发了激烈的争斗,图施拉塔(Tushratta)夺得王位,但面临着来自阿尔塔塔玛(Artatama)的重大挑战。苏皮鲁流马利用这一时机，发动了对米坦尼盟友伊苏瓦（Isuwa）的进攻。图施拉塔对伊苏瓦的救援，拉开了赫梯与米坦尼大战的序幕。

尽管最初赫梯方面遭遇了失利，① 但苏皮鲁流马很快通过与阿尔塔塔玛的合作，有效牵制了图施拉塔的精力，重新掌握主动权。苏皮鲁流马此时在外交上的另一大成果，是说服富庶且拥有重要港口资源的乌迦利特王国（位于地中海东岸北部）倒向了赫梯一方。作为对赫梯派兵援助乌迦利特驱逐侵扰其国土的邻邦军队，且将大片的邻邦土地划入其版图的报答，乌迦利特国王尼克玛都二世（Niqmaddu Ⅱ）与苏皮鲁流马签约，成为赫梯的附属国。② 由于乌迦利特重要的战略地位，且此前长期依附于埃及，它的这种转向，颇具象征性意味。

在完成一系列准备工作后，苏皮鲁流马再次进军伊苏瓦，并迅速进入米坦尼的腹地，攻占其都城瓦苏卡尼（Washshuganni），图施拉塔仓皇出逃。赫梯大军回师幼发拉底河时，攻占了米坦尼的一系列盟邦与附属国，包括属于埃及势力范围的奥龙特斯河畔的卡迭什，直到南部阿巴（大马士革）的边境。据说，对叙利亚地区诸多邦国的征服，历时仅一年。

如果说此战基本上扫除了米坦尼在叙利亚地区的势力，那么真正决定性的一战则发生在米坦尼最后的重要据点卡赫美士（Carchemish）。苏皮鲁流马亲率大军包围卡赫美士，并最终攻克了这一象征米坦尼最后抵抗的据点。在班师返回赫梯前，苏皮鲁流马做出了一项意义深远的决定：他任命其子沙里 库苏赫（Sharri-kushuh）为驻卡赫美士的封侯，任命另一个儿子铁列平为驻阿勒颇的封侯。这

① 在图施拉塔写给埃及法老（很可能是阿肯那顿）的信中，他宣称取得了重大胜利，参阅 Moran 1992，页 114。从后来的形势演化看，这番话的真实性存疑，即便图施拉塔取得了某种胜利，其效果也很有限。

② 在这份条约的印章中，出现了苏皮鲁流马和王后塔瓦娜娜的名字。条约文本，参阅 Beckman 1996，页 30–32。

是赫梯历史上第一次在王国领土之外的地区建立起直接统治，相对于此前惯用的占领—劫掠—摧毁模式（很大程度上可称为“流寇主义”），终于呈现出了某种带有长远考虑的建设性态度。

在卡赫美士被攻克后不久，图施拉塔被身边人所杀。他的老对手阿尔塔塔玛登上已名存实亡的米坦尼国的王位。此后，苏皮鲁流马又支持图施拉塔之子沙提瓦查（Shattiwaza），扶植其作为米坦尼的新王并与之签订和约。[①] 无论如何，曾经的地区大国米坦尼已不复存在，它的地位很快便被长期受其压制的亚述所取代。

苏皮鲁流马围困卡赫美士之际，收到了来自埃及王后的信件，[②] 告知由于法老（很可能是埃及第十八王朝的法老图坦卡蒙）的突然去世，她希望苏皮鲁流马能够派一个儿子作她的丈夫，并继承法老之位，因为她无法接受下嫁国中地位低微者。面对这一极令人惊异的要求，苏皮鲁流马不敢贸然应承，而是派出大臣前往埃及调查，当其证实信中所说内容且与埃及方面的特使共同返回复命时，已是来年春天。苏皮鲁流马之子查纳查（Zannanza）遂被送往埃及结亲，却在途中为人所杀，新上位的法老阿伊（Ay）虽竭力辩解与此事无关，但埃及依然受到了苏皮鲁流马派遣的远征军的猛烈报复。这场闹剧式的事件却引发了某种真正的悲剧后果：远征后被送往赫梯的数千战俘，带来了一场巨大的瘟疫，这场瘟疫在赫梯境内传播肆虐长达 20 年，夺走了大量生命，包括一代雄主苏皮鲁流马及其继承人阿尔努旺达二世。

苏皮鲁流马将赫梯王国从内外交困的境地挽救出来，并将其奇迹般地带向成功的巅峰，这种成功不但体现在军事层面，也体现于赫梯式的宗藩体系（附属关系以乌迦利特为代表，直接统治以卡赫美士与阿勒颇的封侯为代表）。在赫梯的巨大成功背后，亚述作为地区超级力量而崛起，赫梯与埃及矛盾激化。

---

① 条约文本，参阅 Beckman 1996，页 37–50。

② 有关这一信件的内容，参阅 Bryce 2003，页 187–198。

在苏皮鲁流马与阿尔努旺达于一年的时间（公元前1322—前1321年）内相继去世后，赫梯王国再次陷入动荡，属地发生大规模叛乱，外部敌人借机入侵。苏皮鲁流马的小儿子穆尔西里成为新王，是为穆尔西里二世（公元前1321—前1295年）。根据穆尔西里留下的《年代记》（分十年版与详写版两个系列，前者记述了穆尔西里前10年的征战事迹，后者的记述范围扩展到27年）[1]，大致可以勾勒出他的军事成就。

前两年，对北部的卡什卡人用兵，保证北部疆域的稳定；第三年开始着手平定西部的阿尔查瓦地区，用了两年的时间，击败阿尔查瓦地区反赫梯联盟的首领乌哈兹提（Uhhaziti），迫使这一地区的哈帕拉（Hapalla）、米拉-库瓦里亚（Mira-Kuwaliya）、赛哈河（Seha-River）三国与赫梯签订附属国条约，[2] 相对于此前与基祖瓦特那或乌迦利特签订的附属国条约，后签订的条约少优容之色而多禁忌之辞，加入了某些颇为严厉的规定，特别明确规定不能从事密谋反叛的行为，且一旦闻知此类阴谋，必须马上向赫梯王报告，否则即是违背誓言。乌哈兹提所在的邦国（“阿尔查瓦国”）则被灭国，其土地被划给邻国米拉，以奖励其对赫梯的忠诚，其大量居民则被强制迁移到赫梯境内。

自第七年开始，他的重心转向东部与叙利亚地区，一方面对摆脱了附属国地位、试图谋夺赫梯“内陆高地”的阿兹—哈沙亚王国采取军事行动，一方面平息了受到埃及支持的努哈塞（Nuhashshi）王国的叛乱。如果说努哈塞之叛只是癣疥之患，那么穆尔西里在位第九年，铁列平与沙里-库苏赫两位兄长在短时间内相继去世（后者更是在与穆尔西里于库玛尼举行会见期间去世），卡迭什宣布独立，亚述借机攻占卡赫美士，则令赫梯在整个叙利亚的统治受到了根本性的威胁。穆尔西里令库伦塔（Kurunta）率军远征，取得重大胜利，卡迭什重新归顺，

---

① 文本参阅 Beal 2003。

② 条约文本，参阅 Beckman 1996，页 64–81。

亚述被迫退回本土，在威胁解除后，穆尔西里亲赴阿勒颇封铁列平之子为侯。通过上述一系列行动，赫梯在叙利亚地区的统治得以巩固。

叙利亚地区迅速归于稳定，但北部卡什卡人的威胁始终未能完全解除，某种程度上，卡什卡人所居的山区地理条件与性格之坚毅强悍皆类似于亚述人，无论赫梯方面如何努力征讨，都很难真正深入这一地区拔除隐患。

赫赫武功之外，穆尔西里二世的文治同样值得称道。他很可能是赫梯王国历代君主中留下文献最多者，《年代记》之外，还有充满热切感情的祈祷文与赞美诗、占卜文、书信、条约、敕令等各种文体的材料。穆尔西里非但以《年代记》为自己的时代修史，还为其父编撰《苏皮鲁流马大事记》，开创了为先王修史的传统。

当穆尔西里之子穆瓦塔里二世（Muwatalli Ⅱ，公元前1295年—前1272年）在位时，赫梯王国内部相对稳定，国力强大，与此同时，埃及也迎来强大的第十九王朝的统治。叙利亚—巴勒斯坦地区成为二者斗争的焦点。埃及厉兵秣马，意欲夺回原在其统治下的卡迭什与阿穆鲁，而赫梯方面也对这场几乎不可避免的地区霸权之争做了充分的准备。

作为战争准备的重要组成部分，同时为了解决一直困扰赫梯的北部卡什卡人问题，穆瓦塔里二世策划实施了迁都，都城从原来的王都哈图沙迁往哈图沙以南数百公里之外的塔尔浑塔沙（Tarhuntassa）。王国的政治重心就此向南转移，而原来的都城哈图沙则成为了王国北部地区的中心，穆瓦塔里的兄弟哈图西里被任命为北部的最高长官，拥有“卢伽尔”（LUGAL，意为“国王”）的尊号。

在塞提一世（Seti I）统治期间，埃及便与赫梯在卡迭什附近进行了一场军事较量，塞提一世宣称获得了重大胜利。从埃及重新获得对卡迭什与阿穆鲁地区的控制权来看，塞提一世的宣传似乎部分地得到了证实。但事实上，这更像是双方主力对决前的某种热身。公元前1275年，埃及法老塞提一世之子拉美西斯二世与赫梯国王穆瓦塔里二世各自统御大军，于卡迭什展开大战。

由于赫梯方面资料的缺失，有关这场大战的记述完全来自拉美西斯二世的一家之言，叙事中夹杂了浓厚的神话色彩，以致无法据此进行有效的历史还原。[①] 如果拉美西斯表述的赫梯军 47500 人具有一定的可信度，那么埃及方面投入战斗的四大军团军力总和，也当不低于此，则此战的规模颇为惊人，很可能是人类最早达到十万人级别的会战。

大战的结果与大战的过程一样，也处于某种迷雾之中：虽然拉美西斯二世声称获得大胜，但就实际效果而言，埃及恰恰再次失去了对卡迭什与阿穆鲁的控制权，甚至还一度失去了阿巴（大马士革）地区。[②] 或许，这一战双方皆未获得决定性的胜利，但赫梯方面占有一定的优势，且反映在此后双方的势力划分中。双方的敌对状态又持续了若干年，直到于公元前 1259 年签订和约。此时，拉美西斯二世依然在位，而穆瓦塔里二世早已去世，赫梯王位也从他的儿子乌尔黑-泰苏普（Urhi-Teshub，公元前 1272—前 1267 年）那里被强行转移到他的兄弟哈图西里，是为哈图西里三世（公元前 1267—前 1237 年）。乌尔黑-泰苏普在其短暂统治期间将都城迁回了哈图沙，这一举动很可能令他与作为北地之主的哈图西里之间矛盾激化。

哈图西里三世通过发动战争将自己的侄子罢黜，尽管在军事上取得了成功，但他深知内战给赫梯王国带来的分裂危险，于是撰写《自辩词》，[③] 为其所作所为进行合理化辩护。文中，乌尔黑-泰苏普被描绘为一位庸碌昏聩的君主，对哈图西里充满猜忌与迫害，而他则再三保持克制，直到不得不起兵自卫。这份自辩，与其说是为了说服赫梯的臣民，倒不如说是为了说服自己。质疑他的王位合法性不但存在于赫梯国内，也被其国际上的对手特别是亚述加以利用。即便他登位好

---

① 参阅本书第一章，页 83。

② 参阅 Bryce 2005，页 239–241；布赖斯 2022，页 170–171。

③ 文本参阅 van den Hout 2003。

几年后，内外压力依然巨大。正是在这种背景下，与埃及方面签订和约，结束彼此间的敌对关系转而共享地区利益，成为了双方的共识。

和约确认，[①] 双方建立永久的“和平”（salīmu）与“兄弟关系”（aḫḫūtu），互不侵犯对方疆域，互相援助，互相遣返避难者。其中有关相互援助的规定，当是出于哈图西里的提议，明确了在一方受到敌人（无论来自国外或国内）攻击的情况下，可向对方求援，对方当派遣步兵与骑兵援助（§7–10）。这彻底打消了客居埃及的乌尔黑-泰苏普复位的希望，也标志着哈图西里的统治合法性在重大国际关系中得以确认。对于拉美西斯而言，这份和约让他在一场事实上处于下风的大战后，得以享受某种胜利者的主动权，并能将两国关系的改善归于自己对赫梯国王的屈尊请求表现出的大度仁慈。除此之外，对于来自亚述的日益增长的威胁的忌惮恐惧，是二者达成和约的共同心理基础。尽管埃及时而对叙利亚—巴勒斯坦地区采取军事行动，但埃及与赫梯再未爆发大规模的冲突。

相对于与埃及签订“永恒条约”的重大成功，哈图西里三世对西部的征战，包括其与阿黑亚瓦（Aḫḫiyawa，常被认为对应于荷马史诗中对希腊人的称谓——Ἀχαιοί［阿开亚人］）国王的通信联系，[②] 都并未取得理想的效果，阿黑亚瓦成为赫梯西部各种不安定因素的背后推手。但无论如何，当哈图西里临终前将王位传于其子图塔里亚（史称图塔里亚四世，公元前 1237—前 1209 年）时，赫梯王国依然可称强大稳定。

图塔里亚即位后，就遭遇了各种内外问题，既有从哈图西里时代遗留下来的王位继承合法性以及因王室成员过分庞大引发的对王位的觊觎，[③] 又有来自西部阿尔查瓦地区的各种叛乱与骚动，以及亚述

① 和约文本及其译文，参阅本书第一章，页 67 注 ②。

② 参阅 Beckman、Bryce、Cline 2011，页 101–122。

③ 以至于他不得不对贵族和官员发文，告诫他们不能承认任何除自己（与自己的直系后代）之外的王室成员继承王位。参阅 Bryce 2005，页 299–301。

对于赫梯东部属地的入侵，这直接关系着赫梯在叙利亚的统治。伴随赫梯在针对亚述的先发制人的尼赫瑞亚（Nihriya）之战中失利（这是在与埃及进行的两次卡迭什之战之外，赫梯方面很罕见的与地区大国进行的战争），它面临着失去叙利亚地区最重要且忠诚的附属国乌迦利特的风险。[①] 由于亚述将其锋芒转向巴比伦王国，赫梯在叙利亚的局面并未持续恶化，但往昔的强势已不复存在，而是陷入左支右绌勉力维系的情势。

图塔里亚统治的末期，他发动了对东地中海的阿拉西亚（Alasiya，今塞浦路斯）的远征，俘虏了阿拉西亚的国王，宣布那里变为赫梯的附属国。这场堪称劳师袭远的军事行动，很可能借助了乌迦利特或阿穆鲁的海港，虽然目前已无法了解其真实的战略意图，但反映出赫梯国力犹存，且对乌迦利特与阿穆鲁尚具有相当的影响力。

图塔里亚于公元前 1209 年去世，他的继承人阿尔努旺达三世在位仅一年便离世，由于他没有子嗣，王位于是落到他的兄弟苏皮鲁流马那里，[②] 是为苏皮鲁流马二世（公元前 1207 年—？）。这位与赫梯

① 有关这场战争的记述保留在亚述王图库尔提 – 尼努尔塔（Tukulti-Ninurta）写给乌迦利特国王的信函中，他将自己描绘为战争的被动接受者，并试图劝说后者放弃对赫梯的附属关系。这封信的文本，参阅 Lackenbacher 1982；相关讨论，参阅 Singer 1985；Singer 1999，页 688–689；Bryce 2005，页 316–318。

② 从苏皮鲁流马就职典礼的誓言文献之表述“赫梯的臣民反对他（阿尔努旺达），但我并没有错。如果他有后代，难道我愿意绕过他吗……阿尔努旺达现在没有留下后代，我难道会置他的后代于不顾而拥立另一个主吗”，可知对他的即位，并非全然没有异议，甚至也存在着对阿尔努旺达的公开反对者。苏皮鲁流马试图表明，他的即位并非出于私心，而只是在没有更合适的人选情况下被命运所选中。有关苏皮鲁流马的誓言文献，参阅 Otten 1963，页 2–4。

历史上最成功的国王同名者，却成为了赫梯王国的末代君主。

根据苏皮鲁流马二世留下的南堡铭文（铭文以象形文字卢维语写成，因其位于哈图沙南侧城堡而得名）所述，[①]他成功地镇压了王国西南部发生的叛乱，征服许多国家，牢牢地掌控着局面。另一份文献则记载了他远征阿拉西亚：[②]经过三次海战，他重创对手，使之臣服。即便赫梯此时国力无法与其全盛期时期相提并论，但似乎也并无覆亡之象。然而，覆亡的命运就在公元前 1200 年左右发生了。

它的降临是如此突兀，以至于赫梯人自己都没有记载。后世学者往往将之归结为传说中“海上民族”的入侵。拉美西斯三世在位第八年（公元前 1175 年）的一份铭文记载，包括赫梯在内的许多国家都在很短的时间内被海上民族所灭。[③]为了突出拉美西斯三世击败海上民族的显赫功业，故而这一记述很可能把发生在较长周期的海上民族的入侵与征服浓缩为一个短暂的过程，并将之描绘为某种神秘敌人对诸国的席卷扫荡。如果赫梯真的经历了一场如拉美西斯三世所言的猝亡，那或可视作穆尔西里一世颠覆古巴比伦王国往事的再现，只是这次，赫梯由灾难的施加者变作了灾难的承受者。

另一种可能，或许赫梯的灭亡并不纯粹出于军事的失败，由于海上民族的进攻破坏了赫梯王国从埃及和乌迦利特地区运输粮食的海上粮道，而赫梯因国内劳动力的长期匮乏，须高度依赖海运粮道的畅通。[④]相较于赫梯军主力被海上民族彻底击败而全军覆没，这种因粮道与战略物资供给被切断而导致政权崩溃或许更接近历史的真实。又或者，军事失败与粮道被断，是相继发生而互为因果的。作为一个在历史上曾经历过来自各个方向的“集中进攻”、数次迁都、对外敌入

---

① 参阅 Hawkins 1995，页 21–22；Collins 2007，页 73–75。

② 参阅 Otten 1963，页 21。

③ 参阅 ANET，页 262–263。

④ 参阅 Bryce 2005，331–332；布赖斯 2022，页 272–274。

侵有充分经验的地区大国，赫梯有足够的理由从这一次挑战中存活下来，却出人意料地从地区的政治舞台上彻底消失，非但王国不复存在，末代君主苏皮鲁流马二世及其追随者的下落也无人知晓。

赫梯王国是当时地区大国中唯一在公元前 12 世纪早期的危机中遭遇灭顶之灾者，与之一起消亡的，是其在叙利亚最重要的附属国乌迦利特王国（“王冠上的明珠”）。但赫梯的影响并未完全消失，铁器时代早期，在安纳托利亚东南部与叙利亚北部，出现了一批新的王国，它们的统治阶层使用象形文字卢维语（这表明赫梯后期卢维语已实际成为王国内大多数人使用的语言），拥有与赫梯相似的诸神信仰，并采用某些赫梯著名君主的名字（如拉尔巴那、苏皮鲁流马、穆瓦塔里、哈图西里、图塔里亚），为与赫梯新王国相区分，可将其称作新赫梯王国（Neo-Hittite Kingdoms）。①

纵观赫梯王国之历史，从异军突起的初创到戛然而止的消亡，不禁感叹其经历遭遇的惊人相似与恍若重现，或许，赫梯条约的对称性结构（“镜像结构”）② 已预示着赫梯王国与赫梯人的命运。

三、东西文明之中介与桥梁

安纳托利亚地处亚欧大陆交界处，自印欧人移居至此，便始终经历着多种文化成分的交流、碰撞、融合。美索不达米亚文化作为当时地中海世界最为强势而发达的存在，在其中居于核心的地位，并与印欧、哈梯、胡里、埃及、西北闪米特的文化元素形成某种独特的混合体。

公元前 17—前 12 世纪的安纳托利亚，相对于以巴比伦为中心的

① 参阅 Bryce 2012。

② 参阅前注，即本书页 176 注 ②。

美索不达米亚，是一种边缘性存在；而此时的希腊，又是相对于安纳托利亚而言的边缘性存在。文明的突破往往不是在中心而是在边缘地区率先发生。安纳托利亚文明之于地中海文明共同体最重大的意义便在于，以自身的复合形态作为美索不达米亚文明与希腊文明的中介与桥梁，将此二者勾连起来。就其沟通东西文明的作用而言，最具特色者，在于法律、神话、史诗、祈祷文—救赎文的传统。

1. 法律

现存的《赫梯法典》[①]是两百条法律条文的汇编，有许多抄本传世。最早的版本出现于古王国时期，此后的几个版本很大程度上是对最初版本语言形式（而非条文内容）的调整，只有一个新王国时期的抄本有对法律条文内容的实质性修订（这一版本被称作后期平行版本[Late Parallel Text]，缩写为PT）。[②]尽管在赫梯境内并未发现美索不达米亚的法律文本，但这组两百条法律汇编，在许多方面仿照了《汉谟拉比法典》的内容与风格，是赫梯法律传统受到美索不达米亚影响的典型例证。如同《汉谟拉比法典》一样，《赫梯法典》并非严格意义上的法典，而是汇编性的法律合集。[③]

《赫梯法典》与《汉谟拉比法典》类似，其内容涵盖广阔，涉及各种类型的民事与刑事行为。二者皆以条件句表达法律条文，《赫梯法典》的前一百条以人作为主要对象，涉及杀人、暴力、奴隶、卫生、婚姻、土地、纵火、巫术、偷盗等诸多事宜（如果某人……，则……），而后一百条以葡萄园作为主要对象，涉及发生于葡萄园或果园的各种犯

① 《赫梯法典》的情况与条文翻译，参阅 Roth 1997，页 213–247（Harry A. Hoffner: Hittite Laws）。

② 参阅 Roth 1997，页 214。

③ 参阅本书第二章，页 115–118。

罪行为(如果某人对葡萄园……,则……)。

《赫梯法典》并非强制性的法律规范,而是作为法官裁决案件的某种指导。在实践过程中,长老会与地方长官(BEL MADGALTI,本义为“边境哨所指挥官”)可以参考相关法律条文、依据当地风俗民情之传统(“习惯法”)来进行裁决,相对于法律条文,后者具有某种更高的效力。[①]

《汉谟拉比法典》具有浓重的宗教气息,其前言与后记,都极力称道人间王者对诸神的虔诚与诸神对于人间王者的支持,并将法律的效力追溯到诸神的授权与意志,从而赋予人间法律以超越世俗的神圣性。《赫梯法典》则呈现出高度的世俗化特征,只保留了两百条直白的法律条文,没有前言与后记,也没有任何对于整体法律或具体条文之合法性来源的讨论,而两百条法律条文的内容,除了禁止巫术(条文 44b)[②] 和人畜之间性行为(条文 199, 200a)的规定带有某种宗教禁忌的意味,其他的全然是世俗性质的。

《赫梯法典》的另一核心特质在于其补偿原则。总体而言,它与《汉谟拉比法典》中的同态复仇原则(“以牙还牙,以眼还眼”)大相径庭,而更接近于《乌尔纳姆法典》的精神。[③] 由于《乌尔纳姆法典》仅有残篇存世,保存相对完整的《赫梯法典》代表着补偿原则更为成熟

① 典型的例子如死刑的判决。《赫梯法典》的规定总体上较为宽松,死刑的判决仅限于少数几类情况,且可以被国王减免或以其他方式替代。实践中对地方长官的建议是,尊重当地的习惯,无论是习惯于判处死刑或习惯于流放,皆随顺之。参阅 ANET,页 211。

② 可对比《铁列平敕令》中第 50 条的内容:“关于在哈图沙的巫术案件:清理(指调查与惩罚)这些事件。无论谁在王室施行巫术,抓住他并把他送到国王的法庭。但如果谁不把他送来,会对那人不利。”参阅 Roth 1997,页 237–238。

③ 参阅本书第二章,页 110。

丰满的形态。不但各种伤害罪皆采用过失者向被害人提供经济补偿的方式，甚至对于谋杀案，也从《铁列平敕令》中由被害者家属决定是否对罪犯实行死刑的规定[①]，转向了经济补偿的原则（包括以被奴役的方式来进行偿还）。如此彻底的"经济主义"法律补偿原则，在整个早期地中海世界都是极为罕见的。

《赫梯法典》：[②]

1. 假如某人在争斗中杀了一个男人或女人，他应将其埋葬，并给予四个人，分别为男或女。他应为此在其家中寻找。[③]

2. 假如某人在争斗杀了一个男奴隶或女奴隶，他应给予两个人（直译：两个头），分别为男或女。他应为此在其家中寻找。

3. 假如某人打了一个自由的男人或女人，造成其死亡，但这是一个意外，他应将其埋葬，并给予两个人。他应为此在其家中寻找。

4. 假如某人打了一个男奴隶或女奴隶，造成其死亡，但这是一个意外，他应将其埋葬，并给予一个人。他应为此在其家中寻找。

5. 假如某人杀了一个商人（在外国），他应赔付 4000 舍尔银子，他应为此在其家中寻找。假如是在卢维亚（Luwiya）或帕拉（Pala）的国土，他应赔付 4000 舍尔银子并替换他的货物。假如是在哈梯的国土（即在赫梯），他还应将商人本人埋葬。

---

① 《铁列平敕令》条文 49："一桩谋杀的案件（处理）如下：无论谁犯了谋杀罪，无论被害者的继承者说什么（都应被执行）。如果他说：'让他死！'他就应死。但如果他说：'让他作赔偿！'他就应作赔偿。国王不应在做决定时有自己的立场。"参阅 Roth 1997，页 237。

② 参阅 Roth 1997，页 217。

③ 这句或可理解为，受害方的事主有权从造成伤害者的家中寻找有价值的财物作为补偿。

不同于《汉谟拉比法典》中对于平民(awīlu)、穆什根努(muškēnu)、奴隶(wardu)的三阶层划分,《赫梯法典》只有自由民与奴隶之分,且就二者的伤害赔偿数额而言,地位相差并不悬殊,基本上对奴隶的赔偿是对自由民赔偿的一半(与之相应,由二者造成的损失,奴隶承担的赔偿为自由民的一半)。较为引人瞩目的是对杀死商人的赔偿规定,如果发生在赫梯相关的领土(包括卢维亚与帕拉),在一般性的赔偿之外,还要替换其货物,即代替其完成相关商品的交易。这是赫梯法中"经济主义"原则的又一突出体现。[①]

《赫梯法典》与《汉谟拉比法典》的另一重大差异在于,《汉谟拉比法典》带有某种学院研讨性质,因而更在意逻辑上的完整自洽而非现实中的可操作性,[②] 而《赫梯法典》则在司法实践中有广泛的应用,它的某些条文在后期有调整,正是为了应对实际情况。值得一提的是,《赫梯法典》对个人财产权的重视与保护,以及农业财产(如田地、葡萄园、水塘)和牲畜对农民生计的重要性,使得法典所规定的相关损害的赔偿金额往往是实际损失的10倍以上(如条文101–109),即便在后期调整后,也维持在5–10倍的高位。如此高的赔偿规定,或许未必在实际操作中被严格执行,而更多是对于相关犯罪的心理震慑。《赫梯法典》并非严刑峻法的代表,但呈现出借由经济重罚遏制犯罪的倾向。

《赫梯法典》的高度世俗化与"经济主义"特征,乃至法律意义上相对平等的男女地位、自由民奴隶地位,较之作为罗马法先驱的《十二表法》,更具有与现代法律的精神共鸣,可谓其所在时代的异类。

---

① 在该条款后来的规定中,如果商人在没有货物的情况下在争斗中被杀或意外致死,则赔偿的金额仅为240舍尔银子或80舍尔银子。这清晰地表明,对于杀害商人的4000舍尔的极高赔偿,仅适用于当其携带货物的情况下,象征赫梯王国对其所从事的经济活动(国际贸易)的重视。在不涉及经济活动的情况下发生的伤害(一般刑事案件),其重要性便大大降低了。

② 参阅本书第二章,页115–118。

2. 神话

赫梯被称作“千神之国”。赫梯签订的条约，总会呼唤诸多神祇见证与守护誓言。赫梯人信奉的神祇体系，最为充分地体现了印欧传统、安纳托利亚本土传统、美索不达米亚传统的融合。

赫梯主神为雷雨神（Tarḫunna），是对印欧传统中天空神信仰的延续，[①] 而拥有类似重要地位的神是具有美索不达米亚来源的埃阿、恩利尔、伊什塔尔。被征服国度所信仰的诸神，也会加入到赫梯的万神殿中被加以供奉，虽则地位低于赫梯的神祇。这带来了神祇数量的持续增长，许多较小的神祇往往被视作重要神祇的另类称谓，如 ×× 地的雷雨神，×× 地的伊什塔尔。赫梯新王国后期，进一步发展出将赫梯的主要神祇与对应的外国神祇相等同的倾向，[②] 如将雷雨神等同于胡里神话中的泰苏普（Tessub），将雷雨神之妻阿丽娜（Arinna）等同于泰苏普之妻海帕特（Hepat），将阿丽娜之子奈里克雷雨神（Nerik of Storm-God）等同于泰苏普与海帕特之子沙鲁马（Sharrumma）。

赫梯尽管拥有与其神祇信仰相应的庞杂的神话体系，但几乎没有原创性神话，[③] 赫梯神话或具有哈梯本土来源（往往配之以哈梯的宗教仪式），或具有胡里来源，或具有美索不达米亚来源，或具有西北闪米特—迦南来源。前两者因其独特的世界想象而显得尤为重要。

---

① 对应于希腊神话中的宙斯，印度神话中的因陀罗，日耳曼神话中的多纳（Donar）或托尔（Thor），凯尔特神话中的塔拉努斯（Taranus）或塔拉尼斯（Taranis），斯拉夫神话中的佩戎（Perun），波罗的海神话中的佩尔库纳斯（Perkunas）。

② 由于这一倾向首先体现为将赫梯主神与胡里主神相等同，故而被形容为宗教方面的“胡里化”。参阅布赖斯 2022，页 256–257。

③ 有关加内莎与查尔帕（Zalpa）的双城神话，或许可归入赫梯原创神话之列。参阅 Singer 1995，页 123–124；Hoffner 1998，页 81–82。

赫梯神话体系中，带有哈梯来源的神话形式上较为质朴，与具有胡里来源的神话相比，往往缺少后者那种复杂的叙事结构、丰富的程式化表述与各种比喻，[①] 但这绝不意味着具有哈梯来源的神话在精神上的肤浅。在这一系列的神话中，“神的消失”是某类常见的主题，涉及的对象包括植物神铁列平（赫梯名君铁列平之名即源于此）、雷雨神、太阳神、哈娜哈娜（Hannahanna）神等。神祇消失会给世界带来各种混乱与灾难，寻找消失的神、平复其心意、令其回归世界、世界重归秩序与安宁，构成了这类神话的基本结构。

植物神铁列平消失的神话，无疑是其中最为重要者：[②] 因为某种原因，铁列平穿上鞋，离开了所在的土地，于是大地荒芜，庄稼死亡，动物与人类不再孕育，诸神与人类面临饥荒。诸神四处找寻铁列平而不可得，直到一只蜜蜂发现他正在一片草地上酣睡。蜜蜂蜇醒了铁列平，他因愤怒而带来雷电与洪水，给人间造成灾难。最终，魔法女神卡姆卢赛帕（Kamrusepa）通过特殊的仪式，平复了铁列平的愤怒，令其顺利回归人间。

这一神话是对四季更替（特别是冬季的到来与离去）、自然界作物的季节性凋敝死亡与复苏新生的解释，它与美索不达米亚传统之伊南娜入冥府的传说（伊南娜陷落冥府造成人间饥荒，女神被拯救而重返人间，牧者杜姆兹代替女神每年在冥府居住半年），希腊传统之大地女神德墨忒尔与其女佩尔塞福涅的传说（佩尔塞福涅被哈迪斯用暴力带入冥界为妻，德墨忒尔忧心女儿造成大地饥荒，佩尔塞福涅被允许每半年与其母亲团聚）具有诸多共通之处，从而构成某种神话学的意义整体。除此之外，值得一提的是，铁列平在离开时穿上鞋这一细节（§1, A i 1–4）让人联想到荷马史诗中赫尔墨斯与雅典娜穿着不朽金靴（*καλὰ πέδιλα ἀμβρόσια χρύσεια*）穿越陆地与海洋（《伊利亚特》

① 相关讨论，参阅 Güterbock 1961。

② 文本（三个版本）的翻译，参阅 Hoffner 1998，页 14–20。

24. 340–41,《奥德赛》1. 96–97, 5. 44–45),以及希腊—罗马世界在塑造战神或城市守护神形象时,特地将其鞋带松开,以表示神将常驻于此不会离开的意象。

巨蛇伊鲁扬卡(Illuyanka)的神话,则代表着这种周而复始的自然进程的另一面相:[①] 雷雨神与巨蛇交战(argatiyer),巨蛇击败了雷雨神(^{MUŠ}illuyankaš ^{d}IM-an tarḫta, § 1)。战败的雷雨神举办一场盛宴,在这场盛宴上,他的女儿伊娜拉女神(Inara)在凡人胡帕西亚(Hupasiya)的帮助下,诱使巨蛇及其后代吃下她所准备的酒食,胡帕西亚用绳捆住喝醉了的巨蛇,雷雨神于是击杀了巨蛇。在另一版本中,巨蛇不但击败了雷雨神,而且拿走了他的心和眼(§ 21),雷雨神于是娶了一位"穷人的女儿"(DUMU.SAL ŠA ^{LÚ}ašiwandaš)为妻,生下一子。此子娶了巨蛇的女儿为妻,他按照父亲的要求,向巨蛇要来雷雨神的心与眼作为彩礼。[②] 重新获得心与眼的雷雨神再次与巨蛇在海中(aruni)交战,并击败了巨蛇,与巨蛇在一起的雷雨神之子,要求父亲将自己一起杀死,于是雷雨神击杀了巨蛇与自己的儿子。

如同铁列平消失的神话会在春天的节日上演一样,巨蛇伊鲁扬卡的神话也会在普如里(Puruli)节(赫梯宗教中春季的重要节日)以一种戏剧化的方式表演。它反映的主神与巨蛇在海中艰难交战并最终取胜的主题,某种程度上是乌迦利特神话中多个主题的结合:[③] 巴尔神(Baal)与象征大海的雅姆神(Yamm)两次作战并最终胜利,巴尔

---

① 文本与翻译参阅 Beckman 1982, 译文亦可参阅 Hoffner 1998, 页 10–14。

② 这或许便是神话中突出其母亲是"穷人的女儿"的用意所在:按照赫梯法律,如果男方过于贫穷无力支付娶亲的彩礼,他可以要求入赘女家,而享受岳父给予的彩礼。因此,雷雨神之子婚后与其岳父在一起,并且他请求雷雨神在杀死巨蛇时不要顾虑自己的背景(§ 25–26)。

③ 皆见于乌迦利特神话《巴尔故事集》,参阅 Parker 1997, 页 102–105, 106, 111。

神在战胜雅姆神后举行盛宴，巴尔神战胜拥有七个头颅的巨蛇。

与乌迦利特神话最大的不同在于，在赫梯神话中，为了战胜巨蛇，神必须依靠凡人的帮助（雷雨神借助“穷人的女儿”与其所生之子，伊娜拉借助胡帕西亚）。春天的到来意味着被击杀之巨蛇的重新复活，为了对抗这一强大对手，神与人必须始终保持合作。即便这还没有达到如美索不达米亚史诗《阿特拉哈西斯》那样彻底的“人本主义”（“当诸神是人的时候”），[①] 却也代表着某种与之共鸣的精神气质。

3. 史诗

胡里的神话传统具有类似诗的形式，且拥有自己的史诗传统，故而笔者将胡里神话放在史诗这一部分加以论述。

史诗意味着以诗性的方式对历史加以咏诵，同时也意味着诗歌在被咏诵传承的过程中自身成为历史。这种诗与历史的相互融入与相互成就，构成了史诗有别于其他各种文学形式的独特本质。赫梯（安纳托利亚）流传的史诗主要源自美索不达米亚传统与胡里传统。前者包括史诗《吉尔伽美什》《战争之主》（*Šar tamḫāri*）及《阿特拉哈西斯》的某些片段，后者则包括被称作“库玛尔比系列”的五首作品与“自由之歌”。

《吉尔伽美什》史诗

《吉尔伽美什》是荷马史诗问世前整个地中海世界影响最大、流传最广的史诗作品。出土于赫梯王都哈图沙的《吉尔伽美什》泥板，有阿卡德语、胡里语、赫梯语三种语言的文本，皆为残篇，以赫梯语版本所存的内容最为丰富。从文本的书写特征来判断，泥板当属于赫梯新王国时期（时间跨度从公元前 14 世纪中期至前 13 世纪晚期）。这一文本

---

① 参阅本书第二章，页 148。

在安纳托利亚得以保存，却未必是出于文学欣赏的原因，而更可能是服务于书吏进行楔形文字书写教学的需要[①]（在此意义上，它与阿里斯托芬的戏剧作品作为古典希腊语教材在拜占庭得以保留颇有相似之处）。

在安纳托利亚发现的《吉尔伽美什》史诗文本，为理解与重构这一文本的演化历程（从公元前27—前25世纪苏美尔语史诗故事雏形的生成，到苏美尔—阿卡德时代的逐渐丰富，到伊辛—拉尔萨王朝时期古巴比伦语版本的生成，经过中古巴比伦语版阶段，直至以12泥板为代表的经典巴比伦语版的最终定型），提供了某些重要的线索，因其所记录的版本——时间上对应于中古巴比伦—加喜特王朝时期——正处于史诗形态最终确立的前夕，恰可以补充这一时期美索不达米亚材料之不足。

安纳托利亚的文本，对来自美索不达米亚的素材做了不少颇具特色且不无深意的处理，例如，在赫梯语的版本中，吉尔伽美什由女神宁荪（Ninsun）与凡人所生之子，变成了由神所创造：[②]"英雄［埃阿］创造了（ša-am-ni-ya-an-ta-an）吉尔伽美什的形象（ALAM-an）。［伟大的诸神］创造了（ša-am-ni-ir）吉尔伽美什的形象。太阳神赐予（pa-a-iš）他［男子汉气概］（LÚ-na-tar）。雷雨神赐予他英雄的品质（UR.SAG-tar）。伟大的诸神［创造了］（ša-am-ni-ir）吉尔伽美什：他的身体高十一肘；他的胸脯宽九胯；他的胡子（？）长三肘。"（Ⅲ.1 §2）在这段文字中，同样备受瞩目的是对太阳神（^{d}UTU ŠA-ME-E）与雷雨神（^{d}U）的提及，此二者是赫梯万神殿中最受重视的神祇。这一描写，令人联想到经典巴比伦语版中诸神创造恩基杜的情节（I, 93–107：安努召唤女神阿鲁鲁，阿鲁鲁在旷野造出恩基杜，尼努尔塔令其力大无穷，恩基杜拥有厚厚的毛发，卷曲的头发）。赫梯的书吏在此加入了某些安纳托利亚神话的元素，并将之移植到吉尔伽美什身上。可能在

① 参阅 Beckman 1983; 2019, 页 1。

② 文本参阅 Beckman 2019, 页 33。

这一时期，吉尔伽美什形象与作为其对等者的恩基杜形象，本就存在某种重合，从而在赫梯语版本留下了痕迹。

赫梯版本与经典巴比伦语版的另一显著差别是，乌鲁克并非吉尔伽美什的故乡，而是他在经历一段游荡后到达并栖居之所：[1]“他游荡于(ú-e-ḫe-eš-ki-iz-zi)所有的土地。他来到(a-ar-aš)乌鲁克市，定居下来。然后每天他都制服(tar-aḫ-ḫi-iš-ki-u-wa-an)乌鲁克的年轻人。”(Ⅲ.1 §3)这是对吉尔伽美什游历世界这一主题的发挥，一方面，游历世界的主题与吉尔伽美什在恩基杜死后探寻永生的主题相分离，另一方面，赫梯版本将其描绘为以外来者身份进入乌鲁克，从而呼应并解释了经典巴比伦语版中“他把乌鲁克的年轻人搞得力尽筋疲，情形超出常理”(Ⅰ, 67, 84)的描写。或许，赫梯书吏心中隐隐藏着以哈图沙为吉尔伽美什故乡的愿望。

相对于阿卡德语和赫梯语版本，胡里语版本由于过于残破，几乎无法进行有效的释读与翻译。胡里语版本的价值很大程度上在于其中出现的专名，特别是胡里人所信奉的神的名字(如太阳神 Shimegi，与赫梯主神雷雨神相对应的 Tessub，命运女神 Hutena)，表明其文本并非是对阿卡德语版本的直接翻译，而是一种与胡里人的信仰与认识相适应的“胡里化”的产物，或可比之于胡里史诗库玛尔比系列。当然，“胡里化”并非意味着与美索不达米亚传统的截然分裂，事实上，胡里语版本中表达直接引语的程式化表述 (tiwe=na) al=u=mai(n) kad=i=a［说着(话)，他说］，正对应于阿卡德语的表述 pâšu īpuš(a) iqabbi。[2] 考虑到赫梯新王国后期宗教中的“胡里化”倾向，不能排除这样的可能：赫梯语的吉尔伽美什文本，有一部分借鉴了胡里语版本，甚至是从胡里语版本翻译而来。[3]

---

① Beckman 2019，页 33–34。

② 同上，页 23。

③ 参阅 Klinger 2007，页 73–74。

库玛尔比系列

“库玛尔比系列”(Kumarbi Cycle)是对胡里传统中以上古神库玛尔比(作为主神泰苏普的主要对手)为中心人物的一组神话的统称,也是胡里史诗传统—神话传统中最具深远影响者。这组神话包含五个作品,皆具有某种诗歌的形式(无论其是否能被证明带有韵律),其中两个作品的题记中直接将之称作“歌”(苏美尔语 SÌR),另有两首则在开篇出现了 išḫamiḫḫi[我歌唱]这一表述,故而可将之皆以歌来加以命名,它们分别是:[①] 库玛尔比(Kumarbi)之歌,拉玛(LAMMA)之歌,银子之歌,赫达姆(Hedammu)之歌,乌利库米(Ullikummi)之歌。

尽管被称作“系列”,但上述五个作品除了具有某种主题学上的关联,并不构成某种坚实的整体,每个作品本身皆是一独立自足的单元,甚至也无法断定在创作其中某一具体作品的过程中是否对其他作品的存在有所了知。这些作品中,唯有库玛尔比之歌以呼唤诸神倾听这一传说为开篇,而其余作品之开篇则都提及了泰苏普的强大对手(“我歌唱 ××”),这表明了库玛尔比之歌的独特地位,它也提供了这一系列神话的核心线索:天界的王权经历了暴力更替,由最初的阿拉卢(Alalu)转移到阿努(Anu)那里,又从阿努那里转向阿拉卢之子库玛尔比。库玛尔比将阿努的生殖器吞下以防止其后代夺取自己的王位,却在自己腹中生出了雷雨神、勇武之神塔什米舒(Tasmisu)、阿兰扎(Aranzah)与其他神祇。尽管这一作品结尾部分缺失,但乌利库米之歌中称泰苏普为“诸神之王”,由此可知,雷雨神推翻了库玛尔比的统治,获取了王位。

库玛尔比之歌,显然受到了巴比伦创世史诗《埃努玛·埃利什》中主神更替传说的影响,又经过自己的改造,成为美索不达米亚这一

① 这一系列的史诗文本翻译,参阅 Hoffner 1998,页 40–65。

带有颠覆性的神话构造通向希腊传统中赫西俄德《神谱》的桥梁。[①]库玛尔比系列的其他作品的主题则是，失败后的库玛尔比对主神泰苏普的反抗，拉玛神、银子神、巨龙赫达姆、岩石巨人乌利库米，则分别是库玛尔比所召唤的用以推翻泰苏普统治的强大存在。这些泰苏普的对手，都在某个时期成为过诸神之王。

拉玛之歌描绘了在大神埃阿（Ea）支持下，拉玛（或许他是库玛尔比的儿子）取代了泰苏普，成为天界的主宰，他的统治期可称人类的黄金时代，直到他被埃阿所抛弃，进而被泰苏普彻底击败。

银子之歌开篇称颂银子神在许多方面远超诸神，可他因为孤儿（wannumiyaš DUMU）的身份受到嘲笑，询问母亲后得知，库玛尔比是其父亲，泰苏普是其兄弟。银子成为诸神之王后，连勇武之神塔什米舒都嘲笑泰苏普的胆小怯懦，而日神与月神也向其臣服。文本没有提到他的结局，但由其他几篇作品可知，银子神的统治未能一直持续，而终被泰苏普所取代。

赫达姆之歌，讲述库玛尔比与海神色塔普苏璐茜（Sertapsuruhi）结合，生下巨龙赫达姆，泰苏普之妹、尼尼微女王邵斯卡（Sauska，对应于伊什塔尔女神）首先发现了巨龙并告知泰苏普，巨龙与泰苏普的争斗造成了人间的巨大伤亡，以至于埃阿劝解双方达成协议以免人间的灾难蔓延到神界。由于库玛尔比疏远拒绝了埃阿，他转而支持泰苏普。邵斯卡以自己的女性魅力诱惑了赫达姆。尽管结尾部分并不完整，但赫达姆最终必定交出了王位，无论是被泰苏普击败还是出于对邵斯卡的爱欲。

乌利库米之歌是库玛尔比系列中保存最为完整者，从而成为库玛尔比反抗泰苏普传说的典型代表。为了推翻泰苏普的统治，库玛尔比经过深思，与一块巨岩（三英里长，一英里半宽）结合，生出了具有岩石形态的巨婴，为其取名乌利库米，即“摧毁（泰苏普之城）库米

① 参阅本书第七章，页 324。

(Kummi)”。具有超级岩石品质的乌利库米缺乏智慧、失明耳聋，但坚实无比，库玛尔比设法将其放在冥界承载世界的巨人乌贝勒里(Ubelluri，对应于希腊神话中承载世界的巨人阿特拉斯[Atlas])的右肩之上，从而避开了诸神的关注。乌利库米不断长高，直到以巨人(巨岩)的形态耸入天空，威胁到诸神的存在。女神邵斯卡试图去引诱他，如同她在赫达姆之歌中所作的那样，但封闭了耳目的乌利库米不为所动；泰苏普用雷电击打他，也全无效果。巨人依然不断长高，直到智慧之神埃阿找到解决之法，他与其他远古诸神寻到分开天与地的太初之锯，把乌利库米在冥府乌贝勒里肩膀上的稳固立足处锯断。泰苏普再次对乌利库米发动进攻，尽管结尾部分缺失，但这次显然他会获得胜利。

“库玛尔比系列”是《埃努玛·埃利什》与《神谱》这两大史诗之间的中介，对多代主神交替这一主题进行了颇有创造性的发挥，且相对于美索不达米亚与希腊的史诗传统，着重凸显了被推翻的主神对新主神的反复挑战，从而异常清晰地表现出新旧主神交替斗争的持久性。在此意义上，它形成了一种具有独特价值的“反抗神话”—“反抗神学”。

自由之歌

胡里语-赫梯语双语的史诗作品自由之歌，[①] 其文本通过1983年与1985年在哈图沙的考古发掘得以重见天日。这一作品之得名，源于泥板的题记中出现的SÌR parā tarnumaš的表述：[②] 苏美尔语的SÌR意为“歌，歌曲”，亦可被译作“史诗”，赫梯语parā tarnumar(parā tarnumaš为其单数属格)，则意味着“释放，解放”，对应于胡里语kirenzi，进而对应于阿卡德语andūraru[解放，自由](=苏美尔语

① 自由之歌的双语文本、翻译与语文学评注，参阅Neu 1996；其翻译亦可参阅Hoffner 1998，页65–80。

② 参阅Neu 1996，页7–9。

ama-gi$_4$-bi)。故而,它是“解放之歌”,亦是“自由之歌”。

自由之歌大致成文于公元前1400年(赫梯新王国早期,亦可称赫梯中王国时期),可能反映了哈图西里在被赫梯所占的叙利亚北部城市哈胡(Hahhu)释放大量奴隶的历史事实,① 并由胡里语译成赫梯语。它与库玛尔比系列堪称胡里文化全面渗入赫梯精神世界的标志性作品。

自由之歌这一作品由四部分构成:序言,寓言,神话叙述(阿拉尼女神的盛宴),神话与现实相混杂的叙述(与埃博拉城[Ebla]相关者)。这些内容看似并无紧密关联,而只是不同体裁的混合形式,但对于其胡里与赫梯的书写者而言,却显然具有某种内在一致性,故而与库玛尔比系列一样,可称为“歌”(SÌR)。

这一作品的胡里语序言以 širatili[我要讲述]一词开篇,对应于赫梯语版本中 išḫamiḫḫi[我歌唱]的表述。② 序言所要讲述、赞美、言说的对象,是三位神祇——雷雨神泰苏普,女神阿拉尼(Allāni),女神伊士哈拉(Ishara)——与凡人匹兹卡拉(Pizzikara),并提到了人间的城市努哈瑟(Nahusse)与埃博拉。序言这种神与人并称的叙述结构,折射出整部作品的基调。

史诗第二部分由若干寓言构成,也是史诗中篇幅最大的部分。

---

① 这些在叙利亚北部被解放的奴隶,事实上并没有完全摆脱奴隶身份,又成为了在赫梯王国侍奉女神阿丽娜的国家奴隶。但这并不妨碍“解放,自由”成为史诗的主题。参阅 Neu 1993,页 332, 358; 1996,页 11–12。

② 在序言中,除 širatili(语法形式:šīr=ād=ili)[我要讲述]之外,还使用了 talmaštili(语法形式:tal=m=ašt=ili)[我要赞美]、katilli(语法形式:*kad=il=ili)[我要说]这样的表述,却没有出现“我要歌唱”。这些动词形式皆为意愿式,而赫梯语 išḫamiḫḫi 则为现在时,这种胡里语的意愿式以赫梯语的现在时—将来时加以翻译的现象,在这一双语文献中并不罕见,参阅 Neu 1996,页 34,注 3。

这些寓言具有相似的结构，讲述了各类对象（如杯子、墙、塔、木头、各种动物）如何以一种不明智的方式行事，并受到惩罚，然后以“但那不是……，而是人”，叙述人如何以相似的方式行事，并为自己的愚蠢付出代价。在每个寓言之间，会出现某种程式化的表述：“离开那故事，我会告诉你另一个故事。倾听这消息，我将对你言说智慧。”将这些寓言串联在一起的共同元素，是“故事”（胡里语 tivšāri，赫梯语 uttar），“消息”（胡里语 amumi，赫梯语 ḫatrešša），“智慧”（胡里语 mādi，赫梯语 ḫattatar）。[①] 这一系列寓言，显然吸纳了埃及与美索不达米亚的智慧文学—教谕文学的元素，并进行了颇有创意的转化。

史诗的第三部分描绘了阿拉尼女神在冥界举办的宴会，她邀请的对象，不但有主神泰苏普及其兄弟苏瓦利亚特（Suwaliyat，即勇武之神塔什米舒），还包括上古诸神（胡里语 amattena ēnna，赫梯语 karuiliuš DINGIR^{MEŠ}-uš），他们被女神安排坐在泰苏普的右边就餐（§36）。在库玛尔比系列中，往往作为库玛尔比的支持者与泰苏普阵营相对立的上古诸神，在这场宴会中却与主神同坐而示以尊重（安纳托利亚传统以右为尊），可谓意味深长。为准备这场盛宴，女神宰杀了10000头牛，30000头羊，而大量的小绵羊、山羊等尚未计入。或许，促成泰苏普与上古诸神的和解，是这场宴会的真正目的所在，为此它特意被安排在“黑暗的冥府”（胡里语 timerre ešeni，赫梯语 dankui tekan，直译为“黑色的土地”）这一不属于天上诸神的中立场所。

史诗的第四部分记述了埃博拉城中有关债务与释放奴隶相关的

---

① 赫梯语 uttar 本义为“言语，话语”，它和智慧（ḫattatar）在银子之歌的开篇被一同提及，“他的言语比（他们的）言语更伟大，他的智慧比（他们的）智慧更伟大”（§1.1）。对智慧这一概念的使用，可对比乌利库米之歌中的描绘：“库玛尔比享受着智慧的想法在心中，并将它们如珠子（在线上）般串连起来。”（§3）

争执。这场争执首先发生于一位雄辩的演说家扎扎拉(Zazzala)对被称作“埃博拉之星”的统治者梅基(Mēgi)的质问:“为什么你说话如此顺从(ḫaliyatar)?”结合后面的语境,这里所言的“顺从”,是指顺从诸神的意愿,免除债务与释放奴隶。显然扎扎拉代表着埃博拉城中不愿顺从的债权人之意志。接下来,一番以“我们”(埃博拉城市民)的口吻对梅基所作的陈述:假如泰苏普神陷入债务危机,无衣无食,“我们”愿意解救他,每个人给他一舍尔银子,半舍尔金子,一帕力苏(PARISU, =50 升)大麦,一件好的衣服,一小瓶精油;但“我们”不会释放奴隶,不会释放伊金卡尔(Ikinkal)城的公民。

面对这样一群将自身利益看得比诸神意愿更高的市民,梅基向泰苏普坦言,他无法说服他们。他作为统治者免除了债务,但这只是他的个人选择,埃博拉城并未遵从他。史诗的最后部分,是泰苏普神对包括梅基在内的“你们”的教谕:如果“你们”能解除债务,会受到神的鼓励与嘉奖,如果不能,会面临神的惩罚,埃博拉城将被摧毁。这段文字最大的目的,或许便在于解释埃博拉城的毁灭,并将之与其市民拒绝免除债务和释放奴隶联系起来。

自由之歌的第四部分,聚焦于与“解放—自由”相关的主题,甚而引入了假如主神陷入债务危机的讨论,表达“神就是人”(赫梯语 DINGIR-uš UN)的惊人理念,[1] 充分体现了胡里人的思辨特质与大胆

---

① 这一论断主要依据赫梯语版本,其所发生的语境是 ii 10–13,“如果泰苏普裸体了,我们中的每个人愿给他穿上阿拉里(胡里语 alāli)/库施斯(赫梯语 kušiši)衣”,在胡里语版本中,接下来只有 ene[神]一词,在赫梯语版本中,则是 DINGIR-uš UN 这一表述;ii 14–17,“如果泰苏普的皮肤发干(或受伤),我们中的每个人愿给他一小瓶精油。我们愿把他从困境中带回”,赫梯语版本中,又出现了 DINGIR-uš UN,而胡里语版本则无对应。诺伊(E. Neu)将之译为“神就是人”,威尔海姆(G. Wilhelm)与霍夫纳(H. A. Hoffner)则不认同这种翻译与理解,而认为此处的 DINGIR- (转下页)

想象。扎扎拉不满于梅基“顺从”诸神的意志，埃博拉市民坚持自身利益高于神之意志，蕴含着人类意志与神圣意志的冲突。通过这种冲突，本属于人间事务的免除债务与释放奴隶，获得了某种超越性的特质。梅基顺从神的意志，免除债务、释放奴隶，指向一种自由，埃博拉市民认为自己具有独立于诸神意志的选择权力，指向另一种自由。自由之歌，将这两种自由以矛盾的方式结合于自身，从而成为后世有关“自由意志”讨论的遥远先驱。

4. 祈祷文—救赎文

祈祷文这种文体往往带有赞美诗的性质，因为对神的祈祷往往伴随对其的赞美，当这种赞美达到足够长度的时候，祈祷文本身亦可视作赞美诗。很多情况下，赫梯祈祷文亦如是。[①] 但真正奠定赫梯祈祷文在文明史之独特地位者，不是其与赞美诗的相似，而在于它的救赎文底色。

赫梯祈祷文的目的，通常并非是对平静祥和之神祇的一般性祈祷，而是为了平息神怒以免引发重大灾难。这一祈祷文倾向是在赫梯新王国早期（或称中王国时期）确立的，但在古王国时期的几篇对神祇的吁请文中已见端倪：对冥府的太阳女神的吁请（CTH 371）与对太阳神和雷雨神的吁请（CTH 389.2），其核心内容都是祈祷护佑国王免于被恶意诽谤所伤。[②] 赫梯新王国早期，图塔里亚一世之子堪吐兹里（Kantuzzili）为平息神的愤怒向太阳神伊斯塔努（Istanu）敬献的祈祷文

（接上页）uš 是对此前句子的补充，这样句子的意思就变为“给他，即神，穿上衣服”，“把他，即神，从困境中带回”。参阅 Neu 1996，页 290–291；Wilhelm 1997，页 280；Hoffner 1998，页 75，79，注 53。

① 参阅 Singer 2002，页 2–3。

② 文本翻译，同上，页 21–24。

(CTH 373),以及与之具有相似结构和主题的另外两篇被归于一位国王(CTH 374)和一位凡人(CTH 372)的祈祷文,标志着祈祷文这一文体在赫梯世界的真正出现。[①] 堪吐兹里的祈祷文是其中最为古老者,而另两个文本则包含着堪吐兹里祷文所没有的对太阳神的大幅礼赞,其模式借鉴了出土于哈图沙的苏美尔语—阿卡德语对照的美索不达米亚太阳神沙马舍赞美诗。在这一背景下,赫梯祈祷文的作者巧妙地加入了恐惧(naḫšarriataš)与惊怖(weritemaš)作为太阳神的助手行于其左右(CTH 374, § 13),从而表达了赫梯祈祷文的特殊关注所在。

此组赫梯祈祷文,显然受到了以平息神的愤怒为主旨的美索不达米亚祈祷文之启发影响,[②] 但加入了比美索不达米亚文本更为深切强烈更富于张力的情感表达。面对巨大的灾难,祈祷者在神面前袒露自身的痛苦、恐惧、焦虑、惶惑、渺小,期待在梦中或通过占卜信息,神能留下线索指明其愤怒的缘由。祈祷者战栗于神的愤怒又期待得到神的指示和宽宥,在被苦难深深折磨的同时,希冀苦难的消失。从巨大的心理矛盾中,人们生出了对人类命运的感喟:“生与死相连。死与生相连。一个人不会永远活着。他活着的日子是可计数的。即便一个人永远活着,人类的邪恶疾病也会出现,这对他来说难道不是一种委屈吗?”(CTH 373, § 5; CTH 372, § 11)作为这种心理矛盾的高潮,堪吐兹里向神请求:“啊!太阳神,我的主!我,堪吐兹里在此询问我的神,愿我的神倾听我的话。我,堪吐兹里,曾对神做了什么?我曾对神犯了什么过错?你造了我,你创了我。但现在,我,堪吐兹里对你做了什么?商人在太阳(神)面前拿着天平并篡改天平(计量),但我对我的神做了什么?”(CTH 373, § 9)相似的表述在另外两个文本中都有出现(CTH 374, § 15–16; CTH 372, § 15),但在后一个

① 三个文本的比较研究,参阅 Marazzi/Nowicki 1978; 文本翻译,参阅 Singer 2002, 页 30–40; 堪吐兹里祈祷文的专门研究,参阅 Görke 2000。

② 参阅 Lambert 1974; Güterbock 1974; 1978, 页 129。

文本中，出现了一处富于深意的修订，在"我"之后，落款不是自己的名字，而代之以"一个凡人（直译：人之子）"："我，一个凡人，曾对神作了什么"，"我，一个凡人，曾对你做了什么"（CTH 372，§15）。

于是，一种悲剧诞生之前的悲剧化意象产生了：有死的凡人，以这一身份询问不朽的神祇，自己曾对其做了什么以至遭遇灾难与不幸，并恳请神倾听这种吁请，[①]给予指示，降下救赎。赫梯祈祷文与被归入智慧文学的《巴比伦神义论》文本，[②]皆涉及人间灾难与神之救赎的主题，但后者的重点在于对"无辜者受难何以发生"的思辨与追问，而前者则在承认自身犯下过错的前提下，表达凡人对自我过错的无知，对命运之不由自主的无奈，对神意救赎的期待。因而，它是祈祷文，亦是救赎文。

为了实现向神祇求祷而得救赎的目的，祈祷文很可能会在某种宗教仪式上伴随特定的仪轨与程序被念诵乃至被表演，如同赫梯神话在宗教节日上被表演一样。带有表演性质的祈祷文—救赎文，便构成了某种"救赎剧"的雏形。因无知而犯下过错（*ἁμαρτία*），造成命运的戏剧性转折（*περιπέτεια*），最终通过神意安排而得拯救（*σωτηρία*），希腊悲剧的这三个典型要素，在赫梯祈祷文—救赎文中皆已具备，激烈的情感表达，戏剧性表演的成分，亦有所相似，甚至二者都突出了犯下过错者的凡人身份，只是赫梯祈祷文—救赎文传统以凡人因无知犯下过错作为触动诸神同情与施予宽恕的理由，而希腊悲剧传统则将凡人的无知及其导致的过错视为人类无法摆脱的必然命运。

赫梯祈祷文—救赎文中最具悲剧气质的作品，当属出自穆尔西里二世（或其委托的书吏）之手的瘟疫祷文。[③]文中所言的瘟疫，很可能

① "愿我的神向我打开他的心与灵魂，带着他全部的心，向我告知我的罪，以便我能知道它们"（CTH 374，§12）。

② 参阅本书第六章，页304注①。

③ 相关文本翻译，参阅Singer 2002，页47–69。

通过苏皮鲁流马派兵远征埃及所带回的大批战俘而在赫梯境内大规模传播，其持续之久、破坏之大，堪称赫梯历史之最，苏皮鲁流马与其子阿尔努旺达二世两代君主因之丧命，直到穆尔西里二世在位多年后，其影响依然巨大。瘟疫的长期肆虐，进一步强化了此前赫梯人有关人间灾祸源于神怒—神罚的信仰，催生了以平息瘟疫（ḫenkan-）为主要目的的多篇祷文。[①]

穆尔西里的瘟疫祷文，常具有吁请、礼赞、祈祷三分结构，祈祷部分作为高潮，不但呈现极深厚强烈的感情，更加入了此前祈祷文所缺失的对灾情的生动描绘：大地正在死去，劳动者大批死去，无人准备面包与圣餐，无人耕作，无人照顾牛羊，无人准备祭品与祭祀（如 CTH 376.A，§ 6–7）。相对于此前的祈祷文，这种描写手法不但更具感染力，也增强了文本的戏剧性—可表演性。

祷文列举了穆尔西里认为可能造成神怒而降下瘟疫惩罚的若干猜测，并表达了尽一切可能移除引发瘟疫之缘由的决心（CTH 378. Ⅱ，§ 2–7）。这种决心伴随着对此前所犯过错或罪恶的追溯，作为这种追溯的真正高潮，穆尔西里把父亲苏皮鲁流马篡位时犯下的罪恶与赫梯王国遭受的瘟疫联系起来，承认苏皮鲁流马曾向小图塔里亚宣誓效忠，后者则被苏皮鲁流马的支持者所杀（CTH 378. Ⅰ，§ 2–3），“人们总是犯下罪恶，我的父亲也犯下罪恶”，“父亲的罪，降临到他的儿子身上；同样，我父亲的罪，降临到我身上”（CTH 378. Ⅱ，§ 8）。穆尔西里不惜承认父亲篡位背誓的罪过，来换取神的宽恕与救赎，让人联想起《俄狄浦斯王》中俄狄浦斯为弄清忒拜城瘟疫肆虐的原因、强令盲人预言家忒瑞西阿斯（Teiresias）说出其弑父娶母真相的情节。或许，穆尔西里祈祷文中坦承父亲所犯罪恶，也激发了他对父亲的某种

① 赫梯语中 ḫenkan- 一词（对应于阿卡德语 mūtānu），不但表示瘟疫与致死疾病，也代表着死亡、死刑判决、死亡的命运。故而，祈祷国土免于瘟疫，亦是祈祷免于作为其同类的致死疾病、饥荒、敌军与横死的命运。

补偿性心理，从而着手为其修史，编撰《苏皮鲁流马大事记》。

赫梯的祈祷文—救赎文不是悲剧，亦不曾以悲剧为自身的追求，但它蕴含着成为悲剧的各种元素或曰各种可能（亚里士多德意义上的“潜能”）。数个世纪后，在公元前6世纪以降的雅典，这些以“潜能”的方式存在的元素，得以通过悲剧而自我“实现”。

参考文献

布赖斯（Trevor R. Bryce），《安纳托利亚勇士：赫梯人简史》，蒋家瑜译，李政审校，北京：商务印书馆，2022

李政，《赫梯条约研究》，北京：昆仑出版社，2006

——.《赫梯文明研究》，北京：昆仑出版社，2018

李政、李红燕、金寿福、陈贻绎，《古代近东教谕文学》（上下卷），北京：昆仑出版社，2015

利维拉尼（M. Liverani），《古代近东历史编撰学中的神话与政治》（神话学文库），金立江译，西安：陕西师范大学出版社，2019

Bachvarova, M. A., 2016. *From Hittite to Homer: The Anatolian Background of Ancient Greek Epic,* Cambridge

Beal, R. H., 2003. "The Ten Year Annals of Great King Muršili Ⅱ of Ḫatti", in William W. Hallo、K. Lawson Younger (ed.), *The Context of Scripture, Vol. Ⅱ: Monumental Inscriptions from the Biblical World,* Leiden: 82–90

Beckman, G., 1982. "The Anatolian Myth of Illuyanka", *Journal of the Ancient Near Eastern Society* 14: 11–25

——.1983. "Mesopotamians and Mesopotamian Learning at Ḫattuša", *Journal of Cuneiform Studies* 35: 97–114

——.1996. *Hittite Diplomatic Texts,* edited by Harry A. Hoffner, Jr., Georgia

——.2001. "Sargon and Naram-Sin in Ḫatti: Reflections of Mesopotamian

Antiquity among the Hittites", in D. Kuhn and H. Stahl (ed.), *Die Gegenwart des Altertums: Formen und Funktionen des Altertumsbezugs in den Hochkulturen der Alten Welt,* Heidelberg: 85–91

——.2019. *The Hittite Gilgamesh, Journal of Cuneiform Studies Supplemental Series Number* 6, Atlanta

Beckman, G.、Bryce, T. R.、Cline, E. H., 2011. *The Ahhiyawa Texts,* Atlanta

Bryce, T. R., 2002. *Life and Society in the Hittite World,* Oxford

——.2003. *Letters of Great Kings of Ancient Near East,* London / New York

——.2005. *The Kingdom of Hittites,* Oxford

——.2012. *The World of the Neo-Hittite Kingdoms: A Political and Military History,* Oxford

Carruba, O., 1977. "Beiträge zur Mittelhethitischen Geschichte I. die Tuthalijas und die Arnuwandas", *Studi Micenei ed Egeo-Anatolici* 18: 137–174

Chavalas, M., 2006. *The Ancient Near East: Historical Sources in Translation,* Oxford

Collins, B. J., 2007. *The Hittites and their World* (Archaeology and Biblical Studies, Bd. 7), Atlanta

Drews, R., 2001 (ed.). *Greater Anatolia and the Indo-Hittite Language Family* (JIESM 38), Washington

Garelli, P., 1963. *Les Assyriens en Cappadoce,* Paris

Garstang, J. / Gurney, O. R., 1959. *The Geography of the Hittite Empire,* London

Görke, S., 2000. *Das Gebet des hethitischen Priesters Kantuzili,* M.A. thesis, Freie Universität Berlin

Greenberg, M., 1994. "Hittite Royal Prayers and Biblical Petitionary Psalms", in K. Seybold、E. Zenger (hrsg.), *Neue Wege der Psalmenforschung,* Freiburg: 15–27

Gunter, A, 2002. "Animals in Anatolian Art", in B. J. Collins (ed.), *A History of the Animal World in the Ancient Near East* (HdO 1/64), Leiden: 77–96

Güterbock, H. G., 1956. "The Deeds of Suppiluliuma as told by his Son: Mursili II", *Journal of Cuneiform Studies* 10(2): 41–68, 75–98, 101–130

——.1958. "Kanes and Nesa: Two Forms of One Anatolian Place Name？", *Eretz-Israel* 5: 46–50

——.1961. "Hittite Mythology", in Ed. S. N. Kramer (ed.), *Mythologies of the Ancient World,* New York: 139–179

——.1974. "Appendix (to Lambert 1974): Hittite Parallels", *Journal of Near Eastern Studies* 33: 323–327

——.1978. "Some Aspects of Hittite Prayers", in T. R. Segerstedt (ed.), *The Frontiers of Human Language,* Uppsala: 125–139

Hawkins, J. D., 1995. *The Hieroglyphic Inscription of the Sacred Pool Complex at Hattusa* (SÜDBURG), (StBoT Beiheft 3), Wiesbaden

Hoffner, H. A., Jr., 1998. *Hittite Myths,* Second Edition, Atlanta

Klinger, J., 2007. *Die Hethiter,* München

Kudrinski, M.、Yakubovich, I ., 2016. "Sumerograms and Akkadograms in Hittite: Ideograms, Logograms, Allograms, or Heterograms?", *Altorientalische Forschungen* 43(1-2): 53–66

Lackenbacher, S., 1982. "Nouveaux documents d'Ugarit", *Revue d'Assyriologie et d'Archéologie Orientale* 76 (2): 141–156

Lambert, W. G. 1974. "Dingir.šà.dib.ba Incantations", *Journal of Near Eastern Studies* 33: 267–322

Luraghi, S., 1997. *Hittite* (Language of the World: Materials, 114), München

Marazzi, M.、Nowicki, H., 1978. "Vorarbeiten zu den hethitischen Gebeten", *Oriens Antiquus* 17: 257–278

Moran, W. L., 1992. *The Amarna Letters,* Baltimore / London

Neu, E., 1993. "Knechtschaft und Freiheit: Betrachtungen über ein hurritisch-hethitisches Textensemble aus Hattuša", *Religionsgeschichtliche Beziehungen zwischen Kleinasien, Nordsyrien und dem Alten Testament* 53(540): 329–362

——.1996. *Das hurritische Epos der Freilassung I: Untersuchungen zu einem hurritisch-hethitischen Textensemble aus Ḫattuša,* Wiesbaden

Otten, H., 1963. "Neue Quellen zum Ausklang des Hethitischen Reiches", *Mitteilungen der Deutschen Orient-Gesellschaft zu Berlin* 94: 1–23

Parker, S. B. (ed.), 1997. *Ugaritic Narrative Poetry,* SBL Writings from the Ancient World 9, Atlanta

Roth, M. T., 1997. *Law Collections from Mesopotamian and Asia Minor,* 2rd Edition, with a Contribution by Harry A. Hoffner, Jr., Atlanta

Singer, I., 1981. "Hittites and Hattians in Anatolia at the Beginning of the Second Millennium B.C.", *Journal of Indo-European Studies* 9: 119–134

——.1985. "The Battle of Nihriya and the End of the Hittite Empire", *ZA* 75: 100–123

——.1995. "Some Thoughts on Translated and Original Hittite Literature", *Language and Culture in the Near East, Israel Oriental Studies* 15: 123–128

——.1999. "A Political History of Ugarit", in *Handbook of Ugaritic Studies,* ed. W. G. E. Watson and N. Wyatt, *Handbuch der Orientalistik, Abt. 1, Der Nahe und Mittlere Osten* (Bd 39), Leiden: 603–733

——.2002. *Hittite Prayers,* Edited by Harry A. Hoffner, Jr, Atlanta

Wilhelm, G., 1997. "Die Könige von Ebla nach der hurritisch-hethitischen Serie 'Freilassung' ", *Altorientalische Forschungen* 24: 277–293

van den Hout, Th. P. J., 2003. "Apology of Ḫattušili Ⅲ", in William W. Hallo、K. Lawson Younger (ed.), *The Context of Scripture, Vol. I: Canonical Compositions from the Biblical World,* Leiden: 199-204

语言类

Carruba, O., 1970. *Das Palaische Texte, Grammatik, Lexikon (StBoT 10),* Wiesbaden

CHD-*The Hittite Dictionary of the Oriental Institute of University of Chicago,* Chicago 1980–

Girbal, C., 1986. *Beiträge zur Grammatik des Hattischen,* Frankfurt / Bern / New York

Hoffner, H. A. , Jr.、Melchert, C., 2008. *A Grammar of Hittite Language,* Part I: Reference Grammar, Winona Lake

Kloekhorst, A., 2008. *Etymological Dictionary of the Hittite Inherited Lexicon,* Leiden

Melchert, C., 2003 (ed.). *The Luwians* (HdO 68), Leiden / Boston

Payne, A., 2004, 2010², 2014³. *Hieroglyphic Luwian: An Introduction with Original Texts,* Wiesbaden

van den Hout, T., 2011. *The Elements of Hittite,* Cambridge

Wegner, I., 2000. *Einführung in die hurritische Sprache,* Wiesbaden

第二编

轴心时代与轴心文明

印度—伊朗文明的轴心突破

将印度与伊朗的文明作为一个整体加以考察，很大程度上源于这两种文明的主导形态都可回溯到古代印欧民族的某一共同族群。这一族群将自己称作“雅利安”（梵文 ārya，古波斯语 ariya，阿维斯特语 aⁱrya），意为“高贵者”。

公元前 5000—前 3000 年，早期印欧人（Indo-European）居住在黑海以北、喀尔巴阡山脉与高加索之间的乌克兰大草原上，留下了古坟（Kurgan）文化的遗迹。约在公元前 4000 年和公元前 3000 年左右，印欧人自其故乡发动了两次大规模的民族迁徙。这奠定了印欧民族东至中国新疆的焉耆与龟兹、西至不列颠群岛、横跨几乎整个亚欧大陆的分布基础。早期印欧社会被划分为三个阶层：[1] 祭司、武士与农牧民，它们分别对应于祭祀—统治、征战—守卫与生产—耕作的三重功能。分化后的各印欧民族中，往往都能发现这种原初社会三分结构的痕迹。

① 这一理论的经典表述，参阅 Dumézil 1958。

自称雅利安的那支印欧人，于公元前2000年左右从东欧平原翻越乌拉尔山，来到了阿富汗高原。在那里，这一族群发生了分裂：一支南下，来到印度河流域的旁遮普平原；另一支则朝着相反方向，西向进入伊朗。造成这种分裂的原因可能源自宗教信仰的分歧：古印度语中表“正神”的deva，其同源的伊朗对应词daēuua被赋予了“邪神”的意味；古印度人视作天神sura之对立面的asura（“非神”—阿修罗），在古代伊朗的宗教体系中则成为了至高神阿胡拉·玛兹达（Ahura-mazda）的名号。

这种信仰与族群的分裂，并未影响分立后的两支呈现出高度的文明相关性：二者最古老的经典，印度的《梨俱吠陀》（*Ṛigveda*）与伊朗的《阿维斯塔》（*Avesta*）存在着大量极相似的表述，某些段落甚至可以作逐字逐句的对译。

印度—伊朗语中表示骆驼的词汇 *uštra-（梵语 úṣṭra-［骆驼，水牛］，阿维斯塔语 uštra-［骆驼］，古波斯语 uša-bāri-［骑骆驼的］），很可能被转借为古巴比伦语 udru［双峰骆驼］（最早出现于公元前11世纪的文献中），而其他印欧语中表达骆驼的词汇（如古希腊语 *κάμηλος*，拉丁语 camēlus，以及袭自希腊—拉丁语形式的各种欧洲语言），则源于闪米特语（阿卡德语 gammālu［单峰骆驼，但在文献中常又指明为双峰骆驼］，希伯来语—腓尼基语 gāmāl［骆驼］）。这种语言学证据表明，印度—伊朗人熟悉骆驼（双峰驼）这种动物时，是其已与其他印欧语族人群相分离、而自身尚保持为一个整体的历史阶段。印度—伊朗语中表示骆驼（双峰驼）的词汇，又进而被借入乌拉尔—阿尔泰语系，并在汉语文献中留下对于双峰驼崇拜的记录。结合作为挽畜的双峰驼的埋葬仪式以及在哈萨克斯坦南部地区保留的双峰驼成队拉车的青铜时代岩画，从原始印欧族群分离后作为整体的印度—伊朗人的故乡，很可能在乌拉尔地区与今天的哈萨克斯坦。[1]

在公元前14世纪哈梯(Hatti)王国与米坦尼(Mitanni)王国以阿卡德语所签署条约的誓言保护神名单中，出现了某些带有印度—伊朗(雅利安)传统特征的神祇名(KBo I 1 Vo 55-56, I 3 Vo 24): Mitraiššil, Uruwanaššil(Arunaššil), Indar(Indara), Našattiyanna, 分别对应于吠陀语中的Mitra, Varuṇa, Indra, Nāsatyā,[2]而米坦尼这个名字(及更古老的称谓Maitanni)，本身也很可能是胡里安语的后缀-nni和印度—伊朗语词根mith-[联合，连接，配对，遭遇](及meit[交换])结合的产物，其本义为“联合王国”。[3]相关的语言学证据反映了印度—伊朗族群在安纳托利亚与美索不达米亚留下的痕迹。很可能，某一早期印度—伊朗人的支系，曾在美索不达米亚地区的北部活动，其存在一直延续到公元前15世纪。

雅利安人从西北方进入印度次大陆，于公元前15世纪占领了包括印度河上游盆地与旁遮普邦的七河流域(saptasindhava)。北印度因而被称作雅利安伐尔塔(āryavarta)——“雅利安人的居处”。占据伊朗高原的雅利安人于公元前9世纪中叶才出现在这一地区的历史记述中。[4]他们对自我族群的身份认同保留在伊朗的这一名号中——现代波斯语Īrān(由中古波斯语Ērān演化而来，而Ērān又由Ērān-šahr, Ērān-šaϑr[雅利安人的王国]演化而来)，进而可回溯到古老的属格形态*Aryānā(m)[属于雅利安人的(土地)]。

---

① 参阅库兹米娜2020，上卷，页119–120。

② 参阅Thieme 1960; Fournet 2010。

③ 参阅Fournet 2010，页35–36。

④ 参阅白钢2022，页6。

第四章　印度文明

在雅利安人入侵印度之前千余年，印度之本土文明已经颇具规模，印度河流域的哈拉帕（Harappa）与摩亨佐—达罗（Mohenio-daro）两地，已呈现出将商业都会与神权政治中心融为一体的都市文明特征。[①] 哈拉帕文明是可以与埃及和美索不达米亚之文明相媲美的人类最古老的文明之一。[②] 在公元前二千纪早期，这一文明便已趋于没

① 有关早期印度河文明的聚落与社会—政治组织，参阅麦金托什 2022，第 6、第 7 章，特别是页 215–237，255–271。

② 与之相应的是，印度河文字（哈拉帕文字）是人类最古老文字的竞争对选手之一，其地位虽不如苏美尔楔形文字与古埃及象形文字那样突出，但或可与古代伊朗之埃兰文字相比。只是，由于多种原因（缺乏双语对照文献，现存文本的篇幅大都很短，缺乏文字传承的知识，可能为形音并存文字从而符号极其复杂），印度河文字迄今尚未被破解。相关情况，参阅 Parpola 1994; Coningham 2002; Mahadevan 2002; Kenoyer 2006; 麦金托什 2022，页 352–376。

落，[①] 雅利安人的入侵至多只能算是完成了对这摇摇欲坠的巨人的最后一击。在雅利安人长达数个世纪的对印度的渗透与占领过程中，[②] 二者间产生了大规模的文化融合。野蛮而强大的征服者之精神领域，受到了富于玄思之被征服者的深刻影响，一种全新的文明形态逐渐生成。

一、吠陀传统

在漫长的征服—融合过程中，极富宗教精神的雅利安人形成了若干表述其信仰与世界想象的作品。这些作品经过若干世纪的沉淀，编纂成集，名之为吠陀（veda）。吠陀的本集分为四种：《梨俱吠陀》（*Ṛgveda*），《娑摩吠陀》（*Sāmaveda*），《夜柔吠陀》（*Yajurveda*），《阿达婆吠陀》（*Atharaveda*）。

吠陀一词源自动词词根 vid-［观看］，本义为某种特定的知识，在印度当时的语境下，即指关于祭祀的知识。一场大型的祭祀活动（“天启祭”［śrauta］，其得名源于这种祭祀依据“所闻”［śruti］，[③] 要修一

① “许多将印度河文明与其前身区分开来的特征消失了，比如书写、城市生活、某种中央控制、国际贸易、职业专门化和广泛分布的标准化手工业品。”参阅麦金托什 2022，页 83–84，395–400，引文见页 83。

② 雅利安人将抵抗其入侵的本土对手称作达萨人（dāsa）或达修人（dasyu），他们被描绘为没有鼻子（anāsas）、皮肤黝黑、拥有邪恶的超自然力量者。从这种带有藐视意味的形貌描绘来看，达萨人当为印度达罗毗荼人。

③ 与之相对的是仪式更为简单、依据“记忆”（smṛti）而举行的家庭祭（gṛhyakarmāṇi），它往往以家庭为单位，在重要的家庭活动场合（如祭祖、丧礼、婚庆、出生）或祈祷畜群丰盛、谷物丰收的仪式时举行，（转下页）

座祭坛，其中有三处祭火，由四位祭司分工主持仪式：一为诵者，咏诵经典诗句（ṛg 表特定的诗部）；一为歌者，歌唱经文（sāma 为歌唱之义）；一为行祭者，做与祭祀直接相关的行动，如将酥油浇在祭火上燃烧（yajur 为行祭之义）；一者监督整个祭祀过程，使其免受破坏，特别是提防各种邪恶力量的干扰，一旦有意外则必须以咒语纠正。吠陀的四种本集便是祭祀中四个主要祭司的专业经典。诵者咏诵《梨俱吠陀》，歌者歌唱《娑摩吠陀》，行祭者念诵《夜柔吠陀》，祭祀的监督者则必须掌握含有大量咒语的《阿达婆吠陀》。婆罗门阶层将这种与祭祀相关的知识视作圣学、圣典，发展出一套极为严格的师生口授的方式以作传承。

在四种吠陀本集中，《梨俱吠陀》最古老也最重要。[①] 它是一群富于天才的诗人与歌者（ṛṣi，常被译作“仙人”）以口耳相传的方式创作出的诗歌总集，类似中国的《诗经》。其成书的时间大约在公元前 2000 年至前 800 年。《梨俱吠陀》共有 1082 首诗，按最通行的分法可分为十卷（maṇḍala），每卷有若干曲（sūkta），每曲含若干颂（mantra）。传统上认为，全书的第二卷至第七卷分属六个著名的仙人家族传授，内容较为古奥，第八卷和第一卷之 1–50 曲属于甘婆族仙人（Kaṇva）所作，第九卷为诸家之作而专以歌颂苏摩为旨，第十卷则是时间上较晚的诸家之作。

尽管《梨俱吠陀》中的最高神是伐楼那（Varuṇa），他拥有宇宙之王（samraj）的尊号，是梨多（ṛta，动词“符合”的过去分词，意指宇宙规律与世界秩序）的守护者，又是通过摩耶（māyā，有意图之变化—幻化）之力创造世界的造物主。但相对于这两个在后来印度思想史中占

（接上页）通常点燃一堆祭火（天启祭则必须点燃三堆祭火），由祭司念诵颂诗，并向祭火投放牛奶、谷物、凝乳、肉食等作为祭礼。

① 《梨俱吠陀》之文本参阅 Müller 1965，翻译参阅 Geldner 1951; Jamison/Brereton 2014。

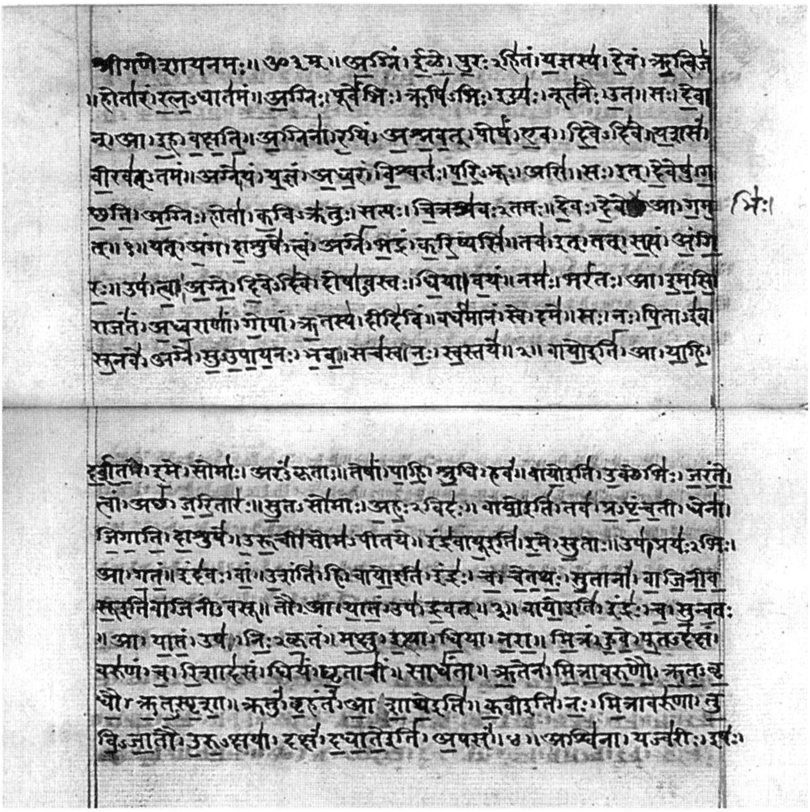

▲《梨俱吠陀》天城体手抄本

有极重要地位的观念，伐楼那的影响在吠陀时代便已式微，《梨俱吠陀》中专门献给他的诗只有十首。

从诗的数量而言，《梨俱吠陀》中歌咏最多的是天神因陀罗（Indra），约有 250 首；其次是火神阿耆尼（Agni），约有 200 首；而作为第九卷全篇之核心的苏摩（Sōma，一种富于神奇效力的植物，可以从中取汁液酿成苏摩酒），约有 120 首。

因陀罗，作为雅利安战士的无敌保护神和嗜饮苏摩酒的性情英雄，所完成的最重要功绩在于战胜了巨蛇弗栗多（Vṛtra），将被巨蛇阻隔在山谷的活水解放出来，使水“如咆哮的牛一样”注入大海（《梨俱吠陀》1.32）。这是伟大神祇—英雄战胜巨龙或水中怪物之神话主题在印度早期思想中的经典再现[①]，它具有某种宇宙本体论的意味：因陀罗以金刚杵（vajra）击杀巨蛇弗栗多，象征着通过生命的坚毅—精进战胜死亡的惰性—阻滞，代表着生命对于死亡的克服，生命之水得以冲破死亡的阻碍而自由地涌流，回归象征其源初本质的大海。因陀罗的这种战神形象，引发了为其造像或以某种物件作为其象征以作帮助护佑的实践，这种造像或象征物甚至直接被称为因陀罗。[②]

阿耆尼作为火特别是祭火的神性人格化代表，被视为所有祭司的原型（purohita），《梨俱吠陀》的第一首赞歌便献给阿耆尼，他既是祭祀（yajña）所献祭之神，又是祭祀的主持者——祭司，还是赐予行祭者丰厚财物的馈赠者，将祭祀之各类功能、对象集于一身。他身上的这种综合性的特质，或者可以解释在《梨俱吠陀》的宇宙论体系中，作为火神的他被赋予"水的胚胎"（āpamgarbha）之名号。

苏摩是苏摩树、树汁及由此树汁所成之酒的神格化代表，以苏摩酒献祭在吠陀中极为普遍。苏摩及其伊朗的对应物毫麻（haoma），寄托着早期雅利安人对饮下可得永生的不死药（amrta）的想象，类似希腊人的神饮 *νέκταρ*（*nek-［死亡］与 *tr-［克服，穿越］之组合，意为"克服死亡者"）。[③] 在《梨俱吠陀》中，苏摩被形容为各种神祇的朋友和保护者，特别是因陀罗之友。因陀罗的许多神迹，包括击杀弗栗多的事迹，都与苏摩酒的神奇功效相关，它指向一种类似出神的伴随着狂喜与迷醉的宗教体验。

---

① 有关这一主题在印欧早期神话与诗歌中的呈现，参阅 Watkins 1995, Chapter Ⅳ。

② 一位作者在《梨俱吠陀》中提到，"谁出十头牛买我的因陀罗，等他战胜了他的仇敌，再把它还给我"（4. 24. 10）。

③ *Νέκταρ* 的这种词源学构成，或可回溯到早期印欧诗歌传统，对应于吠陀语的表述 mṛtyúmáti tṛ［克服死亡］（《阿达婆吠陀》4, 35）。参阅 Schmitt 1967, 页 38, 115。

《梨俱吠陀》是早期印度人对世界之感知、观察、思考、想象之世界的诗性综汇，它忠实地保留了许多原初印欧人思维与语言的痕迹（以致在历史比较语言学肇兴的18世纪，吠陀语被仓促地视作与原始印欧语最为接近的代表），又天才地将之与自我生命体验的实际融合在一起，从而构成了印度文明可供不断回溯汲取滋养而始终保持无限生机的伟大源头。《梨俱吠陀》第十卷出现了大量以终极问题思索为特质的哲理诗，如解释世界与四种姓（varṇa）起源的《原人歌》（10, 90），探索宇宙生成之隐秘的创世诗（10, 121; 10, 129）。① 这一创新开启了印度精妙玄奥极尽高明的思辨传统。

《原人歌》记述了最初之原人布卢沙（puruṣa）作为诸神之献祭被分解为嘴、双臂、双腿、双足，分别对应于婆罗门（祭司）、刹帝利（王者）、吠舍（平民）、首陀罗（贱民）四种姓。它构成了后来由婆罗门阶层主导之《摩奴法论》（*Mānava-dharmaśāstra*，又称Manusmṛti［摩奴传承］）的经典依据。

二、从梵书到奥义书

1. 梵书

在四部吠陀本集编订后，出现了一批对其进行诠释阐发的作品，其中最早出现的便是梵书。梵书之名源自“梵”（Brahman，词根bṛh“增长”）。梵在早期的吠陀文献中常用于指称吠陀颂诗，故而咏

① 对《梨俱吠陀》之创世诗与美索不达米亚、希伯来、希腊的早期创世论文本的比较研究，参阅附录一。

诵此种颂诗者被称作婆罗门(Brāhmaṇa, 阳性名词),而解释此种颂诗的著作被称为梵书(Brāhmaṇa, 中性名词)。梵书可视作各派婆罗门传授吠陀与祭祀之相关知识的讲义。事实上,《夜柔吠陀》与《娑摩吠陀》的编订已是类似祭祀手册的存在,可谓梵书之前驱。

驾车载着诸神前来享用祭祀的马,在《梨俱吠陀》中被称作brhamyúj[以“梵”驾车者]或ṛtayúj[以“真理”驾车者],这映射出brahman——让真理得以实现的颂诗形式,与rta—真理—秩序在早期吠陀语中的紧密关联。

梵书现存十余种,分属四吠陀,其中最重要的是《梨俱吠陀》的《他氏梵书》和《白夜柔吠陀》(《夜柔吠陀》中只有经文的一种本子,有别于带有许多说明的“黑”本)的《百道梵书》。梵书分仪轨(vidhi)与释义(arthavāda),前者为对各种祭祀仪式的规定,包括祭祀的种类、祭火与祭司的数目、祭祀的时间与地点、念诵或咏唱的颂诗、供奉的祭品与相关物品等等,后者是关于吠陀和祭祀仪式的说明,带有不少讨论、说教与神话传说。梵书有非常强烈的将祭祀仪式繁琐化、神秘化的倾向,强调所有这些规则乃至最微小的细节都关系到祭祀的成败,可谓典型的繁文缛节之学。

然而,正是在这种繁琐之学的外观下,隐藏着某种惊人的思想突破。梵书对于祭祀意义的无比强调,基于如下认识:世界是按照某种规律结合起来的;遵循特定的规律行动便可以影响世界;祭祀是最根本的影响世界的行动,掌握其内在的规律,即可支配世界上的各种力量,包括神。在这一全新的认识体系中,祭祀本身便是最高的目的,神只是祭祀得以有效完成所需要的某种要素或工具,包括神在内的一切力量都源自祭祀。因而,祭神的本质不是求告而是支配:神不能决定祭祀,而祭祀能决定神。[1]

---

① 参阅 Pande 1957, 页 277; 金克木 1998a, 页 81–84; Majumdar (转下页)

此前，在美索不达米亚的宗教实践中，已有某些驱魔师认为可通过特定的祭祀与祷告仪式改变诸神的想法与决定，① 在史诗《阿特拉哈西斯》（*Atraḫasis*）中，上古智者阿特拉哈西斯在大神埃阿（Ea）的指点下，通过贿赂特定的神祇（奉献专属于他的祭品）达到挽救人类的目的，而在关于阿达帕（Adapa）的巴比伦神话中，主人公的船被南风之神舒图（Šutu）掀起的风吹翻，于是他诅咒风神，令其翅膀折断，风暴随之平息，从而引发了主神安努（Anu）的关注。阿达帕传说中凡人通过咒语降服神意的片段，已经非常接近梵书体系中对婆罗门的描绘。但美索不达米亚传统中人类对诸神的影响根本上不会改变二者之间凡—圣、弱—强的地位差别（无论阿特拉哈西斯还是阿达帕，获得超凡永生的机会，皆是出于神的恩赐而非其自己的努力）。② 而印度的梵书传统，则在根本上重塑了二者之地位。③

梵书中虽然有创造世界的生主（Prajāpati），但他并非世界之主宰。原本指代吠陀颂诗及其包蕴之力量的"梵"被赋予了宇宙至高本

（接上页） 2017，页 380–381；戈耶尔 2020，页 18–20。

① 参阅米罗普 2020，页 144。

② 在《阿特拉哈西斯》中，主人公最终因诸神的恩赐而获得永生，并在史诗《吉尔伽美什》中成为主人公求索永生之路上的指引者（泥板 XI）。在阿达帕传说中，阿达帕因拒绝安努赐予的生命之食（akal balṭi）与生命之水（mê balṭi）而错失永生的机会（B 66–70）。有关阿达帕传说的深层意味，参阅利维拉尼 2019，页 2–22。

③《百道梵书》（*Śatapathabrāhmaṇa*）如此描绘婆罗门的本质，"婆罗门是仙人（ṛṣi）的后代，他们体现了所有的神性"（12.4.4.6）。在思想上与之一脉相承的《摩奴法论》，则进一步阐发"无论有学问还是没学问，婆罗门都是伟大的神（daivataṃ mahat）"（9. 317），"婆罗门即使做一切不愿意做的事（即禁忌之事），他们也应该在一切方面受尊敬，因为他们是最伟大的神（paramaṃ daivatam）"（9. 319）。

体的地位，它涵摄并超越了之前被认作世界本原的“生主”—“原人”，成为印度教思想体系中最伟大崇圣也最神秘玄奥的概念。

森林书（Āraṇyaka）与奥义书出现于梵书之后，此二者都是作为梵书的附录而出现，奥义书有时包含在森林书中（如《爱多雷耶奥义书》包含在《爱多雷耶森林书》中），有时与森林书合而为一（如《大森林奥义书》）。此二类著作，特别是奥义书，又被称作“吠檀多”（Vedānta），① 即“吠陀的终结”。吠陀终结之处，正是新的思想与理路的开始之处。若拟以中国传统，吠陀本集可喻为“六经”，而梵书、森林书、奥义书则为“经学”。就其风格言，梵书近于左传，森林书近于穀梁，奥义书近于公羊。

2. 奥义书

森林书之名源于此类著作在远离人群的森林（āraṇya）中秘密传授的传说。森林书所探讨的不再是具体的祭祀规定，而是祭祀的密义，它们的作者居于森林中，不但摒弃世俗的生活，也摒弃世俗的祭祀方式。森林书讨论的重点不再是外在形式的祭祀，而是内在精神的祭祀。森林书标志着由梵书的“祭祀之路”转向奥义书的“知识之路”。②

奥义书（Upaniṣad）之本意为“坐在某人身边”，引申为弟子围绕老师席地而坐接受秘密传授。在此类文献中，upaniṣad 既表示书名，又与 guhya（［秘密］）一词意义相近，故称“奥义书”。传世之奥义书

---

① 作为奥义书之异称的吠檀多，出现很早；作为独立而体系化之思想派别的吠檀多，则要晚得多。在佛教文献中，直到公元 5 世纪，中观派清辩的作品中才明确提到了吠檀多。与之相关的是，在早期汉译佛典中，奥义书与吠陀被视作一类，并无差别。参阅黄心川 2014，上册，页 53。

② 这一思想，在《百道梵书》关于知识比祭祀或苦行更有价值的论述（10. 5. 4. 16）中已见端倪。

数量不少（不下 200 种），但多为后世托名之作，属于吠陀以降之经学时代者的不过十三种。[1]

此十三种奥义书按其产生的年代，可分为三组。[2] 第一组：《大森林奥义书》(*Bṛhadāraṇyaka Upaniṣad*)，《歌者奥义书》(*Chāndoga Upaniṣad*)，《乔帝利耶奥义书》(*Taittirīya Upaniṣad*)，《爱多雷耶奥义书》(*Aitareya Upaniṣad*)，《憍尸多基奥义书》(*Kauṣītaki Upaniṣad*)，此五种奥义书为散文体，产生年代约在公元前 7 世纪至前五六世纪。第二组：《由谁奥义书》(*Kena Upaniṣad*)，《伽陀奥义书》(*Kaṭha Upaniṣad*)，《自在奥义书》(*Īśā Upaniṣad*)，《白骡奥义书》(*Śvetāśvatara Upaniṣad*)，《剃发奥义书》(*Muṇḍaka Upaniṣad*)，此五种奥义书多为诗体，产生年代约在公元前五六世纪至公元前 1 世纪。第三组，《疑问奥义书》(*Praśna Upaniṣad*)，《蛙氏奥义书》(*Māṇḍūkya Upaniṣad*)，《弥勒奥义书》(*Maitrī Upaniṣad*)，此三种为散文体，产生年代约在一世纪公元初。

奥义书所表达的对于师生间口耳相传之知识（“奥义”）的重视，既是印度“口述重于书写”之婆罗门传统的延续，又极大地强化了这种传统，以至于直到当代，真正的知识存在于口述而非书写的观点仍在印度颇有影响，凝结为箴言 pustakasthā tu yā vidyā parahastagataṃ dhanam［知识在书本，（犹如）钱财在他人之手］。

奥义书之内容，可视作是师生间以问答形式展开的思辨记录，故而常显驳杂，但究其要旨，则无不追究宇宙之大本大用，而一切论述，皆围绕梵（Brahman）与我（Ātman）这两个概念展开。此“我”为与“梵”同体而自生自成之本体—主体，它既是宇宙之大我，也是个体之

① 本书所引用的《奥义书》文本参阅 Radhakrishnan 1968, Olivelle 1998, 汉译参阅黄宝生 2020。

② 参阅黄宝生 2020，页 59。

小我，更是贯通个体之小我与宇宙之大我的综合体。早在《百道梵书》中，已经出现了梵自在体（Brahmaniśvara）宣称“我将献我自己的我于众生之中，而众生亦将复归于我自己之我”的表述，而奥义书更是将此逻辑发挥得淋漓尽致。

“我”创造出在吠陀中被认为通过自我献祭创造世界的原人布卢莎（Puruṣa），并通过其衍生万物。我者，至大无外，至小无内，囊括宇宙，与梵同一：“这是我内心的自我，小于米粒，小于麦粒，小于芥子，小于黍粒，小于黍籽。这是我内心的自我，大于地，大于空，大于天，大于这些世界。包括一切行动，一切愿望，一切香，一切味，涵盖这一切，不说话，不旁骛。这是我内心的自我。它是梵。”（《歌者奥义书》3.14.4）

故而，宇宙即梵，梵即自我，梵我同一，梵我不二。这一体证与信念被极精要而戏剧性地表述为：tat tvam asi［它即是你］（《歌者奥义书》6. 8. 7），aham brahma asmi［我即是梵］（《大森林奥义书》1. 4. 10）。

对于梵我不二之境，《自在奥义书》如此描绘（6–7）：[1]“在自我中看到一切众生（sarvāṇi bhūtāni ātmany evānupaśyati），在一切众生中看到自我（sarvabhūteṣu cātmanam）”，“对于知者（vijānata）来说，自我即是一切众生（sarvāṇi bhūtāny ātmaivābhūd）”。《摩奴法论》在论述轮回与解脱的第十二卷中，以非常近于奥义书传统的方式言道：[2]“在一切众生中看到自我，在自我中看到一切众生（sarvabhūteṣu cātmanaṃ sarvabhūtāni cātmani，12. 91）”，“当人于一切众生中通过自我看到自我（sarvabhūteṣu paśyati ātamānam ātmanā），便能平等地对待一切（sarvasamatām etya），达到梵，那最高的境界”（12. 125）。

---

① 文本参阅 Olivelle 1998，页 306；译文参阅黄宝生 2010，页 250。

② 文本参阅 Olivelle 2005，页 913；译文参阅蒋忠新 2007，页 253，有所改动。

奥义书以梵为宇宙最高真实,以认知"梵我同一"(brahmātmaikyam 或 brahma-ātma-aikyam)为人生的终极目标。这种认识意味着个体从业力(karman)支配的轮回(saṃsāra)中彻底的解脱(mokṣa)。业力、轮回、解脱这组概念虽在吠陀时代无甚影响,但伴随着奥义书的大量使用,成为了后来印度几乎所有流派所共同分有的思想基础。①

将人生的解脱落实在对于特定存在—特定状态的认识之中,是一种极伟大的思想革命:它不但颠覆了以梵书为代表的通过强调外在祭祀仪式达到解脱的传统路径,指向以内在的自省、认知、觉悟为核心的解脱之道,更意味着对思维(认识梵我合一)与存在(梵我合一)同一性原则的确认。它是形而上的宇宙本体论与有意义的生活—生命实践的有机统一。

三、后吠陀传统的综合

奥义书所开启的通过认识"梵我合一"达至终极解脱的"知识之路",在数论传统中进一步深化与激进化。"数论"(Sāṅkhya)一词的原意为"计数",引申为包括计数在内的各种概念分析方法。数论之"古学"可追溯到佛教诞生之前,佛陀的故乡迦毗罗卫城(Kapilavastu),相传其得名即与最早的数论大师迦毗罗(Kapila)有关。而数论体系的真正奠立,则以公元 4 世纪自在黑(Iśvarakṛṣṇa)作《数论颂》(*Sāṃkhya-kārika*)② 为标志,这也可视作古典数论的代表。

古典数论以世界之本质为实有(有别于吠檀多派认为的幻有),

① 参阅戈耶尔 2020,页 146–150。

② 文本与译文,参阅《〈数论颂〉译注》2022。

分别为自性（又称原质，prakṛti）与神我（又称原人，puruṣa）。神我即吠陀第十卷《原人歌》中所言之原人。故以神我言，则与自性为对；以原人言，则与原质为对。自性是一切事物转化之根本因，是一种事物未展现出来前的精微实体，此一实体内具有善、忧、暗三种特性（triguṇa［三德］）：善性（sattva，音译萨埵）具有喜的本质和照明作用，故又可称明态；忧性（rajas，音译罗阇）具有忧的本质和冲动作用，故又可称活态；暗性（tamas，音译多摩）具有迷暗的本质和抑制的作用，故又可称静态。

当此三者均一平衡时，自性得以保持其原初状态；一旦失去平衡，则自性开始发生转变，衍化出觉（buddhi，也称大 mahat）、我慢（ahaṅkāra，即自我意识）、意（manas）、五知根（pañca-buddhīndriyāṇi，即眼 cakṣus，耳 śrotra，鼻 ghrāṇa，舌 jihvā，身 tyac）、五作根（pañca-karmendriyāṇi，即口 vac，手 pāṇi，足 pāda，肛门 pāyu，生殖器 upastha）、五唯（pañca-tanmatra，即色 rūpa，声 śabda，香 gandha，味 rasa，触 sparśa）、五大（pañca-mahābhūta，即地 bhūmi，火 agni，水 udaka，风 vāyu，空 ākāśa）。而神我是与自性并列的独立的精神之体，是不变的、永恒的、始终作为被动之旁观者（draṣṭṛ）的自我，它本身虽保持绝对独立（kaivalya）与中直（mādhyasthya），却出于对自我本性的无明（avidyā），在迷失中与自性结合，使自性衍化出宇宙间种种现象。自性和神我为二元，加上觉、慢、十一根、五唯、五大，合称二元二十五谛（tattva）。

《弥勒奥义书》有这样的记述，“太初（agra）世界唯黑暗（tamas）而已。它在至上者中（pare）。此后为至上者所推动，遂至于不等性（visamatvam），此则罗阇（rajas）之相（rūpam）。罗阇又被推动，遂至于不等性，此则萨埵（sattva）之相。萨埵又被推动，遂由此萨埵性流出一分，此即每个人所具有的心灵原则（cetāmātra），是知识之田(kṣetrajña)”(5. 2)。这显然已受数论之影响。可参《金七十论》译文中提到的:“最初唯暗生,此暗中有智田。智田即是人。有人未有智故,称为田。”

数论将世界的存续、众生的轮回视作神我因无明而与自性发生的结合(saṃyoga),世界—轮回皆苦,要解脱,须体验二元二十五谛之真知,达到“无执”(没有我)、“无我所执”(没有属于我的)、“无我执”(我不存在)的绝对认识,神我得以重新认识其本性,与自性之结合也自然消解。

数论派这种通过形而上的玄妙思辨达到解脱的路向与奥义书一脉相承,不过更坚决地斩断了和强调祭祀的吠陀传统之关联,呈现出否定人格神存在的无神论特征。与之相对的是,瑜伽派尽管分享着数论派的世界解释体系,但却加入了对大神自在天(Īśvara[主人,主宰])的信仰,从数论之“无主宰论”(nirīśvara)转向“有主宰论”(seśvara)[①],呈现出对数论与吠陀传统的调和。

瑜伽(Yoga)一词,本指用轭连起驾驭牛马,引申作连接、结合、统一、和谐、相应之义。瑜伽之思想在奥义书中多有阐发,以其身心相应义与梵我同一论内在相契。而瑜伽派之得名,则在钵颠阇利(Patañjali)造《瑜伽经》(*Yogasūtra*)。[②] 此经建立了以自性为第二十四谛、神我为第二十五谛、大自在天为第二十六谛的完整的“有神数论”体系,对瑜伽的修行方法进行了系统的梳理。《瑜伽经》的内容分为四品,即:三昧品(Samādhi-Pada),阐述三昧(禅定)的本质分类及其目的;方法品(Sadhana-Pada),阐述入三昧的方法和步骤;神通品(Vibhūti-Pada),阐述修持所获得的神通原理及其种类;独存品

---

① 瑜伽派之“有主宰论”,亦可追溯到数论内部与《数论颂》所代表的“无主宰论”有所差别的其他倾向。参阅 Gopal 2000, 页 301–317。

② 《瑜伽经》文本、译文、注释参阅 Bryant 2015,汉译参阅黄宝生 2016。

(Kaivalya-Pada), 阐述其最终目的, 即解脱。

此经最大之特点, 在于既充分承继了数论派对于神我与自性结合产生世界万物轮回诸苦的理论, 又不以数论派之形而上思辨为实现解脱(神我独立于自性)的根本, 而提出了着力于"抑制心的状态"(cittavṛtti nirodha,《瑜伽经》1. 2)的一系列修行法门。瑜伽之修行, 本质上便是对各种形式的"心的状态"(cittavṛtti, 直译为"心的旋流")一一体证一一除灭, 最终证入"法云三昧"(dharmameghasamādhi,《瑜伽经》4. 29)[①]。这种亲证之体验, 超越言语思维, 唯通过切身之修行可得。

在方法品中,《瑜伽经》提出了对于后世极具影响的八支行法: 1. 禁止(yama); 2. 劝制(niyama); 3. 坐法(āsana); 4. 调息(prāṇāyāma); 5. 制感(pratyāhāra); 6. 执持(dhāraṇā); 7. 禅定(dhyāna); 8. 三昧(samādhi)。此八支(aṅga), 既是作为一个整体的修行方法, 也是这种修行过程中的不同阶段和次第。

《伽陀奥义书》已有对瑜伽的定义, "心即五感皆静, 智识无动摇时, 即名最高的归处(paragati)。这种对感官的牢固制御(sthiram indriyadharaṇām)即名瑜伽"(6. 10-11)。《白骡奥义书》中, 已对瑜伽的修行场地、以调整呼吸收摄心念的修行方法、修行中的觉受体验与最终目的有所论述(2. 8-15)。更后出的《弥勒奥义书》提出瑜伽六支: 调息、制感、禅定、执持、思辨(tarka)、三昧(6. 18)。

以数论为瑜伽之玄理, 以瑜伽为数论之实修, 将此二者与吠檀多

① 在毗耶娑(Vyasa)为《瑜伽经》所作注释《瑜伽论》中, 将 dharmameghadhyāna[法云禅那]称为修禅者之 param prasaṅkhyānam[最高沉思]。"法云三昧""法云禅那"之说, 与大乘佛教十地菩萨所对应的"法云地"之说, 当是相互借鉴。

思想融汇一炉，这一印度传统的创造性综合，通过大史诗《摩诃婆罗多》第六卷《毗湿摩篇》的《薄伽梵歌》得以圆满实现。

《摩诃婆罗多》（*Mahābhārata*）是一部包罗万象、百科全书式的印度伟大史诗，全诗分为 18 篇，描述了婆罗多族两支后裔俱卢族与般度族争夺王位继承权的斗争。俱卢族以持国之子难敌为首，般度五子（长子坚战）作为般度族之代表被其施计流放于国土之外 13 年，13 年期满后，般度五兄弟在大神毗湿奴（Viṣṇu）的化身黑天（Kṛṣṇa）的支持下，在谈判要求归还国土不成后，与支持难敌的一方在俱卢之野举行大战，经过 18 天的战争，俱卢族全军覆没，而获胜的般度族也因俱卢族残将之夜袭而伤亡惨重。这一人间骨肉相残的悲剧最终通过双方英雄在天界成神得以化解。《薄伽梵歌》（*Bhagavad-gita*）记述的正是大战第一天般度族的英雄阿周那（Arjuna）与黑天的对话。[①] 全文共十八章，正对应于大史诗的总篇目与大战发生的天数，每一章皆被配以“瑜伽”之名，如第一章为“阿周那忧虑瑜伽”（Arjunaviṣādayoga），第二章为“数论瑜伽”（Sāṅkhyayoga），第十一章为“观看宇宙形象瑜伽”（Viśvarūpadarśanayoga），最后一章为“解脱与弃绝瑜伽”（Mokṣasaṃnyāsayoga）。

首日置身俱卢之野的阿周那，对于战争的合法性和与尊长、亲戚、故旧进行生死相搏的命运感到深切不安，在需要战斗之际丧失了战斗意志。黑天开导他，将投身战斗化作实现解脱的修行实践。他向阿周那阐明达到人生究竟解脱的三种道路：业瑜伽（karmayoga），智瑜伽（jñānayoga），信瑜伽（bhaktiyoga）。瑜伽的概念，在此发生重大变化，由远离世间俗务通过八支行法“抑制心的状态”的特定“相应”，转为可以体现于行为举止（包括世俗行为）、思辨认知和信仰虔敬中的广义“相应”。

对于阿周那而言，履行作为刹帝利（武士）的职责勇敢战斗便是

① 文本参阅 Radhakrishnan 1948，汉译参阅黄宝生 2011。

修行业瑜伽，便是求证解脱之道。作为业瑜伽的行动与寻常的行动之根本差别在于，前者“舍弃行动的后果”（phalatṛṣṇavairāgya），行动而不执着（asakta），后者则行动而执着（sakta）。这种不执着于后果、依照正法坦然而行的瑜伽，需要对世界本质有清晰认知，此即智瑜伽，也便是数论关于神我、自性与世界之整体的理解。明了神我本无生灭，本不变动，世界无非幻力（māyā）所成（此处已超越数论的见地，而引入了吠檀多思想），则一切行为之结果无非空幻，智者自然放下执念，对于成败，一视同仁，瑜伽即是一视同仁（siddhyasiddhyoḥ samo bhūtvāsamatvaṃ yoga ucyate，《薄伽梵歌》2, 48）。

黑天进而论述，一切人因为自性（原质）的作用，只要活着便无一刻不行动，因而，“从事必要的行动吧！行动比不行动好”（karma jyāyo hy akarmaṇa）（《薄伽梵歌》3, 8）。他以自己为例，说明行动对于宇宙的重要性，“在三界中，阿周那啊，没有我必须做的事，也没有我应得而未得，但我仍然从事行动……（我）一旦不从事行动……所有人都会效仿我。如果我停止行动，整个世界就会倾覆”（3, 22–24）。这种“有为胜于无为”的行动观，扭转了奥义书以来的以寂静玄默为解脱要径的倾向。它重视行动而不执着于后果，意境深远而意趣生动，于一切行动之中示现解脱之道。

业瑜伽与智瑜伽是求证解脱的一体两面的形式，而此二者之完美融合则体现在对黑天虔敬信仰的信瑜伽中。黑天自道：“地、水、火、风、空、思想、智慧、自我意识，此八分（aṣṭadhā）由我的自性分化（bhinnā）而成。这是我的较低（apareyam）自性。除此之外，你要知道，大臂者啊！我还有一种更高的（parāṃ）自性，它是生命存在（jīvabhūtāṃ）。它维系着世界。”（7, 4–5）

《薄伽梵歌》赞颂黑天为“超越可灭者，也高于不灭者”（kṣaram atīto 'ham akṣarād api cottama）的“至上神我”（puruṣottama）（15, 18），此“至上神我”既超越由自性构成的世界万物（可灭者），也超越作为纯粹旁观者的神我（不灭者）；既永恒、自在、绝对自由，又并非超然物外与世间诸事不相关涉；既通过原质和幻力呈现宇宙万象，生成众生，维持众生，又可以化身世间之人，以此化身之形参与人间活动，教化人类，建立功业（13, 19–23）。黑天本人正是毗湿奴化身下界的神圣显现（vibhūti）。在这种显现中，黑天既可为一个出生在特定家族、有血有肉、有情有义的人，又可通过大神通于己身显现完整世界。阿周那在亲历此神圣现身后，于此不可思议之境界感叹云："你是不灭者，既存在，又不存在，以至超越存在不存在。"（tvam akṣaraṃ sad asat tatparaṃ yat《薄伽梵歌》11, 37）

在奥义书以降"在自我中看到一切众生，在一切众生中看到自我"的见地基础上，黑天教导阿周那，"你将会看到，一切众生都在自我之中，在我之中"（yena bhūtāny aśeṣeṇa drakṣyasy ātmany atho mayi,《薄伽梵歌》4, 35），以具体的"在我之中"（mayi）涵容并超越了抽象意义的"在自我（阿特曼）之中"（ātmani）。黑天让阿周那一心一意信仰皈依他，这种信仰不需要吠陀时代繁琐的祭祀仪式，而是要求将思想凝聚于黑天，以其为至高目的修行瑜伽，"时时刻刻想念（忆念，觉知）我"（sarveṣu kāleṣu mām anusmara, satataṃ...māṃ smarati, maccittaḥ satataṃ bhava,《薄伽梵歌》8, 7; 8, 14; 18, 57），"无论做什么，享受什么，祭供什么，施舍什么，修什么苦行，你都把他们奉献给我"（《薄伽梵歌》9, 27），"把一切行动献给我，以我为至高目的，专心致志修习瑜伽，沉思我，崇拜我"（《薄伽梵歌》12, 6），这便是修行摆脱行动与善恶之果束缚的弃绝瑜伽（saṃnyāsayoga），便是走向黑天的解脱之道。

这一意义上的信瑜伽，综合吠陀传统之仪式行为（情）、奥义书与数论之形而上思辨（理）、瑜伽之修行实践（事），可谓印度教诸传统之集大成。

神圣者化身下界，在梵语中被称作 avatāra（直译“下行”），这也是电影阿凡达（Avatar）的名字由来。

四、佛教的兴起与演化

佛教之名，源于其创始人将自己称为佛陀（budhha，“觉者”）。这种命名指示出佛教与其他宗教的根本差别：佛教不承认作为超越者的神与作为有死者的人之间的绝对差别，佛陀与最平凡乃至最卑贱的众生之差别，只在于是否觉悟。佛陀是究竟觉悟的众生，众生是尚未觉悟的佛陀。在此意义上，佛教是最平等的宗教，甚而超脱于宗教。

作为佛教创始人的佛陀，因其出生于释迦（Śākya）族，故称“释尊”。有关其出生时代，有多种说法。较常见的一种是，他在公元前 563 年生于迦毗罗卫城（Kapilavastu）的王室家庭，本名乔达摩 · 悉达多（Gautama Siddhattha）。

依各种佛教文献的记载，释尊于 80 岁入灭，因而其出生年代可由其入灭年代加以推算。依据南传的锡兰《岛史》（*Dīpavaṃsa*）与《大史》（*Mahāvaṃsa*）之记载推算，佛陀于公元前 483 年（亦有说为前 484 年或前 485 年）入灭，故其生年当在公元前 563 年。若依据北传的说法，释尊入灭与阿育王即位相隔 116 年，若阿育王于公元前 271 年即位（亦有说为公元前 273 年或前 268 年），则释尊当于公元前 386 年入灭，其生年当在公元前 466 年。此二说年代相差近百年，颇难调和。本文出于行文方便，取释尊在世年代为公元前 563 年—前 483 年说。

他作为释迦族的王子接受极好的四吠陀与五明教育，娶妻生子，直到 29 岁那年，因“四门出游”见证生老病死之苦（各类佛教文献如《佛行所赞》对此有非常戏剧性的描写），当夜为求究竟解脱之道毅然离宫出家（据《大般涅槃经》，释尊为“追求善[kusala]而出家”）。

五明（pañca-vidyā）为印度传统中各种知识之总称，包括：1. 声明（Śabda-vidyā），音韵训诂之学；2. 工巧明（Silpasthāna-vidyā），工艺技术之学；3. 医方明（Cikitsa-vidyā），医药之学；4. 因明（Hetu-vidyā），逻辑推理之学；5. 内明（Adhyātnā-vidyā），宗乘大义之学。

在周游求道的过程中，他向数论和瑜伽之大师学习一年而犹未满足，进而实行最严格的苦行长达 6 年，在此期间，他开始被人尊称为释迦牟尼（Śākyamuni，“释迦族的觉者”）。当他终于明了苦行于解脱无益，在接受一位信女供养的乳糜奇迹般地恢复元气后，于伽耶（Gaya）村的阿说他树（aśvattha，后因佛陀在此树下成道而被称菩提树）下，敷吉祥草入金刚座，发愿不成正觉（abhisambodhi）不起此座。经过 49 天的返观内照，以见明星升起之契机，终于证悟“无上正等正觉”（anuttara-samyak-sambodhi）。

据《大方广佛华严经》（*Gaṇḍavyūha*）记载，佛陀证道后最初的感叹是：“奇哉！奇哉！此诸众生云何具有如来智慧，愚痴迷惑，不知不见？我当教以圣道，令其永离妄想执着，自于身中得见如来广大智慧与佛无异。”（卷五十一《如来出现品》）

佛陀成道后赴波罗奈城的鹿野苑（Mṛgadāva，今 Sārnāth）对曾与其同修的憍陈如等五人讲法，此五人俱得阿罗汉果（Arhatvaphala），当即皈依佛陀出家。以究竟觉悟之佛陀为佛宝（Budhha-ratna），佛所开示之教法为法宝（Dharma-ratna），五阿罗汉为僧宝（Saṃgha-ratna，僧原指佛教修行者之团体，后泛指一切依佛教法修行的出家沙门），三宝（tri-ratna）具足，佛教得以形成，而三宝也成为了佛教的代称。

在此后的49年里，佛陀一直致力于让众生悟到佛之知见，于整个印度次大陆弘法。在此过程中，佛教僧团组织与信众数量不断增长，刹帝利阶层表现出对于这一新兴宗教的极强烈的追随态度，吠舍（自由民阶层）和首陀罗（底层平民与贱民）也是其积极的支持者，甚至婆罗门阶层中都出现了相当数量的改宗皈依者，佛陀十大弟子中的摩诃迦叶（Mahākaśyapa）和舍利弗（Śāriputra）便出身于婆罗门家庭。这是自吠陀传统确立以来印度社会整体思潮之大变化。针对佛教在全印度广泛传播的情态，佛陀采取了允许弟子用除梵语之外的各地方言传教的语言政策。[1] 这一灵活的语言政策不但让佛教得以有效融入各地之生活实际，也推动了各地俗语的雅语化，巴利语（Pāli）作为早期佛教传播史上最重要的语言，[2] 正是这种带有雅言特征之俗语的代表。

公元前483年11月，佛陀于世寿80岁之年在吠舍离城（Vaiśāli）

---

① 律藏《小品》（*Culavagga*, V. 33. 1）记载，佛陀明确拒绝了两兄弟比丘要求用梵言表达佛语的请求，而告诫“比丘啊，不准用梵言（chandaso）表达佛语（buddhavacanam）！违者得突吉罗”，“我允许你们，比丘啊，用自己的语言（sakāya niruttiyā）来学习佛所说的话”。这种语言政策，在汉译佛经中被译作“听随国俗言音所解，诵习佛经”（《四分律》卷五十二），“听随国俗言音诵读”（《五分律》卷二十六）。有关原始佛教之语言问题的讨论，参阅季羡林2000a, 2000b, 2000c。

② Pāli一词在公元5世纪觉音所撰的《清净道论》中，其意义为圣典（三藏经典），与义疏（aṭṭhakathā）并提。参阅觉音2017，上册，页108。以Pāli作为对南传佛教上座部使用之经堂语的称谓（由指代圣典转而指代圣典所使用的语言），是现代学术的习惯。最初的三藏文本，以巴利语、摩揭陀语和其他印度俗语写成，但唯有巴利语三藏得以完整保存。有关巴利语的佛教文献，Geiger 1916与Norman 1983皆有很高的参考价值。

附近的波梨婆村（Beluva）圆寂，临涅槃之际，他针对阿难（Ananda）所作之四个问题，开示弟子们，在佛入灭后，要以戒为师，以四念处安住，以默摈置之调伏恶人，在一切经首安立"如是我闻"（evaṃ mayā śrutam）令人起信。

佛陀示寂后，与佛教教义的传播相应，也出现了弘扬佛陀生平事迹的传记类作品。巴利语三藏之《长尼迦耶》中的《大本经》（*Mahāpadānasuttanta*），记载佛陀讲述的有关过去六佛与自己的事迹，特别详述了毗婆尸佛的事迹，包含如下核心情节：毗婆尸菩萨从兜率天进入身为刹帝利王后的母胎，地为震动，放大光明，生而能立，迈出七步，宣告"天下地下，唯我独尊"，诞生后七天其母转生兜率天，占相婆罗门指出王子具三十二大人相，在家则能为转轮王，出家则能成佛，国王恐王子出家，为其建造三座不同的宫殿以供雨、冬、夏三季娱乐。王子出宫游园，路遇老人、病人、死人与出家人，遂决意离宫出家。通过逆顺观十二因缘，觉悟成佛，证得无上正等正觉。成佛后，因佛法甚深难解，本不欲说法，经梵天再三劝请，终于说法传教，八万四千众闻佛于鹿野苑中转无上法轮。

经中强调，毗婆尸佛的事迹，是"诸佛常法"，诸佛现世皆依此法性，这也就意味着释迦牟尼佛本人的一生也如此显现。《大本经》所描绘的毗婆尸佛的事迹，也就成为了此后佛陀传记作品的某种写作纲要。在此基础上，出现了佛本生故事（jātaka）这种新的文学体裁，梵语的《佛行所赞》（*Buddhacarita*）、《大事》（*Mahāvastu*）、《游戏神通》（*Lalitavistara*）与更后出现的巴利语《因缘故事》，皆属此范畴。

据佛教文献记载，在佛陀入灭后至莫立孔雀王朝统一印度并皈依佛教的阿育王（Aśoka，公元前270年左右即位，在位36或37年）统治期间，佛陀弟子与信众进行了三次集结（saṃgīti，"齐诵"），对佛教教义进行了三次成规模的整理，形成了那个时代的佛教主要经典体系。这一体系大致可分为经藏（梵语 sūtra-piṭaka，巴利语 sutta-pitaka，佛陀亲自宣说之经典）、律藏（梵语 / 巴利语 vinaya-piṭaka，佛陀所制定的律仪）、论藏（梵语 abhidharma-piṭaka，巴利语 abhidhamma-pitaka，对佛典经义之阐发论述）三部，三藏（梵语 / 巴利语 tri-piṭaka）之名也成为了一切佛教教义的统称。也正是在这一期间，佛教内大众部（Mahāsāṃghika）与上座部（Sthavira）发生了分裂。这一分裂对于佛教教义的演化影响极为深远（"根本分裂"），某种程度上，大众部是大乘佛教（Mahāyāna）的先声，而上座部则是小乘佛教（Hīnayāna）的最典型代表，二者又衍生出一系列其他的派别（"枝末分裂"）。[①]

有关佛教分派的记述，史料不少。这些史料又主要分为南传与北传两大类。南传史料代表典籍是《岛史》（*Dīpavaṃsa*）、《大史》（*Mahāvaṃsa*）及《论事》（*Kathavatthu*）等；北传史料代表典籍是《异部宗轮论》（*Samayabhedoparacanacakra-śastra*）、《部执异论》（《异部宗轮论》的异译本）、《异部宗精释》（*Nikayadabheda-vibhāṅgavyana*）。

有关上座部与大众部的分裂，南北传均认为在佛灭后百年，但原因则颇不同。[②] 依律藏《七百犍度》所载，分裂是因为在毗舍离（Vasāli）的比丘就是否违反戒律的十种问题（"十事"）的审议，此十事是在二百五十戒中被禁止但许多比丘要求放宽的事项，其中的"金银禁"（禁止比丘受持金银财物）更特别引发争论。依北传的《异部宗轮论》，则分裂源于长老大天（Mahādeva）提出的五个主张（"大天五事"）都与传统上有关阿罗汉之境界修证的说法不同：

① 参阅平川彰 2018，第二章第一节。

② 有关部派分裂的重要理论分歧，参阅渥德尔 1987，页 16–18。

1. 余所诱(阿罗汉为天魔所诱仍会漏失);2. 无知(阿罗汉仅断染污无知,尚未断尽不染污无知,尚有疑惑存在);3. 犹豫(疑有"随眠之疑"与"处非处"之疑二种,阿罗汉尚未断尽后者,仍有惑相现起);4. 他令入(阿罗汉须依他人之记别,方知自己已得解脱);5. 道因声故起(阿罗汉虽已有解脱之乐,然至诚唱念"苦哉",圣道方可现起)。南传上座部的《论事》于此也记载。有可能"大天五事"与"十事"是这一时期相继发生的事件。[①]

佛教中小乘与大乘之名,是大乘佛教兴起后所生。二者常常与佛教传播的历史与地理情况联系起来:小乘往往指自印度流播于斯里兰卡、缅甸、泰国地区的南传佛教,大乘则往往与流传于中国与东北亚的佛教相关。就语言而言,小乘佛典使用巴利文,经典文本大约形成于公元前5世纪,而大乘佛典使用梵文(包括带有某些俗语特征的混合梵语),最早的大乘佛教文献《般若经》出现于公元前1世纪末。

日本学者辛岛静志在《法华经中的乘(yāna)与智慧(jñāna)——论大乘佛教中yāna概念的起源与发展》一文中提出:[②]"智慧"演化出"修行道"(乘)的变化基于梵语化过程中把原本意义为"智慧"的jāna错误地梵语化为yāna,大乘(mahāyāna)的提法可能源自mahājñāna[大智],本意为"佛智"。

如果单纯就文献问世的时间而言,大乘经典往往会被认为是佛教思想在特定历史境遇下对原初教义的创新和发展。然而,从大乘佛教的立场来看,则一切大乘经典,无不是佛陀的真实开示,经典形诸文字较晚,只是因为此前的因缘尚未成熟。而因缘,正是一切佛教派别皆认同的基本教义。

① 相关讨论,参阅平川彰2018,页58–70,82–84。

② 参阅辛岛静志2016,页219–263。

因缘（梵语 / 巴利语 nidāna）或缘起（梵语 pratītya-samutpāda, 巴利语 paṭiccasamuppāda），是指各种现象间相互联系、相互依存的关系。一切诸法（梵语 dharma, 巴利语 dhamma, 事物、现象以及对于现象的意识）无不是因缘和合而生（saṃskṛta），又以因缘之迁变—消散而转化—消逝，此即“依缘”（梵语 idaṃ-pratyayatā, 巴利语 idappaccayatā）：“此有故彼有（idaṃ sati idaṃ hoti），此生故彼生。此无故彼无，此灭故彼灭。”一切诸法，以其由因缘和合而生，究其根本，均无恒常不变、独立存在的自性或实体，此即“无常”（梵语 anitya, 巴利语 anicca）—“无我”（梵语 anātman, 巴利语 anatta）义。以无常—无我义观之，则传统印度思维中最高明玄妙之范畴“梵—我”（Brahman-Ātman），也无非是一种特定的妄想执着罢了。

缘起，是佛陀证悟之“自受用”（自修自证），为方便度化众生而演述缘起之理，则是“他受用”，“四谛”正是“他受用”之始。“四谛”（巴利语 cattāri ariyasaccāni），即四种真理之义，分别为“苦”（巴利语 dukkha, 梵语 duḥkha, 处在轮回中的一切众生状态根本是苦）、“集”（巴利语 / 梵语 samudaya, 各种痛苦之因招致汇集各种痛苦之果，根本在于欲望，欲望在于无明）、“灭”（巴利语 / 梵语 nirodha, 彻底消灭欲望与无明，从而消灭痛苦之因，实现超越轮回之解脱）、“道”（巴利语 magga, 梵语 mārga, 达至解脱的方法与道路，即修行实践）。[①] 实现灭苦之法的“苦灭道圣谛”，被表述为“八正道”（巴利语 aṭṭhangika ariyamagga, 梵语 āryaṣṭaṅgka-mārga）：正见、正思维、正语、正业、正命、正精进、正念、正定。正见是能如实了知自身与事物的本来面目的见地，即以了知缘起为核心的整体世界认知，是八正道的基础。基于正见而有正确的思维（正思维）、正确的言语表达（正语）、正确的行动与事业（正业）、正确的生活与生命方式（正命）、正确的努力（正精进），见地融入生活实际，则能保持正确的觉知与心念

① 另一组表达通向解脱之道路的词汇是巴利语 paṭipadā, 梵语 pratipadā。

状态（正念），正念的持续深入，则能达到正确的禅定，即融止息妄念与如法观察事物实相于一体之止（巴利语 samatha，梵语 śamatha）—观（巴利语 vipassanā，梵语 vipaśyanā）双运的状态（正定）。八正道中，正见、正念、正定最为重要，分别代表着苦灭的基础、路径、成果。八正道又往往又被概括为戒定慧三学。

“四谛”是小乘佛教所认同的最根本之真理，也是其修行体系的根基和旨归。对于大乘佛教而言，“四谛”以及与之相关的“十二因缘”，同样被认为是佛法的基础，但犹未以此为最胜境界，而往往将其对应于“声闻”（最高果位为阿罗汉）和“缘觉”（最高果位为辟支佛）的修行实践。大乘佛教承认佛法的核心在于缘起，但这一意义上的缘起含摄无尽，甚深微妙，它包含着十二因缘，但并不等同于十二因缘。

十二因缘，是指无明（avidya）—行（saṃskāra）—识（vijñāna）—名色（nāmarūpa）—六入（ṣaḍāyatana）—触（sparśa）—受（vedanā）—爱（tṛṣṇā）—取（upādāna）—有（bhava）—生（jāti）—老死（jarāmaraṇa）这十二个环节的相续与作用，有情众生正以此十二因缘之相续作用而于生死大海中轮转不息。

中土华严宗所概括的四种缘起中，于小乘教说业感缘起（十二因缘即属此），于大乘始教说赖耶缘起，于大乘终教说真如缘起（如来藏缘起），于大乘圆教说法界缘起。而藏传佛教宁玛派有业因缘起（格鲁派称相连缘起）、相依缘起、相对缘起、相碍缘起之四重缘起说。汉藏两大传统中的四种缘起说，[①] 当各有印度佛教的来源，也各自所重，各受所植根传统之影响，如华严宗之于汉传佛教的判教说，宁玛之于藏传佛教的观修法门；华严宗将四种缘起视作四种不同教法的缘起见，彼此并无直接关联；宁玛则将四重缘起视作具一贯性而重重超越的观修整体。

① 参阅谈锡永 2010，第二章，特别是页 92–105。

大乘佛教与小乘佛教之根本差别在于：①

小乘以轮回为虚妄，以涅槃为真实，以摆脱轮回达于涅槃（巴利语 nibbāna，梵语 nirvāṇa）为最高之修行目标，这一修行追求，极真切地体现于巴利语三藏《中尼迦耶》(2. 66)那首著名的偈子："我生已尽，梵行已立，所作已办，不受后有（khīṇā jāti vusitam brahmacariyam | katam karaṇīyam nāparam itthattāya）。"而大乘则以为二者皆幻，执着轮回则偏于幻象，执着涅槃则偏于幻象的消失，而轮回与涅槃究竟不二，两皆不住，方为中道；

小乘以佛法为实有（巴利语 dabba，梵语 dravya），而大乘则以一切诸法皆空，性空而幻有，即一切诸法皆无实在之自性，但可依因缘而生起幻化出假有的现象，故小乘只能做到"我空"，而达不到"法空"，而大乘则法一我皆空。

小乘以阿罗汉为果位，② 修行上以远离俗事避世清修为主，而大

① 有关印度传统中大乘佛教与小乘佛教的基本理论体系，参阅舍尔巴茨基 1994a，1994b。

② 阿罗汉（梵语 arhat，巴利语 arahant）之名，在佛教的名义解释传统中，往往被释作 ari-hata［杀贼，杀敌］，如佛音（Buddhaghoṣa）在《如是语经注疏》(*Itivuttaka aṭṭhakathā*) 中所言：arhatā…saṃsāra cakkas arāṇam hatattā "阿罗汉摧毁轮回的轮辐"，《达婆拉注释》(*Dhavalāṭikā*) 将阿罗汉（arhat）解释为由于杀死作为污垢的敌人（arihananād）而被称作"杀贼"（arihanta）。这种解释所依据的词源学，从现代研究而言，并不可靠：arhat 词源上与动词 arhati［值得，获得，应得］（阿维斯塔语 arəjaiti［值得］，古希腊语 *ἀλφεῖν*［获得，取得（*ἀλφάνω* 之不定过去时）］）、名词 argha［价值，有效性，价格］（阿维斯塔语 arəja-［有价值的］，arəjah［价值］，古希腊语 *ἀλφή*［产物，收获］，立陶宛语 algà［酬劳，工资］）相关，可回溯到古印欧语 h_2elg^{wh}-［值得，获得］。故而 arhat 最初的含义，当是指代某种有特殊价值、进而在宗教实践中值得特别崇敬者（如《梨俱吠陀》2.3.1–3 称火神 （转下页）

乘以成佛为究竟，效仿出世—入世圆融无碍的菩萨（Bodhisattva，“觉有情”）行事，故而不但可以介入世间法，更可以借世间法来砥砺、深化乃至圆满修行。

在早期大乘佛教的传播弘法过程中，龙树（Nāgārjuna）是后代大乘佛教各宗及密教所共同尊奉的祖师，发挥的作用至为重大。他的著作极多，号称“千部论主”，其传世之作品，以《中论》《十二门论》《大智度论》《回诤论》等为代表，影响极为深远。《中论》《十二门论》与龙树传人提婆（Deva）所著的《百论》更是构成了汉传佛教三论宗的根本经典。特别需要重视的，是他提出的中道观（madhyamaka）。

“因缘所生法，我说即是空。亦为是假名，亦是中道义”（yaḥ pratītyasamutpādaḥ śūnyatāṃ pracakṣmahe | sā prajñaptir upādāya pratipat sâiva madhyamā，《中论》第二十四品）。[①] 中道，意味着对缘起法既理解为空（无自性），又理解为假名（即名相概念，以其无真实自性而方便施设而成，故名之为“假”）。因其空，故非有，因其假名，故非无，中道便是超越于有无的缘起。此义进一步宣说，即《回诤论》所言“佛说空缘起，中道为一义。敬礼佛世尊，无比最胜说”。空、缘起、中道，此三者实为一义，因而，空性应从一切现象相互依存、相互作用的因缘中加以体认，缘起当从一切现象本无恒常、独立之自性加以理解，中道则意味着空性与缘起的无碍圆融，离有无二边，非有非无，亦不废有无。一切对立性质的概念名相莫不如是，此

（接上页）阿耆尼为 arhan）。参阅 KEWA, I, 页 50, 53; 戈耶尔 2020, 序言二, 页 7。

将阿罗汉之词源释为“杀贼，杀敌”，本质上反映的是小乘行人以烦恼为应消灭之对象（“贼，敌”）、以放下对烦恼之执着为道路（“杀贼”）、以烦恼灭尽为极果的见地与求证。

① 《中论》文本与译文（诸译对照），参阅叶少勇 2011。

即《中论》篇首所言“不生亦不灭，不常亦不断，不一亦不异，不来亦不出”（anirodham anutpādam anucchedam aśāśvatam | anekārtham anānārtham anāgamam anirgamam）之境界，同样，“涅槃与世间，无有少分别。世间与涅槃，亦无少分别”（na saṃsārasyanirvāṇāt kiṃcid asti viśeṣaṇam | na nirvāṇasya saṃsārāt kiṃcid asti viśeṣaṇam，《中论》第二十五品）。

大乘佛教中，这种不落两边、融通世出、世间诸法无碍之究竟智慧，被命名为般若（prajña）。龙树及其弟子提婆（Deva）所代表的中观，核心在于说明般若之体性。而以弥勒（Maitreyanātha）为祖师，以无著（Asaṅga）、世亲（Vasubandhu）为重要传承者的瑜伽行派（Yogācāra），核心则在此般若体性之现证。

瑜伽行派将祖师弥勒与未来佛弥勒视作一人，故传世的弥勒著作往往被解释为无著在禅定中于兜率内院听法所记。归于弥勒名下的主要作品，在汉地的传承为“五论之颂”：《瑜伽师地论》、《分别瑜珈论》、《大乘庄严经论颂》、《辩中边颂》（《中边分别论颂》）、《金刚般若经论颂》，在西藏的传承则为“弥勒五法”（Maitreya-pañcadhrma）：《大乘庄严论》（*Mahāyāna-sūtrālaṃkāra*）、《中边分别论》（*Madhyānta-vibhāga*）、《辩法法性论》（*Dharmadharmatā-vibhaṅga*）、《现观庄严论》（*Abhisamayālaṃkāra*）、《宝性论》（《大乘无上续论》[*Uttaratnatra*]）。在藏传体系中，《瑜伽师地论》（*Yogācārabhūmi*）的作者为无著。无著所著的《摄大乘论》，所撰集的《大乘阿毗达摩集论》，世亲所著的《摄大乘论释》《唯识三十颂》《十地经论》《唯识二十论》，也是瑜伽行派极重要的作品。世亲所著《阿毗达摩俱舍论》虽不属于这一系列，但对瑜伽行派也有一定的影响。

弥勒瑜伽行的核心是指导大乘行人之修学—修证，包含着法相、唯识、如来藏三个体系，以法相为基础，以唯识为路径，以如来藏为旨归。

法相建立三自性（依《解深密经》《中边分别论》，则为三自性相）：遍计自性（parikalpita-svabhāva）、依他自性（paratantra-svabhāva）、圆成自性（parinișpana-svabhāva），分别对应于“所应知”“所应断”“所应证”的三个修证层次（《摄大乘论·无性释》），又立三无性，即相无自性（lakṣaṇa-niḥsvabhāva）、生无自性（utpatti-niḥsvabhāva）、胜义无自性（paramārtha-niḥsvabhāva），以作为对三自性之超越。

依世亲《三自性判定》（*Trisvabhāva-nirdeśa*）中悟入三自性的次第，由遍知而无所得、由遍断而离所现、由证得而现证无二，则行者当由相无自性现观遍计自性相，从而现证其无自性，知其所应知，是为遍知；由生无自性现观依他自性相，从而现证其无自性，知其所应断，是为遍断；由圣义无自性现观圆成自性相，从而现证其无自性，知其所应证，是为证得。

唯识（vijñaptimātratā）的核心，在于否定凡夫认为实在的认识对象，舍弃将外界执为实有的妄想，而体证“唯识”（即“只有识”）。更进一步，伴随对象虚妄性的消解，与其分裂—对立的“我”—“我执”之虚妄性亦消解。故而唯识意味着一种认识境界的转化：从境（对象）识皆有的状态，到境（对象）无识有的状态，到境识皆泯的状态。这种由凡夫到圣者的认识境界转化，被称作转依（āśrayaparāvṛtti），即转凡夫之识为佛智的过程（转烦恼障而得大涅槃，转所知障而得大菩提，此大涅槃与大菩提为“二转依之妙果”）。

唯识延续了阿毗达摩体系中有关色法、心法、心所法、涅槃的诸法分类，又做了进一步的发挥，形成了色法（十一种）、心法（八种）、心所法（五十一种）、心不相应行法（二十四种）、无为法（六种）的

"唯识百法"体系。其中八种心法,正对应于唯识所言之"识":眼识、耳识、鼻识、舌识、身识、意识、末那识、阿赖耶识。前六识分别对应于眼、耳、鼻、舌、身、意六根,第七末那识(mano-vijñāna)表示将一切执为我有的思量(manas,为我执的根源),第八阿赖耶识(ālaya-vijñāna)之阿赖耶(ālaya)为"收藏"之意("藏识"),是一切关系轮回生死等诸法种子(bīja)的集合体。

如来藏(tathāgata-garbha),与作为阿赖耶识之根基的阿赖耶为同一体性。就其受业力染着的功能—境界而言,名为阿赖耶;就其不受染而本自清净之功能—境界而言,名为如来藏。如来藏为如来内自证智境,就其不被一切外缘所染本自清净而言,可称如来法身;就其可借种种因缘而于众生之识境自显现而言,可称如来法身功德。如来法身与如来法身功德恒时双运,意味着如来之内自证智境借众生识境而显现,也意味着一切世界即借识境而显现的如来智境。

小乘以无常、无我、苦为诸法之实相,而大乘佛教则言常、乐、我、净,这种认识差异之根本,在于大乘所言之常、乐、我、净实为如来藏之四德,对应于如来内自证智境:超越无常,离生、住、灭,故谓常;生机周遍,本自具足,一切诸法得自显现,故谓乐;如来法身即众生界,于一切法终不异离,故谓我;不离一切法,而如来法身终不变异,本来不污染,故谓净。

《胜鬘经》提到有两种如来藏:空如来藏,"若脱、若离、若异一切烦恼藏";不空如来藏,"过于恒沙,不离、不脱、不异不思议佛法"。所谓空如来藏,对应于菩萨之修证,即通过修行转识成智、化种种烦恼归于清净自性,以其导烦恼于空性,故名为"空"。弥勒瑜伽行体系即致力于空如来藏之修证。至于不空如来藏,则为如来内自证境界,法尔清净,究竟平等,大悲周遍,无假于空(亦无假于修证),故名"不空"。

如来藏系列的经典，包括《如来藏经》(*Tathāgatagarbha-sūtra*)、《央掘魔罗经》(*Aṅgulimālika*)、《不增不减经》(*Anūnatvāpūrṇatvanirdeśa-parivarta*)、《胜鬘经》(《胜鬘狮子吼一乘大方便方广经》[*Śrīmālāsiṃhanāda-sūtra*])、《解深密经》(*Saṃdhinirmocana-sūtra*)、《大乘阿毗达摩经》(汉译、藏译均不存，但无著之《摄大乘论》与《大乘阿毗达摩集论》均是基于此经所作)、《入楞伽经》(*Laṅkāvatāra-sūtra*)、《宝性论》(*Ratnagotravibhāgo Mahāyānottaratantra-śāstra*)。

如来藏之教，亦可名为“不二法门”(advayadharmamukhapraveśa)。所谓“不二”，论之不尽，真空妙有不二，烦恼菩提不二，轮回涅槃不二，世间世出不二，有为无为不二，皆在其中。其真境界，则超越一切言语思维。这非但是大乘修证之胜境，也指示出一种修行的路径，即以特定的事相为方便求证其空性，通过事相所对应的不空之力以求证其本空之体性，因根本而言，体性与力用不二，方便即为究竟。

说“不二法门”的，集中于以文殊师利为说法者的系列经典，特别是《文殊师利所说摩诃般若波罗蜜经》和以文殊师利为重要参与者的《维摩诘经》(Vimalakīrtinirdeśa-sūtra)。《维摩诘经·佛道品》中，维摩诘问文殊师利：“何等为如来种？”文殊师利言：“有身为种，无明有爱为种，贪恚痴为种，五盖为种，六入为种，七识处为种，八邪法为种，九恼处为种，十不善道为种。以要言之，六十二见及一切烦恼，皆为佛种……是故当知，一切烦恼为如来种，譬如不下巨海，不能得无价宝珠，如是不入烦恼大海，则不能得一切智宝。”此如来种(tathāgata-gotra)即是如来藏，不二法门即法身借烦恼而显现的如来藏。

公元六七世纪开始，印度的大乘佛教吸收许多印度教之仪轨、神祇化为己用，形成了对于传授者具有严格的戒律受持要求的密宗，至8世纪则蔚然成风，转而为印度佛教之主流。这一方面是受到了当时印度教复兴，特别是商羯罗（Śankara）所创立之吠檀多新论的重大影响，但同时也是以中观为基、瑜伽行为道、不二法门为果之修证理路与实践的自然延续与发展。说“不二法门”的大乘显教经典《维摩诘经》，实已深通于密法，维摩诘非但是显教之大菩萨，亦是密乘行者。

值得注意的是，商羯罗之理论的根本特点正在“无分别不二论”（advaita），其中吸收了大量中观派的学说，以致后来有印度教学者将其称为“伪装的佛教”，而在印度大史诗《摩诃婆罗多》中，“善守中道者”（madhyama）亦成为了湿婆神的称谓名号之一（MB 13, 17, 51）。其后，佛教在印度逐渐式微，而密宗则自8世纪后传播于中国，形成了唐密与藏密两大支流，唐密又传到日本形成东密。

生发于印度的佛教，于13世纪初在印度归于寂灭，而在东亚与东南亚地区却始终繁盛，示现出某种特定的因缘。佛教于人类文明史之最重大意义，在于提供了一种以“缘起性空”为核心的世界解释，它根本有别于以神祇信仰为核心的“创生论”和以生命之内在价值为核心的“生生论”，而指向在一切生灭现象背后的作为世界实相的“无生”。

“无生”意味着，一切事物现象于因缘和合中，既非由自我所生，也非由他者所生，也非由自己和他者共同所生，也非无因而生，故知究竟无生，如《中论》第一品所言“诸法不自生，亦不从他生。不共不无因，是故知无生”（na svato nâpi parato na dvābhyāḥ nâpy ahetutaḥ | utpannā jātu vidyante bhāvaḥ kvacana kecana）。对这一问题的认识，佛教不但给予了周严广大、高明深切的思辨（philosophia），更提供了以亲证（sākṣātkāra，本意“用眼观看所得”）为特征的修行指引。这种具足闻、思、修、证的体系，兼有哲学与宗教之面相，又超越哲学与宗教，以自己的存在体现着“中道”。

第五章　伊朗文明

在雅利安人进入伊朗高原前，埃兰人（Elamites）[①] 在这片土地上生活并建立了以苏萨（Susa）为都城的王国，创立了自己的文字系统，这种文字现存的最早痕迹可以追溯到公元前三千纪早期或四千纪后期，尚未被破解的两种早期埃兰文字形式——“原始埃兰文字”（Proto-Elamite script）与“线性埃兰文字”（Linear Elamite），是苏美尔楔形文字、埃及象形文字之外有资格竞争人类最古老之文字形式的代表之一（类似于同样尚未被破解的古印度哈拉帕文字）。[②] 自公元

---

① 这一命名源自苏美尔语 eme Elama［埃兰的语言］。苏美尔人对于埃兰（Elama）的称谓，为阿卡德人与希伯来人所继承（阿卡德语 Elamtu，希伯来语 ‘Elām）。历史上的埃兰人如何自我称谓，尚不得而知。埃兰语为黏着语，无法被归入任何已知的语族，这两点均类似于苏美尔语。

② 有关早期埃兰文字为人类最古老文字的代表性观点，参阅 Amiet 1966；有关原始埃兰文字与线性埃兰文字的研究情况，参阅 Vallat 1986；Encyclopedia Irancia，词条 Elam iii. Proto-Elamite, iv. Linear （转下页）

前23世纪以降，埃兰人借鉴美索不达米亚的楔形文字体系创立了自己的文字体系，其生命持续了近2000年，直至亚历山大征服波斯的时代（公元前4世纪上半叶）。

目前所知最古老的埃兰语文献，是公元前23世纪（约为公元前2280年）阿卡德王纳拉姆辛与埃兰王希塔（Khita）所缔结的条约。[①] 这一文献篇幅不小，但泥板缺损严重，且使用的表述相对于目前被破解的埃兰语词汇显得较为晦涩，故而其整体内容尚不甚清晰，相对明

▲ 纳拉姆辛与埃兰之间的条约

（接上页）Elamite; Dahl 2018; Desset 2018；有关早期埃兰文字与印度河流域文字的可能联系，参阅Glassner 2018，页456–457。

① 对于这一文本的语文学研究，参阅Hinz 1967。

确的部分是：1. 开篇，列举诸多埃兰神祇的名号（共 35 位），请求其作为条约的见证者，并表达国王亦效忠于神祇的理念；2. 结尾，对于违背盟约誓言者的程式化诅咒；3. 多次出现的埃兰王的表述："纳拉姆辛的敌人就是我的敌人，纳拉姆辛的朋友就是我的朋友。"

此后，埃兰地区一直是以美索不达米亚为中心的文明区的一部分，在美索不达米亚经历从阿卡德王国到亚述帝国的漫长岁月里，埃兰一直保持着名义上附属于核心区政权、又具有相对独立性的政治地位（类似埃及之于亚述）。在埃兰时期的铭文中，本土的埃兰语和"文化语言"苏美尔语、阿卡德语一起被使用。①

埃兰在尚未接受雅利安人带来的信仰前，拥有颇具特色的本土宗教。② 埃兰宗教的核心概念为 kiten，一种神秘的力量，神性的存在，神意的安排，乃至命运与命定。③ 纳拉姆辛与希塔签订条约中引为见证的诸神之排名顺序，在后来 1500 年的时间中几乎成为定式，反映出这种排序背后的神谱传统对埃兰人精神世界的深刻影响。在条约中被最先呼唤的，是女神皮妮吉尔（Pinikir），她与在条约中未出现但在埃兰广受崇敬的女神基里里莎（Kiririša，本义"伟大的女神"）是对埃兰人具有异常重要性的母亲神。④ 皮妮吉尔常被视作阿卡德人信

① 埃兰首府苏萨保存的王室铭文文本，参阅 Malbran-Labat 1995。

② 埃兰宗教概况，参阅《剑桥古代史》第一卷第二分册，页 616–634；Encyclopedia Irancia，词条 Elam, vi. Elamite Religion; Vallat 2003。

③ 参阅 König 1965，页 148, 156; Hinz/Koch 1976, I，页 481。埃兰语 kiten 虽无苏美尔语 me 那样丰富的内涵，但就二者所指涉的神秘力量与在各自宗教中的独特地位而言，构成某种对应关系。

④ 二者的关系，有三种观点：1. 认为 Kiririša 是女神皮妮吉尔的称谓名号，故而二者本为一体，参阅 König 1928，页 102；2. 认为对此二者的信仰各有其发源地（基里里莎源自埃兰的东南部，皮妮吉尔则源自苏希亚纳地区），二者并非总被视作一体，参阅《剑桥古代史》第一卷第二分册，页 （转下页）

奉的女神伊什塔尔(Ištar)的化身,二者皆拥有母神与诸神之主的独特地位。[①] 埃兰地区对于女神—母神的推崇,虽然逐步让位于在整个地中海文明区盛行的男神—父神崇拜,但依然在其宗教中留下了浓重的色彩。对蛇(图腾)的崇拜在埃兰地区颇为突出,[②] 这与其宗教中突出的女性因素构成某种整体意象,与《旧约》中同样十分突出的蛇与女性的带有负面色彩的整体意象,形成了鲜明的反差。

在周边民族的印象中,埃兰是一块充满巫术与神秘力量的受崇拜土地。[③] 埃兰的咒语,常采用埃兰语和苏美尔语结合的方式,以呼唤特定对象的程式开始,以意义不详的苏美尔语程式 én-é-nu-ru 结束。[④] 这一传统在苏美尔语早已丧失其活力后一直存在。尽管流传下来的

(接上页) 617–618; 3. 基里里莎最初为女神皮妮吉尔的称谓名号,后发展为独立的女神形象,参阅 Koch 1977, 页 120–121。

可资对比的是,女神雅典娜最重要的称谓名号是"帕拉斯"(*Παλλάς*),没有来自印欧语的可靠词源,而可能源自乌迦利特语(西北闪米特语)中主神巴尔(Baal, 乌迦利特语 b ʻl, "主人")的阴性形式 b ʻlt, "女士",(b ʻl 之于 b ʻlt, 类似阿卡德语中主神 Anu 之于其配偶 Antu)。雅典娜(*Ἀθήνη*)之名本身为前希腊语(pre-Greek, 在迈锡尼时代就有 a-ta-na-po-ti-ni-ja, "雅典娜女主[单数与格?]"的表述,参阅 Beekes, 页 29),其最主要的称谓名号源自西北闪米特语,二者亦为各有来源,但自古风时代以降便被视作一体。埃兰宗教中女神皮妮吉尔与基里里莎的关系,很可能亦是如此。

① 女神伊什塔尔的诸多功能与称谓名号,参阅 Tallqvist 1938, 页 333–338; 白钢 2019, 页 24–28。

② 参阅 Toscanne 1911; Miroschedji 1981;《剑桥古代史》第一卷第二分册,页 628。

③ 参阅 Labat 1949, 页 5–6;《剑桥古代史》第一卷第二分册,页 616。

④ 参阅 Quintana 2018, 页 737。

埃兰天文文献极少，但在亚述时代，埃兰的天文学及其相应的神秘知识，给亚述人留下了深刻的印象。[①] 埃兰浓厚的巫术氛围，衍生为术士（maguš）文化，在波斯帝国时代亦颇有影响。

公元前 7 世纪初，伴随波斯帝国的崛起，埃兰人与雅利安人逐渐融为一体。

一、阿维斯塔传统

《阿维斯塔》（也译作《波斯古经》）是进入伊朗的雅利安人所信奉之琐罗亚斯德教（Zoroastrianism）的圣典，[②] 其地位正如吠陀之于印度的雅利安人。二者在语言之风格、程式、主题、修辞上，具有诸多相似之处，反映出对早期印欧传统的共同记忆与承继。

《阿维斯塔》传世版本有两类，一者以阿维斯塔语所写，为祈祷文之汇集，至今尚为琐罗亚斯德教神职人员于祈祷仪式所咏颂，一者称《赞德·阿维斯塔》（*Zend Avesta*），即阿维斯塔之注释本（“赞德［zend］”即注释之义），内容与前者基本相同，而编排有所差别，供参详研究而非诵读，以中古波斯语写成。

《阿维斯塔》之古本内容庞杂，据说被写在约 12000 张羊皮上，编成于公元前 4 世纪。在亚历山大大帝征伐波斯时遭焚，仅余一卷。经后代安息王朝重新搜集整理，萨珊王朝时期始告完成，被辑为 21 卷，分为五部分：

① 参阅 Parpola 1993，页 160。

② 完整文本，参阅 Geldner 1886–1896；电子版，http://titus.uni-frankfurt.de/texte/etcs/iran/airan/avesta/avest.htm；文本精选，参阅 Reichert 1911；完整译本，参阅 Darmesteter/Mills 1880—1887；Wolff 1910。

1.《耶斯纳》(*Yasna*, 源自 yazišn[敬拜,献祭],与吠陀语 yajña[祭祀]同源),内容包括在献祭与祈祷仪式上的祷颂吁请,共 72 章(hāti),其中最重要的部分是 5 部《伽泰》(*gāθā*,"颂歌"),[①] 由 17 首归于扎拉图斯特拉名下的祷颂诗组成(《耶斯纳》28–34, 43–51, 53),这被认为是《阿维斯塔》中最古老也最神圣的部分。它采用扎拉图斯特拉与至高善神阿胡拉·玛兹达对话的形式,内容涉及各类仪典、规诫及神话传说(包括极具影响的二元论创世传说)。《伽泰》及《耶斯纳》中的其他某些较古老的部分(如 35–41 章的 Yasna Haptanghaiti[7 章耶斯纳])所使用的语言为古阿维斯塔语(Old Avestan Language),其余部分采用新阿维斯塔语(Young Avstan Language),后者不但在时间上更晚,而且还可能具有某些区域方言的特征。

2.《温迪达德》(*Vendidad*, 是中古波斯语 Videvdat 之误读,源自阿维斯塔语 Vīdaēuuō.dāta[降服邪神]),为律法和规诫之汇集,共 22 章,前两章解释了本书的起源,其余章节包含了不同的规则和规定(第 19 章除外,其内容为扎拉图斯特拉所受的诱惑考验),展现各种邪神魔怪的存在方式及降服之法,第 2 章与第 5 章尤为重要,前者保留了关于人类最早国王之一的耶摩(Yima)的传说,[②] 后者则以问答的形

---

① 文本与翻译,参阅 Kellens/Pirate 1988–1990, Humbach 1991;译文与句解,参阅 West 2010。

② 这一人物的原型可上溯到原始印欧时代,他不但与吠陀传统中最早的人类与死后王国之主 Yama 直接对应,也与北欧传说中的巨人 Ymir、罗马传说中罗慕路斯的兄弟 Remus 有关。在伊朗传统中,耶摩是最早的国王,也是黄金时代的统治者,那时人类与动物不会死亡,植物不会枯萎,大地物产极为丰饶,颇为类似赫西俄德《工作与时日》中对于黄金时代的描绘。如同《工作与时日》中的黄金时代无法长存一样,耶摩王国的幸福状态在持续了 900 年后终结。根据《耶斯特》19.33–38 的记述,这是由 (转下页)

式记载了处理尸体的方法①。

3.《小阿维斯塔》(*Xorda Avesta*),是若干篇幅较小的宗教文字的汇编,包含信徒(而非教士)在日常场合背诵的祈祷词。包含有5章介绍性的文字,为对于《耶斯纳》不同章节内容的引述;5章《尼雅耶什》(Nyāyišn[赞颂]),献给日神与密特拉神、月神、水神、火神的赞颂求祷,为《耶斯特》中相应篇章的摘选;5章《伽赫》(Gāh[一天的时刻]),献给一天中在早晨、中午、下午、晚上的不同时刻发挥主导作用的精灵;4章《阿弗里纳甘》(Āfrīnagān"祝福"),分别在一年结束的五个礼拜日、六个季节的节日、夏初或夏末为纪念死者而背诵。

4.《西罗扎》(*Sīrōza*[30日]),是对应于琐罗亚斯德教历每月30日的30个神祇之名号的列举与呼告,分为大西洛扎与小西洛扎两种形式,前者仅为以属格形式出现的神祇名字与称谓名号(如ahurahe mazdā raēuuatō xᵛarənaŋhuṇtō[(献给)光辉的充满王者灵光的阿胡拉·玛兹达神]),后者则为相对完整的句子,由动词yazamaide[我们祭祀]+以宾格形式出现的神祇名字与称谓名号构成。

5.《耶斯特》(*Yashts*,源自yešti[礼赞,崇敬]),由21首颂歌组成,颂歌1–4献给阿胡拉·玛兹达神与其神圣眷属Aməṣ̌a-Spənta(直译为"赐予生命的不死者"),其他的每一首颂歌都献给某一特定的神祇:

颂歌5,献给女神Arəduuī- Surā- Anāhitā[阿热杜伊·苏拉·阿

(接上页)于阎魔错误的思想所致,王者灵光(Xᵛarənah)也离开了他。

① 对于琐罗亚斯德教的信徒而言,这自古就是重大难题,因为从特重洁净的教义出发,他们不能对尸体采取火葬、水葬、土葬的方法,以免污染火、水、土壤。解决的方法是把尸体放在露天的坟地(daxma),以供腐食性鸟类与动物吞食,并通过特殊的设计使其不污染土地(如把骸骨放在容器中,或让骸骨处于阳光的照射之下)。

纳希塔］；颂歌 6，献给 Huuarə.xsaēta［太阳］；颂歌 7，献给 Māh［月亮］；颂歌 8，献给 Tištriia［天王星之神］；颂歌 9，献给女神 Druuāspā（直译为“拥有健马者”）；颂歌 10，献给 Miϑra［密特拉，协议、和约之神］；颂歌 11，献给 Sraoša［倾听之神］；颂歌 12，献给 Rašnu［拉什奴，冥界审判者］；颂歌 13，献给 Frauuaṣ̌i［亡灵与战斗守护灵之神］；颂歌 14，献给 Vərəϑraγna［胜利之神］；颂歌 15，标题献给 Rām［拉姆，正气之神］，实际献给 Vaiiu［伐由，空气之神 / 空间之神］；颂歌 16，献给 Cistā［知识女神］；颂歌 17，献给 Aṣ̌i［报偿女神］；颂歌 18，名义上献给 Aštād［正义女神］，实际献给多位其他的神祇与 Airiiana x^{v}arənah［雅利安灵光］；颂歌 19，标题献给大地之灵，实际献给象征王者灵光的 X^{v}arənah；颂歌 20，献给 Haoma［毫麻，即酒神］；颂歌 21，献给 Vaṇant［星辰］。

除了上述核心篇章，《阿维斯塔》的内容还包括 Hādōxt Nask［有关死后灵魂的命运］；Aogəmadāecā［带有终末论意味的文本］；Ēhrbedestān 与 Nīrangestān，［宗教 — 法律文本］；Pursišnīhā［关于宗教问题的问答集］；另有三篇后期编纂的作品：Āfrin-e Payyambar Zardošt［扎拉图斯特拉对维斯塔斯帕的建议］；Vištāsp Yašt［维斯塔斯帕对扎拉图斯特拉的话］；Vaēϑā Nask［讨论某些法律与宗教伦理问题］。此外，还有诸多残篇传世。[1]

公元 500 年左右，中古波斯语的字母体系被创造出来用于记载阿维斯塔文本。阿维斯塔的最早写本（Sasanian Archetype［萨珊时代原型］）与现存的最古老写本（公元 1000 年左右）之间，间隔 500 年，而在“萨珊时代原型”被记载下来之前，有长达 1000—1500 年的口述历史，可以想见被记载的文本与历史上传诵内容之间的差距。[2] 口述传

① 有关诸多残篇的信息，参阅 Schlerath 1968，页 viii–ix, 242–56。

② 参阅 Hoffmann 1970。

统、中古波斯语字母体系、抄写者自身的方言三者间产生复杂的相互作用，导致可以从古阿维斯塔语文本中发现新阿维斯塔语的元素，新阿维斯塔语文本中包含古阿维斯塔语与书写者自身所使用语言的元素。因而，不同于吠陀传统在较早的时期便通过严格的师生口耳相传的方式得以确立，阿维斯塔传统本身便是极为古远的信仰与世界想象在漫长的历史过程中不断与其他元素结合交融的产物，因而呈现出寓今于古、亦古亦今的特征。

二、扎拉图斯特拉与二元论宗教

扎拉图斯特拉（Zarathuštra[拥有骆驼者]）是琐罗亚斯德教的神圣创始人。有关其生平，如同任何一个宗教的创始人一样，总是历史真迹与神话想象的交织混合。作为历史人物的他，大约在公元前628年出生于伊朗东部地区的斯皮塔玛（Spitama）氏族一个并不富裕的家庭。成年后，他因在一个畜牧民族中传播与传统的雅利安信仰具有很大差异的以阿胡拉·玛兹达为核心的全新宗教，不为其族人和首领所喜，被迫“离开自己的部落和家庭”，远走他乡（《耶斯纳》46. 1）。在40岁时，弗里亚族（Fryāna）的首领维斯塔斯帕（Vištaspa）皈依改信他所倡导的新教，成为了他的朋友与保护者（《耶斯纳》46. 14）。

据说，扎拉图斯特拉77岁时在祭坛前被乔装为狼群的图兰人（Turanians）所杀。这或者反映出扎拉图斯特拉所创立之新教与传统雅利安宗教的冲突：狼群正是雅利安男性武力团体的典型意象。更核心的是，一位伟大的具有神圣品质与超凡能力的先知为其邪恶敌人所杀，这一事件本身便是扎拉图斯特拉宗教所展示的世界命运的缩影。

这一宗教以阿胡拉·玛兹达(Ahura Mazda, Ahura意为“正神”, Mazda意为“精神”)为至上神,他通过思维创造了世界(《耶斯纳》31.7.11)。最初,他生下了一对孪生精灵,一者为斯潘塔·曼纽(spənta mainyu[善灵]),一者为安格拉·曼纽(aŋra mainyu[恶灵]),前者选择了善与生命,后者选择了恶与死亡。善灵向恶灵宣布,“我们的思想、教义、精神、选择、言语、行为、意识以及灵魂都是不同的”(Nōiṯ nāmanå nōiṯ saŋha nōiṯ xratauuō nōiṯ varəna nōiṯ uxδanaēδa nōiṯ š̊iiaoθna nōiṯ daēnå nōiṯ uruuąnō haciṇte,《耶斯纳》45.2)。

依照这一传说,阿胡拉·玛兹达事实上是善与恶两种原则的共同源头。但这种集善恶于一体的地位是扎拉图斯特拉的宗教难以接受的,因而,阿胡拉·玛兹达往往被解释为与善灵合而为一(《耶斯纳》30.8, 43.3)。这也意味着,原本由阿胡拉·玛兹达所创生的恶灵,事实上获得了某种本体论上的与善灵对等地位:善与恶构成了决绝持久的根本对立,由此衍生出正(Aṣ̌a)与邪(Drug)、生与死、光明与黑暗、真理与欺诳、洁净与污染、智慧与愚痴等一系列的对立。与此对应,世界被划分为两个截然对立的领域,世间之人与最初的两个精灵一样,面临着对上述两组原则的选择。

这种决然的二元论划分,不但指向两种对立原则与力量的永恒冲突与斗争,更意味着,人类可以通过自己的选择来实现对于自我存在的意义赋予:[①] 选择善而不是恶,选择阿胡拉·玛兹达的宗教而非对安格拉·曼纽化身的魔鬼(daēuua)的信仰,是出于自我的意志,“愿我们成为使这世界美好的人(x́iiāmā yōi īm frašə̄m kərənāun ahūm),阿胡拉·玛兹达与诸神(Ahuråŋhō),带来变化,以及正当

① 这种信仰包含着四个基本的信条:1. ahura.ṯkaēša,即奉阿胡拉·玛兹达为至高神;2. vīdaēuua,即反对魔神(及其信徒);3. zaraϑuštri,即以扎拉图斯特拉为导师,尊奉其所传教义;4. māzdaiiasni,即成为阿胡拉·玛兹达神的信徒。参阅Zaehner 1961,页154。

(Aṣ̌a)，于是我们的思想聚集在一起（haϑrā manå buuat̰），当见解还摇摆的时候（cistiš aŋhat̰ maēϑā）”（《耶斯纳》30.9）。以自我意志选择自我道路，是人类自由的标志。而这种自由的前提，恰恰在于有一种恶存在。

面对这个善恶对立的世界，扎拉图斯特拉将自己称作世界的拯救者（saošiiaṇt）（《耶斯纳》46.3; 48.8; 53.2），而将阿胡拉·玛兹达与其他神圣诸神称作“带来变化者”（ā.mōiiastrā.baranā，《耶斯纳》30. 9），从而呼唤世界的更新。这种更新，不再是在美索不达米亚和印度—伊朗以往的新年庆典仪式中对创世传说的重现，而是一种整体世界秩序的彻底改变，它体现为对每个存在者的末日审判，对善恶行为的终极奖惩，以及阿胡拉·玛兹达王国对于安格拉·曼纽王国的最终胜利。这种末日论与救世论的结合，展现了世界由二元回归一元的可能。

在扎拉图斯特拉宗教的二元论结构中，物质与精神或许是最复杂的一组。一方面，精神就其整体而言，相对于物质更接近于善，但物质本身也同样包含着善的因素，而精神世界内部同样有善、恶两种力量的争衡。因而，在《伽泰》中扎拉图斯特拉吁求对物质世界与精神世界均予以维系。经过末日审判，在阿胡拉·玛兹达的王国到来后，义人不但获得精神性的救赎，其肉体也将复活（《耶斯特》19.11, 19.89, 13.129），“物质的世界将不会再毁灭……虚妄将会消失”（《耶斯特》19.90）。这种肉体复活、世界重生的信仰，深刻影响了基督教的末世论想象。

公元 3 世纪肇兴的摩尼教（Manichaeism），作为灵知派运动的典型代表，在承袭琐罗亚斯德教之二元论体系的同时，将精神与物质更为直接而严格地对应于善与恶、光明与黑暗，于是世界—人因其物质性—身体性的存在而被认为是偏向于恶与黑暗的，拯救便意味着灵魂最终摆脱肉体，内在之光明最终与借助物质束缚它的黑暗相分离。

摩尼教由波斯人摩尼(Mani)创立,他自称是佛陀、琐罗亚斯德(扎拉图斯特拉)、耶稣的承继者与最后的先知,融琐罗亚斯德教之二元论、基督教(特别是《新约》)之救赎论、佛教之业报—轮回说于一炉,形成以"二宗三际论"为核心的教义体系(二宗:光明—黑暗为代表的二元对立,三际:初际、中际和后际,对应过去、现今、将来。教义:明王及光明王国的诸神在初际后期与中际时期同魔王率领的黑暗王国不断斗争,终在中际末期大获全胜,世界毁灭,明王—大明尊将人类带回光明王国)。对基督教神学理论有重大影响的奥古斯丁曾做过9年的摩尼教徒。

摩尼教于武则天延载元年(公元694年)传入中国,与景教(基督教聂斯脱利派)、袄教(拜火教)合称"中古三夷教"。在回鹘军协助唐军平定安史之乱的过程中,摩尼教传入回鹘(公元763年),回鹘牟羽可汗被说服改宗摩尼教,摩尼教遂取代回鹘汗国原有之萨满信仰成为国教。这是世界范围内唯一以摩尼教为国教的案例,也推动了作为回鹘国教的摩尼教在唐境内与在整个中亚地区的传播。

开成五年(公元840年),回鹘汗国灭亡,摩尼教随之失势。在唐武宗会昌五年(公元845年)的灭佛运动中,摩尼教亦遭到严重打击。从公开领域被排斥后,它发展为秘密宗教,其传播的主要区域转向以福建为代表的东南沿海地区,并吸收道教及民间信仰,改称明教。因其行迹隐秘又提倡素食,其信众(如宋代的方腊)常被形容为"吃菜事魔"(洪迈《夷坚志》:"吃菜事魔,三山尤炽。为首者紫帽宽衫,妇人黑冠白服,称为明教会"),成为后世小说中颇有影响的"魔教"之原型。明朝的建立与国号,或都与明教有关。明教自明初被禁后,渐渐式微,独立意义上的摩尼教的最后痕迹出现在明朝中叶的福建。其余成分则大多融入同为秘密教派的白莲教中。

扎拉图斯特拉宗教所确立的二元论体系，将世界描述为具有对立性质的两种原则的永恒冲突，赋予了斗争这一概念以前所未有的本体论地位（赫拉克利特有关“战争是万物之父，万物之王”[①]的论断，正是对于斗争这种本体论地位的哲学化表述），对应于人类社会乃至整个宇宙的基本情态。在二元论背景下人类对于自我道路的选择，标志着人类拥有超越本能和自然属性、遵循自我意志决定自我命运的自由。尽管现实世界远比二元论所表达的图景更丰富多彩、错综复杂，但这种以对立冲突为世界本原、鼓励人依照自由意志参与其间的斗争神学—斗争哲学，始终保持着极强大的生命力和极深刻持久的现实影响。

三、波斯帝国的历史存在与历史形象

波斯人和米底人同属来到伊朗的雅利安人。米底人（Medes）定居于伊朗高原西北部，其地盛产良马，波斯人则定居于伊朗高原西南部接近海湾之处。波斯人有十个大的部落（六个农耕，四个畜牧），其社会结构在早期印欧民族祭司—武士—农夫三分传统的基础上，演化为一种四分的结构[②]：高原东部为祭司—武士—工匠—农夫，高原西部为祭司—武士—书吏 / 官员—工匠 / 农夫。公元前 7 世纪，米底已从诸王并立的诸多小邦发展为具有某种统一形式的政治实体，一种处

① 赫拉克利特残篇 B 53：*πόλεμος πάντων μὲν πατήρ ἐστι, πάντων δὲ βασιλεύς, καὶ τοὺς μὲν θεοὺς ἔδειξε τοὺς δὲ ἀνθρώπους, τοὺς μὲν δούλους ἐποίησε τοὺς δὲ ἐλευθέρους* ［战争是万物之父，万物之王，它使某些（存在）展现为神，某些（存在）展现为人，让某些（人）成为奴隶，某些（人）成为自由人］。

② 参阅 Frye 1963，页 49–52。

于亚述帝国威权之下的“次生国家”。[①] 在亚述帝国于公元前 627 年因君主亚述巴尼拔去世而陷入动荡之际，米底王国与新巴比伦王国结盟，于公元前 614 年与前 612 年分别攻占亚述旧都阿舒尔与新都尼尼微，一举颠覆了亚述帝国，米底借机获得亚述帝国之西部、安纳托利亚之东北部与伊朗高原之大部，上升为地区大国，而波斯王冈比西斯一世（Cambyses Ⅰ）也成为其封臣。

公元前 553—前 550 年，冈比西斯一世之子居鲁士二世（Cyrus Ⅱ 或 Cyrus the Great，即居鲁士大帝）起兵反抗并成功推翻米底王国的统治，[②] 原属米底统治的埃兰、帕提亚、基尔卡尼亚、亚美尼亚等地相继归降，波斯帝国强势崛起，跃升至世界历史的舞台中央。

公元前 546 年，安纳托利亚富藏贵金属的吕底亚（Lydia）王国被纳入其版图，吕底亚此前与斯巴达缔结的同盟关系（*συμμαχία*）并未挽救它的命运。[③] 伴随波斯大军的抵达，爱琴海西岸的希腊城邦纷纷被纳入波斯治下。这一轻松获得的胜利很大程度上影响了此后波斯与

---

① 参阅 Brown 1979，页 332–367。

② 根据《那波尼德之梦》，巴比伦王那波尼德在梦中得知波斯与米底将发生战争，马尔杜克神预言了波斯的胜利。从全文基调看，那波尼德欣然接受波斯的胜利。据《哈兰铭文》记载，米底覆灭后，巴比伦占领了哈兰（Harran），那波尼德实现了重建月神辛之神庙的心愿。这都反映出现实中巴比伦王国对波斯胜利的默许乃至赞赏。参阅 Oppenheim 1956，页 250; Gadd 1958。从此后的历史演进看，这显然是重大的战略误判。

③ 据希罗多德记载，吕底亚君王克洛伊索斯曾派人前往希腊的多处神谕所问卜，被认为最可信的德尔斐阿波罗神谕和奥普罗斯的安菲阿勒俄斯神谕给出了相同的答案：如果克洛伊索斯进攻波斯，他将摧毁一个大帝国（*μεγάλην ἀρχὴν μιν καταλύσειν*），而他应和希腊人中最强者（*Ἑλλήνων δυνατωτάτους*）交友。克洛伊索斯在雅典与斯巴达之间选择了斯巴达作为盟友（《历史》1. 46–70）。这成为古典时代误解神谕的典型案例。

希腊诸邦交往的心理。从边缘地位崛起为地区主导者的波斯，尚未意识到它最大的对手不是这一地区的传统强国，而是与它一样处于边缘地位又在迅速上升的希腊。

公元前 539 年，波斯大军利用新巴比伦王国祭司阶层与国王的矛盾（国王那波尼德对于月神辛的崇拜远超对于其他诸神的信仰，导致了马尔杜克神祭司的强烈不满），几乎兵不血刃地占领了巴比伦城。这一不战而屈人之兵的胜利很大程度上归功于居鲁士大帝发动的宣传攻势，可视作古往今来攻心战的经典案例。

居鲁士大帝将自己塑造为天选的解放者，在神明的指引与支持下，将公义带给一切巴比伦王国中的被压迫者。对于经历巴比伦之囚的犹太人，他是耶和华所选的弥赛亚。对于一般的巴比伦居民，他是马尔杜克神所青睐的王者。

《以赛亚书》富于激情地记录了人们对居鲁士大帝的殷切期待："耶和华对他所膏的（limᵉšîḥô）居鲁士说，我搀扶他的右手，使列国降伏在他面前。我也要放松列王的腰带，使城门在他面前敞开，不得关闭。我对他如此说：我必在你前面行，修平崎岖之地。我必打破铜门，砍断铁闩。我要将暗中的宝物和隐秘的财宝赐给你，使你知道提名召你的，就是我耶和华，以色列的神。"（45: 1-3）

以阿卡德语写成的居鲁士大帝铭文中，[1] 有如下描述："（那波尼德）每日对他的（马尔杜克）城作恶……他用枷锁把一切摧毁、毫无宽慰。诸神之主（马尔杜克）盛怒于他们的哀号，[离开了] 他们的地区……（马尔杜克）在所有国度审视、观看，找寻一位符合他内心愿望的正直的王者（ma-al-ki i-ša-ru bi-bil lìb-bi），去抓住他的手。他说出安善之王居鲁士（Cyrus Ⅱ of Anshan）的名字，宣称[他的] 名字将会成为世界统治者。"

① 参阅 Weissbach 1911，页 2–3。

尽管公元前530年居鲁士大帝在与马萨革泰人(Massagetae)的战斗中意外身亡，但波斯帝国的势力范围已经延伸到死海与今阿富汗之间的河间地区(Transoxania)，其东部和东北部疆域包括阿姆河两岸的巴克特里亚(Bactria，中国史书称为大夏)和花剌子模(Chorasmia)。公元前525年，居鲁士大帝的继承人冈比西斯二世(Cambyses Ⅱ)将埃及纳入波斯帝国的版图。这一阶段的波斯已经超越了全盛时期的亚述，成为当时世界上前所未有的庞大帝国。

公元前522年，冈比西斯二世在从埃及回师的途中神秘去世，[①] 王位落入一个自称是其兄弟巴迪亚(Bardiya)的人手中。此时，埃及、米底、波斯均发生了反抗帝国统治的暴动，一种在过往西亚地区不断重复的、伴随着重要君主的去世而造成帝国急剧衰落乃至覆灭的历史似乎又将上演。正是在这一关键的历史节点，波斯七大贵族世家的首领合谋，击杀巴迪亚(或冒充巴迪亚的术士高墨达[Gaumata])，推选七人中的一人继承王位，是为大流士一世。[②] 大流士一世力挽狂澜，

① 根据希罗多德《历史》的记述(3. 1–67)，远征埃及后的冈比西斯二世做了大量疯狂的举动(如在没有足够粮食的情况下进军埃塞俄比亚，破坏埃及神庙，杀死阿皮斯神牛以伤害埃及人的宗教感情，杀死兄弟姐妹)，希罗多德多次用“疯的”(*ἐμμανής*)与“发疯”(*ἐμάνη*)等词来形容他。希罗多德是在冈比西斯二世三代人之后访问埃及，他获得的与冈比西斯二世相关的信息很可能是刻意加工的。考虑到冈比西斯二世经历埃及降而复叛、叛乱旋即被平息的情况，他至少并未失去杀伐决断之力，而他选择性破坏埃及神庙的做法，背后也可能有特殊的考量，杀戮兄弟姐妹之事，对于帝王亦非罕见。有关其“发疯”一说，恐未必成立。在《贝希斯敦铭文》中，冈比西斯被描绘为“自然(非出于暴力)死亡”(uvāmaršiyuš amariyatā, DB 1. 43)，这与希罗多德有关其死于伤口感染的说法(Ⅲ, 64)基本吻合。

② 希罗多德《历史》对于这场七人聚会及大流士一世被选作国君的经历做了颇富戏剧性的描绘(3. 70–88)，其中七人有关何种政体适合波 (转下页)

▲ 贝希斯敦铭文

连续 19 战全胜，擒获 9 个暴动首领，平定帝国全境的叛乱，使帝国重定于一。公元前 520 年，他命人将这一功业以古波斯语、巴比伦语、埃兰语的楔形文字铭刻于贝希斯敦（Behistun）的崖壁之上，此即著名的贝希斯敦铭文（Darius Behistun Inscriptions，简称 DB）。[1]

这份铭文承继了古代美索不达米亚君主自述的一般性风格，如族人—民众之胆怯与自己之神勇、被击败之对手的所作所为与自己之功业的有意对比，[2] 此外，还呈现出某种可以被称作心理分析的新鲜元

（接上页）斯人民的讨论（3. 80–84）是借古喻今的典范，充分展现了希罗多德所在时代的希腊世界对政治的认知与想象。这一政体讨论对于后世影响深远，尽管几乎没有人相信它曾经真的发生。

① 这一作品的三种语言版本的对照研究，参阅 Weissbach 1911，页 9–79；古波斯语文本与译文，参阅 Kent 1953，页 116–135；Schmitt 2009，页 36–95；白钢 2022，页 97–167。

② DB 1. 13–14："没有人，没有一个波斯人，没有一个梅德人，没有一个我们家族的人，他本可以从那个术士高墨达那里夺取权力（ẖšaçam （转下页）

素，如在记述了 19 战擒 9 王的功业后，提到（DB 4. 45–50）“借助阿胡拉·玛兹达神和我的意志，还有许多其他的事被做成了。我没有把它们写在这铭文里，（之所以）我没有写下它们，以免未来的人读到这铭文，我所做的对他而言显得太多了（paruv þadayā［tiy taya］ manā kartam），他不相信这些，而认为是虚假的（naiš［im］ima varnavātaiy duruḫtam maniyā［taiy］）”，这比要求后世君主保存碑文及对于破坏碑文者的诅咒（DB 4. 69–80），更具有穿越时空的互动意味。这种心理分析的展开，甚至引入了以第一人称方式进行的对政治对手心理的揣度与表达（DB 1. 13）：“（术士高墨达）他（持续地）杀死许多民众（kāram vasiy avājaniyā），那些人此前认识巴迪亚。因而（avahyarādiy）他杀死了（那些）民众。（他想：）‘（这样）他们就不会认出我（mātaya mām ḫšnāsātiy），（从而知道）我不是居鲁士之子巴迪亚（taya adam

（接上页） dītam caḫriyā）”……“没有人敢于说一点（kašciy naiy adaršnauš cišciy þastanaiy），关于术士高墨达的事，直到我到来（yātā adam arasam）。我向阿胡拉·玛兹达神祈祷，阿胡拉·玛兹达神带给我帮助，于是我带着少量的人（hadā kamnaibiš martiyaibiš），杀死了那个术士高墨达和他那些地位最高的追随者们”……“那已经从我们的家族被夺走的权力，我重新把它放回原有的位置（patipadam akunavam）。我复建了那些被术士高墨达所摧毁的神庙。我归还（niyaçārayam）民众的牧场、畜群、家仆与房屋（abicarīš gaiþyāmcā māniyamcā viþbišcā），那术士高墨达从他们那里所剥夺（adinā）的一切。我把民众（民族）放回（原来的）位置（kāram gāþavā avāstāyam），波斯、梅德与其他地区，如同此前那样（yaþā paruvamciy）。如此我归还了那被拿走的（parābartam patiyābaram）。借助阿胡拉·玛兹达神的意志（恩眷），我完成了这事（ima adam akunavam）。我已尽了努力（adam hamataḫšaiy），直到我把我们的房子放回它（原本的）位置，如同此前那样。借助阿胡拉·玛兹达神的意志（恩眷），因而那术士高墨达，没能毁灭我们的家园（viþam tayām amāḫam naiy parābara）。”

naiy Bardiya amiy haya Kurauš puça)。’ ”[①]这种对历史事件中的当事人心理的推测揣度，并将这种心理分析以当事人的身份加以表述的写作风格，在以希罗多德和修昔底德为代表的希腊史学中，得到淋漓尽致的展现。

大流士一世作为波斯帝国的中兴之主，继承和完善了对于波斯帝国及后世各大政治体（特别是罗马帝国）有极深远影响的行省制度（这一制度由亚述人首创，在居鲁士大帝时期被加以沿用）。全国被系统

▲ 大流士一世

① 参阅 Schmitt 2009，页 44；白钢 2022，页 119。

地划分为二十个行省,[①] 每个行省设置总督。帝国将绝大部分权力下放给各行省的总督(古波斯语 ḫšaçapāvan, 阿卡德语 aḫšadarapannu, bēl pīḫāti, 古希腊语 *σατϱάπης*),由其负责行政、税赋、司法事务,在某些条件下也允许其统帅军队。对于波斯这样一个地跨亚非欧三洲、幅员辽阔、民族众多、地区差异极大的超级帝国而言,这种赋予地方以高度自主性又维持中央政府之权威的制度可谓至关重要。

大流士一世统治末期,波斯帝国发动了对希腊的入侵。在公元前490年的马拉松战役中,波斯军队被雅典人击败。大流士一世之子薛西斯一世(Xexes I)再次发动了规模浩大的旨在征服希腊的远征,但在公元前480年的萨拉米(Salamis)海战和公元前479年在陆地上进行的普拉提亚(Plataea)战役中遭遇决定性的惨败。[②] 远征希腊的失败是波斯帝国的转折点,此后波斯尽管仍维持着对其庞大疆域的统治,却失去了对于整体地中海区域的控制力,也失去了进一步对外扩张的雄心与锐气,而陷入为内外情势困扰疲于应对的境地。[③]

---

① 希罗多德《历史》记载了这二十个行省(*σατϱαπηίας*)对应的地区及其所缴纳的赋税(3. 89–95),有一定史料价值。但认为大流士一世是出于征税的目的进行了这种划分,故而波斯人称其为商人(*κάπηλος*),因其在每件事上都做生意(*ἐκαπήλευε πάντα τὰ πϱήγματα*, 3. 89),则显然是道听途说。

② 构成某种讽刺意味的是,希波战争失败后,波斯长期都是希腊重要政治人物的避难所,包括其曾经的心腹大患。领导萨拉米海战的雅典执政官地米斯托克利,此后因雅典民众猜忌而成为陶片放逐法的施行对象,他流亡波斯并得到被赐封土地的礼遇。领导普拉提亚战役的斯巴达王帕萨尼亚斯(Pausanias),此后则因一直与波斯保持紧密接触、被指控勾结波斯而身败名裂(《伯罗奔尼撒战争史》1. 128–134)。这是波斯帝国之广泛包容性的另类证明。

③ 在大流士一世于公元前486年11月去世前几个月,埃及发生了叛乱,波斯大约花了一年半的时间才将之平息。在薛西斯一世即位后,(转下页)

尽管在此后的伯罗奔尼撒战争中，波斯支持下的斯巴达获得了胜利，波斯从斯巴达那里重新获得对小亚细亚的希腊城邦的控制权，但此时的波斯已经没有能力再将希腊纳入其势力范围。公元前 371 年底比斯反抗斯巴达的成功，预示波斯作为希腊民族整体对手的身份被进一步强化了。公元前 334 年，年轻的马其顿国王亚历山大率军进攻波斯帝国，在几次关键性战役中均取得胜利，公元前 330 年，波斯帝国的末代君主大流士三世被部下所杀，帝国覆亡。

波斯在军事上的迅速失败，一方面源于亚历山大采用的“马其顿方阵”这一新型军事技艺—军队编制，利用军事组织形态的升级，形成了对于虽庞大但组织化程度较低的波斯大军的“降维打击”，另一方面，则是波斯内部的重重矛盾极大地消耗了它的国力，行省制（封建制）下的地方势力面对强敌并未进行顽强的抵抗,而是选择与其合作以自保。

基本保存实力的地方势力，在马其顿帝国分裂后的塞琉古王朝时期，成为支持波斯复国（第二波斯帝国—帕提亚帝国，其君主常以阿契美尼德王朝继承者自居）的重要基础。波斯帝国于覆灭后得以再次复国，

（接上页）巴比伦也出现严重的叛乱（叛乱的具体时间与次数尚无定论），叛乱被严厉地镇压下去。叛乱或许与特定的宗教诉求有关并得到了相关宗教力量的支持，出于报复，薛西斯一世一反此前波斯诸帝所采用的宗教宽容政策，下令大规模地毁坏巴比伦的宗教象征，并在铭文中（XPh 37–39）将之描绘为“摧毁邪神居所”（daivadānam viyakanam），且出台了“禁止崇拜邪神”（daivā mā yadiyaiša）的敕令。铭文参阅 Kent 1953，页 151；Schmitt 2009，页 167。这种反常的做法，事实上预示着这一庞大帝国已经达到了扩张的极限，扩张带来的反噬令政策轨迹与统治者心理都发生了一定程度的扭曲。在远征希腊失败后，波斯不得不承受更为巨大的反噬之力，帝国的全部精力几乎都消耗于处理内部矛盾。公元前 5 世纪末期，埃及摆脱波斯的统治获得独立，波斯试图再次征服埃及未果，充分暴露出波斯实力的衰落。

于新朝基本保持其政统与文明延续性（这种延续性一直持续到第三波斯帝国—萨珊王朝的消亡），展现了此前美索不达米亚诸帝国所不具备的政治与文明韧性。这是一种通过轴心突破实现的"可大可久之道"。

波斯帝国与此前各帝国的最大差异在于：

1. 它的统治以获得贡奉为目的，而对于各地复杂的风俗民情、宗教信仰、法律传统、社会结构、政治认同、经济活动，只要不明显与其统治相悖，一概不予干涉（冈比西斯二世对埃及、薛西斯一世对巴比伦既有信仰的破坏，在波斯历史上显得如此突出，恰恰是因为他们的行为是罕见的对惯例的偏离）。这种中央政府与地方精英—贵族集团合作、在保证统治权的基础上无为而治的国策，使波斯帝国的统治得以绵延数百年，使地跨三洲的庞大疆域内差异极大的各民族，得以在"尊王"的旗帜下保持自我特性而各得其所。正是在这一背景下，经历"巴比伦之囚"的犹太人得以结束流亡返回故地复建神庙。[①]

2. 相对于此前的政治体，波斯帝国呈现出了前所未有的世俗化或说去宗教化特征。在埃及和美索不达米亚的政治生活中，代表宗教力量的祭司阶层总是发挥着极为重要的作用（巴比伦被波斯顺利攻占，便是祭司阶层主动开门献城的结果），而波斯帝国则基本不存在具有如此举足轻重地位的祭司阶层。由于帝国采用极为宽容的宗教政策，宗教与祭祀行为对于君主而言更多只是其合法性的某种装饰，起初波斯君主在巴比伦参与"蒙贝勒（Bēl［主人］）护佑"的仪式、在埃及

---

① 居鲁士大帝不但敕令准许犹太人返乡重建圣殿，还归还了被尼布甲尼撒掳走的宗教圣器。据《以斯拉记》记载，大流士一世与阿尔塔薛西斯一世（Artaxerxes Ⅰ，薛西斯一世之子，和合本《圣经》译作"亚达薛西"）在位时，下令从河西（阿卡德语 ebir nāri，希伯来语 'abar naḥarā^h^，即幼发拉底河以西至巴勒斯坦南部地区）行省税收中支付修建圣殿与举行宗教仪式的费用，圣殿的各种人员（祭司、利未人、歌唱的、守门的、作殿役的和作仆人的）皆免于各种赋税（6:8–12，7:20–24）。

扮演法老的角色，这只是尊重当地宗教传统的表现（后来亚历山大袭取了这一立场，他在巴比伦被称为“马尔杜克之子”，在埃及被称为“阿蒙之子”）。琐罗亚斯德教对于波斯帝国而言，更大程度上是阿胡拉·玛兹达信仰在波斯王室中获得的认同（大流士一世称自己的王位来自阿胡拉·玛兹达的恩宠），而不是真正意义上的国教。[①]在波斯帝国的政治构架中，祭司的地位被地方精英—贵族集团所取代。

3. 波斯确立了一种抽离具体宗教内容的绝对王权，这种权威超越传统习俗与宗教规范，它是法律之正当性的来源，是世间公正的化身。这一体系下，臣民与君主的差异，对应于传统宗教上凡夫与神灵的差别。这种意义上的王权，不再需要追溯更高的神性来源（尽管也不排斥），而以自身为目的。

作为旧约中较晚生成的作品之一，《但以理书》以其独特的方式记录和回应了波斯帝国的存在与覆亡：巴比伦王尼布甲尼撒与大流士，被描绘为接受以色列人之神为唯一神的外族统治者（《但以理书》2:47, 3:28–29, 3:31–33, 4:34, 6:26–29），[②]对照历史上尼布甲尼撒对马尔杜克神、大流士对阿胡拉·玛兹达神的公开信仰，这种笔法可视作不再享受波斯治下宗教宽容政策的犹太人对外族统治者的讽谏、抗议与期待。大流士不但被描写为迦勒底王（6:1），且被当作居鲁士之前的君主（6: 29），[③]这种有关波斯帝国最重要君主的信息错乱，与《以赛亚书》中对居鲁士作为弥赛亚的热切期待（45:1）形成了鲜明的对照，恰成为地中海世界陷入帝国转移（translatio imperii）变局的写照。

---

① 就波斯王室的宗教实践而言，对于象征光明之火的崇拜以及废除在地中海世界极常见的动物祭祀（“血牲之祭”），是琐罗亚斯德教最显著的影响所在。参阅《剑桥世界古代史》第四卷，页 108–109。

② 后三处文本分别对应于和合本《但以理书》4:1–3, 4:37, 6:25–28。

③ 分别对应于和合本《但以理书》5:31, 6:28。

由于波斯与希腊的长期战争和相互影响，它构成了希腊人对于东方世界最直观而深切的观察对象。后世对波斯的认识，主要依据往往是希腊史家的记述（如希罗多德之《历史》、色诺芬之《长征记》）。[①]这一过程中形成的种种意象，通过希腊人进而嵌入整体西方文明的意识深处，成为其所构造的世界体系中最具典型特征的“东方”代表，一种与“西方”对立的“它者”。

在西方有关波斯的记述—想象传统中，“专制”无疑是其最突出的特质，进而构成了直至今日仍颇具影响的“东方专制主义”叙事的一部分。在亚里士多德的《政治学》中，专制（*δεσποτεία*）被表述为以蛮族王制为典型的君主一人对全部臣民实行类似主人对奴隶式的统治，其根源在于蛮族人较之希腊人天然地更具有奴性，因而天然适于接受专制统治（Ⅲ，1285a 20–23）。尽管在亚里士多德的理论体系中，波斯之政体属于具有绝对权力的王制（*παμβασίλεια*），即应归入家长式的统治（*οἰκονομικὴ βασίλεια*）而非主奴式的专制（Ⅲ，1285b 30–33），而专制也并非仅限于蛮族人，在希腊城邦中，僭主政体、寡头政体、暴民政体都可以转化为类似主人对奴隶式的专制统治，但这一精妙的区分往往被严格强调希腊人与野蛮人差别的主流意见所淹没。

普鲁塔克关于亚历山大的传记中，记录了亚里士多德对亚历山大的教诲：作希腊人的领袖（*ἡγεμών*），作野蛮人的主人（*δεσπότης*）。无论这是否真为亚里士多德所言，但其精神正契合于希腊人的主流文明论倾向：希腊人（Héllēnes）与野蛮人（bárbaroi）、西方与东方的对立（波斯正是野蛮东方的代表），分别对应着自由与奴役的品质，

① 这种倾向导致《剑桥古代史》在对波斯基本史料的梳理中，为突出希罗多德的《历史》的史料地位，不惜以古波斯王室铭文（以 DB 为代表）“叙述的是由作者构思后精选、编辑的故事，传达的是特定的信息，以服务于特殊的目的”为由，将显然属于原始史料的铭文描述为与希罗多德的《历史》“均属二手史料”。参阅《剑桥古代史》第四卷，页 6–7。

西方天然是自由的，东方天然是奴役的。希罗多德《历史》第七卷记述，斯巴达人面对波斯总督叙达尔涅斯的劝降，以“你了解做奴隶的状态（*τὸ μὲν γὰρ δοῦλος εἶναι ἐξεπίστεαι*），却对于自由还缺乏经验（*ἐλευθερίης δὲ οὔκωἐπειρήθης*）”为由加以拒绝（7. 135），可算得是这类观点的先驱。[①]

基于此类意见，伊索克拉底（Isocrates）曾向亚历山大的父亲腓力二世建言，对待希腊人宜用说服（*πείθειν*），对待野蛮人则宜用暴力（*βιάζεσθαι*）（《致腓力》16），腓力的政策应令希腊人感到可信（*πιστός*），令野蛮人感到可怖（*φοβερός*，《致腓力》80）。伊索克拉底的这种建议，与其在《泛希腊集会辞》（*Panegyricus*）中更富理想主义色彩的表述有着重大差异，在那里，他将雅典的本质描绘为哲学与教化，并提出基于理性、思维、教化而非族类出身的“泛希腊主义”理念：

> 我们的城市在理性与言辞上（*φρονεῖν καὶ λέγειν*）已经大大超越了其他人类成员，她的学生已经成为了别人的教师。“希腊”这一名称不再被视作一个具体民族的名称，而成为了一种思维（*διάνοια*）的名称。所谓“希腊人”是指那些与我们共享同一种教化的人（*τοὺς τῆς παιδεύσεως τῆς ἡμετέρας*），而非那些仅仅与我们有着共同生理特征的人。（§ 50）[②]

---

① 可对照同一卷中记载的斯巴达流亡国王达玛拉托斯（Damaratus）对薛西斯（他不信斯巴达人有勇气抵抗波斯大军）所言（7. 104）：“（斯巴达人）他们虽然是自由的，但他们并不是在任何事情上都是自由的（*οὐ πάντα ἐλεύθεροι*）。因为对他们而言，法律是主宰（*δεσπότης νόμος*）。他们对法律的畏惧（*τὸν ὑποδειμαίνουσι*）远胜于（*πολλῷ ἔτι μᾶλλον*）你的臣民对你的畏惧。”

② 《泛希腊集会辞》的文本与译文，参阅 Norlin 1980, Vol. Ⅰ，页 116–243，引文见页 148。

亚历山大并未接受《致腓力》中表达的希腊主流观点，而将《泛希腊集会辞》中“泛希腊主义”的理念付诸实践，选择去作“所有人的协调人（*ἁρμοστής*）和调解人（*διαλλακτής*）”，致力于建立一个融合各种民族的共同体（*κοινωνία*），一种超越各民族局限与差异的天下（*οἰκουμένη*）。亚历山大这种近于“天下一家”（*ὁμονοία*）的政治理想，接续了来自柏拉图与亚里士多德的表达城邦公民（特别是城邦立法者）之“政治友爱”的“和谐，同心”（*ὁμονοία*）概念，[①] 却超越了将其局限于希腊城邦的政治想象，从而在希腊化时代广泛传播于地中海文明区，进而成为了保罗神学中极为重要的意象，用以表达基于救赎与神秘体（corpus mysticum）信仰的基督教共同体精神。[②]“同心”（*ὁμονοία*）与“天下”（*οἰκουμένη*）的概念共同构成了基督教普世信仰的象征。

① 柏拉图在《治邦者篇》中（310e–311c），将国王高明的统治术描绘为“编织术”，即令具有节制与勇敢两种不同品性的人紧密结合起来（“编织在一起”），通过“和谐与友谊”（*ὁμονοίᾳ καὶ φιλίᾳ*），共同构成政治体这一最伟大的编织物。亚里士多德《尼各马可伦理学》中（Ⅳ，1167a22–b16），论述了“同心”（*ὁμονοία*）之于“共同意见”（*ὁμοδοξία*）与“共同认识”（*ὁμογνωμονοῦντας*）的差别：“共同意见”可以产生于陌生人之间，“共同认识”关涉某一具体的问题，而“同心”则产生于城邦公民对于共同利益的共同认识（*περὶ τῶν συμφερόντων ὁμογνωμονῶσι*），选择并践行共同的意见（*προαιρῶνται καὶ πράττωσι τὰ κοινῇ δόξαντα*），因而“同心”即同心于做事（*περὶ τὰ πρακτὰ δὴ ὁμονοοῦσιν*），且是关涉城邦的大事（*περὶ τὰ ἐν μεγέθει*），如通过选举分派公职、结盟等。

② “和谐，同心”概念在柏拉图—亚里士多德与保罗之间（进而，在希腊哲学与基督教神学之间）的深层差异，参阅沃格林 2014，页 217–218，404–408。

那种将专制归于东方的论断，在15世纪欧洲近代绝对主义国家兴起后受到了挑战，孟德斯鸠在《论法的精神》中，一方面延续了“自由的欧洲”与“奴役的亚洲”这对古老的概念，对专制主义在东方国家的成因、从气候、地理、环境、宗教、礼俗、法律等诸多方面加以分析；一方面则借批判专制主义指涉与之相似的欧洲绝对君主制，从而达到以远寓近、借古讽今的目的。这一手法在孟德斯鸠的小说《波斯人信札》中更富于创造性地得以发挥，小说借着在欧洲游历的波斯贵族郁斯贝克和黎加之视角，以一系列书信的形式表达了对于法国之社会、政治、政体、法律、宗教诸多现象的观察与批判，在此，波斯的形象融合了西方对于古老东方的种种偏见、成见与奇幻想象，包含着集鄙夷与敬畏于一体的复杂感情，短暂地摆脱了绵延千年的专制标签。

波斯帝国作为公元前6—前4世纪地中海世界的超级力量，相对于昙花一现的马其顿帝国与具有更深远世界历史影响的罗马帝国，表现出对于所辖范围内各民族特性与文明多样性的高度包容。正是有鉴于此，黑格尔在将罗马与波斯加以比较时说，二者最根本的差别在于，“前者窒息一切生机（alle Lebendigkeit erstickt），后者则容许一切生机得到最高度的发展（im vollsten Maße bestehen ließ）”。[1]

---

① 黑格尔在将波斯与希腊作比较时，则认为：“波斯人没有建立一个具有完全的组织的帝国，没有把他们的原则‘昭示’（einbildeten）于被征服的各地，不能把各属地造成一个和谐的‘全体’（Ganzes），而是一个种类万殊的个体的集团（ein Aggregat der verschiedensten Individualitäten）。”参阅黑格尔2006，页205，261；Hegel 1971，页274，339。

第四、五章参考文献

白钢,《萨福诗中的 *λείμων ἱππόβοτος*（适于牧马的草野）及其意义“深度”》,《东西方古典语言与文明比较研究》, 北京: 社会科学文献出版社, 2019: 3-40

阿甫基耶夫（В.И.Авдиев）,《古代东方史》, 王以铸译, 上海: 上海书店出版社, 2007

奥姆斯特德（A. T. Olmstead）,《波斯帝国史》, 李铁匠、顾雪梅译, 上海: 上海三联书店, 2017

钵颠阇利（Patañjali）,《瑜伽经》, 黄宝生译, 北京: 商务印书馆, 2016

丹尼尔（Elton Daniel）,《伊朗史》, 李铁匠译, 上海: 东方出版中心, 2016

芬纳（S. E. Finer）,《统治史（卷一）: 古代的王权与帝国——从苏美尔到罗马》, 上海: 华东师范大学出版社, 2010

高杨、荆三隆,《印度哲学与佛学》, 西安: 太白文艺出版社, 2004

戈耶尔（S. R. Goyal）,《印度佛教史》, 黄宝生译, 北京: 中国社会科学出版社, 2020

龚方震、晏可佳,《袄教史》, 上海: 上海社会科学院出版社, 1998

黑格尔,《历史哲学》, 王造时译, 上海: 上海世纪出版集团, 2006

黄宝生（译）,《奥义书》, 北京: 商务印书馆, 2010

黄宝生,《印度古代文学》, 北京: 中国社会科学出版社, 2020

黄心川,《印度哲学通史》, 上下册, 郑州: 大象出版社, 2014

季羡林,《原始佛教的语言问题》,《季羡林集》（中国社会科学院学者文集）, 北京: 中国社会科学出版社, 2000:198–207, 2000a

季羡林,《再论原始佛教的语言问题》,《季羡林集》（中国社会科学院学者文集）, 北京: 中国社会科学出版社, 2000:208–234, 2000b

——.《三论原始佛教的语言问题》,《季羡林集》（中国社会科学院学者文集）, 北京: 中国社会科学出版社, 2000:235–281, 2000c

蒋忠新（译）,《摩奴法论》, 北京: 中国社会科学出版社, 2007

金克木,《梵竺庐集（甲）: 梵语文学史》, 南昌: 江西教育出版社, 1998a

——.《梵竺庐集(丙):梵佛探》,南昌:江西教育出版社,1998b

觉音(Budhaghosa),《清净道论》,上下册,叶均译,贵阳:贵州大学出版社,2017

库兹米娜(Elena E. Kuz'mina),《印度—伊朗人的起源》,J. P. 马劳瑞(Mallory)英译主编,上下册(东北亚与欧亚草原考古学译丛),邵会秋译,杨建华校,上海:上海古籍出版社,2020

吕澂,《印度佛学源流略讲》,上海:上海人民出版社,2002

麦金托什(Jane R. McIntosh),《失落的神秘之地:古印度河文明》,陈明辉、林森译,杭州:浙江大学出版社,2022

平川彰(Hiragawa Akira),《印度佛教史》,庄昆木译,北京:北京联合出版公司,2018

毗耶娑(Vyasa),《薄伽梵歌》,黄宝生译,北京:商务印书馆,2011

——.《摩诃婆罗多:印度古代史诗》(全6册),黄宝生等译,北京:中国社会科学出版社,2006

施勒伯格(Eckard Schleberger),《印度诸神的世界——印度教图像学手册》,范晶晶译,上海:中西书局,2016

舍尔巴茨基(F. I. Stcherbatsky),《大乘佛学》,立人译,北京:社会科学出版社,1994a

——.《小乘佛学》,立人译,北京:社会科学出版社,1994b

谈锡永,《四重缘起深般若》,北京:华夏出版社,2010

渥德尔(A. K. Warder),《印度佛教史》,王世安译,北京:商务印书馆,1987

沃格林(Eric Voegelin),《城邦的世界》(秩序与历史卷二),陈周旺译,南京:译林出版社,2012

——.《柏拉图与亚里士多德》(秩序与历史卷三),刘曙辉译,南京:译林出版社,2014

辛岛静志(Karashima Seishi),《佛典语言及传承》,裘云清、吴蔚琳译,上海:中西书局,2016

徐梵澄(译),《五十奥义书》(修订本),北京:中国社会科学出版社,1995

姚卫群(编译),《古印度六派哲学经典》,北京:商务印书馆,2003

——.《印度古代宗教哲学文献选编》,北京:商务印书馆,2020

叶少勇,《中论颂:梵藏汉合校·导读·译注》,上海:中西书局,2011

伊利亚德(Mircea Eliade),《宗教思想史》,晏可佳、吴晓群、姚蓓琴译,第二卷,上海:上海社会科学出版社,2013[2]

月喜(Candrānanda)疏,何欢欢译释,《胜论经》,北京:商务印书馆,2020

自在黑(Iśvarakṛṣṇa)著,瓦恰斯帕蒂·弥室罗(Vācaspati Miśra)注释,《〈数论颂〉译注》,斯瓦米·维鲁帕克萨南达(Swami Virupakshananda)英译,朱彩虹中译并补注,成都:四川人民出版社,2022

Álvarez-Mon, J. /Basello, G. P. /Wicks, Y., 2018 (eds.). *The Elamite World*, London/New York

Amiet, P., 1966. "Il y a 5000 ans les Élamites inventaient l'écriture", *Archaeologia* 12: 16-23

Belvalkar, S. K.(ed.), 1947. *Bhīṣmaparvan,* Bhandarkar Oriental Research Institute, Poona

Boyce, M., 1975. *A History of Zoroastrianism, Vol. 1: The Early Period*, Leiden

——.1982. *A History of Zoroastrianism, Vol. 2: Under the Achaemenians*, Leiden

——.1984. *Textual Sources for the Study of Zoroastrianism,* Chicago

Boyce, M. / Grenet, F., 1991. *A History of Zoroastrianism, Vol. 3: Zoroastrianism under Macedonian and Roman Rule,* with contribution by Roger Beck, Leiden

Brockington, J.,1998. *The Sanskrit Epics,* Handbuch der Orientalstik, Leiden

Brown, S. C., 1979. *Kinship to Kingship: Archaeological and Historical Studies in the Neo-Assyrian Zagros* (PhD Dissertation, University of Toronto), Toronto

Bryant, E., 2015. *The Yoga Sutras of Patañjali: A New Edition, Translation, and Commentary,* New York

Colpe, C., 2003. *Iranier-Aramäer-Hebräer-Hellenen. Iranische Religionen und ihre Westbeziehungen. Einzelstudien und Versuch einer Zusammenschau,* Tübingen

Coningham, R., 2002. "Deciphering the Indus script", *Indian Archaeology in Retrospect* 2: 81-103

Dahl, J. L., 2018. "The Proto-Elamite Writing System", in Álvarez-Mon / Basello/Wicks 2018: 383-396

Darmesteter, J. / Mills, L., 1880–1887. *The Zend-Avesta,* Oxford (repr. 1972)

Desset, F., 2018. "Linear Elamite Writing", in Álvarez-Mon /Basello/Wicks 2018: 397-415

Duchesne-Guillemin, J., 1958. *The Western Response to Zoroaster,* Oxford

——.1962. *La religion de l'Iranancien,* Paris

Dumézil, G., 1958. *Idéologie tripartite des Indo-Européens,* Brussels

Fournet, A., 2010. "About the Mitanni-Aryan Gods", *Journal of Indo-European Studies* 38 (1): 26-40

Frauwallner, E., 1973. *History of Indian Philosophy,* 2 Vol., translated from original German into English by V. M. Bedekar, Delhi/Patna /Varanasi

Frye, R. N., 1963. *The Heritage of Persia,* Cleveland

Gadd, C. H., 1958. "The Harran Inscriptions of Nabonidus", *Anatolian Studies* 8: 35-92

Geiger, W., 1916. *Pāli Literatur und Sprache,* Strassburg

Geldner, K. F., 1886-1896. *Avesta: The Sacred Books of the Parsis, I-Ⅲ,* Stuttgart

——.1951. *Der Rig-Veda, aus Sanskrit ins Deutsche übersetzt und mit einem laufenden Kommentar übersehen,* 3 Bde., Wiesbaden

Glassner, J.-J., 2018. "Writing in Elam", in Álvarez-Mon /Basello/Wicks 2018: 450-463

Gonda, J., 1960. *Die Religionen Indiens, I. Veda und älterer Hinduismus,* Stuttgart

Gopal, L., 2000. *Retrieving Sāṁkhya History: An Ascent from Dawn to Meridian.* New Delhi

Hegel, G. W. F., 1971. *Vorlesung über die Philosophie der Geschichte*, Werke Bd. 12, Frankfurt/Main

Hinz, W., 1967. "Elams Vertrag mit Narām-Sîn von Akkade", *Zeitschrift für Assyriologie und vorderasiatische Archäologie*, 58(Jahresband): 66-96

Hoffmann, K., 1970. "Zur awestischen Textkritik: Der Akk. PI. mask.

der a-Stamme", in M. Boyce and I. Gershevitch, eds., *W. B. Henning Memorial Volume,* London: 187- 200

Humbach, H., 1991. *The Gāthās of Zarathushtra*, 2 vols. (Introduction, text, translation, commentary), Heidelberg

Jamison, S. W. / Brereton, J. P., 2014. *The Rigveda: The Earliest Religious Poetry of India,* translated by Jamison, Stephanie W., and Joel P. Brereton, 3 vols., New York

Kellens, J./ Pirart, E., 1988-90. *Les textes vieil-avestiques,* 3 vols., Wiesbaden

Kenoyer, J. M., 2006. "The Origin, Context and Function of the Indus Script: Recent Insights from Harappa", *Proceedings of the Pre-symposium of RIHN and 7th ESCA Harvard-Kyoto Roundtable:* 9-27

Koch, H., 1977. *Die religiösen Verhältnisse der Dareioszeit: Untersuchungen an Hand der elamischen Persepolistäfelchen* (Göttinger Orientforschungen. in. Reihe: Iranica, Bd. 4.), Wiesbaden

König, F. W., 1928. "Pinikir", *Archiv für Orientforschung 5:* 101-103

——.1965. *Die elamischen Königsinschriften*, Archiv für Orientforschung (Beiheft 16), Graz

Labat, R., 1949. "La mort du roi d'Élam Ḫumban-Ḫaltaš I, dans la chronique babylonienne", *Archív Orientální* 17(2): 1-6

Mahadevan, I., 2002. "Aryan or Dravidian or Neither? A Study of recent Attempts to Decipher the Indus Script (1995-2000)", *Electronic Journal of Vedic Studie*s 8.1: 1-19

Majumdar, R. C. (ed.), 2017. *The Vedic Age* (The History and Culture of the Indian People, Vol. 1), with Assistant Editors of A. D. Pusalker and A. K. Majumdar, Mumbai

Malandra, M. W., 1983. *Introduction to ancient Iranian Religion,* Minneapolis

Malbran-Labat, F., 1995. *Les inscriptions royales de Suse: Briques de l'époque paléo-élamite à l'Empire néo-élamite, Éd. de la Réunion des Musées Nationaux*, Paris

de Miroschedji, P., 1981. "Le dieu élamite au serpent et aux eaux jaillissantes", *Iranica Antiqua* 16: 1-25

Müller, F. M., 1965[3]. *The Hymns of the Rig-Veda in the Samhita and Pada texts*, Varanasi

Norlin, G. (ed.), 1980. *Isocrates*, 3 Vols., Greek-English, The Loeb Classical Library, London / New York

Norman, K. R., 1983. *Pāli Literature: Including the Canonical Literature in Prakrit and Sanskrit of All the Hīnayāna Schools of Buddhism*, Wiesbaden

Olivelle, P. (ed.), 1998. *The Early Upanishads: Annotated Text and Translation*, Oxford

——.2005. *Manu's Code of Law: A critical Edition and Translation of the Mānava-dharmaśāstra*, with the editorial assistance of Suman Olivelle, Oxford

Oppenheim, A. L., 1956. *The Interpretation of Dreams in the Ancient Near East: With a Translation of an Assyrian Dream-Book*, Philadelphia

Pande, G. C., 1957. *Studies in the Origins of Buddhism*, Allahabad

Parpola, A. H. S., 1994. *Deciphering the Indus Script*, Cambridge

Parpola, S., 1993. *Letters from Assyrian and Babylonian Scholars* (State Archives of Assyria,Volume X), Helsinki

Quintana, E., 2018. "Elamite Religion and Ritual", in Álvarez-Mon /Basello / Wicks 2018: 729-740

Radhakrishnan, S., 1948. *The Bhagavadgītā With an Introductory Essay, Sanskrit Text, English Translation and Notes*, New Delhi

——.1968. *The Principla Upaniṣads, edited with Introduction, Text, Translation and Notes*, London

Reichert, H., 1911. *Avesta Reader: Texts, Notes, Glossary, and Index*, Strasbourg

Schlerath, B., 1968. *Avesta-Wörterbuch. Vorarbeiten I. Index Locorum zur Sekundärliteratur des Awesta*, Wiesbaden

Schmandt-Besserat, D., 1992. *Before Writing, Vol. I: From Counting to Cuneiform; Vol. 2: A Catalog of Near Eastern Tokens*, Texas

Schmitt, R., 1967. *Dichtung und Dichtersprache in indogermanischer Zeit*, Wiesbaden

——.2009. *Die altpersischen Inschriften der Achaimeniden: Editio minor mit deutscher Übersetzung*, Wiesbaden

Steve, M.-J., 1992. *Syllabaire élamite: histoire et paléographie*, Civilisations du Proche-Orient, Série *II*: *Philologie*, Paris / Neuchâtel

Strausberg, M. / Vevaina, Y. S.-D./ Tessmann, A., 2015. *The Wiley Blackwell Companion to Zoroastrianism*, Chichester

Tallqvist, K. L., 1938. *Akkadische Götterepitheta, Studia Orientalia 7*, Helsinki

Thieme, P., 1960. "The 'Aryan' Gods of the Mitanni Treaties", *Journal of the American Oriental Society* 80(4): 301-317

Toscanne, P. , 1911. "Études sur le serpent figure et symbole dans l'antiquité élamite", *Mémoires de la Délégation en Perse* 12: 153-196

Vallat, F., 1986. "The most ancient Scripts of Iran", *World Archaeology* 17: 335-347

——.2003. "Suse: G.1. La religion suso-élamite", in J. Briend / M. Quesnel (eds.), *Supplément au Dictionnaire de la Bible* 74: cols. 529–553

Watkins, C., 1995. *How to Kill a Dragon: Aspects of Indo-European Poetics*, Oxford / New York

Weissbach, F. H., 1911. *Die Keilschriften der Achämeniden*, Leipzig

West, M. L., 2010. *The Hymns of Zoroaster : A New Translation of the Most Ancient Sacred Texts of Iran*, with Introduction and Commentary, London

Widengren, G., 1965. *Die Religionen Irans*, Stuttgart

Winternitz, M., 1928. *A History of **Indian** Literature, Vol. 1: Introduction, Veda, National **Epics**, Purãnas, and Tantras*, Calcutta

Wolff, F., 1910. *Avesta: Die heiligen Bücher der Parsen, übersetzt auf der Grundlage von Chr. Bartholomae's altiranischem Wörterbuch*, Strasbourg

Zaehner, R. C., 1961. *The Dawn and Twilight of Zoroastrianism*, London / New York

语言类

白钢,《古波斯语教程: 语法, 文本, 词汇》, 上海: 华东师范大学出版社, 2022

迪罗塞乐(Charles Duroiselle),《实用巴利语语法》, 黄宝生译, 上海: 中西书局, 2014

施坦茨勒(A. F. Stenzler),《梵语基础读本: 语法 · 课本 · 词汇》, 季羡林译, 段晴、范慕尤续补, 北京: 北京大学出版社, 2009

Bartholomae, Ch., 1961². *Altiranisches Wörterbuch*, Berlin

Brandenstein, W. / Mayrhofer, M., 1964. *Handbuch des Altperischen*, Wiesbaden

Hinz, W. / Koch, H., 1987. *Elamisches Wörterbuch*, 2 Bde., Berlin

Hoffmann, K./ Forssman, B., 2004. *Avestische Laut-und Flexionslehre*, 2., durchgesehene und erweitere Auflage, Innsbruck

Kent, R.G., 1953². *Old Persian: Grammar, Texts, Lexicon*, New Haven

KEWA – M. Mayrhofer, 1956-1980 *Kurzgefasstes Etymologisches Wörterbuch der Altindischen*, Heidelberg

Khačikjan, M., 1998. *The Elamite Language,* Documenta Asiana 4, Roma

Martínez, J./ de Vaan, M., 2014. *Introduction to Avestan*, translated by R. Sandell, Leiden

Mayrhofer, M., 1951. *Handbuch des Pāli*, mit Texten und Glossar, I-Ⅱ, Heidelberg

Reichert, H., 1967². *Awestisches Elementarbuch*, Heidelberg

Renou, L., 1952. *Grammaire de la langue védique*, Lyon/Paris

Schmitt, R., 1989 (hrsg.). *Compendium Linguarum Iranicarum*, Wiesbaden

——.2014. *Wörterbuch der altpersischen Königsinschriften*, Wiesbaden

Wackernagel, J. / Debrunner, A., 1896-1957. *Altindische Grammatik*, I-Ⅲ, Göttingen

第六章　希伯来文明的轴心突破

与其他实现轴心突破的文明相比，希伯来文明有三点极独特之处：1. 它是高度精神性的，而缺乏一种强大的作为文明承载者与护卫者的国家—政治形式；2. 它是高度宗教化的，其文明特质—精神特质几乎便是其宗教特质；3. 它的文明成就浓缩于《旧约》这一核心宗教文献，这一文献被视作“希伯来人的图书馆”，各种不同性质、不同时代、不同体例、不同风格的源本文献汇聚于此，并通过历代的编修被整合为一体。因而，对于希伯来文明史的讨论，与对于《旧约》之生成与演化历程的探究紧密关联。

尽管自希腊化时代以降，《旧约》及其所使用的旧约希伯来语，常被信徒视作人类最古老之文献与语言的代表，但大量现代学术研究表明，《旧约》文本中最古老的层次，也不会超过公元前10世纪，其较晚的部分如《但以理书》，则要到公元前2世纪才最终完成。就其历史跨度而言，它是地中海文明区从以美索不达米亚—埃及为中心的第一阶段到以波斯—希腊为中心的第二阶段再到以罗马为中心的第三阶段演化的见证者与亲历者，并通过自身的文明论突破，留下了属于自己的深刻痕迹。

自威尔豪森整合此前对于旧约文本的历史考订工作（特别是在“格拉夫假说”的基础上），提出摩西五经的“源本假说”（Documentary Hypothesis），即摩西五经是由数个世纪中产生的四种不同来源的文本综合而成，其完成当在“巴比伦之囚”发生后的时代，因而摩西五经及其所代表的律法传统，是犹太教的起源，而非古代以色列民族的起源，[①] 对于整个旧约研究产生了空前深远的影响。[②] 依照威尔豪森的“源本假说”，摩西五经的四个主要来源（用其首字母缩写）为：J（Jahwist/Yahwsit［耶典作者］），其标志为在文本中称神为 YHWH（耶和华），被认为是五经中起源最早者，约产生于公元前 10—前 9 世纪的南部犹大国；E（Elohist［伊典作者］），其标志是将神称作 'elōhîm（本意为“诸神”，是以复数表单数之意），约产生于公元前 9 世纪的北国以色列；D（Deuteronomist［申命记派］），因此派创作了《申命记》并发展了一套以“申命记史观”为代表的价值体系而得名，大约产生于公元前 7 世纪；P（Priest［祭司派］），此派的文本产生最晚，被认为是“巴比伦之囚”后流亡巴比伦的祭司所作，他们也对此前的各种文本传统进行了编修与整合，摩西五经的传世形态很大程度上是由祭司派所主导的。

① 最主要的论述，参阅 Wellhausen 1883, 1899。

② 韦伯在《古犹太教》一书中指出：“纵使做出再怎么偏离的结论，现今所有的旧约研究无不立足于威尔豪森的伟大著作……威尔豪森绝妙地应用了自 de Wette、Vatke、Graf 等人以降从未忘却且由 Dillmann、Reuß 等人加以继承的方法，并将这些方法带到极为体系化的完美高点。”参阅韦伯 2007，页 4。这一评价在一个世纪后依然适用，虽然种种“偏离的结论”会进一步涌现。

一、旧约文学发展史

1. 公元前 9—前 8 世纪：旧约文学的萌芽

“源本假说”中有关“耶典作者”的假设，在过去半个世纪中受到重大挑战，恐已不能成立。[①] 从历史的角度而论，直到公元前 9—前 8 世纪，以色列(北国)与犹大(南国)才逐步成为实体意义的国家。这一时期的以色列民族与其周边民族一样，信奉传统上与自己有着紧密关系的族神。定都于撒玛利亚的暗利王朝(Omri Dynasty)采取极灵活的联盟政策与宗教政策，[②] 在其治下，以色列与周边民族发生了普遍的信仰融合，[③] 以色列的主神耶和华被等同于迦南人所信奉的神，

---

① 相关讨论，参阅 Gertz/Schmid/Witte 2002; Dozeman/Schmid 2006。

②《诗篇》45 赞美本土国王与外国国王女儿的婚姻，是《旧约》中罕见的对暗利王朝国王与腓尼基人通婚(以及暗利王朝之灵活外交政策)的一种肯定。

③ 这种信仰融合在以《诗篇》为代表的汇编类作品中留下不少痕迹:《诗篇》89, 提到了 q^{e}hal q^{e}došîm[诸神圣者的集会](89: 5), sôd q^{e}dōšîm [诸神圣者的聚会](89: 7), 以反问的语气强调了耶和华相对于在天上(bašataq)的 b^{e}nê ’ēlîm[诸强大者之子](’ēl[强大的]与 ’elōhîm[神], 传统上被认为具有词源学的关联)的无与伦比的地位(89: 6);《诗篇》29, 提到 b^{e}nê ’ēlîm[诸强大者之子]应将荣耀归于耶和华(29: 1);《诗篇》46, 提到 ‘îr ’elōhîm q^{e}doš mišk^{e}nê ‘elyôn[神的城, 至高者居住的圣所](46: 4)。

埃及很普遍的将人间君主称作神之子的传统(一度也在美索不达米亚流行, 如乌尔第三王朝的创始人乌尔纳姆被称作月神 Ninsun 之子), 也进入了希伯来人的精神世界:《诗篇》89 中, 大卫称神为 ’ābî (转下页)

“(居于)谁的区域,(奉行)谁的宗教”(cuius regio eius religio)现象蔚然成风。此时的以色列宗教尚未展现真正的独特性,耶和华神之于以色列人,正如之于基抹神(Kamoš)之于摩押人(Moab)。[①] 借用黑格尔哲学的术语,此时的以色列宗教尚处于自在(an sich)的阶段,相应地,旧约文学处于萌芽阶段。

这一时期,族群—宗教融合的趋势与保持信仰—秩序纯粹性的追求之间的矛盾初现端倪,对传说中大卫—所罗门时代的理想化—神圣化想象应运而生。一种缺乏历史事实支撑的王朝典范意象(异乎寻常的文治武功与兴盛繁荣)被塑造出来,作为先知对于王权进行批判的参照物,投射到后世以色列人对于自身历史的想象中:[②] 大卫—所罗门时代被视作以色列的真正创立期,《诗篇》《箴言》《雅歌》《传道书》等带有汇编性质的作品,有大量篇目被归于大卫与所罗门的名下。[③] 这种把后来的历史境遇投射到遥远过去、将之作为真实历史而

(接上页)[我的父亲],神则将大卫称作 b^{e}kôr[长子](89: 26–27)(可对照《撒母耳记下》7:14,由先知拿单[Natan]传递给大卫的一段耶和华的话,宣布“我将是['ehyeh]他的父,他将是[yihyeh]我的儿子”);《诗篇》2,则记载了受膏者(国王)宣称,神对他说,“你是我的儿子,我今日生你(y^{e}lidtîka)”(2:7)(可对照《出埃及记》4:22,耶和华宣布:“以色列是我的儿子和长子”),正呼应于金字塔文本中法老被诸神称作“我的儿子,我的长子”。

① 参阅 Perlitt 1969,页 114。

② 参阅施密特 2021,页 67–69。

③《诗篇》中有 73 篇被认为是大卫所作(常在诗的开头以介词 l^{e} 与大卫之名相连,可表达“由大卫所作”“大卫的”“关于大卫”“为了大卫”“根据大卫的风格”等诸多含义),有两篇归于所罗门名下。《箴言》的大部分内容用了所罗门的名字,1:1–7 作为这卷书的标题与前言,将所罗门称为这卷书的作者。《传道书》的作者被称作 qohelet[召集者],传(转下页)

世代忆念的精神传统，在亚述时期与被掳时期进一步发扬光大。正是在这种富于高度张力的信仰融合—冲突氛围下，旧约文学得以萌发。

《旧约》中对于大卫—所罗门王朝之辉煌的描绘，曾被认为具有一定的真实历史基础（是在以亚述和埃及为代表的外部大国对叙利亚—巴勒斯坦地区影响力减弱、形成局部的权力真空的大背景下发生的），[①] 但从更新的研究而言恐难以成立。[②] 以阿拉美语写成的但丘铭文（Tel Dan Inscription）中虽然提到"大卫之家"（bayt-Dawid）[③]，但这一概念表达的是某种地理概念，其所对应的旧约希伯来语表述应是 'îr-Dawid［大卫之城（即以色列）］，而非 bīt-Dawid［大卫之家（即大卫家族世袭的王朝）］，因而尽管可以为理解旧约中关于大卫的描写提供某种线索，但无法成为对于这一历史人物之真实形象或有关大卫王朝的有力证据。[④] 与之相应的是，也未发现体现大卫王朝特征的行政体系与基础设施的考古证据。因而，以色列民族精神世界中的大卫—所罗门王朝，很大程度是一种脱离实际历史经验的被构建的记忆。[⑤] 这种记忆的构建，可视作对

（接上页）统上认为是所罗门的别称（《传道书》1:1 以 qohelet 为大卫之子、耶路撒冷之王）。《雅歌》所包含的一系列爱情诗，常被解释为某种特殊的戏剧，无论这部戏剧具有两个或是三个主人公（这点一直无定论），男主人公总被认为是所罗门（在《雅歌》1:1，以介词 l^e 与所罗门之名相连）。参阅朗文、狄拉德 2014，页 237–242，267–268，281–285，294–302。

① 参阅 Holloway 1997。

② 参阅 Fischer 2005; Finkelstein/Silbermann 2006。

③ 这一表述出现于残篇 A 的第九行。对但丘铭文的文本、历史与考古综合研究，参阅 Athas 2003; Davies 2013。

④ 参阅 Athas 2003，页 298–309; Keel 2007，页 165–167。

⑤ 参阅 Gertz 2004。

暗利王朝之历史记忆的批判性反映。[①]

旧约中相对晚期的作品，如《历代志》，对于大卫王朝及大卫—所罗门的推崇颂扬，特别是关于国力强盛、君临天下、列邦臣服的描绘，则是将对于居鲁士—大流士这两位波斯帝国名君的记忆与想象，叠加到以色列的传奇帝王身上。

2. 亚述统治时期：旧约文学的真正开端

以色列宗教产生明确的自我意识，当是在黎凡特地区处于亚述统治期间（公元前8—前7世纪），以对于亚述君主的效忠誓言（adû）为样式，一种新的宗教认知与宗教关系被构造出来：在亚述统治下被灌输的针对亚述君主的无条件—排他性的忠诚（“如同爱自己”一般的“爱君主”），被置换为以色列民族对于耶和华神的绝对忠诚（“爱神”）。[②] 这种对于神的绝对忠诚誓约以及违背这种忠诚誓约所引致

---

① 《列王纪上》对暗利的恶评是先知立场的典型体现，“暗利行耶和华眼中看为恶的事，比他以前的列王作恶更甚。因他行了尼八的儿子耶罗波安所行的道，犯他使以色列人陷在罪里的那罪，以虚无的神明惹耶和华—以色列的神发怒”（《王上》16: 25–26）。这一恶评又是先知对于整体北方诸王负面评价的一部分，因其都犯了“耶罗波安所犯的罪”，暗利之外，还包括拿答（《王上》15: 25–26），得撒（《王上》15: 33–34），心利（《王上》16: 18–19），亚哈（《王上》16: 29–31），亚哈谢（《王上》22: 51–52），约兰（《王下》3: 1–3），耶户（《王下》10: 28–31），耶罗波安（《王下》14: 23–24），撒迦利亚（《王下》15: 8–9），米拿现（《王下》15: 17–18），比加辖（《王下》15: 23–24），比加（《王下》15: 27–28），何细亚（《王下》17: 1–2）。

② 《申命记》中“爱神”的神学宣告的灵感直接来自亚述时代流行的政治效忠誓言程式（如果你不爱 ××× 如同爱你自己，则会带来 ××× 的 （转下页）

的罪与罚，构成了《申命记》及申命记派的核心理念。申命记派通过对亚述封臣契约神学的接受与改造，[①] 实现了对旧有的族神信仰和亚述契约神学的双重超越，标志着以色列宗教由自发阶段跃升到自为（für sich）阶段，也构成了旧约文学的真正起点。

申命记派的神学理念与精神内核，在《约书亚记》《撒母耳记》和《列王纪》的历史书写（王国历史及其前史）中得以进一步发展，并深刻地内嵌于《出埃及记》《民数记》《耶利米书》中，很大程度上构成了律法学的主流。《约伯记》对于神义论的深刻反思正是以申命记派神学为对手而展开的。

正是在这一阶段，形成了作为"救赎神学"之经典象征的"摩西—出埃及"叙事架构。作为历史人物（?）的摩西，通过《申命记》派史学—律法学，被塑造为最初的、并可在未来历史中可被不断效仿的先知与立法者之典范，五经（Pentateuch）的创作被归于其名下。[②]

据《出埃及记》第 2 章，摩西出生后被母亲隐藏三月，后以蒲草箱抹上石漆和石油搁在河边的芦荻中，被法老的女儿发现并养大（2:1–10）。这与阿卡德开国君主萨尔贡的一份自述铭文极为相似，[③] 很可能《出埃及记》的作者了解阿卡德传统中的这一古老传

（接上页）惩罚），进而可追溯到阿卡德王纳拉姆辛与埃兰王希塔所缔结的条约中埃兰王的表述："纳拉姆辛的敌人就是我的敌人，纳拉姆辛的朋友就是我的朋友。"参阅 Moran 1963; Olyan 1996; 以及本书第五章，页 255。

① 奥托（Eckart Otto）对此做了大量出色的研究，参阅 Otto 1996; 1997a; 1999，特别是页 1–90。

②《申命记》第 34 章记述了摩西的死亡与以色列人对他的哀悼，显然不可能出自摩西本人之手。它清晰地表明摩西作为五经作者的象征意义。

③ "我的母亲是一个恩–女祭司（e-ni-tum），我的父亲，我从不知道（ul i-di）……我作为恩–女祭司的母亲怀了我，偷偷地（pu-uz-ri）（转下页）

说，而印度大史诗《摩诃婆罗多》中记述的大英雄迦尔纳（Karṇa）之身世也与古代西亚地区的这种传说颇为类似。

摩西（Moses，希伯来语 Mōšeʰ）的名字，本与图特摩斯（Thutmosis，本义“托特之子”）或哈拉玛西（Ḫaramašši<*Ḫar-mose，本义“荷鲁斯出生”）这类带有神名的（theophorous）古埃及人名中的成分一样，源自古埃及语 mś(w)［孩子］或 mśy［出生］，他的名字被简化为摩西或正预示着他那不知所踪的父亲是一位埃及的神祇。为了淡化这位以色列人最重要的先知与领袖名字中的埃及色彩，一种希伯来式的解释被提出：在《出埃及记》第 2 章中，摩西的名字被认为源自希伯来语动词 m-š-h［（从水中）拉出］（2:10）。由于 Mōšeʰ 一词的元音代表着某种主动的含义（接近主动态分词），便指向一种将摩西之名释为把以色列民族（从大洪水中）拉出（解救）者的传统。①

（接上页）把我生下来。她把我放在一个灯芯草编的篮子里，用沥青封住我的门。她把我放进河里，河水没有淹没我。河水把我带到汲水人阿基（Aq-qí LÚ.A.BAL）那里。汲水人阿基放下他的桶，举起了我。汲水人阿基，把我当作他的儿子（a-na ma-ru-ti-šú）抚养了我。汲水人阿基，让我做了他的园丁（a-na LÚ.Nu.KIRI$_6$-ti-šú）。”参阅 Westenholz 1997，页 38–41。在公元前 1400 年左右的赫提语的 Kantuzili 祈祷文中，也有类似的表述（第 6 行）：ammel DINGIR-IA kuit=mu=za AMA-IA ḫašta nu=mu ammel DINGIR-IA šallanuš［我的神，当我的母亲生了我，你，我的神，将我养大］。转引自 Kammenhuber 1993，页 236。

① 在《以赛亚书》63:11，神忆起了久远之前的日子（yᵉmê-ʻôlām），以及 Mōšeʰ ʻammô，相对于“摩西和他的民族”这一翻译（缺少连接二者的常见连词 wᵉ-），忆起“那个把他的民族拉出来的人”或许更为合适。摩西之名对应的动词 m-š-h，作为一种表达解救的意向符号，也出现于《诗篇》（转下页）

在摩西—出埃及叙事中，摩西被赋予了以色列的帝王头衔 ‘ebed YHWH［耶和华的仆人］，他持有的分开海水的神杖对应于王的权杖，而他的对手法老则被塑造为类似巴比伦创世史诗《埃努玛·埃利什》中率领魔军攻打诸神而终遭惨败的金古（Kingu）式的“伪王”（šar pūḫi）。摩西带领民众出埃及的传说及其包含的耶和华主导之生命—秩序战胜法老所象征之死亡—无序的精神（作为以法老为秩序的象征、以法老的敌人为混乱的代表的埃及传统理念之颠倒），其灵感或源于以色列人新年逾越节的盛典（跨越红海前的一夜正对应于逾越节之夜），又通过这一盛典得以强化与延续，其象征意味可类比《埃努玛·埃利什》在古巴比伦新年庆典上的仪式性表演。

摩西与兄长亚伦（Aaron）劝说法老进而通过瘟疫和灾难恐吓其释放族人的记述（《出埃及记》5–12），反映出先知对以色列国王的态度，体现出他们之间的关系。亚伦用杖所变的蛇吞吃了法老的术士们用杖所变的群蛇（《出埃及记》7: 8–13）的传说，则对应于《列王纪上》第 18 章中以利亚与信奉巴力神（Ba‘al）的众先知的竞赛。

摩西—出埃及叙事中作为以色列民族迫害者的埃及帝国，指涉的是现实历史中统治着以色列民族的亚述帝国。这一叙事中以色列民族通过整体迁移，摆脱埃及的统治，来到应许之地建立自己国家的内容，可视作亚述统治下的以色列民族对于自我命运的想象与抉择。这种“反帝国”（“反亚述”）的想象与抉择，并非以色列民族的整体共识：《士师记》3—9 章所展现的图景——以色列人在没有王的情况下，依靠神的眷顾与士师的领导，也能在诸国并存的格局下和平生活，文中屡现“于是大地太平（watišqōṭ hā’āreṣ）×× 年”的表述，展现了一种在超越诸国之上的帝国框架内享受和平、延续族群的可能。[①] 摩西出

（接上页）18 中，大卫感谢神将他从仇敌那里拯救出来，“他从高天伸手抓住我，将我从大水中（mimmayim rabbîm）拉出来（yamšēnî）”（18:16）。

① 在此意义上，《士师记》3–8 章被描述为“其倾向是亲亚述的”。（转下页）

埃及的传说在《士师记》中作为叙事背景被提及（6:8–9），表明《士师记》作者对于"反帝国"叙事并不缺乏认知与同情，但并不以此为唯一选择。《士师记》第九章中，约坦把示剑人选择亚比米勒为王的行为，比作树木请求各种佳植为王都遭拒绝、最终选择了荆棘为王（9:7–20），以及亚比米勒称王—杀戮—被杀的经历（作为两个世纪的以色列王室统治命运的写照），[①] 反映出对于恢复以色列王权想象的尖锐讽刺。摩西—出埃及叙事与《士师记》叙事之间的张力，展现了亚述统治下以色列民族对于自我命运想象的独特结构。

3. 巴比伦时期：旧约文学的高潮

新巴比伦王国之主尼布甲尼撒于公元前 587 年攻占耶路撒冷，摧毁了犹太人的圣殿，犹太国家覆亡，大批王室与贵族被掳至巴比伦，史称"巴比伦之囚"。失去王国进而失去祖国的惨痛经历，对犹太神学产生了多方面的深刻影响。原本只是地方性存在的犹太宗教，受到巴比伦文明瑰伟宏大之气象感染，自身风格亦由显白而转沉潜，激越而入高明，旧约文学迎来高潮。

灾难预言与申命记派史观

克拉茨（R. G. Kratz）将先知从预言救赎到预言灾难的转化，视作犹太传统从前被掳时期到后被掳时期的根本性二元对立的一部分，把这种转变解释为对于巴比伦之囚事件的反应或这一事件的结果。[②] 但事实上，巴比伦之囚的经历，并未无中生有地创造一种新传统，而是激

（接上页）参阅施密特 2021，页 109–110。有关亚述对于以色列的政治宣传，参阅 Reade 1979，页 329–344；Guillaume 2004，页 71，74。

① 参阅 Guillaume 2004，页 69–70。

② 参阅 Kratz 2007，页 468。

活了犹太人精神世界中原本处于边缘地位的某些倾向并使其深入人心,其影响类似希波战争之于希腊悲剧,亚历山大远征之于诺斯替运动。

以色列的灾难预言,其渊源可上溯到以《阿卡德的诅咒》与《苏美尔与乌尔的挽歌》为代表的美索不达米亚国难叙事传统,即将国家覆亡与主神厌弃相联系。上述两个作品虽哀恸甚深,但均将神意抉择作为不可抗拒的外力加以描绘,并未解释何以神意会发生根本性的转变。以色列的灾难预言则与申命记派观点相结合,试图在神意与人世(历史与现实)之间建立某种以约(b^{e}rît)和律法(tōrā^{h})为中介的带有必然性的意义纽带,发展出一种听从神之教谕则得福、背弃神的教谕则得祸的严格教义。《申命记》第 28 章有关“若听从耶和华你的神的话则蒙福(bārûk)”“若不听从耶和华你的神的话则受诅咒(’ārûr)”的一系列表述是这种教义的典型体现,而其中对于不听从者的诅咒之内容(28:15–68),远较对听从者赐福的描述(28:1–13)更为突出,给人锥心刻骨之感。罪业的主体,也从作为个体的国王(如耶罗波安一世)转化与扩展到作为整体的以色列民众(如《出埃及记》32、《列王纪上》12:28–32、《列王纪下》17:9–20 关于民众认金牛犊为神的叙事)。在此后的神学中,这一范畴进一步扩展到全体人类,从而演化为《创世记》的“原罪说”。

通过灾难预言,以色列先知对于民族历史进行了一种极富内在张力的塑造:处于实际历史进程中的以色列成为某种因背弃神而不断犯下罪恶、因造下罪恶不断遭受神罚的不再有鲜活生命的符号,而由神意创造的不存在于具体时空(也因而始终处于“当下”在场状态)的启示历史则被赋予终极的现实性。现实越是偏离神谕所创建的历史秩序,便越证明后者的真理性与必然性。现实中的以色列越是处于内外交困、日益临近几乎导致种族灭绝的大难,便越是激发起先知们以灾难预言(相对于“伪先知”那里滥用的救赎预言,灾难预言成为“真先知”的传播重点)传达神意的热情,也越发坚定了他们对于神的启示与意愿定会实现（无论现实的人世如何演变）的信念。

这种意义世界与事实世界之相待而存、互补对生的历史观，在轴心时代恰恰并非孤立，某种程度上，这是公羊家意义上“鲁愈微而《春秋》之化益广”“世愈乱而《春秋》之文益治”（刘逢禄语）的原则在以色列民族的历史—精神世界中的呈现。

隐公元年《春秋》记：“公子益师卒。”《公羊传》曰：“何以不日？远也。所见异辞，所闻异辞，所传闻异辞。”何休注曰：“所见者，谓昭、定、哀，已与父时事也。所闻者，谓文、宣、成、襄，王父时事也。所传闻者，谓隐、桓、庄、闵、僖，高祖、曾祖时事也。异辞者，见恩有厚薄，义有深浅，时恩衰义缺，将以理人伦，序人类，因制治乱之法。故于所见之世，恩已与父之臣尤深；大夫卒，有罪无罪，皆日录之。丙申，季孙隐如卒，是也。于所闻之世，王父之臣恩少杀。大夫卒，无罪者日录；有罪者不日，略之。叔孙得臣卒，是也。于所传闻之世，高祖、曾祖之臣恩浅。大夫卒，有罪无罪，皆不日，略之也。公子益师、无骇卒，是也。于所传闻之世，见治起于衰乱之中，用心尚粗粗，故内其国而外诸夏，先详内而夷狄，书外离会，小国有大夫。宣十一年秋，晋侯会狄于攒函，襄二十三年邾娄鼻我来奔，是也。至所见之世，著治太平，夷狄进至于爵，天下远近小大若一，用心尤深而详，故崇仁义，讥二名，晋魏曼多、仲孙何忌，是也。”

一神论与立约

巴比伦时期，旧约中出现了一系列明确的一神论陈述，如“我是耶和华，再没有别的了；除了我以外再没有神”（《以赛亚书》45:5），“我是耶和华你的神，曾将你从埃及地为奴之家领出来。除了我以外，你不可有别的神”（《申命记》5:6–7），“以色列啊，你要听。耶和华我们神是独一之主”（《申命记》6:4）。犹太宗教于亚述时期已初露端倪的一神论(体现为对于神的独有誓言)终于成熟。

在这种带有普世性质的一神论下,出现了一种超脱于传统国家—政治范畴的以色列观念。失去了祖国的以色列人,其自我认同的基础,不再是现实中的王国与王国的土地,而是与唯一之神的特殊精神联系,是神对于以色列民族的应许、择选、立约。立约神学,在申命记派史学—律法学中被大加阐发,并催生了更为激进的对于整个神权政治传统的反思以及神与以色列民族"再立新约"的想象。

《出埃及记》19:4–6,神向摩西及以色列民族允诺,使以色列于万邦中做他的珍宝(s^{e}gûllā^{h},和合本译作"子民"),成为直属于他的祭司的国度(mamleket kōhănîm)、圣洁的国民(gôy qādôš)。在此基础上,神与以色列民族定约(b^{e}rît),各种版本的十诫是定约后神所规定的基本法。

《旧约》中存在着四种十诫,按内容可以分为两类:《申命记》5: 6–21与《出埃及记》20: 2–17的第一埃洛希姆派为一组(在20:5,耶和华将自己称作 'ēl qannā'[嫉妒的神]);第二埃洛希姆派的十诫(它包括《出埃及记》20: 23–26, 22: 29–30, 23: 10–19),与《出埃及记》34: 10–28中的十诫为一组。

在《申命记》中,以色列仍被称作神的珍宝与圣洁的国民,却不再保留祭司的国度之名(7:6, 14:2, 26:18–19),正表征着先知与王室(国王作为最高祭司)的冲突。这种冲突的高潮则体现于《耶利米书》31:31–34:

> 耶和华说,我要与以色列家和犹大家另立新约(b^{e}rît ḥădāšā^{h})。不像我拉着他们祖先的手,令他们出埃及地的时候与他们所立的约……耶和华说,那些日子以后,我与以色列家所立的约乃是这样:我要将我的律法放在他们里面(b^{e}qirbām),写在他们心上('al-libbām)。我要做他们的神,他们要做我的子民。

他们各人不再教导自己的邻居和自己的兄弟说:“你该认识耶和华。”因为他们从最小的到至大的,都必认识我。我要赦免他们的罪孽('eslaḥ la'ăwônām)。不再记念他们的恶(leḥaṭṭa'tam lō' 'ezkār)。

与另立新约同样新鲜的,是耶利米取代以色列民族、成为被神立在列国列邦之上('al-hagôyim wᵉ'al-hamamlākôt)的单一选民(1:10),它突破将以色列和王权—国家制度与神的秩序紧密绑定、以社会秩序作为神性秩序实现之核心的传统,开启了将个人、个人的经验与选择作为神性秩序之寄托与展现的新道路。①

这种有关神与人类再立新约的想象,一方面呼应于第二以赛亚中耶和华“要行一件新事”“造新天新地”与《以西结书》中“将新灵放在你们里面”之说②,另一方面呼应于摩西五经中关于立约的记述:神与诺亚立约(《创世记》9:9),与亚伯拉罕立约(《创世记》17:1–8),与摩西于西奈山立约(《出埃及记》19)。

从旧约的历史叙事而言,摩西五经所记载的三次立约显然早于《耶利米书》之立约;但从旧约文本的编修过程而言,《耶利米书》之

① 这种对个体性的强调,意味着个体可以通过自己的选择,从降之于集体的惩罚中解脱出来。这显然是对以色列人背弃上帝造下罪业引发惩罚的《申命记》式历史解释的背离,后者被比喻为“父亲吃了酸葡萄,儿子的牙齿酸倒了”(《耶利米书》31:29)。

② 《以赛亚书》43:18–19:“你们不要追念从前的事,也不要思想古时的事。我要行一件新事('ōśeʰ ḥădāšāʰ)。”《以赛亚书》65:17:“看哪,我造新天新地(šāmayim ḥădāšîm wā'āreṣ ḥădāšāʰ)!从前的事不再被记念,也不被人放在心上。”《以西结书》11:19:“我要使他们有合一的心(lēb 'eḥād),也要将新灵(rûªḥ ḥădāšāʰ)放在你们里面,又从他们的肉体除掉石心(lēb hā'eben),赐给他们肉心(lēb bāśār)。”

"新约"直接针对《出埃及记》所述神与摩西之"旧约"而立，而《创世记》所述的立约不是这两次立约的背景或先声，而是对于这两次立约之精神的回应：神与古老的先知摩西与较近的先知耶利米所立之约，被普遍化为神与超越以色列民族之外的整体人类（诺亚的后裔、亚伯拉罕的后裔）之立约。这种普遍化的立约理念，呈现为先祖叙事中不同民族相互立约和平共处（且可以回溯到共同祖先）的思想倾向，与整体性的祭司文本一样，当是被掳期的产物。①

神义论与无辜者受难问题

申命论式的福祸奖惩、生死存亡观念，与自被掳时期以来不断强化的一神论观念相结合，演化为第二以赛亚中那著名的论断："从日出之地到日落之处使人都知道除我以外，没有别的。我是耶和华，再没有别的了（wᵉ'ên 'ôd）。我造光，又造暗；施平安，又降灾祸；做成这一切的是我——耶和华。"（《以赛亚书》45:6–7）其中，表达"黑暗"（ḥōšek）与"灾祸"（rā'）的概念，均与动词形式 bôrē' 相连，而这一动词（bāra'）也正是《创世记》中为神所专有的表达创造之义的词汇，从而明确地将光明与黑暗、拯救与毁灭均归之于神的意愿与作为。② 这

① 参阅 de Pury 2000；施密特 2021，页 171–175, 205–210。

② 对于一神论的强调，可对比《申命记》5:6–7；有关神同时创造光明与黑暗的命题，可对比《以赛亚书》60:1–3 中有关锡安之荣光的描绘，"兴起，发光（qûmî 'ôrî）！因为你的光已来到（kî bā' 'ôrēk）！ 耶和华的荣光（kᵉbôd）发出照耀着你。看哪，黑暗（ḥōšek）笼罩大地，幽暗（'ărāpel）遮盖万民，耶和华却要升起照耀你，他的荣光要显在你身上。列国要来就你的光（'ôrēk），列王要来就你发出的光辉（nōgah）"，以及《约翰福音》1:4–5 中对于光明的强调："生命在他里头。这生命就是人的光（*τὸ φῶς*）。光照在黑暗里，黑暗却不接受光（*καὶ τὸ φῶς ἐν τῇ σκοτίᾳ φαίνει, καὶ ἡ σκοτία αὐτὸ οὐ κατέλαβεν*）。"

体现了一神论逻辑的彻底性，也使得神义论(Theodicy)的问题无可回避地浮出水面。

在《约伯记》中，[①] 无辜者受难的主题，以一种空前尖锐的形式呈现出来。作为典型善人暨虔诚者代表的约伯，在无辜遭受若干重大打击(财产丧失殆尽、子女夭折、身染痛苦恶疾)的情况下，面对秉持《申命记》式的惩罚信念、劝说约伯忏悔自我过错的三位友人，约伯终于忍不住要就自己的命运向神争讼，[②] "为何时间不是全能者所安排(lō'-niṣpᵉnû 'ittîm)，为何不使认识他的人看见那日子"(24:1)，"我断不以你们为是，我至死必不以自己为不正(lō'-'āsîr tummātî mimmennî)"(27:5)。这番离经叛道之语以及三位友人的沉默，激起年轻的以利户对约伯"自以为义，不以神为义"(ṣaddᵉqô napᵉšô mē'elōhîm)的严厉谴责(32–37)。作为这场争论的高潮，在以利户的发言后，神亲自从旋风中回答约伯。在通过列举自己所拥有的无上威能，特别是提到作为"一切骄傲者之王"(melek 'l-kål-bᵉnê-šāḥaṣ)的恐怖化身利维坦也臣服于自己，令约伯折服后(38:1–42:6)，他对约伯的三个友人说，他们的谈论不如约伯说的是(42:7–8)。一种极富戏剧性的转折发生了：神在最初否定约伯的无辜之后，通过更彻底地否定奉行《申命记》观念的信众，又支持了约伯的无辜。伴随着神解除约伯的苦难并对其所失去者给予加倍补偿(42:10–17)，这一古典语境下最深刻也最激进的神义论讨论获得了某种大团圆的结局：它既是

---

① 作为人类普遍命运的表达，《约伯记》的情节并无具体的历史背景，故而较难确定其创作时间。但由作者对巴比伦神义论传统之熟稔，可知是被掳后的产物。施密特 2021(页 215–217)将其主体创作时期定在波斯时期。本书为突出其与巴比伦传统之关联，将其归于巴比伦时期。

② 这种对于神的争讼，可对比《以赛亚书》中耶和华所言："你们来，我们彼此辩论(niwwākḥāʰ)。你们的罪虽像朱红，必变成雪白；虽红如丹颜，必白如羊毛。"(1:18)

精神性的抚慰，呈现与祭司文本传统和申命学派传统相调和的外观，却又在文本的整体语境下作为对上述两种传统的甚深反讽而存在。

《约伯记》是巴比伦传统中神义论讨论的承继、延续与深化，[①]

① 巴比伦的神义论传统包含四个重要文本：1.《一个人与其神的对话》，一个因疾病而陷入巨大痛苦的年轻人，如同对朋友一样（！），向神哀叹并祈求救助，神（也如同朋友一样）回应了他的请求，令其康复。文本参阅 Nougayrol 1952，译文参阅 Foster 2005，页 148–150。2.《一个痛苦者的拯救》，一位被重病所苦、束手无措、濒临死亡者，被马尔杜克神所救，奇迹般康复，文本参阅 Nougayrol 1968，页 265–273，译文参阅 Foster 2005，页 410–411。3.《咏正直受难者的诗》，受苦者以第一人称讲述他的不幸遭遇（被神抛弃、力量消失、尊严不再、身患重病、缺少食物、痛苦不堪、被人嘲笑），以及马尔杜克神派遣使者对他的拯救（在此他留下了自己的名字 Šubši-mešrê-Šakkan，与公元前 13 世纪加喜特王 Nạzi-Maruttaš 统治期间的一位高官同名，可能为同一人），全文开篇与结尾均为对马尔杜克神（"智慧之主"）的衷心赞颂。文本与翻译参阅 Lambert 1960，页 21–62，译文亦可参阅 TUAT Ⅲ /1，页 110–135；Foster 2005，页 392–409。4.《巴比伦神义论》，记述了一位受苦者与其朋友的对话，对话在二者间交替展开，共分 27 段，每段皆由 11 行文字构成。受苦者哀叹自己的不幸，乃至追问幸福的生命是否可能（kunnam-ma ūmū dumqi，"兴旺的日子是否可靠"，33 行），他列举种种自然与社会的现象之不公，追问何以诸神如此安排（48–55 行，70–77 行，133–143 行，159–165 行，181–187 行，243–253 行）？他的朋友批评他因哀叹痛苦而失去了理智（35–37 行，212–213 行），并以神意难测为由（58 行，256 行），试图令受苦者打消疑虑，接受命运（58–66 行，78–88 行，212–220 行，235–242 行，254–264 行）。针对这种观点，受苦者抨击众人称颂强大、欺压弱小的行为，提出"无辜者受难"的命题（267–275 行），构成了《约伯记》主题的最为直接的先声。全文最后的两段对话，具有反讽的意味，他的朋友称诸神皆赞许富人而打击 （转下页）

特别是对于《巴比伦神义论》和《咏正直受难者之诗》(*Ludlul bēl nēmeqi*, 本义为“我要赞美智慧之主”)的结构性综合:[①] 它兼有《巴比伦神义论》式的朋友间对问题的讨论(约伯与其三个朋友的辩论,以及以利户插入的对话,《约伯记》3–27 章, 32–37 章), 与《咏正直受难者之诗》式的个体哀叹及神的回应(约伯对于神的申诉抗辩与神的现身说法,《约伯记》3 章, 29–31 章, 38–41 章),《约伯记》的大团圆结局与《咏正直受难者之诗》中受苦者获得拯救疾病痊愈的情节(第 3 块泥板 40–52 行)颇为相似, 而《约伯记》中三个朋友关于神意高远非凡人所可揣度的论点, 实承《巴比伦神义论》的“神意遥远”说[②]而来。

祭司文本的出现与综合

祭司文本作为一种独立之文献源流的界定, 是自威尔豪森以来旧约批评研究领域最重大的成果之一。旧约中具有根本神学纲领意义的文本(如《创世记》1 章、9 章、17 章,《出埃及记》6 章、25—31 章、35–40 章)便来源于祭司文本。编修以往各种源流文本, 使其成为一个整体, 从而形成祭司文本, 它构成了旧约最重要的文学历史综合的源头。[③]《出埃及记》的西奈篇章, 呈现出与《创世记》第 1—2 章在

(接上页) 贫穷者(276–286 行), 受苦者则祈求将他抛弃的神重新给予护佑(295–296 行), 希望“牧人沙马舍以神的方式牧养人民”(rē' ûm Šamši nıšī ılıš ır' e, 297 行)。文本与译义参阅 Lambert 1960, 页 63–89, 译文亦可参阅 TUAT Ⅲ /1, 页 143–157; Foster 2005, 页 914–922。

① 参阅 Albertz 2003, 页 110 注 12; 施密特 2021, 页 215–217。

② nisi milik ilim, “神的意旨是遥远的”, 58 行; libbi ilī kīma qirib šamê nesi-ma, “神的心意, 如同天的中心, 是遥远的”, 256 行。

③ 一个典型的例子是通过祭司文本实现的先祖叙事与摩西出埃及叙事的结合。参阅 Schmid 1999; Gertz 2000b; 施密特 2021, 页 205–206。

结构与修辞上的高度相似性与呼应关系，很可能是祭司文本最初结束之处。①

《创世记》1:31：神看（wayyare'）一切所造的，看哪（hinnē^{h}），都非常好。

《创世记》2:1：天和地，以及万物都完成了（way^{e}kullû）。

《创世记》2:2：在第七日，神完成了（way^{e}kal）他做的工（m^{e}la'ktô）。

《创世记》2:3：神赐福（way^{e}bārek）于第七日。

《出埃及记》39:43：摩西看（wayyar^{e}'）一切工作，看哪（hinnē^{h}），他们已经做好了。耶和华所吩咐的，就是他们所做的。

《出埃及记》39:32：于是，帐幕，就是会幕的一切工程都完成了（wattēkel）。

《出埃及记》40:33：于是摩西完成了（way^{e}kal）那工（m^{e}lā'kā^{h}）。

《出埃及记》39:43：摩西就为他们祝福（way^{e}bārek）。

《创世记》1—11 章记述的世界原史，是旧约文本中最广为人知者。其中伊甸园传说（《创世记》2—3 章）、该隐和亚伯传说（《创世记》4 章）、大洪水传说（《创世记》6—9 章）、巴别塔传说（《创世记》11 章）等内容，属于非祭司文本成分。《创世记》2—8 章构成一个独立的意义整体，而首章的创世论文本（祭司文本）与以诺亚为主人公的洪水传说（非祭司文本），其思想渊源皆可追溯到古巴比伦史诗《阿特拉哈西斯》。

祭司文本作为上述非祭司文本的背景预设，其影响不但反映于特定的表述（如《创世记》6:6 使用了祭司文本习惯使用的表达专属于神的“创造”之意的词汇 bāra'）、特定的范畴（如《创世记》6:7 的动物清

① 结论参阅施密特 2021，页 207；详细讨论参阅 Pola 1995；Otto 1997；Kratz 2000。

单对于《创世记》1 章措辞的模仿，对应于《利未记》1—7 章对洁净动物与非洁净动物的区分），更在于神学思想上对于祭司文本的参考：

大洪水叙事之开始（《创世记》6:5–8）与终结（《创世记》8:20–22），都提到了神 “在心里”（’el-libbô）对于人类和世界之命运的思量，前者提到其“心中忧伤”（wayyit‘aṣṣēb ’el-libbô, 6:6），后者则将这种思量表述为“在心里说”（wayy’ōmer YHWH ’el-libbô, 8:21）；[①] 在前者的叙事中，神思虑后决意要将一切被造物从地面除去，“因为我后悔（kî naḥamtî）造了他们”（6:8），在大洪水后，神的思虑则转化为：“我不再因人的缘故诅咒土地，虽然（kî）人从幼年就心里怀着恶念，我也不再照（wᵉlō’ ’ōsēp ‘ôd）我曾做的毁灭一切生物了。”（8:21）前者中出现的 kî，表达因果关系，而后者所出现的 kî，则标志着意义的转折。这种大洪水前后神的心意转换，正是祭司文本所代表之非终末论的神人和解倾向的典型体现。[②]

《出埃及记》将先祖叙事（约瑟与其兄弟的故事）和出埃及叙事

① 旧约希伯来语将思考表述为自我在心中（灵魂中）的对话，植根于美索不达米亚与埃及（进而，整个地中海文明区）的相关传统，如苏美尔语 inim šagše ti，“思考”（直译：把话语放在心中）（如《伊南娜入冥府记》115），阿卡德语 ana libbiša amata iqabbi，“思考”（直译：对着心说话）（如《吉尔伽美什》X i 11），赫提语 Kumarbis-za ištanzani-šipiran memiškiwan daiš，“库玛尔比开始想”（直译：对着他自己的精神说）（Ullikummi IA iii 15, 27），它们构成了荷马史诗中 εἶπε πρὸς ὃν μεγαλήτορα θυμόν（《伊利亚特》11. 403）或 προτὶ ὃν μυθήσατο θυμόν（《伊利亚特》17. 200）“对着心说” 这类表述的先声与背景。参阅 Burkert 1992, 112（及页 212, Note 13）；West 1997, 198–199。正是在这种思想背景下，处于第一中间期的埃及生成了《一个厌倦生活者与他灵魂的对话》这样成熟而深刻的作品，它记述了一个对生活绝望的人与其灵魂巴（bꜣ）的对话。参阅本书页 70–71。

② 参阅施密特 2021，页 219–220。

（摩西带领族人离开埃及找寻应许之地）这两个相互独立的架构结合了起来，以色列人在埃及生养众多、繁衍昌盛（从而引发本土埃及人之忌惮压迫）这一主题（《出埃及记》1: 7, 9, 20），则成为连接二者的桥梁。①

《出埃及记》在整体性的祭司文本结构中，出现了某些明显区别于世界叙事（神与诺亚及其所代表的未来人类所立之约）和先祖叙事（神与亚伯拉罕之后裔所立之约）的特殊元素，最有代表性的是：

1.《出埃及记》3: 14 出现了神对于自我本质的宣说，"我是我所是"（'ehyeh 'ašer 'ehyeh，和合本译作：我是自有永有的）。这一定义是突破性的，不但突破了作为早期游牧民族之希伯来人，也突破了建立神权政治却并无哲学传统之以色列民族的世界认知—世界想象。这一陈述所包含的对神的本质与神性源流的启示指引，当属祭司文本中最具思辨性的代表，虽然对于摩西时代的希伯来人与进入迦南后的以色列人都显得过于深邃，却化作了摩西五经确立后以色列民族自我意识的一部分；

2.《出埃及记》6: 2–3，神向摩西揭示其不为先民所知的独特名字，对他说："我是耶和华（YHWH）。我从前向亚伯拉罕、以撒、雅各显现（'ērā'）为全能的神（'el šadday）；至于我的名字耶和华，我未曾让他们知道（lō' nôda'tî lāhem）。"YHWH［耶和华］，相对于带有普遍性意味、象征着神与整个世界关系的词汇 'elōhîm［神，以复数表唯一义］（世界叙事），以及表达对于以色列先祖亚伯拉罕、以撒、雅各

① 《出埃及记》1:8 提到"有一位不认识约瑟的新王兴起，统治埃及"，这与此前所述约瑟是上任法老极为宠幸、大权在握之宰相的记述并不相契，某种程度上，是为了解释埃及人对待以色列人态度的重大转变（"压迫"主题）而设计的写法。《出埃及记》1:6–8 可视作《出埃及记》将先祖叙事与出埃及叙事加以结合的浓缩形式，而 1:7 则显然是祭司文本的产物。参阅 Schmid 1999；施密特 2021，页 110–111，205–207。

之特殊关系的 ’el šadday［全能的神］（先祖叙事），是对于摩西及其族人的特殊示现，[1] 标志着某种较之以往更深刻紧密的精神连接，某种程度上可视作此前有关“我是我所是”之神性源流表述的延伸。

4. 波斯时期：旧约文学的成熟

公元前 539 年，波斯大军在巴比伦城马尔杜克祭司的配合下，顺利占领巴比伦。作为巴比伦城之“解放者”的居鲁士大帝，下令准许被掳至巴比伦的犹太人返回故土重建圣殿。尽管大多数被掳的犹太人后裔并未选择回归故土，第二圣殿的建造在大流士时期才付诸实施，但这一事件依然对犹太人的心理产生了巨大的影响。对于波斯的政治认同，化为耶和华神的应许与拯救在现实历史中（通过波斯帝国）得以实现的神学观念。同时，由于波斯帝国的版图几乎涵盖犹太人所知的世界整体，故而这一时期的旧约文学中，对于神与神之公义的普世性的强调，超越以往，而原本具有独立性的地下世界也被纳入神的领域。[2]

旧约文学在波斯时期最重大的成果在于：

（1）妥拉（Tōrā^{h}）的形成，即《创世记》—《申命记》作为一个整体（摩西五经）被确定下来，从而为旧约正典的确立创造了根本条件。妥拉之于波斯治下的犹太民族，是由本民族制订律法，在经帝国政府授权后，发挥帝国法律的作用，[3] 故而其内容、主题乃至神学基调皆呈

---

① 这种神对以色列民族的特殊示现，意味着神与以色列民族带有相互认同的特殊连接。作为其反命题，当这种连接被以色列民族普遍遗忘和背弃时，神对何西阿（Hosea）说，给孩子取名罗阿米（lō’ ‘ammî［非我民］），“因为你们不是我的民（kî attem lō’ ‘ammî），我也不是你们的（’ānōkî lō’-’ehye^{h} lākem）”（《何西阿书》1:9）。

② 参阅 Eberhadt 2007。

③ 有关妥拉的“波斯帝国授权”说，参阅 Blum 1990，页 342–360；Frei 1996。

现出多元与调适的意味。[①] 在此后的时代,妥拉文本的基本结构始终保持不变,虽有个别文本的调适,但不再有文本单元的整体插入。

(2)《创世记》至《列王纪下》之宏大历史叙事的整体综合:《创世记》—《约书亚记》的拯救历史(以色列民族到达并占有应许之地是其高潮),[②] 与《士师记》—《列王纪下》的惩罚历史(以色列民族失去王国与土地是其终结),构成了一种特殊的闭环结构(以色列民族从一无所有回到一无所有),从而呼应于先知书所预言的新拯救历史的开启。旧约从摩西五经到先知书的书卷序列结构,正反映了这种拯救历史—惩罚历史—新拯救历史的逻辑演化。

此二者对于旧约的最终定型皆有决定性的意义,标志着旧约文学的成熟。

就神学而言,有关弥赛亚(māšîªḥ[受膏者])想象之本质突破,是其在波斯时期的重大收获:

在此前包括第一以赛亚在内的先知传统与历史神学中,对弥赛亚意象的描绘,都在强调神的秩序时试图保留—调和其与以大卫家族为代表的王室关系,或以一个大卫式的君主作为在人间实施神的秩序的中介,《以赛亚书》中有关未来的预言如"他的政权(miśrāʰ)与平安必加增无穷,他必在大卫的宝座上治理他的国"(9:6)[③] 是典型的代表。

① 参阅 Knauf 1998; Knohl 2003。

② 摩西五经与《约书亚记》在表达拯救历史的一致性,是"六经"(Hexateuch)说在义理层面最主要的支撑。在"六经"中,《创世记》15 章、《出埃及记》3—4 章与《约书亚记》24 章这三个程式化的文本,构建了拯救历史的基本框架,从而将《创世记》《出埃及记》与其余各卷通过编修综合,成为具有基本历史线索连贯性的意义整体。参阅 Dozeman/Schmid 2006, 页 89-106。

③ 和合本《以赛亚书》9: 7。后波斯时代所生成的《历代志》依然延续这一理路,坚持对于大王王朝之应许(《历代志上》17:11-15),重复了 (转下页)

产生于波斯时期的第二以赛亚(《以赛亚书》40—55章),一方面承继着第一以赛亚(《以赛亚书》1—39章)中神的秩序通过经验世界的王者加以实现的传统,表达了对居鲁士作为以色列的解放者与重建者的期待(集中于40—48章,在45:1中,居鲁士被称作 māšîªḥô[他(神)的受膏者]),另一方面则特别通过四首"仆人之歌"(《以赛亚书》42:1-4, 49: 1-6, 50: 4-9, 52:13-53:12),以一个经历种种苦难、"被侮辱与被损害的"仆人作为世人受难的象征,通过其承担世人的所有罪孽,最终指向世界的救赎。

第二以赛亚的"仆人之歌",是希伯来传统在耶利米突破基础上(以个人取代以色列民族为选民,以个体存在—个人选择超越以色列的王权—国家作为神性秩序在世间之承载—显现),更彻底也更决定性的自我突破,通过个体(仆人)的生存受难经历,昭示人类整体在当下获得神圣救赎的可能:作为个体的受难仆人形象象征整体人类的命运,其中介是以色列民族作为诸民族一员的集体受难。这种受害者与救赎者合二为一、救赎通过受难得以自我实现的想象,超越了自西奈立约以降的以色列民族的集体经验(宗教的与政治的),成为后来基督教"道成肉身"论的先声。

被归于大卫名下的《诗篇》22,以"我的神,我的神,你为什么离弃我"('ēlî 'ēlî lāmāh 'ăzabtānî)开篇,显然是受到了第二以赛亚中"受难仆人"意象的影响,而这也是《马太福音》27: 46 所记载的耶稣在十字架上以阿拉美语所作的大声呼号(其希腊语为: ηλι ηλι λεμα σαβαχθανι)。无论这是耶稣受难时对《诗篇》的有意识引用,还是这种特定的遭遇引发其作出与《诗篇》所记载文字全然相

(接上页)《撒母耳记下》7:12-17 对大卫家族王位坚定直到永远的描绘,但将王国的主权由归于大卫转化为归于神("你的家和你的国,必在我面前永远坚立。你的国位也必坚定,直到永远")。

同的情感表达,都与第二以赛亚中"受难仆人"通过受难拯救世界的精神高度契合。

另一对于后世影响极为深远的神学突破,为《创世记》2—3 章有关人类先祖偷吃智慧果而被逐出伊甸园的记述。它与《以西结书》中对于人类因被逐出伊甸园而失去智慧的论述(28:13–17,特别是"因美丽心中高傲,因荣光而败坏智慧"之说),构成了鲜明的反差:《创世记》之伊甸园传说所透露的,是人类在丧失最初的天真与永生的同时,却获得了智慧(分别善恶的能力)①,而这种智慧本是专属于神的。这是精神上与祭司文本一脉相承却又较之祭司文本更高明而富于思辨的成果,其完成当是在波斯统治时期,作为对于琐罗亚斯德教有关善灵与恶灵之二元论对立的神学回应。②

阿拉美语(Aramaic, 'ᵃrāmît)打破希伯来语对旧约语言的垄断,也发生于波斯统治时期。以阿拉美语记载的部分主要包括《以斯拉记》4:8–6:18(阿契美尼德时期与在耶路撒冷恢复神庙有关的记载)与《但以理书》2:4–7:28(和犹太人及启示录相关的五个东方传说)。此外,还散见于《耶利米书》10:11(一句阿拉美语的句子,表达某种可

---

①《创世记》3:5 所出现的表述是"知晓善与恶"(yōd ʻē ṭôb wārā ʻ),迈蒙尼德在《迷途指津》中将此处的善(ṭôb)与恶(rā ʻ)解释为适用于普遍接受的意见(al-mashûrât),而不是事物的本质与永恒真理,后者对应于真(ʼ emet)与假(šeqer)这对术语。他认为,由于《创世记》此处文本使用的是"善"与"恶"而非"真"与"假",故而人类因不服从神而获得的只是意见,而非真理(与之相应的是,在《迷途指津》对《创世记》1:26 的解释中,论证了人的最高圆满在于理智)。这种神学解释显然基于柏拉图哲学有关真理(ἀλήθεια)与意见(δόξα)的区分。参阅 Maimonides 1963, I 2,页 23–26。

② 参阅本书第五章"扎拉图斯特拉与二元论宗教",页 261–265。

笑的思想）与《创世记》31:47（拉班所说的两个阿拉美语词汇）。据《列王纪下》18:26，阿拉美语是一种为亚述与犹太高级官员所理解的（’ªnāḥnû）通用语。阿拉美语在旧约中的出现，是其作为波斯帝国通用语（“帝国阿拉美语”）地位在犹太精神世界的反映。

5. 后波斯时期：旧约文学的定型

波斯帝国于公元前 330 年覆灭，征服波斯的马其顿王国在亚历山大大帝于公元前 323 年去世后因各方势力争夺继承权而陷入分裂，叙利亚—巴勒斯坦地区于公元前 3 世纪被置于占据埃及的托勒密王朝的统治之下，公元前 198 年后统治权又转移到塞琉古王朝。大量犹太人在这一时期移居亚历山大城（Alexandria），建立了流散社区。亚历山大城之于那一时代的地中海文明区，其地位可类比被掳时期的巴比伦。波斯帝国与马其顿王国两大超级力量在短时间内相继崩溃，但伴随亚历山大远征所形成的“天下”（*οἰκουμένη*）观念已深入人心，地中海地区进入诸雄并起相争的“天下时代”。超级帝国的兴衰命运，化作带有深刻悲观意味的对于人类普遍命运的觉知，成为诺斯替运动在整个地中海东部酝酿传播的社会心理基础。

波斯帝国的覆亡与“天下时代”的到来，对犹太神学的最大影响是“终末论”（eschatology）在各个层面的渗透，典型的例子体现在创作于波斯时代的《但以理书》：第 2 章中但以理对尼布甲尼撒所梦之巨像的解释与第 7 章但以理本人所梦来自海上的四只巨兽，都反映了用以解释地中海世界霸权兴替命运的“四大帝国”说，[①] 第 7 章从“至高者的圣民，必要得国享受，直到永永远远”至“国度、权柄和天下诸国的大权，必赐给至高者的圣民。他的国是永远的，一切掌权的都必侍奉他、顺从他”（7:18–27）的描绘，则表达了神的国度终会到来并永

① 参阅 Steck 1982；施密特 2021，页 258–259，291；亦参本书页 131–132。

久存在的信念，从而将历史的目的从世俗之霸权兴替转化为神的直接临在与统治。

与神的王国到来紧密相关的，是神的世界审判这一意象，它集中地反映于《以赛亚书》《耶利米书》与十二小先知书等先知文献，其范围则从原有的对于各邦各族的审判发展为囊括万事万物的宇宙审判，代表着审判的巨大灾祸，非但涉及“万民”（gôyim）与“凡有血肉之躯的”（kål-bāśār），更涉及“全地”（ kål-hā’āreṣ），“全地和其上所充满的，世界和其中所出的”（《以赛亚书》34:1，《耶利米书》45:4–5），乃至“天上万象”（kål-ṣebā’ haššāmayim）（《以赛亚书》34:4）。这种无所不在的审判—灾祸理念，与祭司文本所表达的大洪水后神与人类以及一切有血肉之生灵订立永约的神学表述（《创世记》第 9 章），构成尖锐的对立。如果说后者以波斯治下万邦和谐的理想状态为背景，那么前者则是和平为战争摧毁之酷烈面相的神学化表达。

这一阶段的旧约文学，面临着文化—社会生活中的希腊化（“希腊主义”）与初露峥嵘的诺斯替运动的双重影响。相对于这一时期以希腊语所写的《所罗门智训》和以斐洛为代表的将犹太神学与希腊哲学加以结合的路向，旧约文学体现了较保守的倾向，以一种类似《约书亚记》至《列王纪》中对迦南各种地方宗教礼仪的正统立场，表达对以古代背景发生的希腊化世界之众多宗教—文化现象的批判与拒绝。但是，《箴言》中，智慧（ḥākmā^{h}）被拟人化为一位女性先知（3: 15–18, 7: 4, 8–9 章），则呼应于希腊神话中表征智慧的女神墨提斯（*Μῆτις*）、雅典娜（*Ἀθήνη*），以及诺斯替传统中的智慧女神索菲亚（*Σοφία*）①。

---

① 这种意象很可能也受到了巴比伦传统的影响。在《箴言》8:30，智慧被称作与神在一起的 ’āmôn［工师］，这一词汇源自阿卡德语 ummânu［专家，工匠］。《箴言》中智慧作为主神身边的“工师”，对应于巴比伦史诗《阿特拉哈西斯》中创造人类的女神玛米（Mami），她的称谓名号正是“智慧的”（erištu, I 193）。

旧约在文本层面的重要发展，于托勒密时期体现在《传道书》《历代志》《以斯帖记》的创作，整合第一、第二、第三以赛亚为一体的《以赛亚书》的形成；于塞琉古时期，则表现为前先知书（《约书亚记》—《列王纪下》）与后先知书（《以赛亚书》—《玛拉基书》）的合并，即先知书的定型与正典化，《诗篇》的整体成型，以及若干“典外文献”[①]的产生，如《便西拉智训》《所罗门智训》《巴录书》《马加比书》《多比书》《犹滴传》《禧年书》等。

创作于公元前 3 世纪下半叶的《传道书》，突出体现了犹太精神与希腊化时代整体氛围的砥砺与融合。它采用的第一人称王室遗书形式，当是受到以《对梅里卡瑞的教谕》为代表的埃及传统的影响，其思想倾向与论辩主题，则与那一时期的怀疑主义、斯多葛派、伊壁鸠鲁派哲学多有关联。

这一文本的独特性在于：较之怀疑主义之“悬置”（epochē）立场，则体现了坚定的对于神的信仰，从而更接近于斯多葛派；较之斯多葛派对理性（logos）的推重与禁欲主张，则宣扬神造物虽皆有其时，但人无法探知神的意旨，应坦然接受神意安排，及时行乐，其典型的论述如“神造万物，各按其时（bᵉ‘ittô）成为美好，又将永恒放在世人心里；然而神从始至终的作为，人不能参透（lō’-yimṣā’）。我知道，人除了终身喜乐纳福（liśmôᵃḥ），没有一件幸福的事。并且人人吃喝，在他的一切劳碌中享福（rā’āʰ），这也是神的赏赐”（《传道书》3:11–13），颇类似伊壁鸠鲁派以快乐为幸福之根源的观点；较之伊壁鸠鲁派以灵魂的恬静状态为快乐之本，则更重视身体的满足（以吃喝快乐为代表，如《传道书》5:18，8:15，9:8–9）。

与上述三种哲学理路皆有所不同的是，《传道书》所传达的及时享乐观念，带有极深的悲观主义底色，“虚空”（ḥebel）这一概念在书

① 这一概念是传统意义上被归于“外典”（Apocrypha）与“伪典”（Pseudepigraphia）作品的统称。

中反复出现（如 4:4, 4:16, 6:11, 8:14），指向现实世界之真实状态，故而其根本之精神气质，最接近于“以生为累”的诺斯替主义，但以一种表面的满足口腹之欲的享乐态度，作为对无意义世界的回应，这是一种对无意义者的无奈的意义赋予。它与《约伯记》堪称旧约文学—神学中最富思辨性的代表。

二、旧约文学的“层累构造”特征

在自公元前 10 世纪至塞琉古时期的漫长历史过程中，希伯来人精神世界演化的重要痕迹以层累构造的方式保留在《旧约》中。这种层累构造的特征，不但反映在以源本学说为代表的源流文献的创作与编修中,也体现在各种不同源流的思想元素与文明元素之保存与流变中。

《旧约》文本的编修过程，由《耶利米书》第 36 章的记述可窥见一斑：在约雅敬王烧了第一个书卷后，“于是耶利米又取一书卷，交给尼利亚的儿子文士（sōpēr）巴录，他就从耶利米的口中写了犹大王约雅敬所烧前卷上的一切话，另外又添了（nôsap）许多相仿（kāhēmmā[h]）的话”（《耶利米书》36: 32）。这段文字（及此前的 36: 4）清晰地表明，耶利米的话，不是由其本人而是由文士巴录所记载的，在此意义上，耶利米与巴录是这一书卷的共同作者，而这种写作传统又使得“添了许多相仿的话”[①] 的文本扩展方式成为可能。因而，当《旧约》被称作“犹太人的图书馆”时，它表达的不但是作为早期犹太人整体生命经验与历史经验之综汇的事实，也指向一种有别于寻常理解的书卷传统：《旧约》的书卷作者，更大程度上是象征符号而非具体的个人，以此对特定之传承—传统命名，正如希腊传统中以荷马命名《伊利亚特》

① 文中的 nôsap［添加］为被动态形式，故而“相仿的话”也可能是出自耶利米本人。但相仿的话被添加到旧文本中，则是一种超越特定作者的文本扩展与演绎机制。参阅施密特 2021，页 31–32。

与《奥德赛》的作者。在旧约文本的作者与编修者之间进行截然的划分常常是无效的，[①] 编修者之于其所编修之作品，某种程度上类似于美索不达米亚的书吏之于其所“忠实”抄录的文本。[②]

《旧约》中最古老的文学层面，往往可在乌迦利特语（Ugaritic）叙事诗歌传统中寻到对应：[③] 如《士师记》8:1–2, 20:44–46，《耶利米

---

① 凡·塞特斯（John Van Seters）认为旧约文本（如同其他古代文学作品一样），是编修（editorial）过程的结果，是编辑者或修订者们的作品，当是夸大了编修在旧约文学中的地位与作用，可谓从反对作者中心主义转向了编者中心主义。在方法论上，他质疑旧约文本是否能有效地区分出基础层面与编订所增减的内容，认为文本通过作者化的编修，新的元素已经融入了文本传统，无法被单纯地加以分辨提取，具有一定的合理性，但无法从根本上否认对古代文本之历史层次加以剖辨的合理性。参阅 Van Seters 2006，页 398。相对而言，施密特认为旧约书写过程中使用了不同的编修方法，并列举了多个例子展现编修在旧约文本构造中的不同作用（如《撒母耳记上》9: 9 中将 ro'e^{h}［预言者］解释为 nābî'［先知］一词的古老表达，《阿摩司书》3:1 与 5:1 对这一作品 3–6 章作为一个整体的提示勾连，《以赛亚书》35 章作为第一以赛亚与第二以赛亚之间的衔接过渡），显得更为合理。参阅施密特 2021，页 51–52。对于旧约文学编修现象之整体特征的讨论，参阅 Ska 2005。

② 参阅本书第二章，页 136–138。

③ 乌迦利特语文本源自古代的乌迦利特（Ugarit）城，它位于今叙利亚拉塔基亚城北 10 余公里的海岸内陆，与塞浦路斯东端隔海相望。1928 年，因当地农人耕作时意外掘开一座古墓，古城得以被发掘，在那里发现了某个古代王国的大量遗存，包括神庙、王室与私人的图书馆以及用多种文字记载的大量文献。乌迦利特语与旧约希伯来语同属西北闪米特语族，拥有该语族最古老的文字材料，它们以一种独特的字母楔形文字（乌迦利特字母）被加以记载。公元前 1450—前 1200 年是乌迦利特王国的全 （转下页）

书》49:9，以农业上的采取果实（葡萄）、拾取谷穗比喻军事行动，对应于乌迦利特语《巴尔故事集》（*Baal Cycle*）中女神阿纳特（Anat）“在膝盖深的地方采集（tǵll）勇士的鲜血（bdm ḏmr），在脖子深的地方采集战士的内脏（bmm‘ mhrm）”（9 Ⅱ 13–15）。① 利维坦，是《旧约》中给人留下极深印象的远古巨兽，《以赛亚书》将其称作快行的蛇、曲行的蛇，“到那日，耶和华必用他刚硬有力的大刀刑罚（yipqōd）利维坦，那快行的蛇（nāḥāš bāriᵃḥ）；刑罚利维坦，那曲行的蛇（nāḥāš ‘aqallatôn），并杀海中的大鱼”（27:1），《诗篇》把神对利维坦的打击表述为“你压碎了利维坦的多个头颅（rā’šê）”（74:14），这种主神打击曲行而多首巨蛇的意象，可视作对《巴尔故事集》中的描述的发挥——“我与曲行的蛇交战（mḫšt bṯn ‘qltn），那拥有七个头颅（šb‘t rašm）的强者”（9 Ⅲ 41–42）②，旧约希伯来语表达“曲行的”词汇 ‘aqallatôn、《诗篇》表达头颅的复数形式 rā’šê 与《巴尔故事集》所使用的 ‘qltn、rašm 高度对应，当具有某种精神—文学的共通性。

类似的共通性，也体现于二者对神的称谓，如旧约希伯来语 melek ‘ôlām［永恒之王］（《耶利米书》10:10，《诗篇》10:16）与乌迦利特语 mlk ‘lm［永恒之王］（通常出现在 rpu mlk ‘lm［英雄，永恒之王］的程式，如 KTU² 1.108:1）；③ 旧约希伯来语 ṣebā’ôt［（拥有）军队

（接上页）盛期，乌迦利特语文献也多集中于这一时期。它们的发现，对于认识叙利亚—巴勒斯特地区的早期文明—文化形态与古西北闪米特语的演化具有重大意义，也为《旧约》比较研究提供了重要的文献参照。相关研究概况，参阅 Watson/Wyatt 1999。

① 乌迦利特语文本，参阅 Parker 1997，页 107。

② 同上，页 111。

③ 近似的表述还有 mlk ‘llmy（通常出现于 zbl mlk ‘llmy［王子，永恒之王］的程式，Ep. 53），mlk ‘lmk［你永恒的王（权）］（KTU² 1.2:IV:10：mlk ‘lmk drkt dt drdrk［你永恒的王权，你持久的统治］）。

的]，出现在 YHWH ṣebā'ôt[万军之耶和华]的表述中（如《以赛亚书》9:6），乌迦利特语中对战争之神拉沙帕（Rašap）的称谓则是 ršp ṣbi[拥有军队的拉沙帕]（$KTU^2$1.91:15）。

古希伯来人由沙漠中放牧的牧人生活向定居于迦南地区的农业生活转化过程中，若干游牧民族的习俗依然保存下来：《申命记》中关于征兵时“谁惧怕胆怯，他可以走开并回家去（yēlēk w^{e}yāšob l^{e}bêtô）”的说法（20:8），是古老的游牧民族依照自愿原则参战之传统在犹太先知的战争想象中的映射；① 在占据主流的长子继嗣制（继承权）外，还始终保留着更为古老的末子继嗣制（继承权）的痕迹②。《创世记》中，雅各（Jacob）利用兄长以扫（Esau）的饥饿，从他那里用一碗汤（nāzîd）换取其长子继承权（b^{e}kôrâ^h）的传说（25: 29–34），以及雅各本人对于幼子约瑟（Joseph）的偏爱（37: 3–4）、约瑟对两子中幼子法莲（Ephraim）的偏爱（48:14），是这种古老的末子继嗣制传统的折射与再现。

不同传统有关神之观念（认知与想象）的交错与融合，在《列王纪上》第八章中集中展现：包括带有埃及痕迹的传统、前被掳期的以色列传统、后被掳期发展的新传统。

埃及传统的影响体现于《列王纪上》（以下简称《王上》）8: 12–13，所罗门说，“耶和华曾说，他必住在幽暗之处（liškōn bā'ărāpel）。我已经建造殿宇作你的居所，为你永远的住处（l^{e}šibt^{e}ka 'ôlāmîm）”（8:12–13）。未见于希伯来语版本但保存于“七十士书”的古希腊语译本中，所罗门祈祷的最后出现了这样的表述：主已在天上令太阳显现（*αὐτόν ἥλιον ἐγνώρισεν ἐν οὐρανῷ*），但宣称将住在幽暗之处（*τοῦ κατοικεῖν ἐν γνόφῳ*）。“为我建一座居所，也为你建一座富丽堂皇的居

---

① 参阅韦伯 2007，页 27–31。

② 参阅弗雷泽第二章中对末子继嗣制的讨论，特别是页 189–192。

所，以作新居（*τοῦ κατοικεῖν ἐπὶ καινότητος*）”（8:34）。这位在天上令太阳显现而自身却隐藏于幽暗的神，体现了典型的古埃及十九王朝时期赞美诗中与太阳神拉合而为一的阿蒙神（jmn）的意象，在赞美诗中，阿蒙神的名字被解释为“隐藏的”（jmn）：“他的名字隐秘不为儿女所知，因此他的名字叫阿蒙。”[①]这表明，这座圣殿在此之前是献给太阳神阿蒙-拉的：对于阿蒙神的崇拜，在埃及新王国时期伴随“帝国”在亚洲的扩张也在埃及之外的土地颇为兴盛，而埃及文化在黎凡特地区的影响力直至公元前10—前9世纪依然清晰可辨。[②]此后西北闪米特宗教观念的复兴，并未完全抹去太阳神阿蒙-拉信仰的痕迹，而是促成了太阳神信仰与主神耶和华信仰的结合，后者逐渐拥有了太阳神的属性。[③]

《王上》8:14–21反映了前被掳期的以色列传统：所罗门回顾了神对其父大卫所作之应许，大卫愿为神的名建造圣殿，神对大卫之子将建造此圣殿的预言，欣幸于应许—预言的实现（自己的即位、圣殿的建成、象征神与以色列人之约的约柜的安置）。为神的名所建的圣殿，被视作神临在于世间的核心场所。

《王上》8:22以下，借着所罗门向天上张开双臂祈祷的行动，反映神的形象从临在于圣殿转为高居于天上，神在天上也有宝座，圣殿作为神临在于世间的核心场所的理念被扬弃，从而回应了现实中圣殿被毁所带来的临在困境，“神果真住在地上吗？看哪，天和天上的天（hašāmayim ušᵉmê hašāmayim）尚且不足让你居住的（lōʼ yᵉkalkᵉlûkā-ʼap），何况我所建的这殿呢”（8:27），圣殿的功能转化为

①《阿蒙-拉赞美诗》V 5, ANET, 页366。

②黎凡特地区出土的后拉美西斯时代的印章护身符（Stamp-Seal Amulets）证实了这种文化影响。参阅Münger 2005。

③参阅Janowski 1999; Keel 2007, 页189–198, 267–272; Leuenberger 2011; 施密特2021, 页75–76。

某种提请神关注垂怜以色列民族的中介，“你仆人和你百姓以色列向此处祈祷的时候，求你在天上的居所垂听，垂听而赦免”（8:30），“你的百姓以色列，或众人或一人，内心知道有祸，向这殿举手，求你在天上你的居所垂听、赦免”（8:38–39），“你的百姓……他们若向耶和华所选择的城，以及我为你名所建造的这殿祷告，求你在天上垂听他们的祷告祈求，为他们伸张正义”（8: 44–45）。

在旧约文本“层累构造”的过程中，出于各种原因，会出现某些不能以寻常逻辑加以统合的情节内容，典型的例子如《出埃及记》第4章，摩西在路上住宿，神遇到他，想要杀他。西坡拉（Zipporah）用火石割下儿子的包皮，丢在摩西脚下，将摩西称作“血的新郎”（ḥătan-dāmîm），这样神才放过了他（4:24–26）。神要杀摩西的这段插曲，几乎是紧随其向摩西展示自己的名字、对他委以重任的场景之后，从而构成某种巨大的解释困境。它或许与此前“耶和华向摩西发怒”的内容有关（4:14），以表明一旦耶和华的愤怒（’ap YHWH）升起，则必将降临灾祸，即便蒙受神恩者也不例外。[①]

三、旧约文本的形成与经典化

旧约正典的形成，是一个漫长而动态的历史过程。犹太历史学家约瑟夫斯于公元1世纪90年代完成的《驳阿庇安》（*Against Apion*），对犹太经典如此描述（1. 38–41）：[②]

---

① 《出埃及记》第19章中有一段与之相似但并不那么极端的描写：神将摩西召到西奈山上向其现身后，让他吩咐百姓不可越过界限来看以免死亡，吩咐亲近神的（haniggašîm ’el-YHWH）祭司自洁（yitqaddašû）以免神去击杀他们（19:21–22）。这或者暗示着越是与神亲近者也就有越高的期许与要求，而一旦无法满足便会引发更巨大的神怒。

② 译文参阅约瑟夫斯2016，页79。

我们民族没有成千上万彼此矛盾而又相互冲突的著述，我们民族仅仅只有22部正典，这22部正典包含了过去所有的记录，也非常值得信赖。其中5部是摩西所作，包含了一个人从出生到死亡律法和习俗；这一期间稍稍少于3000年，从摩西去世到波斯国王阿尔塔薛西斯一世统治期间。摩西之后的先知撰写了13部正典，写的是他们那个时代的历史。余下的4部正典则包含了对上帝的赞美诗和人类生活的道德准则。从阿尔塔薛西斯一世到我们现在这个时代的所有历史都被记录了下来。但是他们不值得获得同样高的信赖，因为后世一连串的先知都没有发挥这种精确记录的精神。

《希伯来圣经》卷数共计22，当是对应于22个希伯来字母，类似《伊利亚特》与《奥德赛》各为24卷对应于24个希腊语字母。约瑟夫斯将正典分为三大类：

1. 律法书，即摩西五经，最初诞生对应于《创世记》，立法者去世则是《申命记》最后一章的内容。

2. 先知书，包含着历史书与严格意义上的先知作品，以阿尔塔薛西斯一世为先知时代的结束标志，指向《以斯拉记》与《尼希米记》这两部明确提及阿尔塔薛西斯一世的作品。约瑟夫斯提到的13卷书，当是指《约书亚记》《士师记》《撒母耳记上》《撒母耳记下》《列王纪上》《列王纪下》《以斯拉记-尼希米记（合为一卷）》《以斯帖记》《以赛亚书》《耶利米书》《以西结书》《但以理书》《十二小先知书》。①

3. 其他。应当包含《诗篇》与《箴言》，可能还包括《约伯记》与

① 即《何西阿书》《约珥书》《阿摩司书》《俄巴底亚书》《约拿书》《弥迦书》《那鸿书》《哈巴谷书》《西番雅书》《哈该书》《撒迦利亚书》《玛拉基书》，被合编为一卷，因区别于《以赛亚书》《耶利米书》《以西结书》这三部“大先知书”而得名。

《传道书》。

可以探讨的是，约瑟夫斯（及其所依托的传统）对22卷希伯来圣典的表述在多大程度上代表着历史的真实，或说，对希伯来圣经经典化的完成具有多大的象征意义？它是否可类比于由12块泥板构成的经典巴比伦语版《吉尔伽美什》或庇西特拉图时代荷马史诗的经典化过程？若这种希伯来圣经的经典化过程确实存在，那么类似《雅歌》（《所罗门之歌》）这样的作品是否在当时也属于圣典的一部分？

约瑟夫斯对希伯来圣经之构成的描述，相对于此后犹太教传统（马索拉传统）的塔纳赫（TNK）结构，即圣经由妥拉（Tōrā^{h}）、先知书（N^{e}bî'îm）、圣文集（K^{e}tubîm）三部分构成，律法书对应于妥拉，二者的先知书部分也有较高程度的重合，差异主要体现在第三部分：圣文集吸纳了部分约瑟夫斯归于先知书名下之篇目（《以斯帖记》《但以理书》《以斯拉-尼希米记》），并加入了《耶利米哀歌》《雅歌》《路得记》，它们与约瑟夫斯意义上"其余的四卷书"（《诗篇》《箴言》《约伯记》《传道书》）共同构成圣文集的内容[①]。

据优西比乌《教会史》的记载（Ⅵ, 25），[②]奥利金在注释《诗篇》第一篇时，同样提到正典经卷共有22部，对应于希伯来字母表

---

① 在后期犹太教传统中，先知书进一步被划分为"前先知书"（《约书亚记》至《列王纪下》）和"后先知书"（《以赛亚书》至《玛拉基书》），圣文集中的《路得记》《雅歌》《传道书》《耶利米哀歌》《以斯帖记》则构成了"五经卷"（M^{e}gillôt），分别对应于五旬节、逾越节、住棚节、阿布月的第九天、普珥节这五个特定的节日。在各种希伯来圣经的手抄本中，存在着大量对常规圣典编排次序的偏离。大体而言，妥拉的顺序一直是固定的，先知书至少有9个异文出现于"后先知书"部分，圣文集的排列自由度最大，至少有70种不同的排列方式已被证实。参阅施密特2021，页22–24。

② 参阅优西比乌2009，页288–230。

中的字母数。他所记录的旧约书目是:《创世记》《出埃及记》《利未记》《民数记》《申命记》《嫩的儿子约书亚》《士师记·路得记》(二书合为一书),《列王纪一》和《列王纪二》(Samuel[被神所召唤的],此为一卷),《列王纪三》和《列王纪四》(Quammelch David[大卫的王国],此为一卷),《历代志上》和《历代志下》(Dabre iamin[年代记]此为一卷),《以斯拉书上》和《以斯拉书下》(Ezra[帮助者],此为一卷),《诗篇》《所罗门箴言》《传道书》《歌中之歌》(即《雅歌》),《以赛亚书》《耶利米书·哀歌·书信》(此为一卷),《但以理书》,《以西结书》《约伯记》《以斯帖记》。在此书目之外,还有《马加比书》。

奥利金所列的旧约正典,代表了早期基督教会所认可的旧约篇目。其《列王纪一》和《列王纪二》,对应于《撒母耳记上》和《撒母耳记下》,《以斯拉书上》和《以斯拉书下》包含《以斯拉记》《尼希米书》和《以斯拉三书》,《耶利米书·哀歌·书信》包含《耶利米书》《耶利米哀歌》和《巴录书》,比较值得注意的是提到《历代志上》与《历代志下》而无《十二小先知书》。《马加比书》在其余诸书之外被独列,很可能是为了配合22部这个数字习惯而加上去的。

昆兰(Qumran)地区发现的大量(930份)抄本("死海卷轴")中,包含着某些旧约经卷(211或218份):[①] 其中抄本最多的是《诗篇》(34或36份),其次为《申命记》(30或32份),抄本超过10份的有《以赛亚书》(21份)、《创世记》(20或21份)、《出埃及记》(16份)、《利未记》(12或13份);对于经书的注释,主要集中在先知书,最多的是《以赛亚书》(6份)与《诗篇》(3份),对于《诗篇》的连续注释表明,昆兰社团或将其也视作某种先知书。《诗篇》被视作先知

① 参阅范德凯 2017,页 46–50, 61–64。

书与为数不少"典外文献"抄本的存在(《禧年书》的抄本多达14或15份!),都指向这一事实:对于昆兰社团而言(其生活时代大约在公元前1世纪—公元1世纪),[①] 旧约的正典化尚未完全确立。

综论

依据19世纪至20世纪中叶的解释传统,在旧约传统构建之初便存在着一种全面的综合(威尔豪森认为在犹大王国时期存在一种五经文本的全面综合,冯拉德则把这种综合限定于所罗门统治时期)。然而,20世纪80年代以来的研究则表明,《旧约》所构造的救赎历史,无论是摩西五经中恢宏的救赎历史叙事,还是《旧约》各部分涉及的对救赎历史的信条式概括,都并非出现于旧约传统构建之初,而是出现于这种传统构建的后期(即"巴比伦之囚"事件发生后)。[②] 与之相应的是以色列与其他近东—中东民族之间存在启示神学与自然神学的根本差异:以色列宗教在其初始阶段即具备启示("救赎历史")的特征,以色列人信仰一位在历史中自我启示—显现的不可言说的神;其他民族则将历史纳入"宇宙创生论"的框架。这一系列通过贬抑以色列所置身的历史环境中其他民族(特别是作为这一地区文明引导者的巴比伦文明)的宗教形态以凸显其"启示神学"优越性的观点,[③] 其

---

① 参阅范德凯2017,页31–41。

② 相关研究概述,参阅施密特2021,页35–41;重要成果,参阅Blum 1984;1990;Albertz 1992;Gertz 2000。

③ 在超越狭义宗教史范畴的思想史领域,沃格林的《秩序与历史》系列,特别是卷一《以色列与启示》与卷四《天下时代》,既以此类观念为论证基础,又以某种思辨与谵妄深度纠缠交错的方式对其加以呈现。

前提基础也都无可避免地发生动摇。

如果把“启示神学”视作希伯来民族实现轴心突破的关键，那么这种神学的出现与成熟，恰恰是以埃及、巴比伦、波斯、希腊等最具影响力的周边民族之存在为前提的，这种影响体现在希伯来人现实与精神领域的方方面面，并在启示神学的内核中留下自己的印记，如《阿曼尼摩比教诲》之于《箴言》，巴比伦神义论之于《约伯记》，波斯帝国之于第二以赛亚，希腊哲学之于《传道书》。

犹太教与基督教、《旧约》与《新约》之间极丰富复杂的精神关联与差异，在此无法展开讨论，但可以通过下面这个例子窥见一斑，即二者有关如何爱神（如何对待神）这一主题的极为相似却又有所不同的表述：

《申命记》第 6 章针对以色列人提到，“以色列啊，你要听！耶和华是我们的神，唯一的主。你要尽心（b^{e}kål-l^{e}bābkā）、尽性（b^{e}kål-napš^{e}kā）、尽力（b^{e}kål-m^{e}’ōdekā）地爱耶和华你的神”（6: 4–5）；类似的表述还出现于《列王纪下》23:25。

《马太福音》第 22 章中，针对有关律法诫命中何者为大的问题，耶稣答道：你要尽心（*ἐν ὅλῃ τῇ καρδίᾳ σου*）、尽性（*ἐν ὅλῃ τῇ ψυχῇ σου*）、尽意（*ἐν ὅλῃ τῇ διανοίᾳ σου*）爱主你的神（22: 37）。

在柏拉图的《理想国》第六卷中（Ⅵ, 511d–e），*διάνοια* 作为反思之认识，对应于几何学及其同类之思维方法（*ἕξις*），被认为介于理性（*νοῦς*）与意见（*δόξα*）之间，在灵魂的四种存在方式等级中位居第二，低于代表概念的理性（*νόησις*），高于信仰（*πίστις*）与表象 / 图画式知识（*εἰκασία*）。《马太福音》将耶稣所说的阿拉美语译作希腊语的过程中，无论是否出于对柏拉图哲学的回应，恰好选择了具有反思—明辨意味又不像 *νοῦς* 或 *νόησις*［理性］那样深地打上哲学思辨印迹的词汇 *διάνοια*，并构成了希伯来与希腊思想传统具有象征性的沟通桥梁。

参考文献

范德凯(James C. VanderKam),《今日死海古卷》,柳博赟译,上海:华东师范大学出版社,2017

弗雷泽(James George Frazer),《〈旧约〉中的民间传说:宗教、律法与神话的比较研究》,叶舒宪、户晓辉译,西安:陕西师范大学出版社,2012

加斯特(Theodor H. Gaster)英译,《死海古卷》,王神荫译,曹兴治、莫如喜校,北京:商务印书馆,2003

朗文(Tremper Longman Ⅲ)、狄拉德(Raymond B. Dillard),《旧约导论》,石松、肖军霞、于洋译,上海:同济大学出版社,2014

施密特(Konrad Schmid),《旧约:一部文学史》,李天伟、姜振帅译,上海:上海三联书店,2021

威尔豪森(Julius Wellhausen),《古以色列史》,乔戈译,上海:上海三联书店,2015

韦伯(Max Weber),《古犹太教》,康乐、简惠美译,桂林:广西师范大学出版社,2007

沃顿(John H. Walton),《古希伯来文明:起源和发展》,李丽书译,上海:华东师范大学出版社,2017

沃格林(Eric Voegelin),《以色列与启示》(秩序与历史卷一),霍伟岸、叶颖译,南京:译林出版社,2010

——.《天下时代》(秩序与历史卷四),叶颖译,南京:译林出版社,2018

优西比乌(Eusebius),《教会史》,保罗·L·梅尔英译、评注,翟旭彤译,北京:生活·读书·新知三联书店,2009

约瑟夫斯(Flavius Josephus),《驳希腊人》,刘小枫编,杨之涵译,上海:华东师范大学出版社,2016

Albertz, R., 1992. *Religionsgeschichte Israels in alttestmentlicher Zeit*, Göttingen

——.2003. “Der sozialgeschichtliche Hintergrund des Hiobbuches und der Babylonischen Theodizee”, *Geschichte und Theologie.Studien zur*

Exegese des Alten Testaments und zur Religionsgeschichte Israels, Berlin / New York : 107-134

Athas, G., 2003. *The Tel Dan Inscription*. A Reappraisal and a New Interpretation (JSOT Suppliment Seires 360), Sheffield

Blum, E., 1984. *Die Komposition der Vätergeschichte*, Neukirchen-Vluyn

——.1990. *Studien zur Komposition des Pentateuch,* Berlin / New York

Burkert, W., 1992. *The Orientalizing Revolution: Near Eastern Influence on Greek Culture in the Early Archaic Age*, translated by Margaret E. Pinder and Walter Burkert, Cambridge Massachusetts / London

Davies, A. R., 2013. *Tel Dan in Its Northern Cultic Context* (Society of Biblical Literature archaeology and biblical Studies, Vol. 20), Atlanta

Dozeman, T. / Schmid, K. (ed.), 2006. *A Farewell to the Yahwist? The Composition of Pentateuch in Recent European Interpretation* (Society of Biblical Literature Symposium Series 34), Atlanta

Eberhardt, G., 2007. *JHWH und die Unterwelt, Spuren einer Kompetenzausweitung JHWHs im Alten Testament,* Tübingen

Fischer, A. A., 2005. "Die literarische Entstehung des Großreichs Davids und ihr geschichtlicher Hintergrund: zur Darstellung der Kriegs-Chronik in 2 Sam 8, 1-14 (15)", in U. Becker / J. van Oorschot (hrsg.), *Das Alte Testament-ein Geschichtsbuch?! : Geschichtsschreibung Oder Geschichtsüberlieferung im antiken Israel*, Leipzig: 101-128

Finkelstein, I. / Silberman, N. A., 2006. *David and Solomon: in Search of the Bible's Sacred Kings and the Roots of the Western Tradition*, New York

Foster, B. R.(ed.),2005. *Before the Muses: An Anthology of Akkadian Literature,* 3rd Edition, Bethesda

Frei, P. / Koch, K, 1996². *Reichsidee und Reichsoranisation im Perserreich*, Fribourg

Gertz, J. C., 2000a. "Die Stellung des kleinen geschichtlichen Credos in der Redaktionsgeschichte von Deuteronomium und Pentatuech", in R. G. Kratz/ H. Spieckermann (Hrsg.), *Liebe und Gebot: Studien zum Deuteronomium*, Göttingen: 30-45

——.2000b. *Tradation und Redaktion in der Exoduserzählung* (Forschungen zur Religion und Literatur des Alten und Neuen Testaments 189), Göttingen

——.2004. "Konstuierte Erinnerung. Alttestamentliche Historiographie im Spiegel von Archäologie und literarhistorischer Kritik am Fallbeispiel des salomonischen Königtums", *Berliner Theologische Zeitschrift 21*(1): 3-29

Gertz, J. C. / Schmid, K./ Witte, M.(hrsg.), 2002. *Abschied vom Jahwisten: Die Komposition des Hexateuch in der jüngsten Diskussion*, (Beihefte zur Zeitschrift für die alttestamentliche Wissenschaft 215), Berlin / New York

Guillaume, P., 2004. *Waiting for Josiah: The Judges, Journal for the Study of the Old Testament Supplements 385*, London

Holloway, S. W., 1997. "Assyria and Babylonia in the Tenth Century BCE", in L. K. Handy (ed.), *The Age of Solomon, Scholarship at the Turn of the Millenium*, Leiden: 202-216

Janowski, B., 1999. "JHWH und der Sonnengott, Aspekte der Solarisierung JHWHs in vorexilscher Zeit", in *Die rettende Gerechtigkeit, Beiträge zur Theologie des Alten Testaments 2*, Neukirchen-Vluyn: 192-219

Kammenhuber, A., 1993. "Die hethitischen Vorstellungen von Seele und Leib, Herz und Leibesinnerem, Kopf und Person", *Kleine Schriften zum Altanatolischen und Indogermanischen, 1. Teilband, 1955-1968*, Heidelberg: 232-340

Keel, O., 2007. *Die Geschichte Jerusalems und die Entstehung des Monotheismus,* 2 Teillbände, Göttingen

Kanuf, E. A., 1998. *Audiatur et altera pars: Zur Logik der Pentateuch-Redaktion*, Bibel und Kirche 53:118-126

Knoch, I., 2003. *The Divine Symphony:The Bible's Many Voices,* Philadelphia

Kratz, R. G., 2000. *Das Komposition der erzählenden Bücher des Alten Testament,* Göttingen

——.2006. "The Growth of the old Testament", in J. W. Rogerson / J. M. Lieu (ed.), *The Oxford Handbook of Biblical Studies*, Oxford: 459-488

Lambert, W. G., 1996. *Babylonian Wisdom Literature*, Indianna

Leuenberger, M., 2011. *Gott in Bewegung: Religions- und theologiegeschichtliche Beiträge zu Gottesvorstellungen im alten Israel*, (Forschungen zum Alten Testament 76) , Tübingen

Maimonides, M., 1963. *The Guide of the Perplexed*, Volume 1, Translated with an Introduction and Notes by Shlom Pines, With an Introductory Essay by Leo Strauss, Chicago

Moran, W., 1963. "The Ancient Near Eastern Background of the Love of God in Deuteronomy", *The Catholic Biblical Quarterly 25*: 77-87

Münger, S., 2005. "Egyptian Stamp-Seal Amulets and Their Implications for the Chronology of the Early Iron Age", in T. E. Levy / T. Higham (ed.), *The Bible and Radiocarbon Dating: Archaeology, Text and Science*, London: 381-403

Niemann, H. M., 2007. "Royal Samaria-Capital or Residence? Or: The Foundation of the City of Samaria by Sargon II", in L. L. Grabbe (ed.), *Ahab Agonistes: The Rise and Fall of the Omri Dynasty*, London/ New York: 184-207

Nougayrol, J., 1952. "Une version ancienne du 'juste souffrant'", *Revue Biblique 59(2)*: 239-250

——.1968. "Textes sumero-accadiens des archives et bibliotheques privees d'Ugarit", *Ugaritica 5:*1-446

Olyan, S. M., 1996. "Honor, Shame, and Covenant Relations in Ancient Israel and its Environment", *Journal of Biblical Literature 115* (2): 201-218

Otto, E., 1996. "Treueid und Gesetz. Die Ursprünge des Deuteronomiums im Horizont des assyrischen Vertragsrechts", *ZAR 2:* 1-52

——.1997a. "Das Deuteronomium als archimedischer Punkt der Pentateuchkritik. Auf dem Wege zu einer Neubegründung der de Wette'schen Hypothese", M. Vervenne/ J. Lust (ed.), *Deuteronomy and*

Deuteronomic Literature, Leuven: 321-339

——.1997b. Forschungen zur Priesterschrift, *Theologische Rundschau 62* (1): 1–50

——.1999. *Das Deuteronomium: Politische Theologie und Rechtsreform in Juda und Assyrien*, (Beihefte zur Zeitschrift für die alttestamentliche Wissenschaft 284), Berlin / New York

Parker, S. B. (ed.), 1997. *Ugaritic Narrative Poetry*, SBL Writings from the Ancient World 9, Atlanta

Perlitt, L., 1969. *Bundestheologie im Alten Testament*, Wissenschaftliche Monographien zum Alten und Neuen Testament 36, Neukirchen-Vluyn,

Pola, T., 1995. *Die ursprüngliche Priesterschrift. Beobachtungen zur Literaturkritik und Traditionsgeschichte von* P^g ,Wissenschaftliche Monographien zum Alten und Neuen Testament 70, Neukirchen-Vluyn

Pury, A. de, 2000. “Abraham. The Priestly Writer’s ‘Ecumenical’ Ancestor”, S. L. McKenzie etc. (ed.), *Rethiking the Foundations: Historiography in the Ancient World and in the Bible,* Berlin / New York: 163-181

Rad, G. von, 1957/1960. *Theologie des Alten Testaments,* Bd. Ⅰ - Ⅱ , München

Reade, J., 1979. “Ideology and Propaganda in Assyrian Art”, M. G. Larson (ed.), *Power and Propaganda*, Mesopotamia 7, Copenhagen

Schmid, K, 1999. *Erzväter und Exodus. Untersuchung zur doppelten Begründung der Ursprünge Israels innerhalb der Geschichtebücher des Alten Testaments*,Wissenschaftliche Monographien zum Alten und Neuen Testament 81, Neukirchen-Vluyn

2001. “Der Gott der Väter und der Gott des Exodus: Inklusive und Partikulare Theologie am Beginn des Alten Testaments”, *Glaube und Lernen (16)*: 116-125

——.2018. “Die Priesterschrift als antike Historiographie: Quellen und Darstellungsweise der politischen und religiösen Geschichte der Levante in den priesterschriftlichen Erzelternerzählungen”, *Forschungen zum Alten Testament. 2. Reihe* (124): 93-111

Ska, J.-L., 2005. “A Plea on Behalf of the Biblical Redactors”, *Studia*

Theologica-Nordic Journal of Theology 59(1): 4-18

Steck, O. H., 1982. Weltgeschehen und Gottesvolk im Buche Daniel, in: ders., *Wahrnehmungen Gottes im Alten Testament, Gesammelte Studien*, München: 262-290

Van Seters, J., 2006. *The Edited Bible: The Curious History of the "Editor" in Biblical Criticism*, Winona Lake

Watson, W. G. E. / Wyatt, N. (ed.), 1999. *Handbook of Ugaritic Studies*, Leiden/Boston/Köln

Wellhausen, J., 1880. „Geschichte Israels, Grundrisse zum Altentestament", in ders., *hrsg. von R. Smend*, München: 13-64

——.1883. *Prolegomena zur Geschichte Israels*, Berlin

——.1899. *Die Composition des Hexateuchs und der historischen Bücher des Alten Testaments,* Berlin

West, L. M., 1997. *The East Face of Hellicon: West Asiatic Elements in Greek Poetry and Myth,* Oxford

语言类

萧俊良(Choon-Leong Seow),《希伯来文(圣经)语法教程》, 费英高、鲁思豪译, 上海: 华东师范大学出版社, 2008

Brown, F. / Driver, S. R. / Briggs, C. A., 1962. *A Hebrew and English Lexicon of the Old Testament*, Repr. with corr., Oxford

Gesenius, W., 1987[18]. *Hebräisches und aramäisches Handwörterbuch über das Alte Testament*, Berlin

Gesenius, W. / Kautzsch, E.,1909[28]. *Hebräische Grammatik*, Leipzig

Joüon, P./ Muraoka, A. 2006. *A Grammar of Biblical Hebrew*, Roma

Koehler, L. / Baumgartner,W., 1958. *Lexicon in veteris testamenti libros*, Leiden

del Olmo Lete, G. / Sanmartín, J., 2003. *A Dictionary of the Ugaritic Language in the Alphabetic Tradition*, translated by W. G. E. Waston,

Leiden/ Boston

Sivan, D., 2001. *A Grammar of the Ugaritic Language*, Leiden/ Boston/ Köln

Sperber, A., 1966. *A Historical Grammar of Biblical Hebrew: A Presentation of Problems with Suggestion to Their Solution*, Leiden

第七章　希腊文明的轴心突破

以城邦为基础的政治形态，以哲学为代表的思想形态，常被视作希腊文明相对于其他文明的独特之处。但事实上，希腊城邦最初是作为美索不达米亚与安纳托利亚城邦传统之模仿者而出现的，甚至民主制度也可以在美索不达米亚的早期城邦政治实践中找到痕迹，[①]而哲学（φιλοσοφία），虽然这一名词确实源出于希腊，但其所涉及的根本问题与思辨形式，在公元前 8 世纪以降的古代世界，并非希腊所独专。因而，尽管希腊文明是建立在城邦基础上并以哲学作为自己轴心突破的基本方式，但相对于地中海区域乃至世界范围内取得伟大成就的其他文明，希腊文明最独特之处，尚不止于上述二者，而在于其文明演化过程中普遍存在的"竞争"（ἀγών 一词，本义为聚会、集会，其衍生义为众人云集进行竞赛的场地，进而成为竞争—竞赛的专用术语）。

① 参阅本书第二章，页 97–99。

希腊精神之根本成就与核心气质，集中体现于哲学（包含思辨哲学、自然哲学、政治哲学）、诗歌（包含史诗、抒情诗 / 弦琴诗、悲剧、喜剧）、史学三大领域。这种"竞争"，既发生在哲学、诗歌、史学内部（于哲学，体现为前苏格拉底哲学与苏格拉底以降之哲学、柏拉图—亚里士多德哲学与智者派思想、柏拉图哲学与亚里士多德哲学之间的张力；于诗歌，体现为荷马与赫西俄德之争，在城邦公开进行的悲剧与喜剧作品竞赛，喜剧作家阿里斯托芬在《鸟》中对赫西俄德《神谱》的戏仿，《蛙》中对悲剧作家埃斯库罗斯与欧里庇得斯诗歌竞赛的戏仿；于史学，体现为希罗多德为代表的文明史—古代史与修昔底德所代表的政治史—当代史之争），也发生在上述三者之间（如哲学家与史学家对荷马与赫西俄德的批判，阿里斯托芬在《云》中对智者派与苏格拉底的尖锐讽刺—讽谏，柏拉图在《会饮篇》中对阿伽通与阿里斯托芬的戏仿）。

柏拉图《理想国》所言"旧日的哲学与诗歌之争"（*παλαιὰ μέν τις διαφορὰ φιλοσοφίᾳ τε καὶ ποιητικῇ*, Ⅹ, 607b，对其论述发生于Ⅱ, 377a–383c；Ⅹ, 595b–607a），是对于希腊精神之"竞争"特质的根本性提炼（*διαφορά* 在此既意味着差异，也意味着与差异相伴随的争执与竞争）。亚里士多德在《诗学》第 18 章中提到诗歌与史学之争（1451a38–b7）："历史言说已经发生之事（*τὰ γενόμενα*），诗歌则言说可能发生之事（*οἷα ἂν γένοιτο*），因而，诗歌比历史更富哲学性，更庄严（*φιλοσοφώτερον καὶ σπουδαιότερον*），诗歌言说者更关乎整体（*τὰ καθόλου*），而史学则关乎具体之事（*τὰ καθ' ἕκαστον*）。"这是基于哲学立场对于诗歌与史学进行的判摄。

通过这种提炼与判摄，哲学在此"竞争"格局中居于主导地位。希腊文明之"轴心突破"的基本方式是哲学，或说，是以哲学为主导的普遍"竞争"。

一、希腊城邦与政治文化

1. 古希腊的地理环境与历史分期

作为文明论意义上"轴心突破"主体的希腊，更多是一个文化地理的概念，其范围比今天的希腊要广阔得多：它位于欧洲巴尔干半岛南端的欧、亚、非三洲交汇处，三面临海。东临爱琴海，与西亚的波斯帝国相对；西濒爱奥尼亚海；南隔地中海与北非的埃及相望，包括巴尔干半岛南部、小亚细亚半岛西部、意大利半岛南部、西西里岛及爱琴海诸岛屿等地区。

希腊本土分为南、北、中三部分。中希腊的阿提卡是希腊半岛人口最多的地区，其首府雅典是希腊的政治、经济、文化中心，乃至成为希腊文明的代名词。南希腊在地理上又被称作伯罗奔半岛，其东北端的迈锡尼是爱琴文明后期的重镇，半岛南端的拉科尼亚平原上的斯巴达则是城邦时代与雅典齐名的另一个重要的希腊城邦。相对于以雅典和斯巴达为代表的中部和南部地区，北希腊是多山的地区，长期处于希腊文明的边缘地位，直到公元前4世纪后期马其顿王国的崛起。希腊本土间的陆地交通为群山阻隔，山谷里各自分立的区域社会构成了希腊城邦的基础。多山、临海、多岛屿的地理环境，温暖适宜的地中海气候对希腊人精神特性的影响，自古典时代以来常作为例证以说明地理环境与民族性格的紧密联系。

从远古至希腊化时代，古希腊的历史大致经历了五个阶段：(1)爱琴文明或克里特—迈锡尼文明时代（公元前1600—前1200年），(2)黑暗时代（公元前1200—前800年），(3)古风时代（公元前800—前510年），(4)古典时代（公元前510—前322年），(5)希腊化时代（公元前322—前30年）。

经由考古发掘再现的克里特—迈锡尼时期呈现出辉煌的青铜文明，[①] 这证实了当时的希腊已进入了早期国家阶段，其王权统治、行政管理、建筑乃至宗教形式皆与美索不达米亚、安纳托利亚的早期国家有所相似。[②] 以克里特（特别是以克里特北部的克诺索斯王宫）为中心的米诺斯文明，由非印欧民族的爱琴海原住民所创（古希腊语中大量无法找到印欧语词源的词汇常被解释为爱琴海“底层语言”的产物）；[③] 以迈锡尼为代表的文明（包括梯林斯、派罗斯、底比斯、雅典等后世的希腊名城），则由入侵这一区域的印欧人所创。公元前 15 世纪中期，迈锡尼人入侵克里特，摧毁克诺索斯王宫，米诺斯文明终结。但米诺斯文明，一直存在于希腊人的记忆中，并被赋予文明源头的神圣意味。[④]

---

① 参阅 Chadwick 1976; Dickinson 1994。

② 克诺索斯王宫遗址、迈锡尼所出现的竖井墓、圆顶墓以及泥板文书的记载表明，当时的国王、贵族们为自己建造大型宫殿及陵墓，占有大片土地，拥有数量不等的奴隶，死后则以大量金、银等器皿陪葬。这些考古发掘与希腊神话所描述的克里特之强大、迈锡尼之富有大致吻合。

③ 尽管古希腊语的语法形态整体上相当好地保留了古代印欧语的成分，但古希腊语词汇中具有可靠印欧语词源者，尚不足 40%！参阅 Morpurgo-Davies 1986，页 105。为了解释这一现象，学界在较长时间内采用了爱琴海“底层语言”的假设，在较新近的希腊语词源学辞典中（Beekes 2010），有关爱琴海本土词汇或地中海本土词汇之类的假设，出现的频率甚至较之此前的词源学作品（Frisk 与 Chantraine）更高。尽管支撑这一假说的，更大程度上是出于对爱琴海“底层语言”的信念，而非可靠的语言学证据。

④ 克里特一直被视作整个希腊世界的脐点，荷马称颂它“位于酒色的大海中央（*μέσῳ ἐνὶ οἴνοπι πόντῳ*），美丽而富足（*καλὴ καὶ πίειρα*），被水环绕（*περίρρυτος*）”（《奥德赛》19. 171–172），荷马颂诗中的《阿波罗颂诗》提到阿波罗在德尔斐的圣所与克里特的神圣联系，柏拉图晚期作品《法义篇》特别选择克里特作为对话的背景，安排来自克里特、斯巴达与 （转下页）

在那一特殊历史时期，为了对当时的社会生活进行记录，出现了线形文字 A 与线形文字 B 两种文字：前者发现于克诺索斯，至今尚未被完全破解，可知其所对应的语言并非古希腊语，但属于何种语族、何种类别尚未确定；①后者在多地（特别是派罗斯与克诺索斯）被发现，其文字符号与线形文字 A 大致相同，于 1952 年由文特里斯（Michael Ventris）与查德威克（John Chadwick）基本破解，其对应的语言被证实是古希腊语，②这是迄今所知希腊语最早的形式。

进入公元前 13 世纪，因“海上民族”对埃及和安纳托利亚的侵扰，希腊半岛的地缘形势也深受影响。作为米诺斯文明的摧毁者，迈锡尼诸王国也遭遇了类似的命运：它们被来自北方的多利安人（Dorians）摧毁，迈锡尼文明随之覆灭。接下来的数个世纪，希腊的文字传承中断，各种考古材料相对此前的时期颇为匮乏，故被称作“黑暗时代”（Dark Age）。③然而，希腊文明的传承“不绝如缕”。正是在

（接上页）雅典的三位老者在克诺索斯相遇，在从王宫向传说中宙斯的洞穴的漫步途中讨论如何建立好的城邦秩序。

① 有关线形文字 A 及其对应之语言的大致情况，参阅 Chadwick 1975；若克里特曾为安纳托利亚西南地区的殖民地，则线形文字 A 对应的语言可能与安纳托利亚地区的语言特别是卢维语有关，参阅 Broodbank / Strasser 1991；线形文字 A 文字包含大量的词缀（前缀与后缀），前缀中有很高比例（59%）具有语法与句法功能（对比线形文字 B 的前缀，具有类似功能的只占 12%），因而线形文字 A 所对应的语言，其类型可能为黏着语而非曲折语，参阅 Dehoux 1978, Scheop 2002, 页 45–46；有关线形文字 A 的铭文材料，参阅 Aartun 1992, 1997。

② 线形文字 B 的破解，参阅 Chadwick 1970；其语言特征与文献材料，参阅 Ventris/Chadwick 1973; Hiller/Panagl 1976; Hooker 1980; Meier-Brügger 1992, I, 页 42–74; Arvantinos/Godart/Sacconi 2001。

③ 对于“黑暗时代”的考古发现，参阅 Snodgrass 1971。

这一阶段，荷马史诗的早期形态生成，并在整个希腊半岛通过游吟诗人的口述得以传播，化作希腊之为“文化民族”的心理基础（故而“黑暗时代”又可称“荷马时代”）。在最早的线形文字B留下的索然无味、极类“断烂朝报”的公文式记载与公元前9—前8世纪横空出世、异常成熟并以六步格（Hexameter）形式流传的荷马史诗与赫西俄德的优美文学间的巨大反差，使得横亘在二者之间的“黑暗时代”显得更为神秘。

从公元前9世纪开始，希腊世界逐渐走出“黑暗时代”。一批从北部南下的、属印欧语系的民族在希腊半岛及其周边地区定居下来，创造了自己的文明、形成了自己的风格。从希腊本土到爱琴海诸岛屿、从小亚细亚到黑海沿岸涌现出许多自治自给的城邦共同体。希腊自此进入了城邦时代。公元前8世纪至公元前6世纪是城邦兴起直至最终确立的时期，史称古风时代（Archaic period），希腊精神之轮廓初步形成。

公元前5世纪至公元前4世纪上半期，是希腊城邦的全盛时期。古典时代（Classical period），不但是对其历史阶段的命名，更是对其文明成就的确认。这是一个伟大人物和伟大作品层出不穷的时代，也是旧秩序不断被颠覆的时代，对于希腊世界具有极重大影响的两场战争（希波战争与伯罗奔尼撒战争）皆发生于此期间。正是在这种充满动荡与戏剧性命运转换的环境中，希腊精神得以成熟，其内在的活力与张力得以充分彰显，从而实现地中海世界历史意义最为深远的文明突破。

古典时代后期，连绵不断的长期战争使希腊各城邦困顿不堪，传统的城邦公民兵制无以为继，逐渐被雇佣兵制所取代，标志着城邦之整体认同与组织能力的决定性衰落。原本处于边缘地位的马其顿王国乘势而起，得以借助暴力统一希腊。公元前338年，马其顿国王腓力二世在喀罗尼亚（Chaeronea）大败底比斯与雅典联军，进而剥夺了希腊各城邦的大部分自治权。从公元前334年至前324年,腓力之子亚历山大通过东征将马其顿王国拓展为一个地跨欧亚非三洲的超级帝国,希腊的影响扩大到埃及、撒马尔罕、塔什干乃至印度。

公元前323年,亚历山大大帝在从印度回师途中于巴比伦去世。这一事件构成某种特殊的隐喻:亚历山大大帝的道路从希腊城邦开始,却没有回到希腊城邦,而是回到了巴比伦这个地中海世界曾经的文明中心。如果说亚历山大大帝是希腊古典时代之激情活力的人格化代表,那么他的英年早逝则象征着这一时代的完美谢幕。地中海世界进入希腊化时代(Hellenistic period),一种希腊和东方因素深度融合的新文明形态出现了。

希腊化时代以希腊古典精神的终结作为自身的开端,故而其精神内核不再以城邦政治作为认知—想象的基础,而转向对于整体性的世界秩序与人类命运的关注。波斯帝国与马其顿帝国这两大超级力量在短时间内的相继崩解,使得这种对于世界与人类遭遇的整体性考察呈现出浓厚的悲观色彩与终末论意味。作为此类精神倾向的深化与激进化,以人类所处之世界以及世界之创造者本身为恶、以摆脱身体与世界的束缚为根本解脱的"诺斯替"运动兴起,成为希腊化时代之精神主线。

希腊化时代延续到公元前30年,最后一个希腊化国家——统治埃及的托勒密王朝灭亡。古代希腊历史就此终结。

2. 古希腊城邦概况

"城邦"(*πόλις*,荷马史诗作*πτόλις*)一词,可回溯到古印欧语 *tpolH-[堡垒](对比梵语 pū́ḥ, púr-[城墙,护墙],púram[城墙,城堡,城市],立陶宛语 pilìs,拉脱维亚语 pils[城堡,宫殿]),其本义为"堡垒,卫城",与"乡郊"相对,在堡垒周围的市区被称为"阿斯托"(*ἄστυ*)。伴随着上述区域的逐步一体化,卫城、市区、乡郊被统称为

“城邦”（πόλις）。依托于这种地理—物理意义上的城邦，希腊文明得以兴起，并赋予了城邦以更丰富的内涵。

正如亚里士多德在《政治学》第三卷所言，城邦这一名称具有多种含义（1276a24），地理位置（τόπος）、人民（ἄνθρωποι）、种族（γένος）都不足以描绘城邦的本质（1276a19–41），城邦的本质是一种共同体（κοινωνία），是公民对于政治的共同参与（κοινωνία πολιτῶν πολιτείας），当这种政治的属类（εἴδει）发生变化，形成了不同的政治，城邦亦不复为昔日的城邦，因而，城邦的同一性取决于政治的同一性（τὴν αὐτὴν πόλιν εἰς τὴν πολιτείαν βλέποντας，1276b1–12）。此处亚里士多德所言的政治（πολιτεία），实为政体（πολίτευμα）。[①] 以政体作为城邦政治乃至全部政治的本质核心，是城邦政治对于希腊思想最根本的影响，并成为此后西方政治学研究的正统。

在某种更具理想色彩的描述中，城邦被进一步定义为不只是空间方面的，或不只是为防止不公正的侵害、方便贸易往来而形成的共同体（这是城邦存在的必要条件，但仅此不足以形成城邦），而是若干生活良好的家庭或部族为了追求完美而自足的生活（ζωῆς τελείας χάριν καὶ αὐτάρκους），即以幸福而美好的方式去生活（τὸ ζῆν εὐδαιμόνως καὶ καλῶς），而结合构成的共同体（《政治学》Ⅲ，1280b30–1281a2）。[②]

兼有实体与理想维度的城邦，构成了希腊哲学与诗歌的共同基础，并与上述思想形式相互嵌入：哲学与诗歌内在于城邦，城邦内在于哲学与诗歌。天才如柏拉图与亚里士多德，在城邦政治陷入深刻危机、其最终消亡已经不再遥不可及的历史时刻，其对于政治体的思考与想象依然集中于也局限于城邦这一形式（人数不甚多、依托地利

① 《政治学》（1278b10–11）如此定义：“无论在何处，统治权（κύριον）即是城邦的政体（πολίτευμα），而政体（πολίτευμα）即是政治（πολιτεία）。”

② 可参考《政治学》第一卷（1261b14–15）所言：“只有在共同体达到自足（αὐτάρκη）时，城邦才能存在。”

人和得以保持自身独立性的中小型城邦，始终被视作理想政治体的原型），[①] 极深切地表明了城邦在希腊思想中的核心地位及其“规定性”作用。正是在此意义上，耶格尔断言，城邦是希腊文明占据绝对统治地位的中心（das allbeherrschende Zentrum），描述希腊城邦便是描述希腊生活的整体。[②]

城邦文明的基础：奴隶制与殖民扩张

公元前 8 世纪至公元前 4 世纪，在希腊本土、爱琴诸岛以及小亚细亚沿岸、意大利半岛等地区存在数以百计的城邦国家，在诸邦并存的格局下，其政治、经济、文化发展极不平衡，雅典与斯巴达是其中最具影响力者，是城邦这一政治形态在文治与武功两方面发展极盛的代表。但即便是处于巅峰状态的雅典，相对于东方世界的“万乘之国”，依然可谓小国寡民。

希腊城邦的居民按照政治地位可以分为三大类：1. 公民（*πολίτης*），拥有公民权因而能够参加政治活动的自由人（*ἐλεύθερος*）；2. 没有公民权的自由人，主要是来自外邦的移民（*μέτοικος*［异乡人］）与被释放了的奴隶（*ἀπελεύθερος*），也包含由于特定的历史原因而与当权的公民集体处于不平等地位者，或是因贫困而失去公民资格者，或是因违法而被剥夺了公民权者；3. 处于被剥削、被奴役地位的奴隶（*δοῦλος*）。奴隶大多是非希腊人，但也有部分希腊人（主要是债务奴隶）。公民作为一个整体构成统治集团，与没有公民权的群体（特别是与奴隶）相对立。

希腊城邦一般没有由职业官吏组成的官僚机构和向公民征收直

---

① 《理想国》对于城邦规模的描述颇具代表性：“（城邦）大到还能保持统一（*αὐξομένη εἶναι μία*），大到这个程度，不要超过”，“城邦既不要小（*μήτε σμικρά*），也不要显得大（*μήτε μεγάλη δοκοῦσα*），而是充足且统一（*ἱκανὴ καὶ μία*）”（Ⅳ，423b–c）。

② 参阅 Jaeger 1936，页 113–114；耶格尔 2021，I，页 98–100。

接税的常设财政机构。其主要政治机构有三类：1. 由成年男性公民构成的公民大会；2. 议事会（如斯巴达的长老会议、雅典的五百人会议）；3. 负责具体事务的公职岗位（往往通过选举产生），包括执政官、军事指挥官（如雅典的十将军），与一般行政官员（如雅典五百人会议的 πρύτανις[执委]，掌握财政权的 ταμίας [司库]）。

古风时代至古典时代的希腊城邦所达到的高度文明成就，往往使后来者产生希腊城市经济发达的错觉。事实上，城邦文明的基础始终是庞大的农村，农业经济始终是希腊世界（包括罗马世界）占绝对主导地位的生产方式，并现实地影响着城邦政治（无论是实行民主制的雅典还是实行寡头制的斯巴达）的基本规则，只有公民才有权占有作为主要生产资料的土地，是这种规则制定权的典型体现。城邦的繁盛期，工商业虽有所发展，但仍然是小规模的和局部的，总是作为土地所有者的“副业”而存在的，土地所有者最主要的收入来源是谷物、橄榄油、葡萄酒。对于那个时代的工业性产品（如纺织品、陶器、家具）而言，决定其利润的最重要因素，不是技术进步或劳动分工，而是运输费用，整体生产的态势不是趋于集中，而是保持分散。雅典城邦的商业相对于手工业更为繁荣，乃至被误认为是“商业强国”，正是得益于海上商业运输较之内陆运输的巨大成本优势。

工商业相对于农业、工商业从业人员相对于土地所有者的绝对弱势地位，决定了在雅典民主制兴盛前，希腊城邦由土地贵族阶层所主导，贵族的生活方式与理念对于城邦生活具有全面的影响，希腊城邦的气质是贵族式的，而非商业或手工业式的（因而与以工商业为基底的中世纪欧洲城市有着本质差别）。

雅典民主制的建立，也是借助贵族个人竞争的形势而逐渐实现的（民主派领袖，多贵族家庭出身）。民主制并未取消贵族制传统中对于“德性”（ἀρετή）的追求，而是废除了德性与门第家族的特殊相关性，使其扩展到了从农民（以重装步兵参政为标志）到工商业者（以

“日佣级”的雅典舰队划桨手参政为标志）的广大平民阶层，形成了以带有贵族品格的“公民德性”为核心的新价值。

即便在雅典民主制的高潮阶段，贵族传统与价值观依然深刻影响着雅典的政治现实，修昔底德在《伯罗奔尼撒战争史》中，将伯利克里（Pericles）领导下的雅典描绘为“名义上是民主制，实际上是第一公民的统治（*ὑπὸ τοῦ πρώτου ἀνδρὸς ἀρχή*）”（2. 65. 9），正是这种贵族式政治想象的映射。

这部分地可以解释何以在古希腊语中没有一般意义的“劳动”概念，[①]“勤劳”“辛勤”之类的概念也始终未被纳入希腊人的德性观（赫西俄德的《工作与时日》是伟大的例外）；亚里士多德在其城邦构想中，虽然承认农民、技师、工匠及其雇员的存在对于城邦是必要的，但却并不将其视作城邦的“*μέρη*［成员］”（《政治学》Ⅶ，1328b6–1329a39）。

这种对于一般性劳动的漠视，使得节省或提升劳动力这类问题几乎无法进入希腊社会的主流语境。在劳动价值被极度贬抑忽视，又不存在大规模工业（手工业）的情况下，城邦文明的高度发达建立在两重基础上：[②]1. 内部的奴隶制；2. 外部的殖民扩张。

---

① 古希腊语中较为接近“劳动”之义的词汇有：*πόνος*［辛劳］，表达艰辛努力的活动与相伴的压力痛苦；*ἐργάζεσθαι*［工作］，可指代农业劳作、经济活动乃至金融利息的产生，*ἔργον*［工作，作品］是这种活动的成果；*ποιεῖν*［制作，制造］（< **ποιϝει-* < 印欧语 *k^wei-u-［收集，整理］），指工匠运用技艺（*τέχνη*）进行的活动，*ποίησις* 是这种技术制造领域活动的抽象表达，也指“诗歌创造”这种特殊形式；与 *ποιεῖν* 代表的“为它”活动相对，*πράττειν*［行动，做事］及其名词形式 *πρᾶξις*［作为，实践］，则指向某种不以外在事物为目的，而致力于自我实现与自我完善的“自为”活动（亚里士多德，《政治学》，Ⅶ，1325b15–22）。参阅 Vernant 1988，页 274–294，特别是页 274–277。

② 参阅安德森 2016，页 6–14。

就内部而言，大规模的奴隶劳动，特别是农村的奴隶劳动，使土地所有者从土地劳作中摆脱出来，得以参与城邦的各种政治、军事、文化活动，希腊城邦的公民地位及其自我意识空前上升。希腊的公民政治，与奴隶制度从古风时代到古典时代的不断扩展与强化息息相关，雅典民主制的高潮也正是其奴隶制的高潮，公民的自由权利以奴隶的被剥夺自由为前提，公民享受自由的程度恰对应于奴隶被剥夺自由的程度。[①]

相对于美索不达米亚、埃及、波斯，希腊城邦的政治结构更为直接，社会结构则更为隔绝：一方面，公民可以直接参与政治，影响最高权力机构的决定（以雅典的“直接民主”制为代表），希腊城邦没有在前述地区颇为普遍的庞大官僚系统；另一方面，奴隶制在前述地区只是经济生活中的边缘性存在，而并无一种独立的举足轻重的奴隶制经济，[②] 希腊则确立了完整的奴隶制及其相应的经济—司法意义，并在古典时代将之发展为占主导地位的生产方式。[③] 希腊是历史上一个重要的奴隶社会，并在思辨的层面触及了与奴隶社会相应的“物化”问题。这种政治结构与社会结构的背离，包含着近代以来“国家”—“社会”二元对立的萌芽，尽管在雅典的民主制政治结构中，这种二元对立又是被断然拒绝的。[④]

① 正是在此意义上，安德鲁斯（Antony Andrewes）承认：“广义的奴隶制是希腊文明的基础。任何人若想废除它，用自由劳动取代他，整个社会就会发生错位，雅典和斯巴达有限的上层阶级就会被废除。”参阅 Andrews 1967，页 133。

② 参阅 Finley 1964，页 237–238。

③ 在古风时代，庇护制与债务奴隶制是更为盛行的依附劳动形式，到了公元前 6 世纪后的古典时代，奴隶制取代了各种其他形式的依附劳动，成为占统治地位的生产方式。参阅芬利 2020，页 76–85。

④ 艾伦伯格（V. Ehrenburg）将“国家”与“社会”之二元对立的缺失视作雅典的重要弱点（参阅 Ehrenburg 1969，页 89），如果就政治层面而 （转下页）

就外部而言，希腊文明扩张的根本方式，不是通过提升劳动生产率（甚至未设想过通过这种方式），而是通过对外殖民，并不断复制这一模式。掠夺、贡赋、奴隶，既是这种文明扩张的中心目标，也是其实现方式。与这种不间断的对外殖民相应的，是不间断的殖民战争与围绕海外利益展开的争霸战争。希腊与波斯的冲突，源于波斯根本上打断了希腊殖民扩张的过程，雅典与斯巴达的争霸，其核心动机也是殖民扩张。在诸多希腊城邦中，唯有雅典发展出了海外公民（*κλήρουχος*，本义：拥有份地者）这一阶层，他们对内保留公民权利，在海外拥有属于自己的份地，且拥有特权，可没收参与反叛之同盟的殖民土地，他们是雅典对外扩张（乃至挑动与盟友发生争斗）最积极的支持者。对外殖民与争霸战争，推动并见证了"雅典帝国主义"的兴起与没落。

任何对于希腊文明及其精神成就的理解，都不能离开其所植根的奴隶制与殖民扩张。它们是希腊文明大厦常被人所忽略的真正基底，承载着一切具有华丽外观的上层建筑。伯利克里之论雅典"帝国"（《伯罗奔尼撒战争史》Ⅱ. 62–63），亚里士多德之论奴隶制与"自然奴隶"（《政治学》Ⅰ, 1253a24–1255b41），是古典语境下较罕见的对于上述二者意义的直接论述，皆透露出颇为冷峻的面向。

雅典时代：民主与帝国

尽管斯巴达在希腊思想传统中常被视作古典政治德性（或说，保守主义政治德性）乃至希腊教化的典范，[①] 传说中斯巴达政体的缔造

（接上页）言，这一观察有其合理性。但是，如果把以奴隶制为基础的经济—社会结构也一并加以考察，则会发现这一论点又过于单薄。政治与经济的分离，作为国家与社会的分离之基础，在雅典是确然存在的，而雅典城邦的特殊性，正在于它是上述领域内部之高度统一与外部之高度差异的结合体。

① 参阅耶格尔 2021, I, 页 102–104。

者吕库古被赋予了最完美立法者的神圣光环，但斯巴达人尚武而不修文的传统，使得自身几乎没有留下关于斯巴达国家的记述。几乎所有对斯巴达政体的记录与赞美，都出自雅典人之手。文明史意义上的斯巴达，最重大的意义不在于其自身，而在于作为民主制下雅典的某种参照，特别是对雅典进行批判的参照（如柏拉图与色诺芬）。

雅典对于希腊文明的贡献是全面的、决定性的，堪称“全希腊的学校”（τῆς Ἑλλάδος παίδευσιν，《伯罗奔尼撒战争史》2.41）。在其诸多的文明遗产中，民主制无疑是最重要的之一。雅典不但提供了古代世界极为独特的民主政治之鲜活实践与制度建构，而且形成了对于民主实践与民主制度的深刻理论反思。自近代以来民主成为世界性的潮流后，对雅典民主的讨论，往往构成了时代话语体系的一部分，从而赋予其当代史的意味。

雅典位于地中海北部希腊半岛东南部的阿提卡半岛上，东、北、西三面群山环绕，南临爱琴海，北纬 38 度线东西横贯其中，有着典型的北地中海气候特征。雅典作为希腊诸邦中最重要的商业港口，实现了财富与人口的快速增长，在希波战争之前，基本上没有受到过外来武力的入侵，可谓“得地”。

古风时代的雅典，如同其他希腊城邦，缺乏详细的历史记载。但其整体基调是血缘贵族对于其他群体的特权统治，传说中的忒修斯（Theseus）改革所确立的贵族、农民、手工业者的三分结构，[①] 被认为

① 改革的内容主要是推行部落联盟以联合境内各村社，建立议事会和行政机构，将社会分为贵族、农民和手工业者三个等级，由贵族充任官员、执行法律，农民和手工业者可参与公民大会，但不能担任政府职务。这种社会阶层的三分结构，对于贵族阶层的认知具有某种决定性的意义。雅典民主制奠定数个世纪后，在持传统贵族价值观的伪色诺芬所著《雅典政制》中（其真实作者常被称作“老寡头”），提到了三种对比：平民（δῆμος）与出身高贵者（γενναῖοι），劳苦的手工业者（πονηροί）与有品位者 （转下页）

是雅典从部落向城邦国家过渡的重要一步，反映了这种早期希腊城邦的一般性特征。

这种贵族对政治权力的垄断格局，自公元前7世纪中叶起受到了挑战。挑战既来自城市平民，也来自代表新的土地所有者与新兴富人的僭主。发生于公元前630年的基隆（Gelon）暴动，是平民与贵族斗争激化的结果，虽然未获成功，但已预示了新兴上层群体与传统下层平民联合（或说，僭主利用平民支持）推翻传统贵族统治的前景。公元前621年颁布的《德拉古法典》（*the law of Drakon*），被认为是雅典的第一部成文法。它将原先的习惯法用文字形式记载下来，改变了贵族随意解释法律的惯例，标志着贵族阶层的妥协与平民地位的上升，并形成了某种带有自我强化特征的新传统。[①] 作为雅典民主制重要里程碑的梭伦改革，即是在此背景下发生的。

梭伦（Solon）出身贵族，早年曾兼营贸易，且周游海外，成为饱学之士，被时人誉为“七贤”之一。[②] 他曾在雅典与邻邦麦加拉的战斗中

（接上页）（*χρηστοί*）—杰出者（*βέλτιστοι*），穷人（*πένητες*）与富人（*πλούσιοι*）—有权势者（*δυνατώτεροι*），虽然对于原有的三分结构有所修正，但依然可见其痕迹。

① 在早期希腊世界（古风时代至古典时代早期），成文法最发达的地区是克里特，存在大量刻在石头上的铭文材料，而雅典与斯巴达的材料则极少，传说中，斯巴达的传奇立法者吕库古禁止成文法（普鲁塔克，《吕库古传》13.3）。德拉古法典的石刻铭文没有被保留下来，它的内容传世很大程度上是因为在公元前5世纪时对其杀人法内容的重刻。相关问题的讨论，参阅加加林/科恩2017，页45–67。将法律刻写在人们的头脑中而非石头上的立法理念，与苏格拉底对内在记忆的推崇与对文字的贬抑（《斐德若篇》[274c–277a]）可谓一脉相承。

② “七贤”说具体所指的人物，在古代即有争议。流传最广的说法是：米利都人泰勒斯、雅典人梭伦、普林尼人比亚斯、米提林人皮塔库斯、（转下页）

▲ 梭伦

勇立军功，率众攻克萨拉米岛，在民众中颇有威望。在公元前 6 世纪初阿提卡爆发激烈社会斗争—阶级斗争的背景下，梭伦作为各方力量都能接受的人选，被授予最高权力（公元前 594 年，梭伦当选为雅典的首席执政官），以解决城邦危机。

梭伦改革最重大的措施，是颁布“解负令”（*σεισάχθεια*），即解除雅典人的一切债务及由于负债而遭受的奴役。根据此法令，平民所欠下的公私债务一律被废除，雅典公民沦为债务奴隶的一律加以释放，同时永远禁止放债时以债务人的人身作担保（*μὴ δανείζειν ἐπὶ τοῖς σώμασιν*，《雅典政制》6. 1）。不仅城邦内因负债被奴役的公民立即获得自由，城邦还负责赎回那些被卖到外邦的人。“解负令”通过废止土地债务奴役，阻止了贵族进行大规模土地兼并，使得中小型地产得以稳定化，从而奠定了此后相当长时期阿提卡地区的农村人口结构与农业经济结构。公民被取消债务奴隶制，使得城邦的公民身份与公民

（接上页）斯巴达人基隆、林都斯人克里奥布卢斯、科林斯人佩里安德。有关“七贤”的生平及其观点的古典文献汇编整理，参阅 Snell 1971。

意识被进一步强化(与之紧密相随的,是非公民的奴隶身份与奴隶意识的进一步强化),雅典民主制的基本社会结构得以确立。

与经济秩序调整相伴随的是新的政治权力分配。传统的贵族、农民、手工业者等级划分被废除,代之以按照雅典人口收入划分的四个等级,[①] 并赋予相应的政治权利与义务:第一级可任执政、司库及其他一切官职,第二级与第一级相同,惟不得任司库,前两个等级在战时须提供骑兵;第三级可担任低级官职,但不能担任执政等高级官职,战时须提供重装步兵;第四级不得担任一切官职,但可参与公民大会及担任陪审法庭的陪审员,战时须提供轻装步兵或在海军服役。在这种新格局下,土地与工商业新贵的地位大幅上升,中下层民众的地位有所提升,传统贵族地位有所下降但尚在可接受的范围,其影响力逐渐由实(掌控政权)向虚(发挥价值引导作用)过渡。

与新的人口—权力等级划分相应,设立了新的政权机构:四百人议事会(*βουλή*)和陪审法庭(*δικαστήριον*)。四百人议事会由四个部落各选一百人组成,第四级之外的其他公民皆可当选。它获得原属贵族会议的众多权力(如为公民大会拟订议程,提出议案),从而成为公民大会的常设机构,它的出现也使公民大会真正成为城邦的最高权力机构,公民参加大会的热情空前高涨。陪审法庭则发挥最高法院的作用,不仅参与例行审判,还接受上诉案件,成为一切公共与私人事务的裁决者。陪审法庭的裁决由陪审员(数量从数十到数百不等)投票做出,陪审员则由各级公民通过抽签产生。这一制度安排体现了特别强烈的民主倾向(*δημοτικώτατα*),即便第四级的底层平民,也可以利用抽签制度下人数的优势,拥有法庭投票的决定权,以至于人们认为,“主要凭借这点,大众才获得了力量(*ἰσχυκέναι τὸ πλῆθος*)”,“主宰投

① 第一等级的财产资格为每年收入按谷物、油、酒等总计达 500 麦斗以上(每麦斗约合 52 公升),第二等级是收入 300 麦斗以上者,第三等级的标准则是 200 麦斗以上,其余收入不及 200 麦斗者统统归入第四等级。

票的平民（*κύριος γὰρ ὢν ὁ δῆμος τῆς ψήφου*）成为了政治的主宰（*κύριος γίγνεται τῆς πολιτείας*）”（《雅典政制》9.1）。

梭伦对雅典城邦的政治—社会制度进行了具有深远影响的改造，确立了一种以“善好秩序”（*εὐνομίη*）为目标、令整个城邦“各得其宜”（*εὔκοσμα καὶ ἄρτια*）的城邦政治理念。[①] 尽管梭伦本人一再强调在贵族与平民之间不偏不倚、平等保护双方、制止不公正之胜利的立场（如辑语 5:1–6），但他的改革措施绝非简单的折中主义，而明显选择了“高者抑之，下者举之”（抑制贵族，提升平民）的路向，从而奠定了雅典民主制的基本倾向。亚里士多德称梭伦为第一位“平民领袖（*προστάτης τοῦ δήμου*）”（《雅典政制》28.2），良有以也。

梭伦改革缓解了此前的危机，但并未根本上解决这一危机。在梭伦去职之后，雅典公民内部的斗争呈现滨海派（*παράλιοι*）、平原派（*πεδιακοί*）、山地派（*διάκριοι*）三派相持的局面（《雅典政制》13）：大体而言，滨海派代表工商业者，追求“中庸的政治形式”（*τὴν μέσην πολιτείαν*）；平原派代表贵族，追求寡头制（*ὀλιγαρχίαν*）；山地派代表小工匠、牧羊人和穷苦的农夫，由被称作“极端民主派”（*δημοτικώτατος*）的庇西特拉图所领导。公元前 546 年，庇西特拉图（Peisistratus）依靠平民的支持以武力夺取政权，在雅典成功地建立了僭主统治。[②]

---

① 梭伦的政治理念，体现在他所写的诉歌中，特别是写于改革之前的辑语 4，上述引文见辑语 4，行 30–38。相关分析，参阅鲍勒 2017，页 62–90，特别是页 68–75。

② 对于希腊人而言，无论是 *τύραννος*［僭主］还是 *τυραννίς*［僭政］均无明显的贬义，只是表达不经过公民大会而获得政权的统治者及其统治形式。“七贤”中的比塔库斯（Pittacus）即为僭主。僭主获得政权，往往是借助平民的支持，庇西特拉图更是代表“极端民主派”的“平民领袖”，因而僭主统治往往意味着平民权力的扩张。对于僭主及其统治的敌意，主要来自传统贵族。

庇西特拉图（公元前546—前527年在位）及其子希帕库斯、希皮亚斯（至公元前510年）在雅典的统治，对于雅典社会结构的定型乃至希腊精神的成熟，皆有极重要的影响，其最值得称道的举措在于：

1. 向农民提供低息贷款，通过财政支持的方式保证中农小农得以维系土地与基本收入，[①] 进而保障了他们在城邦中的基本政治地位，这是僭主制后雅典民主制得以最终确立的重要社会基础。这种直接利用财政手段推动特定政治目标实现的方法，在后世的雅典不断重现（典型的例子如伯利克里时代发放戏剧补贴）。

2. 令人在泛雅典娜节连续逐章吟诵《伊利亚特》与《奥德赛》（而不只是吟诵其中的某些片段），确立了极具庄严意味的荷马史诗吟诵竞赛传统。[②] 这种竞赛不但发生于史诗吟诵者之间，也发生在吟诵者与听众之间，从而形成一种极富张力的精神互动，一种促进公民身份认同的文化场域也得以形成。这种新型的文学鉴赏与批评形式，又进一步推动了《伊利亚特》与《奥德赛》文本的整理校订编修，荷马史诗由口述传统下通过游吟诗人不断在表演中加以丰富扩展的鲜活作品，

---

① 芬利认为，这一政策对于阿提卡农业经济的影响比梭伦改革更大。参阅 Finley 1963，页 33。

② 这种竞赛传统起源于何时，古典时代已有争议。一种观点认为始于斯巴达传奇立法者吕库古，其代表为普鲁塔克的《吕库古传》（c. 4）；有的观点认为始于梭伦，其代表为第欧根尼的《梭伦传》（i 2, 57）；还有认为始于庇西特拉图，其代表为（伪）柏拉图的《希帕库斯篇》（228b）及西塞罗的《论演说家》（iii 137）。第欧根尼本人在《梭伦传》（i 2, 57）已提到梭伦与庇西特拉图的这种竞争关系，认为梭伦较之庇西特拉图更能为荷马“增辉”（*ἐφώτισεν*）。支持庇西特拉图说的一个重要线索是：著名诗人西蒙尼德斯（Simonides）于公元前522—前514年曾应希帕库斯之邀在雅典停留，其诗篇中保留着迄今所知最早的关于荷马史诗的引文：*οἵη περ φύλλων γενεὴ τοίη δὲ καὶ ἀνδρῶν*［人的世代如树叶（生落）］（《伊利亚特》6. 146）。

逐渐定型，成为书写传统下的经典文本。荷马作为希腊人的教师，可追溯到黑暗时代，荷马史诗的“结晶化”与“经典化”，[1] 则实现于庇西特拉图时代的雅典。

> 据说在庇西特拉图授权下，有四人参与了对荷马文本的整理校订，其中之一为奥诺玛克里托斯（Onomakritos），据希罗多德，此人本是希帕库斯的好友，后因篡改神谕被识破而被逐出雅典（《历史》7, 6）。在公元前 4 世纪，墨伽拉的狄欧喀达斯（Dieuchidas）谴责庇西特拉图为了维护雅典的利益而篡改荷马的诗句，这一指控后来被具体化为：庇西特拉图在《奥德赛》中插入一行以纪念雅典的传奇国王忒修斯（普鲁塔克《忒修斯传》20），*Θησέα Πειρίθοόν τε, θεῶν ἐρικυδέα τέκνα*［忒修斯与佩里都，荣耀的诸神之子］（《奥德赛》11. 631）；梭伦或庇西特拉图在《伊利亚特》中增加一句关于埃阿斯的诗行以证明萨拉米自古即属于雅典（第欧根尼《梭伦传》i 2, 57），*Αἴας δ' ἐκ Σαλαμῖνος ἄγεν δυοκαίδεκα νῆας*［埃阿斯从萨拉米带领十二艘船］（《伊利亚特》2. 557）。

在庇西特拉图家族的僭主统治于公元前 510 年终结后，雅典平民与贵族的矛盾又趋激化。在此情况下，新一代的“平民领袖”克里斯提尼（Cleisthenes）走上历史舞台。与梭伦一样，克里斯提尼是出身贵族却支持平民的民主政治家。公元前 507/506 年，在挫败本土的贵族势

---

① 纳吉（Gregory Nagy）认为，荷马史诗的文本化经历了一个漫长的过程，包含着歌手群体在不同情境下编创、表演、编创中表演所形成的多样性（multiformity）倾向，因而不能被归结为某个特定的事件（event），而呈现为一种活态的、具备自身完整的动力学机制的“进程”（process）。这种“进程”被他比喻为“结晶化”（crystallization）。相关理论，参阅 Nagy 1979，页 5–9; 1996a，页 107–114，特别是 108–09; 2004，页 25–39，特别是页 25–27。

力及来自斯巴达的外部干预后，克里斯提尼得以针对梭伦改革尚未深入触及的雅典选举体制和血缘团体进行较为彻底的改革。由于在阿提卡外无其他类似政体可供克里斯提尼效仿，故改革内容当为其首创。

有关克里斯提尼改革，最主要的材料来自亚里士多德《雅典政制》第 21–22 章的记述，但并未涉及发布诸项政策的先后时间。克里斯提尼本人并未担任执政官，而是通过支持其立场的执政官实现其改革目标。为方便论述，本书将其改革的时间定在公元前 507/506—前 488/487 年的区间，即始于克里斯提尼的重要支持者阿尔克麦翁（Alcmaeon）回到雅典担任执政官，实施克氏提议的改革，终于陶片放逐法的第一次实施，“僭主之友”（*τοὺς τῶν τυράννων φίλους*）的“领袖与首领”（*ἡγεμὼν καὶ προστάτης*）希帕尔库斯（Hipparchus）被放逐，据说陶片放逐法最初设立即是针对此人。（《雅典政制》22. 4）

克里斯提尼改革的主要内容包括：

1. 废除传统的四个血缘部落（单数 *φυλή*，复数 *φυλαί*），代之以十个按照地区加以划分的新部落，按新的部落体制进行选举。每一地区部落都包括城区、沿海和内地三大区域，合成一个“三一区”（*τριττύς*）。整个雅典城邦共有 30 个“三一区”，每个“三一区”由“德莫”（单数 *δῆμος*，复数 *δῆμοι*）构成。“德莫”（本义为地区，进而指代在此地区中生活的人群）取代了“胞族”（*φράτρα*）与“氏族”（*γένος*），成为雅典公民的政治、宗教、社会活动的基本单位。雅典公民的身份，通过他在德莫的名册上登记得以确认，他也就拥有了三个名字：自身的名字，父亲的名字，所属德莫的名字。[①] 这也成为了后世雅典人对于自己籍

---

① 修昔底德记载，尼基阿斯在决战前叫来所有的舰长，以他父亲的名字、自己的名字、所属部族的名字来称呼他们，试图鼓舞士气（《伯罗奔尼撒战争史》7.69），正反映了这一传统。

贯追溯的依据，无论其人后来居于何处，他的祖先在克里斯提尼时代所登记的德莫即是其祖籍，他也可以作为这个德莫的成员参与选举。德莫的数量长期稳定在139个，每个德莫向议事会派出代表的数量大致与其人口规模匹配。

克里斯提尼把一百位英雄的名字交给德尔斐神庙，让神庙的女祭司从中选取十个作为部落的命名祖先(《雅典政制》21. 6)。这种借用宗教权威实现政治意图的操作，较之庇西特拉图让某个高大美丽的妇人扮演雅典娜女神陪同其进入雅典的案例(《雅典政制》14.4)效果类似，而手段上更显圆熟。

通过贯彻按地区组成社会基本单位的原则，氏族贵族的影响力被决定性地削弱了，依靠旧的氏族血缘关系影响选举不复可能，雅典的国家组织也终于摆脱了氏族关系的残余影响而完全形成。这种破除血亲氏族的影响、确立城邦国家完全自主地位与政治权威的政治抉择，对于雅典人的精神产生了极深远的影响，“破家成国”成为雅典悲剧经久不息的主题，家与国二者之间的冲突—张力，作为城邦政治生活的重要组成，在悲剧中不断得以呈现。

2. 以五百人议事会取代梭伦时代四百人议事会，作为公民大会的常设机构，该机构从雅典的十个部落中以抽签的方式从每个部落选出50位代表，并规定，议事会席位任期一年，不得连任，任何公民一生担任议事会成员不得超过两次。以三十年为一世代计，这一制度设计决定了至少有7500个公民可到议事会任职，占到雅典公民总数的五分之一至四分之一；在所有议事会成员中有十分之一的人，以执委(πρύτανις)身份长期在举行公民大会的广场上办公乃至住宿，以体现公民政治的在场性特征。执委内部每天通过抽签选举一人担任主席(ἐπιστάτης)，担任主席期间，他是雅典国家地位最高的公职人员，有权主持公民大会、接见外邦使团。

3. 创立十将军(στρατηγοί)委员会，由军事执政官(πολέμαρχος)为主席。将军之职按公民自费服役的传统，不仅没有薪饷，还要由自己出资装备一切(包括勤务兵)，因此只有具备相当的军事经验且家产丰厚者才能担当此职。十将军(及司库)是雅典民主制下极少数不通过抽签方式产生的职位，可连选连任也可随时罢免。这一职位长期为上层所掌握，对雅典之政局与对外战争具有重大影响。

4. 实行陶片放逐法(ὀστρακισμός)，即由公民投票决定是否对某一公民实行政治放逐，因投票时把定罪人的名字写在陶片上而得名。每年由五百人会议提请公民大会讨论是否执行此法，若大会同意，就召开全体公民大会进行投票，只要出席人数达到6000而赞成放逐某人的票数过半，他就要被流放国外10年。亚里士多德尽管对这一方法的适用性持保留意见，但承认陶片放逐法所代表的对最强势公民的压制与驱逐在所有形式的政体(正当的或蜕变的)中普遍存在，故而有其合理性(《政治学》Ⅲ，1284a4–b34)。

陶片放逐法最独特之处在于，不需要特定的罪状或理由即可施行，因而带有极强烈的“诛心”色彩，对那些不受民众欢迎的头面人物(往往是贵族)构成很大的威胁，甚至某些民望很高的公众人物也会成为法案的牺牲者。因而，相较于前述改革措施，它更充分地体现了对民众意愿—心理的重视，反映出民主制与此前一直发挥主导作用的贵族价值观的紧张—对立关系，预示着雅典由传统贵族价值观向以“智者派”为代表之新思想潮流的转向。

克里斯提尼改革既是梭伦改革的延续与深化，又体现了重大的首创精神，[1] 涉及民主政体运作的诸多核心环节。它以梭伦改革所不具

① 伯利克里对于雅典政制的推崇，称“我们采用的政体(πολιτεία)没有照搬任何毗邻城邦的法律，相反，却成为其他城邦模仿的范例(παράδειγμα)”(《伯罗奔尼撒战争史》2. 37)，自然应归功于克里斯提尼。参阅 Lévêque/Vidal-Naquet 1964，页 63–75；Ostwald 1969，页 161–173。

有的彻底性，基本肃清了氏族制的残余，标志着雅典平民在与贵族的百余年斗争中取得了决定性的胜利。克里斯提尼所确立的政府组织形态，在此后持续运作长达三百年，构成雅典民主的基本政治框架。故而，他被后世尊为雅典民主制的奠基人。① 他作为奠基性立法者的地位，在古典世界常与斯巴达的吕库古与古罗马的努马并提。相对于后二者的浓厚传奇色彩，克里斯提尼本人并未经历这样的神化过程。一个有趣的事实是，公元前 6 世纪晚期开始，提修斯在希腊艺术中获得远超以往的呈现（提修斯的神话事迹大量地出现在黑绘陶瓶与雕塑中，且出现了关于他的史诗作品《提修斯纪》），② 这或者是对于克里斯提尼本人的一种另类的传奇化，他的形象被吸纳到阿提卡最伟大的传奇英雄提修斯的形象中。③

克里斯提尼改革对希腊精神造成的影响，不但体现于雅典的政治制度，也体现在诸多新的词汇概念中。基于德莫（δῆμος）在雅典政治中的基础地位，一批包含 δημο- 的词汇被构造出来，如 δημόσιος［公众的，属于人民的］，δημοτικός［大众的，共同的，民主的］，δημοτελής［由公众出资的（祭祀，节庆）］，πάνδημος［全民整体；属于全体民众的；（疾病）大流行的］，其中最重要的显然是 δημοκρατία［民主］，即由作为整体的人民（δῆμος）进行统治—支配（κράτος）的政治共同体。雅典民主以平等为本的核心价值，则演化出一系列以 ἴσος-［同等，平等］为

① 希罗多德《历史》6. 131. 1；伊索克拉底《战神山议事会辞》16，《论财产交换》232 与 306，《论马队》26–27。伊索克拉底把克里斯提尼或与梭伦、或与亚西比德作为雅典民主的奠基人而并提，希罗多德则独称他"为雅典人创立了部落制度与民主政治（τὰς φυλὰς καὶ τὴν δημοκρατίην Ἀθηναίοισι καταστήσας）"。

② 参阅《剑桥古代史》第四卷，页 358–359。

③ 与之相似的是，希伯来传统中大卫—所罗门形象对波斯名君居鲁士—大流士形象的吸纳借鉴。

前缀构成的词汇：ἰσονομία，由于 νόμος 一词有礼法、仪俗、伦常之意，也与动词 νέμειν[分配，分发]意义相关，因而 ἰσονομία 不但意味着自然法意义上的权利平等，也指涉物权的平等分配与处置；ἰσοκρατία，权力平等，特别是政治权力的平均分配；ἰσηγορία，言说平等，特别是公民大会上平等的发言权；ἰσομοιρία，份额平等，特别是土地份额的平均分配。这些词汇是雅典民主实践之直接民主与多数决定原则（“整体寓于多数之中”）的鲜明反映。

雅典民主制所激发的活力，如同宝剑出匣，带有极锐利的锋芒，它不但令劳师袭远的波斯帝国遭受前所未有的重大挫折，也作用于自身：领导雅典获得马拉松战役胜利的米泰亚德（Miltiades），此后因围攻帕洛斯不利，被其政敌指控“欺骗民众”并由公民大会审判有罪，虽未按照指控被“掷入坑中”处死，却也被判处 50 塔兰特的巨额罚款；更为关键的萨拉米海战的领导者地米斯托克利（Themistocles），他是对米泰亚德进行审判的重要背后推手，则在公元前 472 年成为陶片放逐法的受害者，被迫流亡到阿尔戈斯，又因被指控勾结波斯而被迫流亡到波斯，在那里受礼遇直到最终去世；推动放逐地米斯托克利的米泰亚德之子客蒙（Cimōn），虽在对波斯的作战中屡立战功，且倡导成立提洛同盟，但由于保守的政治倾向（对内维护战神山议事会的权威，对外亲斯巴达）而于公元前 461 年（即地米斯托克利被放逐后 10 年）也被陶片法所放逐。这三位对于战胜波斯发挥重大作用的政治人物的命运，展现出雅典民众对于具有超凡魅力之领袖的深刻猜忌，也表明随着雅典力量的不断增长，雅典与波斯的矛盾不再占据主要地位，取而代之的是雅典主导之提洛同盟与斯巴达主导之伯罗奔尼撒同盟的矛盾。

希腊币制，1 塔兰特（τάλαντον）等于 60 明那（μνᾶ），1 明那等于 100 德拉克马（δραχμή），1 德拉克马等于 6 奥波尔（ὀβολός）。在当时的经济条件下，50 塔兰特堪称天价罚款（普通雅典人一天的开销大致为 2 个奥波尔，伯罗奔尼撒战争前雅典每年从提洛同盟征收的贡金总额也不过 600 塔兰特），由其子客蒙支付，充分印证了客蒙豪富之名。这种对于大多数雅典人终生难以企及的巨额财富，又进一步加深了雅典人对他的忌惮。

贵族派政治代表客蒙被放逐后，伯利克里开始长达 30 余年的执政直至生命的最后阶段（公元前 461—前 429 年），可谓死而后已。这 30 余年间是雅典民主政治的极盛时期，也称“伯利克里时代”。

伯利克里时代，克里斯提尼确立的主要政治架构得到进一步完善。[①] 公民大会作为最高权力机构，平均每年召开不低于 40 次（几乎

▲ 作为选票使用的陶片，上面刻有被提名的放逐者的名字，从上到下依次为伯利克里、客蒙、阿里斯提德

① 参阅梅耶 2013，页 250–252，272–275。

每隔9天即召开一次)，凡年满18岁的男性公民都有权参加[①](在全盛时期公民人数达到4万的雅典，与会人数至少要达到6000)。公民可在会上选举、批评、审查公职人员，讨论对内对外政策，并做出决议，审议和通过法律及法令。五百人大会的构成与职权，大致与克里斯梯尼时代相同，主要职能是筹备公民大会和处理公民大会闭会期间的日常行政事务。陪审法庭作为最高司法与监督机关，拥有多达6000名陪审法官，由10个部落在30岁以上公民中各抽签选出600人组成，这些法官分配到10所法庭，平均每所500人(每所另有100名候补法官)。重要案件，如国事罪、渎职罪等，由陪审法庭通过秘密投票方式加以审判。十将军委员会的权力则有所扩大，它不仅统率军队，也参与行政，其首席将军更是握有军政大权，具有实际上的最高首领地位。十将军是在公民大会上以举手方式选出，可连选连任。

厄菲阿尔特(Ephialtes)担任执政官期间(公元前462—前461年)，推动了对战神山议事会(Areopagus)的重大改革。它作为贵族会议传统的延续，虽依然存在，但被剥夺了核准、否决公民大会决议和审判公职人员渎职罪的权力，其功能仅限于审理谋杀案及宗教犯罪。在埃斯库罗斯的伟大作品《善意者》(*Eumenides*)中，决定俄瑞斯特斯命运及其背后诸神之争的终极审判被安排在战神山议事会进行，可谓用心良苦。

此时的雅典，与后世之民主政体最为不同的精神气质，在于直接民主与非专业主义(或说，反专业主义)。此二者是相辅相成、互为支撑的。如果参照亚里士多德有关“算数平等”与“几何平等”的区分，雅典民主制贯彻的恰恰首先是算数平等。在以抽选为主要方式的直

---

① 根据公元前403年通过的一项法令，年满18岁的青年男子(*ἔφηβοι*)要参加为期两年的军事训练，故而此后往往把年满20岁作为参加公民大会的条件。

接民主制下，贵族阶层在知识、财富、社会地位上的优势（几何式的差异结构）被大大限制乃至消解，由全体公民参与的公民大会不仅控制着立法与行政，而且还控制着司法，因而雅典既没有职业的行政人员，也没有专业的法官或律师。除军事指挥外，雅典城邦几乎所有事务都是由非专业人士来管理的，而大多数公民都会轮流担任各种职务，履行相应的权利与义务，这种职位的周期性轮替与统治权更替的对应关系，被欧里庇得斯在其戏剧中表述为“人民（δῆμος）年复一年地轮替执政（ἀνάσσει διαδοχαῖσιν）”（《祈援者》406–407）。

尽管这只是少数人的民主（占城邦人口大多数的奴隶、外邦人、妇女、儿童被排除在外），但在被其认定为具有合法资格的城邦公民内部，政治权利—权力的分享与实施达到互联网时代也很难实现的平等状态，并形成了一种“以城邦为己任”的普遍的政治家熏育氛围。正是在此氛围下，修昔底德笔下的伯利克里说：“一个不关心政治的人，我们不说他是一个注意自己事务的人（οὐκ ἀπράγμονα），而说他根本没有事务（ἀλλ’ ἀχρεῖον）。”（《伯罗奔尼撒战争史》2.40.2）

伯利克里参考了庇西特拉图以公共信贷向农民提供财政支持的做法，推出了公职津贴（陪审法官每日可领到 2 个奥波尔，五百人会议的成员每日 5 个奥波尔，执政官每日 4 个奥波尔）与戏剧津贴（公民在公共节日观看戏剧可领取 2 个奥波尔）的措施，以鼓励公民更频繁更积极地参加政治活动。如果说公职津贴是对于庇西特拉图低息贷款政策的直接效仿，那么戏剧津贴则代表着某种更高的政治意识，它表明戏剧（特别是悲剧）不但是城邦政治的一部分，且是其核心的部分。伯利克里时代以降，理想的公民被描绘为 καλοκἀγαθός［既美且善者］。这一表述构成某种特定的隐喻：美（καλός）在善（ἀγαθός）之前，审美的形成先于政治德性的形成。[①] 对于雅典城邦而言，观看戏

① 亦可参考《伯罗奔尼撒战争史》中伯利克里“我们爱美而简朴，爱智慧而不软弱”（2. 40.1）之说，“爱美”在“爱智慧”之前。

剧不但可以培养公民的审美,也是一种特殊的政治德性教化。文化不但是政治性的,且是最根本的政治。

对文化与民众心理的敏感,是伯利克里区别于前任的重大特点。作为一个成熟的政治家,他成功地运用财政手段贯彻了民主政治的理念,并向民众进行直接的利益输送,从而赢得支持,并部分地打消了民众对执政者的敌意。尽管批评者认为这一做法使民众变得败坏(χείρω),滋生了贿赂(δεκάζειν,《雅典政制》27),但在伯利克里30余年的执政过程中,虽不免争议与猜忌乃至被剥夺权力处以罚款,却始终未失去民众的信任。在雅典民主制下,这不可不谓奇迹。

修昔底德视伯利克里为雅典城邦的完美人格象征,甚而将其置于城邦之上,宣称"不是他被民众领导(οὐκ ἤγετο μᾶλλον ὑπ' αὐτοῦ),而是他领导民众(αὐτὸς ἦγε)",雅典"名义上是民主制(λόγῳ μὲν δημοκρατία),实际上是第一公民的统治(ἔργῳ δὲ ὑπὸ τοῦ πρώτου ἀνδρὸς ἀρχή)"(《伯罗奔尼撒战争史》2.65.8–9)。但对于柏拉图,伯利克里与他的前任米泰亚德、地米斯托克利、客蒙并无本质差别(甚至更为恶劣),都只是讨好民众填满其物质欲望的糕点师(《高尔吉亚篇》502e–519d)。对伯利克里评价的巨大反差,正折射出史家与哲人关于政治与政治家之本质的争执。亚里士多德将伯利克里划入"平民领袖"中"贤能之士"(ἐπιεικεῖς)的序列(《雅典政制》28),可视作对这两种观点的调和:伯利克里虽非理想的政治家,毕竟是贤者,而后继者则不如其远甚,故而伯利克里可称雅典政治由盛而衰的分水岭。

伯利克里时代雅典城邦的高度繁荣基于广泛的奴隶劳动,也建立在阿提卡的"国际货币"、雅典的"国际港口"、盟邦的"国际贡赋"基础上:

◎由多达3万奴隶劳动支撑起的阿提卡劳里昂(Laureion)银矿,

为雅典提供了建设强大海军的财力支撑，也使得阿提卡货币在希腊诸邦及地中海世界得以作为通行货币流行。

◎由地米斯托克利提议修建、在萨拉米海战后才告完成的比雷埃夫斯（Pireaus）港，令雅典在此后相当长一段时期跻身地中海世界最重要的商业港口行列，港口税成为雅典最重要的税源。

◎本为抵御波斯人而组建的提洛同盟，战后逐渐成为了雅典发展自己利益的重要工具，公元前 454 年，同盟金库为雅典所掌控，公元前 450 年，在与波斯达成和平协议后，雅典拒绝解散同盟，而是将其他同盟成员降至附属地位，从而在事实上成为了“帝国”（ἀρχή）。在“帝国”的全盛时期，其势力范围包括 150 个城邦，特别是爱奥尼亚的诸城邦，它们被剥夺了建立海军的权力，每年向雅典的中心金库上缴贡赋，贡赋收入占到阿提卡地区收入的一半以上。

这种金融—贸易—海军相互支撑的结构，高度的“国际化”特征，强烈的对外扩张冲动，令雅典呈现出与 16 世纪以降的荷兰霸权—英国霸权颇为相似的气质，[①] 并将帝国“内宽外忌”的特征淋漓尽致地展现出来：在雅典内部的民主特为充分之际，对外的侵凌压迫也特无忌惮，附属城邦的忠诚度一旦受到怀疑，雅典便可以按照自己觉得合适的方式对其进行调查、审判、处置。[②] 与此同时，这也意味着雅典价值观与社会制度对附属城邦的影响与植入，这些城邦建立了具有雅典外观的民主制，中下阶层的权益得到伸张，而贡赋则主要由当地上层承担。经济上的负担与政治上的失势，使得这些地区的上层常对雅典心怀不满，而这又进一步强化了雅典对于这些地区可能背叛的猜忌，从而对其采用更严厉的高压手段。

---

① 有关 16 世纪以来荷兰霸权、英国霸权的演化及其与世界体系的关系，参阅阿瑞吉 / 西尔弗 2006，页 45–89，特别是 69–75 页；阿瑞吉 2011，页 30–94；白钢 2020，页 27–74，特别是页 40–63。

② 参阅 Meiggs 1972，页 171–174，205–207，215–216，220–233。

修昔底德笔下的伯利克里在阵亡将士葬礼演讲中，盛赞雅典人对外交往时，不接受好处（πάσχοντες εὖ），而只是给人好处（δρῶντες）。对他人有益不依靠算计（λογισμῷ）而凭借对自由与无畏的信念（ἐλευθερίας τῷ πιστῷ ἀδεῶς）（《伯罗奔尼撒战争史》2.40.4–5）。对照雅典的实际所为，可知修辞与现实之截然差异。这种修辞与现实的巨大反差，融入西方传统深处，绵延悠长，迄今不绝。

对于提洛同盟的其他成员而言，雅典所扮演的角色，不是民主制下的领袖—教师，而是僭主制下的暴君。因而，当雅典的扩张遭遇斯巴达所主导的伯罗奔尼撒同盟的强大抵抗时，提洛同盟内部无可避免地发生分化。伯罗奔尼撒战争于公元前431年爆发，可视作大体上采用民主制的亲雅典海上势力与采用寡头制的亲斯巴达大陆势力（科林斯作为雅典的商业竞争对手是明显的例外）的较量。相对于雅典的“干涉主义”—“帝国主义”立场，斯巴达的军事优势主要建立在代表中上阶层的重装步兵之上，长期秉持保守主义价值观，对希腊诸邦的直接干预远较雅典为少，故以“解放全希腊”（τὴν Ἑλλάδα ἐλευθεροῦσιν）而自诩（《伯罗奔尼撒战争史》2.8.4）。斯巴达的这种道义优势虽然不是左右战局的力量，但却对战争的进程发挥着微妙的影响。

公元前431—前421年为战争的第一阶段，双方各自利用自己在海上与陆地的优势打击对手，各自取得了重大的战果但均无法获得决定性的胜利，伯利克里于公元前429年死于瘟疫，这虽未直接影响战争进程，却是雅典民主制的转折点。第二阶段的战争，主要围绕雅典对西西里的远征。公元前415年雅典远征军统帅亚西比德(Alcibiades)在行军途中，为躲避雅典的政敌发难而转投斯巴达，这使得雅典本来具有的战略优势丧失殆尽。公元前413年，陷于叙拉古的雅典远征军遭遇惨败，几乎全军覆没，成为整场战争的转折点。此后，波斯对于斯巴达海军的支持，为这场原本还保留悬念的较量加入了决定性的砝码。波斯通过与斯巴达的和约，重新获得对于安纳托利亚诸城邦的统治权，而斯巴达在波斯支持下建立了强大的海军，公元前405年在名将吕山德（Lysander）领导下，于羊河（Aegospotami）之战击溃仅存的雅典海军主力，公元前404年吕山德率军进入比雷埃夫斯港，历时27年的战争以雅典彻底失败而告终。[①]

无论是希波战争还是伯罗奔尼撒战争，它们的意义并不仅仅体现在军事层面（尽管在军事史上被赋予了相当的重要性），而必须在更高层面看到其意义，即视其为希腊文明特别是雅典文明自我演化的重要背景与催化剂。雅典城邦因希波战争之胜利，精神大振奋，自信大充盈，文化大繁荣，天才人杰辈出，其气象更超越于巴比伦与埃及，可谓盛况空前，悲剧是这一时期雅典精神最突出的成就。经历伯罗奔尼撒战争之惨痛，灵动飞扬充满自信的雅典精神不复存在，希腊各邦之自足性从根底上受到动摇。[②]柏拉图哲学痛切批判雅典民主制之弊端，进而生起对于城邦政治之本质空前深刻的反思，旧的政治秩序之崩坏，引发哲学的转向，雅典之不幸却为哲学之大幸，希腊文明的轴心突破伴随雅典城邦的大危机而实现。

---

① 有关伯罗奔尼撒战争的古典材料，最重要的自然是修昔底德《伯罗奔尼撒战争史》。由于这一作品尚未完成，即在第八卷戛然而止（至公元前411年），对此后战争进程的记述，最重要的材料是色诺芬的《希腊史》。

② 亚里士多德指出："希腊居于领袖地位的大邦，在其他城邦按自己的模式（*παρ' αὐτοῖς*）扶持起政府，一方是民主制，一方是寡头制。他们这样做，不是为了其他城邦的利益，而只是为了自己的利益（*πρὸς τὸ σφέτερον αὐτῶν*）……如今各城邦积习已深（*ἔθος καθέστηκε*），不再有争取平等的愿望（*μηδὲ βούλεσθαι τὸ ἴσον*），而是或追求统治（*ἄρχειν ζητεῖν*），或在被征服后保持驯服（*κρατουμένους ὑπομένειν*）。"（《政治学》Ⅳ，1296a32–b2）

二、诗歌

1. 史诗

荷马

荷马史诗无疑是希腊文学，乃至整个西方文学的真正开端。荷马之名（Ὅμηρος），本义为“人质，担保人”，他的形象在后世常被塑造为某个作为战俘羁留他乡的老年盲诗人，他既是“最初的诗人”（poeta primus），也是“最伟大的诗人”（poeta maximus）。狭义的荷马作品，即《伊利亚特》与《奥德赛》，到庇西特拉图家族主导的泛雅典娜节的史诗吟诵竞赛，才真正确立下来；而广义上的荷马作品，在古风时代（及古典时代），往往意味着一切早期希腊英雄传说—神话的诗性表达，它

▲ 荷马雕像

不但包括“英雄诗系”（Epic Cycle）[①] 与后人所作而被归于荷马名下的“荷马颂诗”（Homeric Hymns），[②] 也包括化作后世抒情诗人（如品达）与悲剧作家（如埃斯库罗斯）之创作主题与灵感来源的各种传说。它们带有某种共通性的风格，从而树立了相应的尺度规范，正是依此标准，索福克勒斯与希罗多德被归入“最荷马式的”（*Ὁμηρικώτατος*）作家之列。

进入 19 世纪后，坚持荷马史诗（特别是《伊利亚特》）为荷马一人所作的“整一派”观点受到了严重的挑战，挑战来自两个方面：一者为分析派（Analyst），他们认为史诗是多位诗人共同创作的，内部又分为两派，即认为史诗由许多独立片段拼合而成的“短歌说”（lay-theory）与认为《伊利亚特》是以最初的《阿喀琉斯纪》为核心扩展而成的“核心说”（kernel theory/ nucleus-theory）；[③] 一者为“口述—传统”（Oral-tranditioinal）派，即以“口传性”（Orality）为荷马诗歌的核心特征，它体现于“程式”（formula）中，具有与传统相应的“深度”（depth），在公元前 8 世纪荷马史诗的内容被书写记录下来之前的几个世纪里，它一直以口传的形式被编创、表演、传播。[④] 这场围绕荷马身份或说《伊利亚特》作者身份的争论，常被称

---

① 传统上被归入这一序列的作品包括：《塞浦路亚》（*Cypria*）、《埃提奥匹亚》（*Aethiopis*）、《小伊利亚特》（*Little Iliad*）、《洗劫伊利昂》（*Iliou Persis*）、《返乡》（*Nosti*）、《特勒戈诺斯纪》（*Telegony*）。参阅本书附录二，页 611 注②。

② 相关作品的文本与译文，参阅 Allen/Haliday/Sikes 1936; West 2003。

③ 参阅程志敏 2021，页 87–91。

④ 关于荷马史诗的口传特征，参阅 M. Parry 1928a, 1928b; Lord 1960, 1968; 有关史诗语言的“深度”，参阅 Lord 1968，页 46; Nagy 1979，页 xvi, 2–6; Nagy 2003，页 7–19; 白钢 2019，页 176–178。

作“荷马问题”，它发端于沃尔夫（F. A. Wolf）于1795年所著《荷马史诗导论》（*Prolegomena ad Homerum*），进入21世纪后，在口传史诗理论已经获得广泛认同的情况下，它依然在延续。①

《伊利亚特》

荷马史诗的声名，根本上是由《伊利亚特》与《奥德赛》两部作品所奠定的，它们通过纳吉所言的“泛雅典娜瓶颈”（Panathenaic bottleneck）而流传下来，而其他希腊古风时代的史诗传统（“特洛伊英雄诗系”是其中最著名者）则无此幸运。②

相较于《奥德赛》，《伊利亚特》自古以来便被认为具有更为崇高

---

① 较近的高水平讨论与激烈争辩，发生在韦斯特（Martin L. West）与纳吉（Gregory Nagy）、纳德利（Jean-Fabrice Nardelli）之间：韦斯特秉持带有19世纪风格的单一作者说，通过大量高水平的（乃至艰苦卓绝的）同时又颇具争议的语文学校订考辨，完成了《伊利亚特》的新校勘本，纳吉和纳德利，皆持口传诗歌的立场，在对《伊利亚特》新校勘本之学术价值予以高度评价的同时，也指出其所存在的重要问题：无视佩里—洛德开创的口传诗学理论及其研究成果，错误地评估阿里斯塔库（Aristarchus of Samothrace）在希腊化时代进行的荷马史诗汇校工作所指向的“多元文本”，基于“整一本”（unified text）假说进行处理材料和绎读择取的标准与方法过于独特，对文本演化与传承的整体性看法有陷入“独断论”（dogmatism）的嫌疑。韦斯特的《伊利亚特》新校勘本，参阅West 1998, 2000；双方的主要观点分歧，参阅Nagy 2000（修订版见于Nagy 2004，页40–74），Nardelli 2001, West 2001。

② “泛雅典娜瓶颈”意味着史诗的口传流变特性逐渐弱化而稳定性逐渐增强的过程，在此过程中，史诗文本的多样性逐渐让位于内在的整一性，这也是史诗“经典化”的过程。参阅Nagy 2003, 69–70; 2004，页27–31。

神圣的地位，各种有关“荷马式”风格的定义，几乎都是依据《伊利亚特》而来，《伊利亚特》的作者几乎成为荷马的代名词，《奥德赛》则无此殊荣。[①]

《伊利亚特》的主题，展现在全篇第一行的诗句中，即“佩琉斯之子阿喀琉斯的愤怒”（*Μῆνιν …… Πηληϊάδεω Ἀχιλῆος*）。作为史诗中出现的第一个词汇，*Μῆνιν*［愤怒］一词（*μῆνις* 的单数宾格形式）自古便被认为具有特殊意蕴。[②] 福瑞斯科（Hjalmar Frisk）在其论文中敏锐地指出，*μῆνις* 一词在荷马史诗中通常只被用于诸神。[③] 因而，*μῆνις* 之于阿喀琉斯，这一有死的人间英雄，便具有特殊的意味，[④] 它所对应的不是某种个体之于个体的敌意，而是某种针对共同体的整体性禁忌

---

① 维拉莫维茨与韦斯特作为风格颇不相同的两代古典学大师，在这一问题上体现了空前的一致性，都认为《伊利亚特》之作者不同于《奥德赛》之作者，前者之水准远高于后者。

② 希腊化时代最著名的荷马史诗校勘与研究者阿里斯塔库便将 *μῆνις* 定义为一种持久的怨愤（*κότος πολυχρόνιος*），并认为其在词源上与 *μένειν*［停留；持续，坚持］相关（Lexicon Homericcum, 112.24）。这一解释在 19 世纪的德国古典学（特别是词典学）传统中继续保持着影响，如 Schmidt 将 *μῆνις* 定义为 andauernder Zorn［持久的愤怒］，Eberling 将之定义为 ira memor, inveterate［不可调和、根深蒂固的愤怒］。参阅 Schmidt 1969, Vol. 3, 页 142; Eberling 1963, Vol. 1, 页 1095。

③ 参阅 Frisk 1946。

④《伊利亚特》中 *μῆνις* 一词用于阿喀琉斯共有四次，分别为 1.1, 1.517, 19. 35, 19. 75。事实上，在挚友帕特洛克罗斯被杀后，阿喀琉斯决意放下对阿伽门农的怨愤重新投入与特洛伊人的战斗之际，他说“现在，我就此终止我的愤怒”（19. 67），表达愤怒的词汇是 *χόλος* 而非 *μῆνις*，紧接其后的句子“始终愤怒是不妥的”（19. 67–68），愤怒则以动词不定式 *μενεαινέμεν* 的形态出现。

(cosmic sanction)。[①]

作为《伊利亚特》根本线索之“阿喀琉斯的愤怒”，源于阿喀琉斯与阿伽门农围绕“荣誉”(τιμή)以及作为其具现形式的“荣誉礼物”(γέρας)的争执。在希腊联军围攻特洛伊第九年的某一日，联军统帅阿伽门农拒绝了阿波罗神祭司克律塞斯释放其女儿克鲁塞伊丝(Chryseis)的请求，惹得阿波罗神给希腊人降下瘟疫(1. 8–52)，为了平息神怒，阿伽门农被迫按照预言释放女俘，却要求阿喀琉斯交出自己的女俘布里塞伊斯(Briseis)作为补偿(1. 53–187)。这被阿喀琉斯视作对自己荣誉的严重冒犯，几乎要拔剑杀死阿伽门农，此时女神雅典娜以“对其他人不可见”(τῶν δ' ἄλλων οὔ τις ὁρᾶτο)的方式现身，拉住了他的头发，对其加以劝慰与应许，而阿喀琉斯也放弃了杀死阿伽门农的想法，承认在诸神阻止时，听从其劝告更好(ἄμεινον, 1. 194–218)。

这种只对当事人现身、影响其决策的神圣力量，既可理解为外在的超自然力介入世间，也可理解为人的内心—精神世界中某种超越寻常认知、感受、想象的带有神性的力量涌现，在后来的哲学术语中，这种超越性的精神存在常被称作努斯(νοῦς)。[②]

接受规劝的阿喀琉斯，在痛斥阿伽门农后率部退出希腊联军(1. 222–311)，来到海边向母亲海洋女神忒提斯(Thetis)流泪祈祷，声讨阿伽门农“对最好的阿开亚人不敬”(ἄριστον Ἀχαιῶν οὐδὲν ἔτισεν, 1. 351–412)，母亲遂向宙斯请求让阿伽门农与希腊联军为儿子所受的委屈付出惨痛代价，宙斯承诺这一请求将被实现(1. 493–530)，从而呼应了史诗开篇所言阿喀琉斯的愤怒给“阿开亚人”(作为希腊人

---

① 参阅 Muellner 1996，特别是页 1–51，引文出自页 8；有关 μῆνις 一词的深层意蕴，另可参阅 Watkins 1977。

② 这一词汇在史诗中已经被使用(如《伊利亚特》16.35)，但在阿那克萨戈拉哲学以后，它才决定性地成为对于超越性(神圣)精神状态的命名。

的统称）所带来的巨大灾难、痛苦与死亡，宙斯的意愿得以实现（*Διὸς δ' ἐτελείετο βουλή*, 1. 2–5）。

特洛伊战争的起因被归于希腊与特洛伊双方对于海伦的争夺，阿喀琉斯与阿伽门农的争执，则围绕女俘的所有权而发生，史诗对于恢宏的战争、无情的杀戮、勇毅而富于激情的英雄之描绘，被安置在这一近乎儿戏的背景下，使得史诗呈现出超越寻常历史记述的诗性特征，它与史诗带有强烈真实感的细节描绘，形成了某种巨大的张力，构成史诗特有的魅力。

失去阿喀琉斯的希腊联军，经历了阿伽门农假意提出的撤军计划，在奥德修斯的鼓舞下重振士气，伴之以对于交战双方船舰和人员的大幅描述[①]（第二卷），经历了几乎达成停战结果的海伦丈夫墨涅拉奥斯（Menalaos）与带走海伦的帕里斯（Paris）之决斗（第三卷），却又因潘达罗斯（Pandarus）射伤胜利者墨涅拉奥斯而功亏一篑，被迫重新投入战斗（第四卷），经历了雅典娜附体于狄奥梅德斯（Diomedes）勇冠三军乃至击伤爱神阿芙洛狄忒与战神阿瑞斯的奇迹，却因宙斯严令诸神不得直接参与战争而不得不重新陷入苦战（第五卷），在特洛伊最伟大的英雄赫克托尔与其爱妻安德罗玛克（Andromachē）作缠绵凄绝的告别

---

① 这一部分常被称作“船舰列表”（Catalogue of Ships, 2. 484–877, 其中786–877为对于特洛伊一方的介绍，事实上与船舰无关），提供了有关各方参战力量之组成与来源的详细记述（甚至显得有些冗长）。特别值得注意的是，对于希腊阵营的描绘并未提到阿喀琉斯的船队（2. 769–773中有关阿喀琉斯远离众人在船边生气的描写，当是后人对阿喀琉斯这种引人注目之缺席的补偿性处理）。如果将“船舰列表”视作《伊利亚特》乃至整个特洛伊战争传说中较为古老的部分，那么它恰恰表明，史诗主人公阿喀琉斯并不属于特洛伊战争传说的最初叙事，而是后来加入的，是史诗之漫长演化过程的产物。对于“船舰列表”的研究，参阅 Allen 1921; Jachmann 1958; Visser 1997。

后（第六卷），经历赫克托尔与埃阿斯的对决（第七卷），在第二个战争日与特洛伊方面展开惨烈的搏杀，战局不利，死伤惨重（第八卷）。

希腊联军遭遇的重大挫败，令阿伽门农承认自己犯下大错（这种错误，被描绘为宙斯让他成为了迷狂女神［或称阿特女神］的受害者，9. 17–18），他接受长者涅斯托尔（Nestor）的规劝，决定向阿喀琉斯认错，不但答应归还布里塞伊斯，且许下众多厚礼作为补偿，甚至包括自己的女儿与多座城池作为嫁妆，派遣由福尼克斯、埃阿斯与奥德修斯组成的使团邀请阿喀琉斯重返阵营（9. 89–181）。

阿喀琉斯拒绝了使团成员对他的劝说与请求，与通常认为的意气用事不同，此处的拒绝恰恰展现了阿喀琉斯身上有别于典型希腊英雄意象（快意恩仇，视声誉重于生命）的深思气质（9. 412–416）：

> 若我停留于此，战斗于特洛伊人的城边，
> 我将失去返乡（νόστος），但将获得不凋谢的声名（κλέος ἄφθιτον）。
> 若我归回故土，回到那亲爱的父母之邦，
> 我会失去善好的声名（κλέος ἐσθλόν），却将得享长寿，
> 死亡的终点将不会迅速到来。

阿喀琉斯在此处以一种前所未有的清晰性，表达了对“不凋谢的声名”[①] 与“返乡”二者不可兼得的冷峻认知，以及内心围绕二者所进

① 在对原初印欧诗歌语言的研究中，来自荷马史诗的程式 *κλέος ἄφθιτον*［不凋谢的声名］与其来自《梨俱吠陀》对应表述 śravaḥ. . . akṣitam，扮演着异常重要的角色。此二者间的对应关系于 1853 年由历史比较语言学家阿达倍尔特·库恩（Adalbert Kuhn）首次揭示出来，这一发现构成了有关原初印欧诗歌语言研究的起点。有关印欧诗歌语言之研究，参阅 Schmitt 1967，对于问题史及在各具体语文学领域的出色成果之汇集，（转下页）

行的艰难选择。它比史诗中任何别处的描写都更体现了这位“神一样的”（δῖος）英雄的真正神性，不是通过其勇力，而是通过其思想。

阿喀琉斯的拒绝回归，令希腊联军陷入更为不利的局面，希腊联军被赫克托尔击败，退到营寨边，阿喀琉斯派挚友帕特罗克洛斯（Patroclus）去打探消息，涅斯托尔劝说其冒充阿喀琉斯参战，他答应了（第十一卷）。[①] 赫克托尔率军经过一番激战，攻破希腊联军驻守的城门，希腊人逃往船边（第十二卷，又称 τειχομαχία［攻城篇］）。战斗继而在希腊人的船边展开，其若失败将面临全军覆灭的命运，双方在船边展开惨烈的搏杀（第十三卷）。在人间进行大战的同时，支持希腊联军的天后赫拉，利用从爱神阿芙洛狄忒那里获得的魅惑之力，诱使宙斯与她在浓雾中交欢而失去对形势的掌控，波塞冬得以直接参战，导致赫克托尔受伤，特洛伊人溃败（第十四卷）。如果说此前诸神对于战争的冷眼旁观乃至推波助澜还有可辩解之处，此处主神之间的互相欺骗则为《理想国》中将诗人逐出城邦的主张提供了充分的依据。清醒后的宙斯痛斥赫拉，命令波塞冬撤出战斗，波塞冬虽极为不满亦不得不遵从，宙斯派遣阿波罗为赫克托尔疗伤，特洛伊军重新获得优势，若非埃阿斯孤军奋战拼死抵抗，希腊联军已然崩溃（第十五卷）。

面对危局，帕特罗克洛斯说服阿喀琉斯，穿上他的甲胄代替他出战。代友出战的帕特罗克洛斯扭转战局，杀敌无数，甚至杀死了宙斯之子萨尔佩冬（Sarpedon），宙斯也没有改变这种命运。帕特罗克洛斯一直反击到特洛伊城下，被阿波罗出手击伤，终为赫克托尔所杀（第

（接上页）见页 6–60; Schmitt 1968; Watkins 1995 与 West 2007 可谓这一领域的集大成之作。

① 第十卷讲述奥德修斯与狄奥梅德斯抓获特洛伊探子多隆、盗走色雷斯人战马的故事（又称“多隆卷”），与史诗其他内容缺乏足够的关联，当是后人伪作。

十六卷，又称“帕特罗克洛斯纪”）。希腊与特洛伊双方为争夺帕特罗克洛斯的尸体展开激战，赫克托尔夺走了帕特罗克洛斯身上所穿原属于阿喀琉斯的铠甲，混战在浓重迷雾中进行，最终希腊联军夺回了帕特罗克洛斯的尸体（第十七卷）。听闻挚友死讯的阿喀琉斯，悲恸甚深，决意杀死赫克托尔为友复仇，并坦然接受赫克托尔死后自己也终有一死的命运。忒提斯请求工匠之神赫菲斯托斯（Hephaestus）为自己即将死去的儿子打造盾牌与铠甲，诗人浓墨重彩地描写了那面带有神性的盾牌，其上绘制的图案堪称希腊人整体生活世界的浓缩，涵盖日月星辰、山河大地、城市乡村、婚宴诉讼、战争死亡、耕种收获、歌舞放牧之种种（第十八卷）。获得新盾甲的阿喀琉斯，重返希腊联军，宣布终止自己的愤怒，与阿伽门农和解，阿伽门农则将自己的失误归咎于天意（19. 86–91）：“这不是我的原因（*αἴτιος*），而是由于宙斯、命运女神和惯行夜路的复仇女神（*Ζεὺς καὶ Μοῖρα καὶ ἠεροφοῖτις Ἐρινύς*），他们把野性的狂乱（*ἄγριον ἄτην*）置于我聚会时的心智……神令一切得以实现（*θεὸς διὰ πάντα τελευτᾷ*）。”这一论断与第九卷中阿伽门农有关宙斯使其成为阿特女神（迷狂女神）受害者的描述（9.17–18），共同指向史诗有关人类自主性（或说，人类自主性之缺失）的独特想象。在强忍悲痛休整一天后，阿喀琉斯于次日率军出征，尽管他的神马开口告诉他这是不归之路，但他依然决意赴死（第十九卷）。

伴随阿喀琉斯重返战场，宙斯解除了诸神不得参战的禁令，支持对阵双方的诸神直接下场交战，埃涅阿斯在与阿喀琉斯一番口舌较量后，险些在战斗中为其所杀，却被波塞冬所救，因他及其后代将取代普利亚摩斯家族统治特洛伊人（20. 306–308），这构成了《伊利亚特》与《埃涅阿斯纪》的精神联系。阿喀琉斯与赫克托尔在雅典娜与阿波罗的帮助下，暂时无法杀死对方（第二十卷）。阿喀琉斯嘲讽被特洛伊人尸体堵塞的克珊托斯河（Xanthos），引发河神斯堪曼德罗斯

(Scamandros)的愤怒，在人河之战中险些丧命，幸被赫菲斯托斯所救。这引发了更激烈的诸神之战，诸神之间的争斗令宙斯欢喜不已。阿波罗以幻力将阿喀琉斯引开，特洛伊军民得以撤入城里(第二十一卷)。赫克托尔为挽救自己的过失，不顾父母的苦苦哀求，决意与阿喀琉斯死战，最终在特洛伊城下为阿喀琉斯所杀，死前，他预言了后者被帕里斯与阿波罗所杀的命运(22. 355–360)，如同第六卷中他见到爱妻安德罗玛克时对于自己死后命运的预言一样(6. 440–465)。处于狂暴状态的阿喀琉斯，用马车拖着赫克托尔的尸体绕城奔驰，特洛伊城陷入无尽的哀恸(第二十二卷)。史诗最终结束前，插入了希腊人为帕特罗克洛斯举行盛大葬礼与竞技比赛的描写(第二十三卷)。

史诗的最后一卷，以阿波罗作为正义守护者的一系列言行开篇(24. 18–54)，他保护赫克托尔的遗体免受阿喀琉斯凌辱，痛斥诸神为残酷无情者(*σχέτλιοι*)——享用赫克托尔敬奉的祭品却对其暴死无动于衷；指责阿喀琉斯只顾泄愤而失去怜悯(*ἔλεος*)，不知羞耻(*αἰδώς*)，忘记了命运给人类安置的容忍的心(*τλητὸν γὰρ Μοῖραι θυμὸν θέσαν ἀνθρώποισιν*)。这番有关神与人所应秉持价值的话语，可视作西方伦理学之发端。

在宙斯的安排下，伊里斯神(Iris)护送老王普利亚摩斯来到阿喀琉斯的营帐，请求赎回赫克托尔的尸体。老王普利亚摩斯的哀求，引发了阿喀琉斯对同样年迈的父亲佩琉斯的忆念，同时在这种氛围下产生了对有着最深仇怨之对手的深切同情。阿喀琉斯对普利亚摩斯说(24. 525–526)："在苦难中生活(*ζώειν ἀχνυμένοις*)，这就是神明为凡人设计的命运(*ἐπεκλώσαντο θεοί*)，而他们则免于愁烦(*αὐτοὶ δέ τ' ἀκηδέες εἰσί*)。"在悲剧诞生之前，史诗最深切地触及了人类命运之悲剧性。《伊利亚特》以特洛伊城为赫克托尔送葬作结，与第一卷开篇所言"阿喀琉斯的愤怒"呼应，末卷的结尾是"驯马者赫克托尔的葬礼(*τάφον Ἕκτορος ἱπποδάμοιο*)"(24. 804)。

《伊利亚特》最为充分地展现了史诗这一形式所具之魅力：异常丰富的神话主题，异常逼真的细节描绘，异常恢宏的战争场景，异常深切庄严的对有死者命运的思考。它的篇幅与深度，使其构成了对史诗这种题材加以分析的典型样本乃至范本，无论是美索不达米亚史诗《吉尔伽美什》还是印度大史诗《摩诃婆罗多》与《罗摩衍那》，作为史诗这一体例的伟大代表，其独特卓异之处，经与《伊利亚特》参鉴，方能更好地透显出来。《伊利亚特》，无论是一人一时之作，或是经若干世纪由若干代歌者编创演化而来，皆可跻身人类最伟大的文学作品之列。

《奥德赛》

亚里士多德在《诗学》(1459b8–17)中认为：史诗与悲剧属于相同的种类(τὰ εἴδη ταὐτά)，分为简单史诗、复杂史诗、性格史诗和苦难史诗。《伊利亚特》是简单史诗(ἁπλοῦν)和苦难史诗(παθητικόν)，《奥德赛》则是复杂史诗(πεπλεγμένον，因为到处充满了“认辩”)和性格史诗(ἠθική)。二者在言辞与思想上(λέξει καὶ διανοίᾳ)皆超过他者。这是对《伊利亚特》与《奥德赛》之根本风格差异的最早论断。

《伊利亚特》的“简单”，当指其情节自始至终皆围绕战争；而《奥德赛》的“复杂”，则在于奥德修斯与其妻子佩涅罗佩(Penelope)都有隐藏意图、反复试探的性格，这种性格构成了“认辩”(ἀναγνώρισις)的基础。若就两部史诗开篇对自身主题的表述而言，《伊利亚特》聚焦于阿喀琉斯的“愤怒”(μῆνιν)，而《奥德赛》则言“告诉我，缪斯，那心思多变之人(Ἄνδρα……πολύτροπον)”(1.1)。相对于作为情绪的愤怒(即便是带有神性的愤怒)，人，特别是心思多变之人，确实更为复杂。

与《伊利亚特》之命名方式不同，《奥德赛》以作品的主人公奥德修斯命名，即“奥德修斯纪”。在奥德修斯的诸多称谓名号中，最具特色者（具有专属性质），一为《奥德赛》开篇提到的“心思多变”（πολύτροπος），一为“多能忍耐”（πόλυτλας）。[①] 此二者，相对于古风时代乃至古典时代的希腊英雄观，都显得颇为另类，甚至可视作以“愤怒”为代表的快意恩仇式英雄风格的对立面。在《伊利亚特》中，阿喀琉斯对奥德修斯说“若有人口不应心（ἕτερον μὲν κεύθῃ ἐνὶ φρεσίν, ἄλλο δὲ εἴπῃ），就如同哈迪斯的门槛那样令人厌恶（ἐχθρός）”（9. 312–313），以一种异常直白的方式表达了二者的分歧，而《奥德赛》这一作品，恰恰集中展现了“心思多变”又“坚毅忍耐”的奥德修斯之种种“口不应心”。

亚里士多德描绘《奥德赛》的“性格”（ἠθική）特征，也可引申为“伦理”。较之《伊利亚特》，《奥德赛》具有更清晰强烈的伦理观—道德感，某种程度上，它把《伊利亚特》第二十四卷中阿波罗对诸神与阿喀琉斯的批评转化为一系列伦常价值，以之评判各类人物，解释其命运归宿。《奥德赛》的价值取向与命运解释，提升了它的思辨意趣，却也失去了《伊利亚特》中那种浓重的悲剧感与神圣性。

与《伊利亚特》将长达十年的特洛伊战争浓缩为对最后几十天的描写相似，《奥德赛》聚焦于奥德修斯长达十年之返乡过程的最后几十天，而把此前的经历通过插叙—倒叙的方式加以记述。

《奥德赛》的前四卷被称作“特勒马科斯之歌”（Telemacheia）：特洛伊战争结束已十年，奥德修斯被神女卡吕普索（Kalypsō）阻留不得返回故乡伊塔卡，其子特勒马科斯在女神雅典娜的提醒召唤下，意图夺回对于家族的掌控（第一卷）；次日他召集公民大会，试图号召民众解决因求婚者长期盘踞家中所引发的困境，却被求婚者将责任推给

① 与之意义接近的是 τλήμων［坚毅忍耐的］（如《伊利亚特》10. 231, 498）。奥德修斯被认为“拥有坚毅忍耐的性情”（τλήμονα θυμὸν ἔχων，《伊利亚特》5.670），能在受辱后隐忍不发，因其有“善能忍耐的性情”（τολμήεις ... θυμός，《奥德赛》17.284）。

其母佩涅罗佩，此次夺权尝试无功而返，遂在雅典娜鼓励下离家远行以寻父（第二卷）；特勒马科斯来到长者涅斯托尔所居的岛上探问，涅斯托尔告之以与特洛伊战争相关的许多信息，特别提到了阿伽门农之子俄瑞斯忒斯为父复仇之事（这构成了奥德修斯父子杀死求婚者的前例典范），并提议他前去寻找墨涅拉奥斯（第三卷）；特勒马科斯来到墨涅拉奥斯的王宫，见到了绝世美人海伦，众人皆为战争之残酷不幸而痛哭，海伦拿来忘忧汁平息众人悲伤后讲起特洛伊木马的故事，次日墨涅拉奥斯讲述其返程中的种种奇遇（堪称冒险—传奇小说的先驱），与此同时，在伊塔卡的求婚者主张杀死外出的特勒马科斯，雅典娜为忧心的佩涅罗佩送去好梦（第四卷）。

宙斯派遣赫尔墨斯来到卡吕普索所居的岛屿，令其让奥德修斯自己做选择。奥德修斯拒绝了神女在此常驻、享受永生的诱惑，决意返回故土。对奥德修斯怀有怨愤的波塞冬，在海中掀起风暴，令其所乘木筏倾覆，幸有诸神相助，漂流到费埃克斯人（Phaeacians）的岛屿（第五卷）。雅典娜托梦于年轻的公主瑙西卡娅（Naussicaa），令其到河边洗涤衣物，她在那里遇到了昏睡在河边的奥德修斯，将其带到费埃克斯王阿尔基诺斯（Alcinous）的宫殿（第六卷）。在王宫中，他受到国王与王后的礼遇，体验了费埃克斯人优美的自然环境与优越的生活条件，酒足饭饱后，他讲述了在卡吕普索处的经历，请求费埃克斯人帮助自己返乡（第七卷）；奥德修斯参加了餐后助兴的竞技，听了盲歌手得摩多克斯（Demodocus）关于特洛伊战争、阿瑞斯与阿芙洛狄忒偷情被捉、特洛伊木马的吟唱，在听到特洛伊木马故事时情不自禁哭泣起来，终于在众人的询问下说出了真实身份（第八卷）。

第九至十二卷是奥德修斯对于返程经历的自述，是《奥德赛》中最富戏剧性也最具深度解读意蕴的部分。第一次大的风险，出现在奥德修斯及其同伴来到库克罗普斯（Cyclops，“圆眼巨人”）所居的岛屿，他与十二名同伴进入巨人波吕斐摩斯（Polyphemus）的洞穴，在仅剩五人未被巨人当作食物吃掉的情况下，奥德修斯诱使巨人饮下大量烈酒，谎称自己名叫“无人”（*Οὖτις*），用烧红的木段刺瞎巨人的眼睛，第二天躲在羊肚皮底下逃了出来（第九卷）。这场逃离是一次巨大的成功，却也因此和作为库克罗普斯先祖的波塞冬结下了仇怨。巨人族享受近乎无限的自然资源而“不知正义和法律（*οὔτε δίκας εὖ εἰδότα οὔτε θέμιστας*）”（9. 215）的状态，拥有强大的力量却被“无人”这一名号所蒙骗戏弄，呈现了对希腊早期海外拓殖经验的勾勒与想象，这些内容在此后西方的精神世界不断再现。

此后，因风王所赠的一口袋风在临近故土时被同伴打开，他们又被吹回了艾奥洛斯岛，在遭遇土著居民的攻击后，船队被迫逃离，来到女神基尔克（Kirkē）的岛屿。在那里，前去探察的同伴被基尔克用魔力变成了猪，奥德修斯在赫尔墨斯的帮助下，方才解除了魔法。陪伴女神一年后，根据基尔克的建议，奥德修斯前往冥府求问前程（第十卷）。

奥德修斯在冥府见到他的母亲，徒劳地想与其魂影拥抱而不可得，此后更是见到了特洛伊战争的主角阿喀琉斯与阿伽门农，以及传说中的伟大英雄赫拉克勒斯（第十一卷，又称 *Νέκυια*［鬼魂篇］）。阿喀琉斯不但决绝地否认了奥德修斯对其作出的最幸福者（*μακάρτατος*）的断言，甚至将之极端化地表述为宁愿在人间当仆役（*ἐπάρουρος ἐὼν θητευέμεν ἄλλῳ*）也好过在冥界做鬼王（11. 488–503）。这一论断不但与传统的希腊英雄观格格不入，也使《伊利亚特》中他在生与死、返回故土与不凋谢的声名之间做出的抉择变得失去意义。在这段文字中，阿喀琉斯几乎表达了要与奥德修斯易位而处的意愿，[①] 堪称是对《伊利亚特》所表达的英雄伦理—价值的全面颠覆。奥德修斯入冥府的经历，使得他与俄尔甫斯同为希腊传说中进入冥府又能重返人间的代表，从而具有了某种宗教先知的意味。此卷对冥府中各色人等存在

① 参阅 Rüter 1969，页 252–253；Nagy 1979，页 35。

方式（虚幻不实的 εἴδωλον［魂影］）的描写也表明，史诗尚没有超越于肉身的更为完美神圣的灵魂观念。

奥德修斯回到基尔克的岛屿，女神指点了回归的路程。依照指示，奥德修斯通过堵住同伴的耳朵、把自己绑在桅杆上，享受了塞壬（Sirens）的绝美歌声又免于船队被其诱惑失事；以牺牲六名同伴为代价，通过了吞吐海水的卡律布狄斯（Charybdis）与吃人的斯卡拉（Scylla），来到太阳神赫利奥斯（Helios）的岛屿。由于同伴无法忍受饥饿而杀食太阳神的牛，引发宙斯的严厉惩罚，除奥德修斯外无人幸免，奥德修斯最终漂流到卡吕普索的岛屿为其所救（第十二卷）。

听完这番自述后，费埃克斯人向奥德修斯赠送了大量的礼物，并用船将其送回了伊塔卡，却因此引发了波塞冬的不满和惩罚，海船在返回途中临近费埃克斯人岛屿时被变作石船。史诗中费埃克斯人出于善意帮助异乡人却引来自身厄运的遭遇，构成了某种有关原住民与殖民者关系的深刻隐喻。奥德修斯醒来后认不出自己的故土，与幻化而来的雅典娜展开一番斗智，在女神的帮助下筹划大计，改换容貌（第十三卷）。奥德修斯先去访问猪倌欧麦俄斯（Eumaeus），谎称自己是克里特人，游历时曾听说过奥德修斯的故事，在讲说故事时几番试探，考验他的忠诚（第十四卷）。雅典娜则托梦给特勒马科斯，让他绕开求婚人的埋伏，火速返乡，前往猪倌欧麦俄斯那里。奥德修斯完成对欧麦俄斯的试探，特勒马科斯也回到伊塔卡（第十五卷）。在欧麦俄斯那里，雅典娜将奥德修斯变回原样，奥德修斯与特勒马科斯父子相认，共同筹划如何复仇（第十六卷）。特勒马科斯依计回到家中向母亲讲述寻父之旅，奥德修斯则装扮为乞丐，来到王宫，假意向求婚人行乞，被恶意对待亦隐忍不发（第十七卷）。求婚者怂恿奥德修斯与一位真乞丐角斗，他隐藏实力只对其略作教训。佩涅罗佩来到大厅，告知求婚者，丈夫离开前曾允许她在孩子长大生出胡须后另嫁他人，佩涅罗佩离开后，雅典娜令求婚者陷入更深的骄狂（第十八卷）。奥德修斯见到佩涅罗佩后，又一次编造谎言加以试探，他说自己曾结识奥德修斯，听闻他已在返乡的途中。奥德修斯在洗脚时向奶妈展示自己腿上的疤痕而被认出，借此引出他幼年的经历以及他名字的由来。他遂要求奶妈保守秘密，并借解梦之机，向妻子预言了求婚者的灭亡（第十九卷）。次日，奥德修斯继续保持隐忍，特勒马科斯告知求婚者以竞赛的方式决定嫁母，求婚者大喜，而预言者则宣告他们的灭亡，求婚者吃了他们最后的晚餐（第二十卷）。

清算的时刻终于到来。佩涅罗佩取出奥德修斯的大弓，提议进行安弦射箭的竞赛。求婚者无人能做到安弦拉弓，奥德修斯让特勒马科斯将佩涅罗佩支开，让仆人关上厅门，轻松地为弓安上弦，从而拉开杀戮的序幕（第二十一卷）。奥德修斯首先射杀了求婚者中最骄横无礼的安提努斯（Antinous），继而表明身份，拒绝了求婚者首领欧律马科斯（Eurymachus）以赔偿换取宽恕的提议，在特勒马科斯与雅典娜的帮助下，逐一射杀了求婚者（第二十二卷）。这是《奥德赛》中唯一展现奥德修斯之英雄气概与战斗功业的篇章，本该是史诗的高潮，但事实上却更像是这一"复杂史诗"—"性格史诗"的某种插曲。

在奥德修斯完成对求婚者的杀戮后，他与佩涅罗佩进行了一段意味深长的相互试探，在有关婚床的考验结束后，二者才最终相认（第二十三卷）。这场夫妻之间试探考验的描写，是《奥德赛》之各种"认辩"中最耐人寻味、最得叙事之妙乃至"最奥德赛式"的。

在史诗最后一卷，求婚者的灵魂在赫尔墨斯的带领下来到冥府，遇到阿伽门农与阿喀琉斯，求婚者们陈述了自身的经历。阿伽门农盛赞佩涅罗佩的德性（24. 192–202），奥德修斯因拥有这样贤淑的妻子得享不朽的声名（*κλέος οὔ ποτ' ὀλεῖται*，不同于专属阿喀琉斯的 *κλέος ἄφθιτον*［不凋谢的声名］）。也正是由于佩涅罗佩的美德，奥德修斯实现了圆满的返乡（*νόστος*），与之相比，阿伽门农的返乡以悲剧告终，而阿喀琉斯则根本失去了返乡的机会。在此意义上，奥德修斯是一个双重的赢家：他同时拥有了 κλέος［声名］与 νόστος［返乡］。[①] 在人间，奥德修斯来到父亲拉艾尔特斯（Laertes）的庄园，又一次上演先以谎言试探继而相认的戏份。求婚者家属前来找奥德修斯寻仇，被击败后，在雅典娜的促成下，双方通过订立盟约而和解。

《奥德赛》开篇即借宙斯之口，表达了某种明显有别于《伊利亚特》的新型祸福观（1.32–34）：“可悲啊，凡人总是归咎于（αἰτιόωνται）我们天神 / 说什么灾祸源自我们（ἐξ ἡμέων... ἔμμεναι），其实是他们 / 因自己丧失理智（ἀτασθαλίῃσιν），超越命限（ὑπὲρ μόρον）而遭不幸。”史诗最后，则通过前来寻仇的求婚者家属与奥德修斯家族的和解，超越了血亲复仇的原则，事实上也否定了此前奥德修斯对于求婚者不加分别的杀戮。如果说，《伊利亚特》的主题“愤怒”代表的是无所不在的战争原则，那么《奥德赛》之主题“心思多变的人”，则指向超出战争之外的更复杂的政治与社会关系，进而指向某种新的神人关系与更纯粹的伦理—价值观念。[②] 这种新的关系与观念，在赫西俄德的作品中得以更充分地展现。

赫西俄德

希罗多德称，赫西俄德与荷马距离他本人的时代不足 400 年，他们为诸神创编了谱系（θεογονίην），把他们的名字（ἐπωνυμίας）、尊荣（τιμάς）与技艺（τέχνας）教给希腊人，描绘了其形貌（εἴδεα）（《历史》，Ⅱ. 53）。他将赫西俄德置于荷马之前，当并非出于偶然，既呼应于赫西俄德与荷马曾有过直接的诗歌竞赛的传闻，也表明，他认为赫西俄德的作品在为希腊民族编制诸神谱系上较之荷马史诗更为重要。希罗多德关于上述二者距离他本人不足 400 年的说法，则反映了他从上述二者作品中发现了某些时代上并非极为遥远的元素痕迹。

① 参阅 Nagy 1979，页 36–40。

② 参阅 Whiteman 1958，页 262。

不同于荷马对于身世的讳莫如深，赫西俄德在作品中明确提及了自己的身世：他是一位牧羊人(《神谱》22)，有一名叫佩尔塞斯(Perses)的兄弟，他们的父亲从外地迁居波俄提亚(Boeotia)，从事农业与海上贸易，父亲死后，佩尔塞斯在贿赂王公获得大部分财产后又觊觎赫西俄德的财产(《工作与时日》)。这番自述言之凿凿，往往被视作有关其身份的实据，进而衍生出对于荷马与赫西俄德之风格差异的解释：[①] 荷马出身贵族，善于描绘希腊的贵族世界，反映贵族的价值与理想，故而风格华丽而富于美感；赫西俄德出身农民，记录的是公元前 8 世纪末希腊大陆的农夫生活，反映农民的操劳筹谋，故而风格质朴而略显粗糙。但如同许多此类自述一样，无论是他的牧羊人身份还是佩尔塞斯这位兄弟，都可能只是诗人的杜撰虚构。[②] 真正的牧羊人或农夫，大约不会有这样的闲暇与文采去写作类似《神谱》和《工作与时日》这样的作品，而赫西俄德作品所体现的天才想象力，更无法用“粗鄙迟钝的农夫”受到“贵族阶层高雅文化”影响之类的说法(如耶格尔《教化》所言)加以解释。

荷马与赫西俄德皆为古风时代希腊精神的伟大代表，其根本的差异，不在于出身或主题，而在于荷马史诗尤其是《伊利亚特》是特为纯粹的诗，而赫西俄德则代表着思辨原则对于诗的全面渗透，某种意义上，他是哲学尚未诞生前以诗的方式表达哲思的代表，是作为大诗人的早期哲人。他以传统六步格韵写成的诗歌有时给人印象未如荷马那样优美流畅，并非出于天才的不足，而是诗歌的形式尚未完全适应思想的深沉，故略显生涩凝重。

赫西俄德的代表作无疑是《神谱》与《工作与时日》，他的声名与历史地位主要由此奠立。此外，尚有托名于他的《赫拉克勒斯之盾》

---

① 耶格尔的《教化》堪称此类观点的代表。参阅耶格尔 2021，I，页 73–74。

② 默雷的《古希腊文学史》即持此立场。参阅默雷 2007，页 39–40。

《名媛传》及某些残篇。[①]

《神谱》

《神谱》之于赫西俄德，正如《伊利亚特》之于荷马。它不但为希腊人创编了诸神的谱系，从而成为希腊宗教研究最为重要的早期依据，并通过对安纳托利亚库玛尔比传说及美索不达米亚创世史诗的主神迭代模式的吸收—转化，成为地中海文明史乃至世界文明史中最具比较研究价值的创世论文献之一。[②]

《神谱》的序曲以对赫利孔山的缪斯女神的赞颂开始（1–21），继而写道（22–28）：“一日，她们教给赫西俄德一首优美的歌（*καλὴν...ἀοιδήν*），当他正在神圣的赫里孔山下放牧羊群（*ἄρνας ποιμαίνονθ'*），这些话是女神们对我说的（*πρὸς μῦθον ἔειπον*）……‘我们知道如何把虚构的事说得像真的，但如果我们愿意，我们也知道如何述说真事’。”此处出现了第三人称（“他”）与第一人称（“我”）的交错使用，但并不意味着赫西俄德与“我”分属两人，[③]而这恰恰是让“我”在诗歌中得以出现所做的精巧铺垫。女神对“我”所言，“我们知道如何把虚构的事说得像真的”（*ἴδμεν ψεύδεα πολλὰ λέγειν ἐτύμοισιν ὁμοῖα*, 27），显然是借用了《奥德赛》中的表述“他讲了许多谎言，说得如同真事一样”（*ἴσκε ψεύδεα πολλὰ λέγων ἐτύμοισιν ὁμοῖα*, 19. 203），但是强调的却是后半句，“也知道如何述说真事”（*ἀληθέα γηρύσασθαι*, 28）。故而，此处段落可视作对荷马史诗中奥德修斯式“口不应心”的反讽，并借此提出真实与虚假之别。这是荷马与赫西俄德之争在文本中的真实体现。

---

① 相关文本与译文，参阅 Most 2007。

② 参阅本书第七章中“希腊宗教与《神谱》中的诸神关系”的相关论述（页540–543），以及附录一的比较研究。

③ 参阅耶格尔 2021, I, 页 75, 注 1。

女神给诗人（“我”）以月桂的奇妙树枝（*σκῆπτρον*，亦可谓“权杖”），将神圣气息吹入其心中，于是，“我得以歌唱未来与过去的事”（*κλείοιμι τά τ' ἐσσόμενα πρό τ' ἐόντα*, 30–32）。荷马史诗以吁请女神（为我）歌唱而开始（《伊利亚特》，“歌唱吧女神，那佩琉斯之子阿喀琉斯的愤怒”；《奥德赛》，“告诉我，缪斯，那心思多变的人”），在《神谱》中，“我”终于成为了故事的歌者—作者，这也是女神赐予诗人权杖的意蕴所在：一种带有神性的言说权力的移交。

《神谱》的正文，如同缪斯女神的嘱托那样，从对于她们的歌颂开始（36–104）。缪斯女神被描绘为记忆女神（Mnymosynē）与宙斯所生的九个女儿（53–55）。在此，《神谱》初步展现了思辨的风格：诸神的出身由来及其名字，被赋予特定的思辨内容。能言善辩的（*ἀρτιέπειαι*）缪斯女神出于记忆女神，意味着言说源自记忆—思维。《神谱》所描绘的诸神谱系与关系，都体现了这种思辨的原则。

在带有创世论文本性质的诸神起源描绘中（116–122），最初的三个神分别是卡俄斯（*Χάος*，混沌）、盖亚（*Γαῖα*，大地）、厄洛斯（*Ἔρος*，爱欲）。这种对世界最初情状和最初神祇的认知，是赫西俄德本人思辨的集中体现：他将最先出现的存在命名为卡俄斯（混沌），以一种神话的语言表达了阿那克西曼德所言的无限（*ἄπειρον*），对应于一切事物性质未定的状态；盖亚（大地）则代表着稳定 — 支撑 — 承载的原则，对应于后世哲学所言的“基底”（*ὑποκείμενον*）；① 厄洛斯（爱欲）的提出，则最具思辨意味，亚里士多德在《神谱》有关厄洛斯的描绘中，发现了引发事物动变与集合（*κινήσει καὶ συνάξει*）的原因（*αἰτίαν*，《形而上学》984b30–31）。

赫西俄德在此用神话的—诗性的语言表达了甚深的哲思：生命源

---

① 在拉丁语中，*ὑποκείμενον* 被翻译为 subiectum，由源初的“躺在……之下；基底”之义发展出“主体”之义，英语 subject，法语 sujet，皆既表“主体”，亦表“臣民，隶属”，即承此而来。

于混沌，被爱欲所引动，通过大地而得承载。若用亚里士多德的术语，混沌象征潜能，大地象征质料因，爱欲象征动力因，动力因与质料因的结合，令万物从潜能转为实现。在这一宇宙论模型中，动力因占据最核心的地位（厄洛斯被描绘为诸神中最美与最强大的存在，而并无亚里士多德最重视的目的因），正是赫西俄德匠心独运之处。

盖亚生出与她一般大小的乌拉诺斯（*Οὐρανός*，天空），宇宙进一步演化。这种“天出于地”的独特想象，指向一种天地未分、浑然一体之原初状态。盖亚与乌拉诺斯结合而生诸神（126–159），象征天地合而万物生。接下来盖亚挑唆诸子反抗乌拉诺斯、克洛诺斯依计用剪刀剪掉乌拉诺斯生殖器抛入大海（160–189）的情节，既是对美索不达米亚—安纳托利亚之主神迭代模式的化用，也以主神的暴力相争表征天地由合一而分离的剧变与剧痛。在记述了一系列与主神交替无关的诸神谱系后（211–452），文本又回到这一主线（453–506）：克洛诺斯为防止被儿子推翻，将新生的孩子都吞吃掉，妻子瑞亚（Rhea）用一块布包裹石头骗过他，新生儿宙斯得以成长，并最终推翻了克洛诺斯的统治。三代主神通过暴力方式的权利交替，得以完成。

接下来的戏剧性冲突，发生于宙斯与普罗米修斯之间（507–616）：普罗米修斯作为诸神中最同情人类者，先是在为神与人分配祭品（一头牛）时，以敷上脂肪的牛骨欺骗宙斯，而让人类获得了祭祀的肉食，又违背宙斯的意愿，把不灭的火种（*ἀκαμάτοιο πυρός*）带给人类。作为报复，宙斯让赫菲斯托斯制造出第一个女人（她被称为 *γυναικῶν θηλυτεράων*［娇气女性］，590），从而带给人类前所未有的灾难——婚姻、生育、劳累、苦役、衰老、死亡。

借着普罗米修斯的神话，赫西俄德表达了对人类根本境遇的反思，诠释了《伊利亚特》中阿喀琉斯所言“在苦难中生活，是诸神为人类安置的命运”（24. 525–526），同时又给予人类某种慰藉：这种不得不承受的苦难命运，是获得不灭的火种（象征人类文明）所付出的代价，而这种命运也不只属于人类，普罗米修斯这位“无辜”（*ἀκάκητα*）而“多知”（*πολύιδρις*）的神祇，因帮助人类而遭受苦难（614–616），但最终获得了拯救（526–532）。《神谱》中宙斯不愿人类获得不灭火种，《旧约》中神不愿亚当吃智慧之果，二者构成了某种惊人的对应，共同指向人类因违背神之意愿的获取（火种与智慧）而致使命运发生根本性变化。

《神谱》继而记述奥林波斯神系所受到的两次重大挑战及宙斯最后的胜利：一者来自十二泰坦巨人（Titans），他们与奥林波斯诸神的斗争一直胶着，直到被宙斯解救的乌拉诺斯之子布里阿瑞俄斯（Obriareus）、科托斯（Cottus）、古艾斯（Gyes）加入战斗，三者力大无穷，皆长有一百个臂膀、五十个头，最终战胜了泰坦巨人，他们被关押于（地狱神）塔尔塔罗斯处（617–735）；一者来自盖亚与塔尔塔罗斯所生的巨蛇提丰（Typhon），它拥有一百个蛇头，喷射火焰，威力无穷，宙斯以雷霆、闪电和惊人的霹雳（*βροντήν τε στεροπήν τε καὶ αἰθαλόεντα κεραυνόν*）灼烧提丰所有的头颅，将其从天空击落，最终抛入塔尔塔罗斯（820–860）。

在奥林波斯诸神的统治最终确立后，宙斯先后娶了女神墨提斯（*Μῆτις*）、忒弥斯（*Θέμις*）、欧律诺莫（*Εὐρυνόμη*）、德墨忒尔（*Δημήτηρ*）、摩涅莫绪涅（*Μνημοσύνη*）、勒托（*Λητώ*）、赫拉（*Ἥρα*）为妻（886–929）。女神墨提斯代表思虑—筹谋，忒弥斯代表正当—正义，德墨忒尔代表大地—丰产，摩涅莫绪涅代表记忆—忆念，宙斯与其结合生育子女，则象征着女神们对应的原则的进一步拓展，特别是与忒弥斯所生的时序三女神（*Ὧραι*）——欧诺弥亚（*Εὐνομίη*，秩序女神），狄刻（*Δίκη*，正义女神），厄瑞涅（*Εἰρήνη*，和平女神）——突出地体现了宙斯与正义的紧密关联，《工作与时日》中以宙斯为正义守护者的信念，正是从这种关系中生成的。

《神谱》以记述那些与凡间男子同床共寝（*θνητοῖσι παρ' ἀνδράσιν*

εὐνηθεῖσαι)为其生下子女的女神(963–1020)而告终,[①] 诸神的谱系告一段落,英雄的谱系拉开序幕。某种意义上,《神谱》可称荷马史诗的前传,展现了英雄时代到来之前的宏大宇宙图景,而深思密义自在其中,真妄之别自在其中。如同缪斯女神对诗人所言:我们知道如何把虚构的事说得像真的,但如果我们愿意,我们也知道如何述说真事。

《工作与时日》

相对于《神谱》的恢宏气象与瑰丽想象,《工作与时日》显出某种质朴的风格,这种风格与作品所涉的农事素材给人以某种印象:赫西俄德出身农民,是一位农事诗人,以诗作展现希腊平原的乡村生活。然而,正如维吉尔写作了《农事诗》与《牧歌》,却并非农事诗人一样,赫西俄德虽然对乡村生活颇为熟悉且将自己的家世描绘为农夫,但他对传统神话题材的大胆改造与天才发挥,恰恰不同于农民在宗教信仰中所具有的保守态度。他把与兄弟佩尔塞斯的争讼上升到宇宙正义论的高度,从而使作品呈现出史诗般的高贵庄严,进而开启了教谕诗这种带有思辨意味的文体。与其说《工作与时日》是农事诗,不如说是具备农事诗外观的哲理诗,尽管此时严格意义上的哲学尚未出现。

作品以吁请缪斯女神歌颂宙斯为序曲,马上转入以第一人称方式对佩尔塞斯来"言说真实"(ἐτήτυμα μυθησαίμην, 10)。赫西俄德在此引入了新的神话(11–26):存在着两位厄里斯(ἔρις,争执女神),一者为恶,一者为善。前者挑动罪恶的战争与争斗,天性残忍(σχετλίη);后者则刺激怠惰者劳作(ἀπάλαμόν περ ὁμῶς ἐπὶ ἔργον ἐγείρει),鼓励邻人间的良性竞争("陶工与陶工竞争,工匠与工匠竞争;乞丐嫉妒乞丐,歌手嫉妒歌手")。诗人以一种异常的敏感,觉察了希腊文明的"竞争"特性。

① 在疑似后人所加的结尾处(1021–1022),是对缪斯歌唱凡人女子的吁请,此当为《名媛传》(*Cataloue of Women*)的缘起。

他继而劝导兄弟佩尔塞斯不要追随恶的厄里斯，与自己展开关于遗产的争讼，因为遗产已经被分配过一次，佩尔塞斯通过行贿王公（*βασιλῆας*）已经拿走了较大的一份，这些王公是无知者（*νήπιοι*），因为他们不知道“一半比全部多多少”（*ὅσῳ πλέον ἥμισυ παντός*），也不知“以草芙蓉与长春花为生有多少益处（*ὅσῳ…ὄνειαρ*）”（40–41）。这是希腊古风传统乃至古典传统最著名的有关“知足”“知止”的格言。

赫西俄德没有明确呼吁佩尔塞斯追随善的厄里斯，但通过展示劳作对于人类不可或缺的地位（或说，作为人类无可逃避的命运）接受善的争执（良性竞争），勉力劳作而让生活得以延续成为了唯一可行的选择。为了更深切地说明这点，赫西俄德再次诉诸神话（42–105）：普罗米修斯为人类盗得火种，宙斯为惩罚人类，命诸神合力创造了最初的女人潘多拉（*Πανδώρη*［全体的礼物］，全体诸神送出的礼物以祸害人类），将之赠给普罗米修斯之弟埃庇米修斯（Epimetheus），后者作为典型的“后知后觉者”，忘却了普罗米修斯的嘱托，接受了这份礼物，人类由之永久性地失去了“没有疾病，没有邪恶，没有艰苦的劳作”（*νόσφιν ἄτερ τε κακῶν καὶ ἄτερ χαλεποῖο πόνοιο*）的生活，而陷入种种悲苦不幸。这是对《神谱》中普罗米修斯传说的进一步发挥，但基调比《神谱》更为悲观，加入了希望（*ἐλπίς*）被置于盒底未能飞出的情节（96–99）。

这种对于人类命运的悲观认知，在有关世界的五个时代暨人类的五个种族（*γένος*）之描绘中得到了充分的展现（109–200）：

◎诸神首先创造了黄金（*χρύσεον*）种族的人类，在克洛诺斯为王的时代，那时人们如神灵般生活，没有悲伤、劳累、忧愁，不会衰老，死亡如同熟睡，肥沃的大地自动（*αὐτομάτη*）产出众多果实，这一种族被大地埋葬后，被称为神圣的大地神灵（*δαίμονες ἁγνοὶ ἐπιχθόνιοι*），成为凡人的保护神（*φύλακες θνητῶν ἀνθρώπων*）。赫西俄德所言黄金种族的人类，近乎“自然灵”—“守护灵”，最能验证诸神与凡人具有相同来源的说法（ὁμόθεν γεγάασι θεοὶ θνητοί τ' ἄνθρωποι, 108）。

◎此后诸神所创造的，是远逊于（πολὺ χειρότερον）其前辈的白银（ἀργύρεον）种族。他们的心智始终未曾成熟，因缺乏自控而肆妄无度（ὕβριν γὰρ ἀτάσθαλον），不敬神灵，宙斯怒而将其埋于地下（ἔκρυψε χολούμενος）。但他们依然被凡人称作地下的幸福者（ὑποχθόνιοι μάκαρες）。他们与黄金种族，可合称“地祇”。伴随奥林波斯神系的主神由克洛诺斯变为宙斯，人类的幸福时代就此逝去。

◎宙斯所造的第三个种族是青铜（χάλκειον）种族，他们一反白银种族之天真，转为暴戾强悍（δεινόν τε καὶ ὄβριμον）。他们的盔甲兵器、房屋工具皆用青铜所作，在杀伐征战中自我毁灭。这种强大的战争民族的出现与消失，似乎在暗示摧毁迈锡尼文明之多里亚人的命运。

◎在青铜种族之后出现黑铁种族本是可以预期的，但赫西俄德却在二者之间插入了神圣的英雄种族（ἀνδρῶν ἡρώων θεῖον γένος），他们比青铜种族更正义更英勇（δικαιότερον καὶ ἄρειον），被称作半神（ἡμίθεοι）。他们对应于参加忒拜战争与特洛伊战争的英雄，但不同于荷马史诗中化作地府中虚幻魂影的悲惨命运，其中的佼佼者得以在远离人世的极乐岛（μακάρων νήσοισι）享受幸福，与被释放的克洛诺斯同在。或许是为接下来有关黑铁时代的悲观描绘留下某种心理缓冲，诗人描绘了宙斯与克洛诺斯和解、伟大英雄重返克洛诺斯治下的黄金时代的图景。

◎黑铁（σιδήρεον）是第五个种族与时代的标志，诗人宁愿在此之前已死或在此之后才降生，却又不得不活在属于这个种族的人类中。人类陷入无休止的劳作与烦恼（καμάτου καὶ ὀιζύος），尽管此时善恶交杂（μεμείξεται ἐσθλὰ κακοῖσιν），但显然恶占了上风，恶人们信奉力量即正义，虔诚非美德，羞耻与义愤（Αἰδὼς καὶ Νέμεσις）两位女神抛弃了人类。这种人类的悲惨境遇，是此前潘多拉故事的具象化。

《工作与时日》中五个种族与时代的传说，对于后世影响极为深远。柏拉图《理想国》以金、银、铜、铁四种族之说比喻城邦中的不同阶层，而伴之以对金属种族发生混杂情况（如金父生银子，银父生金子）的讨论（Ⅲ, 515a–c），对护卫者阶层分辨金、银、铜、铁四种族能力之重要性的讨论（Ⅷ, 546e–547a）。特别是《理想国》第八卷对于政体之败坏过程的论述（544c–d），理想政体、荣誉政体、寡头政体、民主政体、僭主政体的退化，恰与《工作与时日》中黄金种族、白银种族、青铜种族、英雄种族、黑铁种族的退化相对应，其中民主政体与英雄种族之对应，作为最终堕落前的某种上扬形式，更显得意味深长。[1]

如果将英雄时代作为某种特例排除，则以金、银、铜、铁为喻的四个时代，可与印度传统（大史诗与往事书）中有关宇宙从创造到毁灭的四个纪元相对应：[2] 圆满纪元（kṛta-yuga, 又称 satya-yuga［真实纪元］），其色淡，历时一百七十二万八千年，世界充满正义与虔诚，无有疾病、痛苦、激情、争斗；三分纪元（tretā-yuga），其色红，历时一百二十九万六千年，正义与虔诚减少四分之一而只剩四分之三，宗教外在化了，出现了新的习俗；二分纪元（dvāpara-yuga），其色黄，历时八十六万四千年，正义与虔诚减少了一半，人的寿命大大缩短，出现了疾病、痛苦、激情、争斗；迦利纪元（kali-yuga），其色黑，历时四十三万两千年，正义与虔诚仅剩四分之一，世界充满着怨愤、争斗、混乱、灾难，并最终毁灭。[3] 依据印度传统，

---

① 参阅 Strauss 1964，页 130–132。

② 参阅 Reitzenstein 1927。无论大史诗或是往事书，虽托言远古，但实际生成时间都明显晚于《工作与时日》，这套带有“退化论”性质的符号体系是彼此独立发生，抑或有所关联，或可上溯到某种共同的精神源头，有待进一步研究。

③ 上述四个纪元的名称，源于掷骰子游戏中掷出的点数，骰子（pāśaka, pāśa）数字 4 被认为象征完整—完美（近于毕达哥拉斯派对于数字 （转下页）

世界经过迦利纪元会复归于圆满纪元，而赫西俄德并未对于黑铁时代之后有明确的预言。或许，中间插入的英雄时代，以及“但愿在此之后出生”（ὤφελλον...ἔπειτα γενέσθαι, 174–175）的诗句，寄托着诗人的希望。

在五个种族与时代的描述后，是一个有些突兀的动物寓言（αἶνος）：[①] 鹞鹰抓住夜莺，向其说了一番弱者与强者争斗只是徒增痛苦的话（202–212）。结合此后对于佩尔塞斯的“你要倾听正义，不要希求肆妄”（ἄκουε δίκης μηδ᾽ ὕβριν ὄφελλε, 213）的忠告，这一寓言似乎在提醒佩尔塞斯不要陷入肆妄，而与兄长为遗产而争讼就是肆妄之举，又似乎是在表达黑铁时代人类的生存境遇，弱者不得不服从强者。这与此后正义最终战胜肆妄的论述（217–218）形成了某种张力结构。

为论述正义相对于肆妄的优越或强大，符合正义得益、违背正义遭殃的祸福观被引入（225–247）：正义的城市繁荣富庶和平，不义的城市受到宙斯的惩罚而毁灭。与这番道德陈述相应，宙斯被描绘为正义的终结守护者，正义女神（Δίκη）是宙斯的女儿，坐在宙斯身旁，王公们亦不得不敬畏宙斯的惩罚（248–273）。这种对王公们的期待，呼应于此前的寓言：相对于普通民众，他们是强者，相对于宙斯与正义

（接上页）4 的态度），其次是 3，再次是 2，若掷出 1 点，则代表游戏的失败。掷骰子的游戏对于印度人的精神世界有深刻的影响，大史诗《摩诃婆罗多》中般度五兄弟被长期放逐，便源于兄长坚战与对手难敌在掷骰子的较量中失败，史诗中著名的插话故事《那罗传》，其故事的戏剧性冲突，也与那罗掷骰子失去王国又最终掌握神通以掷骰子的方式赢得属于自己的一切有关。

① 关于 αἶνος 一词的含义及其在早期希腊文学中的使用，参阅耶格尔 2021，I，页 87，注 3。

女神，他们是弱者，弱者应服从强者。

接下来又是对佩尔塞斯的劝告，“倾听正义，彻底忘记暴力”（δίκης ἐπάκουε, βίης δ' ἐπιλήθεο πάμπαν）。鸟兽之间没有正义，互相吞食，但宙斯将正义带给人类，赐正义者以幸福（274–285）。这显然是就鹞鹰对夜莺所言的某种反击，人类的生活不应如鸟兽般只看强弱，而应遵循正义。

鹞鹰与夜莺寓言以下的几段文字，突出地体现了赫西俄德思想中的矛盾：一方面是黑铁时代世界充满不义、强者欺凌弱者的事实，一方面是他对于正义战胜肆妄与暴力的信念。或许，恰恰是因为对于黑铁时代人类命运的深刻悲观，才更激发了诗人对于正义的宗教般虔诚。他既想表明，弱者应服从强者，正义受到神的佑护，比一切人间强者更强大；又强调正义之于人类有超越强弱的内涵。

接下来的诗歌中，赫西俄德对于正义的信仰与虔诚，越来越呈现出近乎先知的气质。“愚蠢的（νήπιε）佩尔塞斯”，他以一种父亲般的权威教导说，邪恶（κακότης）很容易为人沾染，通向它的道路平坦且不遥远，德性（ἀρετή）则伴随汗水，通向它的道路既遥远又陡峭（286–292）。但是，应当选择努力劳作（ἐργάζεσθαι），它不但能让人富足，也能深受神的眷顾（πολὺ φίλτερος）。劳作（ἔργον）不是耻辱（ὄνειδος），懒惰（ἀεργίη，直译为“不劳作”）才是耻辱（293–326）。赫西俄德在此引入了一种明显有别于荷马的德性观：德性不是贵族的专属物，甚至不源自贵族式生活，德性在于劳作，在于劳作付出的汗水辛劳。“劳作不是耻辱，懒惰才是耻辱”一语，显然针对耻于劳作的贵族理念。在此意义上，劳动者是高贵的，而不劳动的贵族则是可耻的。这是“劳动光荣”论在西方古典传统中的最早表达。

在确立劳动的神圣意义后，诗人写下了一系列关于日常生活的箴言（312–382），如“羞耻跟随贫穷，自信伴着富裕”，“不可以强力攫取财富”，“邀请你的朋友来进餐，但不要邀请敌人”，“不要拿不义之财”等等，作品从而呈现出与埃及、希伯来、美索不达米亚“教谕文学”的相似外观。这番教谕以对于劳作的强调而告终：如果想要财富，就要劳动，劳动，再劳动（ἔργον ἐπ' ἔργῳ ἐργάζεσθαι）。

《工作与时日》接下来的部分，是典型的农事诗，某种程度上，它是《伊利亚特》第十八卷阿喀琉斯之盾的描写中与农人、乡村、耕种相关内容（18. 541–605）的拓展延伸，并加入了大量对于季节变化、农事及航海贸易的描绘（383–684），此后，则又伴之以许多箴言与教谕（685–828），涉及各种社会关系、宗教禁忌以及与作品名相关的“时日”主题，[①] 其中最著名者当属“把握好尺度。诸事中以适当为最佳”（μέτρα φυλάσσεσθαι· καιρὸς δ' ἐπὶ πᾶσιν ἄριστος, 694）。诗中出现的尺度（μέτρα）与适当（καιρός）这对概念，堪称亚里士多德伦理学的先声。作品结尾处甚至涉及作为亚氏伦理学核心的幸福概念（826–828）：一个人若能知道（上述）所有这些，努力劳作，不冒犯神灵，能识别鸟类的前兆，避免犯罪，就能变得幸福（εὐδαίμων）快乐（ὄλβιος）。

如果说《神谱》为一种新的宗教提供了宇宙论背景，那么《工作与时日》则开启了一种新的宗教与伦理道路—正义的宗教，劳动的伦理。赫西俄德于是拥有了三重身份：荷马式的诗人，哲学诞生前的哲人，先知型的宗教宣传家。

2. 抒情诗

史诗时代与悲剧时代之间（即古风时代以降至公元前 5 世纪左右）的早期希腊诗歌，常被汉语语境称为“抒情诗”，作为对 lyric 的翻译，而 lyric 之名，则源于诗歌在里拉琴（lyre）伴奏下被吟唱表演的古老想象，在此意义上，也可将之称作“弦琴诗”。事实上，在里拉

---

① 这部分内容与此前的箴言内容，以其包罗广阔而并无严格的逻辑关联，被韦斯特称作“随意之辞”（free-wheeling）。参阅 West 1978, 页 45。

琴伴奏下演绎的多是史诗作品，而被称作“抒情诗”或“弦琴诗”的作品，多是以长笛伴奏或根本不用乐器。因而，以 lyric 来命名这些小型诗歌作品，就其来源而言多少有些误会的成分，以“抒情诗”来翻译 lyric，则可谓“将错就错”之高明者。

被称作“抒情诗”的这些作品，包含着吟唱诗（melic poetry，涵盖独唱与合唱的各种歌曲）、抑扬格体诗（iambic poetry，包含与抑扬格相关的各种韵文）、挽歌体（elegy，包括以挽歌对句创作的韵文，但并无后世挽歌的哀伤意味）、碑铭体诗（epigram，刻写于实物上的韵文）等多种体裁，彼此间差异颇大，以至于韦斯特（Martin L. West）甚至不承认这些诗歌间存在某种一致性。[①] 抒情诗较之史诗，是更年轻的诗歌，但这种年轻的精神又常隐藏在甚至比史诗更古老的外观下，[②] 在表达古老神话类主题时，抒情诗的这种亦古亦新的特征常带来颇为独特的审美体验。

在以诸多不同体裁进行书写的诸多抒情诗人中，以诗界的“指责者”（*ψογός*）而著称、风格辛辣戏谑的阿基罗库斯（Archilochus），以挽歌体鼓励同胞为捍卫城邦荣耀而战、充满集体主义—英雄主义气概的斯巴达城邦诗人提尔泰俄斯（Tyrtaeus），[③] 以抑扬格体表达对城邦政治之深切思考的梭伦，留下最多挽歌体诗歌（约 1400 行）、作为贵族伦理之捍卫者与哀悼者的忒奥格尼斯（Theognis），创作融道德教化与神话传说于一体的合唱诗歌《少女之歌》（*Partheneion*）的阿尔

---

① 参阅多佛 2012，页 32–33。

② 尽管传世的最古老希腊诗歌是史诗作品，但史诗所采用的六步格韵当是某种后起的产物，而更古老的诗歌韵律或许保存在以萨福 11 音节诗为代表的抒情诗中。参阅 Meillet 1968; West 1973; Nagy 1974。

③ 在《教化》第一卷中，为了突出斯巴达传统之于希腊教化的重要性，耶格尔给予提尔泰俄斯的哀歌以极高的评价（参阅耶格尔 2021, I, 页 112–127），就其在希腊抒情诗传统之地位来看，未免有过誉之嫌。

克曼(Alcman),以所创诗歌在主题与篇幅上近于史诗、适于长时间表演而著称的斯忒西科洛斯(Stesichorus),用莱斯波斯方言(Lesbian)写作、以政治诗与饮酒诗而著称的阿尔凯由斯(Alcaeus),以希波战争取代特洛伊战争且以荷马自比、具有高超诗歌技巧而寻求庇护人为其诗技支付报偿(在此意义上,可视作诗界之智者派代表)的西蒙尼德斯(Simonides),皆是令人瞩目的存在。在这些出色人物中,最能代表抒情诗这种形式之精神高度与艺术价值的,则是品达(Pindar)与萨福(Sappho)。

品达与凯歌

品达出生于公元前522年或前518年,对于自己的忒拜血统与所受的忒拜教育,他始终引以为豪(辑语198a)。在雅典,他学习了诗歌创作的技巧,返回忒拜后,开始了他的诗人生涯。他的价值观是传统贵族式的,因而政治上倾向于寡头政体,但对于民主制下的雅典也抱有相当的好感(《皮托凯歌》7, 1),称其为"希腊的堡垒"(辑语76)。

品达的诗歌成就,突出地体现于他所创作的"凯歌"(*ἐπινίκιον*, epinicion)。[①] 凯歌是为纪念运动会的竞赛获胜者所作,因运动会的不同,而分为奥林匹亚凯歌、涅嵋凯歌、皮托凯歌、伊斯特米凯歌四种。[②] 在凯歌中,胜利者的技艺、勇气与好运,以及他和他的家族之

---

① 在凯歌之外,他也写作赞美诗(hymn)、派安体(paean)、少女之歌(partheneion)、饮酒歌和其他诗篇,但影响力远无法与其凯歌相比。

② 对希腊人具有重要意义的运动会有四种:每四年一届举行的奥林匹亚运动会,紧随其后的涅嵋(Nemean)运动会,在奥林匹亚运动会的第三年八月举行的皮托(Pytho)运动会,紧随其后举行的伊斯特米(Isthmian)运动会。这四项运动赛事构成一种循环(*περίοδος*),在四项赛事中都获胜者,被称为大满贯冠军(*περιοδονίκης*,直译"循环胜者")。

▲ 品达

前获得的荣誉与声名，① 会以诗性的语言被加以描绘。每一首凯歌，都可以分为首、中、末三部分，并伴随由首向中、由中向末转换的成分，因而可分为五个部分，皆有专用名词：② 开题（ἀρχή），第一转题（κατατροπά），中间部分（ὀμφαλός），第二转题（μετακατατροπά），结题（ἐξόδιον）。

由于凯歌总会提到该运动会或节日赛事是为纪念哪位神灵而被设立，通常也会提到与获胜者家乡相关的神话，而对获胜者家族的颂扬，往往会追溯到神的后裔这一主题，故而，每一首凯歌，都是借称颂赛事胜利者而展开的神话叙事，并加入相应的道德教诲。借助凯歌这种形式，品达将其虔诚的信仰、精妙的诗艺和对神话题材的天才处置与想象熔于一炉，成就了他在希腊抒情诗人中无与伦比的地位，③ 也

① 其旨通于庾子山《哀江南赋序》所言："潘岳之文采，始述家风；陆机之辞赋，先陈世德。"

② 若在开头部分加入序曲（προοίμιον），在结题部分之前加入封题（σφραγίς），结构就变为七部分。这种七部分的结构，据说是品达凯歌所依据的创作模式。参阅桑迪斯 2009，页 20。

③ 罗马大诗人贺拉斯对品达的高度评价，较之哈利卡纳苏斯的 （转下页）

使得抒情诗这种形式具有了前所未有的精神丰满度。

如同荷马的语言是爱奥尼亚方言与伊欧里斯(Aeolic)方言的结合形态并保留了某些迈锡尼时代的古体风格,品达的诗歌语言是混合了多里斯(Doris)方言与伊欧里斯方言的文学性语言,并保留了某些史诗的古体风格。这便形成了极具特色的“品达格”(genus Pindaricum),即品达诗中有别于通常希腊语法的对于格的使用。[①] 这种独特的语法使用,成为品达诗歌之高古风格的某种标志。

品达的用喻,是其诗歌最突出的特点。他发展出了一种有别于史诗的、带有某种艰深复杂气息的用喻风格,这一风格与其华丽的语言相结合,形成一种极富感染力的审美效果。奥林匹亚凯歌,以赞美奥林匹亚竞赛相对于其他竞赛的至高地位开篇,以水之于其他液体、黄金之于其他金属、太阳之于其星体为喻,如果说这一比喻本身尚不算新奇,但经其表达则顿开生面:

> 至善者(ἄριστον)是水,闪耀的黄金如火焰
>
> 在夜里熊熊燃烧,在所有高贵的财富中脱颖而出(μεγάνορος ἔξοχα πλούτου)
>
> 但是,如果你想歌唱赛事(ἄεθλα),
>
> 亲爱的心啊,
>
> 请不要再寻找比太阳更温暖的星体,

(接上页)狄奥尼索斯(Dionysius of Halicarnassus)和昆体良(Quintilianus)对品达的推崇之辞,更可作为后世评价的代表,“阿波罗的桂冠应授予他”(laurea donandus Apollinari,《颂诗集》Ⅳ, 2)。

① 如名词的第一变格式,阳性单数属格以 -ao 或 -ā 结尾;阳性或阴性名词的复数属格以 -ᾶν(而非 -άων)结尾;第二变格式,单数属格以 -ou 或 -oio 结尾,复数宾格某些时候以 -os 结尾;第三变格式,复数与格常以 -εσσι 结尾。

白天在孤独的天空（ἐρήμας δι' αἰθέρος）中闪耀（φαεννόν）
让我们不要宣布任何比奥林匹亚更伟大的竞赛（ἀγῶνα）
（《奥林匹亚凯歌》1, 1–7）

正是在复杂用喻与华丽语言的背景下，品达诗中的宗教—道德教谕才变得有了活力。这些教谕内容，令人联想起赫西俄德《工作与时日》中的"随意之辞"，但在语言表达上更显精致："如果任何人行事想逃避神的关注，他就错了"（εἰ δὲ θεὸν ἀνήρ τις ἔλπεταί τι λαθέμεν ἔρδων, ἁμαρτάνει,《奥林匹亚凯歌》1, 64），这句话意思平常无奇，但以抑扬格体被表达时，便具有某种抑扬顿挫的音乐感；"富裕的就被认为是有智慧的，即便其城邦伙伴也如此认为"（ηὖ δ' ἔχοντες σοφοὶ καὶ πολίταις ἔδοξαν ἔμμεν,《奥林匹亚凯歌》5, 16），这是奉行贵族价值观的诗人在进行教谕时对于现实的讽刺；"无论是火狐还是咆哮的狮子都不会改变它们的习性"（ἐμφυὲς οὔτ' αἴθων ἀλώπηξ / οὔτ' ἐρίβρομοι λέοντες διαλλάξαντο ἦθος,《奥林匹亚凯歌》11, 20–21），有别于哲学意义上的"自然"—"本性"（φύσις），品达在此使用了"习性"（ἦθος）一词，以表达万物不可变更的本质属性。

相较于品达诗歌语言的艰深复杂，他的思想倾向可谓清晰明了：贵族的德性是通过血脉得以传承的，这种血脉可以追溯到不朽的诸神，泛希腊的运动竞赛正是展现这种通过血脉传承之贵族德性的最好舞台，而凯歌，则是诗人对于竞赛胜利者的"义务"—"债务"（χρέος,《奥林匹亚凯歌》Ⅲ, 7;《皮托凯歌》Ⅸ, 10）。

品达以诗歌作为诗人之于竞赛胜利者之"债务"的观念，深刻地影响了苏格拉底，他服下毒药后的遗言是："克力同，我们欠（ὀφείλομεν）阿斯克勒皮俄斯（医药神）一只公鸡，别忘了归还（ἀπόδοτε）！"（《斐多篇》118a）苏格拉底在生命的最后时刻，不忘强调对神的债务与清偿。如同写作诗歌是诗人清偿债务的方式一样，哲人将哲学引入富于思辨的灵魂是对自我债务的清偿。

深信自己与竞赛胜利者同样卓越乃至超乎其上的诗人，对自己诗歌的意义如此表述：就卓越者相互吸引相互召唤而言，“一物渴求另一物，而胜利最爱颂歌（*ἀεθλονικία δὲ μάλιστ᾽ ἀοιδὰν φιλεῖ*），颂歌是桂冠与德性的绝佳伴侣（*στεφάνων ἀρετᾶν τε δεξιωτάταν ὀπαδόν*）”（《涅嵋凯歌》Ⅲ，6–8）；就诗歌比竞赛更为卓越而言，“言词比事迹活得更长久”（*ῥῆμα δ᾽ ἐργμάτων χρονιώτερον βιοτεύει*，《涅嵋凯歌》Ⅳ，7）。

萨福与诗歌语言的传承和创新

萨福是古希腊乃至古代地中海世界最富天才的女诗人，甚至被后世希腊人誉为“第十位缪斯”。她生活于公元前7—前6世纪伊欧里斯地区的莱斯波斯（Lesbos）岛，通过她的诗作（多数以残篇形态存在，以莱斯波斯方言写成），人们得以了解，那一时期在莱斯波斯及其相关的希腊地区，存在着一个由未婚女子构成的社交圈，相对于男性群体，她们有属于自己的会饮与情爱、诗歌与音乐，并有信奉爱神阿芙洛狄忒的秘仪宗教。

萨福的传世诗歌，几乎全是关于这个女性群体的。她是这个群体的精神领袖与教师，向年轻女子们教授诗歌、音乐、仪容知识，吸引了大量贵族女子前来求学，不少人成为她的狂热追随者。她与这些年轻女子间的激情爱恋，以及伴随少女成年走向婚姻而不可避免离去所带来的惆怅哀伤，为其诗作提供了源源不断的灵感，也令莱斯波斯这一地名演化为女子同性之爱的代名词。

以情爱为诗歌的核心主题，是自荷马史诗以降希腊诗歌的重大变化，也是萨福诗歌对希腊抒情诗传统而言的重要意义所在。但对于荷马式战争主题的偏离，绝不意味着对荷马所代表的诗歌传统的陌生

▲ 萨福

疏离。萨福的真正天才之处，恰在于，她能化用史诗的题材与专属修辞，而赋予其极为不同的意蕴内涵，从而在深谙史诗的听众或读者中，引发特为丰富的联想，产生特为相契的共鸣。不妨以两个例子加以说明。

萨福残篇 16 开篇写道，“有人说骑兵的队伍，有人说步兵 / 也有人说海军舰队是黑色大地上 / 最美的东西（*κάλλιστον*）。而我说：最美的是 / 一个人的所爱（*ὄττω τις ἔραται*）”（1–4）。接下来，诗人以海伦抛弃丈夫、孩子、父母，在爱神的引导 / 诱惑（*παράγαγ' αὔταν*）下奔向特洛伊（5–14）为例，说明爱欲超越一切的力量，而以对于爱人阿娜科托尼娅（Anactoria）的赞美告终，“我爱看她动人的步态（*ἔρατόν τε βᾶμα*）/ 爱看她光彩夺目的神情（*κἀμάρυχμα λάμπρον ἴδην προσώπω*）/ 远胜过吕底亚的兵车和武器 / 铿锵的队伍”（15–20）。

▲ 萨福作品残篇

尽管此前阿基罗库斯通过在诗中描述自己丢弃盾牌而逃生的经历（残篇 6b），与荷马式英雄价值观形成鲜明对比，但阿基罗库斯的这种反英雄主义选择，相对于传统的英雄价值观，是典型的边缘化存在，而在萨福那里，战争及英雄价值本身被边缘化了，成为情爱价值的衬托点缀。海伦奔赴特洛伊的选择，被赋予了爱的光辉与神圣性，从而成为高尔吉亚《海伦颂》的先声。

让我们转向萨福的诗作残篇 44。这一作品与残篇 1 和残篇 31 都属于萨福研究中最引人关注者。尽管洛贝（Edgar Lobel）因为此诗语言上的"非常规"(abnoramilities)特征否认其为萨福本人所作,[①] 但当代大多数学者已经承认希腊化时代学者将此诗明白地归于萨福名下并置于萨福作品集第二书之结尾的做法是正确的。[②] 由诗中出现的 κλέος ἄφθιτον[不凋谢的声名]这一史诗程式,特可体会萨福对传统的化用之妙。

尽管这一作品有若干行内容缺失,但并不影响对于全诗意旨的把握。考察 κλέος ἄφθιτον 在文中的应用,可归纳出如下信息:[③]

1. 特洛伊人快腿的信使伊代俄斯(Idaios)将 κλέος ἄφθιτον 传遍整个亚洲;

2.κλέος ἄφθιτον 是关于赫克托尔与安德罗玛克的婚礼;

3. 赫克托尔与安德罗玛克乘船从忒拜返回伊利昂城,在此过程中,他们始终享受着 κλέος ἄφθιτον;

4. 许多珍贵的财物与新人一道被运往伊利昂;

5. 当新人到达伊利昂后,受到了赫克托尔的父亲普利亚摩斯的热情欢迎;

6. 整座伊利昂城都在庆祝这场婚礼,到处颂唱着对神一样的(θεοεικέλοις)新人的赞歌。

萨福对"不凋谢的声名"之运用远远超出了对史诗语言的仿效,可谓匠心独运。文中的 κλέος ἄφθιτον,与金链、紫衣、多彩玩具、银杯、象牙等珍奇宝物、伊利昂全城为赫克托尔与安德罗玛克举行婚礼之喜庆氛围结合在一起,让人联想起《梨俱吠陀》中与 śravaḥ...akṣitam/akṣiti śravaḥ[不凋谢的声名]相关的各种世间美好事物的意象(《梨

① 参阅 Lobel 1925, 页 xxv–xxvi。

② 参阅 Meyerhoff 1984, 页 119–121; 相关讨论的文献目录, 参阅 Broger 1996, 页 54。

③ 残篇 44 的文本、翻译与对"不凋谢的声名"这一古代印欧诗歌语言程式的语文学分析, 参阅白钢 2019, 页 68–84。

俱吠陀》1, 9, 7–8; 1, 40, 4; 8, 103, 5; 9, 66, 7)。

"不凋谢的声名"属于特洛伊人最伟大的英雄武士赫克托尔，却并非由于其战争伟绩，而是由于其婚礼。他也并非独占着"不凋谢的声名"，而是与他的新娘安德罗玛克共享。不是血腥的战争，而是和平时举行的婚礼带给了新人"不凋谢的声名"。

我们不应忘记，κλέος ἄφθιτον 在荷马史诗中是一种专属于阿喀琉斯的特质，如同阿喀琉斯自述的那样，它的获得不可避免地以失去 νόστος 为代价（《伊利亚特》9, 412–416）。萨福诗篇中的 κλέος ἄφθιτον，则由赫克托尔和安德罗玛克通过特洛伊战争前和平状态下的婚礼得以享受。

阿喀琉斯获得 κλέος ἄφθιτον 的核心，就在于击杀特洛伊人最大的英雄赫克托尔，并作为赫克托尔之后下一个死者于战争中献身。萨福自然明了荷马史诗中所记述的赫克托尔与安德罗玛克这对新人日后将遭遇的巨大不幸。她用自己的诗歌，将史诗中专属于这对新人幸福生活摧毁者的"不凋谢的声名"，赋予了刚刚通过婚礼结合在一起的他们。通过 κλέος ἄφθιτον 这一程式，诗人传递出某种微妙却又清晰的信息：婚礼当日的赫克托尔比在特洛伊战场上的阿喀琉斯要幸福得多。他不但通过婚礼收获了"不凋谢的声名"，还顺利地带着他美丽（ἐλικώπιδα）温柔（ἄβρα）的新娘安德罗玛克回到故乡，这是阿喀琉斯为获得"不凋谢的声名"而不得不放弃的。

耶格尔认为，"萨福的最高艺术成就，是她具有这样的天赋：她既以民谣的天真无邪又以个人情感的感性率真来描写她的内心体验。歌德之前的欧洲艺术作品中，可有与之相提并论的成就？"① 这是极高的评价，但与此同时，这一评价恰恰又忽略了萨福（以及歌德）诗歌之单纯率真外观下的深刻复杂。

萨福的深刻复杂，正在于其对史诗材料的借用与创造性乃至颠

① 参阅耶格尔 2021, I, 页 172。

覆性的转化，从而在谙熟史诗的听众—读者中引发极丰富繁杂、微妙灵动的感情与想象，这正是史诗的“深度”所在。如果说，《梨俱吠陀》中与 śravaḥ...akṣitam/ akṣiti śravaḥ 相关的表述，代表着原初印欧诗歌语言中“不凋谢的声名”的基础意象，那么荷马史诗中的 *κλέος ἄφθιτον* 正是对于这一传统意象的巨大颠覆与超越。萨福在自己的诗作中又通过 *κλέος ἄφθιτον* 这一程式，在模仿传统的外观下实现了对荷马史诗传统的颠覆与超越。它在某种程度上，呈现出与吠陀传统乃至更古老的印欧诗歌传统的相近面目，这一借传统之外观颠覆—超越传统的实践，客观上又成为对于更古老传统的回归。诗歌传统的传承与创新，正通过这种突破与回归的辩证法，得以自我实现。

3. 悲剧

依照亚里士多德《诗学》中的观点，古希腊悲剧由献给狄奥尼索斯（Dionysos）神的颂歌（*διθύραμβος*）演化而来（1449a10–14），而悲剧之名 *τραγῳδία*，源自 *τράγος*［山羊］与 *ᾠδή*［歌曲，颂歌］的组合，本义为“山羊之歌”，一种早期的“山羊剧”（披上山羊皮扮演角色）中的颂唱形式。这种颂歌或许最初与以山羊为祭品的祭祀活动有关，作为这种祭祀的延续与升华，悲剧指向一种救赎，其对象不是具体个人，而是作为整体的城邦。

在现代日常语言中提到悲剧一词时，人们往往联想到某种带有惊怖可悲结局的事件、场景或境遇。作为悲剧这一形式之古典源头的希腊悲剧，也常被理解为希腊人对不幸际遇的戏剧化表达，这一表达的最高形式必然是毁灭与死亡。这种对悲剧的理解可回溯到亚里士多德在《诗学》中对悲剧本质、悲剧功能、理想悲剧形态的界定分析，其核心在于（1449b24–28，1453a13–1454a16）：悲剧是一种对严肃完整行为的模仿再现（*μίμησις πράξεως*），通过人物命运由幸福向不幸的戏剧性转变(περιπέτεια),引发人们的怜悯(ἔλεος)与恐惧(φόβος),从而实现心灵净化(κάθαρσις)之大用。

从这种悲剧观出发,唯有拥有这样结局的悲剧作品才被认为是纯正完美的,《诗学》的蒂维特(Tyrwhitt)拉丁语译注本直接以“最美的故事以不幸结局”(Eae fabulae pulcherrimae sunt quae infeliciter exeunt)作为其中一章的名称,而索福克勒斯的剧作《俄狄浦斯王》(主人公自己刺瞎双眼,弃位放逐)和《安提戈涅》(主人公自杀)被视作希腊悲剧最具代表性的典范。

然而,一个经常被忽视的事实是,尽管亚里士多德的戏剧理论(特别是悲剧理论)成为了后世理解希腊悲剧的最重要资源,但亚里士多德并非雅典人(他出生于希腊北部色雷斯的小城斯塔吉拉),他虽在生命的不同阶段两次长住于雅典(学园时期与吕克昂时期),但并非严格意义上的雅典公民。他显然并不缺乏舞台经验,但对各种剧作的认知应更多基于文本而非现场体验,即便作为“外侨”(μέτοικος)去经历原则上只有雅典公民才能参加的戏剧(特别是悲剧)仪典,其感受体会与真正的雅典公民也自有不同。观看戏剧,对他而言是一种与闲暇(σχολή)相应的精神享受,故而其核心视角是美学的,悲剧的心灵“净化”作用正是从审美视角流出的天才观点。但对悲剧之审美价值的强调,也让悲剧作为政治教化的核心意义被淡化乃至遗忘了。

对于雅典公民(特别是自希波战争结束至伯罗奔尼撒战争结束这一历史阶段的雅典公民)而言,观看悲剧和喜剧的演出,恰恰不是某种闲暇的表现,而是其参与城邦政治生活的重要组成部分:悲剧在大酒神节(Great Dionysia,约在三月底四月初举行)的演出,[①] 由名年执政官(Eponymous Archon,又译“首席执政官”)选出三名“被授予了

① 自公元前440年前起,在另一纪念狄奥尼索斯神的节日例奈节(Lenaia,约在一月),也举行戏剧表演。

合唱团的"诗人来进行创作(每一位诗人都需要创作三部悲剧和一部林神剧),任命歌队首领(*χορηγοί*)为诗人作品的上演提供资助,由十大部落抽签产生的十位裁判,对三位诗人的竞赛(*ἀγών*)作品进行评比,选出获胜者。

能容纳数万人的大型剧场,不只是精神享受的场所,更是城邦政治的鲜活在场。这种在场性既体现于剧场空间的政治寓意(前排为重要官员保留,每一个部落坐在特定的楔形区域内,外侨与向雅典进贡的外邦使节也有特定的观看区域,雅典城邦的整体结构映射于剧场的空间),也体现于戏剧演出中个体化的人物与匿名的合唱队之对立(合唱队所反映的正是公民群体的情感、心理、认知)。戏剧确乎有其审美价值与功能,但对于公元前 5 世纪的雅典公民,这只是戏剧的附属品,戏剧的真正意义是政治性的:[①] 它由城邦加以资助与组织,作为城邦共同体的重要公共生活,召唤公民参与其中,并以一种类似政治家之于公民大会的形式,争夺观众—公民的认同与支持。

三大悲剧家:悲剧的人格化象征

埃斯库罗斯、索福克勒斯与欧里庇得斯,是无争议的希腊悲剧三大家。阿里斯托芬的《蛙》(*Batrachoi*),通过冥府桂冠诗人竞赛的剧情,突出了他们拥有远超其他悲剧作家的崇高地位。公元前 4 世纪的雅典,莱库古推动通过了一项法令,用青铜铸造他们三人的头像,并刻上他们的作品全文,以便作为悲剧演出时的权威文本(伪普鲁塔克,《莱库古传》15),从而确立了他们类似传奇英雄的经典作家地位。[②] 相较于传说中悲剧的创始人泰斯庇斯(Thespis),他们更具权威性与神圣性,从而成为悲剧这种形式的人格化象征。

---

① 参阅戈德希尔 2016,特别是页 70–73, 94;有关戏剧作为"公民注视"的公共空间与公民意识形态的讨论,参阅 Goldhill 1990, 1995。

② 参阅韦尔南、维达尔-纳凯 2016,页 264–266, 340–341。

埃斯库罗斯

约在公元前525年，埃斯库罗斯生于雅典西北部的厄琉西斯(Eleusis)。此地是希腊著名的秘仪宗教圣地，厄琉西斯密教对于埃斯库罗斯的影响为古典时代的希腊人所津津乐道，[1]特别体现于阿里斯托芬《蛙》中埃斯库罗斯的虔诚祈祷："养育我心灵的得墨忒尔啊，但愿我不辜负你的密教。"(886–887)

埃斯库罗斯成长于克里斯提尼改革后的雅典，在盛年时亲自参加了抗击波斯的马拉松战役(公元前490年)，很可能也参加了萨拉米海战(公元前480年)。在埃斯库罗斯晚年，作为战士的经历被赋予了异乎寻常的重要意义，他所授意刻下的墓志铭写道："这个纪念碑下安葬的是埃斯库罗斯，欧福里翁(Euphorion)之子，雅典人，在盛产小麦的杰拉去世，长发的米底人和马拉松著名的海湾知道他的价值。"[2]这与其说是他对自己悲剧作家身份的忽略，不如说是他出于对自身作品价值的高度信心而有意突出可能被世人遗忘的战士身份。

在他一生所创作的许多作品中(据记载有90部悲剧，20多部林神剧)，仅有7部作品以完整的形态保留下来：创作于较早时期的《乞援人》(三联剧的第一部)，公元前472年的《波斯人》(四联剧的第二部)，公元前467年的《七雄攻忒拜》，公元前458年的《俄瑞斯忒斯》三联剧，创作年代不详但被认为晚于《七雄攻忒拜》的《被缚的普罗米修斯》(三联剧的第一部)。

埃斯库罗斯对悲剧形式的最大贡献在于改变了单一主角与复数合唱队对立的结构，引入第二主角(索福克勒斯在此基础上更进一步，引入第三主角与舞台布景，《诗学》1449a16–18)，从而使得主角和合唱队的关系呈现出更为复杂而富于张力的情态。演员与合唱队，皆由

---

① 参阅耶格尔2021, I, 页。

② 《埃斯库罗斯传》, 10; 类似的内容见于保萨尼亚斯Ⅰ, 15, 5。

戴着面具的男性公民担任，尽管无论演员还是合唱队，都有可能对应于女性的角色（如《善意者》中表现复仇女神的合唱队）。合唱队载歌载舞的表演，是悲剧舞台效果的重要组成部分。

自荷马史诗以降，传统的希腊神话题材不断经历着大胆而富于创造性的改造。悲剧对于神话主题的改造，不是某种横空出世的例外，而是以往精神趋势的延续。悲剧之于神话的真正独特之处，在于两点：

1. 它是从雅典城邦的民主实践出发，以公民的视野看待以往的神话，改造以往的神话，并通过改造后的神话展现新旧传统（公民宗教与传统宗教）的深刻矛盾。

2. 它以经过改造的神话，展现了克里斯提尼改革所带来的家（*οἶκος*）与城邦（*πόλις*）的决定性分离（可谓“破家成国”），以及这两者背后之神圣原则的冲突。

埃斯库罗斯的伟大，在于他以一种异常雄浑庄严而富于宗教感的语言（他的用语，如果离开悲剧的语境，往往显得过于夸张），[①] 创造了属于悲剧的系列新型神话（甚至埃斯库罗斯所亲历的希波战争，也在《波斯人》中以一种神话与现实交融的形式被加以再现）。这类神话不但包含着特为深刻的内在矛盾，更包含着矛盾双方的最终和解。埃斯库罗斯的高贵气质，类似品达，但不同于品达思想的单纯（对于贵族血脉与德性的信仰），埃斯库罗斯的思想是极深刻的（他与赫拉克

---

① 《蛙》中，狄奥尼索斯以一种埃斯库罗斯式的语言，称赞埃斯库罗斯为“树立神圣语言的灯塔、美化悲剧废话的希腊第一诗人（*πρῶτος τῶν Ἑλλήνων*）”（1006–1007）。以“神圣话语”（ *ῥήματα σεμνά*）和“悲剧废话”（*τραγικὸν λῆρον*）并称，显然是一种反讽，呼应于《阿卡奈人》中作为埃斯库罗斯戏迷的狄凯俄波利斯的抱怨，他“打着哈欠等待埃斯库罗斯的剧”（*'κεχήνη προσδοκῶν τὸν Αἰσχύλον*），等来的却是表演特奥格涅斯戏剧的歌队（9–11）。

利特是各自领域中的“晦涩者”),以至于人们甚至无法分辨《俄瑞斯忒亚》的最后一部《善意者》对战神山议事会的歌颂,究竟是对此前厄菲阿尔特改革的赞扬还是批评[①]。

赫拉克利特不为他所在的城邦所理解,埃斯库罗斯却深得雅典人青睐。他不但获得13次悲剧竞赛的胜利,更在死后享受殊荣:雅典人决定,无论谁想要演出埃斯库罗斯的作品,都能从城邦那里获得合唱队(《埃斯库罗斯传》11)。埃斯库罗斯死后,雅典人甚至较其生前更热切地期盼他的重现。在阿里斯托芬《蛙》的结尾,这种愿望以极具戏剧性的方式得以实现。

索福克勒斯

公元前496年/前495年,索福克勒斯出生于雅典的科罗诺斯区,它位于城市与乡村的交界处。对于故乡的感情,体现在其最后作品《俄狄浦斯在科罗诺斯》中对“圣地”(*χῶρος ἱερός*)的礼赞。作为悲剧作家,他获得了极巨大的成功,在竞赛中获得24次胜利(且从未排到第三名),以获胜次数而论,是当之无愧的悲剧之王。悲剧创作的成功,使得他得以凭借声望担任(非抽选的)重要公职,如在公元前443年担任雅典财务官,在前440年成为伯利克里主导下的十将军委员会成员,伯利克里去世后,又成为尼西阿斯主导下十将军委员会的成员,在前411年通过政变建立的寡头政治中,他又跻身十人“顾问委员会委员”(*πρόβουλοι*)之列。但这种政治经历似乎并未对他的悲剧作品产生重大影响,甚至未曾留下清晰痕迹:相比埃斯库罗斯《波斯人》对于萨拉米海战的再现,《奥瑞斯提亚》对于战神山议事会改革的影射,欧里庇得斯的系列作品对于理解与重构公元前5世纪雅典历史的意义,索福克勒斯的作品并未表现出对于任何他所置身时代的重大

① 参阅韦尔南、维达尔-纳凯2016,页270–271;戈德希尔2018,页14–15,110–116。

现实事件的兴趣。

与埃斯库罗斯的情况相似，尽管索福克勒斯创作了大量作品（根据拜占庭时代学者的说法，多达120部），但仅有7部被完整保留下来：作于公元前450—前440年的《特拉基斯少女》与《埃阿斯》，在公元前441年前上演的《安提戈涅》（它的巨大成功对于索福克勒斯当选十将军委员会成员颇有助益），作于公元前430—前420年的《俄狄浦斯王》与《厄勒克特拉》，写于公元前409年的《菲罗克忒忒斯》，在他去世（公元前406年）后于公元前401年由其小儿子小索福克勒斯上演的《俄狄浦斯在科罗诺斯》。没有任何一部索福克勒斯的三联剧得以完整保留，甚至三联剧这种形式对于索福克勒斯的意义都是存疑的。某种意义上，《俄狄浦斯王》与《俄狄浦斯在科罗诺斯》可视作具有三联剧式意义连接—相续的整体,但二者的创作与上演相隔长达数十年。

现存的七部索福克勒斯作品，多数以主人公的悲惨命运为结局，是名副其实的“悲剧”（《厄勒克特拉》与《菲罗克忒忒斯》就其结局而言是例外，就其塑造的整体氛围而言，则并无本质差别），它们是最符合亚里士多德对于悲剧之定义的作品，也通过亚里士多德的经典理论表述影响了后世，构成了后世理解悲剧的基础，《安提戈涅》与《俄狄浦斯王》成为“最纯粹”的悲剧代表，《安提戈涅》更是被黑格尔称作最出色、最令人满意的艺术作品：[1] 他以安提戈涅所代表的血亲—家庭伦理和克里翁所代表的法律—国家伦理的冲突为例，说明悲剧的本质——伦理实体的自我分裂，伴随这种分裂带来的是不同伦理原则的冲突，及其重新和解。黑格尔将安提戈涅和海蒙的死亡解释为一种更高意义上的和解，是极高明而富于思辨性的，因而是属于哲学家的，很难设想雅典的观众会得出同样的结论。

如果站在一位具有丰富悲剧经验的雅典观众立场上，他或许会认

① 参阅黑格尔1996，第三卷下册，页312–313；Hegel 1990, Bd. 15，页549–550。

为，索福克勒斯在有意识地回避埃斯库罗斯式三联剧所呈现的悲剧结构，即矛盾的积聚—爆发—升级—和解，而是让冲突在主人公的死亡—自戕中达到高潮（这也是观众“怜悯”与“恐惧”相交织的情绪高潮与审美体验高潮），并戛然而止。

在此意义上，可以说索福克勒斯是希腊悲剧的某种另类存在，与前辈埃斯库罗斯和作为同时代人的欧里庇得斯都有着本质的差别。[①]他的作品并非与政治绝缘，《安提戈涅》的例子足以说明这点，但其根本底色是审美性的而非政治性的，其人物刻画—人性刻画特具穿越时空的感染力，通过一系列对比强烈且强度不断升高的场景，展现人物的性格、内心以及命运，故而与从审美视角出发考察戏剧的亚里士多德之论断最相契合，也在黑格尔那里寻到深刻的共鸣，进而被视作“纯文化”艺术作品的典范。这种以审美为核心的悲剧观，往往将索福克勒斯戏剧视为希腊悲剧主流，从而把希腊悲剧的基本属性和功能与后世悲剧混为一谈。

索福克勒斯在 90 岁的高龄安然去世，被时人称赞从未遭受不幸，他自身的命运似乎恰好构成他所塑造之悲剧人物命运的对立面。在其最后的作品《俄狄浦斯在科罗诺斯》中，经历命运陡转与种种痛苦磨难的俄狄浦斯，在生命的最后时刻，向收留他的雅典人与雅典城邦表达祝福（*εὐδαίμονες γένοισθε*），并作请求，“你们在快乐的日子，要念及死去的我，那你们就会永远幸福（*εὐτυχεῖς ἀεί*）”（1552–1555）。对于信奉“明智的人最有福”（《安提戈涅》1348–1349）的诗人，这是世人可以期待的最大幸福。

欧里庇得斯

在三大悲剧家中，有别于埃斯库罗斯与索福克勒斯所得到的普遍

---

① 耶格尔指出，如果以埃斯库罗斯与欧里庇得斯对应的传统为悲剧主流，索福克勒斯一度显得在此主流之外。参阅耶格尔 2021，I，页 334–335。

认同，欧里庇得斯虽同样得享大名，却始终伴有争议乃至极尖刻的批评。批评者认为欧里庇得斯的作品代表着悲剧的败坏，特别是对埃斯库罗斯悲剧风格的败坏。作为近代以来欧里庇得斯最著名的批评者，尼采将其与苏格拉底共同列为败坏希腊精神的标志性人物。① 这一评价，某种意义上恰恰是对欧里庇得斯的高度肯定，凸显了他与悲剧以及希腊思想发展新阶段的重要关联。

欧里庇得斯生于公元前 485 年，比索福克勒斯小 10 岁，公元前 406 年去世，略早于索福克勒斯。就当时而言，二者皆称高寿，共同见证了雅典从极盛转向衰颓的命运转变，一种亚里士多德意义上的 *περιπέτεια*。索福克勒斯的作品，以一种类似天才雕塑的方式（或说，类似修昔底德笔下伯利克里演说的方式），将雅典最具古典特质的那一面保存下来，赋予其永恒的审美价值；欧里庇得斯则以自己的作品将普通人的喜怒哀乐、生命经历都融入悲剧之中，从而大大拓宽了悲剧的题材与内容，把原本极富神圣感的悲剧转化为对于斑斓多姿之社会生活的再现。这种悲剧形式的转变如此巨大，以致批评者们视其为对以往悲剧风格的败坏。② 败坏意味着对此前状态的重大偏离乃至颠覆，欧里庇得斯的悲剧中所发生的，正是雅典城邦乃至雅典文明所经历之重大变化的缩影，如同智者派运动对于此前贵族价值观的败坏，以及在尼采意义上，苏格拉底哲学的伦理转向对于此前哲学的败坏一

---

① 参阅尼采 2012，页 76–114，有关苏格拉底与欧里庇得斯之精神关联的论述，集中在页 93–107。

② 《蛙》，借埃阿克斯之口表达了雅典观众的这种印象（771–777）：“当欧里庇得斯来到这里，他开始把戏剧表演给小偷、扒手、杀人犯和窃贼，他们是冥府中的大众（*ἐν Ἅιδου πλῆθος*）。他们一听他自相矛盾的话语和曲折狡辩（*τῶν ἀντιλογιῶν καὶ λυγισμῶν καὶ στροφῶν*），简直都发疯了，迅速以为他是最有智慧者（*σοφώτατον*）。因此这个人就得到了埃斯库罗斯一直所坐的宝座。”

样。这种败坏，被尼采称作“启蒙”（Aufklärung），[①] 而这一概念又在积极肯定的意义上被欧里庇得斯的支持者加以使用，他们称欧里庇得斯为“启蒙时代的诗人”[②]。

就悲剧题材而言，欧里庇得斯并未放弃此前的希腊神话传统，但对其进行了重大改造。对于神话传统的重大改造，在埃斯库罗斯身上同样发生，《善意者》中复仇女神与阿波罗之间的尖锐冲突，《被缚的普罗米修斯》中普罗米修斯身上散发的革命者气息，在当时皆可谓石破天惊。作为埃斯库罗斯的继承者（败坏者），欧里庇得斯的殊异之处在于，他以一种智者派的方式来对待神话传统，使其无论在思辨、修辞还是在情味意趣上都呈现出全新的面目。

尼采将欧里庇得斯的审美原则概括为“凡要成为美的，就必须是被人认知的”，与苏格拉底的哲学命题“凡要成为善的，就必须是被人认知的”相呼应，称其为“审美苏格拉底主义的诗人”（Dichter des aesthetischen Sokratismus）。[③] 如同“启蒙”一样，“审美苏格拉底主义”这一概念，从另一角度观待，意味着欧里庇得斯是作为哲学家的悲剧诗人暨作为悲剧诗人的哲学家，代表着哲学与悲剧在精神层面的结合。

作为这种结合的产物，欧里庇得斯的作品往往在其序幕中安排一位人物（神祇）登台，向观众介绍他的身份、后续的剧情、此前发生的事件等等，从而有意识地消解剧情的悬念；在结尾处，则通过从天而降的神祇为全部剧情的真实性提供保证，使其得以“被人认知”。这无疑是对传统悲剧观赏模式的重大冲击，它使得观众从剧情悬念的期

---

① “由于受这两个人的影响，古代马拉松式的、敦实有力的卓越身体和灵魂，随着身心力量的不断萎靡，越来越成为一种可疑的启蒙的牺牲品。”同上，页 97。

② 典型的例子，如奈斯特（Wilhelm Nestle）的作品《欧里庇得斯：希腊启蒙时代的诗人》（*Euripides, der Dichter der griechischen Aufklärung*）。

③ 参阅尼采 2012，页 93–97，引文见页 96。

待者享受者转为与作者一样的清醒者。[①] 针对这一模式转变，许多观众并不情愿，因而自欧里庇得斯的新型风格作品上演伊始，就始终伴随着各种争议，他的获奖次数远少于埃斯库罗斯与索福克勒斯（总共获奖 5 次，其中一次还是在其去世之后）即是明证。但是，欧里庇得斯对自我风格的坚持最终取得了成功，他所创作的 90 多部作品中，被保留下来的有 18 部（17 部悲剧与 1 部林神剧），超过埃斯库罗斯与索福克勒斯的总和。

在观众已经明了剧情发展的情况下，让戏剧依然富有吸引力，这是欧里庇得斯所极擅长的。他作品的真正力量，不在于剧中事件的不确定性或对其有意识的延宕（如索福克勒斯在《厄勒克特拉》中对姐弟相认情节的处理），而在于几乎不可遏制的激情涌现。相对于埃斯库罗斯作品之异常雄浑庄严的宗教感与索福克勒斯作品之异常深切感人的性格刻画，欧里庇得斯作品展现出异常强烈的人物内心的冲突与激情。这种“主观主义”风格，使其成为古典时代最具现代气息的作家，也带来了悲剧表现形式的变化，合唱队的功能明显弱化，传统由合唱队所作的抒情表达逐渐转移到人物本身，并成为后世戏剧的主流。

通过剧中人物的论辩与观念冲突，这一时期盛行于雅典的修辞学—论辩术出现在戏剧舞台，观众则如同法庭陪审员般见证剧中人物的争讼。《特洛伊妇女》中海伦针对赫卡柏的指责为自己行为所作的辩护、《希波吕托斯》中奶妈对菲德拉（Phaedra）所作关于有夫之妇移情别恋并无过错的论述，让人想起以高尔吉亚《海伦颂》为代表的智者派“翻案作品”。剧中的人物争讼，不复有埃斯库罗斯《善意者》

① 《蛙》中，阿里斯托芬以戏谑的方式让欧里庇得斯如是表达：（对于观众）“我的确向他们灌输这样的思考（*φρονεῖν*），把推理（*λογισμόν*）和思考（*σκέψιν*）引入艺术，因此他们现在能观察一切，辨别一切（*νοεῖν ἅπαντα καὶ διειδέναι*），把他们的家务和别的事情管得更好，观察得更周到”（971–978）。

中战神山议事会式的庄严意味，而是当时雅典法院以及公民大会上辩论场景的再现。

欧里庇得斯的作品，不但在思辨上具有智者派的特色，在价值观与审美情味上也与之有共鸣：传统的男性英雄被降格为利己主义的"理性人"—"经济人"，而女性人物则摆脱了传统悲剧中的边缘地位，吸引了观众的主要关注。① 在欧里庇得斯的代表作《美狄亚》中，精于算计而全无英雄气概的伊阿宋，完全成了具有异常激情（*θυμός*）的美狄亚的衬托，② 美狄亚内心的挣扎与决绝，包括其违背伦常的复仇方式，恰恰体现了能行常人所不能行之事的英雄气质。这一作品的感染力，源于市民伦理之算计妥协特征与英雄伦理之不妥协性的激烈冲突，以及观众对这种矛盾冲突的感同身受。在此意义上，《美狄亚》带有现代剧的特征，③ 甚至可被视作女性主义的开山之作。

---

① 悲剧中女性人物的地位上升，在索福克勒斯那里已经有所体现（如安提戈涅与厄勒克特拉的形象），而欧里庇得斯则将这种倾向淋漓尽致地展现出来，他笔下最具神采、给人留下最深刻印象的人物，大都是女性，其传世作品也大多数以女性为主题，如《美狄亚》《安德罗玛克》《赫卡柏》《特洛伊妇女》《乞援者》《陶里安人中的伊菲格涅亚》《海伦》《伊翁》《腓尼基妇女》《厄勒克特拉》《在奥里斯的伊菲格涅亚》以及《酒神的伴侣》。

② 这种异乎寻常的激情，在剧中被表达为："我知道（*μανθάνω*）我要做一件多么大的恶行。但激情胜过了我的意志（*θυμὸς δὲ κρείσσων τῶν ἐμῶν βουλευμάτων*），那人类最大恶行的根源（*αἴτιος*）。"（1078–1080）这是对苏格拉底"人不会有意作恶"这一命题的明确否定，进而超越了尼采所言的"审美苏格拉底主义"。参阅特斯托雷 2008；多兹 2022，页 221–223。

③ 耶格尔从其将欧里庇得斯风格描绘为"有产阶级现实主义"的立场出发，称《美狄亚》为"一部不折不扣的现代剧"，认为"剧中的争辩、辱骂，以及所有人物所使用的逻辑，本质上都是有产阶级的"。参阅耶格尔 2021，I，页。

欧里庇得斯作品展现的复杂心理活动（“主观主义”）及其与智者派的精神关联，似乎呼应于普罗塔戈拉“人是万物的尺度”这一命题，但欧里庇得斯的宗教感（比埃斯库罗斯更微妙委婉，比索福克勒斯更强烈生动）以及在剧情结尾处对于“机械降神”的坚持，又使得他的作品无法被归入“人本主义”的范畴。他一方面以理性态度（“审美苏格拉底主义”）批判神灵乃至批判神话，揭示神话背后的意义世界之虚妄，另一方面，他明了非神话的现实世界之虚妄，而未接受理性主义的神话。于是，两种不同的精神原则，普罗塔戈拉所言“人是万物的尺度”与柏拉图所言“神是万物的尺度”，在他的作品中以某种独特的方式加以混合。

欧里庇得斯最后的作品《酒神的伴侣》，借以凡人形态行走人间的狄奥尼索斯与忒拜国王彭透斯、超越城邦的酒神信仰与以城邦为中心之政治观念的冲突，展现了自荷马史诗以来便植根于希腊人想象的“神人同形同性”（ anthropomorphism）说所包含的巨大矛盾，以及城邦政治的内在局限。在城邦这一形式越来越失去其活力与现实性的背景下，这一作品预言了它的覆亡命运。“舞台上的哲学家”欧里庇得斯，是理性而现实的，也是虔敬而迷狂的。通过《酒神的伴侣》，我们可以发现这两个维度如何深度地缠绕在一起。

诗人之争与悲剧之义

后世通常认为，按照亚里士多德《诗学》的观点，索福克勒斯作品是希腊悲剧的最佳代表。但在《诗学》中，亚里士多德认为，欧里庇得斯虽在其他方面有所欠缺（*τὰ ἄλλα μὴ εὖ οἰκονομεῖ*），却依然是“最具悲剧风格的作家”（*τραγικώτατός γε τῶν ποιητῶν*, 1453a29–30）。这一带有某种保留意味的评价，既反映了亚里士多德的悲剧观，也是雅典观众对欧里庇得斯既爱又恨的态度写照。

对于雅典观众的这种矛盾心理，阿里斯托芬较之亚里士多德有更为深切的体会。他的喜剧作品《蛙》，对于谁是最好的悲剧诗人、何为悲剧的本质的问题，提供了一种本质上有别于亚里士多德的答案。这是一部典型的充满阿里斯托芬式天才戏谑与深思密义的作品。剧中，酒神狄奥尼索斯不堪忍受人间失去天才作家欧里庇得斯，披着狮皮假扮为英雄赫拉克勒斯，潜入冥界试图将欧里庇得斯带走。经历种种波折，他见到冥王，并被委以地府“桂冠诗人”竞赛裁决者的重任，冥王向他承诺，胜利者可随其回到人间。这场竞赛（ἀγών）发生于欧里庇得斯与埃斯库罗斯之间。[1] 两位大诗人当场作诗，从戏剧的语言、文法、修辞、人物刻画等种种层面进行较量，其高明诗艺难分上下，令酒神无法决断。酒神突发妙想，让二人针对当时的雅典形势献出“拯救城邦”的对策（περὶ τῆς πόλεως ...ἕχετον σωτηρίαν ，1436 行），以此作为决胜的依凭。埃斯库罗斯在这最后的环节赢得了本是欧里庇得斯忠实戏迷的酒神之青睐，作为这场竞赛的胜利者而重返人间。

埃斯库罗斯的胜利，正反映了雅典人（作为阿里斯托芬戏剧的观众）冀望能出现如埃斯库罗斯般的悲剧诗人，用悲剧创作为深处危机的雅典城邦注入活力，借此激励、鼓舞雅典人重新振作，为深重的危机寻到解决方案。[2] 因为，在埃斯库罗斯的剧作中，人们可以特别清晰地

---

① 在《蛙》上演的前一年（公元前 406 年），欧里庇得斯与索福克勒斯相继去世。剧中，索福克勒斯被描述为一入冥府就走到埃斯库罗斯身旁，亲吻了他，抓住他的右手，放弃了争夺宝座的机会，在远处旁观埃斯库罗斯与欧里庇得斯的竞争（785–794 行）。

② 《蛙》中出现的“暴风雨中的城邦”（τῆς πόλεως χειμαζομένης, 361 行）、“在巨浪环抱中的（城邦）”（κυμάτων ἐν ἀγκάλαις, 704 行）意象，正是这种危机（已发生的西西里远征惨败，以及《蛙》首次上演后不久发生的羊河之战惨败）与雅典人心理感受的写照，结尾处“我们将彻底摆脱巨大的痛楚与战争中的悲惨冲突”（ πάγχυ γὰρ ἐκ μεγάλων ἀχέων παυσαίμεθ' ἂν οὕτως/ ἀργαλέων τ' ἐν ὅπλοις ξυνόδων, 1531–1532 行）的诗句，则寄托着他们的希望。

感到悲剧不只是意味着巨大的不幸和在遭际不幸时人们的痛苦悲怆、无奈绝望，更包含着与这种巨大的不幸和绝望相应的拯救与出路！当戏剧性冲突发展到最高峰，在危机似已无可避免、无可调节之际，最终的救赎也随之而来。在最深刻的绝望中开出希望并让这种希望获得现实性，是希腊悲剧区别于后世悲剧（包括莎士比亚的经典悲剧）的最重要特征，是它的力量所在，这也是它在城邦政治生活中始终不可或缺的原因所在，在此意义上，它在本质上是政治性的而非美学的。

埃斯库罗斯唯一完整保留下来的三部曲《俄瑞斯特亚》（*Oresteia*），正是希腊悲剧的这种政治性特征的最好呈现：俄瑞斯忒斯（Orest）之母克吕泰涅（Klytemnestra）与情人埃吉斯托斯（Aigisthos）合谋杀害从特洛伊归来的丈夫阿伽门农（Agamemnon）及其随行者（《阿伽门农》），俄瑞斯忒斯遵照太阳神阿波罗的神谕，秘密返回故土，与厄勒克特拉姐弟相认后，设计在王宫中击杀奸王埃吉斯托斯，在经过一番犹豫后又杀死其母，为父亲报仇（《奠酒人》）。在其母怨魂求告下，复仇女神一路追杀俄瑞斯忒斯至阿波罗神庙，为阿波罗神所阻，双方就俄瑞斯忒斯为父报仇而杀母的行为是否正当发生激烈争执。阿波罗令俄瑞斯忒斯前往女神雅典娜处（即雅典城）寻求庇护。复仇女神与阿波罗神在雅典娜处就其为父杀母之事进行辩论，并依照城邦审判原则，以复仇女神为原告代表和辩护人，以俄瑞斯忒斯为被告，以阿波罗为被告辩护人，由雅典城居民组成的审判团于战神山议事会（Areopagus）投票裁决。在主张俄瑞斯忒斯有罪和无罪的票数相当的情况下，雅典娜一言决断，俄瑞斯忒斯被判无罪，得以重返故土为王。复仇女神绝望之下，欲对雅典城进行报复，为雅典娜所劝，最终化解仇怨，定居在雅典城中成为善意的守护神（故最后一出的剧名为 Eumenides［善意者］）。全剧在合唱团之欢庆颂歌中结束。

此三部曲以谋杀始，以复仇贯穿，以和解终，正合于张载所论："有象斯有对，对必反其为。有反斯有仇，仇必和而解。"这绝非埃斯库罗斯所独有的创作异想，而是希腊悲剧的某种普遍类型（“救赎剧”），[①] 为欧里庇得斯所经常采用并在后世悲剧中几乎形成定式的“机械降神”（Deus ex machina，即通过从天而降的神祇解救危机），正是救赎剧这一类型的流俗化体现。

埃斯库罗斯的这一伟大作品深切著明地展示了希腊悲剧作为城邦政治生活所不可或缺的组成部分的真正功用所在。剧作的核心矛盾是希腊新旧神系（作为旧神代表的复仇女神，作为奥林匹斯新神之代表的阿波罗和看似中立但显然与阿波罗同属一系的雅典娜）及其所溯源之原则的冲突（复仇女神以弑母为不可宽恕之罪过，阿波罗则主张儿子为父亲复仇的绝对正当性）。这一冲突在特定的境遇下似乎是不可调和的（在神庙中，阿波罗一度作态要举起神弓消灭复仇女神，而复仇女神在得知俄瑞斯忒斯被判无罪后，扬言要摧毁雅典城）。但最终，矛盾通过新旧神系的圆融得以解决：旧神在新的共同体中寻找到自己的地位，并与新神构成某种统一体。

希腊悲剧所展示的这一过程具有普遍的文明论象征意义：神话是对政治—文明共同体创建的原初体验的记述和保留，神系是这一共同体维系自我认同的基础，神系冲突则属非同一性的创建实践及其所代表之原则的冲突。共同体要更好地存续与发展，就必须克服以一种传统否定—消灭另一传统的思维惯性，而要去探寻消弭诸传统之间对抗性的冲突，让新旧传统各得其所、各安其分的路径，进而构造一种融新旧传统于一体，更整全更高明更富于张力的新传统、新神系、新神话。

希腊悲剧之义，大哉！

4. 喜剧

相对于悲剧，希腊喜剧的起源不甚清晰，生活在希腊的麦加拉人

① 对于希腊悲剧的救赎剧特征及其在剧作中的体现，参阅 Thummer 1986。

与西西里的麦加拉人都声称是它的发明者(《诗学》1448a30–35)。很可能,喜剧比悲剧更为古老,只是长期处于边缘化的地位,从公元前486年起,它才得以作为正式的剧种在雅典狄奥尼索斯节庆上演,每次有五位喜剧作家参与竞赛,比悲剧竞赛还多两人。

喜剧此前被忽略的状态,以及其在公元前5世纪的雅典城邦与希腊文明所绽放的绚丽光彩,都与喜剧所特有的表现形式与气质相关:如果说悲剧发展了狄奥尼索斯信仰中庄严肃穆、富于神圣感的那一维度,喜剧及其前身滑稽戏则体现了这一信仰在民间肆无忌惮的狂欢特征。喜剧(*κωμῳδία*)之名所对应的*κῶμος*[狂欢游行队伍],是一大群喝得醉醺醺的民众,他们借着酒兴载歌载舞、尽情发泄,以各种下流话体现对酒神阳具的崇拜与赞颂。因而,从这种氛围脱胎而来的喜剧,很长时期里并未被当作真正的文学。喜剧地位的根本性变化,既是由于富于天才的喜剧作家将与酒神狂欢仪式相关的各种元素加以整合并赋予其文学性,[①] 也是由于雅典民主制下对公众人物的讽刺嘲笑成为了一种时尚,从而使得喜剧这一形式具有了反映与介入城邦政治的可能。喜剧与悲剧一样成为由城邦组织与资助的艺术形式,进而成为城邦政治的重要组成部分。

尽管亚历山大里亚的学者提出以克拉提诺斯(Cratinus)、欧波利斯(Eupolis)和阿里斯托芬为喜剧三大家,但此说很大程度上只是对于悲剧三大家之说并不成功的模仿。包括这三人在内的所有公元前5世纪希腊喜剧作家中,只有阿里斯托芬的11部作品(其作品总数约为40部)得以完整地保留下来,[②] 这一保存的比例甚至超过了欧里

① 参阅耶格尔2021, I,页。

② 包括阿里斯托芬在内250余位希腊喜剧诗人(公元前6—公元5世纪)之作品残篇与相关文本,被收集于由卡塞尔(R. Kaseel)和奥斯丁(C. A. Austin)整理修订的《希腊喜剧诗人》(*Poetae Comici Graeci*, 缩写PCG)。2011年出版的《喜剧的诞生:雅典喜剧竞赛的文本、(转下页)

庇得斯的悲剧作品。阿里斯托芬作品所达到的成就,可以让人相信,它们被保存下来并非出于偶然,而作为拜占庭时期希腊语教材得以留存这一事实,又为其添上几分喜剧意味。

如果说希腊悲剧以三位悲剧大师作为其人格化象征,那么阿里斯托芬则是古典时代希腊喜剧的唯一人格化身。[①] 希腊的悲剧与喜剧成就,皆是无与伦比的,而喜剧尤甚:后世的伟大剧作家如莎士比亚,其悲剧作品水准或堪与其希腊前辈媲美,但无论莎士比亚还是高乃依的喜剧作品,都无法达到阿里斯托芬的高度。阿里斯托芬的卓越天才、悲剧与喜剧创作灵感的相互激发、雅典城邦的政治—社会情态与哲学思辨氛围,共同成就了阿里斯托芬的喜剧之王地位。

阿里斯托芬出生于约公元前 450 年,在很年轻的时候就上演了他的第一部作品(公元前 427 年)。现存的作品中,最早上演的是《阿卡奈人》(公元前 425 年),对于后世影响最大者,则是以苏格拉底为嘲讽对象的《云》和表现悲剧诗人之争的《蛙》。

从戏剧表现形式而言,他突破了悲剧中以合唱队代表人物的传

(接上页)记载与艺术》(*The Birth of Comedy: Texts, Documents, and Art from Athenian Comic Competitions*),在此基础上对部分喜剧残篇及相关的古代文献进行汇编,并译为英文。二者可以在一定程度上补足有关希腊喜剧的整体图景。参阅 Kaseel /Austin 1983–, Rusten 2011。

① 米南德(Menander)被公认为"新喜剧"的代表人物,以区别于作为"旧喜剧"之代表的阿里斯托芬。在希腊古典时代结束后,公众更愿意接受米南德的"新喜剧",普鲁塔克所作《阿里斯托芬与米南德之比较》体现了这种新的审美意趣。当城邦政治不再具有公元前 6– 前 5 世纪的现实性后,无论悲剧还是喜剧,作为城邦政治的核心组成部分的意味也便根本性地丧失了,阿里斯托芬与城邦政治紧密结合而富于深意的"旧喜剧",也便自然让位于米南德式的抽离于现实政治满足于让观众愉悦放松的"新喜剧"了。

统，而赋予合唱队以更丰富的表现可能，他们不但能代表人，也可以代表其他生灵[①]（如《鸟》中的群鸟）和人格化存在（如《云》中的云神），在《马蜂》中，装扮为马蜂的合唱队代表着具有马蜂一般性格的雅典老年陪审团，在《蛙》中，装扮为蛙的合唱队在发出一连串表示青蛙叫声的拟声词后（209–210 行），就被另一合唱队所取代，用以表达冥府中的灵魂。

与悲剧题材取自传统神话且往往集中于少数几个家族带有传奇色彩的经历（《诗学》1453a20–23）不同，喜剧的主题既是高度发散的，又是带有强烈时效性的，它所涉及的事件，是发生在当下的。它不但与悲剧一样是政治性的，即作为城邦政治生活与公民教化的重要部分而存在，且较之悲剧能更清晰地表达对现实政治的态度——通过对政治人物的戏弄嘲讽，引发观众之感同身受，如《阿卡奈人》与《骑士》中对克里昂（民主派领袖）的赤裸裸攻击，《骑士》中对德摩斯梯尼与尼基阿斯（西西里远征的统帅）的嘲弄，《蛙》中对克勒奥丰（民主派领袖）的尖锐批评。

即便已经具有了高度的文学性与精神性，但粗鄙的笑话与骂人话、露骨的色情表达、蹩脚的方言、在对话中拿拐杖打人的表演，这些带有最初民间狂欢色彩的内容，依然会应观众的需求而出现在阿里斯托芬的喜剧中。[②]这种对公众心理的把握与对其趣味的迎合或说随

① 公元前 6 世纪的阿提卡陶器上已出现装扮为马或鸟的人在长笛伴奏下起舞的画面，很可能反映了当时的某种仪式化表演形式，喜剧中装扮为某种动物的合唱队表演，当是由之演化而来。参阅多福等 2012，页 87–88。

② 在《云》中，阿里斯托芬特意提到这部作品与此前喜剧作品的不同：没有挂“皮制的通红的阳物来逗孩子们发笑”“没有嘲弄秃头人”“没有跳过下流的舞”“没有一个老头在对话里用拐杖打人”“没有举着火把进来，没有哎呀哎呀地叫唤”（538–543）。《云》的第一次上演却未获得意想中的成功，在修改后，《云》不再拒绝这些表现手法，但进行了巧妙的处理。

顺，剧中极高明与极粗鄙成分的混合，在阿里斯托芬那里显得极为自然，尽管未必出乎他本人的自愿。

喜剧源于民众狂欢时的尽情恣肆，搬上舞台后，剧院成为超越世俗规范、秩序乃至伦常的想象力得以挥洒之处。阿里斯托芬的作品，更是充满着各种天马行空的想象，匪夷所思又令人不禁捧腹：《和平》中，雅典农夫特律盖奥斯（Tyrgaios）骑上巨大的屎壳郎，忍受难闻的臭味，飞到诸神的住所，避开正在用杵捣希腊各城邦的战神，从希腊各地召集人带来绳子与十字镐，成功说服赫尔墨斯从看护转为同谋，把和平女神从被战神幽禁的洞穴中解救出来，带回人间；《鸟》中，雅典人佩斯特泰洛斯（Peisthetairos）带着他的朋友欧埃尔庇得斯（Euelipdes）移居到鸟的世界，说服众鸟在人与神之间的空中建立城邦，并通过严禁诸神闯入大气与严禁人类向诸神祭祀的方式，迫使诸神因无法享受祭品而挨饿，不得不向其妥协（谈判中，佩斯特泰洛斯充分利用了作为谈判使者的赫拉克勒斯对美食的渴望），最终，王权从宙斯转移到鸟类，而佩斯特泰洛斯则娶了掌握宙斯霹雳与一切权力资源的巴西勒亚（Basileia），成为宇宙之王。

如果说《和平》代表着对宙斯统治的短暂质疑与挑战，那么《鸟》则是对宙斯统治以及整个奥林匹斯诸神信仰的根本颠覆。[①] 在观众不可遏制的笑声中，诸神与人类之间的一切隔阂界限皆告消解。阿里斯托芬深知，雅典人的宗教态度是何等的自相矛盾：正是几乎同样的公民群体，由于对亚西比德损毁赫尔墨斯雕像以及参与亵渎神灵之宗教秘仪的指控，不顾西西里远征这一关系雅典命运之军国大事的极端重要性，强行召回已经出发的亚西比德，从而导致形势急转直下。雅典

① 《财神》这一作品则介于二者之间，财神取代宙斯，这一结局并不意味着神的统治结束，而只是权柄由宙斯转向了财神，正义（酬报正义者，惩罚不义者）的秩序得以实现。较之《和平》，它涉及宇宙最高权力的转移，较之《鸟》，则至少没有废除神的统治。

人对“渎神”的深恶痛绝背后，恰恰是他们对“渎神”的极度向往。阿里斯托芬的作品，以一种极夸诞可笑的形式，满足了雅典人埋藏在虔敬信仰外观下“反其道而行之”的内心诉求，令其毫无负累地完成了对自己的背叛。

因而，阿里斯托芬在《云》（公元前 423 年首次上演）中对呈现出典型智者派形象的苏格拉底的辛辣嘲讽，特别是苏格拉底否定神的存在（“宙斯不存在”）、教授学生“不义的逻各斯”（ἄδικος λόγος）以逃避债务乃至为殴打父亲编造理由的剧情，便不应被理解为一种恶意的指控，而毋宁是一种提醒与预言：对于大多数雅典人，他们无法分辨智者派的思辨与哲人苏格拉底的思辨之差别，他们把辩证法理解为“强逻辑”与“弱逻辑”的互相争执，他们不能接受以辩证法的方式质疑与动摇政治和伦常基础，他们把对神圣性的追问视作对神圣性的否定，苏格拉底所做的一切，会被他们认为是渎神与败坏青年，如同他们在 20 余年后（公元前 399 年）对苏格拉底所作的指控那样（《申辩篇》18a4–d3；《回忆苏格拉底》I, 1.1）。

阿里斯托芬并非普通雅典人，他深知苏格拉底的卓异之处及其与智者派的差异。但作为诗人，他并不认为哲学是最适合城邦的智慧形式。他强调，《云》是一部最有智慧（σοφωτάτη, 522 行）且审慎节制的（σώφρων, 537 行）作品。在一部对“最有智慧者”苏格拉底的讽刺剧中，以“最有智慧”来描绘这一作品，绝不是随意，而是“哲学与诗歌之争”的鲜活在场：从阿里斯托芬的视角，苏格拉底并不关心城邦，不尊重、不遵从城邦的根本要求，也不理解城邦公民的真实思想与心理，因而也就不理解城邦公民可能对其所产生的怨愤，更无从躲避这种怨愤。哲学家缺乏在城邦中自我保全的能力，而诗人（无论悲剧或喜剧诗人）则能够保证自己不受迫害。[①] 诗相对于哲学，诗人相对于哲人，是更克制的，故而也是更有智慧的。

① 参阅施特劳斯 2011，页 326–327。

《云》作为“诗与哲学之争”的反映，对后世影响极为巨大，甚至可能促进了苏格拉底的根本思想转折（由传统自然哲学的重天而轻人转向关心政治、伦常、人事），但却在上演时未获得预想中的成功，从而引发了阿里斯托芬对剧本的修改。[①] 观众辜负他如此佳作（ἔϱγον πλεῖστον，直译为“最卖力的作品”），他在修改后的版本中亦不免耿耿于怀（520, 524 行）。与之形成鲜明反差的是，反映“诗人之争”的《蛙》，则在上演后取得了异常巨大的成功，阿里斯托芬被授予桂冠，而《蛙》更是获得了史无前例的喜剧重演荣誉，[②]《蛙》中所提的政治建议，抛弃危害城邦的民主领袖克勒奥丰，召回因参与四百人寡头政权而被放逐者以共同应对城邦的危机（686–705），也伴随《帕特洛克勒德斯法令》（the decree of Patrokleides）的颁布与克勒奥丰被判决处死[③] 而成为现实。这是雅典历史上几乎绝无仅有的案例，戏剧所表达的政治主张被完整付诸实施，成为戏剧与城邦政治之深度关联的最直接证明，实现了剧中合唱队所言，“对于城邦进行有益的建议与教导”（χϱηστὰ τῇ πόλει/ ξυμπαϱαινεῖν καὶ διδάσκειν, 686–687）。

《蛙》在希腊戏剧史上的卓异地位，不仅在于其政治建言—政治教化的空前成功，更在于它把“戏仿”这种形式推到了一个前所未有的高度，以喜剧形式表达了最伟大悲剧作家间的竞争，从而跨越了诗

---

① 对于《云》的两个版本之分析，参阅奥里根 2010，页 228–239。

② 有关其获奖的古代文献资料，参阅 Sommerstein 2009，页 461。

③《蛙》首次上演于公元前 405 年，在其上演后的夏末，雅典遭遇羊河之战的决定性失败。《帕特洛克勒德斯法令》颁布于羊河之战后的秋天，召回因参与公元前 411 年四百人寡头政权而被放逐者的决定，是寡头派对于民主派的重大胜利。《蛙》于公元前 404 年再次上演，其中对民主派代表 / 主战派代表克勒奥丰的尖利讽刺，肯定为寡头派所乐见，克勒奥丰遂成为雅典民众巨大怨愤与政治斗争失败的祭品。参阅 Dover 1993，页 74; Sommerstein 2009，页 258–262。

歌内部的族类之别，[1] 达到了对诗之本质的空前自觉：在《鸟》中，群鸟对自己的神谱的唱诵（693–703），显然是对赫西俄德《神谱》116–123 行的戏仿，并加入了《神谱》所没有的厄洛斯与混沌交合而生出鸟族，因而鸟族比诸神更为古老的奇思异想；《蛙》中对埃斯库罗斯与欧里庇得斯这两位大诗人作品的戏仿，则真正展现了戏仿这种形式的独有魅力与张力。

在二者正式出场前，合唱队对两位悲剧家的风格进行了描绘，有意凸显二者的差别（814–828）：埃斯库罗斯是充满史诗风格、富于男性气概与英雄气质、歌唱暴力与战争的，欧里庇得斯则带有典型的智者派风格、善于玩弄词语、具有油滑之舌。两位诗人见面后的相互指责，以及狄奥尼索斯在二者间火上浇油式的调节斡旋，让这种风格差别被进一步戏剧性地放大（829–883）。在正式竞赛的环节，二者的风格差异与悲剧的教化功能联系起来（907–1098），《蛙》剧借埃斯库罗斯之口说出了“教育孩子的是老师，教育成人的是诗人”这一经典论断（1054–1055）。合唱队适时出现，呼吁二者尽情较量，不必担心观众缺少文化（ἀμαθία）而无法理解诗句之精妙（λεπτά），因为他们是智者（ὄντων σοφῶν, 1099–1118）。接下来的较量，延伸到相互点评对方戏剧的开篇与音乐曲调（1119–1365），继而进入到诗句的天平称重环节：二人各执一秤，各自念出一句自己的诗句，由狄奥尼索斯判断哪句

① 德国学者劳（P. Rau）针对阿里斯托芬喜剧中出现的大量悲剧元素，提出了“仿悲剧”（Paratragodia）的概念，以之吸纳“戏仿”概念。西尔克（M. S. Silk）则对“戏仿”（parody）与“仿悲剧”（ paratragedy）二者概念进行了进一步的梳理，“戏仿”被认为是对悲剧文本的扭曲式再现，需要唤起观众对于特定悲剧或悲剧家的印象，并且颠覆、嘲讽这种印象，而“仿悲剧”则泛指喜剧作品对于悲剧的互文性引用，故而“戏仿”是较“仿悲剧”更具专门意蕴的一种形式。有关阿里斯托芬作品的“仿悲剧”性，参阅 Rau 1967; Silk 1993; Rosen 2005, 页 256–261。

诗更重(更出色)。在三轮诗句称重的较量中,狄奥尼索斯皆认为埃斯库罗斯所吟诵诗句更具厚重感(1366–1410)。但狄奥尼索斯仍无法决断,于是提出,谁能为“拯救城邦”提供更好的建议,谁便是获胜者,二者遂就当时的雅典政局以诗句的形式发表意见(1411–1459)。最终,埃斯库罗斯成为胜利者,得以重返人间(1460–1533)。

两位大诗人在《蛙》中的竞赛,呈现了合唱队对二者的戏仿、狄奥尼索斯对二者的戏仿、二者之间的相互戏仿,并且狄奥尼索斯对自己违背誓言改选埃斯库罗斯的辩解“我的嘴立了誓”(*ἡ γλῶττ' ὀμώμοκ'*, 1471 行)是对欧里庇得斯《希波吕托斯》中名句“我的嘴立了誓,我的心却没有”(*ἡ γλῶσσ' ὀμώμοχ', ἡ δὲ φρὴν ἀνώμοτος*, 612 行)的戏仿,以此将《蛙》剧推向高潮。《蛙》堪称古往今来戏仿这种形式的巅峰之作。

埃斯库罗斯完胜欧里庇得斯,并非因为艺术成就的高超,而是非艺术因素作用的结果,这在某种意义上构成对传说中“荷马与赫西俄德之争”[①] 的戏仿:在荷马与赫西俄德的竞争中,同样是作品之外的考量决定了最终的竞赛结果,赫西俄德的胜利是因为他歌唱农事与和平,而荷马则歌唱战争,对于渴望和平的国王而言,赫西俄德的胜利更符合王国的需要;而埃斯库罗斯与欧里庇得斯的竞赛,出于相似的逻辑,却因为雅典所面临的巨大危机,最终,“创作充满战争精神之剧本”(*δρᾶμα ποιήσας Ἄρεως μεστόν*, 1021 行)的埃斯库罗斯取得胜利。

阿里斯托芬这种跨越悲剧与喜剧界限的创作,以及《云》中以喜剧讽谏哲学家的做法,引发了柏拉图精神深处的深刻共鸣。柏拉图笔下的苏格拉底,几乎与《云》中描绘的苏格拉底形象截然相反,表现出对城邦的关切、尊重与对民众心理的超强把握,非但是最有智慧的,也是审慎节制的。在《会饮篇》中,阿里斯托芬作为苏格拉底的友人出现,讲述了一个极富天才的有关爱的神话(189a–193e),这篇关于人

① 文本参阅古希腊无名氏《荷马与赫西俄德之间的辩论》。

本为雌雄合体的圆球体、被宙斯用雷电劈为两半、故而每个人都渴望追求原来的另一半、爱就是人类对自我整全之追求的讲话，甚至隐隐胜过了苏格拉底的发言，是柏拉图对阿里斯托芬作为苏格拉底乃至作为哲学之诤友身份的礼赞与致敬。《会饮篇》结尾处出现了这样的情节：苏格拉底试图让悲剧诗人阿伽通与阿里斯托芬同意，一个人可以同时擅长悲剧与喜剧，有技巧的悲剧作家也会是喜剧作家（223d）。

苏格拉底的这一观点，呼应于《蛙》的创作——阿里斯托芬在剧中证明，他可以写喜剧也可以写悲剧，既是喜剧作家也是悲剧作家，也代表着哲学家的抱负及其体现于"哲学与诗歌之争"的境界：哲学家，可以同时擅长悲剧与喜剧；哲学，可以同时涵容悲剧与喜剧。

三、哲学

希腊哲学之于希腊精神乃至整体西方文明的突破性意义，在某种通行的思想史论述中，被表达为"从神话（Mythos）到理性（Logos）"，一部著名的古典学作品即以此为名。[①] 无论 Mythos 还是 Logos，其本义都是言说，其内容都关涉天（宇宙）人（个体的人与人类共同体），故而其核心分别不在于内容，而在于方式：前者通过叙述与宣谕施行带有高度权威性的教诲，[②] 不能争辩也无从争辩，只能传承与解释；后

① 奈斯特（Wilhelm Nestle）的这部作品（*Vom Mythos zum Logos*），其目的是展示"希腊人的理性思维逐步取代神话思维的过程"。参阅 Nestle 1940, Einleitung。

② 古希腊语 *μῦθος* 不但意味着言说，更是一种具有庄严意味的、带有权力—权威的言说，在荷马史诗中，它常被用于居上位者显示其威能的言说，典型的例子如阿伽门农粗暴拒绝老祭司克律塞斯的请求（《伊 （转下页）

者则强调分析、说理与论证，非但可以论辩，且以论辩作为根本性的呈现与演化方式。

然而，若对神话与理性之本质进行深入探究，会发现不可避免出现某种循环解释：神话对应于非理性的精神状态，理性则意味着对神话式思维的超越。如同在黑格尔的“主奴辩证法”中，主人与奴隶是相互规定的，是借助于对方而认识自己的，神话与理性也存在着类似的辩证关系：神话通过理性界定自身，理性通过神话界定自身。

理性对于神话的超越，常会被赋予精神自我发展—自我进化的意味，但这种进化论式的解释，往往会把神话视作理性之前的某个阶段，而忽视另一维度。神话固然是“非理性的”，即具有根本上与理性不同的世界认知—世界想象，但神话之“非理性”，具有两种不同的维度：一者为“前理性”，即理性尚不存在，或虽存在但不充分、不具足的状态；一者为“超理性”，即在具足理性的情况下不拘于理性，进而涵容之、超越之的状态。神话的魅力，正在于融“前理性”与“超理性”于一身：理性可以将神话作为概念与反思的对象嵌入自身，神话也可以将概念与反思嵌入自身，并在其无法理解的维度上进行扩展，如同柏拉图对话录对神话的吸收利用。① 哲学生成于神话之后，但并非作为神话的取代者或终结者。哲学中包含着新的神话，乃至自身作为整体亦是一种新神话。

与哲学相关的一系列古希腊语词汇，如形容词 / 名词 *φιλόσοφος*［爱智慧的，爱智慧者］，动词 *φιλοσοφεῖν*［爱智慧，追求智慧］，抽象名词 *φιλοσοφία*［爱智慧，哲学］，在前苏格拉底时代尚未被广泛使用。②

（接上页）利亚特》1.388)，狄奥墨得斯公开谴责阿伽门农的怯懦(《伊利亚特》9.51)，阿喀琉斯公开拒绝阿伽门农送来的补偿礼物(《伊利亚特》9.431)。参阅 Martin 1989，页 12–16, 30, 42。

① 参阅伽达默尔 2019，页 58–59。

② 赫拉克利特残篇 B 35 提到：“爱智慧的人(*φιλοσόφους ἄνδρας*) （转下页）

这些词汇大规模地进入历史语境，当是在公元前5世纪，伴随雅典民主制的兴盛与智者派运动。修昔底德《伯罗奔尼撒战争史》中记载伯利克里在阵亡将士葬礼上的讲话（2. 40. 1）：φιλοκαλοῦμέν τε γὰρ μετ' εὐτελείας καὶ φιλοσοφοῦμεν ἄνευ μαλακίας［我们爱美而简朴，爱智慧而不软弱］，特意以“爱美”与“爱智慧”两个由前缀 φιλο-［爱］与动词构成的词汇，以表达其所推崇的雅典人的生活方式。作为抽象名词的哲学，是在这种生活方式—生活理念基础上被构造并被广泛接受的。[①]哲学之为“爱智慧”，不但意味着其所探究的对象是传统想象中归属于神的智慧，也意味着探求这种神性智慧的基本方式是爱。它的内核不但是智慧所代表的理性思辨，也是爱所象征的欲望激情。哲学之命名本身，便构成对于灵魂结构的哲学追问。

若以第一位哲学家泰勒斯（Thales）的鼎盛年（ἀκμή，40岁前后，约在公元前585年）为希腊哲学（乃至哲学本身）的开端，则希腊哲学可以分为三个阶段：早期，从泰勒斯到苏格拉底之前，即前苏格拉底哲学，对应于古风期与古典前期，以巴门尼德与赫拉克利特为巅峰代表；盛期，即苏格拉底—柏拉图—亚里士多德这一统系，代表着希腊哲学思辨的最高水准，对应于古典时代中后期；晚期，即希腊化—罗马时期的哲学，以新柏拉图主义为巅峰代表，并与基督教发生了历史性的碰撞与结合。早期与盛期的希腊哲学，对希腊文明的轴心突破发挥了决定性作用。

哲学之于希腊，代表着尚未分殊的思辨形态整体，它所对应的不但是后世的哲学—系统性的思辨与理论探索，也包含一切具有理论深度与理论旨趣的“天人之学”研究，涵盖后世所说的自然科学（特别是

（接上页）必须探究极多事物（μάλα πολλῶν ἵστορας）。”若这一表述真是出于赫拉克利特，则他是迄今所知最早使用“爱智慧”这一概念者，并在“爱智慧”与“探究”（ἵστορα）之间建立了联系。

① 关于哲学一词的起源，参阅 Burkert 1960。

数学、物理学、天文学)、社会科学(特别是政治学、法学、修辞学)以及神学。

本书未对希腊的自然科学作单独的讨论,也不将自然科学与哲学并列为希腊实现轴心突破的核心。古希腊的自然科学研究,本质上是哲学探索的一部分,而非某种独立的存在。科学与哲学在学科意义上的分离,是文艺复兴以降伴随实验科学重要性的不断提高而发生的,自然科学与自然哲学,依据是否可数理化的原则,被根本上区分开来。将近代以来实验科学对于科学研究的决定性影响加之于古希腊人,把伊奥尼亚的自然哲学传统解释为建立在观察基础上,带有某种朴素的实验科学特征,因而具有"科学性",是典型的时代错乱症。[①] 古希腊的自然哲学,其根本气质是思辨的而非实证的,尽管它常被引为近代以来自然科学研究的先驱,但这更多只是心理一情感层面的追认(如同某个王朝对开国之君的父祖加以追封),而非基于事实的追溯。

1. 前苏格拉底哲学

对于前苏格拉底哲学的认知,尽管第尔斯(Hermann Diels)辑录的《前苏格拉底哲人残篇》(*Die Fragmente der Vorsokratiker*)为进

① 对于这种认知错乱,康福德(Francis MacDonald Conford)进行了有力的辩驳与拨正。他指出,古希腊哲学家以未经证明的假设为起点,自上而下地进行推演,在方法论-认识论上是先验主义的,与医学所代表的自下而上构建理论、对于观察到的具体事实进行归纳总结的经验主义方式,是直接对立的。知识的经验主义理论只是在近代以来的数个世纪中才占据重要地位,若认为其在伊奥尼亚哲学传统中占据支配地位,是绝对的错误。参阅康福德 2021,页 89–101。

行相关的学术研究提供了极大的方便，但这种主要以引文形式呈现的残篇，并非完整而确定的文本，它不可避免带有后来作者的意图与其所秉持的哲学观念的影响。而在所有后来的引述中，最有价值的当属柏拉图与亚里士多德的作品（以及后人对其作品的评注）。它们并非专门的哲学史，而是伟大的哲学家从自身关切的哲学问题出发，对前人观点加以演述。因而，柏拉图与亚里士多德，既是希腊哲学自我演化的最高峰，又因自身的集大成特征，塑造了较之更早的希腊哲学的历史形态。

苏格拉底之前的古希腊哲学，长期以来被称为“自然哲学”，“论自然”（περὶ φύσεως）是那一阶段哲学作品最常见的名字。[①] 但事实上，“论自然”这一提法，最早出现于柏拉图的《斐多篇》（96a，苏格拉底回顾自己以往 περὶ φύσεως ἱστορία［与自然相关的研究］），这一理路为亚里士多德所继承，他以 περὶ φύσεως［论自然］涵盖前苏格拉底哲学的主要研究（《形而上学》I，983a34 以下），将早期哲学家称作“自然学家”（φυσιολόγοι，如《形而上学》I，986b14；φυσικός，如《物理学》Ⅳ，208a27）。因而，以“自然”作为前苏格拉底哲学的核心论题，是基于柏拉图—亚里士多德哲学的“向前建构”。“自然”成为哲学研究的核心概念，恰恰不是自然发生的，而是在与作为其反命题而存在之概念——如“法”（νόμος）、“习俗”（ἦθος）、“逻各斯”（λόγος）、“技艺”（τέχνη）——的张力关系中，或说，是在与对立概念的“竞争”中获得其现实性的。

与“自然”概念相似，“本原”概念被用来表征前苏格拉底哲学的主要命题，但这一概念并非出于前苏格拉底哲学家，而出于亚里士多

---

① 这一观念自柏拉图、亚里士多德时代以降被普遍接受，罗马时代出现了作为对其效仿的以 De natura［论自然，论本性］为题的哲学作品，如西塞罗之 De natura deorum［神性论（直译：论诸神之本性）］，卢克莱修之 De rerum natura［物性论（直译：论事物的本性）］。

德对于前辈哲学家思想倾向的解释(《形而上学》I, 983b6 以下是典型体现)。[①]"本原"(ἀρχή)一词,有两重基本含义:一者为"开端,起源",一者为"统治,主宰"。[②]以"本原"概念作为"自然哲学"的主题,正在于对"自然"的讨论始终是以"人事"领域为参照而发生的,同时涵盖自然与人事的"本原"概念在"向前建构"中便被赋予了异乎寻常的重要性。在此意义上,"本原"既是哲学的、思辨的、抽象的,又是政治的、现实的、具体的,既意味着起源—本质,也意味着其所对应的权力—效能。"自然哲学"所思考的"本原",实为某种带有普遍性、超越性的原则—原理(故而常与 αἴτιον[原因]并提),同时涉及"自然"的本质(体)与功能(用)。

"自然"(φύσις)是"产生"(φύειν)与"生长"(φύεσθαι)的统一体,在希腊人的认知想象中,它与事物的变化运动紧密联系在一起。自然哲学,即对于自然本身的探究(περὶ φύσεως ἱστορία)——探究那由自身而来、不依赖于外物且能演化外物、在一切事物的动变背后起支配作用的本原(ἀρχή)。

对于自然的研究,首先指向的是遍在于自然的运动(动变)现象。在无量无际的此类现象中,最根本的是生灭。自然哲学要寻找的本原,即能解释万物运动特别是其生灭的原理。以有限的本原(一个或数个)含摄万物,又引发对于一多关系的思考。这是自然哲学对于本原之探究深化的必然结果。

若多是从一演化而来,则一多之间也存在运动关系,那么运动原理与一多原理本质上又可归为同一原理。从对运动关系与一多关系的不同认知出发,前苏格拉底哲学家分为三派:一者从运动现象入手

---

① 海德格尔很直白地承认,这是一种"非历史学的方法",但是,从另一角度,这又"不是非历史学的,而是在真实的意义上的历史学的"。参阅海德格尔 2020,页 35。

② 这一词汇更丰富的含义可参照《形而上学》Ⅳ, 1013a1–24。

（伊奥尼亚派），一者从计数现象（以一及多）入手（毕达哥拉斯派），一者从归类现象（以一摄多）背后的原理入手（埃利亚派）。它们构成古希腊哲学的三个源头，后来的哲学都是以不同的方式在这三个源头基础上的演化。其中苏格拉底、柏拉图、亚里士多德一系在综合的基础上又有巨大的推进，这就形成了古希腊哲学最伟大的传统，或说，希腊哲学之正统。

伊奥尼亚哲学

古希腊哲学的第一个源头是伊奥尼亚派哲学。伊奥尼亚（Ionia）是小亚细亚的沿海地带，散落着一些希腊殖民城邦，据说殖民者绝大多数来自雅典。伊奥尼亚与意大利南部的希腊人定居区（大希腊）构成早期希腊哲学东西相望的两大重镇，并各自形成了独特的问题意识与哲学品质。

伊奥尼亚派哲学主张的本原，是能够运动的、自然界之中的基本存在物。前哲学的希腊思想已认为自然万物可以归结为几种基本存在物，如水、气、火、土，[①] 例如，事物的热性，可以归为火，事物的流动、潮湿，可以归为水，事物的稳固、坚硬，可以归为土。此说在外观上有些类似于中国传统所言“五行”（水木火土金）与印度传统所言“四大”（地水火风），但实有根本性的差别：基本存在物是彼此独立无涉的存在者，“五行”则具有可相互转化与克制的关系，而“四大”非但对应于坚、湿、暖、动四性，且通过四大和合衍生万法。

在哲学产生之前，这一朴素自然观只是解释自然界现有万物的特

① 就自然哲学而言，恩培多克勒才明确将此四类存在物确定为本原性的“四元素”—“四根”，其中水、气、火皆是富于运动性的，而稳定的土元素加入这一序列似乎是其独创。但在赫西俄德的《神谱》中，大地女神（Gaia）作为创世过程中最古老神的地位，就已经说明了大地—土所代表的坚固—承载原则是万物得以生成的前提。

性，而未从本原的意义上去考察这四种基本存在物以解释自然的起源，或说，还没有提出真正的本原问题。哲学之为哲学，不是因为发现了这些基本存在物，而是把它们当作本原，且给出思辨论证，从而使得基本存在物上升为“普遍”而“绝对”的存在者。

在亚里士多德对早期自然哲学的概述中，这种自然界的基本存在物向万物本原的转化，被表述为以质料为形式（*ἐν ὕλης εἴδει*，《形而上学》I, 983b9），即以自然范畴的形式来定义作为普遍者的本原。伴随这种转变，基本存在物在哲学语言中获得了“实体”（*οὐσία*）或“基底”（*ὑποκείμενον*）的命名。

这种开创性的哲学工作，由米利都（Miletos，伊奥尼亚地区的重要商业城市）的泰勒斯开启。他被认为是第一个考察本原问题者，并将万物的本原定义为水（*ὕδωρ*）。以水为世界之始、生命之本的理念，可谓渊源有自，除了荷马史诗为代表的希腊神话传统（如《伊利亚特》14. 201, 246），还能在希腊之外的巴比伦创世史诗《埃努玛·埃利什》、旧约《创世记》与《梨俱吠陀》第十卷的创世诗中寻到精神共鸣。[①] 泰勒斯水本原说最大的意义，不在于他选择了水作为本原，而在于以此说为标志，本原问题和对这一问题的回答登上了人类思想的舞台，成为了哲学诞生的标志。所谓自然哲学，乃至带有哲学精神的自然科学，无非就是沿着他所开启的方向去思考、回答本原问题。

传统上被视为伊奥尼亚哲学（米利都学派）代表的，除泰勒斯这位“哲学的创始人”（*ἀρχηγὸς φιλοσοφίας*）之外，还有阿那克西曼德与阿那克西美尼。

阿那克西曼德也是米利都人，大约出生于公元前611年。他留下著名的“阿那克西曼德箴言”，被视作西方思想最古老的箴言，这也是唯一直接被归在阿那克西曼德名下的言说。这一箴言如是说：*ἐξ*

① 参阅本书附录一。

ὧν δὲ ἡ γένεσίς ἐστι τοῖς οὖσι, καὶ τὴν φθορὰν εἰς ταῦτα γίνεσθαι κατὰ τὸ χρεών· διδόναι γὰρ αὐτὰ δίκην καὶ τίσιν ἀλλήλοις τῆς ἀδικίας κατὰ τὴν τοῦ χρόνου τάξιν[各种存在物由它生成，在毁灭后又复归于它，按照必然性。因为它们按照时间的秩序，为其不正义而受到惩罚并相互补偿]。①

无论对这句意味深长的话作何释读，都不妨碍以之为参鉴，去理解阿那克西曼德被后人转述但具有相当可信度的本原学说：他把世界的本原定义为无限（*ἄπειρον*），就其部分而言，有变化（*μεταβάλλειν*），就其整体而言，则是不变的（*ἀμετάβλητον*, DK 12, A1）；一切由它而生成（*ἐκ γὰρ τούτου πάντα γίνεσθαι*），一切向它而灭亡（*εἰς τοῦτο πάντα φθείρεσθαι*, DK 12, A 14）；无限包含万物（*περιέχειν ἅπαντα*），驾驭万物（*πάντα κυβερνᾶν*），它是神圣者（*τὸ θεῖον*），是不死的（*ἀθάνατον*）和不灭的（*ἀνώλεθρον*, DK 12, A15）。

结合以无限为本原的学说，阿那克西曼德箴言所言，是一切存在者由无限而生，又在毁灭后复归于无限，这一过程是按照必然性（*κατὰ τὸ χρεών*）而发生的，存在者（*αὐτά*, 即 *τὰ ὄντα*）经过这一过程（按照时间的秩序，*κατὰ τὴν τοῦ χρόνου τάξιν*），回归于无限，即回归于宇宙的

---

① 对这一箴言的翻译，从青年时代的尼采到第尔斯到耶格尔，他们分别留下了反映各自理解与见地的颇为不同的版本。造成尼采与第尔斯译文差异的一个很重要原因在于，尼采所采用的版本中没有 *ἀλλήλοις*[相互地，为了彼此]一词。海德格尔写下了极富思想深度的《阿那克西曼德之箴言》，进行了颇具颠覆性的翻译与释读。尼采、第尔斯与海德格尔的译文，参阅海德格尔 2004；耶格尔的译文，参阅耶格尔 2021, I, 页 204–205。耶氏试图将阿那克西曼德的思想解释为构造一种道德的而非自然的规则，自然现象受到道德规则的支配，是典型的戏论。这是耶氏为学最大的局限所在：虽然很努力地研究希腊哲学与哲学家，但自己不是真正的哲学家。笔者此处的汉译对这一文本的语文学与哲学维度皆有所考虑。

永恒平衡（这种平衡被称作 δίκη［正义］），此为就整体而言之不变；而作为就部分而言之变化，则意味着打破平衡（这种失衡被称作 ἀδικία［不义］）。一切失衡的事物，复归于平衡，既意味着惩罚（对立），也意味着相互补偿（和谐）。

相对于阿那克西曼德所言“无限”本原之玄奥，[①] 阿那克西美尼（约公元前 586—前 526 年）的思想则更符合亚里士多德意义上“自然哲学”的一般特点：他将空气（ἀήρ）作为本原，并赋予空气以灵魂—精神（πνεῦμα）的意味（DK 13, B2）。空气本原是感性的，又无具体形态，可视作对于感性而有形体的水本原与非感性、无形体的无限本原的调和。通过“稠密”（πυκνότης）与“稀疏”（μανότης）的变化机制，空气本原可变形为各种不同的事物（风、雾、水、土地、石头等等，DK 13, A5–8），从而为宇宙演化提供了某种动力学解释模型。这种动力学机制可以清晰地表明泰勒斯与阿那克西美尼的同类关系（水与空气服从于稠密与稀疏的变化法则），显示出米利都学派对前辈精神的沿承。较之阿那克西曼德，阿那克西美尼对后来哲学家（首先是毕达哥拉斯派和阿那克萨戈拉）有着更深远的影响，故而被视作米利都学派的代表，他的思想代表着米利都学派的一般风格与思辨深度。因而，不能将空气本原说视作对于无限本原说在思辨意义上的倒退，毋宁说，阿那克西曼德的思想对于“自然哲学”而言过于高明深邃（或说，过于超前），以至于无法在这一体系中被有效安置（无论在亚里士多德那里还是在黑格尔那里）。

亚里士多德试图将赫拉克利特的火本原说、恩培多克勒的四根本原说、阿那克萨戈拉的同素体说与米利都学派的水本原说、空气本原

① 黑格尔对阿那克西曼德的思想没有给予太多的重视，但提到他的某些说法“具有十足的东方情调”（einen ganz orientalischen Ton）。尼采感受了同样的情调，却为他以奥义书的理路对阿那克西曼德箴言进行解读提供了灵感。参阅黑格尔 2013, I, 页 194；尼采 2020, 页 23–27。

说作为一个整体归入早期自然哲学的范畴，以说明最初进行哲学思考者（πρώτων φιλοσοφησάντων）对本原的认识尚停留在以质料为形式（ἐν ὕλης εἴδει）的阶段（《形而上学》I, 983b9–984a28）。这是从其“四因说”出发对以往哲学所进行的判摄，是把哲学史作为哲学的内在逻辑之自我演化与自我实现的第一次伟大尝试，这一路向在黑格尔的哲学史建构中达到顶点。这是极高明的哲学史形态，但也会造成与其高明相应的曲解，尽管往往是极富魅力的曲解。

伊奥尼亚哲学最大的意义，在于开启了对自然之本原的研究，把一切不同的东西理解为本原的变形，并为这种变形提供了动力学机制，阿那克西美尼的“稠密”—“稀疏”模式是其显化的形式，而阿那克西曼德所言之存在者“按照必然性”“对于不义施以正义与相互补偿”是其隐微的形式。因而，伊奥尼亚哲学所探讨的本原，关乎的不是元素或物质，而是运动，是事物的变化性。在解释变化时，它已涉及一与多、有限与无限的关系，但尚未深入加以讨论。

伊奥尼亚哲学之所长，在于解释世间万物的相通一致与运动变化，其不足，则在于无法解释事物何以成其为自身的各自的规定性。伊奥尼亚哲学提出的本原都是连续者—单一者（包括阿那克西曼德之“无限”），而万物可以计数，就说明万物彼此分立而不连续。万物可以分门别类，就说明万物之间有同有异，有自己特殊的规定性。自然万物的“不连续”“规定性”这两个特点很难从连续—单一的本原推演出来。这就有了古希腊哲学源头上的其他传统。

毕达哥拉斯派

毕达哥拉斯是一个兼有数学家、宗教建立者、哲学家、音乐家、立法者等多重面目、具有超凡魅力的领袖型人物，可视作韦伯意义上“克里斯玛”（Chrisma）型权威在西方的最早代表。毕达哥拉斯出生于伊奥尼亚的萨摩斯，据说早年在安纳托利亚游历，并在那里结识了泰勒斯，之后前往腓尼基与埃及，还有传闻他接触过波斯与印度的宗教。在埃及的经历（加入祭司团体）对他产生了特别重大的影响，他所创立的学派因而带有埃及式的宗教虔敬与道德意识，采用融集体生活、学习、修行于一炉的教团形式。

从埃及返回后，他遍游希腊诸邦，最终在意大利南部定居，得享高寿（有传说超过百岁），留下大量神异的事迹与传说，从而导致后世常将其形象与扎拉图斯特拉或耶稣这样的宗教领袖混同。黑格尔饶有深意地称他为“第一个人民教师（der erste Volkslehrer）”，乃至“希腊第一个教师”，① 以凸显他所代表的超越传统希腊城邦范畴的新型生活模式，毕达哥拉斯派是这种新型生活模式的直接产物。

由于毕达哥拉斯本人被赋予了过多的传奇色彩，几乎所有归于其名下的传世作品，都是后人托名所作，因而对于严肃的思想讨论而言，真正有价值者，是毕达哥拉斯派而非毕达哥拉斯本人的思想。毕达哥拉斯派以数学而著称，其成员多为数学家，但作为一种思想体系，它并非数学学派，而是哲学学派，因为它所进行的数学研究是以哲学思想为旨归的。他们的哲学纲领就是：数（*ἀριθμοί*）是万物的本原，一（*τὸ ἕν*）是数的本原，万物通过摹仿（*μίμησις*）数而存在。

毕达哥拉斯派看到万物本身是分立的、可计数的，故而万物的存在服从于数。万物的运动和变化同样服从数的规律。这种数的规律的支配作用，非但发生于有形的事物，无形的事物同样如此，如音乐的和声（*ἁρμονία*）。音乐与数的对应关系，和声所服从的数的规律，是较之可见事物更为本质的对于数本原的证据。推而广之，和谐与美好也服从于数的规律，正义（*δικαιοσύνη*）、灵魂（*ψυχή*）、理性（*νοῦς*）乃至

① 相对于汉译本中“公众教师”“民众教师”的翻译，“人民教师”更符合 Volkslehrer 一词的原意，且更能表达汉语语境中“人民教师”所应体现的教育理想。参阅黑格尔 2013, I, 页 208, 212; Hegel 1990, Bd. 18, 页 225, 229。

时机（καιρός）这些非感性的事物，也被认为是某种数的属性（πάθος）（《形而上学》I, 985b24–33）。这是毕达哥拉斯派较之伊奥尼亚派更高明的地方：万物除了生灭及运动，还有自身的持存与特性，伊奥尼亚派的运动本原只能解释生灭与运动，而数本原则能解释运动本原所未及者——万物各自的存在与宇宙整体的存在，特别是那些抽象的非感性的存在。

毕达哥拉斯派用数量描述了万物以及一切学科。由于万物都可归为数，那么研究万物其实都是研究数的量（μέγεθος）。量分为连续量（例如长度）和不连续的量（例如自然数）。根据量与运动的结合，产生了不同的研究方向：天文学研究运动的连续量，和声学研究运动的不连续量，几何学研究非运动的连续量，算术研究非运动的不连续量，等等。由于连续量被认为可以还原为自然数之间的比例关系，所以归根结底，数，而非一切量，才是万物的本原。而自然数的体系是从一开始的（二是一和一自身相加，以此类推）。故而，一又是数的本原。尽管这种论证尚显粗疏，因为还无法真正区分作为自然数开端的数字一（ἕν）与作为基本量单位的一（μονάς），进而无法区分作为自然数本原的一与作为万物本原的一，但毕竟已经开启了一生万物—万物归一的思辨进程。

一生万物，便意味着作为最高原则的一，需要进行自我分化：毕达哥拉斯派于是引入了奇数（περιττόν）与偶数（ἄρτιον）的范畴，数一由此二者构成（ἐξ ἀμφοτέρων），且同时是奇数和偶数[①]（《形而上学》I, 986a17–20）。奇数与偶数构成二（δυάς），它们与作为本原的一构成了三：本原数一，以基本量单位一的形式，通过奇数与偶数的二，达到了三（单位一加上奇数则为偶数，加上偶数则为奇数）。因而，亚里士多德援引毕达哥拉斯派的观点（《论天》I, 268a10–25），宇宙万物都是由三所规定的，因为全部的数有终点、中点和起点，它们的数就

① 故而后世有称一为“奇偶数”（ἀρτιοπέριττον）者。

是三元（τριάς），在语言中，二被称为“双”而不为“全”，三才被称为“全”，因为三所规定的是全体（πᾶν）。此处不但包含着通向新柏拉图主义与基督教“三位一体”说的思想路径，也能与庄子思想产生共鸣：“既已为一矣，且得有言乎？既已谓之一矣，且得无言乎？一与言为二，二与一为三。”（《齐物论》）

随着三而来的是四。四既可以被视作一与三的结合，即一通过自我分化，形成对立的二，通过与二结合，达到超越对立的三，再通过与三这种综合单位的结合，回到自身；也可以视作二的完成，即对立的二通过自乘，通过自身与自身相等，超越对立的特质，回到自身。对于晚期毕达哥拉斯派而言，四具有异乎寻常的重要性（甚至可以向它起誓），[①] 曾作为毕达哥拉斯派的恩培多克勒所提出的四根本原说，正反映了四的这种特殊地位。

本原一，对立的二，综合的三，回到自身统一的四，于是发展到十——上述四者结合（1+2+3+4）的产物。如果说，四是三的完满形式，那么十便是四的完满形式：十包含着四个不同的数，四个不同的单位（而不只是四个一，四个基础单位 1［μονάς］）。因而，毕达哥拉斯派认为，[②] 四元（τετρακτύς）之名应给予数字十（δέκα），十是最完美的（τελειότατος）数，达到十之后，就可以重新开始，四元 — 十意味着永恒自然（ἀενάου φύσεως）的源泉（πηγή）与根蒂（ῥιζώματα）。

十这一完满数的确立，对于毕达哥拉斯派构建其基于数之关系的宇宙秩序极为重要。万物被认为并非混沌无序而是和谐有序的，整体的天是和谐（ἁρμονία），是数（ἀριθμός），天的各种现象（πάθη）、部分（μέρη）与有规律的运动（διακόσμησιν）皆与数与和声保持一致（ὁμολογούμενα）。由于十是完满数，故而天上运行的星体也当是十个，但可观察的天体只有九个，因此他们推想还有一个天体

① 塞克斯都·恩披里柯：《反数学家》Ⅳ，2。

② 《反数学家》Ⅳ，3。

“对地”（ἀντίχθονα），与地球各方面相反故不可见（《形而上学》I, 986a5–14）。

毕达哥拉斯派认识到自然万物必有数量性质，万物既然服从数量，则数就主宰、统治万物。这正是“本原”一词的固有之义。但无理数的发现表明，并非所有的连续量都可以被化约为自然数，存在着无法被自然数所统治的数量关系。

无理数的发现基于这一事实：无论以多长的东西为单位（该单位即可在某一系统内计为 μονάς [1]），以此单位为边长构成的正方形的对角线，其长度无论如何都不能是任何自然数之间的比例关系。中文的“无理数”译法，基于拉丁词 irrationalis(< in-ratio)，拉丁语 ratio 是对希腊词 λόγος 的翻译，既有理性之意，也有比例之意，不合乎比例的数就是 in-ratio 的数（没有 ratio 的数），由于比例之意被混同于理性之意，遂有“无理数”之说。这一发现对毕达哥拉斯派核心理念构成重大冲击，故有传闻说，最初发现无理数的毕达哥拉斯派成员被教团追杀而抛入大海。

在发现无理数的刺激下，后期的毕达哥拉斯派不再持单一的数本原立场，而是提出了十对本原（《形而上学》I, 986a23–26），包括：有限与无限（πέρας καὶ ἄπειρον），奇数与偶数（περιττὸν καὶ ἄρτιον），单一与众多（ἓν καὶ πλῆθος），右方与左方（δεξιὸν καὶ ἀριστερόν），雄性与雌性（ἄρρεν καὶ θῆλυ），静止与活动（ἠρεμοῦν καὶ κινούμενον），直线与曲线（εὐθὺ καὶ καμπύλον），光明与黑暗（φῶς καὶ σκότος），善良与邪恶（ἀγαθὸν καὶ κακόν），正方形与长方形（τετράγωνον καὶ ἑτερόμηκες）。这众多本原貌似将算术、几何、物理界、生命界乃至精神界都囊括其中，但恰恰失去了本原概念所应有的内在一致性，本原一被替换为作为其分化—对立形式的二，而这种本原的分化，并非只有十对，而是无穷无尽（正如黑格尔意义上的二律背反并非只有四对，而是无穷无尽)。毕达哥拉斯派的这种思想转变,深受琐罗亚斯德教二元论的影响,它表明,单纯依靠数,不足以真正解释世界,统摄万物。

毕达哥拉斯派突破了连续性运动本原的缺陷,对万物之服从数学规律给出了更有效的解释。但它同样失去了连续性运动本原的优点,那就是对运动的有效解释。数自身是不运动的,摹仿数而有的万物则是运动的。运动的东西如何通过摹仿拥有了原型所没有的特点,这是真正的问题所在。柏拉图之分有(*μέθεξις*)论,正是在摹仿说基础上发展出来的。

埃利亚学派与巴门尼德

古希腊哲学的第三个源头是埃利亚学派。埃利亚(Elea)是意大利南部的一个希腊殖民城邦。它带有与毕达哥拉斯派类似的抽象思辨风格,且更加锐利与彻底。如果说伊奥尼亚学派提出的是连续的运动本原,毕达哥拉斯派提出的是不动的分立本原,那么埃利亚学派则两面作战,既批判运动,也批判分立或者“多”。

柏拉图的《智术师篇》记述了一位来自埃利亚的陌生人与苏格拉底的对话,他提到关于存在的各种观点(242c–d):有人认为有三种存在(*τὰ ὄντα*),三者之间时而交战,时而友好;有人认为有两种存在,即湿与干或热与冷,它们相互结合;[①] 第三种是埃利亚学派(*Ἐλεατικὸν ἔθνος*)的学说,该学说源于克塞诺芬尼甚至更早(*καὶ ἔτι πρόσθεν*),认为一切事物只是一(*ὡς ἑνὸς ὄντος τῶν πάντων καλουμένων*)。

将埃利亚学派与克塞诺芬尼联系起来,当是出于克塞诺芬尼的诗句中曾提及“唯一的神”(*εἷς θεός*),“他总保持在同一地方不动”(*αἰεὶ*

① 前两种观点没有提及具体的思想家,但有关两种存在之说,很可能指的是亚里士多德在《物理学》第四卷中提到的一派“自然学家”的观点,主张通过密集(*πυκνότης*)与稀散(*μανότης*)产生事物。这与阿那克西美尼的观点接近。

δ'ἐν ταὐτῷ μίμνει κινούμενος οὐδέν DK 21, B23–26)，克塞诺芬尼从而被埃利亚学派视作否定运动的先驱。另一种精神关联则在于，二者都对其前辈进行了尖锐的抨击：埃利亚学派之于伊奥尼亚学派与毕达哥拉斯学派，正如克塞诺芬尼之于荷马与赫西俄德。若就埃利亚学派自身的历史而言，此处想要表达的或许恰恰是其来源"甚至更早"。有关克塞诺芬尼是巴门尼德老师的说法，[①] 与其说是事实，不如说是基于柏拉图这番论述所进行的对埃利亚学派传承谱系的"向前构建"。

埃利亚学派在哲学史上的意义，归根结底在于巴门尼德的思想。埃利亚学派的根本思想品质，是由巴门尼德所确立的，或者说，埃利亚学派，即秉持巴门尼德思想的思想共同体。巴门尼德之于埃利亚学派，正如柏拉图之于学园派，亚里士多德之于漫步学派。

巴门尼德出生于约公元前 540 年的埃利亚。柏拉图《泰阿泰德》篇提到（183e），十分年轻的（πάνυ νέος）苏格拉底曾与已经很老的（πάνυ πρεσβύτῃ）巴门尼德有过接触，苏格拉底表达了对巴门尼德的特别敬意，用荷马的语言称他为可敬又可畏者（αἰδοῖός τέ... δεινός τε）。在《巴门尼德篇》中，大约 65 岁的巴门尼德更是成为与少年苏格拉底进行对话的主人公。尽管这种对话几乎不可能在现实历史中发生，[②] 但足见柏拉图对巴门尼德的重视，柏拉图将巴门尼德视作苏格拉底的精神前辈。而在亚里士多德有关埃利亚学派的论述中（《形而上学》I, 986b26–28），克塞诺芬尼与麦里梭被描述为无关紧要（μικρὸν

---

① 参阅 Joel 1921，页 83。伽达默尔不但否认克塞诺芬尼与巴门尼德以及埃利亚学派的关系，甚至否认埃利亚学派本身作为学派的存在，在此意义上，他将埃利亚学派本身也视作柏拉图—亚里士多德学说所建构的产物。参阅伽达默尔 2019，页 82。

② 苏格拉底出生于公元前 469 年，巴门尼德 65 岁时，苏格拉底还没出生，即便对话发生在巴门尼德 80 岁时，苏格拉底也只有 9 岁，不足以进行如此深刻复杂的哲学交流。

ἀγροικότεροι)，巴门尼德本人则罕见地被给予“显得颇有见地”（μᾶλλον βλέπων ἔοικε）的评价。

巴门尼德的核心哲学观点，体现于他以仿史诗的六步格体所写、被后人冠之以《论自然》之名的“教诲诗”，它可被视作西方形而上学真正的奠基性文本。[①] 相对于阿那克西曼德之箴言，这一作品更为完整。教诲诗的序诗部分，显然参考了赫西俄德《神谱》中的序诗模式，在那里（《神谱》22–34），缪斯女神对正在赫利孔山下放牧的赫西俄德现身，先是宣说自身知道如何把许多虚假的事（ψεύδεα）说得像真的（ἐτύμοισιν ὁμοῖα），如果愿意，也知道如何讲述真实（ἀληθέα γηρύσασθαι），[②] 接着赐予其神圣的能力，以歌唱过去与将来的事（τά τ' ἐσσόμενα πρό τ' ἐόντα），歌颂永存的幸福种族（μακάρων γένος αἰὲν ἐόντων）。这几乎勾勒了巴门尼德教诲诗的主题。

巴门尼德作品的序诗以第一人称，叙述其乘四轮马车踏上那条“著名的道路”（ὁδόν...πολύφημον），在太阳女儿的陪伴下来到白日与黑夜的大门，在打开大门从黑暗之所进入光明之地后，受到了女神的欣然接待（1, 22–30）：女神手握诗人的右手，向他表示问候，“并非厄运将你送到这里，走上这条道路（νέεσθαι τήνδ' ὁδόν）——因为它远离众人，在他们的路之外（ἐκτὸς πάτου ἐστίν）——而是正当（θέμις）与正义（δίκη）。[③] 你必须经历一切，无论是具有完美圆周形态的真理的

---

① 这一重要文本的希腊语版本、译文与评注，参阅 DK 28B 与 Diels 1897 的单行本，亦可参阅 Coxon 2009。

② 可对比荷马史诗中的类似表述 ἀληθέα μυθήσασθαι［讲述真实］（《伊利亚特》6.382）。赫西俄德在此没有使用源自名词 μῦθος［言说；神话］的动词形式 μυθήσασθαι，是否别有深意，乃至代表着对神话的某种新态度，尚难确定，在别处文本中，他使用了 ἐτήτυμα μυθησαίμην［我要讲述真实的事］（《工作与时日》10）的表述。

③ 此处出现的 θέμις τε δίκη τε，第尔斯译作 Gesetz und Recht［法则 （转下页）

不动之心（ἀληθείης εὐκυκλέος ἀτρεμὲς ἦτορ），还是众人的意见（βροτῶν δόξας），在其中并无真实的确信（πίστις ἀληθής）”。巴门尼德在此第一次将真理与意见（作为复数 δόξας，而非柏拉图意义上的单数 δόξα）对立并置，对应于此后要提到的两条道路、两种选择的根本差异。

不同于柏拉图哲学给人留下的印象是真理与意见截然对立，巴门尼德接下来两行诗（1, 31–32）的信息颇为复杂，为释读留下了极大的空间：“然而你也要体会（μαθήσεαι），诸显现者（δοκοῦντα）必须以某种可信的方式存在（χρῆν δοκίμως εἶναι），贯穿一切并穿透所有事物（διὰ παντὸς πάντα περῶντα）。”如果将这两句诗解释为，诸显现者穿越一切事物，通过一种必然性被普遍接受而存在，那么它所指向的，是诸多的意见与单一的真理不得不共存的境遇，诸多意见作为显现者，不得不（χρῆν）以某种更庄严更具确定性的形式（δοκίμως）而存在（εἶναι）。由此，人们容易误以为：**意见在本质上属于真理！**

在序诗之后，女神开始正式的教诲，这部分内容构成了西方形而上学的真正核心（2, 1–8）：“来吧，我会告诉你，你要听我的话语（μῦθον）留意于它，哪些探索的道路是唯一可以思考的（ὁδοὶ μοῦναι διζήσιός εἰσι νοῆσαι）。一条路是，只有‘存在’存在（ὅπως ἐστίν），‘非存在’不存在（οὐκ ἔστι μὴ εἶναι），这是确证（πειθοῦς）的路径，因为它追随真理（ἀληθείῃ γὰρ ὀπηδεῖ）。另一条路是，‘存在’不存在（ὡς οὐκ ἔστιν），‘存在’必然是‘非存在’（χρεών ἐστι μὴ εἶναι），这条路，我要告诉你，是完全无法了知的（παναπευθέα）。因为‘非存在者’（μὴ ἐόν）你不能认识（γνοίης），因为这是不可能的（οὐ γὰρ ἀνυστόν），也无法言说（φράσαις）。”

女神的这番神圣言说，被其称作 μῦθον（话语，μῦθος 的宾格，而在

（接上页）与正当］，Coxon 2009:52 译作 right and justice［正当与正义］，海德格尔 2018:13 则延续了他在《阿那克西曼德之箴言》中对 δίκη 的理解，将之译作 Gesetz und Fug［法则与秩序（Fug 本义为嵌合）］。

此后的残篇 8.50，她把自己的言说称作 λόγον［逻各斯］，λόγος 的宾格），透露出希腊思想中神话（Mythos）与逻各斯（Logos）的深层关联。这种表述，无论以何种语言都会显得艰涩，并对常态化的语言表述及其背后的生命经验、世界认识—想象都构成颠覆性的冲击。它是作为神话的甚深哲学，或说，是作为甚深哲学的神话：探索真理的道路只能是"'存在'存在"（或说，"存在者存在"）与"'非存在'不存在"（或说，"非存在者不存在"），① 而不能是"存在者不存在"或"不存在者存在"。这绝非同义反复，而是极有针对性的：一切主张本原既有产生又有灭亡的学说，都是在表达"存在者不存在（灭亡）"，或"不存在者存在（产生）"。

上述教诲的精义，最终凝练为一句（3, 1）：τὸ γὰρ αὐτὸ νοεῖν ἐστίν τε καὶ εἶναι［因为思维与存在是同一的］。这是巴门尼德及埃利亚学派的根本宗旨—见地所在，也是全部西方形而上学的根基所在。它正式将思维与存在作为哲学的核心命题提出，并将二者的关系表述为完全彻底的统一："能被思维的与能存在的是相同的"，或说，"思有同一性"。

根据这一宗旨，存在之为存在，存在者之为存在者，其根本标准不在于各种感官的把握，而在于与思维的同一，即必须符合"存在"的概念。巴门尼德提出的"思有同一律"，其语言背景在于希腊语（及大多数印欧语）中表系词作用的"是"（ἐστίν）与表名词义的"存在"（εἶναι）之间的同一性，这甚至引发了后世对非印欧民族是否能思考本源性哲学问题的思考。表达思维与存在的概念是一切概念的前提，因为有任何概念时，都先已有了"是"。存在则是一切事物的前提，因为存在任何事物时，"存在"都先已"存在"了。如果"是"就是"非是"，

① 在巴门尼德那里，已经有了 ἐόν［存在者］、μὴ εἶναι［非存在］、μὴ ἐόν［非存在者］的专门表述，而 εἶναι［存在］一词则似乎没有被独立使用。海德格尔意义上存在（Sein）与存在者（Seiend）的"存在论区分"已见端倪，但尚未成型。

那么一切概念，都既是它自己，又不是它自己，一切事物也同样如此。这被认为是“完全无法了知的”（παναπευθέα）。

诗歌的其他部分（乃至埃利亚学派此后的种种学说），都可视作对这一根本宗旨的诠释发挥。残篇 8 特别描述了“存在者存在”这条道路上的许多标志（σήματα），存在者（ἐόν）展示自身为（8, 2–6）：不生（ἀγένητον），不灭（ἀνώλεθρόν），整全（οὖλον），独生（μουνογενές），不动摇（ἀτρεμές），无终点（ἀτέλεστον），非曾经存在（οὐδέ ποτ᾽ ἦν），非将来存在（οὐδ᾽ ἔσται），就是现在（νῦν ἐστιν ὁμοῦ），全体（πᾶν），一（ἕν），合一（συνεχές，本义“全有”）。

这种真实存在的状态，通过神话的方式被描绘为（8, 13–16）：正义女神（Δίκη）没有解开存在的束缚（χαλάσασα πέδησιν），将其给予生成（γενέσθαι）与毁灭（ὄλλυσθαι），而是抓在手中（ἔχει），决断（κρίσις）只在于：存在（ἔστιν）或不存在（οὐκ ἔστιν）。正义女神对存在的掌控而非解缚（以及 8.36–37 所言命运女神之绑缚），意在表达一种带有神圣意味的必然性（ἀνάγκη 8, 30），即序诗中所言“不得不”（χρῆν）。把存在表现为对正义与名义的束缚，指向一种符合正义原则的不可抗拒的宇宙秩序，同时，也包含着一旦超越所有束缚则宇宙秩序将荡然无存的想象，它反映的不但是巴门尼德的哲学观，也是其政治观。与之可堪对照的是，在雅典民主制高潮期，智者派代表高尔吉亚所提的三原则：1. 无物存在；2. 即使存在也不可认知；3. 即使可认知也不可言说。三原则所呈现的同样不只是高尔吉亚的怀疑主义哲学立场，还反映了其冲破一切束缚、追求自由的政治理念。

在正义女神掌控存在的神话后，又出现了一系列对于存在本性的描绘（8, 21–29）：生成消失（γένεσις μὲν ἀπέσβεσται），消亡不见（ἄπυστος ὄλεθρος，直译“消亡不可闻”），没有分离（οὐδὲ διαιρετόν），完全同类（πᾶν ἐστιν ὁμοῖον），既不更多（οὐδέ τι τῇ μᾶλλον），也不更少（οὐδέ τι χειρότερον），完全被存在者充满（πᾶν δ᾽ ἔμπλεόν ἐστιν ἐόντος），完全相连（ξυνεχὲς πᾶν），一个存在者紧挨着另一个存在者（ἐὸν γὰρ ἐόντι πελάζει），没有运动（ἀκίνητον），无始无终（ἄναρχον ἄπαυστον），在同一中保持同一（ταὐτόν τ' ἐν τωὐτῷ τε μένον），安歇于自身（καθ' ἑαυτό τε κεῖται）。此番描绘后，又一次回到“思有同一性”的原则（8, 34）：ταὐτὸν δ' ἐστὶ νοεῖν τε καὶ οὕνεκέν ἐστι νόημα［思想与思维是同一的，是存在］。综合存在的种种特征，它被比喻为“一个浑圆的球”（εὐκύκλου σφαίρης 8, 43），以天体之圆满喻存在之结构，对后世产生了深远的影响，有限而无边的球体，成为自古典时代到近代早期最主流的宇宙论模型。

在完成对存在论真理的阐发后，女神做了意味深长的提醒（8, 50–52）：“我为你结束关于真理（ἀμφὶς ἀληθείης）的确信的话语和思想（λόγον ἠδὲ νόημα），但是，你要体会（μάνθανε）人们的诸多意见（δόξας...βροτείας），聆听我的话语带有欺骗性的编排（κόσμον ἐμῶν ἐπέων ἀπατηλόν）。”哲人既要理解唯一的真理，也要体会人们的诸多意见，以及与诸多意见相应的对真理的曲解（“欺骗性的编排”，也可译作“虚妄的装饰”）。这番教诲呼应于序诗中所言真理与众人意见的微妙关系，再次提示，真理的话语几乎不可避免要经历众人意见的“欺骗性编排”，真理的命运即在于，以诸多意见的形态呈现自身。**意见不只是真理的对立面，更是其本质性的存在方式**。

巴门尼德的教诲诗，奠定了埃利亚学派的思想基础：1. 存在（是）与非存在（非是）的绝对区分；2. 基于这一区分的真理观，真理只能与“存在”同在；3. “思有同一律”。正是从这上述三条宗旨出发，埃利亚学派主张唯存在论暨太一论。太一（τὸ ἕν）不是作为数字的一，而是作为整体的存在者，是无所不包、完全充满、完全相连的宇宙大全，太一即是存在本身。尽管毕达哥拉斯派提出了以数一为本原，但是真正的太一论（Hentology）源头，却需追溯到埃利亚学派。

借助唯存在论与太一论，埃利亚学派展开了对伊奥尼亚派主张的运动本原与毕达哥拉斯派主张的分立的数本原之双线批判。

就运动本原而论，最重要者在于“生成”，存在者或出自非存在者，或出自另一个存在者，或出自其自身。埃利亚学派认为：出自自身的不能叫生成；而存在者是独一无二的，故也不能出自另一个存在者。非存在者，根据“思有同一性”原则，是不可能的也是不可思考的，故存在者不可能是生成的。既然存在者生成是不可能的，存在者灭亡同样不可能。任何转化、变化、运动、复多都是荒谬的，只是意见，而不是真理。真理就意味着没有变化，而只有无始无终的永恒。这就在根本上批驳了伊奥尼亚派的运动本原。

就数本原而论，一切多都要从二开始往上计数。可被计数为二的东西，和一之间是有断裂的，即第一与第二之间的东西，是不能被计数的东西，否则那个东西才是真正的第二个东西。按照这个计数的原则，去数“存在者”，就会把隔开存在者的东西视为非存在者。而照埃利亚学派的观点，非存在者是不存在的。如此，所谓第二个存在者与第一个存在者之间的断裂是不存在的。对存在者而言，无所谓“第二个”。第二尚且没有，则任何多都没有，存在者本是浑然一体、连续不可分的。因此可以推出，存在者只能是独一无二的，“多”是荒谬的概念。这就在根本上批驳了毕达哥拉斯学派的数本原。

埃利亚学派哲学以其有力的概念推演为古希腊哲学带来了深刻的变化。埃利亚派之前的古希腊哲学，就其哲学主张和研究方式而言，与先秦时期的中国哲学多有相似，并无本质差别。直到埃利亚学派哲学诞生，它以中国哲学中从未有过的以概念倒逼实在的抽象推演方式探索真理，中西哲学才开始有了真正分野。另一方面，埃利亚学派的出现，使希腊与印度有了真正共通的思想基础：埃利亚学派使用的概念推演与逻辑归谬方法，是印度传统中各派共享者；埃利亚学派讨论的生灭、常断、一多问题，正是印度的奥义书传统、数论传统，尤其是以龙树为代表的中观传统特为重视者，《中论》所言“八不中道”

（“不生亦不灭，不常亦不断，不一亦不异，不来亦不出”），可视作这一理路最深彻的表达；埃利亚学派对事物的真实界与现象界的区分，则与吠檀多传统所言之“上梵”“下梵”、大乘传统所言之“真空”“妙有”可相参证，虽然以大乘中观的见地判摄，埃利亚学派只见诸法体性之空，而未见其相、其用之不空，于“中道”尚有间焉。

在此意义上，埃利亚学派哲学的出现是决定性的，它不但为苏格拉底、柏拉图、亚里士多德这一系希腊哲学乃至整个西方哲学的正统进行了奠基，也使得中西印三大文明传统拥有了进行严肃的思想比较的基础。

正因为从运动和多中都能推出“非存在者存在”，埃利亚学派便坚持“唯存在者存在”与“唯太一存在”，同时拒绝了运动与复多，巴门尼德之后埃利亚学派最重要的哲学家芝诺，是这种双重拒绝在思辨层面最出色的代表。

在柏拉图《巴门尼德篇》中（128a–d），年轻的苏格拉底说，芝诺所主张的与巴门尼德相同，即一切是一，但绕了一个圈子，好像他说了新东西。巴门尼德在诗里说，一切是一（ἓν... εἶναι τὸ πᾶν），芝诺就说，多不存在（οὐ πολλά... εἶνα）。芝诺回应说，他的论文旨在帮助巴门尼德的论述，反驳那些认为“存在是一”会产生很多荒谬结论的人，他把他们的攻击还置彼身，证明他们的假设（ὑπόθεσις）“如果存在是多”（εἰ πολλά ἐστιν），“比存在是一的假设”（ἢ ἡ τοῦ ἓν εἶναι），会导出更为可笑的结论。

为芝诺赢得偌大名声的芝诺悖论，是芝诺用以反驳运动可能性的四个证明（《物理学》Ⅵ，239b5–240a18）：

1.στάδιον（跑道悖论）：“你不能达到跑道的终点”，即不能在有限的时间内经过无限数目的点，要达到终点需先经过一半的距离，一半的距离又有其一半，乃至无穷，因为在任何给定的距离中都有无限的点；

2.Ἀχιλλεύς: 阿喀琉斯永远不能追上乌龟，他必须首先达到乌龟出发的位置，在这段时间，乌龟又向前走了一段，无论这段是多么短，阿喀琉斯都必须花时间再走这段路，这一过程的无穷发展，会让阿喀琉斯无限接近乌龟，但不可能赶上它；

3.ἡ ὀϊστὸς φερομένη ἕστηκεν: 飞矢不动，因为一物占据了一个和它同样大的位置而是静止的，飞着的箭在每个时刻总是作为“在同一中保持同一者”，它就不能运动。对于它而言，每一刻都是现在，都在这里；

4.χρόνος（时间悖论）：两个相等的物体，在一个场所，在一个相等的物体旁边，以相等的速度，彼此向着相反的方向运动，一者从这场所的一端出发，另一者从中间出发，结论是，“一半的时间等于全部时间”。

这四个悖论的核心，都在于运动作为时间与空间的统一形式，既包含着纯粹的否定性（无限的可分性，无限的点的聚合），又包含着连续性，当这种连续性被把握为可分性与聚合性时，就导致了矛盾。这是运动的矛盾，也是存在（者）之为存在（者）的矛盾。

但是，若完全遵从埃利亚学派的哲学，只守住独一无二、永不变化的真存在，视自然现象为荒谬，那么本原学说乃至自然哲学本身也就被取消了。后起的哲学家努力沟通埃利亚学派的真理界与运动—复多的现象界—自然界。他们所致力的方向，大体是接受埃利亚学派不可无中生有的宗旨，但以自己的方式解说演绎该派所言的“存在者”，以便更好地解释现象界—自然界。

赫拉克利特

赫拉克利特生于公元前544—前540年之间，与巴门尼德是同时代人。他的出生地以弗所（Ephesus）位于安纳托利亚，他的思想又常被简约化为“火本原”论，因而常被归入伊奥尼亚（米利都）学派的序列（第尔斯将他列于巴门尼德之前，似乎便出于这种考虑）。但事实上，他的根本问题意识不是米利都式自然哲学的，而是巴门尼德式的，[①] 即对于存在之内在矛盾性的认知。作为真正的辩证法大师，他在存在的矛盾性中发现了生命的原则，这是他最伟大的洞见。黑格尔将他放在巴门尼德之后，认为代表着思想发展的更高阶段，并称在赫拉克利特那里，哲学的理念第一次以思辨的形式（而非抽象的理智）出现，他是此前一切意识的完成（Vollendung des bisherigen Bewußtseins）。[②] 他对包括荷马、赫西俄德、阿尔基洛科斯、毕达哥拉斯、克塞诺芬尼、赫卡泰俄斯等诗人、哲人、史学家的尖锐评论（DK 22, B40, 42, 56, 57, 105, 106, 129）表明，他所代表的“此前意识的完成”绝非西塞罗式的折中主义。在此意义上，赫拉克利特之于前苏格拉底哲学，正如柏拉图—亚里士多德之于希腊哲学。

相对于巴门尼德较完整的教谕诗，赫拉克利特的思想主要以语录残篇的方式传世，这些语录式的表达，往往显得晦涩，故而令他获得了“晦涩者”（*σκοτεινός*）的称号。赫拉克利特给世人的这种晦涩印象，乃出于常态的思维与语言（以及基于其上的语法）对真正思想的陌生，知性的光可以照入意识大海的浅层，但无法进入幽深的海底。赫拉克利特的思想，因其深邃而无法为知性所理解，却是思辨哲学真正的开始。

不妨以残篇 1（DK 22, B1, 以下这一序列皆简称残篇）为例（它被认为是赫拉克利特《论自然》一书的开篇），体会其晦涩与深邃：
τοῦ δὲ λόγου τοῦδ' ἐόντος ἀεὶ ἀξύνετοι γίνονται ἄνθρωποι καὶ πρόσθεν ἢ

---

① 巴门尼德序诗中提到的众人的意见（*βροτῶν δόξας*）指涉赫拉克利特，这一说法无法成立。巴门尼德没有反对赫拉克利特，而恰恰是其同道。参阅 Reinhardt 1916, 页 57, 注 6; 页 201–202。

② 参阅黑格尔 2013, I, 页 294, 298; Hegel 1990, Bd. 18, 页 320, 323。

ἀκοῦσαι καὶ ἀκούσαντες τὸ πρῶτον[逻各斯是永恒存在的，人们却无法理解它，无论是他们听到它之前，还是听到它之后]。亚里士多德曾以这句话为例来说明句子的难解，因为人们不知道其中 *ἀεί*[永恒地]一词属于前面的半句还是后面的半句(《修辞学》Ⅲ, 1407b14–18)，因而，这句话的意思也可以是："(尽管)逻各斯存在着，人们却永远无法理解它。"这段文字接下来的部分说："尽管万物根据逻各斯而产生，人们却像未经世事者(*ἀπείροισιν ἐοίκασι*)，当他们尝试(*πειρώμενοι*)那言语与工作(*ἐπέων καὶ ἔργων*)，它们是我根据每个事物的本性(*κατὰ φύσιν*)所提出的，以解释它的真实情状(*ὅκως ἔχει*，直译"它如何拥有")。至于其他人，他们未意识到自己醒时在做什么，就像他们不记得自己睡时做了什么一样。"

逻各斯是永恒的，一切事物依逻各斯而存，但人们无法理解它，即便哲人依照事物的本性指出逻各斯的存在，人们依然懵懂无知，他们如同梦游者一般，在不清楚经验为何的情况下(*ἀπείροισιν*)，强自去经验(*πειρώμενοι*)世界，无法区分何为真实(清醒)，何为幻象(睡梦)。赫拉克利特喜欢用睡梦者(*καθεύδοντες*)的意象来比喻世人的存在状态，残篇 71 说："不应如睡梦者那样说话与行动。因为我们认为(*δοκοῦμεν*)那时也在说话与行动。"残篇 75 则说："睡梦者是在世界所发生事件(*γινομένων*)的工作者(*ἐργάτας*)与协作者(*συνεργούς*)。"睡梦之于赫拉克利特，正如意见之于巴门尼德：它是一种幻象，却又是真实—真理于此世界的呈现形式，睡梦者以自己在睡梦中的言行，参与在世界发生的种种事件。

赫拉克利特未必是最早使用逻各斯这一概念者，巴门尼德教诲诗中也提到了逻各斯(B 8, 50)，但是这一概念在巴门尼德那里与 *μῦθος*(B 2, 1)、*ἔπος*(B 8, 52)是混用的，都可以指关于真理的话语。自赫拉克利特开始，逻各斯才与其他表达言语的词汇从根本上区分开来，并被赋予了与哲学思辨相应的普遍意味，如残篇 2 所言："必须遵从普遍者(*ξυνῷ*),即共同者(*κοινῷ*),因为共同者是普遍的(*ξυνὸς γὰρ ὁ κοινός*)。尽管逻各斯是普遍者(*τοῦ λόγου δ᾽ ἐόντος ξυνοῦ*),但许多人活着,好像他们有一种专属于个人的理智(*ἰδίαν...φρόνησιν*)。"正是在这种哲学语境中,逻各斯由具体的言说上升为普遍的理性,希腊思想从神话(Mythos)向逻各斯(Logos)演化的叙事才得以可能。如果存在某种逻各斯中心主义,那么在赫拉克利特那里,它才真正寻到了开端。逻各斯,而非其他的自然元素,是赫拉克利特思想的基本原则,是哲学意义上真正的世界本原。

以某种抽象原则作为世界本原,在毕达哥拉斯学派与埃利亚学派那里亦有体现,但将这种抽象原则把握为对立物的统一,则是赫拉克利特之卓识所在。在残篇10中,他说,"自然同样追求(*γλίχεται*)对立者(*ἐναντίων*),它从对立者而非同类中创造和声(*σύμφωνον*)","联系(*συνάψιες*):整全与非整全(*ὅλα καὶ οὐχ ὅλα*),支持者与反对者(*συμφερόμενον διαφερόμενον*),和谐者与不和谐者(*συνᾷδον διᾷδον*),一源自万物(*ἐκ πάντων ἓν*),万物源自一(*ἐξ ἑνὸς πάντα*)"。通过各种对立者而非相似者达到和谐,一切对立者,本质上都是作为统一性的关联(*συνάψιες*)而存在的。赫拉克利特把自然通过对立物实现和谐的过程,描绘为进行追求(*γλίχεται*),普遍原则的自我实现恰恰也是自然的意愿所在,这已经事实上包含了后来 *νοῦς* 所具有的"天心"之义。

正因为世界是一切对立者的统一,赫拉克利特留下了大量关于对立者"一且同一"(*ἕν καὶ ταὐτό*)的论述:残篇58:*ἀγαθὸν καὶ κακὸν ἕν καὶ ταὐτό*[善与恶是一且是同一];59:*γναφείῳ ὁδὸς εὐθεῖα καὶ σκολιὴ μία ἐστὶ καὶ ἡ αὐτή*[直路与曲路是一且是同一];60:*ὁδὸς ἄνω κάτω μία καὶ ὡὐτή*[上与下的路是一且是同一];88:*ταὐτὸ τ᾽ ἔνι ζῶν καὶ τεθνηκὸς καὶ ἐγρηγορὸς καὶ καθεῦδον καὶ νέον καὶ γηραιόν· τάδε γὰρ μεταπεσόντα ἐκεῖνά ἐστι κἀκεῖνα πάλιν μεταπεσόντα ταῦτα*[生与死、醒与睡、少与老是同一的。因为此会变成彼,彼又会变成此]。残篇88

不但提到了这种对立物的统一性，且将之解释为彼此间的变化。

变化意味着，“一且同一”的存在，通过自我差异而产生无穷对立，无穷对立超越彼此差异，复归于“一且同一”的存在。如柏拉图《会饮篇》中厄律克西马库斯引用赫拉克利特的话，“一与自身离异，复与自身合一（*τὸ ἓν...διαφερόμενον αὐτὸ αὑτῷ συμφέρεσθαι*），正如弓与琴的和谐一样”（187a）。[1] 和谐不是一种孤立的状态，而是变化的过程。认识作为变化过程的一，即是智慧。就一本身而言，无可命名亦无须命名，就一与自身离异又回归自身的变化过程而言，又可以进行无量无计的命名，故而残篇 32 说，*ἓν τὸ σοφὸν μοῦνον λέγεσθαι οὐκ ἐθέλει καὶ ἐθέλει Ζηνὸς ὄνομα*［智慧是一，是唯一，既不想又想被叫作宙斯］。[2]

如果说伊奥尼亚派和毕达哥拉斯派以运动本原和数本原确立了“有”的原则，埃利亚派通过批判上述二者的观点确立了“无”的原则（这种“无”的原则被认作是真存在，而此前的“有”被解释为“非存在”），赫拉克利特则达到了“有”与“无”的统一，这种统一即是“变化”。赫拉克利特给后世留下最深刻印象的表述，多与此有关：残篇 12，*ποταμοῖσι τοῖσιν αὐτοῖσιν ἐμβαίνουσιν ἕτερα καὶ ἕτερα ὕδατα ἐπιρρεῖ*［对于进入同样的河流者，一一不同的水流（直译“不同又不同的水流”）涌动着］；残篇 49a，*ποταμοῖς τοῖς αὐτοῖς ἐμβαίνομέν τε καὶ οὐκ ἐμβαίνομεν, εἶμέν τε καὶ οὐκ εἶμεν*［我们踏进又没有踏进同样的河流，我们存在又不存在］；残篇 91，“人不能两次踏入同一条河

---

① 这段话中关于弓与琴的和谐之论述，出现于赫拉克利特残篇 51，此前的句意与残篇 51 亦相近，那里表述为 *οὐ ξυνιᾶσιν ὅκως διαφερόμενον ἑωυτῷ συμφέρεται*［他们不理解，如何与自身差异而又合一］，但没有作为这句话主语的 *τὸ ἓν*［一］。

② 正是出于“智慧是一”的认知，赫拉克利特对于多知（*πολυμαθίη*）及世人所认为的多知者（赫西俄德、毕达哥拉斯、克塞诺芬尼、赫卡泰俄斯）持颇为负面的态度（残篇 40），近于《庄子 · 在宥》所谓“多知为败”。

流”，[①] 柏拉图将之概括为“一切皆在运动与流变（κινεῖται καὶ ῥεῖ…τὰ πάντα）”（《泰阿泰德篇》182c），后人又进一步浓缩为 πάντα ῥεῖ ［万物皆流］。

流动象征着一切世界现象的不息变化，这种变化不但发生于不同的个体间（如河流与踏进河流的人），也发生于同一个体本身（“我们”）。在埃利亚学派那里，存在与非存在是截然对立的，非存在是不可认知不可想象的，赫拉克利特却将存在与非存在视作一个整体，任何一种存在本身就包含着非存在，任何存在者，都同时既存在又不存在。同时既存在又不存在，这就是变化的本质！

变化既意味着不同事物在不同的形态间相互转化，也意味着同样的事物在不同的认知下具有不同的意义，产生不同的效果，如残篇 36：*ψυχῇσιν θάνατος ὕδωρ γενέσθαι, ὕδατι δὲ θάνατος γῆν γενέσθαι, ἐκ γῆς δὲ ὕδωρ γίνεται, ἐξ ὕδατος δὲ ψυχή*［对于灵魂，死亡是变成水，对于水，死亡是变成土，从土中生成水，从水中生成灵魂］；76：*ζῇ πῦρ τὸν γῆς θάνατον καὶ ἀὴρ ζῇ τὸν πυρὸς θάνατον, ὕδωρ ζῇ τὸν ἀέρος θάνατον, γῆ τὸν ὕδατος*［火作为土的死亡而活，空气作为火的死亡而活，水作为空气的死亡而活，土作为水的（死亡而活）］；残篇 48：*τῷ οὖν τόξῳ ὄνομα βίος, ἔργον δὲ θάνατος*［弓的名字是生命，[②] 效果却是死亡］。

伊奥尼亚派讨论的命题在赫拉克利特那里又重新获得了意义，生与灭不再只是“非存在”，而是变化的有机组成。但赫拉克利特所理解的变化，遵循的不是某种物理式的动力学机制，而是生命的原则，生命就是作为存在与非存在之统一的变化。这是赫拉克利特的火本原论与伊奥尼亚派的本原论最根本之差别所在。

残篇 30，作为火本原论的核心表述，如是说：“这个世界秩序

---

① 后来者甚至将之表述为，“人一次也不能踏入（同一条河流）”，因为水流当下就在变异（《形而上学》Ⅳ, 1010a12–16）。

② 古希腊语中，*βιός*［弓］与 *βίος*［生命］的发音与书写形式颇为接近。

(*κόσμον*),对于万物都是同样的,既不是某个神,也不是某个人所创造的(*ἐποίησεν*),而是一团过去、现在、未来都永远存在(*ἦν ἀεὶ καὶ ἔστιν καὶ ἔσται*)的永恒活火(*πῦρ ἀείζωον*),按照尺度(*μέτρα*)点燃,也按照尺度熄灭。"世界秩序不是被任何神或人所创造的,这一论断是对于此前以及此后在地中海世界一直占据主导地位的"创生论"的根本性否定。作为世界秩序的火,它非但是永存者,更是永生者(*ἀείζωον*),是永恒的活的生命,是生命原则本身。生命之火具有自己的尺度,依照尺度而燃烧与熄灭,即象征世界的有序运转。生命之火所依凭的尺度,就是逻各斯。因而,火本原与逻各斯本原是究竟一体的:世界的非造作性与无限生机,表征为永恒的活火;世界的合规律性与普遍性,表征为火之燃烧与熄灭所遵照的尺度,即逻各斯。

赫拉克利特思想中生命本原与逻各斯本原的一体性,此后发生了分殊:普罗塔戈拉的"人是万物的尺度"说,近于生命本原;柏拉图的"神是万物的尺度"说,[①] 近于逻各斯本原,二者分别强调一者的绝对优先性以解释世界,可谓"道术为天下裂"。对于这种体现为神人之别的本原分殊,赫拉克利特已有所预见,残篇 119:*ἦθος ἀνθρώπῳ δαίμων*[性格即人的(守护)神],[②] 残篇 78:*ἦθος γὰρ ἀνθρώπειον μὲν οὐκ ἔχει γνώμας, θεῖον δὲ ἔχει*[虽然人的性格不具有判断力,神的(性格)却有],便以性格为引,既言人神之同,亦言其异,可谓"其一也一,其不一也一"。若他知晓有关万物尺度的人神之争,或许会将之表述为"神与人是一且是同一","他们既是又不是万物的尺度"。

---

① 参阅本书页 417、477、493。

② *δαίμων* 一词在赫拉克利特那里,如同在荷马史诗中,既可以指神(意义与 *θεός* 基本无别,如《伊利亚特》1.222, 3.420),亦可指神性的力量(如《伊利亚特》17.98,《奥德赛》3.27)。有关这一词汇在荷马史诗中的使用及其与 *θεός* 的关系,参阅 Leitzke 1930, 页 42–43; Wilamowitz 1931/1932, I, 页 362–363; Nilsson 1949, 页 165–166。

赫拉克利特是晦涩的，这种晦涩绝非刻意为之，而是出于自然与思想的本性：一方面，“在行进中你不能发现灵魂的边界（*ψυχῆς πείρατα*），尽管走过所有的道路。它（灵魂）有着如此深的逻各斯（*βαθὺν λόγον*）”（残篇 45），另一方面，“自然喜爱隐藏自身”（*φύσις κρύπτεσθαι φιλεῖ*，残篇 123）。赫拉克利特所言“我探寻自己”（*ἐδιζησάμην ἐμεωυτόν*，残篇 101），以一种前所未有的清晰的自我意识，表达了哲人的追求，这同时也是哲学本身的追求。① 它意味着，通过探寻自我灵魂中甚深的逻各斯，令自然所隐藏的真理（*ἀλήθεια*，作为 *ἀ-λήθεια*[去蔽，无蔽]）得以呈现。这是逻各斯的原则，也是生命的原则！

晚期自然哲学：元素论、原子论与努斯论

赫拉克利特的创造性贡献，在于把埃利亚派之问题意识从存在与非存在的截然对立提升到作为其统一体的变化。由于他的“晦涩”特征，他的思想影响力要到柏拉图时代才真正透显出来。在赫拉克利特与苏格拉底之间，希腊哲学思考的问题集中在回应埃利亚派提出的命题：生灭与复多只是现象，真理界的本原不能有生灭，其本原数目也当尽量减少。这是自然哲学的晚期阶段，也是新的哲学即将超越自然哲学的框架破土而出的时代。这一时期最具影响力的学说是：恩培多克勒为代表的元素论，留基波与德谟克利特为代表的原子论，阿那克萨戈拉为代表的努斯论（或曰，心论）。

恩培多克勒与元素论

恩培多克勒出生于西西里岛的阿格里根特，据说与芝诺是同学，

---

① 著名的德尔斐神谕“认识你自己”（*γνῶθι σεαυτόν*），可视作站在神性立场上对“我探寻自己”这一命题的另类表述。这一神谕之于柏拉图笔下苏格拉底的意义，事实上折射出赫拉克利特之于柏拉图哲学的意义。

大致生活在公元前 492—前 432 年。他生前即以拥有神异力量而著称，被称作“魔法师”（γόης），并曾参与政治活动而有所建树（DK 31, A1）。有关他的传说与事迹，可能受到了在意大利地区广为流传的毕达哥拉斯形象的影响，而他也被认为曾是毕达哥拉斯派。

他在哲学上最重要的贡献在于两点（DK 31, B6, B17）：1. 提出“四根”（ῥιζώματα τέτταρα）——水、火、土、气这四种基本元素（στοιχεῖα τέτταρα）——为万物的本原；2. 认为“友爱”（φιλία）与“争执”（νεῖκος）是推动“四根”的动力。

四根说与伊奥尼亚哲学所言之水、气虽同名，但实不相同，更不同于赫拉克利特意义上作为“一且同一者”的火，它们实质上对应于埃利亚派所言之“存在者”（ἐόν）。伊奥尼亚哲学中的水与气是有生灭者，而“四根”是不生不灭的。“任何一个有死者的生成（φύσις）是不存在的，不幸死亡的终结（τελευτή）也是不存在的，（存在的）只是混合物（μιγέντων）的结合（μίξις, 本义“混合”）与分离（διάλλαξις），它们被人类称作生成（φύσις）”（DK 31, B8）。恩培多克勒此处所言之生成，与自然是同一个词，他凸显了自然概念源初的生成之义，否认了生成与消亡的真实存在（根本上，也就否定了自然的真实存在），而将之解释为四根之间的结合与分离。四根彼此结合，即现象界事物的产生；彼此分离，即现象界事物的消亡。

此处所言的结合与分离，与阿那克西美尼“稠密—稀疏”的宇宙动力学机制并无本质差别。恩培多克勒于此亦有所知，作为对于伊奥尼亚哲学的突破，他将之进一步解释为友爱与争执。结合与分离，以及作为结合与分离参与者的四根，具有实在性，而友爱与争执，则是思想的原则。以友爱与争执为动力，令四根发生结合与分离，即意味着，思想的内在矛盾引动世界变化。若以友爱为善，争执为恶，即意味着，世界秩序是一种合目的性的存在。这是一种伟大的洞见，指向亚里士多德哲学的核心命题。

对于这一命题，恩培多克勒的表述还显得较为粗疏拙朴：[①] 1. 对实在的元素（四根）与思想的原则（友爱与争执），他没有进行适当的区分，而是把它们并列起来，似乎变成了六种元素，而元素与思想之间似乎并无差别，如“我们以土见土，以水见水，以空气见神圣的空气，以火见永恒的火，以爱见爱，以可悲的争执见争执”；[②] 2. 在四根中，他把火作为单独的一方，与其他三者（土、水、空气）相对立（《形而上学》I, 985b1–3），或者是因为他看到火作为绝对的消灭者，既消灭他者也消灭自身，事实上代表着友爱与合一的原则；3. 在另一种区分中，他又试图把争执作为单独的一方，与其他五者相对立（《论生成与消灭》I, 1），这与在四根中突出火的独特地位是相应的，只是重点由结合转到了分离；4. 以友爱为本原，则友爱既是动力（它在进行结合），又是质料（它是混合物的一部分），以争执为本原亦同理，本原就变成既是动力又是质料了（《形而上学》XII, 1075b3–8）。

因而，如亚里士多德所言，恩培多克勒的观点既与点现象界的观点相矛盾，也与亚里士多德自己的观点相矛盾：恩培多克勒否认任何一个元素由其他元素产生，而认为一切其他事物由这些元素产生，同时，他把除争执之外的一切合并为一之后，又认为它们每个再度由一生成。究竟本原是一还是多，对于他是不清晰的（《论生成与消灭》I, 1）。四大元素如果是纯粹独立的一，就无法发生结合；如果是从一中被分离出来，则事实上就有了生灭。友爱与争执，反映的现象是多，却都以一为前提，无论是合一还是解一。若将一理解为聚合的产物，

---

① 亚里士多德将这种状态称作 *ψελλίζεται*［讷讷不清地说，含混地说］（《形而上学》I, 985a5）。

② 塞克斯都·恩披里柯：《反数学家》I, 303; VII, 92, 121。此处所引的诗中，爱一词使用的不是 *φιλία*，而是 *στοργή*，当是出于六步格诗律的考虑。塞克斯都在《反数学家》中，多次提到恩培多克勒的六种元素，如 VII, 120; IX, 10; X, 317。

则聚合所代表的多，就对于一有了优先性，然而，任何多，都是以一为基础的。当一与多相分离后，矛盾就产生了。无论是四根还是友爱与争执，都是应这种矛盾而生的解释模型，也都更深地陷入矛盾中。

恩培多克勒所代表的元素论，是对此前三派理论加以调和的产物。四大元素本身是不生灭的，由元素构成的万物，通过友爱而合一，通过争执而分离。这一解释模型，就真理界无生灭运动而言，继承了埃利亚派；就现象界有生灭运动而言，继承了伊奥尼亚派；就四根在现象界事物中具有数量关系而言，体现了毕达哥拉斯派的影响。

相对于前人之说，元素论的独特贡献在于：

1. 把运动的原理从伊奥尼亚哲学的转化或生灭模式（质变模式），改成了本原并无生灭，而只有位移的聚散模式（非质变模式）。

2. 由于元素和运动性本原不同，其运动的原理在自身之外。故而引入了"友爱"与"争执"作为四根聚散运动的原理。"友爱"近于"引力"，让元素相互接近，"争执"近于"斥力"，让元素彼此分散。这就又在聚散模式内部分化出一条原则：运动的事物只是被他物所动，运动的原理在运动的事物之外，一切物体都是被运动的。这一原则与伊奥尼亚哲学的基本路向可谓大相径庭。

元素论所提出的物质原理与运动原理相分离的解释模式，此后成为西方哲学乃至科学的主流，亚里士多德哲学中"不动的推动者"（κινεῖ οὐ κινούμενα）正是这一原则的高明演绎。

原子论

原子论学派表面上是对埃利亚派改动最小的一个哲学系统，只在埃利亚派的体系内改了一条，即引入"非存在者"（μὴ ὄν），并将此解释为"虚空"（κενόν）。这一理论创见被归于米利都的留基波名下，他比阿布德拉（Abdera）的德谟克利特年纪为长，二者是亦师亦友的关系，他们的工作是一个整体，共同支撑起原子论的理论架构。

原子论哲学有两条原理，即“充实”（πλῆρες）与“虚空”（κενόν）。充实对应于埃利亚派的存在者，虚空对应于埃利亚派的非存在者。亚里士多德对留基波的观点如此概括（《论生成与消灭》I, 324b25–36; DK 67, A7）：他宣称虚空是非存在，而存在的任何一部分都不是非存在，因为严格地说，存在就是完全充实（παμπλῆρες ὄν）。但这样的存在不是一，而是无限多（ἄπειρα），只是由于体积太小（σμικρότητα）而不可见（ἀόρατα）。它们在虚空中被移动（φέρεσθαι），因为虚空存在（κενὸν γὰρ εἶναι），其结合（συνιστάμενα）造成事物的产生，其分离（διαλυόμενα）导致事物的消亡。在其碰巧接触的地方，它们就行动（ποιεῖν）或承受（πάσχειν），因为在那里，它们不是一。但是，真正的一不会生出多，真正的多不会生出一。一切质变（ἀλλοίωσιν）与一切承受都是通过孔道（διὰ πόρων）发生的，分离、消失以及增长都是由于虚空，即固体潜入虚空之中（ὑπεισδυομένων στερεῶν）。

这里所说的孔道，是恩培多克勒等人使用的术语，本质也是虚空。如没有虚空，则众多充实者就会连续地结为埃利亚派的太一，那么现象界的多与运动也就不再可能了。要解释现象界的多和运动，太一就必须散为众多的充实者。充实者连续不可分、无生无灭、不能被感官经验到而只能被思维把握，故每一个充实者，就其自身而言，都是埃利亚派意义上的“存在者”。这些数量无限多、体积极小的存在者，被命名为原子（ἄτομα，本义“不可分者”）。不可分是“充实者”与埃利亚派“存在者”共有的特点之一，也是其通过接触而行动或承受（主动或被动）这种存在方式的应有之义：若继续可分，则接触就成为不可能了。[①]

存在者与充实者的差别，根本乃是一与多的差别。可以说，埃利亚派主张的就是独一无二的原子，而原子论主张的是数量众多的存

---

① 留基波认为，不可分者导致事物的生成与消灭，是通过虚空与接触，因为有接触，每个物体才是可分的（亚里士多德，《论生成与消灭》I, 325b29–33）。

在者。二者同出而异名，但毕竟旨归不同，故而留基波说，“从真正的一，不会生出多，从真正的多，不会生出一”。由于要正面论证多和运动，故需要假设把众原子隔断、令其得以发生位移运动的“虚空”。因而，非但众多原子所代表的存在者是真实的，作为其中介的虚空也是真实的。虚空—非存在亦有真实性，这是一种伟大的洞见，意味着作为否定性的原则不复只停留于否定性，而可以在一种更高的原则下化为肯定性的力量，对于原子论，诸原子的接触就是这种原则，它把充实（存在）与虚空（非存在）统一起来了。

原子之间的差异，被描绘为三类（《形而上学》I，985b16–19）：形状（*σχῆμα*）、次序（*τάξιν*）和位置（*θέσιν*），形状对应于节奏（*ῥυσμός*），次序对应于接触（*διαθιγή*），位置对应于姿态（*τροπή*），例如，形状上A与N不同，在次序上AN与NA不同，在位置上Z与N不同[①]。这种意义上，原子间的联系是纯粹外在的，没有质的差别，因为本质上，每个原子本身都是独立的一。近代以来的“原子式个体”这一假设，本质上就是把个体的人视作独立的一，进而解释以之为基础的国家与经济—社会关系（社会契约论与绝对个人主义皆承此而来），但始终面临重大的理论困境：原子作为独立的一，是不生不灭的，而个体的人，则是有生灭的；原子可以不依赖其他原子而永恒自存，这对于个体的人而言是无论如何无法实现的。

无论原子还是虚空，本质上都并非经验所能把握的事物，而是思辨的产物。原子论在表达这一问题时，留下了某些在哲学上显得生涩，但给人以想象空间的论述，最典型者，莫过于说原子之不可见是由于体积太小。这就给了后来的经验科学以某种印象，似乎只要发展出足够的实验手段，原子就会变得可见。伴随近代以来实验科学的不断发展，原本为视力所不能见的无数微小存在，得以被发现，分子、原子之名被赋予它们。伴随技术的进步，这种发现还在继续，命名为原

① 指就位置而言，字母是直立的还是横躺着的。

子者被发现依然是可分的，这是对于原子（不可分者）定义的否定，但近代以来的科学早已不再关注这种名实之间的背离。对于哲学意义上的原子论，原子之不可见，本质上不在于其体积微小，而在于，每个原子都是充实的不生不灭的存在者，是一。一之本体是不可见的。同样，将原子隔开的虚空，并非实验意义上的真空，也是不可见的。

哲学意义上的原子论所重视的不是感性观察的现象，而是超越感性的真实，故而德谟克利特说，按照意见（*νόμῳ*），有热，有冷，有颜色，有甜和苦；按照真理（*ἐτεῇ*），只有原子和虚空（DK68, B9, B125）。*Νόμος* 所代表的礼俗传统（“法”），蕴含着大众普遍认同的意涵，因而，在德谟克利特的表述中，它被解释为“意见”，以区别于“真理”。如果把此处的真理（真实）理解为自然（*φύσις*），那么，这句话表达的也正是代表人类意见的礼俗与超越人类存在的自然之间的张力。当原子与虚空在实验科学中都被赋予具象含义，与一切其他自然现象不再有本质的差别，那么德谟克利特意义上意见与真实、礼俗与自然的差别也就荡然无存。

原子论与元素论在解释现象界的运动时，都采用聚散模式。原子自身无生无灭，通过聚散造成现象界事物的生灭。二者的核心差别在于：元素论的物质原理与运动原理是分离的，而原子论的物质原理就是运动原理，是原子自身在不停地运动，不存在原子之外单独的运动原理。在这点上，原子论真正继承了伊奥尼亚哲学的精神气质，彻底排除了非物质性的原理。它不属于古希腊哲学的正统，但成为后世一切强调物质性原理之哲学和科学理论的古代典范。

原子论与元素论虽在理论解释上有异，却有着类似的命运：就其作为哲学思辨的形态而言，它们是对于此前哲学观点的糅合，深刻但尚不成熟，不足以成为当时哲学的主流；当其脱离抽象思辨的范畴，而是作为解释具体现象的理论模型服务于近代以来的实验科学后，则成为了自然科学领域颇为主流的话语，其影响力远远超过其在哲学领域的存在。但自然科学意义上的原子论与元素论，都不再具有哲学意义上之同名理论的思辨特质与对于本原问题的旨趣。

阿那克萨戈拉与努斯论

按照亚里士多德的说法，阿那克萨戈拉在年龄上长于恩培多克勒，在事业上却后于他（《形而上学》I, 984a12–13），他约出生于公元前 500 年，故乡在吕底亚的克拉佐美尼（Clazomenae）。他在 30 岁的时候，来到处于黄金时代的雅典，并与伯利克里相交甚密。在雅典生活了 30 年后，他被雅典民众指控渎神，因为他把整个天说成是由石头构成的，太阳是燃烧的石头（*μύδρον...διάπυρον*），[①] 这背后则是伯利克里的政敌试图以此打击伯利克里。[②] 这一事件体现了新兴哲学与传统宗教的冲突，以及哲学与政治的复杂关系，某种意义上，可视作雅典对苏格拉底审判的预演。无论审判的具体结果如何，阿那克萨戈拉离开雅典来到兰萨普克（Lampsacenes），在那里定居直到公元前 428 年去世。也是在那一年，柏拉图出生了。

阿那克萨戈拉最重要的理论贡献在于，他认为努斯（*νοῦς*）是世界的本原。[③] 努斯之义，广大精微，它可以指代一切具有深度的精神状态及其境界，有理性、理智、精神、思想等诸多译法，但在汉语语境下，最恰当的对应大约是心，非但是人心，亦是天心。这一概念的提出及其证成，对于希腊哲学乃至整体西方哲学具有里程碑式的意义，标志着一个新的时代的开启。

无论在柏拉图还是在亚里士多德那里，努斯说都得到了极大的肯定。努斯是一切秩序与位序之原因（*τὸν αἴτιον τοῦ κόσμου καὶ τῆς*

---

① 第欧根尼·拉尔修，2. 12。

② 普鲁塔克《伯利克里传》32，狄奥多罗斯《历史丛书》12.39。

③ 努斯一词在赫拉克利特那里已有使用（残篇 114），但尚未得到充分的阐释发挥。至阿那克萨戈拉，努斯才真正获得哲学上的重要地位。

τάξεως πάσης)，亚里士多德把发现努斯的阿那克萨戈拉比作一个清醒的人(νήφων)，此前的哲学家与之相比都显得混乱(《形而上学》I, 984b15–18)。柏拉图《斐多篇》中，苏格拉底描述了他对阿那克萨戈拉的努斯说从满怀憧憬到希望破灭的心路历程(《斐多篇》96a–99d)：苏格拉底曾对"与自然相关的研究"(περὶ φύσεως ἱστορία)颇感兴趣，其根本的兴趣在于了知事物为什么(διὰ τί)生成(γίγνεται)、毁灭(ἀπόλλυται)、存在(ἔστι)。这种学习却让他感到了迷惑，以至于最终发现无法解释一或任何事物的生灭存在。这时，他听人说起阿那克萨戈拉的学说，努斯是确立秩序者(διακοσμῶν)，是一切事物的原因(πάντων αἴτιος)，终于觉得找到了符合自己心意(κατὰ νοῦν ἐμαυτῷ)的老师，他相信有关努斯的理论必定会探索一切事物的最好者(βέλτιστον)，乃至普遍的善(τὸ κοινὸν...ἀγαθόν)。然而，当他找到阿那克萨戈拉的书阅读后，希望便破灭了。他发现书里并没使用努斯，也没有赋予其管理事物(διακοσμεῖν τὰ πράγματα)的职责(αἰτίας ἐπαιτιώμενον)，而是依然用气、以太、水及其他不知所谓的东西(ἄτοπα)作为原因。阿那克萨戈拉的理论被归结为努斯，苏格拉底的行为被归于努斯，但解释具体行为则是另一套说法，如他坐在那里是由于骨头与肌肉的作用，而忽略了他坐在监狱的根本原因是雅典人对他的审判，也忽略了他自认为待在这里接受审判所带来的结果是好的。

这段文字包含着从自然哲学向新的哲学形态过渡的核心信息，不断在哲学史上被提及。它给人某种印象：阿那克萨戈拉虽然使用了努斯这一概念，并将之作为事物的原因，但并没有把努斯的原则贯彻到对具体事物的解释中，因而，在阿那克萨戈拉那里，努斯的概念还只是停留在某种空洞的阶段，尚未真正构成某种具有内在统一性的理论，但它为苏格拉底思想进行"第二次启航"提供了重要契机。

苏格拉底提到，阿那克萨戈拉以努斯之外的诸多事物作为原因，大致对应于阿氏的同素体说，此说认为(《形而上学》I, 984a13–

16)：本原是无限的(ἀπείρους)，几乎所有事物都由具有相同部分者(ὁμοιομερῆ)构成，如水与火，生成与消灭只是意味着合并与分离(συγκρίσει καὶ διακρίσει)，除此之外别无生灭，只有永恒的持续(διαμένειν ἀΐδια)。将生灭解释为合并分离，沿承了伊奥尼亚派的传统，别无生灭永恒持续则是埃利亚派的宗旨。

正是因为物质世界具有无限本原(无限的同素体)，故而阿那克萨戈拉要在此之上更立一精神性本原，这便是努斯。阿那克萨戈拉意在调和伊奥尼亚派与埃利亚派学说，而以努斯为“一”，统摄有生灭的现象界和无生灭的真理界，故而他说(DK 59, B12)：其他事物都分有万物，努斯则是无限的(ἄπειρον)，自治的(αὐτοκρατές)，不与任何其他事物相混合，而是作为独一者(μόνος)自在自为(αὐτὸς ἐπ' ἑωυτοῦ)地存在。万物(星辰，太阳，月亮，空气，以太)之分离是通过旋转(περιχώρησις)实现的，而努斯则赋予旋转以最初的动力(περιχωρῆσαι τήν ἀρχήν)。

阿那克萨戈拉与苏格拉底—柏拉图的差异，与其说在于他坚持努斯不够彻底，没有以努斯的原则解释具体事物(这是一种巨大的误解)，不如说在于他未能如苏格拉底那样，与伊奥尼亚派哲学做彻底的切割。这种与传统的彻底切割，是苏格拉底所代表之新时代哲学的特色，阿那克萨戈拉处在新旧时代的交替处，无论是否有意，他并未再向前一步。

努斯开启了旋转而衍生万物的过程，虽被《斐多篇》中的苏格拉底所忽略，却对后世哲学具有重大影响，巴门尼德那里用于形容存在者的“浑圆的球”，被赋予了运动性，“不动的推动者”的最初运动，就被想象为一种由自我思想所引动的自旋。

智者派运动

如果说在阿那克萨戈拉身上能看到自然哲学向新哲学的过渡，那么智者派就代表着这种过渡。所谓智者(*σοφιστής*),本义是“有智慧的人”,最初指掌握某种特殊技艺者,如精通占卜、诗歌、音乐,早期它与 *σοφός*[智慧的,贤达的]几乎可交换使用,故而希腊七贤亦被称作是智者(*σοφισταί*)。这种情况到公元前 450 年左右发生了重大变化,智者一词成为某种群体以及这一群体所代表的思想运动的专称,他们被认为具有与普通民众的意识颇为不同,乃至截然相反的精神世界。人们称他们为智者,既是对其所具有的智慧(*σοφία*)的肯定,又突出了他们与社会一般认知的极大差异,进而发展为对拥有虚假智慧者的反讽。

最后这重意味,标志着智者派走向了这一名称原有意涵的反面,成为诡辩、欺诈乃至反智的代名词。故而在汉语语境下,智者派又被译作智术师。将智慧看作一种特定的技艺—技术(*τέχνη*),进而通过教授这种技艺—技术换取不菲的收益,① 确实是智者派的重要特征,但智者派的意义并非只是停留于术这一层面,换言之,经其演绎之术法,已经发生了某种质的变化,不可再以寻常术法等闲视之。对于希腊乃至西方而言,智者派所带来的思想冲击甚至比埃利亚派更深远广大,其影响远超哲学本身,而波及希腊精神世界的方方面面。尽管黑格尔在《哲学史讲演录》中对智者派的重要性已有较深刻的论述,耶格尔在《教化》第一卷更是盛赞其对希腊教化的奠基性意义,但整体而言,智者派运动对后世西方世界的意义依然被严重低估了。而近代以来,特别是对当下西方诸多现象之误读误判,多与对智者派的误解相关。

智者派出现的背景是雅典民主制下政治结构与伦理价值的矛盾:一方面,平民权利不断扩张,平民阶层对于城邦事务越来越具有决定

① 色诺芬《回忆苏格拉底》1.6.13: *τὴν σοφίαν ὡσαύτως τοὺς μὲν ἀργυρίου τῷ βουλομένῳ πωλοῦντας σοφιστὰς ἀποκαλοῦσιν*[人们把为金钱而出卖智慧者称为智者]。

性的影响力，传统贵族在城邦政治中被日益边缘化；另一方面，城邦的价值观依然是贵族式的，公民德性依然带有深刻的贵族印记，掌握了政治决策权的平民依然必须遵循以贵族制为前提的伦常习俗和律法。雅典民主本身是平民与贵族不断斗争不断妥协的产物，总体而言，在这场长达数个世纪的博弈中，其政治天平不断地向平民一边倾斜，而价值天平则始终由贵族主导，从而维系着某种脆弱的平衡。希波战争后，这种平衡被平民自主意识的大勃发所打破，民主制的高涨，使得有抱负的平民及渴望成为领袖者的平民不再满足于作旧价值的追随者，而开始追求更符合其诉求、更具有时代性的新价值。新的价值需要新的教育和教育者。智者派就是这种新型教师的代表，并促成了希腊教化（παιδεία，即广义之希腊文化）的出现。[①]

智者派并非一种类似毕达哥拉斯派的教团组织，而是若干具有不同思想特色又分享共通的思想主题、体现出某种精神气质的一致性的思想者群体，[②] 依其所处时代，又可分为老智者派与新智者派。智者派的历史地位主要由老智者派奠定，其代表是普罗塔戈拉与高尔吉亚，新智者派的代表是安提丰与克里底亚。他们并非纯正的哲学家，却现实地参与了那一时代的哲学运动，特别是对新哲学的生成发挥了重大的作用：他们所关切的问题是新哲学的起点，新哲学以批判智者派作为自我意识成熟的标志。有关智者派的材料，很大程度上是苏格

① 参阅黑格尔 2013，Ⅱ，页 9–11；耶格尔 2021，I，页 356–405。

② 罗梅耶–德贝尔认为，“这些性格和理论存在重大差异的个人被连接在一起，他们的相似性主要是相同的历史时代与相同的社会地位”（参阅罗梅耶–德贝尔 2013，页 3，8），这一观点有一定合理性。但是，只是因为这些人同属于一个历史时代，拥有类似的社会地位，就意味着他们可被归入某一思想谱系，显然是不够充分的，因为这无法解释苏格拉底与智者派的根本差别。毋宁说，被归入智者派的那些表面上性格和理论存在重大差异的个人，有着一种更深层的问题意识与精神气质的一致性。

拉底—柏拉图一系留下的论战式文献。[①] 他们与智者派的斗争，既是哲学—哲学家之争，也是教育—教育者之争。伴随这场斗争，哲学真正成为了希腊教化的一部分，且是核心的部分。

智者派教授的内容，给人留下最深印象的，肯定是修辞学，以至于后世西方语言中表达诡辩的词汇大多脱胎于古希腊语 *σοφιστικός* [智者派(风格)的；诡辩的]。可以说，智者派教育的核心就是修辞学(*ῥητορική*)，修辞学的重要性，根本上源自公共辩论在雅典城邦政治生活中的核心地位：其应用场景不仅体现于公民大会与议事会，也反映于法庭的诉讼与辩护中。雅典的直接民主加抽选机制，使得政治的在场性达到空前的高度，影响在场的公民之认知、感受、情绪，就能影响其直接在场的选择与决定，从而影响具体政治实践乃至整体政治形势。因而，修辞学的本质是通过与语言相关的技艺对大众进行思维引导，令其接受某种特定的观点与意见。在特定条件下，这种思维引导会发展为思维操控，即以某种方式把观点强加于他人，又制造是其自愿接受的幻觉。如果说修辞学是一种特定的技艺，那么论辩术(演讲术、话术)只是其表象，其实质是远比论辩术更博大精深的**思维操控术**。在培根做出 scientia potestas est [知识即力量] 的论断之前两千余年，智者派便已深刻地认识到知识(*ἐπιστήμη*)所包含的巨大力量(*δύναμις*)，他们丝毫不讳言知识(技艺)与力量(权力)之间的关联，

① 柏拉图极为重视智者派，直接以智者派及其代表人物命名的对话就有：《智术师篇》《普罗塔戈拉篇》《高尔吉亚篇》《克里底亚篇》《希琵阿斯前篇》《希琵阿斯后篇》，另有多部作品以智者派人物为对话参与者(如《理想国》《泰阿泰德篇》《蒂迈欧篇》《卡尔米德篇》)。亚里士多德除了《形而上学》对智者派有所提及外，还留下以残篇形式流传的《论克塞诺芬尼、芝诺与高尔吉亚》，无论这一作品是否为伪作，对于理解高尔吉亚的思想及智者派与埃利亚派的关系都颇有帮助。色诺芬的《回忆苏格拉底》中记载了不少苏格拉底与安提丰的对话。

并以此招揽学生与信众。[1]

智者派其他的教育内容，都可视作修辞学的扩张与延伸，包括文法、语言研究、诗歌、音乐乃至天文、算术、几何等，而各种拓展训练中最重要的，无疑是辩证法（διάλεκτος），即通过交互辩论的方式，从不同的方面看待同一事物，展示其所包含的逻各斯（διαλέγεσθαι）。[2]

辩证法的出现，透露出智者派与赫拉克利特在思想上的特殊联系：在赫拉克利特那里，逻各斯是世界本原，是一；智者派则突出了逻各斯的分殊，一化为复多乃至无穷无尽，不但要接受不同的人对逻各斯有不同的认知，更要利用人们的不同认知来实现特定的目的。但是，这种带有极强目的性的对散化为万殊的逻各斯的利用，也就使得智者派无法探寻赫拉克利特意义上"深的逻各斯"（βαθὺν λόγον，残篇45），而只能停留于对语义—意义多样性的了知与玩弄，这诚然是有效的，但也注定是肤浅的。

智者派对赫拉克利特思想的降格使用，体现在将赫拉克利特的"万物皆流"转化为对于一切既有价值之稳定基础的质疑，一切价值都被成功地论证为是有局限的，从而被剥夺了神圣性与持存性（更不必说永恒性），不但具体价值的真理性不复存在，真理本身的存在都不再是确定无疑的了。这是智者派被苏格拉底—柏拉图所最痛切批判的，但是，苏格拉底—柏拉图所做的，就形式而言恰恰又与智者派

---

① 柏拉图笔下的高尔吉亚，对苏格拉底如此描述自己的技艺（《高尔吉亚篇》452e）："借助这种能力（δυνάμει），你可以让医生成为你的奴隶（δοῦλον），让体育教练也成为你的奴隶。至于你那个财务专家，他会变得不为自己赚钱，而为其他人赚钱，实际上是为你赚钱。如果你有能力，说服众人（πείθειν τὰ πλήθη）。"

② 据说普罗塔戈拉最早提出（DK 80, B6a），一切事物都有彼此相反（ἀντικειμένους ἀλλήλοις）的两种逻各斯—意义（δύο λόγους）。两种逻各斯（τὼ λόγω）之说成为了阿里斯托芬《云》中被戏仿的主题（111–114）。

相似，即通过辩证法式的反复追问，让一切被视作理所应当的观念与价值的基础不得不发生动摇。赫拉克利特大约不会反对这种基于概念自身对运动的普遍质疑（他对政治生活的拒绝以及对大多数人在世间醒亦如梦的论述，已经表达了他对寻俗价值观的态度），但绝不会赞同利用这种质疑去搅动人心、操控思维，从中渔利。哲人之“不谴是非，以与世俗处”，并非不知是非，更非刻意混淆是非。

正是在智者派对传统价值观进行全面质疑并借助辩证法让一切价值观的稳固基础发生动摇的过程中，他们发现了自然与礼法（*νόμος*）、自然与技艺（*τέχνη*）之间的对立关系：发现这一对立的前提，是“自然”概念的凸显。尽管 *φύσις* 一词在荷马史诗中已有使用，[①] 但其成为希腊哲学与教化的核心概念是由智者派（而不是“自然哲学家”）推动实现的。“论自然”成为哲学作品的通用主题乃至“自然哲学家”这一命名本身，是这场概念运动的结果，而非原因。对于智者派而言，自然概念的意义首先在于，它代表着作为教育基础的天性，如普罗塔戈拉所言（DK 80, B3）：“教学（*διδασκαία*）需要天性（*φύσεως*）与练习（*ἀσκήσεως*），并从少年时代开始进行学习（*μανθάνειν*）。”在这一语境下，自然作为不假人为而具备的禀赋，与人为之练习，共同构成教育（教与学）的本质。天性与练习的差别，本质上是自然（无造作）与人为（有造作）的对立，自然与礼法、自然与技艺的对立，皆由此而生。

普罗塔戈拉的这一论述，并未强调自然与人为的对立关系，但智者派有关知识与德性可教可学的理念，[②] 必然包含着自然与人为二者

① 见于《奥德赛》中赫尔墨斯对奥德修斯的指导：赫尔墨斯幻化为年轻人的模样（10. 278–279），教奥德修斯如何应对女神基尔克（Kirkē），给了他对付女神的药物（*φάρμακον*），并向其传授药物的性质（*φύσιν αὐτοῦ ἔδειξε*, 10. 302–303）。

② 柏拉图《普罗塔戈拉篇》中普罗塔戈拉有关何以德性可教可学 （转下页）

的紧张与冲突：对教育而言，自然是无法改变的，可变者主要在于人为的部分，传统贵族价值观对血统的强调，意在突出自然（天赋）对于德性的决定性作用，而智者派之广收门徒、有教无类（其学生主要来自富裕的平民阶层，最优秀的学生则往往是认同民主理念的贵族成员），恰恰建立在通过人为之努力可以创造第二自然的假设之上，它甚至较之本初自然更具有决定性。

智者派有关自然与人为的态度之复杂性在于：

就自然与技艺的关系而言，他们倾向于技艺，认为后者代表着更高的成就，通过掌握技艺，人们可以驯化乃至征服自然。

就自然与礼法的关系而言，他们倾向于自然，安提丰的观点具有代表性（DK 87, B44）：基于自然的规范（*νόμιμα*）是必然的（*ἀναγκαῖα*），自发生成的（*φύντα*），能带来真正的利益（*συμφέροντα*）；基于礼法的规范则是偶然的（*ἐπίθετα*），约定俗成的（*ὁμολογηθέντα*），不能带来真正的利益，却会在现实中给遵守规范者带来损害（《理想国》第一卷关于“正义是强者的利益”的讨论实承此而来）。

自然与技艺的区分，奠定了近代以来技术发展的内在逻辑，技术决定论及征服自然之说即承此而来；自然与礼法的区分，则衍生出自然法与万民法的分殊体系（自然法是普遍的，超越一切族性种类的差别，万民法是特殊的，不得不受到族性种类的局限），并成为后世文化多元主义与价值相对主义的先声。

智者派对自然与礼法的认知，[①] 又一次体现出赫拉克利特思想的痕迹（残篇 114）：“那些用努斯（*ξὺν νῷ*）说话者，必须用对所有人共同的东西（*τῷ ξυνῷ πάντων*）来强化自己，城邦则用法律（来强化自己），且更为有力。因为一切人类的法律（*ἀνθρώπειοι νόμοι*）都是从唯一的

（接上页）（320c–328d），成人对德性的习得被比喻为儿童对母语的习得（327e），由此可以窥见智者派针对这一问题的大致理路。

① 关于这对概念在希腊思想史上的演化情态，参阅 Heinimann 1945。

神性之法(*ὑπὸ ἑνὸς τοῦ θείου*)那里得到滋养的,因为它如其所愿进行支配(*κρατεῖ*),满足一切(*ἐξαρκεῖ πᾶσι*)且还有超出(*περιγίνεται*)。”自然对应于他所言神之法,而一切现实之法皆是人之法。较之对自然与技艺对立关系的认知,这种对自然和礼法的认知更为深刻复杂,反映出智者派思想谱系的内在张力:自然哲学的思考,构成了他们对世界之存在的认识基础,但其旨趣则已转向人之存在(海德格尔意义上的“此在”)领域。他们所具有的哲学思辨能力,令其朦胧地意识到,世界与此在有着不同的原则,呈现出差异乃至对立的面相,但何以会有此不同,不同与复多是否能归于同一,则已超出其思辨能力与理论旨趣。

故而,智者派比阿那克萨戈拉带有更强的过渡特征:他们并非真正的哲学家,但具备特定的理论敏感,从而感受到了哲学向新的阶段转化时散发的气息召唤,进而推动了与现实相关的问题进入传统哲学的领地。新阶段的哲学,其重心将从对于外在世界(自然)的关注转向此在,转向此在所置身的政治、法律、伦理境遇,[①] 并最终找寻到某种统一的原则将内外两个领域贯通起来。

智者派中最具思辨性也对后世有最深刻影响者,当属普罗塔戈拉与高尔吉亚,他们两人几乎成为智者派的代名词。在苏格拉底时代,他们已经是名满希腊、拥有众多追随者的大师。在《普罗塔戈拉篇》与《高尔吉亚篇》中,苏格拉底都混在对其充满敬仰的访客中,以谦恭的语气向其提问,从而展开论辩。普罗塔戈拉是柏拉图极重视(甚至可以说是最重视)的论辩对手,而亚里士多德则更在意高尔吉亚的怀疑论。

---

① 那一时期经济生活的相对简单特性,以及经济活动(*οἰκονομία*[家政])主要由非公民群体(奴隶和妇女)推动的事实,造成了对经济维度的思考往往被吸纳到政治与法律中,如《理想国》中对财产制度、《政治学》中对家庭与奴隶的讨论。

普罗塔戈拉与德谟克利特一样出生于阿布德拉，尽管生年有争议（公元前492年或前486—前485年），不过可以肯定他较苏格拉底更为年长。他与阿那克萨戈拉的经历有些类似：在游历希腊后长期居住于雅典，与伯利克里有着很深的交往，后因哲学观不同而被逐出雅典。相对于阿那克萨戈拉，他的被逐还伴随着著作被焚，据说，这部导致其放逐并跻身最早被公开焚毁作品之列的书，其开头是（DK 80, B4）：“关于诸神，我无法知道（ἔχω εἰδέναι），他们存在（εἰσίν）或不存在（οὐκ εἰσίν）或具有怎样的形象（ὁποῖοί τινες ἰδέαν）。因为许多事阻碍去认知：此事的晦暗不明（ἀδηλότης）与人类生命的短暂。”

真正奠定普罗塔戈拉之哲学史—思想史地位的，无疑是他这段论述（DK 80, B1）：“人（ἄνθρωπος）是万物的尺度（πάντων χρημάτων μέτρον）。是存在者存在的尺度（τῶν μὲν ὄντων ὡς ἔστι），也是不存在者不存在的尺度（τῶν δὲ μὴ ὄντων ὡς οὐκ ἔστιν）。”这是继赫拉克利特后（残篇30：永恒活火按照尺度燃烧与熄灭），对尺度概念的又一次重大发挥，较之前者所使用的复数形态 μέτρα，普罗塔戈拉更坚决地使用了 μέτρον 这一单数形式，从而赋予尺度这一概念以本体论意味，将其抬升到世界本原的高度，并把人确立为这种本原。作为本原的人，是存在者存在、不存在者不存在的尺度，意味着埃利亚学派所言之存在问题与思有同一律，皆可归之于人，无论将此处的人理解为主体还是精神，抑或此在。人是万物的尺度这一命题的提出，是对赫拉克利特与巴门尼德思想第一次自觉的综合。这是新哲学的真正起点。

高尔吉亚于公元前485—前480年之间出生于西西里的莱昂丘（Leontium），他是恩培多克勒的学生，也是一名医生。公元前427年，他因家乡受到叙拉古的威胁而受委托来到雅典求援，在公民大会上以雄辩的口才获得巨大成功，从而以“高尔吉亚式的演说风格”备受推崇。一个有趣的事实是，克里底亚与亚西比德同时是他与苏格拉底的学生。他的生活方式与他的见地一样，在古典时代迥异于常人：终生未婚，长命百岁。他甚至亲自读过柏拉图写的《高尔吉亚篇》，对这位后辈的作品评之以“真会开玩笑”（*καλῶς…ἰαμβίζειν*, DK 82, A15a）。①

高尔吉亚流传下来的作品残篇远比其他智者派成员为多，《海伦颂》与《为帕拉墨得斯辩护》这两部作品甚至得以完整保留，它们都是典型的翻案之作，前者致力于论证海伦之被掳是无辜的，后者则试图证明无法对这位被指控叛国的将军进行判决，秉持了智者派一贯的对传统价值观之戏谑质疑。

高尔吉亚学说中，在思辨深度上可与普罗塔戈拉“人是万物的尺度”说相媲美甚至更有过之的，是其在《论非存在或论自然》中提到的三个论题：②1. 无物存在（*οὐδὲν ἔστιν*）；2. 即使有物存在，人类也不能认识（*εἰ καὶ ἔστιν, ἀκατάληπτον ἀνθρώπῳ*）；3. 即使可被认识，也不能被说出和解释（*εἰ καὶ καταληπτον, ἀλλὰ τοί γε ἀνέξοιστον καὶ ἀνερμήνευτον*）。

论题 1 是存在论，论题 2 是认识论，论题 3 是诠释学，它们作为一个整体，可视作哲学意义上怀疑主义的总纲。关于每一主题，他都提出了相应的论证。此后的怀疑主义，甚至无须再进行论证，而是直接以这三个论题作为前提。怀疑主义总是与常识相悖的，但这种相悖，恰恰表现出常识本身的局限以及被常识作为不证自明之前提假设的内在矛盾。对于大众而言，苏格拉底与高尔吉亚之提问方式、言说方式乃至思维方式并无本质差别，都是反常识的。他们的差别不在于对常识的怀疑，而在于是否将这种怀疑始终作为思想的基础。

高尔吉亚对论题 1 的论证，体现了对巴门尼德“‘存在’存在，

① 高尔吉亚的这种反应，大约可比之梁任公读到陈寅恪所写《王观堂挽词并序》中“清华学院多英杰，其间新会称耆哲。旧是龙髯六品臣，后跻马厂元勋列”诗句时的心境。

② 塞克斯都·恩披里柯：《反数学家》Ⅶ, 66。

'非存在'不存在"原则极深刻的批判。"如果(有物)存在(εἰ ἔστιν),那么它或者是存在者,或者是非存在者,或者既是存在者又是不存在者",而这三种情况都是不成立的,因为:

1. 非存在者是不存在的。如果它存在,就会同时既有存在者也有非存在者;它被思考为非存在者,所以不存在(不是),但由于它是非存在者,所以它又存在(是)。某物同时既存在又不存在,是荒谬的;非存在者如果是存在的,那么存在者就是不存在的。①

2. 存在者是不存在的,因为(1)它或者是永恒的(ἀΐδιον),或者是生成的(γενητόν),或者既是永恒的又是生成的。永恒说不成立,因为永恒者是没有根源的,是无限的,无限者是不存在的;② 生成说也不成立,因为存在是没有起源的,若有起源,那么它或者是起源于存在者,或者是起源于非存在者,二者都不可能;永恒与生成都不成立,则既永恒又生成也不可能;③(2)存在者必须或者是多,或者是一,但这二者也是不可能的,因为一是连续者,即意味着不同与可分,而多则意味着许多的一。④

3. 存在者与非存在者也不能同时并存,因为如果二者并存,存在者与非存在者就变得相同了,即它们都是存在。因而,如果是两者

---

① 《反数学家》Ⅶ, 67。

② 高尔吉亚在此试图说明无限者不处于任何一个地方,如果在一地就会与所在之地不同,就是在另一物中来论证无限者不存在,因为若被他物所包容,就不能称无限者,若包容它的东西与自身同一,也不能称无限者(《反数学家》Ⅶ, 68–70)。这种论证的方式略显迂回,更直接的论证可以是:无限即意味着无规定性,而存在就是一种特殊的规定性,故而无限者不存在。

③ 《反数学家》Ⅶ, 71。

④ 《反数学家》Ⅶ, 73–74。

(ἀμφότερα)，则不是同一的(ταὐτόν)；如果是同一的，就不是两者。①

巴门尼德所确立的存在论原则，通过高尔吉亚被深化了，这种深化意味着，存在与非存在这两个范畴，在辩证法中不再只是作为对立者—否定者而出现，它们开始寻求和解。高尔吉亚通过否定存在论原则而推进了这种和解，但还停留于否定的阶段。这种和解需要一种更高更整全的原则，阿那克萨戈拉已经用努斯作为对这种原则的命名，但还没来得及进行真正的整合。这种整合的全面开启，使得此后的哲学与前苏格拉底哲学本质性地区别开来。

在进入下一阶段之前，有必要对智者派的历史意义作个小结。智者派是希腊的教师，也是希腊教化乃至西方文教传统的真正奠基者。他们以自己的实践揭示出人的自然天性与人为造作(自然与技艺，自然与礼法)之间的巨大张力。修辞学作为智者派最重要的遗产，包含着深刻的思辨(辩证法)与同样深刻的反思辨(思维操控术)成分，它们相互纠缠着内嵌于西方文明的深处。对于16世纪以降的西方而言，智者派运动的复兴是决定性的，它比任何一种其他思想传统都更全面深刻地影响了西方的精神世界，在任何一种政治—文化倾向中都可以寻到智者派的印记。如果把影响人的意识进而实现思维操控比喻为一种极庞大复杂的程序，那么智者派便是这一超级程序之源代码的书写者。尽管他们自己可能并未意识到这种源代码的创作在未来会发挥怎样的影响。

2. 苏格拉底与柏拉图

苏格拉底大约于公元前470年出生于雅典，是雕刻师索弗洛尼斯库斯(Sophoroniskos)与接生婆法奈瑞特(Phainarete)之子。据说他

① 《反数学家》Ⅶ, 75–76。

曾从事雕塑的职业，且技艺颇高（后世哲学家中似乎只有斯宾诺莎与之相近）。他充分利用了雅典当时作为“全希腊学校”的文化地位，广泛听取各种讲学，包括阿那克萨戈拉和智者派人物普罗狄科（Prodikos）的讲学，他的哲学见地与论辩技艺皆受益于雅典的整体文化氛围。作为雅典公民，他参加了伯罗奔尼撒战争中的三次战役。但他并没有表现出深度介入政治的兴趣，短暂担任公职只是在履行雅典民主制下的一般公民义务。

苏格拉底无疑具有巨大的人格魅力，他身边聚集着为数众多的出身贵族却不满于传统价值观的青年，他们往往也是智者派的追随者。在于公元前 423 年首次上演的阿里斯托芬的喜剧《云》中，苏格拉底的形象呈现出典型的智者派特征，他以诡辩术（强的逻各斯与弱的逻各斯）蛊惑求知者，最后被悔悟的学生所痛打，所住的“思想所”被烧毁。阿里斯托芬以特有的敏感，预见了苏格拉底的命运，并以一种极尖锐辛辣却非恶意的方式，对其进行了讽谏。[①] 苏格拉底亲自观看了这一戏剧演出，感受到了这种特殊的提醒。此后他做出了某些调整，但被预见的命运依然发生了：公元前 399 年，苏格拉底被告上法庭，伴之以“不信城邦诸神，引入新的神灵（*καινὰ δαιμόνια εἰσφέρων*），败坏青年（*τοὺς νέους διαφθείρων*）”的指控，[②] 他为自己辩护，未获得公众认可而被定罪，在自我议罪环节他提议的极轻惩罚被认为是公然藐视法庭，从而激起由大众构成的评审团的愤怒，于是被判处死刑。在经历多日的囚禁后，拒绝越狱的苏格拉底在朋友的陪伴与见证下，从容喝下毒酒死去。这一事件被记载于柏拉图的《申辩篇》《克力同篇》《斐多篇》与色诺芬的《苏格拉底的申辩》《回忆苏格拉底》。

哲人因触怒民众而获罪致死这一情景，对后世哲学家产生了极深的心理影响，甚而成为哲学家整体命运的某种象征，常令人唏嘘不

① 参阅本书页 425–426。

② 色诺芬，《回忆苏格拉底》I, 1.1。

已。但对此的强调常让人忽略这一点——若站在传统城邦价值的立场，对苏格拉底的指控并非无据：[1] 尽管苏格拉底并未在言语中否定诸神，且表达出相当的虔诚意味，但他所言的神性存在确实不同于公众所信仰想象者，在此意义上，他引入了新神；他教导青年去质疑习以为常的各种概念，从而动摇了城邦传统价值的根基，在此意义上，他败坏了青年。

即便柏拉图与色诺芬作为苏格拉底的弟子且对他深表同情，他们各自笔下的苏格拉底也呈现出颇为不同的气质与追求：色诺芬试图证明，苏格拉底是一个全然符合雅典传统价值的善好公民，对他的指控全是污蔑（《回忆苏格拉底》第一章）；柏拉图则在《申辩篇》中通过苏格拉底把自己比作雅典城邦的牛虻（30e），表达了哲人与城邦的紧张关系，《斐多篇》更是借苏格拉底对灵魂不灭的论证，表明哲人赴死不是对城邦的屈从，而是出于自我意愿的选择。柏拉图事实上并未否认对苏格拉底的指控，而是认为：城邦的法律不足以审判哲人，真正的哲人应当是城邦的王者与立法者；不是城邦中的大众，而是哲人才能真正明了何为善，何为正义，何为好的城邦。

苏格拉底这一形象成为希腊哲学史划时代的象征，根本原因在于他是柏拉图诸多对话作品的主人公。讨论作为历史人物的苏格拉底，色诺芬的作品（除了上文提到的两部，还包括《远征记》和《会饮》）有着相当的重要性；但哲学史意义上的苏格拉底，则主要由柏拉图的作品所决定。亚里士多德作品中提到的苏格拉底，很大程度上即是基于柏拉图式的描绘。

苏格拉底的哲学倾向往往被描绘为“伦理性的”，其主要贡献则被

---

① 黑格尔于此是颇为清醒的，他指出，苏格拉底对雅典人的生活确实构成了损害与攻击，而雅典人对此是有意识的。二者的矛盾，是自我确信的精神的绝对权利与外在的法庭、国家、人民意志的冲突，因而并非偶然，而是原则所必然决定的。参阅黑格尔 2013，Ⅱ，页 95–101。

说成把哲学的主要关怀从自然转到伦理与人世现实。这种叙事是颇有影响的，也是颇为片面的。事实上，智者派便已经大量涉及伦理与人世现实问题，对此类问题，智者派表现出与苏格拉底相同乃至更高的关注。如果说新的哲学只是意味着这种转向，那么在智者派那里就已经实现了转向。苏格拉底，或更确切地说，柏拉图式的苏格拉底的真正卓异之处，在于用一种新颖而统一的方式讨论自然与伦理，从而实现对于此前各种哲学思想的继承、批判、深化、升华。以苏格拉底作为哲学史划时代之标志，事实上表达的是柏拉图的集大成者地位。

柏拉图无疑是苏格拉底学生中最具影响力者，不但超越了苏格拉底本人的影响，而且从根本上奠定了苏格拉底在哲学史乃至人类精神史上的地位。他于公元前 427 年出生于雅典，是阿里斯通（Ariston）与帕里克提俄涅（Periktione）之子。他母亲的叔父克里底亚，是雅典三十僭主之一，又同时是高尔吉亚与苏格拉底的学生，并留下了颇为深刻的体现晚期智者派思辨风格的残篇《西绪弗斯》（DK 88, B25）。克里底亚是柏拉图对话中的常客，并得到温情的对待。他在对话中的出现，构成柏拉图哲学与智者派关系的某种隐喻。柏拉图在家族中的本名是阿里斯托克勒斯（Aristokles），后因前额宽广或见识广博而被称作柏拉图（“宽广者”）。他年轻时写过悲剧和颂诗，[①] 并渴望从事政治。在较长的一个阶段里，他的政治热情与哲学思辨是并存的，直到第三次西西里之行的彻底失败打击了他的政治热情（《柏拉图书信》第 7 封信）。

公元前 387 年，柏拉图在雅典西北郊建立了学园（它被称作 Akademia［阿卡第米亚］，为纪念战斗英雄 Akademos［阿卡德谟］而得名，后世以这一名字指称整体学术）。学园虽非雅典最早的学校，[②]

① 第欧根尼·拉尔修，Ⅲ，4–5。

② 阿里斯托芬《云》中（1002–1008）戏言的苏格拉底进行教学的“思想所”，是雅典学校的雏形。建造雅典第一所固定学校的，是智者派与 （转下页）

却延续了超过800年（中间曾被废弃，后由新柏拉图主义者在原址重建），对于后世的影响极为深远，可视作后世高等学府的原型。亚里士多德便有在学园长期生活的经历。

哲学上，苏格拉底对他的影响是巨大的，但绝非唯一。他首先就学于赫拉克利特派克拉底鲁（Kratylos），并对埃利亚学派和毕达哥拉斯学派有过专门的研究。亚里士多德在表述柏拉图学说时，特别强调了柏拉图在年轻时接受了赫拉克利特的流变说，晚年依然持有这一观点（*ὕστερον οὕτως ὑπέλαβεν*，《形而上学》I，987a31–35）。

柏拉图的哲学，常被概括为理念论。一方面，这是具有充分理据的，理念（*ἰδέα, εἶδος*）确实是柏拉图哲学用以统合各种哲学理论、在根本上解释世界的核心范畴，在亚里士多德那里，柏拉图及其追随者便被称作“把理念当作原因者”（*ἰδέας αἰτίας τιθέμενοι*，《形而上学》I，990b1）；另一方面，这又是极易被误解的，似乎理念论给出了某种全新的东西，从而作为一种特殊的哲学观点超越了此前的哲学，以至于让人产生这样一种印象，对于以往思想的超越就在于提出某种新的观念或范式。但事实是，理念论是对苏格拉底式的问题 *τί ἐστιν*［什么存在（是什么）］的回应，不是针对某一特殊存在者，而是针对存在者的普遍性，本质上，是对埃利亚派提出的存在论问题的回应。如果结合亚里士多德所言柏拉图到晚年依然坚持赫拉克利特的流变说，那么，理念论的根本问题与根本任务是，如何使现象界之不息流变与真理界之永恒存在得以统一。这绝非全新的理路，而是自埃利亚派提出存在论问题后各派哲学所共同致力的方向。因而，如果说理念论代表着某种新的东西，那只是意味着过去的问题被放在了一种更透彻的基础上被更透彻地加以把握了。①

（接上页）苏格拉底的共同学生安提斯泰奈斯（Antisthenes），他也是犬儒学派的创始人。

① 参阅海德格尔 2020，页 107–108。

表达理念的词汇 ἰδέα 与 εἶδος，均源自动词词根 ϝid-（由古印欧语 *u̯eid-［看，观看］演化而来），其本义是被看到的东西，是在观看中呈现出来的东西。在汉语语境中，这种在观看中被呈现者，属于“相”（若更进一步区分，则 ἰδέα 为“相”，εἶδος 为“象”，因由 εἶδος 衍生的词汇 εἴδωλον 有“影像”之义）。

体、相、用三者是一切伟大的思想传统在解释世界时皆会涉及的维度，前苏格拉底哲学对此已深有所见，本原即本体也，而诸家探索的路向各有不同：伊奥尼亚学派，是以用（动变）见体；毕达哥拉斯学派，以相（数）见体；埃利亚派，是不论相用（非存在），直指本体（存在）。柏拉图哲学较之此前哲学“更透彻”之处，在于以“相”统摄“体”“用”，即相即体，即相即用，从而将“本原”问题转化为“理型”问题。故而，它在形式上近于毕达哥拉斯派；在问题意识上近于埃利亚派；在具体现象解释上近于伊奥尼亚派；在根本气质上则近于赫拉克利特，以赫拉克利特之论“一且同一”，即体用不二也。

柏拉图哲学“以理念作为原因”的理论背景，在《斐多篇》中多有透露。苏格拉底在临终前从容讨论了一切事物尤其是生命的生灭原理，并表达了对以往自然哲学家理论的不满，因为他们都是从物质性的本原，而不是从真正的原因出发去解释世界。他以自己的处境为例阐明这一点（《斐多篇》98c–99c）：他之所以坐在雅典的监狱里没有越狱，是因为他觉得这样做是对的，而坚持物质本原的自然哲学会解释说，是因为人体的骨骼、肌肉支撑着他采取“坐”这个姿势。在他看来，这种解释混淆了真正的原因（τὸ αἴτιον τῷ ὄντι）和原因发挥作用的必要条件（ἄνευ οὗ τὸ αἴτιον οὐκ ἄν ποτ᾽ εἴη αἴτιον）。作为对这种混淆的根本性纠正，苏格拉底提出，自然和伦理行为一样，是出于某种精神本原（努斯）依据对善的选择所做的安排。

在苏格拉底看来，事物的变化，例如由小变大并不取决于材料，例如婴孩长为大人并不取决于骨增到骨上，肉增到肉上，“小”就是

"小","小"不可能变为"大"。是小的东西变成了大的东西,而东西之所以是大的,是因为"大"本身。没有"大"本身,也就没有一切大的东西。"大"本身及与之相类似的存在,就是事物拥有相应性质的真正原因(《斐多篇》100b–102a)。

一切事物及其性质的普遍抽象形式,就是柏拉图说的理念。理念就是柏拉图对埃利亚派"存在者"的解释:理念和存在者一样,是永恒的,只能是其自身,而非他者。例如,一切具体的大的事物,可以同时是不大的事物(和更大的事物相比),但"大"本身不可能不是大的。具体的大的事物的产生与灭亡,不会影响"大"这个理念。反之,对于大的事物的定义,已经用到了"大"的理念,若没有"大"的理念,那么也就没有大的事物。故而苏格拉底说:"我们原先谈论的是具有对立性质的事物(*περὶ τῶν ἐχόντων τὰ ἐναντία*),用这些性质的名称称呼这些事物,而现在我们谈论的是这些对立物本身(*περὶ ἐκείνων αὐτῶν*),它们的存在(*ἐνόντων*)赋予事物以名称。对立者本身不想接受相互生成(*οὐκ ...ἐθελῆσαι γένεσιν ἀλλήλων δέξασθαι*)。"(《斐多篇》103b–c)

理念"不想接受相互生成",即意味着每一理念皆是其自身,而非他者,故"大"不从"小"而来,"小"亦不从"大"而来。事物从小变大,则是因为原来分有了"小",后来分有了"大"。可感事物变化的原因在可感事物之外,在作为永恒存在者的理念。作为永恒者的理念,对应于无数的事物、性质与变化,对应于思有同一律下一切可被思考者,其数量也是无穷的。世界由无限多的存在者构成,这一思路与原子论很接近,但柏拉图所言之存在者是普遍抽象的,而非具体的物理实在。普遍抽象的存在者,唯有通过逻各斯(逻辑)加以把握。于是,埃利亚派的存在原则与赫拉克利特的逻各斯原则在理念论中获得了统一性,这种合一,意味着现象界与真理界之间得以连接。

不同于元素说和原子论以真实存在者的位移聚散解释现象界的生灭,柏拉图的理念论把现象界视作对真实界的摹仿,就像影子摹仿实物、雕塑摹仿模型那样。摹仿说来自毕达哥拉斯派，理念论把万物对数的摹仿改造为万物对理念的摹仿，并将这种摹仿称为分有（μέθεξις）。通过万物分有理念的模式，真理界与现象界不再处于绝对隔阂的状态，但是却依然是隔阂的：万物之为万物，在于分有理念，而理念之为理念，则可与一切具体的事物相分离（χωρισμός）。永恒的理念之于有朽的万物，不但对应于真理与现象之别，更有了神圣之于世俗的意味。

正是基于理念论所包含的神圣与世俗的对立，故有苏格拉底哲学“伦理学转向”之说。这是一种误解，但确实表明，在苏格拉底—柏拉图那里，伦理问题达到了前所未有的高度，具有了本体论的意味。苏格拉底对伦理价值的追问，所关切者不是伦理价值的具体现象、表征、事例，而是其普遍定义（τί ἐστιν[是什么]）。智者派通过辩证法已经揭示出各种伦理价值所依凭的“常识”基础的不确定性，即展示其“不是什么”，苏格拉底则通过辩证法，进一步追问其“是什么”，探求背后的共相。

柏拉图的早期对话录中，苏格拉底的追问主要集中于伦理领域（如《游叙弗伦篇》之于虔敬，《卡尔米德篇》之于节制，《拉凯斯篇》之于勇敢，《吕西斯篇》之于友谊），作为柏拉图最重要作品的《理想国》，也以对正义的讨论为主线而展开，这给人某种印象，似乎伦理问题占据着柏拉图哲学的全部或至少是主要位置。这种观点显然低估了柏拉图天人之学的整体气象。柏拉图之承前启后继往开来即在于，一方面把苏格拉底所追问的“是什么”解释为理念，认为理念超乎一切具体事物之上，主宰统治着具体事物的性质，另一方面在所有领域（而非仅在伦理领域）贯彻了理念论。

正因为理念可以离万物而独存，故而万物之分有理念，可视作居于“比天更高处”（ὑπερουράνιον τόπον，《斐德若篇》247c）的理念，临在于世间。这种理念自天而降的临在，又成为认识理念的哲人在世间生存状态的写照。作为理念论扛鼎之作的《理想国》,全书以 κατέβην [(我)下行]一词开篇,正反映了理念之于万物、哲人之于城邦的根本境遇。

《理想国》极具画面感的开篇描写("我下行,与阿里斯通的儿子格劳孔昨天来到比雷埃夫斯港"),展现出柏拉图的哲学写作相对于此前及此后的各种哲学的最大差异:它不但是哲学作品,也是文学作品,这种哲学—文学作品具有对话的结构,包含着各种戏剧性成分及戏剧性冲突。哲人自己的观点,隐藏在诸多对话者的交谈论辩中,从而使作品具有某种类似音乐的复调结构。尽管在多数情况下,苏格拉底作为对话的主人公,代表着柏拉图的思考认知,但后期的某些作品中,苏格拉底不再是对话的主导者(如《巴门尼德篇》《蒂迈欧篇》《智术师篇》),在柏拉图最后的作品《法义篇》中,苏格拉底甚至从对话人物中消失了。柏拉图的哲学从苏格拉底开始(《申辩篇》),但并未以苏格拉底作为完成。如果把柏拉图作品作为一个整体来考察,这是他留下的又一种复调结构。相对于其他哲学家的"小众"特征,柏拉图的作品总是拥有更多的读者,并为更具张力的释读留下充分的空间。

柏拉图用发展了的苏格拉底的哲学统辖了古希腊文明的所有精神形态。他区分出四重世界(《理想国》Ⅵ, 509d–511e):1. 影像的、梦幻的世界;2. 感性经验的世界,既包括人类社会的种种,也包括自然万物;3. 自然数和几何图形的世界;4. 理念的世界。

这四重世界的真实程度是逐渐提高的。低级的世界依赖和摹仿更高级的世界。第一重世界其实是前哲学的、神话的世界,是荷马与赫西俄德的世界,只是真实世界在想象力中的投射;第二重世界是有生灭变化的世界,是自然界,也是人世界(政治界),是伊奥尼亚哲学之生灭本原说对应的世界;第三重世界是算术与几何的世界,高于可感事物,但低于理念,是毕达哥拉斯派数本原所居的世界;第四重世界是理念界,也就是真实存在着的世界,统治这个世界的最高理念,是善（ἀγαθόν）。这是巴门尼德之存在与赫拉克利特之逻各斯所对应的世界，是苏格拉底之追问涉及的世界。

这四重世界也反映人的灵魂状态（《理想国》Ⅵ，511d–e）：对应于第四重世界、处于最高部分的是理性（νόησις 或 νοῦς），对应于第三重世界的是理智（διάνοια），对应于第二重世界的是信念（πίστις），对应于第一重世界的是想象（εἰκασία）。想象与信念，统称意见（δόξα），理智与理性，统称理性（νόησις），意见是关于生成（γένεσις）的，理性则关乎实体（οὐσία），意见之于理性，正如生成之于实体（Ⅶ，533e–534a）。巴门尼德那里以复数形态出现的意见，被单数的意见所取代，意见与真理的微妙关联（真理不得不以诸意见的形态显现），被意见与真理的截然对立（从外在世界到内在灵魂）所取代。这是柏拉图之为柏拉图的抉择，这种抉择，使得哲学决定性地成为了形而上学，形而上学决定性地成为了柏拉图主义，[①] 形而上学—柏拉图主义决定性地与前苏格拉底哲学区分开来。

自然（宇宙）和政治（城邦）属于第二世界，它们是照着第三重与第四重世界（特别是后者）的理念模型造出来的。宇宙与城邦都是复杂结构，对人而言，城邦这一复杂结构更易于了知，而宇宙在本质上与城邦是同构的，故而可从城邦的结构推演宇宙的结构，以政治见自然。这就是柏拉图的政治哲学与自然哲学的总纲领。

在柏拉图的政治哲学中，最正义的城邦是摹仿“正义”这个理念造就的。因为能看到理念的是哲学家，所以最好城邦的缔造者和统治者应该是“哲人王”。作为理想城邦之统治者的“哲人王”，是真正允文允武的全才，“在哲学上（ἐν φιλοσοφίᾳ）与从事战争上（πρὸς τὸν πόλεμον）都是最优秀者”（《理想国》Ⅷ，543a）。此说的前提是人的

① “哲学即形而上学”，“纵观整个哲学史，柏拉图的思想以有所变化的形态始终起着决定性的作用。形而上学就是柏拉图主义”。参阅海德格尔，《哲学之终结与思之任务》，页 1242，1244。

自然禀赋有高下,而最好的城邦必然是"一人一事,各从其性"(ἕκαστον ἐν αὐτῇ τὰ αὐτοῦ πράττειν, Ⅳ, 433d)。[①] 这样,最正义的政体就是由最优秀的人(能看到理念、拥有完整努斯者)进行统治,不那么优秀的人按照其天性从事其他的工作:热爱荣誉而不具备足够智慧的人进行辅助,好利贪欲者和庸常之众则被统治。

与理想政体的阶层划分相应的是四种核心德性("四枢德",Ⅳ, 427e–435b):对应于一般城邦公民的是明智(σωφροσύνη),对应于护卫者阶层的是勇敢(ἀνδρία),对应于城邦统治者的是智慧(σοφία),三者各得其位、各尽其分的状态对应的是正义(δικαιοσύνη)。理想政体的德性,又是灵魂中存在的不同成分被引入秩序领域带来的结果。灵魂由三部分构成:欲望的(ἐπιθυμητικόν)、激情的(θυμοειδής)、理性的(λογιστικόν),激情出乎欲望,但又常作为理性的辅助者(Ⅳ, 439d–441a)。

四枢德与灵魂各部分的结构是匹配的:智慧由灵魂中的理性部分培育,勇敢由激情部分所培育,节制出于欲望与激情对理性支配的认可与服从,正义则是灵魂中各部分的和谐状态(Ⅳ, 441d–444a)。与之相应的是,败坏的政体则由于统治者灵魂中的这种和谐状态被打破,理性的成分与其他成分相混合,灵魂转由欲望与激情所支配(Ⅷ, 549c–559d)。

在此,我们接触到柏拉图思想中真正的矛盾:理想城邦的政治结构与社会分工,建立在自然—天性不可改变的前提之上,故而"合乎自然"—"依照天性"(κατὰ φύσιν)之说被赋予异乎寻常的重要性。此说既针对雅典民主政治的非专业主义乃至反专业主义倾向,也针对智者派有教无类、德性如技艺般可教可学的观点。但对灵魂结构的分析

① 这种每个人做与其天性相应的事(φύσει ὀρθῶς ἔχειν)而不做其他事(ἄλλο μηδὲν πράττειν)的社会分工(如鞋匠只做鞋匠的事,木匠只做木匠的事),被苏格拉底称作"正义的影子"(εἴδωλόν τι τῆς δικαιοσύνης, Ⅳ, 443c)。

恰恰揭示出，灵魂之和谐状态是颇为脆弱的，是极易被各种因素所干扰而发生变化的。人的德性对应于灵魂各部分之结构，其自然—天性也便与灵魂的结构有关，灵魂的状态是可变的，那么人的自然—天性也是可变的。当苏格拉底把学习能力的强弱作为是否有天赋的依据时（V，455b–c），他事实上回到了普罗塔戈拉相关论述的立场（DK 80，B3），学习是一种典型的人为，以学习的效果作为自然—天性存在的依据，恰恰说明了自然的可变性，或说，通过教育可以形成另一种自然。①

在柏拉图更晚期的作品《治邦者篇》中，政体德性与灵魂结构的对应关系有了微妙的变化：勇敢与节制这两种德性中的任何一者，若失去制衡而占据主导地位，都会给城邦带来灾难（306a–308b），因而真正的治邦者需要掌握一种编织的艺术（τῆς ὑφαντικῆς），将勇敢与节制这两种德性加以结合，首先通过神圣的结合（θείῳ συναρμοσαμένη δεσμῷ），将人灵魂中永恒的成分（τὸ ἀειγενές）结合起来，进而通过人的结合（ἀνθρωπίνοις），将其动物性的成分（τὸ ζῳογενές）结合起来（309b–c）。这一最高的编织技艺，将勇敢与节制的德性，结合于充满一致与友爱（ὁμονοίᾳ καὶ φιλίᾳ）的共同体中（311b–c）。

通过特定技艺让不同元素交织结合而构造政治体，这种构想又进一步投射到宇宙，化为《蒂迈欧篇》中创世神德穆革（δημιουργός，本义“工匠，大匠”）的造物实践。这一实践的起点在于（30a）：神想要（βουληθείς）万物皆善（ἀγαθὰ... πάντα），尽可能没有恶，所以他取来（παραλαβών）一切可见的事物，令其从无序变为有序。因为宇宙的法则（θέμις）决定了至善者（τῷ ἀρίστῳ）所做的不可能不是最美好者（τὸ

---

① 柏拉图虽未承认第二自然之说，但在论述妇女可从事与男子同样的工作、接受同样的教育时，却把男女之间的生理差别和职业禀赋区分开来（《理想国》V，454d–e），这事实上承认了存在两种不同的自然：前者本来即有，是不可变的，后者假学习而成，是可变的。

κάλλιστον)。这是对梭伦和希罗多德所言“善妒的神”的根本否定：[①] 神就是善，是至善，至善者的意愿是万物皆善，这就是宇宙的法则。

正是从这一法则出发（30b–c），神把努斯放进灵魂，把灵魂放进身体，构造了宇宙大全（τὸ πᾶν συνετεκταίνετο），于是让世界（κόσμον）成为一个有灵魂有努斯的生命（ζῷον ἔμψυχον ἔννουν）。柏拉图为古老的神创论加入了某种决定性的新的东西，即把被造的世界整体当作一种有灵有智的生命。这在外观上诚然还是创生论的，但却已经包含了超越造物逻辑之生命的原则。

生命的原则就意味着不同性质的存在被整合为一体，正如创世神对于次级神的嘱托：把永恒的和可朽的东西交织起来（ἀθανάτῳ θνητὸν προσυφαίνοντες）创造生命物（41d），而作为被造者的人的灵魂也同样体现了这种混合的原则，理性部分对应于不朽灵魂，而激情与欲望则对应于可朽的灵魂（69c–71e）。

宇宙是德穆革神静观善的理念、按照和谐的数学模型造出来的，神用水和气作为火和土的中间数（μεσότητες），使之尽可能地合于比例（ἀνὰ τὸν αὐτὸν λόγον），于是世界就按比例（δι' ἀναλογίας）作为一个整体而生成了（32b–c）。因而，宇宙尽量摹仿理念，而有所不及。理念界是无始无终的真永恒，而宇宙只能做到有始无终的“永远”，而造物者就是宇宙的大心。这一宇宙论模型，令苏格拉底临终前谈及的自然哲学构想得以落实。

《蒂迈欧篇》特别值得重视之处有二：1. 它所描绘的神—努斯—世界的结构，即是后世新柏拉图主义“三一体”说的原型，并留下了神化为努斯、努斯化为世界的演化线索；2. 宇宙是按照数理关系被创造的，宇宙的一切，皆可通过数理关系加以把握，甚至理念本身亦为一理念数，这就为近代以来科学发展所要求的数理化提供了形而上学的论证。故自文艺复兴以来，对《蒂迈欧篇》意义的再发现成为柏拉图

---

① 参阅本书页 526。

主义复兴的标志，甚至可以说，柏拉图主义的复兴实为《蒂迈欧篇》之学的复兴。《蒂迈欧篇》所代表的柏拉图哲学的“数理化”，实为近代以来一切科学技术之底层逻辑。

在诺斯替主义中，《蒂迈欧篇》中提到的创世神德穆革及其与次级神的差异以一种颠覆性的方式再现：真正的神在世界之外，创造世界的则是邪神德穆革，人的本体神性来自这个世界之外的神圣王国，德穆革创造了这个物质世界，并利用人类肉体禁锢神性，从而使人类沉陷于物质世界。

《法义篇》是柏拉图全部作品中篇幅最长者，常被视作《理想国》的续篇，它以近乎亚里士多德哲学的“明智”态度，对《理想国》的主题进行了某种系统的回应与修正。但《法义篇》中苏格拉底的形象消失了，取而代之的是对话中的无名雅典人。《法义篇》不再设想哲人王的统治，而恢复到某种与常态政治更相符的形式，与之相应的是，诗人不再被视作应从城邦中被驱逐的存在，而重新恢复了作为城邦教育者的地位。荷马与赫西俄德的作品在《理想国》中被最严厉地批评，它们被视作城邦教育最具魅惑力的破坏者，而在《法义篇》中则被确认为最具成熟思维的老年人所真正喜爱的艺术作品，地位上高于傀儡剧、喜剧、悲剧（Ⅱ，658a–e）。曾经尖锐的“哲学与诗歌之争”，在此达成了某种和解。

这种和解当然并不意味着放弃了哲人的根本原则。借无名雅典人之口，柏拉图表达了其思想与智者派的根本差异，“对我们而言，神是万物的尺度（*πάντων χρημάτων μέτρον*），在最高程度上，远远高过他们所言的人”（Ⅳ，716c）。显然，这是对普罗塔戈拉的名言“人是万物的尺度”富有深意的倒转（参见《克拉底鲁篇》386a，《泰阿泰德篇》152a），进而也关联于这一论断所涉及的最核心问题——“是存在者存在的尺度，也是不存在者不存在的尺度”（*τῶν μὲν ὄντων ὡς ἔστι, τῶν δὲ μὴ ὄντων ὡς οὐκ ἔστιν*）。

作为万物尺度的神，掌握着一切事物开端、结局与中间，因而在巡行过程中（περιπορευόμενος），会依照其本性（κατὰ φύσιν）直线地向终点行进（εὐθείᾳ περαίνει）（《法义篇》Ⅳ，715e–716a）。柏拉图所设想的这种事物直线式的自我实现，与黑格尔所言的"理性的诡计"（List der Vernunft）——事物通过曲折的、迂回的、自我否定的方式自我实现——构成了极有趣的对照。而就在同一章临近结尾的部分，无名的雅典人提到，此前所谈的有关法律之种种，都只是法律的序言（προοίμια νόμων，722d）。在法律的正文与作为其前奏与准备的序言之间，恰可以发现某种超出"直线前进"的迂回之道。

小结：柏拉图的理念论全面设立了一个永恒的、纯粹的、超出感性世界的理念世界，以超越的神作为一切事物的尺度，并以一种戏剧性的手法，描述了理念与认识理念的哲人"下行"到现实世界的过程。这为西方文明后来接受基督教（特别是其"三位一体"说与"道成肉身"说）做了决定性的铺垫。另一方面，柏拉图的理念世界非仅凭信仰和祈祷就能进入，而需要对真理的深度探究，需要全面的数学、物理学、逻辑和思辨的训练。故而柏拉图主义对西方科学精神的影响，又更大于对西方宗教的影响。

柏拉图思想中包含着丰富的内在张力：他反对智者派关于"德性可以教授"的观点，但认为德性虽不能以类似技艺的方式被教授，却可以通过教化熏育而"合乎自然"（κατὰ φύσιν）地养成；他认为最好的政治应该建立在理性的人对理性能力不足者的统治之上。但对于被统治者来说，最好的不是理性教育，而是某种文艺化的宗教教育；他主张最好的城邦由对理念认识最深切的哲人来统治，同时承认哲人并不希望进行统治，即便统治，也只是出于尽责而勉为其难（καταβατέον［不得不下行］）。这些观点微妙甚深，极易被误解。柏拉图的学说（特别是其政治学说）对西方思想史的巨大影响，很多情况下（甚至可以说，在多数情况下）是以被误读的方式发生的。

柏拉图的哲学对话，常以神话作为结尾，这是对“从 Mythos 到 Logos”这种将神话和哲学两大传统对立起来的思想进化论模式的重大背离。在哲学对话尽头出现的神话，把思辨嵌入传说中，在概念与逻辑无法推进之处，思想继续前行。

3. 亚里士多德

古希腊哲学中，唯一能和柏拉图比肩、同样对西方文明产生决定性影响的人物是亚里士多德。亚里士多德于公元前 384/383 年出生于希腊殖民地色雷斯的斯塔吉拉（Stagira），此地处于马其顿的统治之下。他的父亲尼各马可（Nikomachos）是马其顿国王阿明塔（腓力之父）的御医，这一名字被亚里士多德的儿子袭用，伴随不朽名篇《尼各马可伦理学》而千古流传。亚里士多德对经验科学的兴趣与研究，与其医生之子的身份不无关系。亚里士多德幼年即父母双亡，由其亲戚普罗克塞纳（Proxenos）抚养成人，这一善举不但令亚里士多德终身感念，也令整体西方文明长久受益。

公元前 368/367 年，17 岁的亚里士多德进入柏拉图的学园，他在那里生活了 20 年，直到柏拉图去世后才离开。耶格尔感叹，“一个具有如此深刻的原发天赋的人在如此长的一个时期处于一个完全不同种类的、杰出的天才的影响之下，并完全在他的阴影下成长，这是在历史上绝无仅有的”，[①] 尽管带有某种夸张的成分（事实上，在中国与印度传统中，师生长期共处各得其宜各证其果者，如颜回之于孔子，世亲之于无著，并不罕见），但在西方精神传统中，这种双圣同处的格局确实仅此一次。

柏拉图死后，亚里士多德离开雅典，来到米西亚的统治者赫尔米亚（Hermias）那里，成为阿索斯（Assos）的柏拉图学生团体的领袖。公元前 343—前 336 年，他受马其顿王腓力邀请，在宫中教育腓力之

---

① 耶格尔 2013，页 9。

子亚历山大。这段经历使得他实现了柏拉图未能完成的心愿。然而，亚里士多德所期待的，并非成为这种意义上的“帝王师”。公元前 336 年，亚历山大加冕后，亚里士多德回到雅典，在吕克昂（Lyzeum）讲学，这本是伯利克里为训练新兵而修建的场所，多有游廊（*περίπατοι*），或许因为这些供散步交谈的游廊之故，亚里士多德的学派被称作逍遥学派（*περιπατητικός*）。他在雅典讲学 13 年，直到公元前 323 年亚历山大去世，雅典出现反马其顿思潮，亚里士多德被控渎神（这是其前辈阿那克萨戈拉与苏格拉底都曾经历的），他逃往哈尔基斯（Chalkis），于次年（公元前 322 年）在那里去世，时年 63 岁。这个年龄虽在古代亦勉强可称长寿，但相对于他留下的遍及各个知识领域的大量作品，却又着实显得太短，或说，令他的生命呈现出异乎寻常的紧凑感。类似的紧凑感也出现在亚里士多德最伟大的精神传承者黑格尔身上（他于 1831 年去世，时年 61 岁）。

传世的亚里士多德作品，除少量对话类作品（如《欧德谟斯》［Eudemus］与《劝勉》［Protrepticus］外，大部分是对其研究与讲授内容的笔记（*πραγματεῖαι*），由亚里士多德本人或他的学生所记录，某些笔记似乎是同一主题的不同版本，可能是针对不同的听众而作，也可能出自他本人或其学生对早期版本的修订。这种由笔记整理而成的作品，既体现了某种口语特征，又是深思熟虑且不断修订完善的书面作品。[①] 许多以亚里士多德的名义得以流传的作品，是亚里士多德学派（逍遥学派）整体智慧的成果。但影响最为深远的作品，如《范畴篇》《前 / 后分析篇》《尼各马可伦理学》《政治学》《诗学》《论灵魂》《物理学》《形而上学》，则又明显带有亚里士多德的个人风格。这种个人风格，即便是在最具有集体成果特征的动物学研究中，依然清晰可辨。

① 参阅 Düring 1950，页 58–59。

知识体系的缔造

亚里士多德是西方第一位建立完整知识体系之人，可以说，他缔造了西方文明的基本知识体系。他是逻辑学、博物学、形而上学、神学等学科的创立者，是物理学、伦理学、政治学乃至修辞学、诗学等学科的集大成者，更重要的是，他给出了知识体系的划分标准。学科划分是知识体系划分的产物，大学则建立在学科划分的基础之上，现代大学制度是中世纪晚期亚里士多德主义复兴的产物。在此意义上，西方文明整体奠基于亚里士多德的贡献之上。

亚里士多德的学科体系首先体现在对逻各斯的研究。逻各斯在此指通过语言进行判断、论证的能力。知识就是通过语言或通过语言和事物的对应来研究事物。因此逻各斯既是对语言形态例如词、判断或推理的研究，也是对事物之间结构关系的研究。研究逻各斯是研究事物的工具和前提。研究逻各斯的学科，自晚期希腊哲学以来被称作逻辑学。尽管逻各斯概念自赫拉克利特以来越来越成为哲学的主流话语，更在柏拉图哲学中占有举足轻重的地位，但只有通过亚里士多德的逻辑体系（“三段论”是其最为人熟知也最常被误解的形式），海德格尔意义上的“存在—神—逻辑学”（onto-theo-logisch）的形而上学基本机制，[①] 才真正得以确立。

在逻辑体系确立的情况下，亚里士多德通过划分事物划分了那些研究事物的学科：理论学科（θεωρητική，本义“观照的，静观的”），实践学科（πραγματική），创制学科（ποιητική）。其中，实践学科，涉及人生、人的行为和人类共同体，包括伦理学、政治学等；创制学科，涉及各种作品，包括修辞学与诗学等。此二者的范围相对确定，其理论基础是由理论学科所提供的。

---

① 参阅海德格尔 2014，特别是页 69–73。

理论学科，关涉那些与人的行为、谋划无关的永恒必然的存在，[①]包含对特定存在与普遍存在的研究。对特定存在的研究包括物理学和数学，前者的研究对象为可分离但并非不运动之事物（如位移、时间、质变），后者的研究对象为不运动但也不能分离之事物（如量）。对普遍存在的研究，是为“第一哲学”（*φιλοσοφία πρώτη*），亚里士多德又将之称为“神学”（*θεολογία*），即以逻各斯研究神，研究自身不动而能引动世界万物的第一实体。此非后世之基督教神学，但后世之基督教神学实承此而来。尽管《形而上学》在论及理论学科（思辨哲学）时只提了物理学、数学、神学三种（Ⅵ，1026a7–33），但对生命现象的研究，如动物学和灵魂论，事实上也属于理论学科的范畴。

若用较中国化的方式概括，此三类学科分别研究天理、人事和人造之物。

虽然并非一切研究都关乎人事，但一切研究都是人事。亚里士多德之学贯通天人，欲明其通贯之道，不妨从关于人事的学科——伦理学切入。其伦理学又有两大延展方向，一者通向政治学，一者通向理论学科，分别对应于伦理学所言实现幸福的两种路径。

伦理学

亚里士多德伦理学之精义，在于《尼各马可伦理学》。[②]《尼各马

① 据《范畴篇》（1a25–26），一切非复合词的存在被分为实体（*οὐσία*）、数量（*ποσόν*）、性质（*ποιόν*）、关系（*πρός τι*）、何地（*πού*）、何时（*ποτέ*）、所处（*κεῖσθαι*）、所有（*ἔχειν*）、行动（*ποιεῖν*）、承受（*πάσχειν*）等十类。

② 《欧德谟伦理学》一度被认为非亚里士多德所作。虽然考证可以证明这是亚里士多德的早期作品（参阅耶格尔 2013，页 192–222），但较之《尼可马可伦理学》，它的思想显然还处于一个尚未成熟的阶段。二者的差异不只在于结构与风格，更在于《欧德谟伦理学》缺少《尼可马可伦理学》中天人之辨的维度。

可伦理学》开篇即言，“每种技艺（τέχνη）与研究（μέθοδος），以及每种实践（πρᾶξις）与选择（προαίρεσις），都显得渴求某种善（ἀγαθοῦ τινὸς ἐφίεσθαι）”（Ⅰ, 1094a1–2）。但善的概念具有诸多含义，对应于实体、性质、关系、数量、时机、地点等诸多范畴，因而不存在一种柏拉图意义上可分离的作为普遍概念的善（Ⅰ, 1096a12–b5）。对人而言，至善不是柏拉图意义上分离的理念，而是幸福（εὐδαιμονία）。亚里士多德承认，幸福也需要机运（τύχη），但其根本则在于德性（ἀρετή），幸福是灵魂的某种合于完满德性的实现活动（ψυχῆς ἐνέργειά τις κατ' ἀρετὴν τελείαν, Ⅰ, 1102a5）。

亚里士多德将人的德性分为两种（Ⅱ, 1103a15–18）：一者为理智德性（διανοητικὴ ἀρετή），通过教导而发生与成长（ἐκ διδασκαλίας ἔχει καὶ τὴν γένεσιν καὶ τὴν αὔξησιν）；一者为伦常德性（ἠθικὴ ἀρετή），与风俗习惯有关，是直接作用在人的喜怒哀乐上的，包括勇敢、节制、正义、慷慨等等，通过习惯而养成（ἐξ ἔθους περιγίνεται）。在中国的传统语境下，伦常德性为“德”，理智德性则属“智”。希腊人的“德性”（ἀρετή）概念比中国传统中的“德”要广，泛指人的优秀卓越之处，[①]故包含了“智”。

但亚里士多德并未把“德”（“伦常德性”）和“智”（“理智德性”）并列，而是认为（Ⅱ, 1108b13–1109b26）：伦常德性无非是喜怒哀乐之类的“适度”。所谓适度（μεσότης），即意味着处在过分（ὑπερβολή）或不及（ἔλλειψις）这两种恶之间，在感情（πάθεσι）与实践（πράξεσιν）中达到中道（μέσον）。例如，对于勇敢而言，不及是怯懦，过分是鲁莽；对于慷慨而言，不及是吝啬，过分是挥霍。伦常德性存乎其中的适度，又并非情感、欲望自身所具有的，而是由逻各斯 — 理性确定的（Ⅱ, 1103a31, 1107a1; Ⅲ, 1114b29; Ⅵ, 1138b20），因而，伦常德性归根结

① 对于希腊人而言，动物乃至物品也有其“德性”即其优秀卓越之处，如迅疾是马的德性，锋利是刀的德性。

底取决于理智德性。

亚里士多德将理智德性分为五种(Ⅵ,第3–7章):[①] 制作和创作的技艺(τέχνη),专门处理人生、人事、政治的明智(φρόνησις,可译为“实践智慧”),取决于证明的知识(ἐπιστήμη),直接把握证明前提的努斯(νοῦς,某种智性直觉),综合了知识和努斯的智慧(σοφία)。此五种实为三类:技艺对应于制作(ποίησις),明智对应于实践(πρᾶξις),知识、努斯、智慧对应于理论—直观(θεωρία)。这恰好与创制、实践、理论学科的划分相对应,表明一切学科皆是理智德性的产物。

亚里士多德之论中道,即无过亦无不及,在西方数千年的思想史中堪称“孤明独觉”,呈现出与中国及印度传统的特殊精神联系。但在亚里士多德那里,“德”系于“智”,“智”高于“德”,“智”为根本,“德”为枝叶。这与儒家传统中以“仁”“智”并称[②](且“仁”更具本体论地位),有着根本性的差别。作为过分和不及之中道的“适度”,参以《中庸》“喜怒哀乐之未发,谓之中。发而皆中节,谓之和”之说,可谓“发而皆中节”之“和”,于“未发”之“中”,则犹有隔焉。这种理路,虽然外观上与理念论对绝对普遍者的强调很不同,但内核依然是以“相”(适度)统摄“体”(情感—欲望)“用”(过或不及),由于对“适度”的界定即源于“过”和“不及”这两端,“用”的地位较之柏拉图的体系更有提升,故而赋予其哲学更多的“实践”意味。

与柏拉图相似,亚里士多德认为,对于善的追求,遍在于一切人,所有人都追求对他而言显现为善的东西。但是真实的善与显现的善并不总是吻合。追求善却因选择错误而犯恶行得恶果者,是被

① 可对照《后分析篇》(89b7–9),那里提到六种思想状态,其中五种与此处相同,另一种思想状态理智(διάνοια)成为了“理智德性”的统称。

②《论语·雍也》:“知者乐水,仁者乐山。知者动,仁者静。知者乐,仁者寿。”《中庸》:“知、仁、勇三者,天下之达德也。”《系辞》:“仁者见之谓之仁,知者见之谓之知。”

显现的善所迷惑而偏离了真实的善。只有通过对于善的真实追求，才能达到真实的善。因而，要讨论真实的善，离不开真实的对于善的追求（Ⅲ, 1113a15–b2）：能在每一事物中发现真实（*τῷ τἀληθὲς ἐν ἑκάστοις ὁρᾶν*）、能作为事物的标准与尺度（*κανὼν καὶ μέτρον*）的人，构成了伦理学讨论与实践的根本所在，这种人，被亚里士多德称为“好人”（*σπουδαῖος*），一种具有完全成熟心智与判断力的人，因而也可被命名为“成熟者”，亦可比之传统汉语语境中的“君子大人”。伦理学与政治学的真理，系于这种能发现真理并进行恰当选择的“成熟者”，与“成熟者”相应的根本德性是明智（*φρόνησις*）。

亚里士多德的明智概念对应于拉丁语中的 prudentia［审慎，精明，智虑］。无论是罗马时代还是中世纪，这一概念都被视作与人事相关的核心德性。因而，马基雅维利在《卡斯特拉卡尼传》（*La vita di Castruccio Castracani da Lucca*）开篇对友人的献词中提出，命运女神（la fortuna）要向世界表明，是她而非审慎女神（la prudenza）让人类变得伟大（faccia gli uomini grandi），在审慎无能为力之际，命运体现其威能（dimostrare le sue forze），就具有了某种根本性的颠覆与突破意义。命运取代审慎，意味着作为事物之标准与尺度的“成熟者”在现实剧变过程中的隐退，一切标准与尺度都面临着重新界定。马基雅维利以人首马身的怪物喀戎（Chiron）成为阿喀琉斯的老师为例，说明君主应懂得运用自身之中的兽性（mezzo bestia）与人性（mezzo omo）（《君主论》第十八章），与《卡斯特拉卡尼传》中对审慎的贬抑一脉相承：审慎仅对应于人性的一面，而完全无法反映兽性的一面，故不足以“让人类变得伟大”。①

① 参阅《马基雅维利全集 01：君主论 李维史论）》，页 68–69；《马基雅维利全集 04：戏剧 · 诗歌 · 散文》，页 411；Machiavelli 1971，页 868，1645。

相较于霍布斯为确立主权者的绝对权威而拒绝神圣生活，马基雅维利始终保持着对神圣生活的追求：命运虽然不定，但是幸运常与德性相伴（《佛罗伦萨史》第五卷第1章）；在所有应被赞美者中，宗教领袖与宗教创建者位于首位（《李维史论》第一卷第10章）；事业的成功在于好的运气，好的运气产生于好的法律，好的法律则源自宗教（《李维史论》第一卷第11章）；最伟大的君主是依靠其精神德性（la virtù dello animo）而非幸运获得成功的，最不依赖幸运者，其地位也最稳固（《君主论》第6章）。在此意义上，马基雅维利依然保留着古典传统的精神，但对其进行了极具颠覆性的改造。他所抵触的不是审慎这一古典价值，而是其被基督教改造后的形式，如对谦卑的强调，对世俗事物的弃绝与轻蔑，对世俗荣耀（l' onore del mondo）的贬抑。他真切地体会并预见到，在中世纪的世界认知与世界想象消散后，会有一种新的世界形态生成，并试图在前基督教的古典传统中寻找其本质特征与演化轨迹。马基雅维利的开拓性探索恰恰表明，新生成的这种世界形态，非但根本上不同于中世纪，也根本上有别于一切古典时代。

亚里士多德认为，明智包含了处理城邦事务与各种人事的实践经验，而智慧研究的是永恒不变的天理。人事低于天理，故而无论明智在实践中多么重要，究其本质，依然低于智慧。政治学（伦理学）与作为其德性基础的明智，皆非最高的知识（*ἄτοπον γὰρ εἴ τις τὴν πολιτικὴν ἢ τὴν φρόνησιν σπουδαιοτάτην οἴεται εἶναι*），因为人类并非宇宙间最高的存在（*εἰ μὴ τὸ ἄριστον τῶν ἐν τῷ κόσμῳ ἄνθρωπός ἐστιν*，《尼各马可伦理学》Ⅵ，1141a20），而智慧在本质上（*τῇ φύσει*）是关于最高存在者的知识与努斯（*ἐπιστήμη καὶ νοῦς τῶν τιμιωτάτων*，Ⅵ，1141b2）。因而，哲学就其本质而言代表着比政治学、伦理学以及一切人事之学更高的知识与德性追求。幸福意味着德性的圆满（*τέλειον*）

与自足（*αὔταρκες*）状态，[①] 人的最高幸福就是达到并保持最纯粹的理智德性，在理论静观中沉思天理，通过这种比人的生活更好的生活（*βίος κρείττων ἢ κατ᾽ ἄνθρωπον*），超越人之存在的有限性，体验与人的生活不同的神性的生活（*ὁ κατὰ τοῦτον βίος θεῖος πρὸς τὸν ἀνθρώπινον βίον*，X，1179b25–31）。这是哲人亚里士多德与悲剧诗人索福克勒斯之幸福观的根本分野，[②] 也是其政治学—伦理学与其“人本主义”后辈的决定性差别所在。[③] 对于亚里士多德而言，明智是属于人的，而智

---

① 《尼各马可伦理学》I,1097b15–21：“幸福是所有善事物中最值得欲求的、不可与其他善事物并列的东西”（*πάντων αἱρετωτάτην μὴ συναριθμουμένην*），是“完善的和自足的”，是“所有活动的目的”（*τῶν πρακτῶν οὖσα τέλος*）。《政治学》则指出，以自身为目的（*τὰς αὐτοτελεῖς καὶ τὰς αὑτῶν ἕνεκεν*）而无假外求（*οὐκ εἰσὶν ἐξωτερικαὶ πράξεις*）的存在方式，在个人、城邦、神—宇宙的不同维度皆有所体现（Ⅶ，1325b14–32）。

② 索福克勒斯《安提戈涅》的结尾处，歌队以“明智的人最有福”（*πολλῷ τὸ φρονεῖν εὐδαιμονίας πρῶτον ὑπάρχει*，1348–1349）作为整部作品的总结。这一作品中的每个角色，特别是分别代表城邦的逻辑与家庭的逻辑之克瑞翁与安提戈涅，都固执于自己的逻辑（*λόγοι*）而招致严重的惩罚（*μεγάλοι δὲ λόγοι μεγάλας πληγὰς τῶν ὑπεραύχων ἀποτίσαντες*，1350–1352），是由于缺乏明智而不得幸福的典型。索福克勒斯式悲剧的本质，在于“两种对等原则的冲突”。但这种矛盾的和解，却并非依靠明智实现的。

③ 霍布斯在《利维坦》导言中，将人称作“大自然最精美的艺术品”，进而在第17章将国家描述为“一大群人相互订立信约，每个人都对它的行为加以赋权，以便使它能按其认为有利于大家的和平与共同防护的方式，运用全体的力量与手段的一个人格”。霍布斯的国家学说显然借鉴了亚里士多德的政治学，但有意识地略去了城邦对共同福祉的追求。霍布斯拒绝承认有比人更高的存在，从而否定了以这种更高存在为前提的对人类共同福祉的追求，而那恰恰是希腊古典哲学的根本共识，亚里士多德意义上的 （转下页）

慧是神性的。

在确立智慧之于明智的本体优先地位的同时，亚里士多德深知，大多数人的幸福取决于其所处的政治共同体。[①] 人类通向幸福的道路有二：作为城邦公民参与政治生活（世间幸福），在沉思中静观天理（究竟幸福）。因而，在其伦理学之后，有两类研究，一是研究政体的政治学，一是研究存在的智慧。

政治学

亚里士多德于后世政治学理论产生极深远影响的《政治学》一书，列举了三种良好政体（正体）与作为上述三者之败坏堕落形式的三种变体（παρέκβασις），如下表所示：

类型 / 统治者人数	正体	变体
一人	王制	僭主制
少数人	贵族制	寡头制
多数人	共和政体	民主制

三种追求城邦整体利益的良好政体依照其高下，依次为王制（βασίλεια）、贵族制（ἀριστοκρατία）、共和制 / 民主善制（πολιτεία），[②]

（接上页）“神性生活”与柏拉图意义上的“神是万物的尺度”一脉相承。这一差别是真正的“古今之争”的具现。参阅斯特劳斯 2012，页 36–42。

① 亚里士多德承认，在实践领域，政治与战争最为高贵与伟大（κάλλει καὶ μεγέθει προέχουσιν），它们与沉思生活的根本差别在于，它们没有闲暇（ἄσχολοι），都指向其他的目的（τέλους τινὸς ἐφίενται），而非为自身之故被欲求（οὐ δι᾽ αὑτὰς αἱρεταί εἰσιν, X, 1177b15）。

② 亚里士多德在《尼各马可伦理学》中表述了类似的政体学说，不过特别提到（Ⅷ, 1160a 30–35）：多数人习惯于称作共和制 / 民主善制（πολιτεία）者，事实上是基于财产的（ἀπὸ τιμημάτων），似乎当称作资产制（τιμοκρατία）。此处的资产制之名，在柏拉图的《理想国》中被用于指称贵族（转下页）

而三种追求局部利益的败坏变体依照其危害程度之高下，分别为僭主制（τυραννίς）、寡头制（ὀλιγαρχία）、民主制（δημοκρατία）。按照这一划分，共和制为良好政体中最弱者，而其变体民主制为败坏政体中危害最小者。这直接构成了后来所谓“民主是一切政体中最不坏的那个”这一说法的理论来源，尽管显然是以被歪曲的方式。

这种分析架构在柏拉图的《理想国》第八卷已见端倪，在那里，苏格拉底论述了荣誉政体、寡头政体、民主政体、僭主政体的政体演化，它对应于好的城邦趋向“城邦的最终祸乱”（ἔσχατον πόλεως νόσημα）的过程（544c）。荣誉政体（τιμοκρατία）又被称作斯巴达和克里特政体，接近于《政治学》所言的贵族制。而哲人王统治的理想政体，则显然对应于《政治学》所言王制，可以说，除了民主善政外，《政治学》之政体分析的要素在《理想国》中皆已齐备。因而，对民主善政的讨论，是《政治学》相对于《理想国》在政体分析上最重大的发展。

不同于后世常见的将人民（δῆμος）贬低为乌合之众（ὄχλος）、将民主恶政称作“暴民统治”（ὀχλοκρατία）的做法，亚里士多德在《政治学》中选择了以 δημοκρατία［民主制］作为民主政治之败坏形式的命名，用富于多重含义的 πολιτεία［共和制、民主善制］一词来指代民主善政（如Ⅱ，1265b26–30；Ⅲ，1279a36–39），而这个词在全书中还可以指一般意义上的政体、四种非君主制的政体和包括王制在内的三种良好政体。这一异乎寻常的命名，似乎指向一种在城邦（πόλις）、公民（πολίτης）、政体（πολίτευμα）、民主制之间的特殊关联，甚至在暗示，善好的民主制是最符合城邦政体本意、因而也最合乎自然的政治形式。

（接上页）制，被解释为“爱荣誉的政体”（φιλότιμος πολιτεία，Ⅷ，545b），由柏拉图意义上的贵族制转变为亚里士多德意义上的资产制，意味着政治体中的荣誉（τιμή）之获取与分配是由拥有财产的数量来体现的。这一定义的转化，深刻影响了后世的政治想象与实践，对拥有投票权的公民的财产要求即与此紧密相关。

在《政治学》第三卷中，亚里士多德这样评论他定义的三种败坏的政体："僭主制是为了统治者利益的个人统治，寡头制是为了富人利益的统治，民主制是为了穷人利益的统治"，"对于寡头制和民主制而言，是少数人还是多数人统治纯属偶然——无处不是富人少而穷人多……民主制和寡头制的真正区别是贫穷和富有"（1279b6–40）。

这段话所清晰透露出来的民主制所代表的利益关系与社会 / 阶级结构，连同公元前 6 世纪—前 4 世纪雅典出现的政治权利向平民阶层高度集中的历史，构成了后来长达两千余年民主制度及其理念被西方精英阶层恐惧忧虑、贬抑拒斥的内在动因与心理阴影。

针对各种政体善好者难以持久、持久者易于败坏的情状，亚里士多德在《政治学》中提出"混合政体"（他使用的正是 *πολιτεία*）的概念，即一种权力由公民中所有类型的团体（君主、贵族、人民）所分享的政体形式（Ⅲ, 1279b–1280a; Ⅳ, 1293b–1294a）。在波利比乌斯（Polybius）于公元前 2 世纪书写的《通史》（*Historia*）中，这个词被用于解释罗马的政体结构（第六卷）。虽然罗马人坚持的共和体制（res publica）与这种依照希腊眼光提出的混合政体具有重大区别，[①] 不过它确实为罗马人所创立的政治制度提供了某种系统的、哲学化的解释理路。人们甚至可以在罗马的库里亚大会（comitia curia）、百人团大会（comitia centuriata）、部族大会（coitia tributa）三种公民大会形式中，都分别见到倾向于僭主制、贵族制和民主制的痕迹。[②]

① 罗马人并无希腊所特有的政体轮回经历，也不曾在民主制、寡头制、僭主制之间进行有意识的抉择。罗马军队所具有的极为严格的等级结构将公民兵完整地摄纳到体制中，从而造就了公民对以元老院为代表的绝对权威的高度认同，这由罗马共和国（及帝国）的正式名称罗马元老院与罗马人民（Senatus Populusque Romanus）即可分辨：元老院不但作为独立的存在与整体人民并列，甚至还具有优先地位。参见芬利 2013，页 160–65。

② 参阅卢梭 1994，页 145–59。

亚里士多德与波利比乌斯各自的混合政体说，在表层的相似性之下有着重大的乃至本质性的差异：对亚里士多德而言，混合政体是否能有效存续与发挥作用，取决于各社会阶层是否能保持相应的德性与参与政治活动，不存在一种脱离德性而单独发挥作用的权力机制；波利比乌斯则将均衡制约的原则作为混合政体的重要标志，混合政体的存续依靠社会各阶层之间彼此制约达到均衡。这种通过各阶层之间的矛盾斗争实现均衡的机制，对于亚里士多德而言，恰恰意味着政治体共识的瓦解与内乱（*στάσις*）之始。亚里士多德的混合政体，其有效性在于各阶层通过其德性而融合为一；波利比乌斯的混合政体，则接近于近代以来将国家理解为容器，代表不同利益的群体在其内进行斗争博弈。①

《政治学》产生于传统城邦的独立自足特性日益弱化、城邦作为政治单位日益边缘化的时代，超越城邦之上的更复杂更庞大的政治体，将在未来的数个世纪为争夺地中海世界的霸权展开搏杀。腓力治下的马其顿王国对希腊诸邦的暴力征服，已经决定性地宣告希腊城邦时代的终结，亚历山大的远征，则拉开了天下时代的序幕。对于这种政治领域的根本性变化，《政治学》几乎全未进行回应，其论述依然以城邦为主要政治单位、以城邦的政体演化为主要政治内容，这不得不说是一种重大遗憾。某种程度上它反映出，追求自洽的理论相对于不断变化、充满矛盾的现实亦呈现滞后性，虽柏拉图—亚里士多德之智亦所难免。后世西方的各种政治理论，其基本框架皆袭取自《政治学》，则使得这种遗憾被放大为根本性的缺陷。《政治学》之政体演化模式，对希腊化时代至罗马帝国时代的地中海世界尚且不具备充分解释力，却被后世套用，以解释更漫长时段更广阔空间更复杂文明多样性的世界历史，非但殊失亚里士多德之本意，也与他所言之“明智”背道而驰。

---

① 参阅 Lintott 1997，页 72。

《政治学》第七卷列举了城邦赖以生存的六项必要条件（Ⅶ, 1328b6–16）：粮食（τροφήν），（与生活所需相关的）技术（τέχνας），武装（ὅπλα），财产储备（χρημάτων τινὰ εὐπορίαν），与神相关者（τὴν περὶ τὸ θεῖον ἐπιμέλειαν）——祭祀（ἱερατείαν），讼案的裁决（κρίσιν）。这番有关“为政之要”的论述，可与《论语·颜渊》中“子贡问政，子曰‘足食，足兵，民信之矣’”的问答相对照。粮食与军备是二者均明确提及的，而民信在《政治学》中则无明确的对应，或可认为祭祀、裁决皆与之相关。重要的差异在于：《政治学》提到的技术、财产储备，在孔子对子贡问政的回应中完全没有出现；《政治学》所列的六项条件，彼此间是平行的结构，而《论语》中有子贡对于“必不得已而去，于斯三者何先”乃至“于斯二者何先”的追问，孔子以“去兵”“去食”作答，通过“自古皆有死，民无信不立”的断语，确立了“民信”在为政中的至重地位。此差异关乎中西政治认识乃至世界认识之根本。

四因说

在亚里士多德看来，智慧是人所能有的最崇高的德性。而智慧就是彻底、全面地探究事物的原因。亚里士多德概括了四重意义上的原因：质料因、形式因、动力因和目的因。四因说是亚里士多德哲学中最显白也最具深远影响者，这种显白，是类似白色之于光谱的显白，恰恰包含着各种复杂深刻的元素，并使其融合为一体。某种程度上说，四因说的提出与证成，标志着亚里士多德哲学的成熟。[①] 亚里士多德借助四因说，对此前的哲学进行了系统的判摄，而对四因说的接受与改造，又成为此后一切哲学思考无可逃避的命运（无论其是否直接提及四因说），并映射出各种哲学流派的自身品质与追求。

质料因（ὕλη）指事物的材质与载体（ὑποκείμενον）；形式因（εἶδος，

① 四因说体现在亚里士多德作品的各方面，对其较为系统的论述，则在《形而上学》第一卷第三章与《物理学》第二卷第七章。

或 μορφή）指事物所呈现的形态（“是什么”），εἶδος［形式］即柏拉图用来表达“理念”的词汇，亚里士多德也将之称作实体（οὐσία）或是其所是（τὸ τί ἦν εἶναι）；动力因（κινῆσαν，又称初始因，效能因）指事物发生的起源（ἀρχὴ τῆς κινήσεως［运动之起始］）；目的因（τέλος）指事物的“为何故”（οὗ ἕνεκα）或“善”（ἀγαθόν）。以木桌为例，木头是其质料因，桌子的样态（桌面加四条桌腿构成的整体）是其形式因，制作桌子的工匠是其动力因，放置物品供人使用是其目的因。一个事物是这样，所有的各类存在，包括全部自然，都可从四因的角度考察其根据。

亚里士多德以四因说判摄此前的哲学，认为并非所有的哲人都有四因的觉悟，前苏格拉底的自然哲学家处在“以质料为形式”（ἐν ὕλης εἴδει）的阶段（《形而上学》I，983b9–984a28），而柏拉图的学说则只使用了质料因与形式因，其理念论主要就是认识形式因（《形而上学》I，987b18–988a18）。亚里士多德最重视者，在于目的因，目的因所回答的“为何故”（οὗ ἕνεκα）与他认为四因说作为一个整体所回答的“为什么”（διὰ τί），本质上最为接近。可以说，亚里士多德以四因统摄万物，以目的因统摄四因。

四因说存在着几种特定的结构划分：1. 质料因为一组，形式因、动力因、目的因三者合为一组（《物理学》Ⅱ，198a24–26），这事实上是以质料与形式的对立为依据进行的划分；2. 质料因与动力因为一组，形式因与目的因为一组，[①] 这是在质料因与形式因的对立基础上，又以动力因与目的因各自分立；3. 目的因为一组，其余三者为一组，即以目的因作为超乎其他诸因之上的统帅。

亚里士多德以四因说贯通天人之学，其物理学部分，研究以运动为代表的特定存在，主要采用了第二种结构划分；其形而上学部分，研究一般存在，则兼采第一种与第三种结构划分。

---

① 亚里士多德认为，自然具有两重含义，一者作为质料，一者作为形式，而形式就是目的，就是“为何故”的原因（《物理学》Ⅱ，199a30–32）。

《形而上学》是一部在《物理学》之后编辑的文集，故编者取名为“物理学之后”（τὰ μετὰ φυσικά），在汉语语境下，本乎《系辞》“形而上者谓之道，形而下者谓之器”之说，译作《形而上学》。

就物理学而言，虽然亚里士多德明确指出，自然存在目的因（“自然就是目的和为何故”，《物理学》Ⅱ，194a28–29），但其论述则更多从动力因的角度研究运动原理。亚里士多德认为，事物的运动都是被他物推动的，而推动事物的他物自身也会被另一物推动（《物理学》Ⅲ，202a4–9）。如此追溯，作为整体的自然必有第一推动者，它是只推动而不被推动的存在（κινεῖ ἀκίνητον ὄν）（《物理学》Ⅷ，256b13–28，258b5–9）。第一推动者是唯一的永恒的，它就是神。

在形而上学中，亚里士多德致力于研究一切存在方式中起主导作用的那种存在方式，即实体（οὐσία）。起主导作用的第一实体，像被向往者（τὸ ὀρεκτόν）、被思想者（τὸ νοητόν）那样使物运动而自身不被运动（κινεῖ οὐ κινούμενα（《形而上学》Ⅻ，1072a26–27），以目的因的方式吸引宇宙的生化洪流奔向它，它就是神。

在《物理学》中，亚里士多德主要从推动—动力因的角度论证了神，在《形而上学》里，他则主要从第一实体—目的因的角度论证了神。二者共同指向作为思想与被思想者之统一体的努斯。这是亚里士多德意义上的神学，也是第一哲学。

在亚里士多德哲学中的动力因—目的因，又在潜能—实现这对概念中获得更深刻的形式。潜能（δύναμις）分为两类，一者在于承受（παθεῖν），一者则在于行动（ποιεῖν），也便是动力因意义上的潜能（《形而上学》Ⅸ，1046a14–19）；而实现（ἐνέργεια）就是目的，正是为着它潜能才被提起（《形而上学》Ⅸ，1050a9–10）。通过论证实现在原理（λόγῳ）与实体（οὐσίᾳ）上优先于潜能（《形而上学》Ⅸ，第八章），亚里士多德确立了目的因对于动力因的优先性，动力因虽是“运动之起始”，但目的因才是运动得以从潜能状态实现出来的真正开端。目的因的圆满实现，被命名为“隐德莱希”（ἐντελέχεια，本义“在自身中拥有目的者”，《形而上学》Ⅸ，1050a23），它与努斯—神—第一实体同为亚里士多德哲学的最高概念。

潜能—实现学说，是对自巴门尼德以来“非存在者不存在”问题的根本性解决，一切现象界的生灭变化，不是从“存在”变为“非存在”，而是潜能与实现二者之间的相互转化。从宇宙动力学的角度，它远胜阿那克西美尼的“稀疏”—“稠密”或恩培多克勒的“爱”—“恨”模型，不但可以解释自然界的现象，也能解释生命与实践。在《论灵魂》中，亚里士多德将灵魂定义为“潜在（δυνάμει）具有生命的自然躯体的第一现实性（ἐντελέχεια）”（412a27–28），灵魂代表着生命的实现，是生命的“隐德莱希”；《尼各马可伦理学》开篇，提到人的每种技艺、研究、实践、选择，都追求某种善（I，1094a1–2），这种对于善的渴求，便是实践中潜能转化为现实的动力，而善便是引发这种转化的目的。

若以中国传统术语比喻，在亚里士多德哲学中，四因说为“四象”，潜能—实现说为“两仪”，努斯—神—隐德莱希则对应于“太极”。目的因作为四因说之主导，其地位可比于“四象”中的乾。真正的差异在于，乾德之根本在于始生与行健，故对应于作为“运动之起始”的动力因，而坤德之根本在成物与顺承，故对应于作为实现的目的因（《乾卦》彖辞“大哉乾元，万物资始，乃统天”，象曰“天行健，君子以自强不息”；《坤卦》彖辞“至哉坤元，万物资生，乃顺承天”，象曰“地势坤，君子以厚德载物”；《系辞》“乾知大始，坤作成物”）。易之精神，正在以乾摄坤，这与亚里士多德四因说中目的因之于动力因的优先地位恰好相反。这一差异实关系中西道体学之根本。[①]

① 相关讨论，参阅丁耘 2019，页 3–44。

《形而上学》第十二卷，正是以目的因之“实现”解决了追寻第一本体的根本任务。在那里，亚里士多德越过柏拉图，以不加明言的方式与前苏格拉底哲学传统中最伟大的两位代表展开对话。他借着批判每一实体有不同本原的观点，指出（1076a2–3）“世界（*τὰ ὄντα*，直译“诸存在者”）不愿（*οὐ βούλεται*）被恶劣地统治”，并引《伊利亚特》中的诗句（Ⅱ. 2, 204）作为证据，“多人统治是不好的。应一人统治”（*οὐκ ἀγαθὸν πολυκοιρανίη: εἷς κοίρανος ἔστω*）。赋予世界（诸存在者）以意志（“不愿”），可追溯到赫拉克利特残篇 B 33“法就是遵从唯一者的意志”（*νόμος καὶ βουλῇ πείθεσθαι ἑνός*），赫拉克利特已不再区分人间之法与天道之法，而将其皆归于唯一者之意志，从中生出一切人天秩序，柏拉图在《蒂迈欧篇》中将这种唯一者的意志表述为“神想要（*βουληθείς*）万物皆善”（30a），[①] 亚里士多德则更进一步，非但创世之神有其意愿，世界本身亦有意愿，直以政治秩序表征宇宙秩序，以人心合天心。

作为亚里士多德天人之学的真正高潮，《形而上学》对于希腊传统中始于巴门尼德的“思维与存在的同一”（*τὸ γὰρ αὐτὸ νοεῖν ἐστίν τε καὶ εἶναι*）原则进行了这样的论述（Ⅻ, 1072b20–32）：“思想（*νοῦς*）通过参与被思考者（*κατὰ μετάληψιν τοῦ νοητοῦ*）而思考自身（*αὑτὸν δὲ νοεῖ*）：因为，通过接触与思考，思想成为被思考者（*νοητὸς γὰρ γίγνεται*），从而思想与被思考者成为同一（*ὥστε ταὐτὸν νοῦς καὶ νοητόν*）”，“如若它是最好的（*τὸ κράτιστον*），那就思想它自身（*αὑτὸν ἄρα νοεῖ*），思想就是对思想的思想（*νοήσεως νόησις*）。”亚里士多德意义上的 *νοῦς*［思想］与 *νοητός*［被思者］呼应于奥义书传统中的梵—我关系及中国传统中的心—物关系，展现出三者分殊而共通的精神张力。作为“思想”与“被思者”统一体的“对思想的思想”（“思思之思”），是全部亚里士多德

① 亦可参照《斐多篇》（103c），苏格拉底为凸显理念本身的精神性特质，说对立者本身（理念）“不想接受相互发生”（*οὐκ ...ἐθελῆσαι γένεσιν ἀλλήλων δέξασθαι*）。

哲学思想中最深彻究竟、最富于神性光辉者。

小结：亚里士多德的哲学，特别是其四因说对整个西方哲学、科学乃至宗教传统产生了巨大的影响。在亚氏那里，四因不是并列的，而是形式因统摄质料因，目的因统摄动力因，最后由目的因兼并形式因，进而统摄诸因。某种意义上说，西方思想的发展史，就是对亚里士多德四因说的解释史和调整史。西方思想后来从未提出四因之外的原因，但改变乃至颠覆了亚里士多德的四因格局。

基督教神学让形式因变得像柏拉图的理念那样摆脱了质料因。晚期经院哲学则把动力因解释为产生效果的原因，同时开始让它摆脱目的因。近代自然科学在所有四因中，只继承了动力因，并把这个原因解释为“力”。总体而言，四因说自近代以来最重大的变化，是质料因与动力因地位的极大上升，而目的因则逐渐边缘化乃至隐去。在全部现代自然科学、社会科学系统和19世纪中叶以来的西方哲学中，质料（物质）、力以及它们的结合，成了解释现代、后现代西方文明的最有效概念。

“唯物”“唯心”之别，根本上可回溯到四因说中的质料因（ὕλη在拉丁语中被译为materia［物质，材料，木材］）与形式因（εἶδος在拉丁语中被译为idea［理型；理念，观念］）。汉语译作“唯心”者实乃“唯相”，以“相”为“心”，与“物”相对，是受到了中国思想传统中心物之辩的影响，但“唯相”与“唯心”实有不同。

柏拉图—亚里士多德合论

柏拉图与亚里士多德是希腊精神史乃至西方精神史上最伟大的思想家，其学贯通天人，博大精深，体系恢宏，气象万千，非止西方之圣人。论二者异同，若及细处，百千万言难尽，故特以其为学荦荦大者言之。

其同有三：皆以存在为哲学之核心命题；皆以“相”统摄“体”“用”；皆以天人为一体，以人心合天心。

1. 柏拉图笔下的苏格拉底，在区分“知识”（ἐπιστήμη）与“意见”（δόξα）后指出（《理想国》V，477b–480a）：知识天然地（πέφυκε）与存在（τῷ ὄντι）相关，知识就是去认识存在（τὸ ὄν），而意见则是知识和无知之间的东西，其所认识者介于存在与不存在之间（如相信有许多美的事物，而不信美本身是“一”）。如果把哲学所追求的智慧理解为真实的知识，那么哲学就意味着去认知存在与一。

亚里士多德则正式将研究存在之为存在（τὸ ὄν ᾗ ὄν）及探索第一实体（οὐσία，εἶναι［存在，是］的分词形式）作为第一哲学的根本任务（《形而上学》Ⅳ，1003a20–1003b19），与之相应，实体被称作存在的第一原因（αἴτιον πρῶτον τοῦ εἶναι，《形而上学》Ⅶ，1041a28）。从亚里士多德开始，哲学的根本问题，从“自然”—“本原”切换到“存在”。海德格尔所言“存在是哲学真正的和唯一的主题”，[①] 既是对哲学这一思的形式的根本规定性和问题意识的提炼，也表达了柏拉图—亚里士多德传统特别是亚里士多德哲学对于哲学之为哲学的决定性影响。

2. 柏拉图的理念论将“相”（ἰδέα，εἶδος）提升到本体的地位，普遍绝对的理念统摄作为其摹仿者的一切具体事物，而一切理念皆归于善的理念，善的理念是至高者。善本身虽非存在（οὐκ οὐσίας ὄντος τοῦ ἀγαθοῦ），却“超越存在”（ἐπέκεινα τῆς οὐσίας）（《理想国》Ⅵ，509b）[②]。善的理念，非存在却超越存在（也超越真理与知识），是对巴

① 参阅海德格尔 2008，页 12。

② 在做出“善高于存在”这一论断前，苏格拉底特意指出（《理想国》Ⅵ，505d），善与正义和美有本质的差异，对于正义和美，大多数人宁愿要被意见认可的正义和美，而不要实在的正义和美，对于善，则没有人满足于意见认可的（τὰ δοκοῦντα）善，而都追求实在的（τὰ ὄντα）善。这既表明，善的理念高于其他一切理念，也指向善的理念与存在—真实的特殊关系。

门尼德之存在论的重大突破，它意味着“相”虽非“本体”，却能通达于“本体”甚而超越于“本体”。这是古往今来“唯相主义”的真正高峰。

亚里士多德对于“相”的认知，相对于柏拉图更为谨慎。在其伦理学中，“适度”意味着作为“过”与“不及”两端之间的“中道”，是伦理关系中具有决定性的“相”；在其四因说中，形式因、动力因、目的因三者被认为在多数情况下可以合而为一（εἰς τὸ ἕν），与质料因相对（《物理学》Ⅱ，198a24–26），这种合一，可视作形式因被整合到目的因中，也可视作动力因和目的共同构成某种更高更完整的形式，而形式就是实现，质料则是潜能，实现对于潜能的优先性（在原理上和实体上，有时也在时间上，《形而上学》Ⅸ，第8章），即形式因对于质料因、目的因对于动力因的优先性，而作为事物之圆满实现的“隐德莱希”（ἐντελέχεια），是目的与形式的合一，此非“唯相”，而是即相即体即用，但在此“即”中，“相”的存在依然是决定性的。

3. 柏拉图把善的理念比作太阳，以之为“看的原因”（αἴτιος ὄψεως），视觉通过分有“太阳的外观”（ἡλιοειδές），即太阳的存在方式，而得以看到事物，哲人则通过理性得以看到理念。善的理念之于其他理念及分有理念之万物，如同太阳之于光及借助光可以看到的万物。哲人的全部探索，便在于将灵魂之最善部分引向（ἐπαναγωγήν）对存在者之最善部分的观照（θέαν），如同太阳比喻中人身体中最明亮的部分转向可见世界中最明亮的部分（《理想国》Ⅶ，952b–d）。通过理性的观照达到善的理念，如以眼观日，即柏拉图意义上的以人心合天心。

亚里士多德意义上的努斯—思想，则代表着更彻底的合一原则：思想就是本原，就是通过思想自身而与被思想者同一（ταὐτὸν νοῦς καὶ νοητόν），就是对被思想者与对实体的接受（δεκτικὸν τοῦ νοητοῦ καὶ τῆς οὐσίας），就是在实现活动中拥有（ἐνεργεῖ ἔχων）。生命就是思想的实现活动（νοῦ ἐνέργεια），神就是现实性（ἐνέργεια），就是至善的永恒的生命（《形而上学》Ⅻ，1072b20–32）。在此意义上，神就是自我实现的努斯，就是努斯的自我实现。此非“唯相主义”，而是真正的“唯心主义”。

其异有三：

1. 柏拉图的学说有相对清晰的自我发展史，尽管在具体篇目的认定上有所差异，但关于其思想的早期、中期（盛期）、晚期的划分则是诸家共许，大体而言，早期的作品发端于《申辩篇》，表现为对具体伦理问题的追问和理念论的初步建构；中期的作品以《理想国》为代表，超越具体的伦理问题，在更高的维度上构建理念论，并产生了以爱欲（ἔρος）为主题的“爱的哲学”（《斐德若篇》与《会饮篇》）；晚期的作品则着力于贯通天人（以《蒂迈欧篇》为代表），亦透露了某些在显白教诲之外的密义（以《巴门尼德篇》为代表，亦包括《斐勒布篇》及《泰阿泰德篇》《智术师篇》《治邦者篇》三部曲），而以对《理想国》之激进政治构想作出重大修正的《法义篇》为终结。

亚里士多德学说的演化史，则始终是成问题的。传统上，各种归于亚里士多德名下的作品被认为同属于某种单一的学说整体，而缺少发展的观念。这种认知，可一直追溯到漫步学派。耶格尔的名著《亚里士多德：发展史纲要》不满于这种格局，试图勾勒出亚里士多德思想与著作的发展轨迹，并将之描绘为从早期的柏拉图主义者到批判柏拉图主义到经验论的过程，这三个阶段分别对应于雅典学园时期、阿索斯与马其顿时期、重返雅典的吕克昂时期。

为了突出亚里士多德思想的“发展”特征，耶格尔把《欧德谟伦理学》《劝勉》作为亚里士多德早年作品的代表；[①] 把最富于思辨性的作品（《形而上学》《物理学》《尼各马可伦理学》《政治学》等）都归于

---

① 通过与《尼各马可伦理学》作对比，他试图论证这两部对话作品是亚里士多德早期作为柏拉图主义者时模仿柏拉图的对话风格而创作的。参阅耶格尔 2013，页 31–82。

第二阶段，[①] 特别是通过对《形而上学》的产生和发展顺序的分析，[②] 否定了其主要在吕克昂时期完成的传统观点，于是这部体现亚里士多德最高思辨成果的作品，变得与晚期的亚里士多德基本无关；而第三阶段的亚里士多德，被认为完全转向经验主义，主要进行教学和各种经验科学的研究（如《动物志》《论动物的部分》《论动物的生成》等动物学研究，这些内容很大程度上出自其学生之手），以及对此前作品的修订。[③]

尽管耶格尔进行了大量颇费心力的材料梳理考证，对不少具体问题的研究提供了有价值的线索，但就其作品整体而言，是极为空洞虚弱的。他指责经院哲学将亚里士多德的哲学看作一个僵化的概念框架，指责东西方的注释传统阻碍了活生生地理解亚里士多德的道路，只关注其表现形式，而没有意识到它是如何活生生地发展的。[④] 但无论以往的解释如何僵硬，它们总是将亚里士多德作为一位伟大的哲学家来对待，而哲人之为哲人，正在于他有着与其生命同样持久的对于基本理论问题的思考与热诚。然而在耶格尔那里，亚里士多德对形而上学的兴趣只存在于早期与中期，却在作为其思想真正成熟阶段的晚年消失了，完全让位于经验主义，对经验科学的探究（ἱστορία）令其放弃了对于普遍存在的追求。这只能表明，耶格尔根本不理解什么是真正的哲

---

① 耶格尔 2013，页 102–265。

② 根据其考察，耶格尔认为：第 1—4 卷是最早的作品，第 6 卷、第 7—9 卷（核心三卷）、第 10 卷都本是独立的作品，是后加入《形而上学》文本的，第 5 卷 2—4 章则是为了联系第 1—4 卷与第 7—9 卷而加入的，第 11 卷是较早的学生笔记，第 12 卷是第 14 卷的节录概述，代表着较完整的柏拉图主义观点，第 13 卷的第 1—9 章属于后期，而其第 9—10 章与第 14 卷则属于较早时期。从时期而言，第 1、2、3、14 卷完成于阿索斯时期，其余部分则完成于马其顿时期。同上，页 138–191。

③ 同上，页 269–315。

④ 同上，页 4–5。

学与哲学家。[①] 这种根本性的误判，也体现在他将《形而上学》第十二卷中最富于神性光辉的思辨归于亚里士多德的柏拉图主义阶段。他既然不理解真正的哲学家，自然也不理解真正的哲学家之差异。

耶格尔的问题，不在于以变化的眼光去看待亚里士多德的作品，而在于以庸人的心意去揣度圣哲的思想。亚里士多德思想的发展，值得深入探究，但应以与亚里士多德思想保持共鸣的方式。此处只举一个小例子：第一哲学的研究对象，在《形而上学》第六卷被界定为研究“可分离又不运动者（*περὶ χωριστὰ καὶ ἀκίνητα*）”（Ⅵ, 10266a17），在《论灵魂》中被表述为“那些完全被分离者（*κεχωρισμένα*）”（Ⅰ, 403b15–16），这依然还是柏拉图理念论的思路；而在《形而上学》第十二卷讨论“对思想的思想”（Ⅻ, 1072b20–24）时，亚里士多德认为，努斯作为不动的推动者引动万物又遍在于万物，不再是如理念般可分离者。从对“第一哲学”与“可分离性”关系的不同认知，可窥见亚里士多德自身理路之推进演化。

2. 柏拉图的写作风格是复调式的，而研究的问题则相对统一，是高度思辨性的；亚里士多德的写作风格，除早期的对话类作品外，更具内在统一性，而涉及的领域更为广阔，包含着大量可以归入实验科学范畴的研究（如动物学）。这种风格与研究问题的错位，导致二者在历史上都不断被误解，但误解的方式又是不同的。

对柏拉图的误解，集中在其具体观点上，以《理想国》为典型，书中对于优生、婚姻、家庭、共产、教育、信仰、男女平权、哲人—王统治、放逐诗人、灵魂转世等诸多问题的论述，长久以来就以被误解的

---

① 他引用《论动物的部分》（I, 644b22–645a32）作为亚里士多德完全失去形而上学兴趣的证据，这除了证明他试图将自己的庸人习气强加给亚里士多德之外，恰恰指向其结论的反面：即便在动物学的经验研究中，亚里士多德依然保留着热诚的形而上学兴趣，并将四因说贯穿其中。参阅罗斯2009，页46–47。

方式而传播流行，卡尔·波普尔的《开放社会及其敌人》中对柏拉图的定位与描述，几乎全是基于对《理想国》所述观点的扭曲误读（且是缺乏基本学养的扭曲误读），堪称代表。

文艺复兴以来，柏拉图之学借《蒂迈欧篇》复兴，但重视《蒂迈欧篇》者，非因其贯通天人之理，而是取其立数理实在为本原，从而以数理本原接通了近代以来的数学与科学，可否数理化，也成为区分“自然科学”与“自然哲学”的根本标准。[①]《蒂迈欧篇》中对宇宙作为一种超级被造物—超级智能体的描绘，更是与当代人工智能、大数据、元宇宙等趋势有所契合，故而柏拉图之学（或说，柏拉图化的毕达哥拉斯派）堪称近代以来科学研究的底层逻辑——只是以高度局限化的方式。

对亚里士多德的误解，则不但涉及其具体观点，更关系到其整体形象，如黑格尔所言，虽然亚里士多德许多世纪以来是一切哲学家的老师，但却从没有一个哲学家曾被如此多地扭曲过，[②]与之相比，对柏拉图的误解更多是不识其微言大义，对亚里士多德误解则达到把与他的哲学完全相反的观点归之于他的程度。这与他在欧洲中世纪经院哲学（及阿拉伯哲学传统）中无与伦比的地位以及在这种崇高地位下对其思想的僵硬处理相关，也与文艺复兴以来对于旧有哲学和思想体系的挑战与颠覆相关，作为旧的哲学—神学体系者的权威化身（尽管这种地位非其所求），他也就成为一切意欲批判旧体系者的假想敌与迁怒对象。

进入 20 世纪后，对于亚里士多德的深度误解在思想界依然时有发生，典型的例子如，斯宾格勒将他视作古典时代康德式的哲学家，[③]

① 由于其根本依据为精神原则而非数理实在，故而谢林与黑格尔的自然哲学，都只能被归入“自然哲学”而非“自然科学”的范畴。

② 参阅黑格尔 2013，Ⅱ，页 256–257。

③ 参阅本书导论，页 10–11。

耶格尔认为他的形而上学兴趣在晚年完全让步于经验主义，伯林在著名的《刺猬和狐狸》一文中，[①] 引用古希腊诗人阿基罗库斯的诗句“狐狸多知，而刺猬有一大知”来作为两类思想家的比喻，他的主题是托尔斯泰，却将之引申到柏拉图与亚里士多德，认为柏拉图是只思一件大事的刺猬，而亚里士多德则是多知的狐狸。这深刻表明，伯林被称道的机智不适用于一切真正深刻的思辨内容，他的误解与耶格尔类似，但比耶格尔偏离得更远，把亚里士多德的形而上学思辨完全混同于其他的研究。如果托尔斯泰如伯林所言是一只企图成为刺猬而不成功的狐狸，那么，亚里士多德就是一只有着狐狸外观且极为成功的超级刺猬。

3. 柏拉图学说有实质性的显密之分，其显教论“一”（*τὸ ἕν*），其密义则论“不定的二”（*ἄπειρον δυάδα*）。柏拉图之论“一”，则世人共晓，其论“不定的二”，据亚里士多德《形而上学》记述（I, 987b20–988a15），则以无限为二而非一（*ἀντὶ τοῦ ἀπείρου ὡς ἑνὸς δυάδα ποιῆσαι*），而用“大与小”（*ἐκ μεγάλου καὶ μικροῦ*）示其构成。在《巴门尼德篇》中，巴门尼德演示了八组与“一”相关的假设（136e–165e），然后得出结论，无论从“如若一是”（*εἰ ἕν ἐστιν*）或“如若一不是”（*εἰ ἕν μὴ ἔστιν*）出发，“一”和“其他”，相对于它们自身以及彼此相对，都既是一切，又不是一切，既表现为一切，又不表现为一切（166c）。“如若一是”与“如若一不是”、“一”与“其他”之并举，即在宣说“不定的二”之密义，故而在这篇对话中，显教之对话主人公苏格拉底让位于前辈巴门尼德。“一”与“不定的二”，实古今一切二本之学之至高明者也。[②]

---

① 参阅伯林 2011，页 25–96。

② 丁耘所著《道体学引论》，于中西道体论之甚精，以为“二本之说，虽大哲不免，中外皆然，何耶？盖二本实植根天命之性者”，“一切二本之学，至高明者，即一与不定的二也”。参阅丁耘 2019，页 250–252。

亚里士多德之学，则真“一以贯之”。《形而上学》第十二卷（1072b20–30）以“努斯”（νοῦς）为思想与被思考者的统一（ταὐτὸν νοῦς καὶ νοητόν），为第一存在（πρώτη οὐσία），为动力因与目的因，以之统摄“四因说”及“潜能”—“实现”说，命名其为“隐德莱希”（ἐντελέχεια）而赋以圆满实现之义。这一意义上的努斯，即思即善，即始即终，即生即成，即人心即天心，即“一”即“太一”。西学一切破二本之见，造极于亚里士多德。

亚里士多德为学之“一以贯之”，其基本理据在于：1．“一”与“是”究竟无别（《形而上学》Ⅳ，1003b20–31）；2．神与努斯究竟无别（《形而上学》Ⅻ，1072b20–32）。这两点皆与柏拉图哲学不同：《理想国》以善的理念为宇宙之本，善本身非存在却超越存在（Ⅵ，509b）；《蒂迈欧篇》所言神—努斯—世界之结构，是神将努斯放入灵魂中（30b–c），故而神与努斯并非同一。

若从太一论而论，努斯（与“是”）可称“一”，却非“太一”。努斯是“太一”极高明的自我显化，不假努斯，“太一”无以造化无以认知无以言说，可以说，努斯是凭借思维能够达到的对于“太一”的最高认识形式，但努斯本身毕竟不是“太一”。任何对“太一”的命名或称谓，都不可能是圆满的，以“太一”称“太一”，近于“名之曰道”，以善或神或努斯称“太一”，则近于“强字之”。

若以努斯为精微存在—思想之最高代表，以逻各斯为粗大存在—世界的最高代表，则宇宙之演化，即“太一”一降为努斯，努斯一降为逻各斯，逻各斯一降为逻辑。早期基督教神学之倚重柏拉图，中世纪基督教神学之倚重亚里士多德，皆在于以上帝为“太一”，以耶稣为“一”，以袭自新柏拉图主义的“三位一体”表“一”之出于“太一”而作用于“世界”，只是早期的重点在“太一”，后来则从“太一”转向“一”。自文艺复兴以降，则更由“一”转向“世界”，由努斯转向逻各斯，逻各斯则被等同于数理实体—数理逻辑。经此一转，柏拉图之于近代以来科学，亚里士多德之于近代以来哲学，都发挥着决定性的底层逻辑作用，却都失其整体，变作支离事业。

小结：柏拉图与亚里士多德，皆为此前希腊哲学思想乃至各种文化传统的集大成者。他们令哲学在与诗歌和历史及其他一切学科的“竞争”中，获得了超越性的主导地位，从而决定性地推动了希腊文明的轴心突破。他们代表着希腊文明乃至西方文明最高明整全也最富于内在张力的自我反思，甚至代表着思辨这种形式自身的界限。正是有其参照，中国与印度传统之最高明精微者，才得以真正显现其伟大卓异之处。作为一切时代中真正伟大卓异的思想者，他们不只属于其所植根与生长的文明，他们也是人类的导师。

四、史学

1. 希罗多德

希罗多德出生于安纳托利亚的哈利卡纳苏斯（Halicarnassus），此地本属吕底亚王国，吕底亚为波斯所灭后纳入波斯版图，希波战争后又成为希腊的海外领土。安纳托利亚作为希腊—波斯—美索不达米亚—埃及之中介的地位，对他行游地中海世界的经历，乃至在写作《历史》中呈现的对各民族风俗传统的巨大兴趣，都产生了重大的影响。

希罗多德在《历史》的开篇即表达了他写作这部作品的主旨，“此为哈利卡纳苏斯的希罗多德的研究展示（*ἱστορίης ἀπόδεξις*），他这样做是为了使人类的功业（τὰ γενόμενα ἐξ ἀνθρώπων）不致随着时间的流逝而湮没无闻，是为了使希腊人和蛮族人伟大而光辉的功绩（ἔργα μεγάλα τε καὶ θωμαστά）不致默默无闻，尤其是他们之间战争的缘由（αἰτίην）”（1.1）。希罗多德意义上的 ἱστορίη［研究，探索，考察］，在后世成为对历史与史学的命名。

希罗多德的“探究”包含着某种巨大的内在矛盾：一方面，它带有强烈的希腊中心主义倾向，始终带着文明优越感，严守希腊人（Ἕλληνες）①—野蛮人（βάρβαροι）的二元对立，特别论证希腊对波斯的战争胜利带有必然性；另一方面，它体现出对人类整体生活与命运的强烈兴趣，这种兴趣甚至不亚于对希波战争的关注。出于这种兴趣，与各民族相关的诸多信息被记述下来，《历史》包含着所见（ὄψις）、所闻（ἀκοή）、所传闻（λεγόμενα）的各种信息，从相对可靠的记述到荒诞不经的传说，以及希罗多德本人的判断（γνώμη），混杂在一起，构成某种早期地中海世界各族情态的万花筒，或谓之美不胜收，或谓之光怪陆离，见仁见智，不一而足。

希罗多德本人之历史地位的奠定，主要不是由他关于希波战争的“历史”记述，而是由于他对希腊之外的地中海世界各民族风俗（νόμοι）特性（ἤθεα）的记述，这在后世被归入“文明史”的范畴。他的开创性，与其说体现在以政治史为核心的历史领域，不如说体现在带有跨区域特征的文明史领域。他的文明史记述给人造成如此深刻的印象（无论是赞其淹博还是鄙其诞妄），相形之下其希腊中心主义立场多少有些失色，以至于他被普鲁塔克称为“蛮族之友”（φιλοβάρβαρος，《道德论

① 希罗多德很可能是率先使用 Ἕλλην 一词来指称整体希腊世界者。Ἕλληνες 一词在荷马史诗中已有使用，指海伦所在的塞萨利（Thessalian）部族，而广义的希腊人则往往按照其出生地被称作 Δαναοί［达那安斯人］，Ἀργεῖοι［阿尔戈斯人］，特别是 Ἀχαιοί［阿开亚人］。以 Ἕλληνες 取代 Ἀχαιοί 作为希腊人总体之命名，在希罗多德的时代才逐渐成为潮流。

集》, 857a)。甚至西塞罗赋予他的“历史之父”(pater historiae)这一称号(《论法律》), 亦非纯然尊称, 而在暗示他的记述颇多不实, 乃“谎言之父”。

希罗多德的史学, 其思想来源有三:

1. 米利都的赫卡泰俄斯(Hekataeus)开创的地理志—民族志传统, [①] 希罗多德又赋予其丰富得多的有关异域文明的描绘与分析;

2. 源自荷马史诗的战争场景的描绘技巧, 主线之外夹杂长段插话的叙事方法, 乃至于词汇的选择、风格的模仿, 都使得《历史》呈现出一种以希波战争为新特洛伊战争的类史诗意味(可谓“无韵之伊利亚特”), [②] 以至于希罗多德被归入“最荷马式的”(*Ὁμηρικώτατος*)作家之列(朗吉努斯《论崇高》, 13. 3);

3. 伊奥尼亚哲学对世间万物动变背后之“本原”的思考。希罗多德对诸多历史现象的解释, 皆基于事物的变易特征, 特别是强与弱、福与祸的不断切换, 进而总结为, “人间的幸福不会长久停留于一处

---

① 赫氏作品之保留, 很大程度上也是因为希罗多德对其观点的记述与批判(如《历史》2.143)。其作品仅有《大地巡游记》(*Periegesis*)与《谱系志》(*Geneologies*)两部以残篇的形式传世(FGrH, I),《谱系志》的序言中提到, “我写下这些东西, 因为我认为它们是真实的。在我看来, 希腊人的传说(*λόγοι*)虽多却荒谬”(FGrH, I, 7–8)。他开始试图比较各种不同的传说, 以确定其中的合理成分。这种对待传说的态度, 为希罗多德所继承。除此之外, 希罗多德参考的材料, 可能还包括与赫卡泰俄斯同时代的米利都人狄奥尼修斯之《大流士身后事》(*Affairs after Darius*)与《波斯志》(*Persika*), 但并无明确的证据。

② 希罗多德文中出现的有关战争杀戮的夸张数字, 特别是温泉关之战中对希腊战士英勇杀敌的描绘(“四千人对战三百万”, 7. 228–232), 很大程度上反映了这种“类史诗”文体的风格特点, 其夸张程度, 颇似中世纪史诗作品《罗兰之歌》。

(ἐν τὠυτῷ μένουσαν)”(1. 5),“人类的事务是一个轮子(κύκλος),它转动着(περιφερόμενος),不容人们永远得享幸福(αἰεὶ τοὺς αὐτοὺς εὐτυχέειν)”(1. 207)。希罗多德思想中对应于伊奥尼亚哲学之本原概念的,是缘由(αἰτίη),人世间的强大与幸福难以持久的缘由,被归于人类的肆妄(ὕβρις)与神的妒忌(φθόνος)之共同作用。

这种认识的高潮,体现于萨拉米海战后提米斯托克利对雅典人所言,“取得这场胜利的不是我们,而是诸神与英雄(θεοί τε καὶ ἥρωες),他们嫉妒(ἐφθόνησαν),一个人做了亚细亚与欧罗巴之王(τῆς τε Ἀσίης καὶ τῆς Εὐρώπης βασιλεῦσαι)”(8.109),以及普拉提亚战役前夕一位地位尊贵的波斯人在宴席上向其底比斯的朋友承认,赴宴的波斯人与外面的军队只有很少人能活下来,人们知道却无能为力,“凡是神所注定的事(ἐκ τοῦ θεοῦ ἀμήχανον),是人力所无法扭转的(ἀποτρέψαι),因为,说最真实的话,反而无人愿意相信。很多波斯人都知道,但我们在必然性的枷锁(ἀναγκαίῃ ἐνδεδεμένοι)中只能顺其自然。人类之最大悲哀,莫过于知道很多,却又无能为力(πολλὰ φρονέοντα μηδενὸς κρατέειν)”(9.16)。

希罗多德历史记述中这种沉郁凝重的基调与背后对人类命运的深切反思,使得这一作品尽管包含大量夸张乃至荒诞的细节,[①] 带有根深蒂固的希腊中心主义色彩,依然透出特殊的庄严意味与超越性品质。这既与希罗多德写作《历史》的时代背景有关,[②] 也体现了与埃斯

---

① 典型的例子如,为突出埃及风俗与其他地方的截然差异,说埃及的女人站着撒尿,男人蹲着撒尿(2. 35);为表达印度风俗的特殊性,说印度男子的精液是黑色的,如同埃西欧匹亚人一样(3.101)。

② 希罗多德开始写作此书时约在公元前 443 年,距希波战争结束已有 30 余年,写作持续到他的去世(约公元前 425 年),此时伯罗奔尼撒战争已爆发并持续有年,伯利克里已不在人世,尽管胜负尚未分,但雅典的黄金时代已无可挽回地逝去。

库罗斯名作《波斯人》（公元前472年于雅典上演）之间的精神共鸣。

相对于讲述其所听闻的故事，希罗多德更善于创作（亦曰编撰）故事，特别是与希波战争并无直接关联却能寄托其对人类普遍命运之思考的故事。梭伦与吕底亚国王克洛伊索斯的对话（1.29–33），大流士等七人在推翻巴迪亚后有关何种政体为宜的讨论（3. 80–84），是最高明的代表。某种意义上，二者都具有强烈的亚里士多德风格，前者之主题在于"最幸福的人"，[①] 后者则在于"最好的政体"，堪称亚里士多德伦理学与政治学之核心问题的导论。

正是在梭伦的论述中（1. 32），首次出现了"善妒的神"（*τὸ θεῖον πᾶν ἐὸν φθονερόν*）之意象，[②] 阐发了没有人在死前可称幸福的观点（死前至多可称 *εὐτυχέα*［幸运］而非 *ὄλβιον*［幸福］），[③] 并留下了带有预言色彩的结论：神让许多人显得幸福（*ὑποδέξας ὄλβον*），又将其彻底颠覆（*προρρίζους ἀνέτρεψε*）。这篇虚拟的对话是整部作品基调之缩影，它所预言的，不但是克洛伊索斯与吕底亚王国的命运，也是颠覆了克洛伊索斯幸福命运的居鲁士与波斯帝国的命运，若结合全书结尾处居鲁士对波斯人意味深长的建议与波斯人宁愿在山区做统治者而不在平坦的耕地做奴隶的选择（9. 122），事实上也指向颠覆了薛西斯一世与波

① 相对于亚里士多德，希罗多德之论幸福，使用的是荷马史诗的词汇——形容词 *ὄλβιος*（如《伊利亚特》24.543，《奥德赛》17.420）及名词 *ὄλβος*（如《伊利亚特》16.596，《奥德赛》3.208），而非抽象名词 *εὐδαιμονία*。

② 希罗多德笔下善于妒忌的神，是否与《旧约》中 'ēl qannā'［嫉妒的神］（《出埃及记》20:5）的意象有所关联，或是否可回溯到某种更古老的传统，有待进一步考察。

③ 亚里士多德在《尼各马可伦理学》中对这一观点进行了专门讨论（1100a10–1101b9），并将之与幸福作为目的（*τέλος*）的实践活动（*ἐνέργεια*）联系起来。希罗多德当是把梭伦有关生前无人可称幸福的观点赋予了某种虚拟的历史背景加以表达。

斯帝国之幸福命运的希腊人。

在以波斯为背景的政体讨论中，主张多数人统治（πλῆθος δὲ ἄρχον）的欧塔涅斯，虽未使用民主（δημοκρατία）一词，却提到了极富雅典民主特征的法权平等（ἰσονομίη）概念，清晰地指向以雅典为典范的民主政体（3.80）；美伽比佐斯则以大众统治同样会造成肆妄（ὕβρις）且是比暴君统治更恶劣的肆妄为由，否定了前者的主张，而代之以由“一些最好的人”（ ἀνδρῶν τῶν ἀρίστων）进行统治（3.81），值得注意的是，希罗多德在此并未使用贵族制（ἀριστοκρατίη）这一概念，而直接将之称作寡头制（ὀλιγαρχίη）；大流士一世同时反对此二者的主张，认为在多数人统治、少数人统治、一人统治这三种形式间，一人统治（μουναρχίη）最佳，因为无论寡头制还是民主制都会因种种内部的矛盾而导向一人统治（3.82）。大流士一世的发言最值得留意处在于：1. 他不但明确提出了政体的三种主要形式，且描绘了不同政体之间的转化，而以王制作为最佳政体，这一分析框架及其结论被柏拉图—亚里士多德所继承；2. 他在为王制作辩护时，引入了自由（ἐλευθερίη）这一维度，提出王制作为自由之赋予者与守护者的定位，同时以父祖相传之习俗（πατρίους νόμους）的名义为这种选择提供道义支撑，从而为后世之“开明专制说”与“文化保守主义”开了先河。

最终，大流士一世的意见获得在场多数人的赞同（3.83），波斯贵族们通过多数表决的逻辑选择了王制。希罗多德笔下的政体讨论，在充分展现了政体问题的复杂面向后，以一种耐人寻味的错置—悖论告终，这不但令人对希罗多德本人之政治倾向产生诸多猜测，并引发人们对他将自由归于希腊人、奴役归于野蛮人的基本文明论预设产生质疑。在此意义上，希罗多德是“蛮族之友”（φιλοβάρβαρος），也是“爱智慧者”（φιλόσοφος）。

2. 修昔底德

修昔底德于约公元前460年出生于雅典，比希罗多德晚20年，二人大致可算作同时代人。修昔底德对这位前辈史家（λογόγραφος［散文编年史家］）的思想显然并不陌生，提及他时，行文中常带着批判的口吻。①

尽管被后世共尊为希腊史学的代表人物，但二者的差异是全方位的：

希罗多德以爱奥尼亚方言写作，其语言风格近于散文化的荷马史诗，可谓文采飞扬，修昔底德使用阿提卡方言，其语言风格与其思想一样，冷峻乃至带有些冷僻的意味，他自己也承认缺少阅读快感（ἐς μὲν ἀκρόασιν……ἀτερπέστερον，《伯罗奔尼撒战争史》1.22）。

希罗多德记述的是发生于过往的历史（尽管距离其所处的时代尚不遥远），修昔底德写作的是他所亲历的当代史。

希罗多德的写作目的在于让伟大的功业不致被人遗忘而湮没无闻（ἐξίτηλα γένηται, ἀκλεᾶ γένηται，《历史》1.1），修昔底德之写作，则恰因相信他所经历的是有史以来最重大的事件，较之以往一切事迹更值得记述。

希罗多德将自己的写作概括为 ἱστορίη［研究，探索］，带有强烈的

① 典型的例子如《伯罗奔尼撒战争史》1.20，“在其他希腊人中间还流传着很多其他没有根据的说法，甚至对于当代历史也是如此，而这些事实并未因年深日久变得模糊。例如，有一种看法认为拉栖代梦的每一位国王有两票表决权，事实上他们只有一票表决权。有人认为在拉栖代梦有一支名叫‘皮塔涅’的军队（τὸν Πιτανάτην λόχον），事实上根本就没有这回事。因此，大多数人不愿意付出辛劳（ἀταλαίπωρος）去寻求真理（ἡ ζήτησις τῆς ἀληθείας），而宁愿相信现成的信息（ἐπὶ τὰ ἑτοῖμα μᾶλλον τρέπονται）”，直接针对希罗多德《历史》6.57与9.53所记述的内容。

哲学意味（如柏拉图《斐多篇》96a 所言之 περὶ φύσεως ἱστορία［与自然相关的研究］），修昔底德则使用了希腊史学家更为常见的 ξσυγγράφω 形式，[①] 它意味着与诗歌创作（ποιεῖν）相对的散文写作，同时带有某种对于事件的“报道”意味，这一体例与修昔底德进行的当代史写作是紧密联系的。

希罗多德在希波战争结束多年后开始写作，基本完成了对战争全过程的记述，作品围绕希波战争展开，带有大量高度发散的插话与评论（如整个第二卷对埃及的论述），这些部分甚至引起了读者更多的关注；修昔底德则在伯罗奔尼撒战争爆发后就开始写作这部历史，但最终并未完成其写作计划，[②] 而只写到战争进行到第 21 年之际（公元前 411 年）。作品分为篇幅几乎相当的两部分，第一部分为“十年战争”（1.1–5.20），在短暂的过渡后（5.21–25），开始了第二部分的记述（以 5.26 的导论为标志），在第 8 卷第 109 章，以一句未写完的话戛然而止。

希罗多德并未对自己的史观作集中论述，而是通过对人物、事件的记述（特别是人物的对话及其命运）呈现自己的史观，某种程度上，这是他“最荷马式”的写作风格的必然结果（荷马本人总是隐身于他所吟诵之史诗背后的）；修昔底德则在全书第一卷的 1–23 章中把自己的核心史观和盘托出，此后所有具体史实的论述都可在这部分论述中寻到理论解释，或说，是这种历史解释的具体展开。

二者最根本的差别在于，希罗多德虽以希波战争为主线，但所述

① 参阅杨长乐 2021。

② 根据 5.26 的导论，作者知晓战争的最终结局：他会一直写到雅典帝国被摧毁，长城和比雷埃夫斯被占领，整个战争持续达 27 年，这也是唯一被验证的神谕——战争会持续 3 个 9 年。有观点认为，对应于西西里远征失败后战争走势的第八卷，是其女儿所作。无论如何，第 6 卷和第 7 卷的记述已经清晰地指向雅典的最终失败。

内容则远超战争本身，涉及地中海世界诸多民族之风俗特性、信仰传说，而修昔底德则严格地将"伯罗奔尼撒人与雅典人之间的战争"（τὸν πόλεμον τῶν Πελοποννησίων καὶ Ἀθηναίων）作为自己写作（ξυνέγραψε）的主题（《伯罗奔尼撒战争史》1.1），因而他们分别代表着西方史学中文明史与政治史的源流。

尽管修昔底德强调，竭尽所能对每一材料的确切性加以检验（ὅσον δυνατὸν ἀκριβείᾳ περὶ ἑκάστου ἐπεξελθών），其严谨态度常为后世称道，更有人称其为"实证主义"史学鼻祖，但他自己坦承，对于文中出现的演讲词，他的处理是（1.22），使其说出"对我而言（ἐδόκουν ἐμοί）在那些场合最须要说的（τὰ δέοντα μάλιστ' εἰπεῖν）"，同时尽量接近（ἐγγύτατα）其真实的言说（τῶν ἀληθῶς λεχθέντων）。这意味着，那些被归于不同演说者名下的演讲词，很大程度上是修昔底德本人的创作，或说，是他将自己置于演说者的地位所进行的演绎。无论这具有怎样的必要性与合理性，都恰恰说明，修昔底德所持并非任何意义上的"实证主义"立场。

修昔底德几乎从未强调历史写作对抗遗忘的价值，而是将历史写作的意义理解为对未来提供参鉴（1.22）：帮助人们清楚地认识历史，无论是已经发生的（γενομένων），还是将会发生的（τῶν μελλόντων），它们会根据人性的特质（κατὰ τὸ ἀνθρώπινον）以相同或类似的方式（τοιούτων καὶ παραπλησίων）再次出现（αὖθις...ἔσεσθαι）。这当然并非尼采意义上的"相同者的永恒轮回"（die ewige Wiederkehr des Gleichen），但确实表达了某种带有循环论意味的历史观—时间观，这是他与希罗多德精神共通之处。[①] 二者的差别在于，对于希罗多

① 莫米利亚诺（A. Momigliano）正确地指出，认为希腊人的时间观与犹太人的时间观有着根本差别的观点无法成立，但是，他对希腊史学家秉持循环论史观的否定，同样无法成立。参阅莫米利亚诺 2015，页 179–204，特别是页 190–192。事实上，无论史家或是哲人，其所持的时间观都（转下页）

德，历史的循环是由人类的肆妄与神的妒忌共同导致，而在修昔底德那里，神对世界的干预这一维度消失了，历史循环的根本只在于人性的特质。在此意义上，修昔底德是古典时代罕见的“唯物主义者”。

这种“唯物主义”立场，使得修昔底德表现出对神话传统的强烈批判意识，他通过计算荷马史诗中提及的希腊联军船队数量与船员人数，从军事后勤供给的逻辑出发，得出这样的结论：希腊联军久攻不克的原因在于金钱的匮乏（ἀχρηματία），特洛伊战争的影响也并没有传说的那么大（1.11）。这种对神话的祛魅和唯物主义的解释，进一步支撑了他对伯罗奔尼撒战争之“重大”（μέγαν）性的强调，他将之描绘为人类有史以来最大的动荡（κίνησις……μεγίστη）。动荡（κίνησις）是一个带有伊奥尼亚哲学色彩的词汇，旨在突出战争所带来的全方位的变化。投入战争的人员、金钱、武器、装备是空前的，战争持续时间之长与带来的灾难之深重，也是空前的，“从来没有这么多城市被攻陷，被蹂躏”，“从来没有这么多流亡者，从来没有这么多人被虐杀”（1.23）。令人惊异的是，对于这种空前的灾难，修昔底德在冷峻的表述下，竟然包含一种罕见的热情，一种亲历与见证“最大”者（包括灾难与死亡）而生起的自豪，记录这“最大的动荡”，能让他超越诗人（荷马）与散文编年史家（希罗多德），留下一份“恒产”（κτῆμά τε ἐς αἰεὶ, 1.22）。

对历史事件背后缘由（αἰτία）的探索，是希罗多德与修昔底德所共同致力的，这也反映出希罗多德对修昔底德最深刻的影响：当

（接上页）无法代表普通希腊人的观念。因而，毕达哥拉斯、恩培多克勒、柏拉图对轮回的认识，希罗多德、修昔底德乃至后来波利比乌斯的带有循环论意味的历史观，只能说明，希腊精神深处对时间具有某种异于线性形态的认知。这是希腊思辨传统的产物，而非某种单纯的语言现象或文化现象。

修昔底德将伯罗奔尼撒战争“无可避免”(ἀναγκάσαι)之“最真实的原因”(ἀληθεστάτην πρόφασιν),[①] 解释为雅典势力的增长(μεγάλους γιγνομένους)引发拉栖代梦人的恐惧(φόβον παρέχοντας)时(1.23),可以清晰地发现希罗多德意义上人类的肆妄与神的妒忌之二元结构的痕迹,在这种“唯物主义”的解释框架中,神的干预消失了,但人类的作为与心理变化,依然存在某种命运性的安排,某种“无可避免”的必

① 修昔底德在此使用了 πρόφασιν 一词,它通常意味着“借口”,以表达“原因”,而就在这一表述之前,他提到要让人们了解双方的“原因”(αἰτίας)与“分歧”(διαφοράς),一种与分歧并提的原因,事实上往往意味着“借口”。修昔底德并没有对“原因”与“借口”进行清晰区分,这显然与波利比乌斯不同,后者在《通史》中以讥嘲的口吻提到那些看不到开端(ἀρχή)、原因(αἰτία)和借口(πρόφασις)差别的人,并对上述概念进行了界定:开端是已决定者的首次实行或付诸实施(τὰς πρώτας ἐπιβολὰς καὶ πράξεις τῶν ἤδη κεκριμένων),原因则是事先影响判断和决定者(τὰς προκαθηγουμένας τῶν κρίσεων καὶ διαλήψεων),即影响对事件的观念(ἐπινοίας)、心态(διαθέσεις)和推算(τοὺς περὶ ταῦτα συλλογισμούς)(《通史》3.6.6–7),以马其顿对波斯的战争为例,波斯此前表现出的虚弱与腓力的信心是原因,波斯之前对希腊犯下的罪恶是借口,亚历山大进入亚洲则是战争的开端(3.6.9–14);以安条克人与罗马人的战争为例,原因是埃托利亚人的愤怒,希腊的自由是战争的借口,安条克在德米斯特里亚斯的登录是战争的开端(3.7.1–3)。

为了解释修昔底德对“原因”与“借口”的混用,某些学者认为此处的 αἰτίας 应当被译作“不满”,不为无据,这事实上是回到了 αἰτία 作为债务起诉—债务责任的原意(短语 αἰτίαν ἔχειν 意味着“为……承担责任”),但这并不意味着修昔底德的时代希腊语中没有对应于“原因”的词汇(如康福德 2006:59 所认为的那样),事实上,在希罗多德那里,αἰτίη 已经具有清晰的原因意味(《历史》1: 1: δι᾽ ἣν αἰτίην ἐπολέμησαν“出于这原因他们进行战斗”)。

然性。

为了解释大战的原因，修昔底德记录了雅典人与伯罗奔尼撒战争人的辩论与谈判（1.66–88），特别是伯利克里对雅典人的发言（1.140–144），然而修昔底德笔下的完美政治家伯利克里为什么会做出与斯巴达作战的决定，依然令人不解，[①] 这也意味着，修昔底德有关战争原因在于"雅典势力增长"与"斯巴达恐惧"的二元论解释，是在不明了伯利克里的真实动机又须维护其完美形象的情况下做出的选择，虽不失深刻，但包含着巨大的内在矛盾：就二元论解释的内在逻辑而言，斯巴达出于恐惧，为防止雅典势力的进一步增长，会是首先发起战争的一方；就修昔底德所认同的民族性格而论（1. 70），雅典人善于创新，勇于冒险，行事果断（ἄοκνοι），斯巴达人则保守现状，遇事迟疑（μελλητάς），故而雅典会主动挑起战争，而斯巴达则是被动的应战方。修昔底德记述伯利克里促战的讲话，即承认是雅典将战争加于斯巴达，从而事实上构成对他自己所提出的二元论解释的否定（或说，重大挑战）。

所谓"修昔底德陷阱"说，其出发点就在于修氏的这种"增长"—"恐惧"的二元论解释（把雅典替换为新兴大国，把斯巴达替换为传统大国，把冲突解释为新兴大国对旧势力的挑战与旧势力出于恐惧的反

---

① 修昔底德显然不同意发动战争是出于伯利克里私欲，尽管此说在当时颇为流行，阿里斯托芬喜剧作品中的相关描述（《阿卡奈人》524–530，《和平》603）正反映了雅典普通民众的想法。修昔底德论述的真正困难在于，他一方面认为就当时的雅典形势而言，伯利克里没有理由渴望战争；另一方面，在其记载的伯利克里鼓动雅典人对斯巴达发动战争的发言中，伯利克里更多的是在分析一旦开战后双方的实力对比与战争所应采取的策略，而并没有给出清晰的发动战争的理由。正是在此意义上，麦克唐纳推测，修昔底德本人也不知道伯利克里发动战争的真实动机。参阅康福德 2006，页 3–14。

应），其立论可谓根柢处有偏。如果这一理论具有某种参鉴价值，也不在于其对于世界体系中大国博弈关系的解释（恰恰相反，对于真正的大国关系它是高度不适用的），[①] 而在于反映出西方面对历史剧变时所习惯、所依赖的认知—想象模式与心理—行动模式，这是修昔底德的“唯物主义”冷峻记录及其病理学报告（如果将“动荡”视作一种政治秩序的疾病）[②] 给后世留下的最深刻遗产。

在战争爆发第一年冬季举行的雅典阵亡将士葬礼上，伯利克里发表了著名的葬礼演说（2.35–46），可视作雅典全盛时代之精神气质的实录，在那里，民主的价值与帝国的价值紧密交织、融为一体，反映出处于实力巅峰的雅典作为“全希腊的学校”（*τῆς Ἑλλάδος παίδευσιν*）之充分自信与从容心态，乃至认为雅典的功业不需要荷马来加以歌颂，所做无论善恶皆为不朽之纪念（*μνημεῖα κακῶν τε κἀγαθῶν ἀίδια*, 2.41）。如果上述言论成立，那么第二年夏天在斯巴达大军侵入阿提卡地区时，雅典突然爆发的大规模瘟疫，则直接影响了雅典人的心理，处在巨大压力下的伯利克里在公民大会上的讲话（2.60–64），同样也不再如此前那般自信，转而直白地表达，选择了帝国（*ἀρχή*）这条道路就无法回头，[③] 甚至以一种希罗多德式的口吻承认，雅典也

① 参阅白钢 2020，页 18–19，60–62。

② 沃格林敏锐地指出希波克拉底学派医学理论为修昔底德史学提供理论模型的意义，但认为修昔底德以医学科学为模型，试图将政治的实证知识转化为科学，则未免夸大了修昔底德思想的实证特征（或许也夸大了希腊早期医学传统的实证特征）。参阅沃格林 2012，页 440–445。

③ 伯利克里这番对帝国的论述，不但冷峻，更可谓冷酷（2.63）：“你们还应当知道，你们战争的目的不单单是为了享受自由而不遭受奴役（*δουλείας ἀντ’ ἐλευθερίας*），同时也牵涉帝国的丧失以及帝国所招致的仇恨而产生的危险（*ἀρχῆς στερήσεως καὶ κινδύνου ὧν ἐν τῇ ἀρχῇ ἀπήχθεσθε*）。此外，假如在危难时刻，你们当中确实有人曾认为放弃帝国是一种正直的行 （转下页）

可能要被迫屈服，因为万事皆有兴起与衰败（πάντα γὰρ πέφυκε καὶ ἐλασσοῦσθαι），渴望统治他人者，都会暂时招致别人的仇恨与痛苦，但嫉恨不会长久（μῖσος μὲν γὰρ οὐκ ἐπὶ πολὺ ἀντέχε），当下的显耀（παραυτίκα τε λαμπρότης）和将来的光荣（ἐς τὸ ἔπειτα δόξα）则会在记忆中永存（αἰείμνηστος καταλείπεται, 2.64）。对于已经知晓此后雅典命运的修昔底德，这极富古典气息的庄严宣告，既是献给伯利克里时代的颂词，也是其挽歌。

伯利克里式对于光荣的信念，在残酷的现实面前迅速退却（3.82–83）：内乱（στάσις）在一个又一个希腊城邦爆发，各地的民主派与寡头派在其背后势力的支持与煽动下，进行党争以控制政权，伴随着种种暴行与狡诈手段。战争作为富有暴力的教师（βίαιος διδάσκαλος），迅速取代了此前雅典对希腊的教化作用，战争与党争的熏陶之下，党徒关系甚至超出了血缘关系，而党徒间的相互信任不是基于神圣的律法（οὐ τῷ θείῳ νόμῳ），而是共同作恶（τῷ κοινῇ τι παρανομῆσαι）。正义和城邦共同利益之类的目标，被满足党徒的任性（τὸ ἑκατέροις που αἰεὶ ἡδονὴν）所取代。传统上被尊崇的德性，被人嘲笑而消失（καταγελασθὲν ἠφανίσθη）。

此种价值的崩坏，不但发生于附属性的城邦，也发生于雅典自身。雅典使者对米洛斯人赤裸裸的威胁，彻底撕去德性道义（神与公正）的外观，显露出帝国的冷酷本质："因为我们双方都知道，当今世界通行的规则是，公正的基础源于相同的实力（ἀπὸ τῆς

（接上页）为，那么，如今放弃这个帝国已经是不可能的了。坦率地说，因为你们维持帝国靠的是一种暴政（τυραννίδα）。即便过去取得它（帝国）是不义的（ἣν λαβεῖν μὲν ἄδικον δοκεῖ εἶναι），现在放弃它一定是危险的（ἀφεῖναι δὲ ἐπικίνδυνον）。"有这番表述作为铺垫，在伯利克里死后，鼓吹用武力和恐惧维系帝国的克里昂，这位"公民中最暴虐者"（βιαιότατος τῶν πολιτῶν, 3.36）上台执政便显得不那么突兀。

ἴσης ἀνάγκης)，同时我们也知道，强者可以做他们能够做的一切（οἱ προύχοντες πράσσουσι)，而弱者只能忍受必须忍受的一切（οἱ ἀσθενεῖς ξυγχωροῦσιν)。"(5. 89)"我们对于神祇的意念和对人们的认识，都使我们相信，出于本性的必然（ὑπὸ φύσεως ἀναγκαίας)，若有力量（ἂν κρατῇ)，即可统治（ἄρχειν)。这不是我们制造出来的规律（νόμον)；这个规律制造出来之后，我们也不是最早使用这个规律的人。我们发现这个规律早已存在，我们将让它在后代永远存在。我们不过按这个规律行事。我们知道，无论是你们，或是别人，只要有了与我们同样的力量（ἐν τῇ αὐτῇ δυνάμει ἡμῖν)，也会同样行事（δρῶντας ἂν ταὐτό)。"(5. 105)①

米洛斯人因不愿屈服而惨遭屠戮，所有成年男子被杀，女子与儿童被贩卖为奴。不加掩饰地使用暴力，对于雅典帝国而言，是其有力量的表现，却同时表明它的虚弱，它已不得不只能依靠暴力来维系自己的统治，不得不通过向弱者施暴来克服因陷入衰弱而带来的内心恐惧。当面对并非如米洛斯一般的弱者而要进行某种真正的军事冒险时，这种隐藏于强大外观下的心理脆弱性便充分暴露出来。在与叙拉古决战前，雅典远征军的统帅尼基阿斯意识到危险的巨大与迫切，对形势感到心惊（ἐκπεπληγμένος)，他把所有舰长一一叫来，用他们父亲的名字、他们自己的名字和他们部族的名字来称呼他们，试图鼓舞士气，最终诉诸那些适用于一切场合（ὑπὲρ ἁπάντων παραπλήσια)的套话，"人们并不关心这些陈词滥调（ἀρχαιολογεῖν)是否合适"，"只是

---

① 可参考第一卷中雅典使者对斯巴达人所言："我们的所作所为不足为怪，与人类的普遍惯例也没有相悖之处；如果我们确实接受了一个奉献给我们的帝国，而且不肯放弃它的话，那是由于三个最强有力的动机——荣誉（τιμῆς)、恐惧（δέους)和利益（ὠφελίας)——的驱使所致。我们也不是这个范例的首创者。因为弱者应当臣服于强者（τὸν ἥσσω ὑπὸ τοῦ δυνατωτέρου κατείργεσθαι)，这一直就是一条普遍的法则（νομίζοντες)。"(1.76)

大声召唤着（ἐπιβοῶνται），相信（νομίζοντες）它们在此刻的惊慌失措中（ἐκπλήξει）会有所帮助”（7.69）。

这种遭遇危机时对语言的巫术般信任（不断重复某些自己也不相信的话语，希望这些话语会如同咒语般产生作用），成为某种心理定式嵌入希腊人及其继承者的精神深处。语言的巫术没有发挥效力，西西里远征这场希腊历史上最大的军事行动以雅典人的彻底失败（κατὰ πάντα γὰρ πάντως νικηθέντες）而告终（7.87）。修昔底德在此提前宣告了整场战争的结局。

相对于希罗多德在身后较长时期毁誉参半的情态，修昔底德一直被视作史家严谨态度的正面代表，但对于罗马人而言，修昔底德的重要性低于写作《通史》的波利比乌斯。这种倾向穿越漫长的中世纪，一直延续到文艺复兴。有趣的是，修昔底德自近代以来地位之上升，恰恰伴随着对希罗多德作品价值的重估：希罗多德开创的文明史，伴随着地理大发现所带来的新型世界认知而被赋予极高的评价，从而让西塞罗对希罗多德带有讽刺意味的“历史之父”之名变得越来越庄严郑重，这又进一步激发了人们对整体希腊古典史学的兴趣，修昔底德作为唯一能与希罗多德在重要性上相提并论的古典史家的价值得以凸显。二者之间的和谐取代差异成为西方历史学界的共识，他们被视作西方历史研究（文明史与政治史）的共同缔造者，从而将希腊史学暨西方史学传统整体性地与东方史学相区别。这种情势若为其自身所知，正如莫米利亚诺所言，“希罗多德可能不会在意，而修昔底德肯定会深感骇然”。①

① 有关希罗多德与修昔底德在后世的评价与地位浮沉，参阅莫米利亚诺 2009，页 50–67，引文见页 67。

五、“光从东方来”（Ex oriente lux）[①]

当 Ex oriente lux 这一拉丁文习语被说出，它表述的并不只是“光从东方来”这一人所尽知的自然现象，更是某种对于文明的缘起和播散、由之而生的文明意义上东西方划分及其相互关联的确认与信念。无论有关文明的定义如何纷繁不一，某种与东方相异以整体性形态展现的西方文明以及由之生发的现代性，构成了我们被嵌入其中的历史境遇和生命现实。

这一文明的源头被命名为希腊。希腊之为希腊，决定着作为整体性文明形态的西方的特性、气质、现实及命运，决定着西方之为西方，因而也界定着与西方相对立的东方的存在。这种决定希腊之为希腊的力量，可以被命名为希腊精神。不同于希腊文化或文明的无所不包，希腊精神作为希腊民族的自我意识的成熟形态，意味着某种更自觉、更深刻、更本质的思的现实性。

伴随着 16 世纪以来西方上升为世界体系的主导者，希腊文明被赋予了越来越多的神话意味，被描述为某种横空出世、特立独行、完满自足的奇迹般存在，它是如此的独立、纯粹、完美，任何外来的影响对它而言都只是次要的，附属的，器物性的，形式质朴简陋的，不关涉精神的。[②] 这种对纯之又纯的希腊精神—希腊性的强调，折射出占据世

---

① 这一主题延续了白钢 2009 的思路，但在结构与内容上皆有所调整，特别加入了关于萨福残篇 2 与女神伊南娜—伊什塔尔入冥府传说、柏拉图—亚里士多德哲学与印度—伊朗思想传统关联的讨论。

② 作为这种思想倾向的代表性作品，耶格尔的三卷本《教化》与斯奈尔（Bruno Snell）的《精神的发现》（*Die Entdeckung des Geistes*），虽然在对待希腊传统是否采取“古典主义”（或“古典人文主义”）立场上大相径庭，但在坚持希腊精神卓异于其周边民族而纯然独立发展的假设上，则一脉相承。

界体系主导地位之西方的自我认同：它通过否认希腊与东方（小亚细亚、西亚、北非）在精神层面的深度关联，确立整体西方文明与东方文明的根本差异，通过对“天才而富于创造性”的希腊世界和“早熟而停滞”的东方世界的对比，确认西方文明对东方文明的本体论优越性。

讨论希腊精神中的东方因素，并非一般性地说明如何在希腊世界中寻找来自东方要素的痕迹，如展示当时商业交易场所的考古发现。有关希腊与外部世界的接触交往，是无从否认也无人想去否认的。这甚至是希腊精神的开放性的一个证明。对于关涉希腊精神的东方因素的表述，必然意味着东方因素对希腊世界的影响超越器物层面，切入希腊精神的核心与本质。

1. 希腊文字

即便在深信“希腊人”与“野蛮人”划分的希腊古典时期（更不必说以荷马、赫西俄德为代表的古风时代、以东西方文明大规模交融为特征的希腊化时代），希腊人也并未否认自我文明从埃及与美索不达米亚所汲取的诸多养分，亦未否认与上述地区存在的深层物质与精神层面的交流与相互影响。最明显的例子便是希腊人有关自我文字起源的记述。

希罗多德明确地将希腊文字（字母）的起源归于腓尼基人（《历史》5. 59–61）。这一历史事件大约发生在公元前 9 世纪。腓尼基语字母由公元前 18 世纪的原始伽南语（Proto-Canaanite）字母演化而来，产生于约公前 14 世纪，因腓尼基人活跃的商业活动成为当时在地中海地区的通用语言。腓尼基语字母共有 22 个，名称与希伯来语相同：①

① 最早的希伯来语字母来自原始迦南字母，而现代希伯来语文字则由原始希伯来语（Proto-Hebrew）/ 早期阿拉美语（Early Aramaic）演化而来。参阅 Daniels 1997，页 18–23。

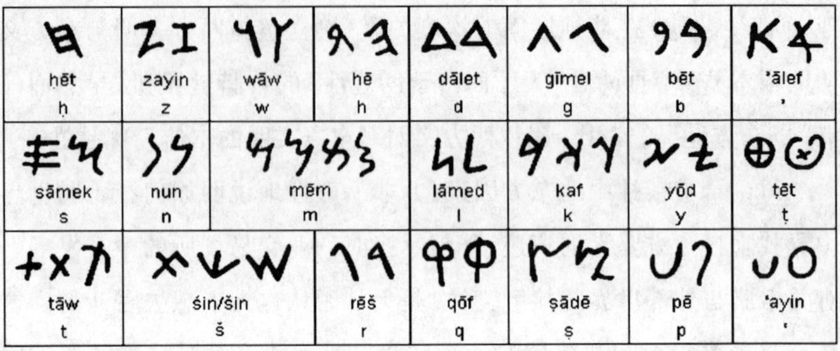
hēt
ḥ
zayin
z
wāw
w
hē
h
dālet
d
gīmel
g
bēt
b
'ālef
'
sāmek
s
nun
n
mēm
m
lāmed
l
kaf
k
yōd
y
ṭēt
ṭ
tāw
t
śin/šin
š
rēš
r
qōf
q
ṣādē
ṣ
pē
p
'ayin
'

腓尼基字母与古希腊字母对照：

α: ᵓalēf, 牛; *β:* bēt, 房屋; *γ:* gīmel, 骆驼; *δ:* dālet, 门; *ε:* hē; *ϝ:* *ωāω*; *ζ:* zayin, 棕榈树; *η:* ḥēt; *ϑ:* ṭēt; *ι:* yod, 手; *κ:* kaf, 张开的手, 盘子; *λ:* lāmed, 学习; *μ:* mēm, 水; *ν:* nun, 男性名（阿拉美语：nūnā, 鱼）; *ξ:* sāmek; *π:* pē, 嘴; *ϱ:* rēš, 头; *σ:* šin, 牙齿; *τ:* tāw, 符号。

希腊人将独立的元音引入字母系统，对于后代西方文字发展影响巨大。但这与所谓的希腊人的天才无甚关联，只是源于希腊语中没有足够多的可对应于腓尼基语乃至整个西部闪族语群语言的辅音。因而，在闪族语言中以喉音（laryngeal）开头的音节及半元音（semivowel）被希腊人很自然地理解为以相似的元音开头，于是，当某个希腊人向腓尼基人或阿拉美人询问对方文字的字母名称，在解释过程中，/'alp/ 被听作 /alp/, /ḥet/ 被听作 /et/, /jo:d/ 被听作 /iot/, 诸如此类。兼有元音与辅音的希腊字母体系，对于人类的字母文字发展，确实是一种重大的飞跃。这种新体系的出现，出于希腊人对西北闪米特语的陌生语言现象的误会与经验转化，是一种文明论意义上"将错就错"式的互动与融合。

2. 希腊宗教与《神谱》中的诸神关系

希腊宗教中的诸神，有许多可以追溯到古老的印欧民族神话。宙斯(Zeus, 其词根为 dio-)的词源便是印欧语“拥有天空者”(*diw-/dyu-, *deiwós, 复数 deiwṓs), 这几乎是各印欧民族对最高天神的通称, 他的一连串头衔突出了他作为风(*οὔριος*)、雨(*ὄμβριος*、*ὑέτιος*)、雷(*βροντής*)、电(*ἀστράπιος*)等天气现象的主宰者。以他的权威为核心并通过他的直系亲属确立的奥林匹斯神系, 成为了希腊人共同认同的神性秩序的源泉。

但根据赫西俄德《神谱》记述, 宙斯及整个奥林匹斯神系并非宇宙的创造者, 甚至不属于远古诸神, 而是通过暴力方式推翻父辈旧神统治的新神代表: 第一代主神乌拉诺斯为其子克洛诺斯推翻并被阉割, 克洛诺斯作为新的主神为防重蹈覆辙而吞吃自己的子女, 唯有宙斯得脱, 宙斯最终推翻克洛诺斯的统治, 将其囚禁于深渊(Tartaros), 并确立以宙斯为代表的新神对神界秩序的支配。

这一模式显然并非源自印欧传统, 而是美索不达米亚与安纳托利亚神话系统的再现:

在生成于公元前 17 世纪的巴比伦史诗《埃努玛 · 埃利什》中, 最初的创世神阿普苏(Apšu)为其后裔埃阿(Ea)用计所杀, 埃阿拥立其父安(An)为众神之主, 阿普苏的妻子蒂阿玛特(Tiāmat)召集魔怪组成大军为其复仇, 众神无计可施, 埃阿之子马尔杜克(Marduk)战胜蒂阿玛特所率之魔军, 击杀蒂阿玛特, 成为众神之王。这种由阿普苏—蒂阿玛特经安—埃阿至马尔杜克的三代主神交替模式, 是巴比伦第一王国时代对原有苏美尔创世神话谱系的革命性改造, 是那一时代现实政治与神话想象的创造性综合。[①]

这一史诗作品传播于安纳托利亚, 被吸纳到胡里安人(Hurrian)与赫梯人(Hittite)在公元前 12 世纪—前 8 世纪颇有影响的库马尔比系列(Kumarbi Cycle)传说中: 最初, 阿拉卢(Alalu)居于天庭之上为众神之王, 安努(Anu)亦臣服于他。在 9 个年代后, 安努战胜了阿拉

① 参阅本书第二章, 页 119。

卢，后者转入幽暗的地底，前者登上王位，库马尔比（Kumarbi）亦为其奉杯。又过了 9 个年代，库马尔比战胜安努并将其生殖器吞食，但依照安努的预言也吞下了雷雨神、[1] 底格里斯（Tigris）河及勇武之神塔什米舒（Tašmišu）。库马尔比欲分离吐出雷雨神而不得，终为其所败，后者成为新的诸神之王。不甘心失败的库马尔比对胜利的雷雨神发起了一系列的挑战，包括制造了一个顶天立地的由岩石构成的巨人，但最终都归于失败。

将此三个版本进行对照，不难发现，《埃努玛·埃利什》所体现的神系交替模式构成了希腊与胡里安—赫梯神话谱系的共同基础，而《神谱》中三代主神交替的传说很大程度上是胡里安—赫梯传统中四代主神交替版本的缩略形式，[2] 它不但借鉴了后者的整体结构，在某些细节上也呈现出高度的近似性：如乌拉诺斯被克洛诺斯阉割，而安努的生殖器被库马尔比吞食；克洛诺斯将一块顶替宙斯的石头误吞入腹又吐出，而库马尔比为了分离出雷雨神也吐出了腹中的一块石头；反对宙斯又强横凶残的泰坦（Titan）巨人，正对应于蒂阿玛特所召集的魔军与库马尔比制造之岩石巨人。

古希腊语中泰坦一词源自希腊人对石膏的称谓 *τίτανος*，而 *τίτανος* 正是对阿卡德语（巴比伦语）ṭiṭu［黏土］的希腊化转写形式，[3] 阿卡德人用这种黏土制作驱邪防魔的人物雕像，这些人物雕像被称作 ṣalme ṭiṭi［黏土之影］，代表那些被击败的神祇，它们被运用于防护性质的巫术中，常在举行仪式的过程中当众摔碎，以代表邪恶力量被破除，也可在立誓时充当监护者或证人。

---

① 古胡里特语为 Teššub, Taru, 卢维语（Luwian）中为 Tarḫun(t), 意为“征服者”，赫梯语中该神名的写法被其特有的意符所隐匿，不过大致当为 Tarḫunna。

② 参阅 Lesky 1950, 1954, 1955; West 1966, Prolegomena; 1997, 276–305。

③ 参阅伯克特 2015。

新旧神系的矛盾冲突及其所蕴涵的终结价值之争，构成了希腊悲剧最深刻持久的主题。希腊悲剧，在其最伟大的代表埃斯库罗斯那里（俄瑞斯忒斯三部曲，普罗米修斯三部曲），寻到了指向新旧神系圆融的道路：旧神在新的共同体中寻找到自己的地位，并与新神构成某种统一体。由《埃努玛·埃利什》开启的神系交替模式，在希腊悲剧中赢得了最具文明论意义的表达形态。

3. 荷马史诗

荷马史诗是希腊文学之开端，有关荷马史诗与巴比伦史诗《吉尔伽美什》的关联对应，在过去的一个世纪中研究成果颇丰，内容涉及二者的题材主旨、人物情节、语言特征等各个方面。[①] 以下仅对史诗主人公的特点展开讨论。

《伊利亚特》主人公阿喀琉斯与吉尔伽美什有诸多相似之处：都由作为女神的母亲和作为人间王者的父亲所生，因而都具有神性，容貌俊伟，勇力冠绝人间；都有着如同自己生命一般珍贵的朋友，朋友都因神意而死，他们在朋友死后均伤心欲绝，并引领全族对其进行祭奠，也都和朋友的亡灵有过相遇。两者在死后还都成为冥界的审判者。[②] 二人在朋友死后痛哭的情状，下面各选一段加以对照：

《伊利亚特》18. 316–322

在众人面前，佩琉斯之子（阿喀琉斯）领唱哀恸的挽歌，
惯于杀人的双手置于友伴的胸口之上，

① 参阅 Oberhuber 1977；West 1997，页 334–347，402–417；页 335–336 的脚注中提供了相关研究文献的信息。

② 参阅 West 1997，页 336–338；Szlezák 2004。有关二者的主题学讨论，参阅本书附录二。

发出深重的哀号，如虬须满面的雄狮（*λίς*），
当它的幼狮为打鹿的猎人掠走
于密林之中，方才迟归，哀愤不已，
遍行道道山谷，追寻猎人的足迹，
似若能在某处将其找到……

《吉尔伽美什》Ⅷ 57–62

（吉尔伽美什在众人前哀哭恩基杜）
但他（恩基杜）没有（把头）抬起，
（吉尔伽美什）触摸他的心脏，它已不再跳动。
他遮盖朋友，蒙上他的脸如同新娘，
围绕其转动，如同雄鹰，
像被夺去幼仔的母狮（nēštu）
不停地前后奔突。

非但二者哀恸动人处颇有可共鸣者，而且都提到了以手触摸死者胸口（心脏）的细节，都将失去挚友的主人公喻作被夺去幼儿而狂躁不安的狮子（阿喀琉斯如雄狮，而吉尔伽美什如母狮）。

《奥德赛》的主人公奥德修斯和吉尔伽美什的相似处同样不少：二人都有着漫长的穷游世界的经历，都遇到过得到永生的机会，却又终于失去（吉尔伽美什因大意而错失，奥得修斯则是主动拒绝），在遭遇朋友罹难却又无力挽救的恸哀后，孤身一人回到故土。[①] 两部史诗的开篇极为相似：

《奥德赛》1. 1–5

告诉我，女神，那个多谋善变者（*πολύτροπον*），他如此之远地

① 参阅 West 1997，页 402–404。

迷航(μάλα πολλὰ πλάγχθη),在他摧毁神圣的特洛伊城后,
见过(ἴδεν)如此众多的人的城市,了解(ἔγνω)他们的风俗。
在大海里承受(πάθεν)众多的苦痛(ἄλγεα)于心中,
为保全自己的灵魂(性命)和伙伴的还乡。

《吉尔伽美什》I 1–10

他见到(imuru)幽深海底,国之根基。
他知道(idû)秘密(?),通晓一切(kalamu ḫassu)。
吉尔伽美什见到幽深海底,国之根基。
他知道秘密(?),通晓一切。
相应地(……),
他获得了关于万物的全部智慧(napḫar nēmeqi)。
他见到秘密,发现隐匿,
带回洪水前(远古)的信息。

他踏上遥远的旅程(urḫa rūqta illikam),直至筋疲力尽,终归于安宁,

在石碑上刻下(šākin,直译"安置")所有的艰辛(kalu mānaḫtī)。

这两段缘起都提到了主人公的远行,其间的艰难遭遇,最终的归乡,都着重突出了主人公识见之盛,智慧之深,奥得修斯见识各地之风土人情,吉尔伽美什则被赞誉为具一切智,洞察世间奥秘。

综合而论,则吉尔伽美什兼具阿喀琉斯与奥德修斯之特质,既是有着至真性情的无敌英雄,又是游历四方广见博识的人间智者。考虑到史诗《吉尔伽美什》于荷马史诗生成及流传创作的漫长过程中(大约在公元前15—前8世纪)在整个近东—中东地区的巨大影响及希腊在此期间与该地区的各种文化交流,不难想象史诗《吉尔伽美什》

对于希腊史诗的形成有着如何直接及间接的影响。某种程度上，其中的某些段落正是荷马史诗中相应情节的底本，或是游吟诗人在荷马史诗的口传过程中用以借鉴参考的素材。

4. 希腊抒情诗

萨福，作为希腊抒情诗最具天才的代表，特善借用传统因素而作创造性的转化。残篇 2 正是这种化用传统的典范之作。[①] 诗作描述了这样的场景：某人，很可能便是作者本人，躺在阿芙洛狄忒神庙前的苹果林中。一种奇特的梦（*κῶμα*）降下。于是，她（或他）听着潺潺水声入睡。接着场景变为花朵盛开的 *λείμων ἰππόβοτος*[宜于牧马的草地]。而后是对阿芙洛狄忒的呼唤，请她带着节日的喜悦将神饮（*νέκταρ*）注入金杯。

κῶμα[梦]一词，在荷马史诗、赫西俄德与早期希腊抒情诗中，从不单纯地意味着一般性的睡眠，而总是指向某种由带有超自然意味的力量引发的睡眠或深睡——一种特定的出神状态。[②] 由于 *κῶμα* 一词包含的超自然神性力量意味，文中紧接着 *κῶμα* 到来的 *λείμων ἰππόβοτος*[宜于牧马的草地]，所指也并非现实中的草地，而是借助此 *κῶμα* 之力而进入的另外一种空间（即冥府）。*λείμων ἰππόβοτος*[宜于牧马的草地]这一表述，是对荷马史诗所描绘的冥界之 *ἀσφοδελὸς λειμών*[开着长春花的草地]（《奥德赛》11. 539, 11. 573, 24. 13–14）以及冥界（Ἀιδ-）的称谓名号 *κλυτόπωλος*[以骏马闻名的]这二者的巧妙结合。

诗歌结尾处对阿芙洛狄忒将神饮（*νέκταρ*）注入金杯的祈请，正呼

① 有关萨福残篇 2 的文本、翻译、语文学分析特别是对于 *λείμων ἰππόβοτος*[适于牧马的草野]这一表述的讨论，参阅白钢 2019，页 3–40。

② 参阅 Page 1970，页 37。

应于这样的愿望：νέκταρ 的神奇效力能最好地保存于金杯中，借助它，在冥界"宜于牧马的草地"上的人得以重归人间。萨福及其同伴极有可能以一种特定的宗教仪式（秘仪）呼唤着阿芙洛狄忒，在节日的喜悦气氛中（θαλίαισι）饮下如 νέκταρ 一般的美酒。

这种对女神阿芙洛狄忒进入冥府享受 νέκταρ 的呼唤，在希腊神话传统中显得颇为特殊：我们所知的希腊神话中，并无一位女神自愿进入冥府的记述。但这一主题在美索不达米亚（苏美尔—阿卡德）文明中则绝不陌生：女神伊南娜/伊什塔尔[①] 曾主动进入冥府，经历危难，最终安然返回阳间，其欲爱—魅力之神的特征正对应于希腊神话中的爱神阿芙洛狄忒。

根据苏美尔语版《伊南娜入冥府记》，[②] 女神出于未知的原因，对她极信任的管家宁舒布尔（Ninšubur）郑重交代了在其进入冥界后如何向诸父神求救，然后她便孤身进入冥界。经过七重门，见到冥界女王埃瑞什基迦（Ereškigala）时，伊南娜已全身赤裸，不再有任何带神力的物品。伊南娜奇迹般地令埃瑞什基迦离座，自己登上了冥界的宝座，这一行为引来七位冥界审判官（Anuna）的反对、怒吼与死亡凝视，女神变作尸体。

女神进入冥界三天后，宁舒布尔依照吩咐依次向女神的三位父神求救，唯有恩基愿意设法拯救：他创造了加拉图拉（gala-tura）与库尔加拉（kur-ĝara）这二者，让二者分别携带有生命力的植物与水潜入冥

① 在美索不达米亚的万神殿中，苏美尔女神伊南娜与阿卡德女神伊什塔尔，虽原本各有来源，但在阿卡德王国崛起吸纳融合苏美尔文明后（即进入苏美尔-阿卡德时代后），这两个女神形象合为一体。参阅 Wolkenstein/Kramer 1983，页 xiii－xix；Leick 1998，页 86–87。

② 苏美尔语文本与翻译参阅 Sladek 1974；Bottéro/ Kramer 1989，页 276–90；Alster 1996；ETCSL:http://etcsl.orinst.ox.ac.uk/cgi-bin/etcsl.cgi?text=c.1.4.1&display=Crit&charenc=gcirc#。汉译参阅赵乐甡 1999，页 284–291。

界，趁埃瑞什基迦躺着之际，令其立下誓言，进而向其索要女神的尸体，女神得以复活。女神的丈夫杜姆兹作为其替身被交给冥界。这一任务最终由杜姆兹与其姊妹分担，各在冥界待半年。

这一神话具有多重的象征含义与对自然现象的原因溯源。代表丰饶—生产的女神伊南娜进入冥界失去生机与复活后重返人间，象征着四季更替（特别是冬季的到来与离去），以及随之而来的自然界作物的季节性凋敝死亡与复苏新生。由恩基创造的 gala-tura 与 kur-ĝara，象征着富有生命力的植物与水，他们拒绝接受一条有水的河流与一块带果实的土地，将女神从冥界解救出来，象征着生机不再局限于特定的地点而遍及于大地，从而预示着严冬结束、万物复苏。女神的忠实拥护者坐在尘土上穿破旧的脏衣为其服丧，象征着严冬时阴森灰暗的景象。而牧者杜姆兹作为女神替身半年居于冥界，象征着早期美索不达米亚地区农业活动的阶段性轮替特征。

希腊传统中作为冥界女王的佩尔塞福涅，其形象与美索不达米亚传统中的埃瑞什基迦颇为类似，在其为数不多的几个称谓名号中，最富代表性的专属称谓名号是 ἐπαινή［可怖的］，正与埃瑞什基迦的意象高度吻合，而另一个称谓名号 ἁγνή［神圣的（纯洁的、不受沾染的）］，正对应于苏美尔文献中常用于埃瑞什基迦的 kug 一词。

在以荷马颂诗《致得墨忒尔》为代表的希腊神话中，佩尔塞福涅是被冥王哈迪斯强行掳入地府的，尽管她成为了那里的女主人，但并非出于自愿。正因如此，萨福在残篇 2 中透露的女神主动进入冥界的信息尤为宝贵：它不但指向女神阿芙洛狄忒与伊南娜 / 伊什塔尔的同源特征，[①] 更表明，诗人（及其所在的阿芙洛狄忒秘仪团体）了解伊南娜 / 伊什塔尔入冥府的传说，并将其化入自己的宗教实践与体验之中。

---

① Aphrodite，可能是对西北闪米特语中女神 Aštorit（Aštarte）的希腊化转写形式，而 Aštorit（Aštarte）又可回溯到阿卡德语的 Ištar。参阅 Burkert 1977，页 238–40；1984，页 93–94；West 2000。

5. 希腊悲剧

无论狄奥尼索斯仪式对于希腊悲剧意味着起源(origin)还是前身(antecedent),① 希腊悲剧的诞生都与狄奥尼索斯(这一具有东方背景的神祇)祭祀活动有着无可否认的密切关联。② 我们可以相信,希腊悲剧(如同喜剧一样)发端于某种带有戏剧性成分的祭祀表演形式,其原型可以追溯至公元前17世纪的安纳托利亚赫梯人的祭祀仪式。

一篇赫梯语的宫廷祭祀文记载了国王的总管(DUMU É.GAL)与一位老妇人(sal ŠU.GI)的对话。总管道:开门!妇人问:从何处来?总管道:从圣地。妇人问:从何处圣地?总管道:从Zaḫanettenna。③ 妇人问:从何Zaḫanettenna?总管道:从太阳神之屋。妇人问:太阳神如何?总管答:他的形态是新的,胸部是新的,男子气概是新的。他头是铁的,齿是狮子的,眼是鹰的,他望之便如一只鹰。所有他的一切都是新的!④ 我们很容易就联想到希腊悲剧中的某些对话场景。

一段更富于戏剧性的文字出现在赫梯人KI.LAM(门—屋)仪

① 以亨利·詹梅尔(Henri Jeanmaire)、路易·杰内特(Louis Gernet)、让-皮埃尔·韦尔南(Jean-Pierre Vernant)、皮埃尔·维达尔-纳凯(Pierre Vidal-Naquet)为代表的法国学者认为,有关悲剧起源的问题本身具有太多的不确定性,他们强调要在公元前5世纪的希腊城邦独特的宗教生活和实践中,在城邦政治的具体关系中讨论悲剧的兴起及形式,因而可进行讨论者并非悲剧的起源,而是其前身。相关论点概述,参阅Watkins 1995,页135。

② 相关研究成果汇集参阅Gregory 2005。

③ 该词意义不详,可能是哈梯语(Hattic)的外来词,指某类特殊的房屋或庙宇。参阅Watkins 1995,页139。

④ KUB 20.54+ KBo 13.122, KUB 55.2.

式[①]的过程中。[②]侍卫长为国王所派，询问 Tissaruliya（哈梯人的城市）的首领之来意，首领道：欲见国王。国王于是召见。首领道：我欲战斗（zaḫḫiya）。国王问其原因并令其食饮以解饥渴。该人饱食后道：我不欲再食再饮。我须战斗。国王道：你为何要战斗？（所有事都）是好的。Tissaruliya 的首领向国王点头并离去。不久他又返回，站于祭祀之石 ḫuwaši 前向国王颔首致礼。国王派侍卫长问询来意，答道：当我出去时，我的队伍已走开了。

在这里，不但参与对话的人超过两个（Tissaruliya 的首领，国王，侍卫长），更包含着若干戏剧性冲突的要素：哈梯城市 Tissaruliya 的来人与赫梯君主的冲突，这些人所具有的战斗欲望与和平环境的冲突，饥渴平息后不愿作战的首领与离开的部下的冲突。这段文字已经具有了某种戏剧的雏形和精神，缺少的只是冲突要素依照自身逻辑的展开与深化，直到千年后，希腊城邦在狄奥尼索斯仪式中才诞生真正的戏剧。

希腊悲剧不同于后世悲剧，它的典型结局，与其说是“悲剧式的”，不如说是“大团圆式的”，或说，“救赎剧式”。[③]这种救赎剧的前身，可以回溯到盛行于古代美索不达米亚与安纳托利亚为攘除由自身罪过所引发的灾祸诅咒，向天地诸神祈求宽宥福祉而举行的祭祀仪式。悲剧所表现的不幸遭际或可对应祭祀表演中对过往罪过的陈述，而悲剧着力突出的当事人所体验的绝大痛苦与绝望，也正是典型的忏悔文特征。[④]通过适当的祭祀仪式，这一切罪过祸患都将消弭化解，而经

① 这一宗教仪式源于哈梯族，持续三日，仪式的某些部分使用哈梯语。参阅 Watkins 1995，页 142–143。

② 参阅 van den Hout 1991。

③ 参阅本书页 429。

④ 赫梯的祈祷文，往往呈现出某种类似法庭辩护（赫梯语 arkuwar）的意味，并在承认过错的基础上，通过强调犯错者（国王或民众）只是 （转下页）

历种种不幸的人们也能最终获得救赎。悲剧的冲突愈激烈而不可挽回，不幸愈巨大而深重，绝望愈深刻而不可克服，则最终的救赎也将愈伟大而可贵！

6. 希腊哲学

我在此不想对希腊早期哲学中关于世界源初形态的讨论（如泰勒斯之论水）与古代东方民族的创世论模式进行比较。哲学史上相关的讨论往往倾向于将后者表述为希腊哲学在其萌发阶段（通常被称作“自然哲学”）尚不成熟的思维之参照—借鉴的对象。二者的相似性被解释作两个不同的生命体在婴儿阶段形态的接近。这样的比较事实上只是让这二者一起嵌入了漫画模式中而被误读。

下面这段是巴门尼德教谕诗中对后世影响最为深远也最能代表其根本见地者（2.1–3.1）：

> 来吧，我会告诉你，你要听我的话语留意于它，哪些探索的道路是唯一可以思考的。一条路是，只有“存在”存在（ὅπως ἐστίν），“非存在”不存在（οὐκ ἔστι μὴ εἶναι），这是确证的路径，因为它追随真理。另一条路是，“存在”不存在（ὡς οὐκ ἔστιν），“存在”必然是“非存在”（χρεών ἐστι μὴ εἶναι），这条路，我要告诉你，是完全无法了知的。因为“非存在者”（μὴ ἐόν）你不能认识，因为这是不可能的，也无法言说。因为思维与存在是同一的（τὸ γὰρ αὐτὸ νοεῖν ἐστίν τε καὶ εἶναι）。①

（接上页）有死的人类，以激发神明的怜悯，祈求其宽宥。参阅 Singer 2002，页 5–11。希腊悲剧对于人之有死性的强调与之高度类似，但此侧重不在于神明的宽恕，而在过错的必然性与命运性。

① 关于巴门尼德哲学，详见本书前文页 444–450 所述。

大体而言，这段话体现了如下原则：

1. 是与不是，存在与不存在的差别是绝对的、根本的；

2. 这一区分直接关联于真理，真理只能与“是”同在；

3. 思关联于真理而与存在同一。

在许多人看来，这一系列原则作为整体被认为是决定着希腊哲学之为希腊哲学、形而上学之为形而上学的根本性论断，从而无可辩驳地属于希腊精神中最深刻、最本真，也最独特和最具天才的部分。

下面的例子可以证明，巴门尼德残篇所体现的形而上学思辨能够寻到它在东方的对应。

《梨俱吠陀》第十卷有这样的句子：[①]nāsadāsīn no sadāsīt［（那时）既不是“是”，也不是“非是”］（10, 129, 1），na mṛtyur āsīd amṛtaṃ［既不是死，也不是不死］（10, 129, 4）。

某种莫可名状的原初状态在吠陀中被如此“强言之”。显然，古代印度的吠陀诵咏者对“是”与“非是”、死与不死的区分是清晰的。正因如此，他们才试图超越这一区分对前创世状态进行表述。既是莫可名状，却仍要运用语言，自然不免困于言筌，言难尽意。不过这是带有“是”的歧义、复杂和晦涩的古老印欧语系民族所共须面临的困境。对于这一困境，希腊人巴门尼德和印度的吠陀诵者都是自觉的。

《歌者奥义书》（*Chāndogya Upaniṣad*）第六篇记述了一位父亲对儿子“由之未闻者成已闻，未解者为已解，未知者变已知者”之学的教诲。在第二章中，父亲言道：[②]

---

① 《梨俱吠陀》相关哲理诗的翻译与分析，参阅附录一。

② 此奥义书梵语本参阅 Olivelle 1998，页 166–287。译文引自徐梵澄《五十奥义书》（1995）中相关段落（页 194–196，这一奥义书被译作《唱赞奥义书》），只是将“有”改译作“是”，“非有”作“非是”。黄宝生《奥义书》（2010）新译，相关段落见页 192。

吾儿！太初唯“是”(sad)，独一而无二者也。有说太初唯是“非是”(asad)者，独一而无二；由“非是”而“是”生焉。(一)

虽然，吾儿！何由儿可如是耶？如何从“非是”而生“是”耶？吾儿！太初唯“是”，独一而无二者也。(二)

“彼”自思惟(aikṣata)：我将为多(bahu syām)，我当增殖矣(prajāyeyeti)！遂吐生“光焰”。

“光焰”自思惟：我将为多，我当增殖矣！遂吐生“水”……(三)

“水”自思惟：我将为多，我当增殖矣！遂吐生“食”……(四)

其中诸多元素可与巴门尼德残篇对应，特别值得关注的是：

1.“是”与“不是”的绝对差异——存在论区分；

2.“是”的唯一性和“不是”的不可能——存在论的真理观；

3.思是存在者得以“增殖”自身的唯一方式——思与存在的同一性原则。

无论巴门尼德的教谕诗与《歌者奥义书》之间存在相互影响还是各自独立发展而成，二者之间都存在深度的精神共鸣。这种精神关联与共鸣，在希腊哲学最高明成熟的形态即柏拉图—亚里士多德哲学中，依然清晰可见。

在柏拉图《蒂迈欧篇》中，灵魂被描绘为处于身体的顶部，被喻为“一棵根不在地上而在天上的树”(*φυτὸν οὐκ ἔγγειον ἀλλὰ οὐράνιον*, 90a)。这一比喻在西方思想史上无甚影响，却能在印度传统的相关论述中寻到惊人的对应：《伽陀奥义书》中(2.3.1)，树根向上、树枝向下的菩提树，被称作纯净者(śukram)，梵(brahman)，不死者(amṛtam)，一切世界皆安住其中。《薄伽梵歌》第十五章，则承接此说而作创造性的改造(15: 1–4)，世界被比作一棵永恒的菩提树(aśvatthaṃ prāhur avyam)，其根向上(ūrdhvamūlam)，其枝向下

(adhaḥ śākham),吠陀颂诗为其叶,树枝受三性滋育,上下伸展,树芽是感官对象(viṣayapravālā)。这树向下伸展的根,则在人世间为业报所束缚(karmānubandhīni manuṣyaloke)。此树之真实形象无人知晓(na rūpam asyeha tathopalabhyate),无始、无终、无基础(nānto na cādir na ca saṃpratiṣṭhā)。唯有以强大的无执着之斧(asaṅgaśastreṇa dṛḍhena),方能砍断(chittvā)此树,通向再也不返回的地方(gatā na nivartanti bhūya)。

《薄伽梵歌》以永恒之树比喻处在无尽轮回的世界,而以根向上、枝向下,比喻轮回中的世界实为真实灵性世界之倒影投射,与柏拉图以现象界为对真实界之模仿的认识颇为相似。以人间业报束缚比喻此树向下之根,以不执着(asaṅga)作为砍断轮回之树、摆脱业力束缚、通向究竟解脱的利器,则是《薄伽梵歌》所代表的修证道路本质上有别于希腊哲学思辨之处,并构成了中国丹道的修行体系中"无根树"(以张三丰所著《无根树》诗为代表)之说的先声。

在《法义篇》中,柏拉图的宇宙论与灵魂论呈现出较之此前作品更强烈的二元论倾向。无名的雅典人以自问自答的方式说(X, 896e):"一个灵魂或多个灵魂(在统治)? 是多个,让我替你们俩回答。我们应假设,至少有两个灵魂(*δυοῖν μέν γέ που ἔλαττον*),一个起有益的作用(*τῆς τε εὐεργέτιδος*),另一个则起相反的作用(*τῆς τἀναντία δυναμένης ἐξεργάζεσθαι*)。"这让人联想到伊朗琐罗亚斯德教教义中善灵(spənta mainyu)与恶灵(angra mainyu)的永恒对立与斗争。这种来自伊朗的精神影响,在柏拉图晚年的学园中当是普遍现象,托名于柏拉图的《亚西比德前篇》(*Alcibiades I*)[①],借苏格拉底之口,描述了波斯王子由波斯最出色的四个老师教育的故事

① 此文的作者当为公元前4世纪的雅典学派成员,参阅 Flashar 1983,页124。

（121e–122a），他们对应于《理想国》中的四枢德，其中象征智慧的那个教师，教授的正是琐罗亚斯德教的教义。

较之柏拉图，亚里士多德思想与东方传统的联系不甚明显。但在亚里士多德思辨的真正高潮部分，即论证神之为自我实现的努斯，之为努斯的自我实现（《形而上学》Ⅻ，1072b20–32），却又与印度思辨传统深切相契。若参之以奥义书传统，以神为梵（brahman），以努斯为我（ātman），则神之为努斯的自我实现，即认识梵我合一；神之为自我实现的努斯，即梵我合一；神与努斯究竟无别，即梵我不二，思维与存在不二。

综论

今天，有越来越多的证据可以表明，从公元前 17 世纪的迈锡尼阶段，直至亚历山大远征所开启的融合东西方的希腊化时代，希腊文明始终全方位地受到来自安纳托利亚、美索不达米亚、埃及的影响，并与同样实现轴心突破的希伯来文明与印度—伊朗文明具有深层次的精神互动。希腊的城邦与政治、语言与文字、宗教与哲学、史诗与戏剧、音乐与雕塑，无不可以发现东方文明的深刻痕迹。[1] 希腊人诚然

① 有关早期希腊与古代西亚文明（特别是文学传统）之关联，参阅 Gordon 1955; West 1966, Prolegomena, 页 1–31; Astour 1967; Burkert 1984, 2003; West 1997。Burkert 1984 与 West 1997 尤为重要。较简单之概述可参阅 West 1988, 页 169–172; 白钢 2019, 页 87–106。更颠覆性的研究可见 Bernal 1987, 1991。有关古希腊语与西亚语言的关系，参阅 Masson 1967; Szemerényi 1974; Bernal 2006; Bai 2009。

是富于天才的，但这种天才恰恰体现在他对东方文明的理解、吸纳与转化，而非对其疏远与拒斥。为了突出某种传统的高明伟大而贬抑他者，既无以见人类精神传统之整体，也无以在更深刻精微的层面去理解所欲尊崇之传统的真正高明伟大之处。伟大者之为伟大，必假其他伟大者以作参鉴印证。希腊文明如是，天下文明如是。

说明：本书涉及的古希腊语文本所参照的版本，依照作者分类如下：

阿里斯托芬：参照 Hall / Geldart 1907

埃斯库罗斯：参照 Smyth 1926

第欧根尼·拉尔修：参照 Dorandi 2013

荷马：《伊利亚特》参照 Monro / Allen 1920，《奥德赛》参照 Von der Mühll 1946

赫西俄德：《神谱》参照 West 1966 与 Most 2006，《工作与时日》参照 West 1978 与 Most 2006

欧里庇得斯：参照 Way 1912

品达：参照 Sandys 1937

柏拉图：参照 Burnet 1899–1907

前苏格拉底哲学家：参照 Diels（Kranz）1960

萨福：参照 Lobel / Page 1955 与 Voigt 1971

塞克斯都·恩披里柯：参照 Bury 1933

索福克勒斯：参照 Storr 1913

希罗多德：参照 Hude 1926

修昔底德：参照 Jones / Powell 1942

亚里士多德：参照 Bekker 1831–1870

参考文献

阿瑞基(Giovanni Arrighi),《漫长的 20 世纪》,姚乃强、严维明、韩振荣译,南京:江苏人民出版社,2011

阿里吉(Giovanni Arrighi),《亚当·斯密在北京:21 世纪的谱系》,路爱国、黄平、许安结译,北京:社会科学文献出版社,2009

阿瑞吉、西尔弗(Giovanni Arrighi / Beverly J. Silver),《现代世界体系的混沌与治理》,王宇洁译,北京:生活·读书·新知三联书店,2006[2]

安德森(Perry Andersen),《从古代到封建主义的过渡》,郭方、刘健译,上海:上海人民出版社,2016

奥里根(Daphne Elizabeth O'Regan),《雅典谐剧与逻各斯——〈云〉中的修辞、谐剧性及语言暴力》,黄薇薇译,北京:华夏出版社,2010

白钢,《Ex oriente lux (光从东方来)——论希腊精神中的东方因素》,白钢主编《希腊与东方》(思想史研究第六辑),上海:上海人民出版社,2009:63–84

——.《东西方古典语言与文明比较研究》,北京:社会科学文献出版社,2019

——.《美国世纪的终结与世界体系的未来》,杭州:红旗出版社,2020

鲍勒(Cecil Maurice Bowra),《古希腊早期诉歌诗人》,赵翔译,北京:华夏出版社,2017

伯林(Isaiah Berlin),《俄国思想家》(第二版),彭淮栋译,南京:译林出版社,2011

布科特(Walter Burkert),《精神历史的微型复制——对布鲁诺·斯奈尔"精神的发现"的批判性回顾》,白钢译,白钢主编《希腊与东方》(思想史研究第六辑),上海:上海人民出版社,2009:85–104

伯克特(Walter Burkert)《东方化革命——古风时代前期近东对古希腊文化的影响》,刘智译,上海:上海三联书店,2010

伯克特(Walter Burkert),《希腊文化的东方语境:巴比伦·孟斐斯·波斯波利斯》,唐卉译,北京:社会科学文献出版社,2015

策勒(Eduard Zeller),《古希腊哲学史》(六卷八册),聂敏里、余友辉、詹文

杰等译, 北京: 人民出版社, 2021
程志敏,《缪斯之灵: 荷马史诗导论》, 北京: 华夏出版社, 2021
丁耘,《道体学引论》, 上海: 华东师范大学出版社, 2019
多佛等(K. J. Dove and others),《古希腊文学常谈》, 陈国强译, 北京: 华夏出版社, 2012
多兹(E. R. Dodds),《希腊人与非理性》, 王嘉雯译, 北京: 生活 · 读书 · 新知三联书店, 2022
芬利(Mosis I. Finley),《古代世界的政治》, 晏绍祥、黄洋译, 北京: 商务印书馆, 2013
——.《奥德修斯的世界》, 刘淳、曾毅译, 北京: 北京大学出版社, 2019
——.《古代经济》, 黄洋译, 北京: 商务印书馆, 2020
戈德希尔(Simon Goldhill),《希腊戏剧与希腊政治学说》, 克里斯托弗 · 罗、马尔科姆 · 斯科菲尔德主编,《剑桥希腊罗马政治思想史》, 晏绍祥译, 北京: 商务印书馆, 2016: 69–94
——.《奥瑞斯提亚》, 颜荻译, 北京: 生活 · 读书 · 新知三联书店, 2018
——.《阅读希腊悲剧》, 章丹晨、黄政培译, 北京: 生活 · 读书 · 新知三联书店, 2020
格里芬(Jasper Griffin),《荷马史诗中的生与死》, 刘淳译, 张巍校, 北京: 北京大学出版社, 2015
伽达默尔(Hans-Georg Gadamer),《哲学的开端》, 赵灿译, 上海: 华东师范大学出版社, 2019
海德格尔(Martin Heidegger),《哲学之终结与思之任务》,《海德格尔选集》(下卷), 孙周兴译, 上海: 上海三联书店, 1996: 1242–1261
——.《阿那克西曼德之箴言》,《林中路》(修订本), 孙周兴译, 上海: 上海译文出版社, 2004: 337–396
——.《现象学之基本问题》, 丁耘译, 上海: 上海译文出版社, 2008
——.《形而上学的存在—神—逻辑学机制》,《同一与差异》, 孙周兴、陈小文、余明锋译, 北京: 商务印书馆, 2014: 55–87
——.《巴门尼德》, 朱清华译, 北京: 商务印书馆, 2018
——.《古代哲学的基本概念》, 朱清华译, 西安: 西北大学出版社, 2020
黑格尔(Georg Wilhelm Friedrich Hegel),《美学》(1–3 卷), 朱光潜译, 北

京: 商务印书馆, 1996
——.《哲学史讲演录》(1–4卷), 贺麟、王太庆译, 上海: 上海人民出版社, 2013
赫丽生(J. E. Harrison),《希腊宗教研究导论》, 谢世坚译, 桂林: 广西师范大学出版社, 2006
黄宝生(译),《奥义书》, 北京: 商务印书馆, 2010
加加林(Michael Gagarin)、科恩(David Cohen),《剑桥古希腊法律指南》, 邹丽、叶友珍等译, 上海: 华东师范大学出版社, 2017
康福德(Francis Macdonald Conford),《修昔底德: 神话与历史之间》, 孙艳萍译, 上海: 上海三联书店, 2006
——.《苏格拉底前后》, 孙艳萍、石冬梅译, 陈恒主编:《格致人文》04, 上海: 格致出版社 / 上海人民出版社, 2021
柯克(G. S. Kirk),《希腊神话的性质》, 刘宗迪译, 上海: 华东师范大学出版社, 2017
林德伯格(David C. Lindberg),《西方科学的起源》(第二版), 张卜天译, 长沙: 湖南科学技术出版社, 2013
卢梭(Jean-Jacques Rousseau),《社会契约论》, 何兆武译, 北京: 商务印书馆, 1994
罗梅耶–德尔贝(Gilbert Romeyer-Dherby),《论智者》(古希腊哲学经典学术译丛), 李成季译, 高宣扬校, 北京: 人民出版社, 2013
罗斯(William David Ross),《亚里士多德思想的发展》,《20世纪亚里士多德研究文选》, 聂敏里选译, 上海: 华东师范大学出版社, 2009: 35–48
马基雅维利(Niccolò Machiavelli),《马基雅维利全集》(八卷本), 长春: 吉林出版集团有限公司, 2013
梅耶(Christian Meier),《古希腊政治的起源》, 王师译, 上海: 华东师范大学出版社, 2013
莫米利亚诺(Arnaldo Momigliano),《现代史学的古典基础》, 冯洁音译, 上海: 华东师范大学出版社, 2009
——.《论古代和近代的历史学》, 晏绍祥译, 黄洋校, 北京: 北京大学出版社, 2015
默雷(Gilbert Murray),《古希腊文学史》, 孙席珍、蒋炳贤、郭智石译, 上海:

上海译文出版社, 2007

尼采(Friedrich Wilhelm Nietzsche),《悲剧的诞生》, 孙周兴译, 北京: 商务印书馆, 2012

——.《希腊悲剧时代的哲学》, 李超杰译, 北京: 商务印书馆, 2020

克里斯托弗·罗(Christopher Rowe)、马尔科姆·斯科菲尔德(Malcolm Schofield)主编,《剑桥希腊罗马政治思想史》, 晏绍祥译, 北京: 商务印书馆, 2016

桑迪斯(John Sandys),《品达和他的凯歌》, 罗朗译, 娄林校, 刘小枫、陈少明主编,《奥林匹亚的荣耀》(《经典与解释》29), 北京: 华夏出版社, 2009: 2–32

斯特劳斯(Leo Strauss),《苏格拉底与阿里斯托芬》, 李小钧译, 北京: 华夏出版社, 2011

——.《霍布斯的政治哲学》, 申彤译, 南京: 译林出版社, 2012

特斯托雷(Aristide Tessitore),《欧里庇得斯与血气》, 李小均译, 刘小枫选编《古典诗文绎读·西学卷·古代编(上)》, 李世祥、邱立波等译, 北京: 华夏出版社, 2008: 215–225

让-皮埃尔·韦尔南(Jean-Pierre Vernant)、皮埃尔·维达尔-纳凯(Pierre Vidal-Naquet),《古希腊神话与悲剧》, 张苗、杨淑岚译, 上海: 华东师范大学出版社, 2016

沃格林(Eric Voegelin),《城邦的世界》(《秩序与历史》卷二), 陈周旺译, 南京: 译林出版社, 2012

——.《柏拉图与亚里士多德》(《秩序与历史》卷三), 刘曙辉译, 南京: 译林出版社, 2014

——.《天下时代》(《秩序与历史》卷四), 叶颖译, 南京: 译林出版社, 2018

无名氏,《荷马与赫西俄德之间的辩论》, 吴雅凌译, 刘小枫、陈少明主编:《经典与解释 3》, 北京: 华夏出版社, 2004: 294–306

徐梵澄(译),《五十奥义书》(修订本), 北京: 中国社会科学出版社, 1995

杨共乐,《西方古代史学源流辨析》,《史学史研究》2021 (3): 64–70

耶格尔(Werner Jaeger),《亚里士多德: 发展史纲要》(古希腊哲学经典学术译丛), 陈清华译, 北京: 人民出版社, 2013

——.《教化: 古希腊文化的理想》(全三卷), 陈文庆译, 上海: 华东师范大学

出版社, 2021

雨宫健(Takeshi Amemiya),《古希腊经济与经济学》,王大庆译,北京:商务印书馆,2019

赵乐甡(译),《吉尔伽美什——巴比伦史诗与神话》,南京:译林出版社,1999

Aartun, K., 1992. *Die minoische Schrift: Sprache und Texte, 1: Der Diskos von Phaistos, die beschriftete Bronzeaxt, die Inschrift der Tarragona-Tafel.* Wiesbaden

——.1997. *Die Minoische Schrift. Sprache und Texte, 2: Linear A Inschriften,* Wiesbaden

Alle, T. W., 1921. *The Homeric Catalogue of Ships,* Oxford

Allen, T.W. / Halliday, W.R./ Sikes, E.E. (eds.) ,1936². *The Homeric Hymns,* Oxford

Alster, B., 1996. "Inanna Repenting. The Conclusion of Inanna's Descent". In *Acta Sumerologica* 18: 1-18

Andrewes, A., 1967. *Greek Society,* London

Arvanitinos, V. L./ Godart, L./ Sacconi, A., 2001. *Thèbes. Fouilles de la Cadmée. I. Les tablettes en linéaire B de la Odos Pelopidou. Edition et commentaire*, Pisa/Roma

Astour, M. G., 1967. *Hellenosemitica: An Ethnic and Cultural Study in West Semitic Impact on Mycenaean Greece*, Leiden

Bai, G., 2009. *Semitische Lehnwörter im Altgriechischen*, Hamburg

Bekker, I., 1831-1870 (ed.). *Aristotelis Opera, I-V,* Academia Regia Borussica, Berlin

Bernal, M., 1987. *Black Athena: The Afroasiatic Roots of Classical Civilization, Vol. 1, The Fabrication of Ancient Greece 1785-1985*, London.

——.1991. *Black Athena: The Afroasiatic Roots of Classical Civilization, Vol. 2, The Archaeological and Documentary Evidence*, London.

——.2006. *Black Athena: The Afroasiatic Roots of Classical Civilization, Vol.3, The Linguistic Evidence*, New Jersey

Bottéro, J. / Kramer, S. N., 1989. *Lorsque les dieux faisaient l'homme*, Paris

Broger, A., 1996. *Das Epitheton bei Sappho und Alkaios: Eine sprachwissenschaftliche Untersuchung*, Innsbruck

Broodbank, C. / Strasser, T., 1991. "Migrant Farmers and the Neolithic Colonization of Crete", *Antiquity* 65 (247): 233-245

Burkert, W., 1960. "Platon oder Pythagoras? Zum Ursprung des Wortes 'Philosophie'", *Hermes* 88 (H. 2): 159-177

——.1962. *Weisheit und Wissenschaft: Studien zu Pythagoras Philolaos und Platon*, Nürnberg

——.1977. *Griechische Religion der archaischen und klassischen Epoche*,Stuttgart/ Berlin/Köln/Mainz

——.1984. *Die orientalisierende Epoche in der griechischen Religion und Literatur*, Sitzungsberichte der Heidelberger Akademie der Wissenschaften, Philosophisch-Historische. Klasse, 1984, 1

——.1992. *The Orientalizing Revolution: Near Eastern Influence on Greek Culture in the Early Archaic Age*, translated by Margaret E. Pinder and Walter Burkert, Cambridge Massachusetts / London

——.2003. *Die Griechen und der Orient-von Homer bis zu den Magiern*, München

Burnet, I. (ed.), 1899-1907. *Platonis Opera*, Scriptorum Classicorum Bibliotheca Oxoniensis, I-V, Oxford

Bury, R. G. (ed.), 1933. *Sextus Empiricus*, with an English Translation by R. G. Bury, Ⅰ - Ⅳ (Loeb Classical Library 273, 291, 311, 382), London

Buxton, R. R . 1999. *From Myth to Reason? Studies in the Development of Greek Thought*, Oxford

Chadwick, J., 1970^2. *Decipherment of Linear B*, Cambridge

——.1975. "Introduction to the Problems of 'Minoan Linear A'", *Journal of the Royal Asiatic Society* 2: 143-47

——.1976. *The Mycenaean World*, Cambridge

Coxon, A. H., 2009. *The Fragments of Parmenides : a critical Text with Introduction and Translation, the ancient Testimonia and a Commentary*,

Revised and Expanded Edition edited with new Translations by Richard McKirahan and a new Preface by Malcolm Schofield, Las Vegas / Zurich / Athens

Daniels, P. T., 1997. "Scripts of Semitic Languages", R. Hetzron (ed.), *The Semitic Languages*, London: 16-45

Dehoux, Y., 1978. *Études Minoennes I: Le linéaire A* (Bibliothèque des Cahiers de l'Institut de linguistique de Louvain, 14), Louvain

Dickinson, O., 1994. *The Aegean Bronze Age*, Cambridge

Diels, H., 1897. *Parmenides Lehrgedicht: Griechisch and Deutsch*, Berlin

Diels, H., 1960[9]. *Die Fragmente der Vorsokratiker*, Griechisch und Deutsch, Ⅰ-Ⅲ, neunte Auflage herausgegeben von W. Kranz, Berlin

Dodds, E.R., 1951. *The Greeks and the Irrational*, Berkeley /Los Angeles/ London

Ehrenburg, V., 1969[2]. *The Greek State*, London

Dorandi, T., 2013 (ed.). *Diogenes Laertius: Lives of Eminent Philosophers*, Cambridge

Dover, K., 1993. *Aristophanes: Frogs*, New York

Düring, I., 1950. "Note on the history of the transmission of Aristotle's writings", *Gōteborgs Hōgskkolas Årsskrift* 56: 37-70

Eberling, H., 1963. *Lexicon Homericum*, Nachdr. d. 1. Aufl. Leipzig 1885, Hildesheim

Finley, M. I., 1963. *The Ancient Greeks*, London

——.1964. "Between Slavery and Freedom", *Comparative Studies in Society and History* 6(3): 233-249

Flashar, H., 1983. *Die Philosophie der Antike, Vol. 3: Ältere Akademie, Aristoteles-Peripatos*, Basel

Fränkel, H. F., 1973. *Early Greek Poetry and Philosophy: A History of Greek Epic, Lyric, and Prose to the Middle of the Fifth Century*, translated by M. Hadas and J. Willis, New York / London

Frisk, H., 1946. "ΜΗΝΙΣ, Zur Geschichte eines Begriffes", *Eranos* 44: 28-40, reprinted in *Kleine Schriften zur Indogermanistik und zur griechischen Wortkunde* (Studia Graeca et Latina Gothoburgensia 21), Göteborg 1966: 190-202

Goldhill, S., 1990. "The Great Dionysia and Civic Ideology", in *Nothing to Do with Dionysos? Athenian Drama in its Social Context*, eds. J. J. Winkler and F. I. Zeitlin, 1990: 97-129

——.1995. "Representing democracy: women and the Great Dionysia", in *Ritual, Finance, Politics: Athenian Democratic Accounts Presented to David Lewis*, eds. R. Osborne and S. Hornblower, 1994: 347-369

Gordon, C. H., 1955. "Homer and Bible: the origin and character of East Mediterranean Literature" , *Hebrew Union College Annual* 26: 43-108

Gregory, J. (ed.), 2005. *A Companion to Greek Tragedy*, Malden/Maas

Guthrie, W. K. C., 1962-1981. *A History of Greek Philosophy, Vol. Ⅰ- Ⅵ,* Cambridge

Hall, F.W. / Geldart, W. M., 1907 (ed.). *Aristophanes Comoediae*, 2 vol., Oxford

Hegel, G. W. F., 1990. *Vorlesungen über die Ästhetik Ⅲ* , Werke Bd. 15, Frankfurt/Main

——.1990. *Vorlesungen über die Geschichte der Philosophie Ⅰ*, Werke Bd. 18, Frankfurt/Main

Heinimann, F., 1945. *Nomos und Physis: Herkunft und Bedeutung einer Antithese im griechischen Denken des 5. Jahrhunderts*, Basel

Hiller, S./ Panagl, O., 1976. *Die frühgriechischen Texte aus Mykenischen Zeit*, Darmstadt

Hooker, J. T., 1976. *Mycenaean Greece*, London

——.1980. *Linear B: An Introduction*, Bristol

Hude, C., 1926^3. *Herodoti: Historiae*, 2 vol., Oxford

Jachmann, G., 1958. *Der homerische Schiffskatalog und die Ilias*, Köln

Jaeger, W., 1923. *Aristoteles, Grundlegung einer Geschichte seiner Entwicklung*, Berlin

——.1936^2. *Paideia. Die Formung des griechischen Menschen. Band Ⅰ*, Berlin / New York

——.1944. *Paideia. Die Formung des griechischen Menschen. Band II*, Berlin / New York

——.1947. *Paideia. Die Formung des griechischen Menschen. Band III*, Berlin / New York

Joel, K., 1921. *Geschichte der antiken Philosophie, Bd. I, Grunriß der philosophischen Wissenschaften*, Tübingen

Jones, H. S. / Powell, J. E. (ed.), 1942. *Thucydidis Historiae*, 2 vol., Oxford

Kassel, R. / Austin, C. F. (ed.), 1983-. *Poetae Comici Graeci*, Berlin / New York

Leick, G., 1998 [1991]. *A Dictionary of Ancient Near Eastern Mythology*, New York

Leitzke, E., 1930. *Moira und Gottheit im alten griechischen Epos: Sprachliche Untersuchungen*, Noske

Lesky, A., 1950. Hethitische Text und griechischer Mythos, *Anzeiger der Österreichischen Akademie der Wissenschaften*: 137-160

——.1954. Zum hethitischen und griechischen Mythos, *Eranos* 52: 8-17

——.1955. Griechischer Mythos und vorderer Orient, *Saeculum* VI : 35-52

Lévêque, P. / Vidal-Naquet, P., 1964. *Clisthè l'Athénien* (Annales Littéraires de l'Université de Besançon 65), Paris

Lintott, A., 1997. "The Theory of the mixed Constitution at Rome", in M. Griffin and J.Barnes (eds.), *Philosophia Togata II : Plato and Aristotle at Rome*, Oxford: 269-285

Lobel, E., 1925. *ΣΑΠΦΟΥΣ ΜΕΛΗ*, Oxford

——.1927. *ΑΛΚΑΙΟΥ ΜΕΛΗ*, Oxford

Lobel, E. / Page, D. L. (ed.), 1955. *Poetarum Lesbiorum Fragmenta*, Oxford

Lord, A. B., 1960. *The Singer of Tales*, Cambridge, MA.

——.1968. "Homer as Oral Poet", *Harvard Studies in Classical Philology* 72: 1-46

Machiavelli, N., 1971. *Tutte le opere*. Secondo l'edizione di Mario Martelli, Bompiani

Martin, R. P., 1989. *The Language of Heroes: Speech and Performance in the Iliad*. (Myth and Poetics), Ithaca / New York / London

Masson, E., 1967. Rech*erches sur les plus anciens emprunts sémitiques en grec*, Paris

Meier-Brügger, M., 1992. *Griechische Sprachwissenschaft, I / II*, Berlin/New York

Meiggs, R., 1972. *The Athenian Empire*, Oxford

Meillet, A., 1968. Die Ursprüng der griechischen Metrik, übersetzt von R. Schmitt, in R. Schmitt (hrsg.), *Indogermanische Dichtersprache*, Darmstadt: 40-48

Meyerhoff, D., 1984. *Traditioneller Stoff und individuelle Gestaltung: Untersuchung zu Alkaios und Sappho*, Hilldesheim/Zurich/New York

Monro, D. / Allen, T.W. (eds.), 1920^3. *Homeri opera. Tomi I et II Iliadis libros XXIV continentes*, Oxford

Morpurgo-Davies, A., 1986. "The Liniguistic Evidence", in G. Cadogan (ed.), *The Ende of the Early Bronze Age in the Aegean,* Leiden: 93-123

Most, G. W., 2006. *Hesiod: Theogogy, Works and Days, Testimonia*, edited and translated, Cambridge/ London

——.2007. *Hesiod: Shield, Catalogue of Women, other Fragments*, edited and translated, Cambridge/ London

Nagy, G., 1974. *Comparative Studies in Greek and Indic Meter*, Cambridge, MA

——.1979. *The Best of the Achaeans: Concepts of the Hero in the Archaic Greek Poetry*, Baltimore

——.1996a. *Poetry as Performance: Homer and Beyond*, Cambridge

——.1996b. *Homeric Questions*, Austin

——.2000. "Review of West's Iliad", *Bryn Mawr Classical Review* (2000.09.12)

——.2003. *Homeric Responses*, Austin

——.2004. *Homer's Text and Language*, Urbana

Nardelli, J. -F., 2001. "Review of West's Iliad", *Bryn Mawr Classical Review* (2001.06.21)

Nestle W., 1901. *Euripides, der Dichter der griechischen Aufklärung*, Stuttgart

——.1940. *Vom Mythos zum Logos: Die Selbstentfaltung des Griechischen Denkens von Homer bis auf die Sophistik und Sokrates*, Stuttgart

Nilsson, M, P., 1949. *A History of Greek Religion*, translated from the Swedish by F. J. Fielden, Oxford

Oberhuber, K. (hrsg.), 1977. *Das Gilgamesch-Epos* (Wege der Forschung, 215), Darmstadt

Ostwald, M., 1969. *Nomos and the Beginnings of the Athenian Democracy*, Oxford

Page, D., 1970^4. *Sappho and Alcaeus: An Introduction to the Study of Ancient Lesbian Poetry*, Oxford

Parry, A., 1971. *The Making of Homeric Verse: The Collected Papers of Milman Parry*, Oxford

Parry, M., 1928a. *L'Épithète traditionnelle dans Homère*, Paris (translated in A. Parry 1971, 1-190)

——.1928b. *Les Formules et la métrique d'Homère*, Paris (translated in A. Parry 1971, 191-239)

Rau, P., 1967. *Paratragodia: Untersuchung einer komischen Form des Aristophanes*, München

Reinhardt, K., 1916. *Parmenides und die Geschichte der griechischen Philosophie*, Bonn

Reitzenstein, R., 1927. *Altgriechische Theologie und ihre Quellen*. Vorträge der Bibliothek Warburg 1924-25, Leipzig

Rosen, R. M. , 2005. "Aristophanes, Old Comedy and Greek Tragedy", R. Bushnell (ed.), *A Companion to Tragedy* (Blackwell Companions to Literature and Culture), Massachusetts: 251-268

Rusten, J. (ed.), 2011. *The Birth of Comedy: Texts, Documents, and Art from Athenian Comic Competitions*, Baltimore

Rüter, K., 1969. *Odysseeinterpretationen: Untersuchungen zum ersten Buch und zur Phaiakis* (Hypomnemata 19), Göttingen

Sandys, J., 1937. *Pindar: The Odes of Pindar including the Principal Fragments with an Introduction and an English Translation by Sir John Sandys*, Cambridge / London

Schmidt, J. H. H., 1969. *Synonymik der griechischen Sprache*, Nachdruck der 1. Auflage 1879, Leipzig

Schmitt, R., 1967. *Dichtung und Dichtersprache in indogermanischer Zeit*, Wiesbaden

——.1968 (Hrsg.). *Indogermanische Dichtersprache*, Darmstadt

Schoep, I., 2002. "The administration of neopalatial Crete: a critical assessment of the Linear A tablets and their role in the administrative process", *Minos: Revista de filología egea* 17: 1-230

Silk, M. S. , 1993. "Aristophanic Paratragedy", in A. H. Sommerstein/ S. Halliwell/ J. J. Henderson/ B. Zimmermann (eds.), *Tragedy, Comedy and the Polis: Papers from the Greek Drama Conference, Nottingham, IS-ZO July I990*, Bari: 477-504

Singer, I., 2002. *Hittite Prayers*, Edited by Harry A. Hoffner, Jr, Atlanta

Sladek, W. R. 1974. *Inanna's Descent to the Netherworld* (Dissertation of Johns Hopkins University), Baltimore

Smyth, H. W. (ed.), 1926. *Aeschylus, with an English Translation*, 2 vol., London

Snell, B., 1955^{3}. *Die Entdeckung des Geistes- Studien zur Entstehung des europäischen Denkens bei den Griechen*, Hamburg

——.1971^{4}. *Leben und Meinungen der Sieben Weisen, Griechische und lateinische Quellen erläutert und übertragen von Bruno Snell*, München

Snodgrass, A., 1971. *The Dark Age of Greece: An Archaeological Survey of Eleventh to the Eighth Centuries BC*, Edinburgh / Oxford

Sommerstein, A. H., 2009. *Talking about Laughter: And Other Studies in Greek Comedy*, New York

Storr, F., 1913. *Sophocles, with an English Translation*, 2 vol., London

Strauss, L., 1964. *The City and Man*, Chicago

Szemerényi, O., 1974. The Origins of the Greek Lexicon: Ex Oriente Lux,

Journal of Hellenic Studies 94, 144-57

Szlebák, T. A., “Ilias und Gilgamesch-Epos”, in H. Hofmann (hrsg.), *Troia-von Homer bis heute*, Tübingen 2004: 11-33

Thummer, E., 1986. “Griechische ‘Erlösungsdramen’ ”, in W. Meid / H. Trenkwalder (hrsg.), *Im Bannkreis des Alten Orients, Studien zur Sprache und Kulturgeschichte des alten Orients und seines Ausstrahlungsraumes, Karl Oberhuber zum 70.* Geburtstag gewidmet, Innsbruck: 237-260

van den Hout, T. P. J., 1991. “A Tale of Tišôarili(ya): A Dramatic Interlude in the Hittite KI.LAM Festival”, *Journal of Near Eastern Studies* 50: 193-202

Ventris, M. / Chadwick, J., 1973[2]. *Documents in Mycenaean Greek*, Cambridge

Vernant, J.-P., 1988. *Mythe et Pensée chez les Grecs: Études de psychologie historique*, Paris

Visser, E., 1997. *Homers Katalog der Schiffe*, Stuttgart/Leipzig

Voigt, E. M. (ed.) , 1971. *Sappho et Alcaeus*, Amsterdam

Watkins, C., 1977. “A propos de MHNIΣ”, *Bulletin de la société de linguistique de Paris* 72: 187-209 (in C. Watkins, Selected Writings, Innsbruck 1994: 556-587)

——.1995. *How to Kill a Dragon: Aspects of Indo-European Poetics*, New York-Oxford

Way, A. S. (ed.), 1912. *Euripides, with an English Translation*, 4 vols., London

West, M. L. (ed.), 1966. *Hesiod: Theogony*, Oxford

——.1973. “Greek Poetry 2000-700 B. C. ”, *Classical Quarterly* 23(2): 179-192

——.1978 (ed.). *Hesiod: Works and Days*, Oxford

——.1988. “The Rise of the Greek Epic”, *Journal of Hellenic Studies* 107: 151-172

——.1997. *The East Face of Helicon: West Asiatic Elements in Greek Poetry and Myth*, Oxford

——.1998 (ed.). *Homerus Ilias, Volumen prius, rhapsodiae I - XII*, Stuttgart

——.2000 (ed.). *Homerus Ilias, Volumen alterum, rhapsodiae XIII-XXIV*, Leipzig

——.2001. "West on Nagy and Nardelli on West", *Bryn Mawr Classical Review* (2001.09.06)

——.2003 (ed.). *Homeric Hymns, Homeric Apocrypha, Lives of Homer*, Cambridge

——.2007. *Indo-European Poetry and Myth*, Oxford

Whiteman, C. H., 1958. *Homer and the Heroic Tradition*, Cambridge

Wilamowitz-Moellendorff, U. von, 1884. *Homerische Untersuchungen*, Berlin

——.1931/32. *Der Glaube der Hellenen*, Ⅰ/Ⅱ, Berlin

Wolkstein, D./ Kramer, S. N., 1983. *Inanna: Queen of Heaven and Earth: Her Stories and Hymns from Sumer*, New York City, New York

语言类

范·埃姆德·博阿斯(Evert van Emde Boas)、莱克斯巴隆(Albert Rijksbaron)、豪廷克(Luuk Huitink)、德·巴克(Mathieu de Bakker),《剑桥古典希腊语语法》,顾枝鹰、杨志城、张培均、李孟阳、程茜雯译,上海:华东师范大学出版社,2021

信德麟,《拉丁语和希腊语》,北京:外语教学与研究出版社,2007

F. R. Adrados (Red.), 1980-. DGE: *Diccionario Griego–Español*, Madrid

LJS: H. G. Liddell / H. George / R. Scott.,1968. *A Greek-English Lexicon*, revised and argumented throughout by Sir H. S. Jones with the Assistance of R. McKenzie, Oxford

Meier-Brügger, M, 1992. *Griechische Sprachwissenschaft*, Ⅰ/Ⅱ, Berlin/New York

Palmer, L. R., 1980. *The Greek Language*, London

Rix, H., 1992[2]. *Historische Grammatik des Griechischen*, Darmstadt

Schwyzer, E., 1939. *Griechische Grammatik I: Allgemeiner Teil, Lautlehre, Wortbildung, Flexion*, München

Schwyzer, E. / Debrunner, A., 1949. *Griechische Grammatik II*, *Syntax und syntaktische Stilistik*, München

Sihler, A. L., 1995. *New Comparative Grammar of Greek and Latin*, Oxford

附录一

典型创世论性质文本释读与比较研究

我们面前有源自美索不达米亚（巴比伦）、迦南（希伯来）、希腊、印度这四个古老文明传统的五个文献选段，其内容都与世界被创造或生成的原初状态相关。本文将以语文学及语言学为基础进行文本比较，利用比较神话学、比较宗教学等多种方法，探索不同文明的创世论背后共通的语言—思想基础。

巴比伦创世史诗《埃努玛·埃利什》I, 1–20

1.e-nu-ma e-liš la na-bu-u ša-ma-mu

2.šap-liš am-ma-tum šu-ma la zak-rat

3.ZU.AB-ma reš-tu-ú za-ru-šu-un

4.mu-um-mu Ti-amat mu-al-li-da-at gim-ri-šu-un

5.A-MEŠ[①]-šu-nu iš-te-niš i-ḫi-ku-u-ma

① 转写中用大写字母标识的词汇，为苏美尔语，A–MEŠ 对应于阿卡德语（巴比伦语）mē。以下均依此例。

6.gi-pa-ra la ki-iṣ-ṣu-ra ṣu-ṣa-a la še-'u-u

7.e-nu-ma DINGIR-DINGIR la šu-pu-u ma-na-ma

8.šu-ma la zuk-ku-ru ši-ma-tu la ši-i-mu

9.ib-ba-nu-u-ma DINGIR-DINGIR qe-reb-šu-un

10.ᴰLaḫ-mu ᴰLa-ḫa-mu uš-ta-pu-u šu-mi iz-zak-ru

11. a-di ir-bu-u i-ši-ḫu

12. An-šar ᴰKi-šar ib-ba-nu-u e-li-šu-nu at-ru

13. ur-ri-ku U-MEŠ uṣ-ṣi-bu MU-MEŠ

14. ᴰA-num a-pil-šu-nu ša-nin AD-AD-šu

15. An-šar ᴰA-num bu-rk-ra-šu u maš-šil-ma

16.u ᴰA-num tam-ši-la-šu u lid ᴰNu-dim-mud

17. ᴰNu-dim-mud ša AD-MEŠ-šu ša liṭ-šu-nu šu-ma

18.pal-ka uz-nu ḫa-sis e-mu-qan pu-un-gul

19. gu-uš-šur ma-a-di-iš a-na a-lid AD-šu An-šar

20. la i-ši ša-ni-na ina DINGIR-MEŠ at ḫe-e-šu

1. 当在上之天尚未被命名,

2. 在底下之地也未承载其名,

3. 只有原初的阿普苏,他们的祖先,

4. 和创造者蒂阿玛特,她生养了他们全部,

5. 他们(二者)的水合为一体。

6. 草地尚未织成,芦苇尚未看到,

7. 当诸神尚未显形,

8. 名字尚未呼出,命运尚未确定,

9. 诸神在他们(阿普苏与蒂阿玛特)之中被创造出来。

10. 拉赫木与拉哈姆被生出,以名相称。

11. 在他们年龄与身形增长期间,

12. 安舍尔与齐舍尔被创造出来，并胜过他们。

13. 他们日复一日、年复一年地生长。

14. 阿努是他们的儿子，堪与其父祖匹敌者。

15. 安舍尔的长子阿努，与其一模一样，

16. 阿努又生了与他一样的努丁木德。

17. 努丁木德是他父祖们的主人，

18. 具有广阔的智慧，强大的勇力，

19. 远胜过他的祖父安舍尔。

20. 在他的兄弟诸神中没有匹敌者。

巴比伦史诗《埃努玛·埃利什》是这五个文本中成文时间最早的一个，是巴比伦第一王朝崛起而统一美索不达米亚地区之功业在宗教想象中的天才折射。[①] 相对于此前从苏美尔人那里继承下来的以阿努（Anu，最古老父神）—恩利尔（Enlil，最富权柄的主神）—埃阿（Ea，大地与海洋之主）为核心的阿努纳奇（Anunnaki）神系信仰，《埃努玛·埃利什》是一种极为大胆而富于高度创新精神与政治意识的神系改写与重塑。这种神系再造的核心，在于马尔杜克（Marduk）从原先巴比伦的地方守护神上升为至高的主神而定序宇宙。以光大弘扬马尔杜克信仰为己任的创世史诗，不但详述了马尔杜克在诸神危难之际应其所请而降伏魔军成为主神的线索，更对世界的原初状态和诸神谱系也做了与苏美尔传统大相径庭的描绘。

依照这一新的体系，阿普苏（Apšu，苏美尔语 ZU.AB，表征淡水）与蒂阿玛特（Tiāmat，表征咸水）是最早的神灵。[②] 阿普苏之称谓名号

① 巴比伦第一王朝存在于公元前 1894–公元前 1595 年，而这一史诗反映的气象，当对应于巴比伦第一王朝成为整个美索不达米亚乃至更广阔区域中心的那个阶段。参阅 Sommerfeld 1982，页 174–181；白钢 2016。

② 饶宗颐先生于《近东开辟史诗》中，将《埃努玛·埃利什》以离 （转下页）

reštu，其词根 r-š，本义为“头，头部”，进而引申出“顶部，高点”和“开端，起点”之义，故可译作“原初的”。作为其配偶的蒂阿玛特的称谓名号 mummu，在巴比伦语文献中，也常用于别的神祇（特别是埃阿与马尔杜克），尽管确切意义尚有未定之处，不过大致当是“创造者，（造物之）匠人”之义。[①] 此二神所代表的复数形态的水（A-MEŠ）结合为一体，生成世界与诸神。

史诗对名称—命名（šumu）给予了极高的重视，将其与命运（šimtu）等量齐观，呼应于将命运理解为“被说出者”这一古老的世界想象，[②] 进而指向《道德经》所言“无名，天地之始，有名，万物之母”的境界。

由阿普苏与蒂阿玛特结合而生的最初一代拉赫木（Laḫmu）与拉哈姆（Laḫamu），其词根 l-ḫ-m，在阿卡德语中有“毛发茂盛”之义，在闪米

（接上页）骚体加以翻译再现，特将 Apšu 译作“滃虚”，将 Tiāmat 译作“彻墨”。此译法颇训雅，亦想表征前者对应于淡水（水之清者）后者对应于咸水（水之浊者），但失于太过古奥，且如拱玉书所言，不符合对于专名之音译、意译和音意兼顾三种原则中的任何一种。参阅饶宗颐 1998，前言页 5，正文页 21；拱玉书 2014 有对饶译很中肯精到的评论，进而引申出对古代文本采用何种文体、风格进行翻译的大问题，有关 Apšu 与 Tiāmat 的译名，参阅页 90–91。汉译亦可参考赵乐甡 1999。

① CAD 中 mummu 词条下所举例句 ina uz-na ṣirti ša Ea mu-um-mu bān kala iqī[šu]šu[拥有深远智慧的埃阿，那一切事物的创造者，给予他]，明确地支持 mummu 一词的“造物主”意义。mummu 也是与 Apšu 共同设计准备消灭诸神的管家 / 辅臣之名。mummu 可音译为“穆姆”，但在不同语境下有不同的含义，汉语中通常没有一个固定的、广泛接受的译名。

② 拉丁语 fātum[命运]一词（由之生出古代法语 fate，进而生出英语 fate），发源于动词 fari[言说]的过去分词被动态形式，本义即为“被说出的”。被说出的，意味着已经发生、无可挽回、不能改变的事实，是为命运。也可参考阿拉伯语 maktū。

特语中，则包含着紧密联系、交错纠缠乃至挤压斗争的复杂意向。一种可能的语义关联是：毛发在互相缠绕中生发繁盛，而这种纠缠紧连的过程也引发了彼此间的挤压对抗乃至斗争，① 这预示着世界通过淡水与海水和合而成的同时，冲突—斗争也随之而生。这种冲突—斗争是史诗情节发展演化的内在动力，进而造成了诸神之争与主神的相续更替。由拉赫木与拉哈姆所生的安舍尔（Anšar）与齐舍尔（Kišar），其名字是苏美尔语 An［天］、Ki［地］和阿卡德语 šar<šarru［国王，大君］的结合，意为“天王”“地王”。这种极明显的结合了苏美尔与阿卡德语言元素的神名，表征着两大文明体—政治体在现实中的结合。而“天王”与“地王”并称，也暗示天地尚未分离。这种分离，依照创世史诗的记述，通过对原初之神阿普苏与蒂阿玛特的尸体分解才得以完成。

值得注意的是，原先苏美尔神系中最古老的神王阿努（Anu），被描绘成安舍尔与齐舍尔的后裔，距离原初之神已经多达三代，非但失去了原本神系中最具标志性的古老地位，且其名称与阿努纳奇诸神的关联，也部分地被安舍尔所取代。② 阿努被描绘为与安舍尔具有同样

---

① 阿卡德语 laḫāmu, leḫēmu［毛发（生长）繁盛］, laḫmu, laḫīmu［毛发繁盛的］, luḫḫumu［带有长毛的外衣］; 与其相关的另一组阿卡德语 lêmu, la’ āmu［吃，喝］。旧约希伯来语 l-ç-m: 1.［战斗］, 2.［吃（面包）］; leçem［面包；食物］。乌迦利特语 lḥm［吃，进食］（作动词），［食物，面包］（作名词）; mlḥmt［战斗，战役］。古叙利亚语 laḥmā［面包，饮食］; etlaḥam［威胁］（作动词），luḥāmā［威胁］（作名词）。阿拉伯语 laçama［熔合，结合］, talāçama［相互争斗］, iltaçama［紧密相联；相互撕咬］, laçm［肉］。在西北闪米特语（旧约希伯来语、乌迦利特语、古叙利亚语）中，“面包”（l—ḥ—m）之义或者源于将面包的制作视为面粉不断挤压成型之过程，而这又赋予了同一词根的动词以“吃”的意义。在阿拉伯语中，吃这一行为所及之对象，从面包变作了肉。参阅白钢 2106。

② Anunnaki（Anunnakkū）之名由苏美尔语 An［天］衍化而成，有 （转下页）

的外观，并生出与自己一般模样的儿子努丁木德（Nudimmud）。这三者具有相同形态，隐隐暗示其本为一体。但相对于安舍尔，阿努只是相类者 / 同侪（šānin），而其子努丁木德则远胜（guššur madiš）。努丁木德是埃阿的名号之一，由前缀 nu- 与词组 dim_2-mud［创造］构成，突出地表现埃阿作为智慧化身的创造功能，在史诗中被描述为马尔杜克的父亲。正如安舍尔与齐舍尔胜过其父辈（elišunu atru），预示着后来更强大之新神的出现与掌权，努丁木德在力量上远胜于父祖，预示着马尔杜克远胜于他、进而远胜其他一切诸神。

旧约《创世记》1, 1–10

א בְּרֵאשִׁית, בָּרָא אֱלֹהִים, אֵת הַשָּׁמַיִם, וְאֵת הָאָרֶץ.

ב וְהָאָרֶץ, הָיְתָה תֹהוּ וָבֹהוּ, וְחֹשֶׁךְ, עַל-פְּנֵי תְהוֹם; וְרוּחַ אֱלֹהִים, מְרַחֶפֶת עַל-פְּנֵי הַמָּיִם.

ג וַיֹּאמֶר אֱלֹהִים, יְהִי אוֹר; וַיְהִי-אוֹר.

ד וַיַּרְא אֱלֹהִים אֶת-הָאוֹר, כִּי-טוֹב; וַיַּבְדֵּל אֱלֹהִים, בֵּין הָאוֹר וּבֵין הַחֹשֶׁךְ.

ה וַיִּקְרָא אֱלֹהִים לָאוֹר יוֹם, וְלַחֹשֶׁךְ קָרָא לָיְלָה; וַיְהִי-עֶרֶב וַיְהִי-בֹקֶר, יוֹם אֶחָד.

ו וַיֹּאמֶר אֱלֹהִים, יְהִי רָקִיעַ בְּתוֹךְ הַמָּיִם, וִיהִי מַבְדִּיל, בֵּין מַיִם לָמָיִם.

ז וַיַּעַשׂ אֱלֹהִים, אֶת-הָרָקִיעַ, וַיַּבְדֵּל בֵּין הַמַּיִם אֲשֶׁר מִתַּחַת לָרָקִיעַ, וּבֵין הַמַּיִם אֲשֶׁר מֵעַל לָרָקִיעַ; וַיְהִי-כֵן.

ח וַיִּקְרָא אֱלֹהִים לָרָקִיעַ, שָׁמָיִם; וַיְהִי-עֶרֶב וַיְהִי-בֹקֶר, יוֹם שֵׁנִי.

ט וַיֹּאמֶר אֱלֹהִים, יִקָּווּ הַמַּיִם מִתַּחַת הַשָּׁמַיִם אֶל-מָקוֹם אֶחָד, וְתֵרָאֶה, הַיַּבָּשָׁה; וַיְהִי-כֵן.

י וַיִּקְרָא אֱלֹהִים לַיַּבָּשָׁה אֶרֶץ, וּלְמִקְוֵה הַמַּיִם קָרָא יַמִּים; וַיַּרְא אֱלֹהִים, כִּי-טוֹב.

1. 起初神创造了天与地。

2. 地是空虚混沌的。黑暗临于深渊之上。神的灵（息）飘荡在水面上。

3. 神说：“要有光”，于是，便有了光。

（接上页）^{d}a-nuna、^{d}a-nuna-ke_4-ne、^{d}a-nun-na 等数种写法，其本义为“安（神）的后裔”。参阅 Black/Green 1992，页 34。

4. 神看到，这光是好的。于是神将光与暗分开。

5. 神称光为白昼，称暗为夜晚。晚上过去了。早晨过去了。这是第一日。

6. 神说："在水中要有苍穹，让其将水和水分开。"

7. 神造出苍穹，将在苍穹之下的水与苍穹之上的水分开。事就这样成了。

8. 神称苍穹为天。晚上过去了。早晨过去了。这是第二日。

9. 神说："天之下的水应被聚集于一处，使旱地露出来。"事就这样成了。

10. 神称旱地为地，称聚集的水为海。神看到这是好的。

希伯来旧约《创世记》的文本，以介词短语 b^erē'šît［在(b^e)开始时(rē'šît)］开篇，rē'šît 一词的与《埃努玛·埃利什》中阿普苏的称谓名号 reštu 同源，若欲突出其与词根 r-š（希伯拉语 r(')oš［头部；顶点］）的意义关联，直译可作"开头"。① 紧随其后的动词 bāra' 本义为"作事，制作，制造"，但因在此用于指称神创造天地的行为，被赋予了特定的价值与意向，从而与本和它意义极相似的动词 'āśah 在语用中有所差别，后者尽管也可用于神，如后面造苍穹的行为(1，7)，但主要指适用于各种对象的一般行动，而前者则成为带有神圣意味或特殊重要性的"创造，创作"。

创世前的大地被描绘为 tohûwābohû，tohû 与 bohû 这两个词的

① 在《七十士译本》(*LXX*)中，这一短语依照希腊语习惯被译作 *ἐν ἀρχῇ*，而在更强调译文需忠实再现希伯来语经文表述（乃至可以牺牲译文本身的可理解性）的《亚居拉译本》(*Aquila version*)中，表达"原初"之义的 *ἀρχή* 被替换为 *κεφάλαιον*，以突出其所源出的 *κεφαλή*［头，头部］一词在语义上与希伯来语 ra' šît 的对应关系，尽管 *κεφάλαιον* 在希腊语中并无时间开端之义，而意味着头部、冠冕、核心要点乃至资本。

确切含义一直处在模糊的状态，正如其所表征的世界原初状态——空虚混沌。①与混沌同在的黑暗（hošek）临于 t^{e}hôm 之上，t^{e}hôm 一词意味着涌动着的渊深水体，它与巴比伦创世史诗中原初之神 Tiāmat 的名字可回溯到相近的来源：在阿卡德语中，tiâmatu（tâmtu, tâmdu）意为大海。②太初即已存在的原水之上，神的灵（rû^{a}ḥ）在飘荡（m^{e}raḥephet）。rû^{a}ḥ 一词，如同希腊语《七十士译本》中对应的 *πνεῦμα*，意味着风、似风一般的呼吸和气息，进而指代灵魂与灵魂所伴随的生命和生机。

真正开启创世过程的，是神“要有光”的意愿、通过话语表达意愿和这一话语的自我实现。光的出现，代表着超越于黑暗混沌的全新法则的生成，因而，光的产生，先于发光的天体（如日月星辰，依照《创世记》的文本，这些在创世的第四天才产生）：前者是与整体而绝对的混沌状态根本相异的整体而绝对的光明（’or），或说，是光的本体，后者是分有这种整体性光明并依照不同的强度所呈现的具体形态（ma’ôr）。借助光这种全新的世界法则，一种区分—分离（bādal）的行为得以实现：光与暗、昼与夜相分离，水与水相分离（伴随着在水间形成 rāqîʿa，将之分为上下两半），进而，天与地相分离（rāqîʿa 被称作天，而在下之水被集聚起来从而让旱地显露出来，yabbāśā^{h}［旱地］被称作地）。通过水的分离而形成天地，是闪米特民族所固有的“天，即有水之所在”的世界理解的体现，进而也为希伯来语中 šāmayim［天］一词呈现的双数形式来源留下了隐匿的线索。③

① 相对于 bohû 一词含义的晦暗，tohû 的词根相对更具体，有“无形态、混杂、非真实”的意味。在《七十士译本》中，这对概念被译作 *ἀόρατος καὶ ἀκατασκεύαστος*［不可见的和未成型的］。

② 阿拉伯语中，tihāma(tun) 是阿拉伯半岛西南海岸的名称。

③ 相关问题的讨论，参阅白钢 2016。

赫西俄德《神谱》, 116–132

Ἤτοι μὲν πρώτιστα Χάος γένετ', αὐτὰρ ἔπειτα
Γαῖ' εὐρύστερνος, πάντων ἕδος ἀσφαλὲς αἰεὶ
ἀθανάτων, οἳ ἔχουσι κάρη νιφόεντος Ὀλύμπου,
Τάρταρά τ' ἠερόεντα μυχῷ χθονὸς εὐρυοδείης,
ἠδ' Ἔρος, ὃς κάλλιστος ἐν ἀθανάτοισι θεοῖσι,
λυσιμελής, πάντων τε θεῶν πάντων τ' ἀνθρώπων
δάμναται ἐν στήθεσσι νόον καὶ ἐπίφρονα βουλήν.
Ἐκ Χάεος δ' Ἔρεβός τε μέλαινά τε Νὺξ ἐγένοντο·
Νυκτὸς δ' αὖτ' Αἰθήρ τε καὶ Ἡμέρη ἐξεγένοντο,
οὓς τέκε κυσαμένη Ἐρέβει φιλότητι μιγεῖσα.
Γαῖα δέ τοι πρῶτον μὲν ἐγείνατο ἶσον ἑωυτῇ
Οὐρανὸν ἀστερόενθ', ἵνα μιν περὶ πάντα καλύπτοι,
ὄφρ' εἴη μακάρεσσι θεοῖς ἕδος ἀσφαλὲς αἰεί.
γείνατο δ' Οὔρεα μακρά, θεῶν χαρίεντας ἐναύλους
Νυμφέων, αἳ ναίουσιν ἀν' οὔρεα βησσήεντα.
ἣ δὲ καὶ ἀτρύγετον πέλαγος τέκεν, οἴδματι θυῖον,
Πόντον, ἄτερ φιλότητος ἐφιμέρου·

起先生出的确乎是卡俄斯(混沌), 接着
是胸襟宽广的盖亚(大地), 一切不死诸神永远稳固的所在,
他们居于冰雪覆盖的奥林匹斯顶峰,
以及在道路宽阔的大地深处的幽暗之塔尔塔罗斯(深渊)的
厄洛斯(爱神), 他是一切不死诸神中最美者,
令一切诸神与一切凡人四肢瘫软,
降伏他们胸中的理智与深思的筹谋。
从卡俄斯生出厄瑞玻斯(昏暗)与黑色的倪克斯(黑夜),

由黑夜生出埃忒尔(空气)与赫莫拉(白天),
他们是她与厄瑞玻斯相爱而怀孕所生。
盖亚首先生出了与她一般大小的
布满星辰的乌拉诺斯(天空),于是他便完全将其覆盖,
成为了幸福的诸神永远稳固的所在。
她也生出了延绵的乌瑞亚(群山),那优雅的场所,对神女
纽墨菲们,她们居于山谷之中。
她还生出那荒芜(不产果实)的大海,翻涌着波涛的
蓬托斯(深海),尽管未经渴望的爱欲。

自古风时代以降,赫西俄德的《神谱》便成为希腊世界中有关神系演替和神人关系最具影响的作品。《神谱》对于世界原初状态的描述,以卡俄斯(*Χάος*)为最早的生成者。*Χάος* 一词自亚里士多德以来常被解释为(空间意义上的)虚空。就希腊语形态而言,*Χάος* 当从 *Χάϝος* 演化而来,与 *χάσκειν*[张开,裂开,打哈欠],*χανδάνειν*[张开;抓住,持有,容纳],*χαῦνος*[宽松,多孔;空虚,虚妄](*χαῦ-νος* 由 *χάος* 而来,正如 *ἐρεμ-νός*[阴暗的,昏黑的]由 *ἔρεβος*[昏暗,黑暗]而来)等词汇关系紧密。因而,*Χάος* 最初或意味着天地之间的张裂的隙缝,在更夸张的想象中,它便如某种深渊或深谷般张开巨口(喉咙)吞噬一切的存在,拉丁诗人卢肯(M.A. Lucanus)甚至将之描绘为某种秘密吞噬了无数世界的洪荒怪兽(Chaos innummeros avidum confundere mundos, Bellum civile 6. 696)。词源学而言,*Χάος* 可回溯到印欧语 *$\hat{g}^{h}eH_2$-[张开,裂开],日耳曼语中表达“腭”的词汇多与之同源,如古北欧语 gómi, gómr,古德语 goumo, gaumo,中古德语 goume, guome,现代德语 Gaumen,古英语 gōma,现代英语 gum(由古日耳曼语 *gōman- 演化而来,gauman- 由印欧语 *$\hat{g}^{h}eH_2$u-mon- 演化而来);亦可参考立陶宛语 gomurỹs[腭],拉脱维亚语 gãmurs[喉,气管](由印欧语 *$\hat{g}^{h}eh_2$-mr- 演

化而来)。[1] 综合而论,可将 *Χάος* 理解为一种能吞噬一切的时空裂缝。

紧随卡俄斯出生的是大地女神盖亚(*Γαῖα*),相对于前者属性的晦暗未明,她拥有"胸襟宽广"(*εὐρύστερνος*)这一专属的称谓名号,并被明确地赋予了充当诸神稳固居所的职能。如果说,卡俄斯是原初混沌状态的表征,那么盖亚便代表着稳定、持续、承载、支撑的原则,这是世界得以成就的基础。

仅有大地作为稳固支撑,尚不足以演化世界,厄洛斯(*Ἔρος*)作为盖亚的同辈应运而生。他代表着与身体性欲望相关联的爱欲与激情,故而,他不但是最古老者,也是最美者(*κάλλιστος*)和最强大无敌者,令一切神人失去力(*λυσιμελής*),降服其理智(*δάμναται…νόον*)。正是伴随着爱欲—激情的生成,诸神得以生育繁衍,世界得以遍布生机。

纽克斯与厄瑞玻斯相爱结合而生埃忒尔(*Αἰθήρ*)与赫莫拉(*Ἡμέρη*),象征着爱欲给事物本质带来的转变:从浓厚的黑暗中生出轻盈(空气)与光亮(白天)。盖亚生出与其同样大小的乌拉诺斯(*Οὐρανός*),反映出希腊人对原初天地浑然一体的想象,而乌拉诺斯所专有的称谓名号"布满星辰的"(*ἀστερόεις*),正是盖亚(大地)所代表的承载—支撑原则在天上的体现,"天出于地"这种极独特的世界想象背后,源于将天理解为各种星辰的承载—支撑者,而各种天体的亘古不变,正体现了盖亚作为世界的永远稳固基础(*ἕδος ἀσφαλὲς αἰεὶ*)的核心特征。[2] 盖亚与乌拉诺斯的结合,是希腊神系得以系统性延续展开的关键一步,居于希腊人信仰核心地位的奥林匹斯神系正是从这一结合流出的。盖亚生成海洋的过程被描绘为"未经渴望的爱欲"(*ἄτερ φιλότητος ἐφιμέρου*),很大程度上反映了早期希腊人记忆与认知

---

① 词源学解释,参阅 Frisk、Chantraine、Beekes 中相关词条的讨论,相关思想史内容,参阅 West 1966,页 192–93。

② 在中国文明的深处,这种"厚德载物"的特质同样被赋予了大地(坤),只是天(乾)所具有的"行健不已"的特征相对更具本体论的优先地位。

中海洋所代表的荒凉、危险、死亡意象，ἀτρύγετον[荒芜的]是荷马史诗中经常使用的对海洋的表述，而 οἴδματι θυῖον[波涛翻涌的]这一表述则对应于荷马史诗中 οἴδματι θύων 的程式。哪怕对于这些给人以负面印象的对象，诗人也并未根本否认爱欲在其生成过程的存在。

《梨俱吠陀》10, 121 (947)

hiraṇyagarbhaḥ sam avartatāgre bhūtasya jātaḥ patir eka āsīt |

sa dādhāra pṛthivīṃ dyām utemāṃ kasmai devāya haviṣā vidhema ‖ 1

ya ātmadā baladā yasya viśva upāsate praśiṣaṃ yasya devāḥ |

yasya chāyāmṛtaṃ yasya mṛtyuḥ kasmai devāya haviṣā vidhema ‖ 2

yaḥ prāṇato nimiṣato mahitvaika id rājā jagato babhūva |

ya īśe asya dvipadaś catuṣpadaḥ kasmai devāya haviṣā vidhema ‖ 3

yasyeme himavanto mahitvā yasya samudraṃ rasayā sahāhuḥ |

yasyemāḥ pradiśo yasya bāhū kasmai devāya haviṣā vidhema ‖ 4

yena dyaur ugrā pṛthivī ca dṛḷhā yena svah stabhitaṃ yena nākaḥ |

yo antarikṣe rajaso vimānaḥ kasmai devāya haviṣā vidhema ‖ 5

yaṃ krandasī avasā tastabhāne abhy aikṣetāṃ manasā rejamāne |

yatrādhi sūra udito vibhāti kasmai devāya haviṣā vidhema ‖ 6

āpo ha yad bṛhatīr viśvam āyan garbhaṃ dadhānā janayantīr agnim |

tato devānāṃ sam avartatāsur ekaḥ kasmai devāya haviṣā vidhema ‖ 7

yaś cid āpo mahinā paryapaśyad dakṣaṃ dadhānā janayantīr yajñam |

yo deveṣv adhi deva eka āsīt kasmai devāya haviṣā vidhema ‖ 8

mā no hiṃsīj janitā yaḥ pṛthivyā yo vā divaṃ satyadharmā

jajāna |

yaś cāpaś candrā bṛhatīr jajāna kasmai devāya haviṣā vidhema ‖ 9

prajāpate na tvad etāny anyo viśvā jātāni pari tābabhūva |

yatkāmās te juhumas tan no astu vayaṃ syāma patayo rayīṇām ‖ 10

1. 起初出现了金胎，

他生下来就是存在者的唯一主人。

他护持着大地与天空。

我们应向什么天神献祭？①

2. 他是阿特曼②的赐予者，力量的赐予者，

一切听从他的命令，诸神听从他的命令，

他的影子是不死，他的（影子）是死。

我们应向什么天神献祭？

3. 他以伟力成为能呼吸者，能闭眼者，

能行动者（有生命者）的唯一的王。

他是拥有两足与四足者的主宰。

我们应向什么天神献祭？

4. 由他的伟力而有这些雪山，

由他（的伟力）而有海洋聚集河流，

由他（的伟力）而有诸方位，那是他的双臂。

---

① 除最后一节外，本文的每一节末尾皆以“我们应向什么天神献祭”为结语，类似乐府诗中“幸甚至哉，歌以咏志”的表述。

② Ātman 一词，本意为呼吸之气息，在《梨俱吠陀》中常与 vāta［风］合用（34, 7; 603, 2; 918, 13; 994, 4），由之又衍生出生命之息与生命精神之义。在后吠陀时代，Ātman 成为生命之最高原则的专名——“我”，它与 Brahman［梵］成为了印度教体系中最伟大崇圣也最神秘玄奥的概念，“梵”“我”合一，则成为了这一体系所求证的最高境界。

我们应向什么天神献祭？

5. 由于他，天高强，地坚定，

由于他，太阳被支撑，天穹（被支撑），

他在空气中开辟了（天地间的）空间。

我们应向什么天神献祭？

6. 呐喊的两军求支持，

心中颤抖着对他望。

升腾的太阳向他放光芒。

我们应向什么天神献祭？

7. 当洪水到来时，

带着万物的胚胎，生出了阿耆尼（火），

出现了诸神的唯一精灵。

我们应向什么天神献祭？

8. 他以伟力遍观水，

（水）持有陀刹①（能力），生成祭祀。

他是诸神中的唯一之神。

我们应向什么天神献祭？

9. 愿他莫伤害我们，那地的创造者，

或那以真实正法创造天者，

那闪烁发光的洪水的创造者。

我们应向什么天神献祭？

10. 生主啊！除你以外，

没有环抱这一切生物的。

---

① 陀刹（dakṣa）一词，原为让人正确行事（dakṣ-）的能力之义，后引申为精神层面的能力（如明智、思辨、理解力、善意等），进而有人格化神祇之义（作为复数的太阳神 Aditya 中的一员）。

愿我们向你献祭的欲望得以满足。

愿我们成为财富的主人！

《梨俱吠陀》第十卷是整部颂诗集中最富思辨意味者，出现了一批以思索终极问题为特质的哲理诗。本诗以金胎（hiraṇyagarbha）为原初世界的唯一主人，支撑天地，赐予阿特曼（ātman）与力量（bala）。吠陀传统常以“胎”（garbha）称谓世界的母体与起源。[①]“金胎”之名，既突出黄金在价值上的尊崇贵重，也契于早期印欧人以黄金象征永久持存之生命（生命力）的想象。[②] 天地和听从金胎号令的诸神似乎是起初便已存在的。起初（agre）一词，为名词 agra 的位格形式，颇类似《创世记》中开篇的词组 bᵉrē’šît。[③] 同样起初便存在的，是死亡与不死的对立，但二者同被归于金胎的影子（chāya）。将死者的亡灵比喻为虚幻不实的影像（*εἴδωλον*），是在希腊传统中自荷马史诗以来极流行的观念（Il. 23, 72, 104; Od. 24, 14），其典型场景如奥德修斯

---

① 此诗以“金胎”为世界之主，在第十卷的另一首诗中，“水胎”——水所怀的最初胚胎（garbhaṃ prathamaṃ dadhra āpo）——被描绘为世界的起源，“水胎”中集聚着包括天神在内的一切生灵与存在物（RV 10, 82, 5–6）。金胎之说，亦为后世奥义书文献所继承，如《白骡奥义书》（*Śvetāśvatara Upaniṣad*）3. 4，《弥勒奥义书》（*Maitrī Upaniṣad*）6. 8。

② 从荷马史诗中赫尔墨斯与雅典娜着美丽金靴（*καλὰπέδιλαἀμβρόσιαχρύσεια*）穿越陆地与海洋的想象，伊阿宋（Iason）寻找的象征生命不灭的金羊毛（*κῶςχρύσεον*）的传说，到歌德《浮士德》（*Faust*）中的名句“一切理论都是灰色的，而生命的黄金树长青”（*Grau*, teurer Freund, *ist alle Theorie* // Und grün des Lebens goldner Baum），都可溯源到这种原初的想象。相关问题将另文讨论。

③ Agra 之本义为“前行者，在前者”，引申出“前端”“最出色者”“顶部”与“起初，开端”的意义。

在冥府见到母亲，三次想抓住她的手，却因其形态“如同影子和梦一般”而不可得（σκιῇ εἴκελον ἢ καὶ ὀνείρῳ, Od. 11, 206–7）。[①] 此诗以死与非死并举但皆为幻象，则已通达于后吠陀时代成为印度思想主流的轮回（saṃsāra）观念而为其先声。

作为火与光明的化身，阿耆尼（agni）从洪水中降生。阿耆尼是《梨俱吠陀》中最受欢迎的神祇之一，[②] 出现频次仅次于雅利安战士的无敌守护神因陀罗（Indra）。在吠陀文献中记载的阿耆尼诸多称谓名号中，有两个与本文所述之创世论图景颇有关联：一者为“水之子”（apām napāt），[③] 它把阿耆尼的出身溯源于水，体现了“火出于水”的独特世界理解与想象；一者为“双生者”（dvijanman），这意味着阿耆尼由分开的天与地所生，即天地之子（putraḥ pitroḥ［（天地）双亲之子］RV 1, 160, 3）。若与前述旧约《创世记》文本对光（’or）的描绘相对照，可发现若干值得重视的共通之处：

a. 二者生成时，均已有原初之水的存在，水的存在是其生成的

---

① 有关希腊语 *εἴδωλον* 与闪米特词根 ṣ-l-m［形象，图像，塑像；黑暗，黑色］，特别是与旧约希伯来语 ṣelem［塑像，偶像］的意义关联，参阅 Bai 2009，页 116–18。

②《梨俱吠陀》的第一首诗即是献给阿耆尼的，在那里，阿耆尼既是最早的祭司（hotar），即祭祀的发起者—主持者，又是祭火，即祭祀活动的内在环节与要素，还是受祭者与赐福者，即祭祀活动的对象与目的。行动的主体、客体、目的和过程，通过阿耆尼的多重象征 / 身份，以印度人所特有的玄思—体验融为一体，已暗含通向大乘佛教之“不二法门”（*advayadharmamukhapraveśa*）及商羯罗之“不二论”（*advaita*）的路径。

③ 这一称谓名号在印欧语系的其他语言中能寻到其对应表述：构词上几乎与之完全相同的阿维斯特语 apąm napå［水之子（进而演化出“火”）］，及意义上颇相似的古北欧语 sævar niðr［海之子（进而演化出“火”）］，从而共同指向某种早期印欧时代的诗歌语言。参阅 Watkins 1995，页 153。

背景。

b. 二者与天地的分离状态紧密相关。阿耆尼是这种分离的产物（“双生者”），而《创世记》中的光则是这种分离的前提，正是有了光，分离（bādal）的行为才得以发生。

c. 二者都与某种精神活动相关。伴随着阿耆尼的出生，诸神中的唯一之神以伟力周遍完整地观察水（paryapaśyat），发现其中包含的“陀刹”——新鲜的生命活力与精神之力，进而生成祭祀；《创世记》中，神的灵息飘于水面，以自己的言说召唤和命名了光，并将这种通过光将世界从黑暗中分离出来的状态称作“好的”（tôb̲），这是对创世结果的最初评价。二者都涉及神在世界原初状态的精神活动，而这种活动，如同《梨俱吠陀》所言，本质上是对已存在事物的照见—直观。

10, 129 (955)

nāsad āsīn no sad āsīt tadānīṃ nāsīd rajo no vyomāparo yat |

kimāvarīvaḥ kuha kasya śarmann ambhaḥ kim āsīd gahanaṃ gabhīram ‖ 1

na mṛtyur āsīd amṛtaṃ na tarhi na rātryā ahna āsīt praketaḥ |

ānīd avātaṃ svadhayā tad ekaṃ tasmād dhānyan na paraḥ kiṃ canāsa ‖ 2

tama āsīt tamasā gūḷham agre ´praketaṃ salilaṃ sarvam ā idam |

tuchyenābhv apihitaṃ yadāsīt tapasas tan mahinājāyataikam ‖ 3

kāmas tad agre sam avartatādhi manaso reta prathamaṃ yad āsīt |

sato bandhum asati nir avindan hṛdi pratīṣyā kavayo manīṣā ‖ 4

tiraścīno vitato raśmir eṣām adhaḥ svid āsīd upari svid āsīt |

retodhā āsan mahimāna āsant svadhā avastāt prayatiḥ parastāt ‖ 5

ko addhā veda ka iha pra vocat kuta ājātā kuta iyaṃ visṛṣṭiḥ |

arvāg devā asya visarjanenāthā ko veda yata ābabhūva ‖ 6
iyaṃ visṛṣṭir yata ābabhūva yadi vā dadhe yadi vā na |
yo asyādhyakṣaḥ parame vyoman so aṅga veda yadi vā na veda ‖ 7

1. 那时既没有“有”，也没有“无”，
既没有虚空，也没有外面的天。
什么东西在翻动着？
什么地方？在谁的保护下？
那浓厚渊深的（水）是怎样的？

2. 那时没有死，没有不死，
没有夜与昼的标志。
那一个以自己的力量无法呼吸，
除它之外无物存在。

3. 起初黑暗由黑暗掩藏，
一切全是那未标记的水（海）。
“当下”（ābhū）[1] 由虚空掩盖，
从“炽热”的伟力中产生。

4. 起初生起了爱欲，
那是心意的第一个“水种”（reta）。
智者，在心中思量探寻，
在“无”中发现“有”的联系。

5. 准绳被一直伸展过去。
是在下面呢？还是在上面？

---

① Ābhū 一词是表强化义的前缀 ā- 与 bhū［生成，生长，存在］的结合，本义为某种当下在场的无间状态，进而衍生出“（对人）有所助益”之义。金克木先生在其译文中将之译作“全生”，即“全面出现”。参阅金克木 1996，页 156，162。

他们是“水种”的持有者，是伟大的力量。
自驱之力在下方，保任之力在上方。

6. 谁真正知道？这里有谁做过宣告？
这（世界）是从哪里生出的？创造是从哪里来的？
在（世界）创造以后才有诸神。
谁知道，它是从何而生的？

7. 创造是由何而生的？
它是被造出来的？抑或不是？
那处于最高天上的看护者，
他才真的知道？或者，他也不知道？

这首诗或可算作《梨俱吠陀》中最富玄思奥义的作品。在其所描绘的世界原初状态，莫可名状，玄之又玄，无法通过任何一种肯定性的方式加以指称—定义，故而只能借对各种二元对立式概念的否定方式强作论述，其中最核心者，是“有”（sad［是，存在］）—“无”（asad［非是，不存在］）、“死”（mṛtyu）—“非死”（amṛta）的对举与双遣。这种对举—双遣的思维与表述方式，后来发展为印度思想中最可重视的现象之一。① 被译作“虚空”的 rajas 一词，有空间、太空、天空之义（其双数形式 rajasī 指代“天与地”），也表尘埃、迷雾、脏污乃至各种

① 这种思维—表述集大成于大乘佛教，龙树菩萨所造《中论》（*Mūlamadhyamakārikā*）是此中最典型的代表。《中论》的论述，伴随着对各种具有代表性的二元对立式的概念—范畴，以及对此种概念—范畴的遣除—超越而展开，而作为整部作品精义之浓缩的开篇“八不中道”，正是这种思维—表述方式的集中体现，“不生亦不灭，不常亦不断，不一亦不异，不来亦不出”（anirodham anutpādam anucchedam aśāśvatam | anekārtham anānārtham anāgamam anirgamam）。参阅叶少勇 2011，页 12–13。

晦暗的事物(类似拉丁语 caligo),作为这两重意义的合体,① 它恰好对应于《神谱》中显得意义不明的 *Χάος*[混沌,虚空]:太初之际,空无一物又幽暗渺冥的无尽虚空。

Χάος 未经与他者结合而生出 *Ἔρεβός* [昏暗]与 *Νὺξ* [黑夜],意味着黑暗自始便内在于其中。代表着世界最初混沌无序而黑暗的状态,与之类似的是大地女神 *Γαῖα*[盖亚],在其之外是 *Χάος* 所代表的黑暗,在其体内生长着幽暗的塔尔塔罗斯(*Τάρταρά τ' ἠερόεντα μυχῷ χθονός*, Theog. 119),上述种种几乎构成对本诗中"黑暗由黑暗掩藏"(tama āsīt tamasā gūḷham)一语的注解。

此诗中提到的于世界创始之初便生起的 kāma[欲望、爱],完美地对应于赫西俄德《神谱》中的 *Ἔρος*[爱,爱欲]:

a. 在各自体系中,二者都属于最古老的神与存在;②

b. *ἔρος*(*ἔρως*)与其动词形态 *ἔραμαι*,③ 与 kāma 及其动词形态

---

① 这一词汇及其词根的双重意味,在印欧语系的诸多语言中可寻到对应:表空间之义,如梵语 ṛjyati[伸展,张开],阿维斯特语 razah-(仅见于 dūⁱre asahi razaŋhąm 的表述,对应于《梨俱吠陀》10, 49, 6 dūrepāre rajaso [在空间的遥远尽头]);表昏暗之义,可回溯到原始印欧语形式 $*h_1reg^w$-,如梵语 *rájanī*–[夜晚],阿维斯特语 rajīš[黑暗],arᵊzah-[黄昏,傍晚],古希腊语 *ἔρεβος*[(冥界的)黑暗],*ὀρφνός*[黑暗的],亚美尼亚语 erek, erekoy[黄昏,傍晚],副词 erek[昨天],哥特语 riqis[黑暗],古冰岛语 røkkr[昏暗;黄昏],吐火罗语 B ork(a)mo[黑暗;黑暗的],orkamñe[黑暗;盲目,黑瞎]。

② 希腊传统中对 *Ἔρος* 最具影响力的表述,除《神谱》外,自然还当提及柏拉图《会饮篇》(*Symposium*)中阿里斯托芬的天才想象(178a5–178c2)。

③ 动词 *ἔραμαι* 可回溯到印欧语词根 $*h_1erh_2$–,这一形式的原初意义当是"从……拿走;分割,分开,分走",进而引申出"从(他者处)拿走;(自己)享受;爱"。这一意义演化过程可参考梵语 bhajati(主动态)[分割,分配]/bhajate(中动态)[为自己而分配;使用,享受;爱]。印欧语 (转下页)

kamati 均意味着一种热切强烈的身体激情、性欲意义上的“爱”，这种“爱”能被人格化为某个男性神祇。尽管二者就词源而言并无直接关联，但在各自语言中具有几乎相同的意义域。

c. 本诗中的 kāma，是 manas［心意，精神，意愿］的 reta［种子］。《神谱》中的 Ἔϱος，能降伏一切神与人心中的 νοῦς［心智，理性，精神］（与基于 νοῦς 的 βουλή［筹谋，计划］），降服不但意味着战胜与破坏，同样也代表着掌控与拥有。在此意义上，kāma 与 ἔϱος 都是思想的源泉。

就意义域和在各自语言的思想实际中发挥的作用而言，νοῦς 之于 manas，正如 ἔϱος（ἔϱως）之于 kāma。Νοῦς（由 νόος 演化而来）出现在早期希腊史诗中，既有如后来哲学文献中富于思辨意味的“理性，精神”之义，也带有情绪—感知的维度，因而部分地与 ϑυμός［意气，气魄，怒气］在意义上有所交集。在《伊利亚特》第四书中，νοῦς 与 ϑυμός 被作为有所差别但紧密关联的概念并置（νόον καὶ ϑυμὸν ἐνὶ στήϑεσσιν ἔχοντες, Il. 4, 309）。

相对于 νοῦς 在词源学解释中的未定状态，梵语 manas 与阿维斯特语 manah-［心智，精神］、古希腊语 μένος［力量，激情，愤怒，勇气］可共同回溯到印欧语 *mén-s-［思考，思虑；精神上触动］（由 *men- 演化而来），其最初的含义当是一种精神性的动力—动能。作为 manas 在希腊语中的完美对应，μένος 一词在荷马史诗中意味着急切强烈的身心驱动之力，如阿波罗对雅典娜所说的那样“让我们唤起驯马者赫

（接上页）$*h_1erh_2$– 的“分割，分开”之义可在安纳托利亚语族中寻到例证：印欧语 $*h_1\mathring{r}h_2$–> 古赫梯语 arḫāš（楔形文字卢维语 irḫa-，象形文字卢维语 irha-，晚期赫梯语 irḫa-）［边界］（语义上可参考古爱尔兰语 críche［边界］：古希腊语 κϱίνειν，拉丁语 cernere［分开，区分；挑选，选择；裁决，决断］）。与之相关的还包括拉丁语 ōra［边缘，边界；海岸；边疆］，爱尔兰语 or（威尔士语 or）［边界］。参阅 Weiss 1998，页 35–47。

克托尔的强烈意愿（*κρατερὸν μένος*, Il. 7, 38）”，[1] 而引发这种驱动力的 *θυμός*，构成了 *νοῦς* 与 *μένος* 在精神层面得以勾连的中介：*νοῦς* 代表本具的理性，究其实质，可谓“天命之性”，*μένος* 代表心念的驱动，而 *θυμός* 则代表后天所生成的性情，可谓“气质之性”。[2]

作为“气质之性”的 *θυμός*，其词源可回溯古印欧语 *$d^h uh_2$-mó-［烟，气］（表达“烟，蒸汽”之义的词，如梵语 dhūmá-，拉丁语 fūmus，立陶宛语 dū́mai，古普鲁士语 dumis，教会斯拉夫语 dymъ，古德语 toum）。本诗中提到的“当下”（ābhū）从“炽热”（tapas）中产生，紧接着描述“爱欲”（kāma）作为最初的精神活动生起，令人联想到如烟气由热力蒸腾而生般飘忽不定、随处显化、恍惚杳冥的意象，也透露出 tapas 与 *θυμός* 之间隐微的意义关联。

Tapas 一词可回溯到印欧语词根 *tep-［加热，发热］，[3] 在印度

---

① Robert Schröter 将之总结为：„*μένος* ist ein zeitweiliger, meist stark auf bestimmte Betätigung gerichteter Drang eines oder mehrerer oder aller leiblichen oder geistigen Organe (-sehr häufig des *θυμός*-), der von dem Ich zwar wahrgenommen wird, den es aber selbst nur wenig beeinflussen kann“，转引自 Schmitt 1967, § 181，另可对照同书 § 180。

② “天命之性”与“气质之性”的说法，本于宋儒自张载以来关于“天地之性”（义理之性、本然之性、理性）与“气质之性”的讨论。取其大旨以表东西思想深处有可印契互证者。在荷马史诗中，当奥德修斯在巨人 Kyklops 的洞穴中思量如何复仇时，“最好的决定‘顺应 *θυμός*’而出现了”（*κατὰ θυμὸν ἀρίστη φαίνετο βουλή*, Od. 9, 318）。这一典型境遇折射出人类的气质之性与筹谋决断的内在关联。较之古典学界以 *νοῦς*（*νόος*）归于知性、以 *θυμός* 归于感性的理解（参阅 Snell 1953，页 21–25），这种汉语概念对希腊思想的“格义”，或许能展现出荷马传统中尚未被深入探究的面相。

③ 古希腊语 *τόπος*［地点，地区，空间］也出于这一词根，最初当是指代身体中发热的区域，进而被用以指代身体之外的其他区域，进而成为（转下页）

语境中，它不但意味着物理上的热度—热力，也指代由炽热引发的痛苦、紧张、压力，进而成为了一种特定的修行方式的称谓，由于此类修行往往要求行者在苦寒之地生起热力，故而常被译作“苦行”。如同 tapas 与 *θυμός* 都可指向精神的激发状态，tapas 对应的动词形式 tapati［加热；折磨］，与前缀 vi- 或 saṃ- 连接，有“分开，穿透”和“压迫，侵迫”之义，这种“令人紧张而有压迫感的”意味，也出现于 *θυμός* 所对应的动词 *θυμόομαι*［发怒］和 *ἐπι-θυμέω*［热切地渴望欲求］。

这首诗中出现的 kāma、manas 与 tapas，作为一个整体，与《神谱》中出现的 *Ἔρος*、*νοῦς* 及潜藏的 *θυμός*，构成一种令人惊异的互文关系与意象整体。

各种带有创世论意味的作品，往往都会追问世界由谁所造。如果说，将世界的本源归之于某种特定的神圣者，将世界的生成想象为这位神圣者以工匠对待产品的方式加以制造，将这位世界的制造者认作绝对主宰，代表着对世界和生命的本质的“创生论”理解，那么这首脱胎于此种“创生论”背景的诗作，则通过对创造本身来源的追问（事实上也是对于造物主本身由谁所造的追问），对全知全能的造物主本质的怀疑—否定（诸神乃至诸神之最上者是否知道答案），隐隐指向一种反思进而超越“创生论”式世界解释的全新路径。这种路径在后来的佛教体系中寻到最究竟圆满的理论表达——“无生”。“无生”意味着，一切事物现象于因缘和合中，既非由自我所生，也非由他者所生，也非由自己和他者共同所生，也非无因而生，故知究竟无生。①

综论：上述五个文本寄托着源自美索不达米亚、希伯来、希腊与

（接上页）地理位置的统称。参阅 Meier-Brügger 1998。

① “诸法不自生，亦不从他生。不共不无因，是故知无生（na svato nâpi parato na dvābhyāṃnâpy ahetutaḥ| utpannā jātu vidyante bhāvāḥ kvacana kecana）”（《中论・观因缘品第一》）。参阅叶少勇 2011，页 12–13。

印度文明对世界生成之原初状态的记忆与想象，在各自的文明传统与效果历史中产生了极重大深远的影响。[①] 现以图表的方式对体现的共通元素—特征加以概括。《梨俱吠陀》的两个文本被归为一组。[②]

共通性	《埃努玛·埃利什》	《创世记》	《神谱》	《梨俱吠陀》
原水的存在	有	有	无	有
原初的黑暗	无	有	有	有
原初的混沌空虚	有	有	有	有
天地未分的状态	有	有	有	有
在原水之上的精神活动	无	有	无	有
光的产生	无	有	无	有
爱欲的产生	无	无	有	有
思想与爱欲的关联	无	无	有	有

在公元前20世纪至前6世纪的漫长岁月，美索不达米亚、迦南、希腊地区同属地中海文明区，而印度（通过与伊朗的特殊文明关联）作为这一文明与更遥远的东方的中介而存在。如果我们相信，对于世界生成的原初状态，这些文本及其所置身的文明传统拥有某种共同的认识基础乃至梅特（Joachim Mette）所认为的“底本”（Vorlage），[③] 那么产生时间最早的《埃努玛·埃利什》恰因其对既有的苏美尔神系之

① 更多的创世论性质文本的学术梳理与分析，参阅 West 1966, Prolegomena, 页 1–48，特别是页 18–31。与《旧约》内容相关者，参阅 ANET, 页 3–149。

② 除了这两个文本外，《梨俱吠陀》中与宇宙论—创世论相关的重要文本尚有三篇：RV 2, 12 (203)，关于因陀罗创世及其战胜巨蛇弗栗多（Vĩtra）的伟业；10, 72 (898)，关于世界的生成史与小型的诸神谱系；10, 90 (916)，解释世界与种姓（varṇa）起源的《原人（Puruṣa）歌》。相对于本文所涉及的其他文本，其相关性较弱。

③ 参阅 Mette 1956。

大胆改造，其所体现的共性元素最少。其次则是赫西俄德的《神谱》，它反映出希腊人对地中海文明传统的吸纳与创造性改写。旧约《创世记》分享了除爱欲主题之外的其他共有特征，充分表明其创世论模型深植于早期西亚传统和闪米特传统之中，忠实地保留了相关传统的痕迹，哪怕其中的某些元素与一神论的信仰并非全无隔阂（如创世前原水和深渊的存在）。已不完全属于地中海文明区的印度经典《梨俱吠陀》，恰恰最完整地保存了各种创世论模型中的共性特征，从而为某种相关世界想象的"底本"重塑提供了方便。我们同样可以相信，《梨俱吠陀》和《神谱》中对最初生起之爱欲的描绘，当出于印度与希腊这两个最富于思辨特质的民族在精神层面极特殊的相应，无论是否能回溯到同一起源。

说明：附录一涉及的古代语言所参照的版本，分别是：《埃努玛·埃利什》参照 Talon 2005，《创世记》参照 BHS（《斯图加特希伯来文圣经》），《七十士译本》参照 Rahlfs，《神谱》参照 West 1966 与 Most 2006，《梨俱吠陀》参照 Müller 1965。中译文由我自己所译。

所涉及的印欧语系语言，印欧语词源学参 Köbler、LIV 与 Pokorny，古希腊语参照 Beekes、Chantraine、Frisk 与 LSJ，吠陀语—梵语参照 Grassmann、Monier-Williams 与 KEWA，闪米特语系语言，阿卡德语参照 AHW 与 CAD，旧约希伯来语参照 Köhler-Baumgartner 与 Gesenius。

部分缩写

AHW–W. von Soden, *Akkadisches Handwörterbuch*, Wiesbaden

1965–81

ANET–J. B. Pritchard (ed.), *Ancient Near Eastern Texts in Relating to the old Testament*, Princeton 1955[2]

Beekes–R. S. P. Beekes, *Etymological Dictionary of Greek*, Leiden 2009

BHS–*Biblia Hebraica Stuttgartensia*, Stuttgart: Wurttembergische Bibelanstalt

CAD–*The Assyrian Dictionary of the Oriental Institute of the University Chicago*, Chicago 1956–

Chantraine–P. Chantraine, *Dictionnaire étymologiquede la langue grecque*, Paris 1968–1980

Frisk–H. Frisk, *Griechisches etymologisches Wörterbuch*, Heidelberg 1960–1973

Gesenius–W. Gesenius, *Hebräisches und aramäisches Handwörterbuch über das Alte Testament*[18], Berlin 1987

Grassmann–H. Grassmann, *Wörterbuch zumRig-Veda*, Wiesbaden 1964

KEWA–M. Mayrhofer, *Kurzgefaßtes etymologisches Wörterbuch des Altindischen*, Heidelberg 1956–1980

Köbler–G. Köbler, *Indogermanisches Wörterbuch*, Gießen/Lahn 2014[5]

Köhler-Baumgartner–L. Koehler/ W. Baumgartner, *Lexicon in veteris testamenti libros*, Leiden 1958

LIV–*Lexikon der indogermanischen Verben*: *Die Wurzeln und ihre Primärstammbildungen*, unter der Leitung von H. Rix, Wiesbaden 1998; 2., erw. und verb. Aufl., Wiesbaden 2001

LSJ–H. G. Liddell / H. George/R. Scott, *A Greek-English*

Lexicon, revised and argumented throughout by Sir H. S. Jones with the Assistance of R. McKenzie, Oxford 1968

Monier-Williams–M. Monier-William, *A Sanskrit-English Dictionary*, with collaboration of E. Leumann and C. Cappeller, Oxford 1899

Pokorny–J. Pokorny, *Indogermanisches etymologisches Wörterbuch*, Bern und München 1949–1959

Rahlfs–A. Rahlfs (ed.), *Septuaginta: Id est Vetus Testamentum Graece Iuxta LXX Interpretes*, 2 vols., Stuttgart 1935/1979

参考文献

白钢,《何谓“双天”——论旧约希伯来语中“天”(š×mayim)一词双数形式的来源及文化意义》,陈恒、王刘纯主编《新史学第十五辑:文化传播与历史书写》,郑州:大象出版社,2016:1–7

拱玉书,《谈楔文文学的汉译》,《中国高校社会科学》,2014(5):87–101

金克木,《梵佛探》,石家庄:河北教育出版社,1996

饶宗颐(编译),《近东开辟史诗》,沈阳:辽宁教育出版社,1998

叶少勇,《中论颂:梵藏汉合校·导读·译注》,北京:中西书局,2011

赵乐甡(译),《吉尔伽美什——巴比伦史诗与神话》,南京:译林出版社,1999

Bai,G., 2009. *Semitische Lehnwörter im Altgriechischen*, Hamburg

Black, J. / Green, A., 1992. *Gods, Demons, and Symbols of Ancient Mesopotamia: An Illustrated Dictionary*, Austin

Lambert, W. G. / Parker, S. B. 1966.*Enūma Eliš, The Babylonian Epic of Creation*, Oxford

Meier-Brügger, M., 1998. On Greek topos, *Glotta* 74 (1–2): 99–100

Mette, H. J., 1956. Hesiodeum, *Glotta* 35: 297–299 (in seinen *Kleine Schriften*, Frankfurt 1988, 117–119)

Most, G. W., 2006. *Hesiod, Theogogy, Works and Days, Testimonia* (edited and translated), Cambridge

Müller, F. M., 1965³. *The Hymns of the Rig-Veda in the Samhita and Pada Texts*, Varanasi

Schmitt, R., 1967. *Dichtung und Dichtersprache in indogermanischer Zeit*, Wiesbaden

Snell, B., 1955³. *Die Entdeckung des Geistes: Studien zur Entstehung des europäischen Denkens bei den Griechen*, Hamburg

Sommerfeld, W., 1982. *Der Aufstieg Marduks*, Neukirchen-Vluyn

Talon, P., 2005. *The Standard Babylonian Creation Myth: Enūma Eliš* (Introduction, Cuneiform Text, Transliteration, and Sign Listwith a Translation and Glossaryin French), Helsinki

Watkins, C., 1995. *How to Kill a Dragon: Aspects of Indo-European Poetics*, New York-Oxford

Weiss, M., 1998. Erotica: On the Prehistory of Greek Desire, *Harvard Studies in Classical Philology* 98: 31–61

West, M. L., 1966. *Hesoid Theogony* (Edited with Prolegomena and Commentary), Oxford

附录二

希腊、印度、美索不达米亚史诗传统的主题学关联

希腊和印度、希腊和美索不达米亚的古代史诗传统间存在广泛而深刻的关联，这一点已经基本成为学界的共识。这种关联涵盖词汇、程式、句法、韵律、类型、风格、内容等诸多维度。本文将试图从共有的主题出发，探索上述三个传统间的相互关联与影响。通常，学界往往将希腊史诗与印度史诗置于印欧语系早期诗歌语言的范畴下进行比较，[①] 而希腊史诗与美索不达米亚史诗的关联，则会被解释为希腊文明的东方化面向[②]，这当然有其合理性，但某种程度上也限制了比较的视野。本文希望通过几个有典型性意义的案例分析，在希腊与印度、希腊与美索不达米亚史诗传统的主题学关联外，指出上述三者间共同的思想基础，这种基础或许是自公元前 2500 年至希腊化时代的

① 参阅 Schmitt 1967, 1968; Durante 1976; Campanile 1977; Meid 19787; Watkins 1995 与 West 2007 可谓是这一领域的集大成之作。

② 参阅 Burkert 1984, 2003。West 1966, Prolegomena; West 1997。

漫长岁月中，广义的地中海文明区的精神产物。①

1. 被人间英雄伤害的女神向父母哭诉，这是《伊利亚特》与《吉尔伽美什》的共有主题

由 12 块泥板构成的巴比伦语版（Standard Babylonian）史诗《吉尔伽美什》（*Gilgemeš*），是整个美索不达米亚文学中最伟大深刻而富于影响的作品，其第六块泥板记述了女神伊什塔尔（Ištar）向英雄吉尔伽美什示爱被拒绝后，上天向父亲阿努（Anu）与母亲安图（Antu）哭诉，阿努试图调和其愤怒，而女神则要求降下天牛惩罚吉尔伽美什与其好友恩基杜。② 这一主题——女神被人间英雄伤害，转而向父母哭诉——在荷马史诗中有极为惊人的对应：《伊利亚特》第五卷 311–430，阿芙洛狄忒为救儿子埃涅阿斯（Aeneas）而被希腊联军英雄狄奥美德斯（Diomedes）用矛刺伤而流血（*ῥέε δ’ ἄμβροτον αἷμα*），③ 她狼狈逃回神界，向母亲狄欧娜（Diōnē）哭诉遭遇，被母亲劝慰后，父亲宙斯则以婚姻爱情而非战争才是你该管的事为由将此轻轻带过（*οὔ τοι τέκνον ἐμὸν δέδοται πολεμήϊα ἔργα/ ἀλλὰ σύ γ’ ἱμερόεντα μετέρχεο ἔργα γάμοιο*, Il. 5. 428–29）。④ 这段文本与《吉尔伽美什》不但在主题结构

① 这种地中海文明区的共同精神产物，也体现在其典型性创世论文本中。参阅附录一。

② 参阅 George 2003, Vol. 1, 页 616–31。

③ 此处的 *ἄμβροτος* 一词，除惯常的“不朽的，不死的”之义外，也可译作“充满生命力的”。参阅 Thieme 1952, 页 31–33。

④ 可对照《吉尔伽美什》中阿努在听闻伊什塔尔哭诉后的反应：a-ba la ab-ti te-eg-ri-i šarra（lugal）dGIŠ-［g］ím-maš / u dGIŠ-gím-maš ú-man-na-a pi-šá-ti-ki / pi-šá-ti-k ù er-⌈re⌉-ti-ki［哦，那你是否招惹了王者吉尔伽美什 / 于是吉尔伽美什才打算伤害你 / 伤害你并辱骂你？］（Ⅳ 89–91）。参阅 George 2003, Vol. I, 页 624–25。

上相似，其中作为阿芙洛狄忒母亲的狄欧娜，未见于史诗其他章节和史诗之外的希腊传说，而 *Διώνη* 一词作为宙斯的阴性形式，正如《吉尔伽美什》中 Antu 是 Anu 的阴性形式，这是《吉尔伽美什》对荷马史诗最清晰的影响痕迹之一。[①] 事实上，《伊利亚特》第二十一卷中有关阿尔忒弥斯（Artemis）被天后赫拉羞辱殴打后，跑到父亲宙斯处哭诉，宙斯笑着抚慰她的情节（21. 470–514），是《吉尔伽美什》中伊什塔尔向父神哭诉情节的另一演化版本，或许，此处的主题被调整为太阳神的妹妹被伤害后向父亲哭诉，伊什塔尔之于沙马舍正如阿尔忒弥斯之于阿波罗。

在荷马史诗的文本中，被伤害的女神扑倒在聆听者膝上哭诉的细节——阿芙洛狄忒在狄欧娜膝上（*ἡ δ' ἐν γούνασι πῖπτε Διώνης δῖ' Ἀφροδίτη*, Il. 5. 370），阿尔忒弥斯在宙斯膝上（*δακρυόεσσα δὲ πατρὸς ἐφέζετο γούνασι κούρη*, Il. 21. 506），透露出这两段文字间的借鉴—关联，又与《伊利亚特》第一卷中阿喀琉斯的母亲忒提斯（Thetis）抱住宙斯膝盖（*λάβε γούνων / σκαιῇ*, Il. 1. 500–501, *ὡς ἥψατο γούνων / ὧς ἔχετ' ἐμπεφυυῖα*, Il. 1. 512–513），请求他让特洛伊人在战场上得胜以惩罚阿伽门农对阿喀琉斯的侮辱的情节相呼应（495–516）。[②] 受伤害的女神寻找父神哭诉与女神抱住主神膝盖请求这两个主题，在荷马史诗中被结合在一起。

荷马史诗中女神扑倒在主神膝盖上的主题，又可进一步在埃及、乌迦利特、希伯来传统中的相似表述中寻到对应：[③] ḏꜣ ḏꜣ ḥr mꜣ st［将

① 参阅 Burkert 1984, 页 93–94; 伯克特 2015, 页 60–64。

② 忒提斯抱住宙斯的膝盖请求这一行为，是按照阿喀琉斯的请求所做（*τῶν νῦν μιν μνήσασα παρέζεο καὶ λαβὲ γούνων*, Il. 1. 407）。赫拉在讽刺宙斯瞒着她做谋划时，也提到了忒提斯抱着宙斯膝盖这一细节（*ἠερίη γὰρ σοί γε παρέζετο καὶ λάβε γούνων*, Il. 1. 557）。

③ 相关主题的讨论，参阅 Jirku 1953。

头贴在大腿上]，是古埃及语中常用于表达内心痛苦的短语(《辛努亥的故事》[Story of Sinuhe], R 10;《韦斯特卡尔纸草》[Papyrus Westcar] 12/20 行起)，进而又衍生出复合词 ḏꜣ ḏꜣ-mꜣ st[大腿(上)的头](Med. Habu, 86/22; P. Bremner-Rhind, 4/17; P. Sail. iv. rt. 16/5);[①] 乌迦利特神话《巴尔故事集》中，当众神见到雅姆神(Yamm, 其本义为“海洋”)的使者时，“他们低下他们的头(tǵly.ilm.rišthm)，放在他们膝盖的顶部(lẓr.brkthm)”，巴尔神(Ba‘al)为此感到恼怒，质问“诸神啊，你们为什么要低下你们的头(lm.ǵltm.ilm.rišt/km)，放在你们的膝盖的顶部(lẓrbrktkm)”，进而鼓励他们，“诸神啊，抬起你们的头(šu[.] ilm raštkm)，从你们膝盖的顶部(lẓr.brktkm)”;[②] 旧约《列王纪》中，记载在旱灾最严重时，“以利亚上了迦密山顶，屈身在地，将脸伏在两膝之中(wayyāśem bên birkāw)”(《王上》18:42)。埃及与西北闪米特民族的这种将头伏在膝盖(大腿)表达内心痛苦(羞愧)，与荷马史诗中女神抱住主神膝盖哭诉的情节，是地中海文明区内各传统之间相互借鉴的典型例证。

2. 最强大的英雄因被统帅羞辱而展开报复，这是《伊利亚特》与《摩诃婆罗多》的共有主题

“正法守护人民，由于护持的作用才被称作正法。因而，结论是具有护持作用者方为正法”，徐梵澄译作“能持者谓法，众生法所持，起执系者法，是为决定义”(dhāraṇād dharmam ity āhur dharmo dhārayati prajāḥ// yaḥ syād dhāraṇa saṃyuktaḥ sa dharma iti niścayaḥ MB 8, 49, 50)。[③]

---

① 参阅 Williams 1971，页 265。

② 8. CAT. 1.2, Column Ⅱ(CAT col. I), 23–24, 24–25, 27–28; 参阅 Parker 1997，页 99–100。

③ 徐氏译文参阅阿罗频多《薄伽梵歌论》，页 640–642。

这段论述正法本质的文字，出自印度大史诗《摩诃婆罗多》之《迦尔纳篇》中黑天（Krishna）对阿周那（Arjuna）的教诲，伴随着一段极富戏剧性的冲突：阿周那与黑天离开战场，探望被迦尔纳所伤的坚战。深受迦尔纳压迫之苦的坚战，误以为迦尔纳已被二人所杀，极是兴奋，对二人道出了长久以来对迦尔纳的恐惧忧虑（MB 8, 46），得知迦尔纳尚未被击杀后，转又陷入极大的失落，进而迁怒于阿周那，怨其未能履行誓言，令自己希望破灭，指责其被迦尔纳吓得弃战而逃，进而赌气说出让他将甘狄拔神弓交给黑天的话（MB 8, 48）。这触犯了阿周那"谁要敢对我说，'把甘狄拔神弓交给他人'，我就砍下他的脑袋"的誓言（MB 8, 49, 9），若无黑天劝导，阿周那几乎就要拔剑杀死坚战。

黑天指出，阿周那囿于自己的誓言而试图杀害兄长的行为，在于其不理解正法的真实含义，进而指出，在某些情况下，不宜说真话而该说谎，"此时，谎言变成真实，真实变成谎言"（yatrānṛtaṃ bhavet satyaṃ satyaṃ cāpy anṛtaṃ bhavet MB 8, 49, 29），并举了名叫仙鹤的猎人杀死盲兽而获得功德、住在河边的憍尸迦想恪守正法却犯下罪过的例子，以作说明（MB 8, 49, 34–46）。

这种说法，显然迥异于寻俗意义上对正法的理解，故而黑天不把经典（śruti）视作正法唯一来源（MB 8, 49, 48–49），[①] 而提出，应从众生利益出发（arthāya bhūtānāṃ）对正法加以界定，于是引出上文提到的这个诗偈。正法（dharma）一词所包含的词根 dhar-（由印欧语 *d^her- 演化而来），其基本含义是执持和支撑（由拿着、执有、持有，进而发展出支撑、展开之意），在这一偈子中，这种词源学的意味被充分凸显，正法被表述为一种执持的行为，一种被人持有而支撑世界的特定原则，进而，正法是一种由特定的原则所支撑展开的世界秩序。[②]

① 文中提到的经典概念 śruti 当指吠陀。黑天对吠陀的看法，可参阅《薄伽梵歌》。

② 参阅白钢 2017b，页 149（同白钢 2019，页 141）。

因而，在特定情境下，如果说真话会造成伤害，而说谎能护持保全众生，则应该选择说谎，立下虚假的誓言亦属此列（MB 8, 49, 51–55）。

为了进一步解开阿周那的心结，黑天教其以尖利不敬的话语攻击坚战，以达到让其“虽生犹死”的效果，这样既未违背誓言，又避免了弑兄。在阿周那的指责与坚战的自责中，出现了有关坚战的大量负面称谓名号（MB 8, 49, 72–105），如阉人（klība）、赌棍（devitā）、罪人（pāpa）、冷酷无情者（niṣṭhura）等。最终，在黑天的开解劝慰下，坚战与阿周那尽释前嫌。这也是大史诗在阿周那与迦尔纳进行生死决战一幕到来前的某种浓墨重彩的铺陈渲染。

此处关于正法文字中有颇值得深思之处：

a. 针对阿周那对自我誓言的重视，黑天指出，真妄间的识别与取舍取决于是否通晓正法。真妄之差别，并非绝对，伴随对正法的体认，真妄可作互转，“此时谎言变成真实，真实变成谎言”（MB 8, 49, 29）。

b. 黑天明确提出，在有生命危险、结婚、亲属财产受到毁坏、戏谑这几种情境下，说谎不为罪过，为保全自我与众生，可立假誓（MB 8, 49, 28–29, 53–54）。

c. 正法的根本特质在于护持众生，与此特质相悖者，无论出于何种目的，均不可许之为正法。

这种超越寻俗意义上真实—虚妄之别的认识正法的智慧，某种程度上类似于作为大乘佛教根本教义的般若（prajña），深识般若之圣者，可于一切诸法自在取用、圆融无碍。

黑天作为神圣者在世界的示现（vibhūti），以智慧方便劝阻阿周那，避免了因其愤怒而险些导致的杀戮与分裂，《迦尔纳篇》此处内容与《伊利亚特》中阿喀琉斯被阿伽门农激怒、正欲拔剑将其斩杀时被赫拉与雅典娜所阻止的情节（Il. 1. 188–218）构成了一种极惊人的对应关系：最伟大的人间英雄被统帅羞辱，暴怒的英雄几乎要杀死统帅，幸而被神圣者劝阻，但被允许以自己的方式对统帅进行报复。这很可能是一种古老的印欧诗歌—神话主题在印度与希腊史诗传统中的承继与发展。这一主题在印度史诗中发展为对于正法本质与真妄之别的深刻思辨，而在希腊传统中，则演化出以阿喀琉斯的神性愤怒（μῆνις）[①] 为核心的史诗情节主线。

3. 具有超凡力量的人间英雄被国王所派出的妓女所诱惑，离开所居之地前往城市，这是《吉尔伽美什》与《摩诃婆罗多》的共有主题

史诗《吉尔伽美什》的第一块泥板，记载了吉尔伽美什与他最重要的朋友恩基杜结识的过程（I 79–223）：应乌鲁克城邦贵族的祈请，诸神召唤大神阿鲁鲁（Aruru）创造出与吉尔伽美什同样强大、半神半兽的恩基杜以作制衡。恩基杜最初生于荒野，与鸟兽同群，被猎人发现后告知其父，其父嘱其告知乌鲁克城主吉尔伽美什。吉尔伽美什令其带领神妓莎姆哈特前往荒野诱惑恩基杜。莎姆哈特利用女性的魅力激发恩基杜的欲望，与之发生了性关系，经过六天七夜，恩基杜不再保持原来与野兽亲密无间的关系。他听从莎姆哈特的意见，不再于荒野继续与兽类同游（nam-maš-še-e ta-rap-pu-ud ṣēri(edin)），而决定与她一同前往乌鲁克城。

恩基杜由荒野而入城市，与吉尔伽美什进行搏斗不分胜负而结为生死之交，是整部史诗情节得以深化演进的重要枢纽。《吉尔伽美什》是古代美索不达米亚乃至西亚—北非的文学传统中极罕见的以友谊作为核心主题的作品，史诗不但描述了友谊，也触及了友谊的政治性：人间王者吉尔伽美什与原本置身城邦之外半神半兽的恩基杜的友谊，是政治共同体对于外来者的摄入交融，这一过程伴随着狡黠的政治技巧（用象征城邦生活和文明的神妓将外来者引入城邦）和激烈的冲突斗争（吉尔伽美什和恩基杜生死相搏），而最终圆满完成。更借着友

① 有关 μῆνις 在史诗的深度意蕴，参阅白钢 2019，页 176–177; Frisk 1946; Muellner 1996，页 1–51; Latacz 2000，页 13。

谊这一契机探讨了人的有死性，命运的无常残酷，人和超自然力的冲突以及在洞悉有死之命运后的生活意义。

当恩基杜得知落入诸神决定的命运，濒临死亡时，他开始迁怒于发现他的猎人与神妓莎姆哈特，尤其对直接导致其离开荒野的莎姆哈特，更是发起了一大段激烈的诅咒（Ⅶ 101–29），并这样来解释自己的诅咒（Ⅶ 130–31）："因为你（让）我（变得虚弱），我（本是纯洁的）/ 我本是纯洁的，你（让）我（变得虚弱）在荒野里"（áš-šú ia-a-ši ［ella(kù) tu-šam-ṭi］-in-[ni] / u ia-a-a-ši ［ella(kù) tu-šam-ṭin］-ni ina ṣēri(edin)-ia）。[①] 这可以视作在生死之际，他对自己脱离自然进入城邦之选择的拒斥与否定，正是伴随这种选择，具有神性的他会遭遇过早的死亡。[②] 而太阳神沙马舍对恩基杜的劝慰，则集中在这一选择带给他的各种收获（Ⅶ 132–47）：吃面包（ú-šá-ki-lu-ka ［ak］la(ninda) ^{ḫá}），喝啤酒（ku-ru-un-na iš-qú-ka），穿服装（ú-lab-bi-šu-ka lu-ub-šá ra-ba-a），以及拥有作为朋友与兄弟的吉尔伽美什（^{d}GIŠ-gím-maš ib-ri ta-li-me-ka）。被劝慰的恩基杜平息愤怒，撤回对莎姆哈特的诅咒而转为祝福她（Ⅶ 148–61），这可以看作恩基杜对自己进入城邦这一选择的再度认可，象征着野性自然与城邦文明之矛盾冲突的调和。

《摩诃婆罗多》卷三《森林篇》记述了一则关于梵仙无瓶之子鹿角仙人的传说（MB 3. 110–13）：鹿角仙人自幼在净修林中生活，从未见过女人，因勤修梵行而具有无穷威力。盎迦国国王（aṅgādhipati）因遭遇旱灾而遵从某位牟尼（智者）的建议，需要请来鹿角仙人以使国土获得降雨。国王召来精通一切的妓女（vaiśyāḥ sarvatra niṣṇātās），最终有人愿意承担这个使命，扮作修道人前往净修林接近鹿角仙人，给了

① 参阅 George 2003, Vol. 1, 页 638–641。

② 恩基杜身上的神性不但表现在他无敌的勇力上，也体现在史诗文本中他名字所伴随的通常用于表达神名的限定符 DINGIR［神］。

他从未尝过的美味食品，拿球与他戏耍，身体靠在他身上并拥抱他，以女性魅力对其百般诱惑，在其魂不守舍之际含情脉脉地离去。尽管鹿角仙人的父亲获知后，将那类女子称作罗刹（rakṣāṃsi），劝他不要去接近，但鹿角仙人被爱欲所驱使（madanena mattaḥ），趁着父亲不在之时，随着那女子离开自己的净修林而来到盎迦王的国土。当他被领入内宫后，天上降下雨来，盎迦王见愿望得到满足，便把自己的女儿和平公主嫁给鹿角仙人，并巧妙地平息了无瓶仙人的怒气，反而从他那里获得了极大的恩惠（paramaṃ prasādaṃ）。而鹿角仙人在生子后又回到了父亲所在的森林继续修行。

这一传说影响颇大，佛教经典中也常有记载，但内容上存在一定差异：鹿角仙人因梵行精进、威力巨大而引发帝释天的忧虑，帝释天派遣天女前去诱惑他，破坏了他的道行，佛教经典将关注的重点放在鹿角仙人因男女交合而梵行破坏、神通退失上，并提到了女子“驾肩而还”的细节，这一故事在龙树菩萨所著《大智度论》卷十七、南朝编纂的《经律异相》卷三十九以及《大唐西域记》卷二中均有记载。[①]

两部史诗都完整地再现了妓女色诱能力非凡的英雄离开旧土进入城邦这一主题，进而展现了野性自然（神性—兽性）与城市文明（人性）的冲突与调和，也在各自的传统中分别结合了伟大英雄间的友谊和修行者入城求雨的主题。

尽管没有具体谈到鹿角仙人的穿着，但从其父亲“头发长至指甲”（romabhirā nakhāgrāt MB 3. 111. 19）的细节，可以推想其专心修行而不重衣着毛发的形象，这与刚降生于荒野的恩基杜颇为相似（[i]-ti-iq pe-er-ti-šu uḫ-tan-na-ba ki-ma ^{d}nissaba I 107）。而太阳神沙马舍向恩基杜所列举的随着莎姆哈特进入乌鲁克城所享受到的种种，也很好地对应于引诱鹿角仙人的妓女所带给他的美食、饮料、花环、衣服和游戏（MB 3. 111. 13–15）。《吉尔伽美什》提到，恩基杜与莎姆

① 相关主题，参阅季羡林 1991；白化文 1992；陈明 2015。

哈特度过六天七夜后，他纯洁的身体被弄脏，他的腿变得僵硬，他的力量变小，他跑得没有原来那么快（I 199–201），正对应于《摩诃婆罗多》中没有明言却在佛教文献中被强调的修行者因色诱交合而丧失超凡能力的情节。《摩诃婆罗多》强调宗教修行，因而鹿角仙人在经历了与妓女相处的时光后，被表述为变得如醉如痴（vi cetanaś cābhavad ṛśya śṛṅgaḥ MB 3. 111. 18），思虑重重（cintāparaś cāsi vi cetanaś ca MB 3. 111. 22），而这种爱欲被激发后心智的变化，在《吉尔伽美什》中，则被描述为开启了智慧（ù šu-ú i-ši ṭ[é-ma? r]a-pa-áš ḫa-si-sa I 202）。这标志着半神半兽的恩基杜向人的转化，也决定了他后来的命运。

4. 主神消灭人类，为大地减轻负担，这是希腊、印度、美索不达米亚史诗传统的共有主题

古巴比伦史诗《阿特拉哈西斯》（*Atraḫasis*）中，数次出现这样的描述：

ú-ul il-li-ik-ma 600.600 mu.ḫi.a
ma-tum ir-ta-pí-iš ni-šu im-ti-da
ma-tum ki-ma li-i i-ša-ab-bu
i- na ḫu-bu-ri-ši-na i-lu it-ta-a'-da-ar
dén-lil iš-te-me ri-gi-im-ši-in
is-sàr-qa a-na i-li ra-bu-tim
ik-ta-ab-ta ri-gi-im a-wi-lu-ti
i-na ḫu-bu-ri-ši-na ú-za-am-ma ši-it-ta

一千两百年还没过去，
土地日益膨胀，人数不断增长，

土地就像一头公牛咆哮，
神灵被大地上的喧嚣声惊扰，
恩利尔听到了远方的鼓噪，
对伟大的神灵们说：
“这些凡人的吵闹声对我来说过于剧烈，
他们的喧嚣剥夺了我的睡眠。”[①]

被人类惹恼的主神恩利尔(Enlil)着手消灭人类的计划，降下了瘟疫、饥荒，人类化解瘟疫、饥荒后，恩利尔最终降下了滔天的洪水。

值得一提的是，主神被喧闹声惊扰，决定要消灭噪声的制造者，类似的主题也出现在巴比伦创世史诗《埃努玛·埃利什》中：第一代主神阿普苏(Apšu)被由其所生的后代诸神之吵闹声所恼，计划消灭自己的子孙，恢复神界的宁静。这一主题也呈现于赫西俄德的《神谱》，在那里主神由阿普苏换作了乌拉诺斯(Ouranos)。

早期希腊史诗《赛浦路亚》，属于曾在希腊古典时代流行而后来佚失的特洛伊英雄诗系(Trojan Cycle)，[②]其全文的开篇被幸运地保

① 参《阿特拉哈西斯》I. 352–59 与Ⅱ. 1–8，其中Ⅱ. 1–8 文本保留得更完整，此处引用的阿卡德语文本综合了此二者。参阅 Lambert/Millard 1969，页 66–67，72–73。

② 特洛伊英雄诗系包含一系列古代史诗作品，它们共同构成了关于特洛伊战争的宏大叙事。这些作品包括《塞浦路亚》《埃提奥匹亚》《小伊利亚特》《洗劫伊利昂》《返乡》《特勒戈诺斯纪》。虽然学界对这些作品的具体创作时间尚无定论，但普遍认为这些作品是古风时代还留存着的特洛伊战争传统的一部分，除了荷马史诗外，这些作品当属关于特洛伊战争的最古老记述，在古典时代，它们还可能被作为素材为品达(Pindar)这样热爱古代题材的诗人和悲剧作家所用。参阅 West 2003，页 2–35；2013，Prolegomena；伯吉斯 2017，页 11–67。

留在其他文本中得以流传至今：

Ἦν ὅτε μύρια φῦλα κατὰ χθόνα πλαζόμεν' ἀ[νδρῶν
…ἐβάρυνε] βαθυστέρνου πλάτος αἴης.
Ζεὺς δὲ ἰδὼν ἐλέησε καὶ ἐν πυκιναῖς πραπίδεσσι
σύνθετο κουφίσσαι [βάρεος] παμβώτορα γαῖαν
ῥιπίσσας πολέμου μεγάλην ἔριν Ἰλιακοῖο,
ὄφρα κενώσειεν θανάτου βάρος. οἱ δ' ἐνι Τροίῃ
ἥρωες κτείνοντο. Διὸς δ' ἐτελείετο βουλή.

很久以前，当不计其数的人们移动在大地上
……[压迫了]拥有宽阔胸怀的大地的呼吸
宙斯看到这一切，在心中满是怜悯和忧虑
他决定减轻滋养一切的大地的负担
通过煽动特洛伊战争的宏大争斗，
直到重负被死亡所化解。在特洛伊的
英雄被杀死。宙斯的计划被实现。①

对这段文字的古代注释则提到，那时大地被大量的人挤迫，自从男人丧失对神灵的虔诚之心后，大地就恳求宙斯解除自己的重负。起初，宙斯挑起忒拜战争，通过这场战争，他消灭了很多人。后来，宙斯又引发了特洛伊战争，他与争执之神 *Μῶμος*[摩墨斯]商议，让女神忒提斯(Thetis)与凡人结合，生出盖世英雄阿喀琉斯，再造出美丽的海伦，从而引发战争。② 古巴比伦的创世史诗《埃努玛·埃利什》中，与

① 希腊语文本参阅 Epicorum Graecorum Fragmenta Fr. I Davies = Fr. I Bernabé。
② 参阅 Erbse 2012, Schol. ad Iliad. 1. 5; Davies, 页 34–36; Bernabé, （转下页）

阿普苏密谋消灭诸神的是他的管家 Mummu，而古希腊语的 *Μῶμος* 正可以视作对古巴比伦语 Mummu 的转写。①

《摩诃婆罗多》之《森林篇》提到，阿周那与湿婆所化身的山野猎人展开搏斗，湿婆神对阿周那的勇武感到满意，赐予他大兽主法宝，接着水神伐楼那、财神俱比罗、死神阎摩（Yama）都来赐予其法宝（MB 3. 40–42）。阎摩将法宝武器赐予阿周那时，特别提到：阿周那的声名将永留地上，将与毗湿奴（即黑天）共同为大地减轻重负，接受并使用这件法宝，便能实现这伟大的事业（akṣayā tava kīrtiś ca loke sthāsyati phalguna / laghvī vasumatī cāpi kartavyā viṣṇunā saha // gṛhāṇāstraṃ mahābāho daṇḍam aprativāraṇam / anenāstreṇa sumahat tvaṃ hi karma kariṣyasi MB 3. 42. 22–23）。俱卢之战中双方极惊人的死亡人数，② 在此意义上正是为大地减轻重负的使命（karma）之实现。③

（接上页）页 43–44；伯克特 2015，页 55–58。

① 在古巴比伦语中，Mummu 作为 Tiāmat、Ea、Marduk 等神的称谓名号，大致为“造物主，创造者”之义，而 *Μῶμος* 在古希腊语中则为“争执、争吵”之义，或许，可以被理解为“争执的制造者”。

② 据《妇女篇》的记述，这场大战的阵亡者高达十六亿六千零二万人，尚有失踪者二万四千一百六十五人（MB 11. 26. 9–10）。

③ 参阅 Pisani 1953，页 127–29。另可注意的是，在《森林篇》中，怖军对坚战说，依法保护大地也是古老的苦行，祖先们就是这样做的（etad dhyapi tapo rājan purāṇam iti naḥ śrutam / vidhinā pālanaṃ bhūmer yatkṛtaṃ naḥ pitāmahaiḥ MB 3. 34. 70），这种意义上的保护大地是否也意味着为大地减轻重负？在这段话之前，怖军鼓励坚战说，“国王啊！太阳用光芒保护一切众生，也毁灭一切众生，你要变得像太阳那样”（yathā rājan prajāḥ sarvāḥ sūryaḥ pāti gabhastibhiḥ / atti caiva tathaiva tvaṃ savituḥ sadṛśo bhava, MB 3. 34. 69）。

在《和平篇》中，坚战向毗湿摩请教死亡的由来，毗湿摩讲述了一个传说：最初梵天创造众生后，由于没有死亡，众生日益增多，遍满一切地方。梵天险些以怒火焚烧天地毁灭一切众生，被斯塔奴（湿婆）劝阻后，梵天从自己的孔窍中创造了死亡女神，来剥夺众生的生命，这一命运是凡人与诸神所必须共同承受的（MB 12. 248–50）。在这里，为大地减负而消灭人类的主题，被改造为更富于印度玄思特征的传说，大地女神的形象被置换为死亡女神，很长时间里，她一直并不情愿执行这样的使命，从而流下了痛苦的泪水，梵天将泪水收集起来化作众生的疾病。值得一提的是，因人口众多而引发的呼吸困难这一母题被保留下来，只是对象由大地转化为更广义的三界，"几乎没有一个地方不布满众生，三界挤压得简直无法呼吸"（na hy antaram abhūt kiṃ cit kva cij jantubhir acyuta / nirucchvāsam ivonnaddhaṃ trailokyam abhavan, MB 12. 248. 14）。

小结：有关大地女神被不断增长的人类所困扰、主神降下灾祸—战争消灭人类以减轻大地重负的主题，在希腊、印度、美索不达米亚的史诗传统中极好地被保留下来，清晰地指向一种共同的起源。这种精神的共通性与思想关联，丝毫不影响各自传统从其特有的气质、境遇与世界想象出发，对这些元素进行创造性的演绎与改造。某种程度上，我们越是深切地认识到这些传统所共享的精神源流，越能更好地体会每种传统的独特性与天才所在。

说明：附录二涉及的古典文本所参照的版本分别是：《吉尔伽美什》参照 George 2003，《阿特拉哈西斯》参照 Lambert/Millard 1969，《摩诃婆罗多》参照 Bhandarkar 1971，《伊利亚特》参照 Monro /Allen 1920，《奥德赛》参照 Von der Mühll 1946，《旧约》参照 BHS。文本翻译，《摩诃婆罗多》主要参考黄宝森 2015，其他都由我自己所译。

参考文献

阿罗频多(Śri Aurobindo),《薄伽梵歌论》,徐梵澄译,北京:商务印书馆,2003

白钢,《口传史诗理论视野下的荷马史诗及其"深度"》,《世界历史评论 05:古典学在中国》,上海:上海人民出版社,2017a:110–122(收入白钢,《东西方古典语言与文明比较研究》,北京:社会科学文献出版社,2019:173–184)

白钢,《何谓宗教?何谓神?——一种比较语言学—语文学的探索》,《世界历史评论 07:穿越世界变局的历史研究》,上海:上海人民出版社,2017b:144–162(= 白钢,《东西方古典语言与文明比较研究》,北京:社会科学文献出版社,2019:138–155)

白钢,《典型性创世论性质文本释读与比较研究》,《东方学刊》2018 年秋季刊(总第 1 期):89–105(收入白钢,《东西方古典语言与文明比较研究》,北京:社会科学文献出版社,2019:115–137)

白化文,《从"一角仙人"到"月明和尚"》,《周一良先生八十生日纪念文集》,北京:中国社会科学出版社,1993:416–27

伯克特(Walter Burkert),《希腊文化的东方语境:巴比伦·孟斐斯·波斯波利斯》,唐卉译,北京:社会科学文献出版社,2015

伯吉斯(Jonathan S. Burgess),《战争与史诗——荷马及英雄诗系中的特洛亚战争传统》,鲁宋玉译,上海:华东师范大学出版社,2017

陈明,《一角仙人故事的文本、图像与文化交流》,《全球史评论》第八辑,2015:32–83

季羡林,《原始社会风俗残余——关于妓女祷雨的问题》,原载《世界历史》1985 年第 10 期,收入《季羡林学术论著自选集》,北京:北京师范大学出版社,1991:539–48

毗耶娑(Vyasa),《摩诃婆罗多》(全 6 卷),黄宝森等译,北京:中国社会科学出版社,2015

Bhandarkar Oriental Research Institute, 1971. *The Mahabharata Text as*

Constituted in Its Critical Edition. Edited by Vishnu Sitaram Sukthankar et al. 5 vols. Poona

Bernabé, A., 1996. *Poetae epici Graeci. Testimonia et fragmenta, Pars 1*, Leipzig

BHS-*Biblia Hebraica Stuttgartensia*, Stuttgart: Wurttembergische Bibelanstalt

Burkert, W., 1984. „Die orientalisierende Epoche in der griechischen Religion und Literatur", *Sitzungsber. Heidelberg Philos.-hist.* Klasse 1984, 1

——.2003. *Die Griechen und der Orient: von Homer bis zu den Magiern*, München

Campanile, E., 1977. *Ricerche di la cultura poetica indoeuropea,* Pisa: Giardini

Davies, M., 1988. *Epicorum Graecorum fragmenta,* Göttingen

Erbse, H., 2012. *Scholia Graeca in Homeri Iliadem*, Vol. Ⅰ – Ⅵ, Berlin

Frisk, H., 1946. „ΜΗΝΙΣ, Zur Geschichte eines Begriffes", *Eranos* 44: 28-40 (in *Kleine Schriften zur Indogermanistik und zur griechischen Wortkunde*, Studia Graeca et Latina Gothoburgensia 21, Göteborg 1966, 190-202)

George, A. R., 2003. *The Babylonian Gilgamesh Epic: Introduction*, *Critical Edition and Cuneiform Texts*, Vol. Ⅰ – Ⅱ, Oxford

Jirku, A., 1953. "'Das Haupt auf die Knie legen'. Eine ägyptisch-ugaritisch-israelitische Parallele", *Zeitschrift der Deutschen Morgenländischen Gesellschaft* 103(2): 372

Lambert, W. G./ Millard, A. R., 1969. *Atra-ḫasīs: The Babylonian Story of the Flood*, with the Sumerian Flood Story by M. Civil, Oxford

Latacz, J., 2000 (Hrsg.). *Homers Ilias: Gesamtkommentar*, Bd. 1, München/ Leipzig

Lichtheim, M., 1975. *Ancient Egyptian Literature,* Vol. 1, University of California Press, London

Meid, W., 1978. *Dichter und Dichtkunst in indogermanischer Zeit:*

Einige allgemeine Gedanken zum Problem der indogermanischen Dichtersprache und der sprachlichen Tradition überhaupt, Innsbruck

Monro, D. / All. Th., 1920[3] (Hrsg.). *Homeri opera. Tomi I et II Iliadis libros XXIV continentes,* Oxford

Muellner, L., 1996. *The Anger of Achilles: Mênis in Greek Epic* (Myth and Poetics), Ithaca/London

Parker, S. B. (ed.), 1997. *Ugaritic Narrative Poetry, SBL Writings from the Ancient World 9*, Atlanta

Pisani, V., 1953. "Indische-Griechische Beziehungen aus dem Mahābhārata", *Zeitschrift der Deutschen Morgenlandischen Gesellschaft* 103: 126-139

Schmitt, R., 1967. *Dichtung und Dichtersprache in indogermanischer Zeit*, Wiesbaden

——.1968 (Hrsg.). *Indogermanische Dichtersprache*, Darmstadt: Wissenschaftliche Buchgesellschaft

Thieme, P., 1952. *Studien zur indogermanischen Wortkunde und Religionsgeschichte*, Berlin

Watkins, C., 1995. *How to Kill a Dragon: Aspects of Indo-European Poetics*, New York

West, M. L., 1966 (ed.). *Hesiod: Theogony*, Oxford

——.1997. *The East Face of Helicon: West Asiatic Elements in Greek Poetry and Myth*, Oxford

——.2003. *Greek Epic Fragments*, Cambridge, Mass

——.2013. *The Epic Cycle: A Commentary on the Lost Troy Epics*, Oxford

Williams, R. J., 1971. "Egypt and Israel", in J. R. Harris (ed.), *The Legacy of Egypt*, Oxford: 257-290

古代语言重要词汇

阿卡德语

akal balṭi "生命之食"
almattu "寡妇"
andūraru "自由; 免于债务, 解放"
arad kitti "忠实的奴仆"
ašared šarrī "王中领袖"
awīlu "人; 平民"
bēl pīḫāti "总督"
bēlu "主人"
bēlu rabû "伟大之主"
bīt ṭuppi "泥板书屋, 学校"
dannu "强大的; 强者"
dumqu "兴旺的, 繁荣的"
ebir nāri "河西"
ekletu "黑暗"
ekūtu "孤儿"
enitu "恩 – 女祭司"
Enlilūtu "恩利尔的王权"
enšu "弱小的; 弱者"
epšetu "行动, 策略"
erēnu "雪松"
erṣetu "大地"
gammālu "单峰骆驼"
ḫabālu "压迫, 作恶"
ḫabiru "敌人, 流氓"
ḫazānu "市长, 地方首脑"
idû (edû) "知道"

il mātim “大地之神”
iliš “神一样的”
ilu “神”
imitta “右”
inūma ilū awīlum “当诸神是人的时候”
iššiakku, iššakku “城主，总督”
kakku “武器”
kīma “如同”
kiššat mātati “全体国土”
kittu “正义，正直；忠诚”
le’at ilī “神中超群者”
libbu “心”
lišan mitḫurti “平行语言”
malku “国王，王者”
māru “儿子”
mārūtu “儿子的地位”
mātu “土地，国家”
mê balṭi “生命之水”
mukallimtu “评注”
muškēnu “穆什根努，平民”
mūtānu “瘟疫，流行病”
našāḫu “根除”
nēštu “母狮”
nesû “远的，遥远的”
niṣirtu “秘密”
nišu “民众，人民”
nīšu “生命”
nūru“ 光 ”
pâšu īpuš(a) iqabbi “说着（话），他说”（用于直接引语）
puḫru“ 集会 ”
qerbu “中心，中间”
rābiṣu “执行官，总督”
rē’û “牧人”
rubā’u “君主”
santakku “楔子，楔形符号”
sapāḫu “驱散，挫败”
ṣalmāt qaqqadi “黑头人”
ṣēru seba qaqqadašu “拥有七个头颅的蛇”
šamê “天，天空”
šar kibrāt arba’im “四方之王”
šar kiššāti “宇宙之王”
šar māt Šumerim u Akkadim “苏美尔与阿卡德之王”
šar mīšarim “公正之王”
šar pūḫi “伪王”
šār “沙罗，3600”
šarru “国王”
šarru lē’ ū “威武之王”
šību “年长者”
šiṭir(ti) šamê “天文现象，天之书写”
šumēla “左”
šumeru “苏美尔”
šumma “如果，假如”
šutēšuru “公正地对待”
tāmartu “显现；阅读”
tâmtu（tiāmtu）“海洋”
tâmtu elītu “上海（地中海）”
tâmtu šupalītu “下海（波斯湾）”
tamû “发誓”
tinūru “火炉，炉灶”

ṭupšarru “文士，书吏”

ṭupšarūtu “书吏技艺”

udru “双峰骆驼”

ummânu (ummiānu) “专家，学者”

ūmu “日子”

ušumgal šarrī “王中之龙”

waklu “监督者”

wardu “奴隶”

阿拉伯语

al-‘Irāq “巴格达南部平原；两河流域”，（双数）al-‘Irāqān “巴士拉与库法”

katābat mismarīt/ haṭṭ mismārī “钉头文字”

阿维斯塔语（字母顺序：a ā å ą̇ ą b β c d δ ə̄ e ē f g ġ γ h i ī j k m n ṇ ŋ ŋ́ ŋ^{v} o ō p r s š š́ ṣ̌ t ϑ t̰ u ū v x x́ x^{v} y z ž）

ahūm “世界，存在”

aməṣ̌a-spənta “圣神，赐予生命的不死者”

aŋra mainyu “恶灵”

aṣ̌a “正当，秩序，真理”

ā.mōiiastrā.baranā “带来变化者”

cisti “见解，认识”

daēna “内在自我；宗教”

daēuua “邪神，魔鬼”

drug “谎言，欺骗”

fraša “美好的”

gāθā “伽泰，颂歌”

haoma “毫麻”

hāti “章节”

manah “思想，精神”

nāman “名字”

raēuuaṇt “光辉的”

saŋha “教义”

spənta mainyu “善灵”

saošiiaṇt “拯救者”

š́iiaoθna “行为”

uruuan “灵魂，精神”

uštra “骆驼”

uxδanaēδa “言语”

varəna “选择”

vīdaēuuō.dāta “降服邪神”

xratu “精神，意志”

x^{v}arənah “王者灵光”

x^{v}arənaŋ^{v}haṇt “充满王者灵光的”

yazišn “敬拜，献祭”

yešti “礼赞，崇敬”

巴利语（字母顺序：a ā i ī u ū e o k kh g gh ṅ c ch j jh ñ ṭ ṭh ḍ ḍh ṇ t th d dh n p ph b bh m ṃ y r l v s h）

aṭṭhakathā “义疏”
aṭṭhangika ariyamagga “八正道”
anatta “无我”
anicca “无常”
apara “此后的，接下去的”
abhidhamma-pitaka “论藏”
arahant “阿罗汉”
itthatta “在世状态”
idappaccayatā “依缘”
kata “已做成”
karaṇīya “行为，所作”
khīṇā “消失，穷尽”
cattāri ariyasaccāni “四谛”
jāti “出生，(轮回)重生”
tri-piṭaka “三藏”
dabba “实有，事物”
dukkha “苦”
dhamma “法”
nidāna “因缘”
nirodha “灭”
paṭiccasamuppāda “缘起”
paṭipadā “道，道路”
pāli “圣典；巴利语”
brahmacariya “梵行”
magga “道，道路”
vinaya-piṭaka “律藏”
vipassanā “观”
vusita “完成的，终结的”
samatha “止”
samudaya “集”
sutta-pitaka “经藏”

梵语（吠陀语）（字母顺序：a ā i ī u ū ṛ ṝ ḷ e o ai au k kh g gh ṅ c ch j jh ñ ṭ ṭh ḍ ḍh ṇ t th d dh n p ph b bh m y r l v ś ṣ s h）

akarmaṇa “不行动”
agra “太初，起始”
advayadharmamukhapraveśa “不二法门”
advaita “无分别不二论”
anātman “无我”
anitya “无常”
anuttara-samyak-sambodhi “无上正等正觉”
amṛta “不死的”
avatāra “化身下界”
avidyā “无明”
arthavāda “释义”
arhat “阿罗汉”

arhatvaphala “阿罗汉果”
aṣṭadhā “八分”
asakta “不执着”
ahaṅkāra “我慢，自我意识”
ātman “阿特曼，我”
āpamgarbha “水的胚胎（Agni 的称谓名号）”
āryavarta “雅利安人的居处；北印度”
āryaṣṭaṅgka-mārga “八正道”
ālaya-vijñāna “阿赖耶识”
āsana “座法”
idaṃ-pratyayatā “依缘”
indriyadharaṇā “制御感官”
utpatti-niḥsvabhāva “生无自性”
upādāna “取”
uṣṭra “骆驼，水牛”
ṛta “梨多；真理，正当，秩序”
ṛtayúj “以真理驾车者”
ṛṣi “歌者；仙人”
evaṃ mayā śrutam “如是我闻”
karman “业，业力”
karmayoga “业瑜伽”
kali-yuga “迦利纪元”
kṛta-yuga “圆满纪元”
kaivalya “绝对独立”
kṣetrajña “知识之田”
citta “心”
cittavṛtti “心的状态”
cetāmātra “心灵原则”
jarāmaraṇa “老死”
jātaka “佛本生故事”
jāti “生”
jñāna “智慧”
jñānayoga “智瑜伽”
tat tvam asi “它即是你”
tattva “真理，谛”
tathāgata-garbha “如来藏”
tathāgata-gotra “如来种”
tamas “多摩，暗性”
tṛṣṇā “爱”
tri-ratna “三宝”
tri-piṭaka “三藏”
tri-mūrti “三相神”
tretā-yuga “三分纪元”
dákṣiṇa “右边的；灵敏的”
duḥkha “苦”
deva “神，正神”
dravya “实有，事物”
draṣṭṛ “旁观者”
dvāpara-yuga “二分纪元”
dharma “法，正法”
dharmameghasamādhi “法云三昧”
dhāraṇā “执持”
dhyāna “禅定”
nāmarūpa “名色”
nidāna “因缘”
niyama “劝制”
nirīśvara “无主宰的”
nirodha “灭，消除”
nirvāṇa “涅槃”
pañca-karmendriyāṇi “五做根”
pañca-tanmatra “五唯”

pañca-buddhīndriyāṇi“五知根”
pañca-mahābhūta“五大”
pañca-vidyā“五明”
paragati“至高归处”
paratantra-svabhāva“依他自性”
paramārtha-niḥsvabhāva“胜义无自性”
parikalpita-svabhāva“遍计自性”
parinişpana-svabhāva“圆成自性”
pāśaka, pāśa“骰子”
puruṣa“原人；神我”
puruṣottama“至上神我”
purohita“祭司”
prakṛti“原质；自性”
prajāpati“生主”
prajña“般若，智慧”
pratītya-samutpāda“缘起”
pratipadā“道，道路”
pratyāhāra“制感”
prāṇāyāma“调息”
phalatṛṣṇavairāgya“舍弃行动的后果”
bīja“种子”
budhha“佛陀，觉者”
buddhi“觉”
bodhisattva“菩萨，觉有情”
brāhmaṇa“（阳性）婆罗门；（中性）梵书”
brahman“梵”
brahmaniśvara“梵自在体”
brahmātmaikyam“梵我合一”
brhamyúj“以梵驾车者”
bhaktiyoga“信瑜伽”
bhava“有”
madhyama“善守中道者”
madhyamaka“中道”
manas“意”
mano-vijñāna“末那识”
mantra“颂”
maṇḍala“环形；卷”
mahāyāna“大乘”
mādhyasthya“中直”
māyā“摩耶，幻力”
mārga“道，道路”
mokṣa“解脱”
yajña“祭祀”
yāna“乘”
yama“禁止”
rajas“罗阇，忧性”
rūpa“色；相”
lakṣaṇa-niḥsvabhāva“相无自性”
vajra“金刚杵”
varṇa“种姓”
vijñaptimātratā“唯识”
vijñāna“识”
vidhi“仪轨”
vipaśyanā“观”
vibhūti“神圣显现”
visamatva“不等性”
vedanā“受”
śamatha“止”
śaśin“月亮”
śūnyatā“空性”

śravaḥ…akṣitam/ akṣiti śravaḥ“不凋谢的声名”

śruti“声闻”

śrauta“天启祭”

ṣadāyatana“六入”

ṣaddarśana“六派哲学”

sakta“执着”

sattva“萨埵，善性”

samdaya“集，汇聚”

samādhi“三昧”

saṃgīti“齐诵；集结”

saṃnyāsayoga“弃绝瑜伽”

saṃyoga“结合”

saṃsāra“轮回”

saṃskāra“行”

saṃskṛta“因缘集合而成”

satya-yuga“真实纪元”

sarvabhūta“一切众生”

sākṣātkāra“亲证”

sūkta“（歌，诗）曲”

seśvara“有主宰的”

sōma“苏摩”

sparśa“触”

smṛti“记忆”

hīnayāna“小乘”

古埃及语（字母顺序：ꜣ j y ʿ w b p f m n r h ḥ ḫ ẖ s š ḳ k g t ṯ d ḏ）

ꜣpd“鹅，禽类”

ꜣḫ“阿克，灵魂”

ꜣḫ ʿpr“（很好地）被装备起来的阿克”

jwntjw“弓民；游牧民族”

jb“心”

jmy Wsjr“在俄赛里斯中者，死者”

jmn“隐藏”

jnb ḥḏ“白墙；孟菲斯”

jr“如果，假如”

jtrw“河”

ʿꜣ“大的，伟大的”

ʿš“雪松，针叶树”

wꜣḏ-wr“海”

wpt-rnpt“年的开始，元旦”

wnn-nfr“继续保持完美者”

wḥm ʿnḫ“重复的生命”

bꜣ“巴，灵魂”

pr“屋子”

pr nswt“王室”

prt-ḫrw“死者的祭品”

prt Spdt“天狼星偕日升”

psḏt“九神团”

pt“天空”

pḏt“弓”

mꜢꜢt Ḥr Stḫ“注视荷鲁斯与赛特者”

mꜣʿ-ḫrw“公平正当者（直译：真理的声音）”

mꜣʿt“正义，真理”

mj "如同"
mj Rʿ "如同拉神"
mjn "今天", m mjn "今天"
mnḫt "亚麻布"
mś(w) "孩子"
mśy "出生"
mt "死亡"
mdw "话语"
mdw-nṯr "神的话语"
nb "主人", nbt "女主人; 主宰"
nb-ḥpt-rʿ "拉神之舵桨的拥有者"
nb sgr "沉默之主"
nb tȝḏsr "圣地主人"
nb ḏt "永恒之主"
nbw "金子"
nbwy "双主", nbty "两夫人"
nfr "美丽的"
ns "舌"
nsw "国王"
nsw-bjtj "上下埃及之主"
nsw tȝwy, nsw nb tȝwy "两块土地之主"
ntj jm "在那里的人, 死者"
nṯr "神"
nṯrj-ḥḏt "神圣的白王冠"
rn "名字"
rn wr "伟大名字"
rnpt "年"
rḫ.kwj "知道"
rḥwy "双伴"
ḫȝt ʿš, ḫȝt nt ʿš "松脂"
ḥwt-kȝ-ptḥ "普塔神之卡(灵魂)的宫殿"
ḥʿpy "(尼罗河)泛滥"
ḥnqt "啤酒"
ḥr.y-tp ʿȝ "伟大首领"
ḫr ḥm "在……统治下"
ḥkȝw-ḫȝswt "外国领土(山地国家)的统治者"
ḥtp-nṯrw "神的祭品"
ḫt "事物"
ḫpr "出现, 发生, 成为存在"
ḫnn-jb "内心燥热者"
sʿnḫ-jb-tȝwy "令两地(上下埃及)之心得以存活者"
sbȝyt "教谕, 教育, 传统"
smȝwt nbwy "联合双主者"
smȝ-tȝwy "两地的统一者"
sḫt-jȝrw "灯芯草之地"
sḫt-ḥtp "祭品之地"
st "位置"
š-jȝrw "灯芯草之湖"
sȝnswt "国王之子"
šs "雪花石膏石"
kȝ "卡, 灵魂"; "雄牛"
kȝmwt.f "他母亲的雄牛(阿蒙的称谓名号)"
kmt "埃及; 黑色的土地"; "完成, 成果"
ḳȝ-šwty "羽毛高扬者"
gr, sgr "沉默"
grw "沉默的人"

t “面包”

tꜣḏsr “圣地, 墓地”

tꜣwy “两地”

tꜣ-mḥy “北地”

tꜣ-rsy “南地”

tjt “形象”

twt ʿnẖ “活着的肖像”

t̠ꜣty “维西尔, 宰相”

dpt “船”

ḏsr “神圣的”

ḏt “永恒的”

ḏd “说, 言说”

ḏd-mdw “咒语重复诵读”

古波斯语

abicarīš “牧场”

adam “我”

avahyarādiy “因而”

daiva “邪神”

daivadāna “邪神的祭拜所”

dīta “被抢走的”

duruẖta “虚假的”

gaiþā “畜群”

gāþu “地方; 王座”

ẖšaça “统治, 王权, 王国”

ẖšaçapāvan “总督”

kamna “少(量)的”

karta “所作”

kāra “军队, 民众”

magu “术士”

martiya “男人, 随从”

māniya “家仆”

paruvamciy “过去, 从前”

paruv “多, 太多”

patipadam “在他(应得)的位置上”

puça “儿子”

ušabāri “骑骆驼的”

uvāmaršiyu “自然死亡的”

varnavataiy “被当作是真的”

vasiy “非常, 很”

viþ “房子; 王宫”

古突厥语

*aq bodun “白色民众”

qara bodun “普通民众(直译: 黑色民众)”

古希腊语

ἀγαθόν “善，好”

ἀγών “竞争”

ἀδιάφορα “无偏”

ἀήρ “空气”

Αἴγυπτος “孟菲斯；埃及”

αἴτιος “原因，根据”

ἀλήθεια “真理，真实”

ἀληθής “真实的”

ἁμαρτία “过错，犯罪”

ἀνδρία “勇敢”

ἀνάγκη（ἀναγκαία）“必然；强力”

ἄνθρωπος “人”

ἀοιδή “歌曲”

ἄπειρον “无限”

ἀρετή “德性，品质”

ἀριθμός “数，数字”

ἀρίστη πολιτεία “最好的政治”

ἀριστοκρατία “贵族制”

ἀρχή “起始，本原；支配；帝国”

ἁρμονία “和谐，和音”

ἁρμοστής “协调人”

ἀταραξία “镇静”

βάρβαροι “野蛮人”

βασιλεύς “王”

βασίλεια “王制”

βιάζεσθαι “强迫，使用暴力”

δεξιός “右边的；灵巧的”

δεσποτεία “专制”

δεσπότης “主人”

δευτέρα（πολιτεία）“次好的（政治）”

δημιουργός “德穆革；大匠，创世神”

δημοκρατία “民主”

δῆμος “德莫；人民”

δημοτικώτατα “极端民主派的”

διαλλακτής “调解人”

διάνοια “理智”

διαφορά “差异，争执”

δικαιοσύνη “正义”

δίκη（Δίκη）“正义；正义女神”

δμώς “奴隶”

δόξα “意见”

δοῦλος “奴隶”

δρηστήρ “劳作者，侍奉者”

δύναμις “能力；潜能”

εἶδος（ἰδέα）“理念；形式，相”

εἴδωλον “魂影”

εἶναι（ἐόν）“存在，是”

ἐλευθερία “自由”

ἐνέργεια “实现；现实性”

ἐντελέχεια “隐德莱希”

ἐπιστήμη “知识”

ἔρος “爱，爱欲”

εὐδαιμονία “幸福”

εὐνομίη “善好秩序”

Ἕλληνες “希腊人”

ἕν “一”

ζωγραφία “画像”

ἡγεμών “领袖”

ἦθος“习性; 伦理”
θάλασσα“海”
θής“帮工”
θητευέμεν“作为帮工而劳作”
θυμός“激情, 性情”
ἱστορία“研究, 探究”
κάμηλος“骆驼”
κάπηλος“商人”
κενόν“虚空”
κινῆσαν“运动, 动力”
κίνησις“运动; 动荡”
κλέος ἄφθιτον“不凋谢的声名”
κοινωνία“共同体”
κόσμος“世界, 世界秩序”
κρείττων“超过的; 超人”
κῶμα“睡梦”
λέγειν“言说”
λείμων ἱππόβοτος“宜于牧马的草地”
λίς“狮子”
λόγος“逻各斯; 话语, 理性, 逻辑; 比例”
μακάρτατος“最幸福者”
μέγεθος“量, 数量”
μέθεξις“分有”
μεσότης(μέσον)“适度, 中道”
μέτοικος“外侨”
μέτρον, μέτρα“尺度”
μὴ ὄν“非存在”
Μῆνιν(μῆνις)“愤怒”
μίμησις“摹仿”
μῦθος“神话, 言说”
νέκταρ“神饮”
νεφεληγερέτα“乌云汇集者”
νοεῖν“思考, 思想”
νόησις“思想, 思维”
νομάρχης“诺姆州长”
νόμος“法, 礼法; 规律; 风俗; 意见”
νόμος ἔμψυχος“活着的法律”
νομός“诺姆, (埃及)州”
νόστος“返乡”
νοῦς“努斯; 理性; 心”
οἶκος“家, 家庭”
οἰκουμένη“天下”
ὀλιγαρχία“寡头制”
ὁμοδοξία“共同意见”
ὁμονοία“同心”
οὐσία“实体, 本质”
παίδευσις“教育, 教化; 学校”
Παλλάς“帕拉斯, 雅典娜的名号”
παμβασίλεια“绝对王制”
πείθειν“说服”
πέρας“边界”
πιστός“可信”
πνεῦμα“气息, 灵魂”
ποιεῖν“做事, 创作”
πόλεμος“战争”
πόλις“城邦”
πολιτεία“政治; 理想城邦; 民主善治”
πολίτευμα“政体”
πολίτης“公民”
πολιτικὸν ζῷον“政治动物”
πολύτροπος“多谋善变者”

πρότερον καὶ ὕστερον “前与后”
σατραπηία “行省”
σατράπης “总督”
σεισάχθεια “解放，解缚”
σῆμα “坟墓”
σκῆπτρον “权杖”
σωφροσύνη “明智”
σπουδαῖος “好人，成熟者”
στάσις “内乱，动乱”
σχολή “闲暇”
τὰ ὄντα “存在者，万物”
τέλος “目的，目的因”
τέχνη “技艺”
τυραννίς “僭主制”
τύχη “机运”
ὕβρις “肆妄，僭越”
ὕλη “质料”
ὑποκείμενον “基底，载体”
φθόνος “嫉妒”
φιλία “友谊”
φιλοσοφία “爱智慧，哲学”
φοβερός “可怖”
φρονεῖν “思考”
φροντιστήριον “思想所”
φύσις “自然，本性”
χορηγός “歌队首领”
χῶρος ἱερός “圣地”

古藏语

mgo.nag, mgo.nag.mi “黑头人，黎民”
mi.ser “普通百姓（直译：黄色的人）”
ri.bong “兔子（直译：山上的驴）”
ri.bong.can “月亮（直译：拥有兔子者）”

赫梯语（含 Sumerograms 与 Akkadograms）

ALAM “形象”
antiyant- “女婿”
arkuwar- “祈祷，辩护”
aruna- “大海”
BEL MADGALTI “地方长官（直译：边境哨所指挥官）”
dankui tekan “黑色的土地”
DINGIR-uš UN “神就是人”
DUMU “儿子”
DUMU É.GAL “总管”
DUMU.SAL ŠA [LÚ]ašiwandaš “穷人的女儿”
GU_4 “公牛”
ḫaliyatar “顺从”

ḫatrešša- “消息”

ḫattatar- “智慧”

ḫattili “(属于)哈梯的”

ḫenkan- “瘟疫；死亡”

ḫurlili “(属于)胡里的”

^{MUŠ}illuyanka “蛇，龙”

^{d}IM “雷雨神” = Tarḫunta, Teššub

ÌR-atar “奴役”

išḫā- “主人” = EN, BELU

išḫamai- “唱，歌唱”

išḫiul- “束缚；义务，条约”

^{d}IŠKUR “雷雨神”

ištanzan- “灵魂”

karuiliuš DINGIR^{MEŠ}-uš “上古诸神”

KAŠ “啤酒”

KÙ.BABBAR “银子”

LIM “一千”

LUGAL.GAL “大王”

LUGAL KUR ^{uru}Ḫatti “赫梯国王(直译：哈梯之王)”

LU-natar “男子特性，男子气概”

luwili “(属于)卢维的”

MĀMĪTU “誓言”

memiškiwan dāiš “开始说话”

neš(umn)ili, našili, nišili “(属于)内萨的”

NINDA “面包”

NĪŠU “誓言”

pai- “给予，赐予”

palaumnili “属于帕莱克的”

panku- “全部的”

parā tarnumar “释放，解放”

SIG$_7$ “一万”

SÌR “歌曲；史诗”

šamnae- “创造”

šia- “一” = IŠTĒN

šiū-, šiūna- “神” = DINGIR, ILU

ŠU.GI “老妇人”

tarḫ- “战胜，制伏”

UR.SAG-tar “英雄的品质”

uttar- “话语；故事”

wannumiyaš DUMU “孤儿”

weḫ- “转动；游荡”

zaḫḫai- “战斗”

胡里语

amattena ēnna “上古诸神”

amumi “消息”

ene “神”

katilli “我要说”

kirenzi “自由，解放”

mādi “智慧”

širatili “我要讲述”

talmaštili “我要赞美”

timerre ešeni “黑色的土地”

tivšāri “故事”

(tiwe=na) al=u=mai(n) kad=i=a “说着(话)，他说”(用于直接引语)

旧约希伯来语（字母顺序：’ b g d h w z ḥ ṭ y k l m n s ‘ p ṣ q r ś š t）

’ēl “强大的”

’ēl, ’elōhîm “神”

’almānā^{h} “寡妇”

’emet “真实”

’^{a}rāmît “阿拉美语”

’ereṣ “土地，大地”

’ap “愤怒”

’ērā’ “显现”

’ărāpel “幽暗”

b^{e}kôr “长子”

b^{e}kôrâ^{h} “长子继承权”

bēn “儿子”

bāra’ “创造”

bārak “祝福，赐福”

b^{e}rît “约，誓约，盟约”

bāśār “肉，身体”

gôy “民族；（复）万民”

gāmāl “骆驼”

gēr “陌生人”

dā‘at “知识”

hinnē^{h} “看哪”

ḥebel “空虚”

ḥākmā^{h} “智慧”

ḥōšek “黑暗”

ḥătan-dāmîm “血的新郎”

ḥittî “赫人，赫梯人”

YHWH “耶和华”

yôm “日子”

yām “海”

yir’at “敬畏”

yātôm “孤儿”

kî “因为；虽然”

kål “全部，所有”

kāla^{h} “完成，结束”

lēb “心”

lāmā^{h} “为什么”

mayim “水”

m^{e}lā’kā^{h} “工作”

melek “王，国王”

mamleket “王国”

māšî^{a}ḥ “受膏者；弥赛亚”

miškān “居所，居处”

nābî’ “先知”

nāzîd “汤”

nāḥam “后悔”

nāḥāš “蛇”

s^{e}gûllā^{h} “珍宝”

sôd “聚会”

sōpēr “文士”

‘ebed “仆人”

‘abar naḥarā^{h} “河西”

‘ôlām “永恒”

‘am “人民，民族”

‘aqallatôn “曲行的”

‘îr “城市”

ṣebā’ôt “拥有军队的，万军的”

qādôš “神圣的; 神圣者”
qāhāl “聚会”
qohelet “召集者”
rā’āʰ “看, 看到; 体验, 享受”
ro’eʰ “预言者”
rô’š “头, 头颅”
rē’šît “开始, 开端”
rā‘ “恶, 灾祸”
šadday “强大的, 全能的”
šᵉlōšîm “三十”
šāmayim “天, 天空”
šeqer “虚假”
ṭôb “善, 好”
tōrāʰ “妥拉, 律法”

拉丁语

camēlus “骆驼”
cedrus Libani “雪松”
corpus mysticum “神秘体”
dexter “右边的; 灵敏的”
ex oriente lux “光从东方来”
fabula “故事”
homo erectus “直立人”
homo habilis “能人”
homo sapiens “智人”
idea “理型; 理念, 观念”
irrationalis “非理性的; 不合比例的”
lex animata “活的法律”
lingua franca “通用语”
mare mediterraneum “地中海”
materia “物质, 材料, 木材”
patres “诸父; 元老”
pax “和平”
pax Assyriana “亚述治下的和平”
pax Romana “罗马治下的和平”
prudentia “审慎, 精明, 智虑”
pulcherrima “最美的”
ratio “比例; 理性”
regio “地区”
religio “宗教”
solitudo “荒芜, 荒野”
speculum regum “君王宝鉴”
subiectum “主体; 臣民, 隶属”
translatio imperii “帝国转移”

苏美尔语

a-ab-ba igi-nim “上海(地中海)”
a-ab-ba sig “下海(波斯湾)”
abba “父亲”
ama “母亲”
amargi “自由, 解放”
anše.kur.a “马(直译: 山中的驴)”
bala “轮换, 轮值, 统治”
bala da-rí “永久的统治”

bìl-ga “老人”
diĝir “神”
diĝir-kalam-ma “大地之神”
dub-sar “文士, 书吏”
dumu “孩子”
dumu-gir/gi “本地出生者”
e_2-dub-ba-a, e_2-dub-ba “泥板书屋, 学校”
eme.gir_{15} “本土的语言”
en “恩, 统治者”
énsi “恩西, 统治者”
inim “话语; 事件”
kalam “地区; 苏美尔地区”
kalam ki “国土”
ki-en-gir/gi “本土的 / 高贵的统治者的地方”
lá(l) “称量, 支付”
lú “人; 男人”
[lú]a-bala “汲水人”
[lú]nu-$kiri_6$ “园丁”
lugal “卢伽尔, 国王”
lugal an ub-da $limmu_3$-ba“四方之王”
lugal-ki-engi-ki-uri “苏美尔与阿卡德之王”
lugal Kiši “基什之王”
me “神力, 神性的存在”
mu “名字; 年”
mes “年轻人”
muš-sag-imin “拥有七个头颅的蛇”
nam-dub-sar “书写术”
nam-lugal “王权”
nu-ma-kúš (nu-mu-kuš) “寡妇”
nu-siki “孤儿”
saĝtak “楔子, 楔形符号”
saĝ-tag-ga “铭文”
šaĝ-ĝi-(ga) “黑头人”
šár “沙罗, 3600”
šár-gal “大沙罗, 216000”
šu-gi “年长者”
tukumbi “如果, 假如”
unkin “集会”
zalag “光”

乌迦利特语

‘qltn “弯曲的, 曲行的”
b‘l “主人”
b‘lt “女主人”
bṯn “蛇”
dm “鲜血”
ḏmr “卫士, 战士”
dr “世代” ,dr “永恒的”
mhr “战士, 英雄”
mlk ‘lm“ 永恒之王”
mm‘ “内脏, 凝血”
riš, (复) rašm “头, 头颅”
rpu “先祖英雄”
ṣbu, ṣbi “军队”
šb‘ “七”
zbl “王子”

专名一览

A
阿顿
阿拜多斯
阿胡拉·玛兹达
阿卡德(人)
阿肯那顿(阿蒙霍特普四世)
阿蒙
阿蒙-拉
阿蒙奈姆赫特一世
阿摩利人
阿摩希斯一世
阿耆尼
阿舒尔
阿舒尔巴尼拔
埃及(人)
埃兰(人)
(天神)安
安纳托利亚

B
巴比伦(人)
巴比伦之囚
巴迪亚
巴勒莫石碑
巴勒斯坦
贝希斯敦
庇西特拉图
伯罗奔尼撒战争
波斯(人)
伯利克里

亚历山大
耶和华
伊朗（人）
伊西斯
以色列
因陀罗
印度（人）
印度-伊朗（人）
犹大

Z

扎拉图斯特拉
智人
智者派
轴心时代

古代重要著作

B

《摄大乘论》
《摄大乘论释》
《胜鬘经》(《胜鬘狮子吼一乘大方便方广经》)
《十地经论》
《十二门论》
《维摩诘经》
《唯识二十论》
《唯识三十颂》
《文殊师利所说摩诃般若波罗蜜经》
《现观庄严论》
《央掘魔罗经》
《异部宗轮论》
《异部宗精释》
《游戏神通》
《瑜伽师地论》
《中边分别论》
《中论》第一品、第二十四品、第二十五品
《中尼迦耶》2.66

G

高尔吉亚: DK 82, A15a
《海伦颂》
《论非存在或论自然》
《为帕拉墨得斯辩护》

H

哈图西里一世:《遗诏》
哈图西里三世:《自辩词》
《汉谟拉比法典》
荷马:
《伊利亚特》1.1; 1.2–5; 1.8–52; 1.53–187; 1.194–218; 1.222–311; 1.351–412; 1.493–530; 1.517; 2,204; 2.484–877; 2.557; 5.311–317; 5.670; 6.382; 6.440–465; 9.17–18; 9.89–181; 9.312–313; 9.412–416; 10.231; 10.498; 11.403; 14.201; 14.246; 16.35; 16.596; 17.200; 18.316–322; 18.541–605; 19.35; 19.67–68; 19.75; 19.86–91; 20.306–308; 22.9–20; 22.355–360; 24.18–54; 24.525–526; 24.543; 24.804
《奥德赛》1.1; 1.1–5; 1.32–34; 3.208; 9.215; 10.278–279; 10.302–303; 11.488–503; 11.539; 11.573; 11.631; 12.4; 17.284; 17.420; 19.171–172; 19.203; 24.13–14; 24.192–202
荷马颂诗
赫卡泰俄斯:《大地巡游记》《谱系志》
赫拉克利特: DK 22, B1; B2; B10; B12; B32; B30; B33; B36; B40; B42; B45; B48; B49a; B51; B56; B57; B58; B59; B60; B71; B75; B76; B78; B88; B91; B101; B105; B106; B114; B119; B123; B129

J

后 记

《地中海文明共同体》的创作缘起，可追溯到十年前，彼时上海科技大学委托丁耘兄、吴新文兄主导规划“中华文明通论”与“世界文明通论”课程，其授课对象是具有理工科背景的大学新生。编写教材是这一带有探索性质的新课程的重要任务。我负责撰写“世界文明通论”教材中有关埃及文明、美索不达米亚文明、印度文明、伊朗文明的内容，它们构成了本书中相关章节的基础。

与这一缘起相应，本书面向的受众，不但包括相关领域的专业学者，也覆盖更为广阔的人群，特别是对世界历史—世界文明史感兴趣的“有学识的非专业人士”（可参考中世纪德国哲学家库萨的尼古拉[Nicolas of Cusa]在其名著《论有学识的无知》[*De docta ignorantia*]中的深刻见解），即类似斯宾格勒、汤因比为代表的文明形态学、沃格林为代表的文明论—思想史写作所针对的人群。

因文明内涵之包罗万象，故而，对于文明的讨论，有许多颇为不同的进路。《地中海文明共同体》所重者，是以代表性的原典文本为抓手切入各文明体之内核，探索其根本情态、气质、气象乃至命运。任何一个对于理解某文明体具有穿透性价值的原典文本，都不是孤立的，而总是从庞大的文本共生体中生出并作为这一共生体的一部分而持存，是浩瀚的文本共生体大海中涌起的、在阳光映射下特具光彩的波浪。早期地中海世界之诸多文明共在—竞争格局，导致了各重要文明体之核心文本间存在着极丰富复杂的关联与交互，若以水波喻之，可谓浪浪相接，波波相融，乃至海海相通，互摄互入，重重无尽。

《维摩诘经》云：“譬如不下巨海，不能得无价宝珠。如是不入烦恼大海，则不能得一切智宝。”希望本书为欲入地中海文明共同体乃至世界文明共同体之精神大海者，提供方便，探得智宝。

本书之写作，持续长达十年，中间获得诸多师友之宝贵意见与启发鼓励，受到华东师范大学出版社六点分社的大力支持，在此一并表达感谢。

图书在版编目(CIP)数据

地中海文明共同体：从公元前3000年到轴心时代/白钢著. --上海:华东师范大学出版社,2024.
ISBN 978-7-5760-5530-6
Ⅰ. K10

中国国家版本馆CIP数据核字第20247XW128号

华东师范大学出版社六点分社
企划人 倪为国

地中海文明共同体：从公元前3000年到轴心时代

著　　者　白　钢
责任编辑　彭文曼
责任校对　王　旭　徐海晴
封面设计　吴元瑛

出版发行　华东师范大学出版社
社　　址　上海市中山北路3663号　邮编　200062
网　　址　www.ecnupress.com.cn
电　　话　021－60821666　行政传真　021－62572105
客服电话　021－62865537　门市(邮购)电话　021－62869887
地　　址　上海市中山北路3663号华东师范大学校内先锋路口
网　　店　http://hdsdcbs.tmall.com

印 刷 者　上海景条印刷有限公司
开　　本　700×1000　1/16
插　　页　2
印　　张　41.5
字　　数　510千字
版　　次　2025年6月第1版
印　　次　2025年6月第1次
书　　号　ISBN 978-7-5760-5530-6
定　　价　199.80元

出 版 人　王　焰

(如发现本版图书有印订质量问题,请寄回本社客服中心调换或电话021－62865537联系)